Python Programming

파이썬으로 시작하는
컴퓨터 과학 입문

파이썬으로 시작하는 컴퓨터 과학 입문

초판 1쇄 발행 2017년 8월 18일 **지은이** 존 M. 젤 **옮긴이** 심효섭 **펴낸이** 한기성 **펴낸곳** 인사이트 **편집** 송우일 **본문 디자인** 윤영준 **제작·관리** 박미경 **표지출력** 소다미디어 **용지** 월드페이퍼 **인쇄** 현문인쇄 **후가공** 이지앤비 **제본** 자현제책 **등록번호** 제10-2313호 **등록일자** 2002년 2월 19일 **주소** 서울시 마포구 잔다리로 119 석우빌딩 3층 **전화** 02-322-5143 **팩스** 02-3143-5579 **블로그** http://www.insightbook.co.kr **이메일** insight@insightbook.co.kr **ISBN** 978-89-6626-408-7 책값은 뒤표지에 있습니다. 잘못 만들어진 책은 바꾸어 드립니다. 이 책의 정오표는 http://www.insightbook.co.kr/에서 확인하실 수 있습니다. 이 도서의 국립중앙도서관 출판예정도서목록(CIP)은 서지정보유통지원시스템 홈페이지(http://seoji.nl.go.kr)와 국가자료공동목록시스템(http://www.nl.go.kr/kolisnet)에서 이용하실 수 있습니다.(CIP제어번호: CIP2017019622)

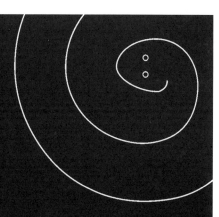

프로그래밍인사이트

파이썬으로 시작하는
컴퓨터 과학 입문

존 M. 젤 지음 | 심규철 옮김

인사이트
insight

차례

11장   컬렉션 데이터 타입 339

옮긴이의 글

몇 년 전 MIT에서 컴퓨터 과학 입문 수업에 사용하는 언어를 리스프(Lisp)의 일종인 스킴(Scheme)에서 파이썬(Python)으로 바꾸었다는 소식을 들은 적이 있습니다. 프로그래밍을 진지하게 시작하게 되었던 계기가 『컴퓨터 프로그램의 구조와 해석』(『Structure and Interpretation of Computer Programs』)을 읽으면서부터여서, 그 책과 관련이 깊었던 MIT 컴퓨터 과학 입문 강의의 사용 언어가 바뀌었다는 소식에 기분이 묘했었는데요. 그렇게 파이썬을 사용하게 된 컴퓨터 입문 강의를 책으로 옮기면 이렇지 않았을까 하는 것이 이 책에 대한 첫 느낌이었습니다. 물론 이 책이 『컴퓨터 프로그램의 구조와 해석』보다는 프로그래밍이라는 행위 자체에 집중하고 있고, 조금 더 말랑말랑하다는 차이는 있었지만요.

이 책의 가장 큰 장점은 불필요한 개념 설명에 지면을 낭비하지 않는다는 점입니다. 규모 있는 프로그램을 작성할 수 있지만 간단한 스크립트 언어로도 쓰이는 파이썬을 사용한다는 점에서도, 지은이가 내용을 전개하는 과정에서 새로운 개념을 적시적소에 도입한다는 점에서도 그러합니다. 이전에 작성했던 예제 프로그램에 새로운 프로그래밍 개념과 추상화를 도입해서 수정해 나가는 과정을 보며 배울 수 있는 내용이 많습니다. 제게 가장 인상적이었던 부분은 객체 지향을 도입하는 부분이었는데, 개념 설명은 최소한으로 줄이면서 기존 코드에 개념을 적용해 나가는 과정을 통해 객체 지향을 도입하는 방식이 무척 새로운 느낌을 주었습니다(적어도 자동차에 대한 구닥다리 비유를 보지 않아도 된다는 점에서도요).

또 다른 장점을 들자면 프로그램에 드러나지 않는 프로그래밍 과정을 소개한다는 점입니다. 프로그래머는 코드를 작성하면서 많은 종류의 의사 결정을 내립니다. 작게는 변수의 이름부터, 크게는 어떤 기능을 프로그램의 어떤 부분에 맡길지까지를 결정하고, 이렇게 결정한 내용을 염두에 두며 코딩을 해야 합니다. 하지만 대다수 프로그래밍 책은 이론적인 개념과 예제 코드만 보여 줄 뿐 초심자에게 이런 사실을 알려 주지 않습니다. 물론 이 책에 나온 프로그래밍 과정 역시 모든 의사 결정 과정이 나와 있지는 않습니다. 하지만 적어도 어떤 부분에서 어떤 판단이 필요한지 충분히 배울 수 있을 것입니다.

번역 중에 가장 중점을 두었던 것은 역어 선택입니다. 프로그래밍 및 컴퓨터 과학 입문서이니만큼 특별히 낯선 개념은 없었지만, 한국어로 정착된 용어가 없는 경우가 있어서 이에 대한 의미를 잘 전달할 수 있는 역어를 선택하려고 노력했습니다.

마지막으로 좋은 책을 번역할 기회를 주신 인사이트 한기성 대표님, 아내 정이와 부모님께 감사드립니다.

이 책을 읽는 독자 여러분이 프로그래밍의 즐거움을 깨닫는 데 미력이나마 도움이 될 수 있었으면 좋겠습니다. 감사합니다.

추천사

출판사로부터 이 책의 원고를 받아들자마자 바로 알 수 있었다. 이 책은 파이썬 교재로 가장하고 있기는 하지만, 실은 훌륭한 프로그래밍 입문서이며 파이썬을 초보자가 좋아할 매체로 잘 활용하고 있다. 미술 시간에 바로 유화를 배우는 게 아니라 연필로 스케치부터 시작하듯이 이 책은 프로그래밍을 배우는 첫 번째 언어로서 내가 생각하던 가장 바람직한 파이썬 활용 사례다.

저자는 서문에서 파이썬은 첫 프로그래밍 언어로 매우 이상적이며 진지한 언어라고 밝히고 있다. 내가 파이썬을 만들긴 했지만 이 공이 오롯이 내 것은 아니다. 파이썬의 뿌리는 1980년대 초에 람버르트 메이르턴스(Lambert Meertens), 레오 회르츠(Leo Geurts) 등이 암스테르담의 CWI(수학·컴퓨터과학 국립 연구소)에서 프로그래밍 초보자를 위해 만들던 ABC 언어까지 거슬러 올라간다. 내가 이들의 업적에 보탠 것이 있다면, 파이썬을 충실한 표준 라이브러리와 서드 파티 응용 모듈 그리고 두터운 사용자층을 갖춘 진지한 언어로 키워 낸 정도다.

나는 정식으로 교단에 서 본 일이 아직 없다. 그래서 이 책이 교육 현장에서 얼마나 유용할지에 대해 말할 자격이 없을지도 모른다. 그러나 30년 경력의 프로그래머로서, 이 책에서 어려운 개념을 매우 쉽게 설명하는 것에 감탄을 금치 못했다. 그리고 배운 내용을 점검하고 더 심화된 문제에 대해 생각할 기회를 주는 풍부하고 다양한 연습 문제도 훌륭하다.

이 책을 만나게 된 독자들에게 축하를 전하고 싶다. 그만큼 이 책으로 파이썬을 배운다면 많은 보상을 얻을 수 있을 것이다. 이 책과 함께하는 여정을 만끽하기를 바라며, 또한 훗날 좋은 소프트웨어 개발자가 되었을 때 처음 배웠던 언어를 기억해 주기를 바란다.

— 귀도 판 로섬

서문

이 책은 대학교 초급 컴퓨터 과학 수업의 주 교재로 사용하도록 구성되었다. 문제 해결, 설계, 프로그래밍을 컴퓨터 과학의 핵심 능력으로 강조하는 다소 고전적인 접근법을 취하고 있으나 이러한 개념을 현대적인 언어인 파이썬을 통해 소개한다. 나는 여러 해 동안 교단에 서면서 컴퓨터 과학과 프로그래밍과 관련된 개념을 완전히 이해하는 데 어려움을 겪는 학생들을 여럿 보아 왔다. 이러한 어려움은 때로 초급 강의에서 너무 복잡한 도구와 프로그래밍 언어를 사용하기 때문이기도 하다. 따라서 이 책은 컴퓨터 과학의 기초 개념을 너무 단순화하지 않되 가능한 한 쉽게 전달하기 위한 목적으로 쓰였다. 그리고 이 목적을 달성하기 위해 파이썬을 사용한다.

종래의 시스템 언어인 C++나 에이다(Ada), 자바(Java)는 구조와 규율을 중요시하는 대규모 프로그램에서 문제를 해결하는 데 적합하도록 발전했다. 이 언어들의 설계는 몇 줄에서 몇 쪽짜리 짧은 프로그램을 쉽게 작성할 수 있도록 되어 있지 않다. 최근 파이썬과 같은 스크립팅 언어(혹자는 기민한 언어라고 부르는)의 인기가 높아지면서 이를 대체할 접근법이 등장했다. 파이썬은 매우 유연하며 여러 가지를 실험해 보기 적합하다. 간단한 문제를 위한 해법도 단순하고 우아하게 나타낼 수 있다. 파이썬은 초보 프로그래머에게 딱 맞는 실험실이라 할 수 있다.

파이썬은 처음 배우는 프로그래밍 언어로 적합한 특징을 많이 갖추고 있다. 기본 구조가 깔끔하고 잘 설계되어 있어 이를 학습하는 초보자가 언어 자체에 혼란을 느끼지 않고 알고리즘적 사고 및 프로그램 설계에 집중할 수 있다. 파이썬에서 학습한 개념은 C++와 자바 같은 시스템 언어를 이어서 학습할 때에도 바로 적용할 수 있다. 하지만 파이썬은 '진지한 언어'이기도 하다. 파이썬은 거의 대부분의 플랫폼에 기본 탑재되어 자유로이 사용할 수 있으며, 실제 산업에서 다양한 문제를 해결하는 데 쓰이고 있다. 파이썬의 가장 큰 미덕은 프로그래밍 학습이 즐거워진다는 점이다.

이 책은 파이썬을 주 언어로 사용하지만, 이 책의 주 목적은 파이썬을 가르치는 것이 아니다. 이 책에서 파이썬을 사용하는 이유는 어떤 언어나 환경에서도 적용되는 프로그래밍과 프로그램 설계의 원칙을 설명하기 위해서다. 그렇기 때문에

때때로 파이썬에는 있으나 다른 언어에는 없는 기능 또는 프로그래밍 스타일을 의도적으로 사용하지 않았다. 파이썬을 배우기 위해서라면 더 좋은 책이 이미 많이 나와 있다. 이 책은 컴퓨터 과학에 대한 입문서를 목적으로 한다. 이런 목적을 달성하기 위해 이 책은 파이썬을 주 언어로 사용하는 것 외에도 다음과 같이 구성되었다.

- **이해를 돕기 위한 컴퓨터 그래픽 활용**: 컴퓨터 그래픽을 통해 프로그래밍을 좀 더 재밌게 배울 수 있다. 이 책은 이벤트 기반 프로그래밍이나 복잡한 그래픽 패키지 대신 파이썬 모듈로 제공되는 쉬운 그래픽 패키지를 학습에 이용하여 컴퓨터 그래픽 및 객체 지향 개념을 쉽게 학습하도록 해 준다.
- **흥미로운 예제**: 이 책은 실제 문제를 해결하는 데 유용한 완전한 프로그래밍 예제를 갖추고 있다.
- **읽기 쉬운 문체**: 컴퓨터 과학의 핵심 개념을 그 발전 과정을 따라 이야기하듯이 쉽게 설명한다. 별로 관계가 없는 부연 설명 또는 개념 소개 부록은 지양했다.
- **소용돌이형 학습**: 개념을 쉽게 이해하기 위해 각 장마다 순서대로 개념을 도입하며, 이러한 개념이 친숙해짐에 따라 조금씩 자세한 설명을 추가한다. 이해하기 어려운 개념은 앞 장에서 소개되고, 이후 장에서 좀 더 자세히 설명한다.
- **객체 개념을 적확한 시점에 소개**: 객체 지향 개념을 언제 배우는 것이 좋은지에 대해서는 아직도 논란이 많다. 이 책은 객체 개념을 '너무 일찍' 소개하지도 않으며 '가능한 한 늦게' 다루려고 하지도 않을 것이다. 이 책에서 객체 개념은 명령형 프로그래밍(imperative programming)적인 기초를 갖춘 뒤에 소개된다. 이를 통해 하향식 설계(함수를 이용한 추상화), 나선형 설계(프로토타이핑) 그리고 객체 지향 기법을 함께 학습한다. 이 책의 내용은 그 외 다른 접근법에도 적용할 수 있다.
- **풍부한 연습 문제**: 매 장 끝에 해당 장의 내용을 완전히 이해했는지 점검하여 이해가 미진한 부분을 보충하고 새로운 프로그래밍 기법을 연습할 수 있도록 충분한 수의 연습 문제가 있다.

2판과 3판에서 추가된 내용

1판은 비록 이제 조금 오래되기는 했지만, 그 접근법은 출판 당시와 마찬가지로 여전히 유효하다.

기초적인 원칙은 시간이 흘러도 변하지 않지만, 기술적인 환경은 시간에 따라 급격히 변화한다. 파이썬 3.0이 릴리스됨에 따라 이 책의 내용도 개정이 필요하게 되었다. 2판은 파이썬 3.0에 맞추어 업데이트된 것을 제외하면 기본적으로 1판과 같다. 거의 모든 예제 코드가 파이썬의 새 버전에 따라 수정되었고, 변화의 내용에 따라(예를 들어, 문자열 라이브러리의 제거로 인해 객체 개념을 문자열 처리보다 앞으로 옮겼다) 순서가 조금 변경된 부분이 있다. 이런 순서 변경 중에 컴퓨터 그래픽을 소개하는 부분이 앞으로 당겨져 독자의 흥미를 좀 더 끌어낼 수 있었다.

3판 역시 계속 컴퓨터 과학 기초 내용을 다루고 있으며 새로운 기술에 따라 내용을 업데이트했다. 이번 판에 있었던 중요한 변화는 eval이 사용된 곳을 대부분 삭제한 것과 이를 사용하는 것에 대한 위험성을 언급한 부분이 추가된 것이다. 갈수록 서로 간의 연결이 긴밀해지는 컴퓨팅 환경에서 보안에 대해 아는 것은 빠를수록 좋기 때문이다.

4장부터 12장에 몇 개의 새로운 그래픽에 대한 예제가 일부 추가되었다. 이 예제들은 그래픽 라이브러리에 새로 추가된 애니메이션 등의 기능을 설명하기 위한 예제로, 그중에는 간단한 컴퓨터 게임을 만드는 예제도 있다. 이를 통해 최근 대학에서 개설되는 입문 강의의 경향을 쫓을 수 있게 되었다.

그 외에도 다음과 같은 변화가 있었다.

- 5장에 파일명을 입력하는 대화 창에 대한 내용이 추가되었다.
- 6장은 리턴 값이 있는 함수를 더 중시하도록 보강 및 재구성되었다.
- 책 전체에서 일관적으로 IDLE(파이썬과 함께 배포되는 표준 개발 환경)을 사용하며, 내용의 흐름이 잘 이어지도록 변경되었다. 이는 강의 교재로 사용하는 독자 외에도 독학하는 독자를 배려하기 위함이다.
- 기술 참고 문헌이 업데이트되었다.
- 독학하는 독자를 위하여 각 장의 연습 문제에 대한 해답이 온라인에 공개되었다. 별도의 연습 문제를 과제로 사용하려는 강사는 출판사에 요청하면 된다. 자세한 사항은 https://fbeedle.com을 참조하라.

강의 구성의 유연성

한 학기에 책 내용을 다 다루는 것을 목표로 했으나 한 학기 입문 강의에서 책 전체를 모두 다루기에는 분량이 많다. 내가 담당했던 강의에서는 처음부터 12장까지를 순서대로 지나가되 각 장에서 불필요한 부분은 깊게 다루지 않았다. 13장(알고리즘 설계와 재귀)에 나오는 몇 가지 주제는 학기 중 적당한 시점에 소개한다.

강의를 맡는 사람에 따라 선호하는 강의 순서가 다르기 때문에 가능한 한 유연하게 강의를 구성할 수 있도록 했다. 1장부터 4장('컴퓨터와 프로그램', '간단한 프로그램 작성하기', '숫자 계산하기', '객체와 그래픽')까지는 필수적인 기초 내용으로 책의 순서와 같이 다루어야 한다. 5장의 초반('연속열: 문자열, 리스트, 파일')에 나오는 문자열 처리도 역시 필수적인 내용이다. 그러나 그 이후에 나오는 문자열 포맷이나 파일 처리는 좀 더 나중으로 배치해도 무방하다. 6장부터 8장('함수 정의하기', '분기 구조', '반복 구조와 불 값')은 어떤 순서라도 상관없으며 따로따로 배치해도 괜찮다. 설계 방법으로 다루는 9장부터 12장의 내용은 순서대로 다루도록 구성되었다. 그러나 설계 방법을 다루기 전에 리스트(또는 배열)를 먼저 다루고 싶은 강사라면 11장을 그 앞에 배치해도 좋다. 객체 지향 설계를 중시하는 강의에서는 9장을 모두 다룰 필요는 없다. 13장은 심화된 주제를 다루므로 강의의 맨 마지막이나 아니면 강의 전체에 흩어서 배치해도 좋다.

감사의 인사

내 컴퓨터 과학 입문 강의 방식은 오랫동안 읽거나 강의에서 사용했던 많은 책에서 영향을 받은 것이다. 그 책에서 배운 것들은 이 책을 쓰는 데도 많은 영향을 미쳤다. 그중 강의 방식에 대해 특기할 만한 몇 명의 저자가 있다. 알렉산더 듀드니(A. K. Dewdney)는 복잡한 내용도 쉽게 설명할 수 있는 좋은 예를 찾는 능력이 있었다. 나는 그의 예제 중 몇 개를 빌려 파이썬으로 새롭게 구성했다. 오웬 아스트라챈(Owen Astrachan)과 카이 호스트만(Cay Horstmann)이 쓴 훌륭한 책에서도 도움을 많이 받았다. 4장에서 소개할 그래픽 라이브러리는 호스트만의 교재에 나온 그래픽 라이브러리로부터 영향을 받은 것이다. 내가 텍사스 주립 대학 대학원생 시절에 강의 조교를 맡았을 때 배웠던 넬 데일(Nell B. Dale) 교수님에게도 많은 것을 배웠다.

이 외에도 많은 사람들이 이 책이 나오는 데 직접 또는 간접적으로 도움을 주었다. 워트버그(Wartburg) 대학의 동료들로부터 많은 격려와 도움을 받았다. 린 올슨(Lynn Olson)은 집필 초기에 끊임없이 도움을 주었으며, 요제프 브로이츠만(Josef Breutzmann)은 프로젝트에 대해 많은 아이디어를 제공해 주었다. 테리 레체(Terry Letsche)는 1판과 3판을 위한 파워포인트 슬라이드를 작성해 주었다.

모어헤드(Morehead) 주립대의 러스 메이(Rus May), 노스캐롤라이나 주립대의 캐롤린 밀러(Carolyn Miller), 파이썬 창시자 귀도 판 로섬, 치코 캘리포니아 주립대의 짐 세이저(Jim Sager), 센터 대학의 크리스틴 섀넌(Christine Shannon), 로체스터 공대(Rochester Institute of Technology)의 폴 타이만(Paul Tymann), 애리조나 주립대의 수잔 웨스트브룩(Suzanne Westbrook)은 1판의 원고에 대해 큰 도움이 되는 조언을 해 주었다. 캐피탈 대학의 데이브 리드(Dave Reed)는 1판의 초기 독자로서 통찰력이 담긴 제안을 많이 해 주었다. 그리고 시카고 대학의 제프리 코언(Jeffrey Cohen)과 함께 3판의 예비 연습 문제를 출제했다. 메리 워싱턴 대학의 어니 애커만(Ernie Ackermann)은 이 책의 2판으로, 캘리포니아 폴리테크닉 주립대의 테레사 미글러(Theresa Migler)와 워트버그 대학의 동료 교수인 테리 레체는 3판으로 각각 강의를 시험 운영해 주었다. 데이비드 반츠(David Bantz)는 원고에 대해 조언을 해 주었다. 귀중한 의견과 제안을 준 이들에게 감사드린다.

프랭클린-비들 출판사의 여러분에게도 감사드린다. 특히 톰 섬너(Tom Sumner), 브렌다 존스(Brenda Jones), 재런 에이어스(Jaron Ayres)는 개인적인 프로젝트였던 이 책이 진짜 교과서가 될 수 있게 해 주었다. 또한 이 책을 통해 얼마 전 돌아가신 프랭클린-비들 출판사의 창업자, 짐 레이시(Jim Leisy)를 기리고자 한다. 짐은 다양한 분야에 박식한 분이었다. 그의 비전, 지도, 끝없는 열정과 끊임없는 재촉 덕분에 이 책이 성공적일 수 있었다.

강의란 어떤 것인지 알게 해 준 내 강의의 학생들에게도 감사를 표하고 싶다. 그리고 이 책을 집필할 수 있도록 안식년으로 배려해 준 워트버그 대학에도 심심한 감사를 표한다. 마지막으로, 편집자이자 조언자, 내 자신감의 원천인 아내 엘리자베스 빙엄(Elizabeth Bingham)에게 감사의 말을 전한다.

— 존 M. 젤(John M. Zelle)

1장

컴퓨터와 프로그램

이 장의 학습 목표
- 하드웨어와 소프트웨어가 어떠한 역할을 하는지 이해한다.
- 컴퓨터 과학에서 무엇을 연구하며 어떤 기술을 사용하는지 이해한다.
- 현대적인 컴퓨터의 기본 구조를 이해한다.
- 프로그래밍 언어의 형태와 기능을 이해한다.
- 프로그래밍 언어 파이썬을 사용해 본다.
- 혼돈 모형(chaotic model)과 이것이 컴퓨터 환경에 미치는 영향을 배운다.

1.1 범용 기계

사람들은 다양한 용도로 컴퓨터를 사용한다. 컴퓨터 게임을 하거나 아니면 보고서를 쓰고 온라인 쇼핑을 하며 음악을 듣기도 하고 소셜 미디어 서비스에서 친구들과 연락을 주고받는다. 그런가 하면 일기 예보, 항공기 설계, 영화 제작, 사업 운영, 금융 거래, 공장 제어에도 컴퓨터를 사용한다.

컴퓨터가 정확히 어떤 물건인지 누구나 한 번쯤 궁금했던 적이 있을 것이다. 이한 가지 기계로 어떻게 그렇게 다양한 일을 할 수 있을까 하는 기본적인 질문에서 컴퓨터와 프로그래밍 공부가 시작된다.

현대적인 컴퓨터는 '변경 가능한 프로그램의 제어에 따라 정보 처리와 저장을 수행하는 장치'라고 정의할 수 있다. 이 정의는 두 가지 중요한 요소를 포함한다. 우선 컴퓨터는 정보 처리를 위한 장치라는 것이다. 다시 말해, 우리가 컴퓨터에 정보를 입력하면 컴퓨터는 이를 새로운 형태의 유용한 정보로 변환하고, 그 결과를 다시 우리가 이해할 수 있는 형태로 출력한다.

그러나 컴퓨터만 정보를 처리할 수 있는 것은 아니다. 흔한 계산기를 사용해 일련의 숫자를 더할 때 사용자가 정보를 입력하면, 계산기는 이 정보를 처리해 합을 구한 뒤 그 값을 출력한다. 또 다른 쉬운 예는 수유소의 수유기다. 자에 휘발유를 넣기 시작하면 주유기에는 휘발유의 현재 리터당 가격, 유량 센서로부터 받은 주유량 정보 등이 입력된다. 주유기는 이 정보를, 차에 휘발유가 얼마나 들어갔으며 연료비를 얼마나 지불해야 하는지에 대한 정보로 변환한다.

최근에는 계산기와 주유기에도 임베디드 컴퓨터가 내장되기는 하지만 이것들을 제대로 된 컴퓨터로 보지는 않는다. 이 장치들은 컴퓨터와 달리 한 가지 특정한 일만 수행하도록 만들어졌기 때문이다. 이렇게 한 가지 특정한 일만 수행하는 장치를 컴퓨터로 보지 않는 것은 앞서 소개한 컴퓨터의 정의 중 '변경 가능한 프로그램의 제어에 따라'에 부합하지 않기 때문이다. 이 정의는 정확히 무엇을 의미할까?

'컴퓨터 프로그램'은 컴퓨터가 어떤 일을 해야 하는지 단계별로 자세히 기술한 일련의 명령어 집합이다. 프로그램을 수정하면 컴퓨터는 수정 전과 다르게 행동하며 따라서 이전과 다른 일을 하게 된다. 컴퓨터의 이런 유연함 때문에 우리는 컴퓨터로 가계부를 쓰거나 문서를 작성하거나 게임을 할 수 있다. 기계는 그대로이지만 이를 제어하는 프로그램이 변화하는 것이다.

모든 컴퓨터는 프로그램을 실행하는 기계다. 컴퓨터에도 여러 종류가 있다. 우선 매킨토시나 PC, 노트북과 태블릿, 스마트폰은 익히 봐 왔을 것이다. 하지만 그 외에도 이론상의 컴퓨터와 실제 컴퓨터를 망라하면 수천 가지가 있다. 컴퓨터 과학의 중요한 발견 중 하나는 이처럼 다양한 컴퓨터가 모두 능력이 동일함을 알게 된 것이다. 적절하게 프로그래밍만 한다면 모든 컴퓨터는 기본적으로 다른 컴퓨터가 할 수 있는 일을 모두 할 수 있다. 이런 의미에서 지금 독자가 마주하고 있는 PC도 이러한 범용 기계에 속한다. 어떤 일을 시킬지 충분히 자세히 설명해 주는 프로그램을 작성할 수 있다면 이 기계는 어떤 일이든 수행할 수 있는 강력한 기계가 된다.

1.2 프로그램의 힘

우리는 컴퓨터 과학에서 중요한 사실을 하나 이미 배웠다. 소프트웨어(프로그램)가 하드웨어(물리적 기계)를 지배한다는 사실이다. 컴퓨터가 무엇을 할지는 소프트웨어에 의해 결정된다. 소프트웨어가 없으면 컴퓨터는 그저 값비싼 고철덩이에 지나지 않는다. 소프트웨어를 만드는 과정을 '프로그래밍'이라고 부르며 이 책은 프로그래밍을 주제로 한다.

컴퓨터 프로그래밍은 도전적인 활동이다. 프로그래밍을 잘하기 위해서는 작디 작은 세부 사항을 챙기면서도 전체적인 큰 그림을 조망할 수 있어야 한다. 누구나 올림픽에서 금메달을 딸 수는 없듯이 누구나 일류 프로그래머가 될 수는 없다. 그러나 프로그래밍 공부는 누구나 할 수 있다. 약간의 노력과 인내심을 요구하지만 이 책을 통해 여러분도 프로그래머가 될 수 있다.

프로그래밍은 배울 만한 가치가 있다. 프로그래밍은 컴퓨터 과학의 기본적인 부분이기 때문에 컴퓨터 전문가가 되려면 프로그래밍을 알아야 한다. 하지만 컴퓨터 전문가가 되려는 사람이 아니더라도 프로그래밍의 장점을 누릴 수 있다. 우리 사회에서 컴퓨터는 이제 매우 흔한 도구가 되었다. 이렇게 많이 사용되는 도구에 어떤 강점과 한계가 있는지 이해하려면 역시 프로그래밍에 대해 알아야 한다. 프로그래머가 아닌 사람들은 컴퓨터에 휘둘릴 때가 많다. 그러나 프로그래머는 그렇지 않다. 컴퓨터를 좀 더 똑똑하게 사용하고 싶다면 이 책이 도움이 될 것이다.

프로그래밍은 많은 즐거움을 주는 활동이기도 하다. 프로그래밍을 통해 많은 사람들이 유용하고 아름다운 창조물을 만들어 내며 자신을 표현하고 지적 활동을 즐긴다. 믿어지지 않을지 모르지만 많은 사람들이 취미로 프로그래밍을 하기도 한다. 프로그래밍은 문제 해결 능력을 길러 줄 수도 있다. 그중에서도 특히 복잡한 체계를 분석해 이를 좀 더 작은 체계의 상호 작용으로 이해하는 능력을 기를 수 있다.

잘 알려진 사실이지만 우리 사회는 아직도 많은 프로그래머를 필요로 한다. 일부 인문학 전공에서는 프로그래밍 강의를 도입해 학생들이 새로운 진로를 선택할 수 있도록 했다. 기업 세계에서도 컴퓨터는 매우 흔하게 사용되므로 컴퓨터 프로그래밍 능력은 어떤 직종에 있든지 경쟁력을 향상시켜 줄 것이다. 영감만 있다면 다음 대세 애플리케이션은 여러분이 만들게 될지도 모를 일이다.

1.3 컴퓨터 과학이란 무엇인가?

컴퓨터 과학에서 컴퓨터를 연구하지 않는다는 것을 알면 놀랄지도 모른다. 유명한 컴퓨터 과학자인 에츠허르 데이크스트라(Edsger Dijkstra)는 "컴퓨터 과학에서 컴퓨터란, 천문학에서 망원경과 같다"라는 말을 남긴 바 있다. 컴퓨터는 물론 컴퓨터 과학에서 중요한 도구이지만 연구 대상이 되지는 않는다. 컴퓨터는 우리가 기술할 수 있는 일을 다 수행할 수 있으므로 여기서 진짜 질문은 '무엇을 기술할 수 있는가?'이다. 바꿔 말하면, 컴퓨터 과학의 바탕이 되는 질문은 '계산 가능한 것은 무엇인가?'가 된다. 컴퓨터 과학자는 이 질문에 답하기 위해 다양한 기법을 사용한다. 이 중 주된 세 가지가 '설계', '분석', '실험'이다.

어떤 문제를 해결할 수 있다는 증거를 보이기 위한 방법 중 하나는 직접 해결책을 설계해 보이는 것이다. 다시 말해, 원하는 결과를 얻기 위한 단계별 처리 방법을 만드는 것이다. 컴퓨터 과학에서는 이를 '알고리즘'이라고 부른다. 어려운 단어 같지만 '조리법'과 비슷한 뜻이라고 생각하면 된다. 알고리즘 설계는 컴퓨터 과학의 핵심적인 측면 중 하나다. 이 책을 통해 알고리즘을 설계하고 구현하는 방법을 배울 것이다.

문제 해결책으로 설계를 제시하는 방법의 약점은 '어떤 문제를 해결할 수 있다'는 것만 증명할 수 있다는 점이다. 어떤 알고리즘을 고안해 냈다면 그 문제는 해결할 수 있다. 그러나 알고리즘을 고안해 내지 못했다고 해서 그 문제를 풀 수 없다는 의미는 아니다. 아직 아무도 해결책에 다다를 방법을 생각해 내지 못한 것이다. 이때 필요한 것이 분석이다.

분석은 알고리즘과 문제를 수학적으로 조사하는 과정이다. 컴퓨터 과학의 발견 중에는 아주 간단한 문제지만 이를 해결할 알고리즘이 없다고 밝혀진 경우가 있다. 그런가 하면 아직 풀지 못한 어려운 문제도 있다. 이런 문제에 대한 알고리즘은 수행에 시간이 너무 많이 걸리거나 메모리를 지나치게 많이 필요로 하여 아직은 실용적으로 사용할 수 없다. 알고리즘 분석은 컴퓨터 과학에서 중요한 부분을 차지한다. 이 책 전반에 걸쳐 알고리즘 분석에 대한 기본 원칙을 다룰 것이다. 13 장에서는 알고리즘이 없다고 밝혀진 문제와 아직 어려운 문제에 대한 예를 제시한다.

문제 중에는 너무 복잡하거나 정의가 충분하지 못해 분석이 불가능한 것들도 있다. 이런 문제를 해결하기 위해서는 실험을 활용한다. 컴퓨터 과학자들은 시스템을 구현해 보고 그 결과를 연구한다. 이론적 분석이 이미 끝난 문제라 해도 분석한 내용을 검증하고 정리하기 위해 실험이 필요하다. 대다수 문제는 잘 작동하는 신뢰성 있는 시스템을 확보한다면 해결된 것으로 간주할 수 있다. 이런 기준에 따라 문제를 해결하기 위해 실험적 시스템이 필요한 경우가 많다. 프로그래밍을 배우기 시작한다면 자신의 해결책이 작동하는지 지켜볼 기회가 많을 것이다.

지금까지 컴퓨터 과학을 설계, 분석, 알고리즘 평가의 측면에서 정의했다. 이 측면들은 학문 연구 방법의 핵심이기도 하다. 그러나 최근에는 굉장히 폭넓은 범위의 활동(컴퓨팅의 범위에는 여전히 속하지만)을 통해 연구를 수행하기도 한다. 이런 연구 주제로는 모바일 컴퓨팅, 네트워크, 인간-컴퓨터 상호 작용, 인공 지능, 계산 과학(강력한 연산 능력을 이용해 이론을 검증하는 학문적 영역을 말한다), 데이터베이스와 데이터 마이닝, 소프트웨어 공학, 웹 및 멀티미디어 설계, 음악 제작, 운영을 위한 정보 시스템, 컴퓨터 보안 등이 있다. 컴퓨팅이 사용되는 곳이라면 어디든지 컴퓨터 과학에서 나온 기술과 지식이 쓰이는 것이다.

1.4 하드웨어의 기초

성공적인 프로그래머가 되기 위해 컴퓨터의 작동 원리를 속속들이 알 필요는 없다. 그러나 어느 정도 기본적인 동작 원리를 이해한다면 잘 동작하는 프로그램을 작성하는 데 도움이 될 것이다. 이는 마치 운전에 비유할 수 있다. 내연 기관을 약간만 이해해도 운전을 위해 해야 하는 일, 이를테면 주유, 시동 걸기, 가속 페달 밟기 등에 대한 이해를 높일 수 있다. 이를 그냥 외울 수도 있지만 조금만 원리를 알면 전체 과정을 이해하기 쉬워진다. 이제 컴퓨터가 어떻게 동작하는지 '뚜껑을 열어' 내부를 살짝 들여다보자.

컴퓨터는 종류에 따라 세부 사항은 매우 큰 차이가 있지만 높은 차원에서 보면 현대적 컴퓨터는 대부분 매우 비슷하다. 그림 1.1에 컴퓨터를 기능적 관점에서 나타낸 도식을 실었다. CPU(central processing unit, 중앙 처리 장치)는 컴퓨터의 '뇌' 역할을 한다. 이곳에서 컴퓨터의 기본 연산이 수행된다. CPU는 두 수의 덧셈 같은 사칙 연산이나 두 수가 같은지 판단하는 등의 논리 연산을 수행할 수 있다.

메모리는 프로그램과 데이터를 저장하는 역할을 한다. CPU는 주기억 장치

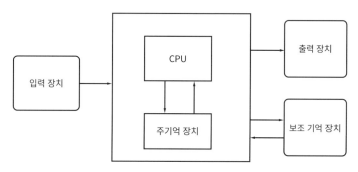

그림 1.1 기능적 관점에서 본 컴퓨터

(main memory, random access memory, RAM이라 부르기도 한다)에 저장된 정보에만 직접 접근할 수 있다. 주기억 장치는 속도가 빠르지만 전원이 꺼지면 저장된 모든 정보를 잃는 휘발성을 갖는다. 그렇기 때문에 컴퓨터에는 반드시 영구적 저장이 가능한 보조 기억 장치가 있어야 한다.

최근 개인용 컴퓨터에는 내장형 HDD(hard disk drive)와 SSD(solid-state drive)가 보조 기억 장치로 많이 사용된다. HDD는 회전하는 자기 디스크에 자기적 패턴으로 정보를 기록하며, SSD는 플래시 메모리라는 회로 안에 정보를 저장한다. 대다수 컴퓨터에는 착탈식 기억 장치도 사용할 수 있다. 이런 착탈식 기억 장치에는 USB 메모리 스틱이나 광학 디스크인 DVD(digital versatile disc) 등이 있다.

사람은 입출력 장치를 통해 컴퓨터와 의사소통한다. 키보드와 마우스, 모니터는 이미 친숙하게 사용해 본 적이 있을 것이다. 입력 장치로부터 입력된 정보는 CPU에서 처리되어 다시 주기억 장치 또는 보조 기억 장치로 전달된다. 출력할 필요가 있는 정보는 출력 장치로 전달되기도 한다.

그럼 게임이나 워드 프로세서 프로그램을 실행하면 컴퓨터 안에서는 어떤 일이 일어날까? 프로그램을 실행하면 먼저 프로그램을 구성하는 명령어가 보조 기억 장치에서 주기억 장치로 복사된다. 이렇게 명령어가 적재(주기억 장치로 복사)되고 나면 CPU가 프로그램을 실행하기 시작한다.

전문 용어로, CPU는 인출-실행 주기(fetch-execute cycle)에 따라 동작한다. 첫 명령어를 주기억 장치로부터 받으면, 명령어가 어떤 명령인지 해석한 뒤 이를 수행한다. 그리고 다시 다음 명령어를 받으면 이 과정을 반복한다. 이 주기는 그 이후 명령어에서도 반복된다. 컴퓨터가 켜져 있는 동안 하는 일은 이 주기, 즉 명령어 인출, 해석, 실행을 반복해 수행하는 것이 전부다. 별로 대단할 것은 없지 않은가? 그러나 컴퓨터는 이런 간단한 명령을 매우 빠른 속도(1초에 수십억 개 이상)로 처리한다. 그리고 간단한 명령이라도 충분한 수가 적절히 배치되면 놀라운 일을 할 수 있다.

1.5 프로그래밍 언어

다시 말하지만, 프로그램은 컴퓨터가 해야 할 일을 알려 주는 일련의 명령어에 지나지 않는다. 하지만 이 명령어를 컴퓨터가 이해할 수 있는 언어로 전달해야 한다는 문제가 있다. SF 영화처럼 할 일을 인간의 언어로 컴퓨터에 지시할 수 있다면 좋을 것이다("항법 컴퓨터, 알파 행성까지 최대 워프하면 시간이 얼마나 걸리지?"). 컴퓨터 과학은 이 분야에서 꽤 큰 성과를 얻었다. 애플 시리(Siri), 구글 나우(Google Now), 마이크로소프트 코타나(Cortana) 등을 들어 본 적이 있을 것이다. 하지만 이런 시스템을 진지하게 사용해 봤던 사람이라면 모두 느꼈듯이, 인간의 언어를 완전히 이해하는 컴퓨터 프로그램은 아직 나오지 않았다.

설사 컴퓨터가 사람의 말을 이해할 수 있다고 해도 인간의 언어는 복잡한 알고리즘을 나타내는 데 적합하지 않다. 자연 언어는 모호성과 불명확성으로 가득하다. 예를 들어, "I saw the man in the park with the telescope"라고 말한다면, 망원경을 갖고 있던 사람은 누구일까? 대개의 경우 사람끼리는 많은 양의 정보를 상식이라는 이름으로 공유하기 때문에 서로 이해하는 데 불편이 없다. 그러나 그렇다고 해도 의사소통의 오류는 비일비재하다.

컴퓨터 과학은 연산을 명확하고 모호하지 않게 나타내는 표기법을 고안해 이 문제를 해결했다. 이 표기법을 '프로그래밍 언어'라고 한다. 프로그래밍 언어의 모든 구조는 정확한 형태(구문)와 정확한 의미(의미론)를 갖는다. 프로그래밍 언어는 컴퓨터가 지시를 이해하고 따를 수 있는 암호(코드) 같은 것이라고 할 수 있다. 실제로 프로그래머들은 자신이 작성한 프로그램을 '코드'라고 부르며, 알고리즘을 프로그래밍 언어로 작성하는 행위를 '코딩'이라 부른다.

파이썬은 이 책에서 우리가 사용할 프로그래밍 언어다.[1] C++, 자바, 자바스크립트, 루비, 펄, 스킴 등의 프로그래밍 언어에 대해 들어 본 적이 있을 것이다. 컴퓨터 과학자들은 말 그대로 수천 가지 이상의 프로그래밍 언어를 만들어 냈으며, 이 언어들은 다시 시간이 지남에 따라 진화해 여러 형태를 갖거나 이전과는 전혀 다른 버전으로 변화한다. 이 프로그래밍 언어들은 세부적인 면에서는 서로 매우 다르지만, 잘 정의되었으며 모호성이 없는 구문과 의미론을 공통적으로 갖추고 있다.

앞에서 언급된 모든 프로그래밍 언어는 '고수준' 언어들이다. 정확한 의미를 나타내도록 고안되기는 했지만 이것들은 우선 사람이 이해할 수 있도록 만들어졌다. 정확히 말하면, 컴퓨터 하드웨어는 '기계어'와 같은 '저수준' 언어만을 이해할 수 있다.

두 수를 더하도록 컴퓨터에게 시키고 싶다고 하자. CPU가 실제로 수행하게 될

---

1 이 책의 본문은 파이썬 3.4를 기준으로 작성하고 검증했으나 2017년 5월 현재 최신 버전은 파이썬 3.6.1이다. 현재 설치된 파이썬 버전이 이보다 오래되었다면, 3.x 버전의 최신 안정 버전으로 업그레이드해야 예제가 정상으로 동작할 것이다.

명령은 아마 다음과 같을 것이다.

```
메모리 주소 2001에 있는 값을 CPU로 옮긴다.
메모리 주소 2002에 있는 값을 CPU로 옮긴다.
CPU에서 두 값을 더한다.
더한 결과를 메모리 주소 2003에 저장한다.
```

보면 알겠지만, 두 숫자를 더하는 과정치고는 꽤 복잡하다. 그러나 실제로는 이 명령어가 (0과 1만 나열되는) '이진' 표기법으로 표현되기 때문에 이보다 더 복잡하게 보일 것이다.

파이썬 같은 고수준 언어에서 두 수의 덧셈은 c = a + b와 같이 좀 더 자연스럽게 나타낼 수 있다. 이렇게 나타내니 훨씬 이해하기 쉽다. 하지만 그 대신에 이를 다시 컴퓨터가 실행할 수 있는 기계어로 번역해야 할 필요가 있다. 이런 번역에는 두 가지 방법이 있는데, 하나는 '인터프리터' 방식이고 다른 하나는 '컴파일러' 방식이다.

컴파일러란 고수준 언어로 작성된 프로그램을 입력으로 받아서 해당 프로그램을 특정 컴퓨터의 기계어로 된 프로그램으로 번역하는 매우 복잡한 프로그램을 말한다. 컴파일러가 어떻게 동작하는지 나타낸 도식을 그림 1.2에 실었다. 고수준 언어로 작성된 프로그램은 '소스 코드'라고 부르며, 이로부터 번역된 '기계어 코드'는 컴퓨터가 직접 실행할 수 있는 프로그램이다. 도식 안의 점선은 기계어 코드가 실행되는 것을 의미한다.

이와 달리 인터프리터는 컴퓨터가 고수준 언어를 이해하는 것처럼 시뮬레이션을

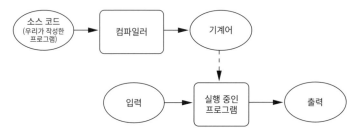

그림 1.2 고수준 언어가 컴파일러를 통해 실행되는 과정

해 주는 프로그램이다. 소스 코드를 같은 내용의 기계어 프로그램으로 번역하는 대신에, 인터프리터는 필요할 때마다 필요한 부분의 소스 코드를 분석한 뒤 이를 실행한다. 그림 1.3에 이 과정을 나타냈다.

인터프리터 방식과 컴파일러 방식의 차이는, 컴파일러는 전체 프로그램을 한 번에 번역하기 때문에 번역된 프로그램을 컴파일러 없이도 여러 번 실행할 수 있

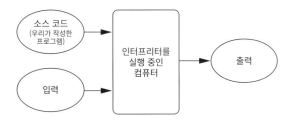

그림 1.3 고수준 언어가 인터프리터를 통해 실행되는 과정

다. 그러나 인터프리터는 프로그램을 실행하려고 할 때마다 소스 코드가 필요하다. 그리고 대화식으로 유연하게 구성된 프로그래밍 환경을 갖춘 인터프리터 방식에 비해 컴파일러로 번역된 프로그램은 대체로 실행이 좀 더 빠른 것이 특징이다.

이러한 번역 과정은 기계어에 대해 고수준 언어가 지닌 장점을 보여 준다. 먼저 '이식 가능성'이다. 기계어는 해당 CPU를 설계한 사람이 만든다. 각 컴퓨터는 저마다 기계어를 갖고 있다. 예를 들면, 노트북에 장착된 인텔 i7 프로세서용 프로그램은 스마트폰의 ARMv8 프로세서에서는 동작하지 않을 것이다. 그러나 고수준 언어로 작성된 프로그램은 적당한 인터프리터나 컴파일러(이 역시 별도의 프로그램이다)가 있다면 어느 컴퓨터에서도 실행할 수 있다. 그렇기 때문에 CPU 종류가 서로 다른 내 노트북 컴퓨터와 태블릿에서 각각 똑같은 파이썬 프로그램을 실행할 수 있는 것이다.

1.6 파이썬의 마법

이제 이론적인 지식은 충분히 다뤘으니 파이썬을 직접 사용해 볼 차례다. 궁극적 목표는 컴퓨터가 우리의 명령을 따르도록 하는 것이다. 이를 위해 컴퓨터 안에서 연산 과정을 제어할 프로그램을 작성할 것이다. 이런 과정에 아무런 신기할 게 없다는 점을 우리는 이미 알고 있지만, 어찌 보면 프로그래밍은 마법처럼 보이기도 한다.

컴퓨터 안에서 이뤄지는 연산 과정은 마치 마법을 사용하기 위해 부리는 정령과도 같다. 하지만 안타깝게도 이 정령들은 우리가 이해하지 못하는 신비한 언어만을 사용한다. 이제 우리에게는 이 정령들에게 우리가 원하는 바를 전달해 달라고 부탁할 요정이 필요하다. 부탁할 요정은 파이썬 인터프리터다. 파이썬 인터프리터에 지시를 내리면 이를 따르는 정령들이 우리가 원하는 바를 수행해 줄 것이다. 우리는 주문을 외우기 위한 특별한 언어(여기서는 파이썬)를 통해 요정과 대화한다. 파이썬을 배우는 가장 좋은 방법은 이 요정을 램프에서 나오게 하여 몇 가지 주문을 외워 보는 것이다.

파이썬이 설치되어 있다면 대다수 환경에서 '셸'이라는 대화형 모드로 파이썬 인터프리터를 실행할 수 있다. 셸에 파이썬 명령을 입력하면 이를 실행하고 그 결과를 보여 준다. 셸을 실행하는 방법은 환경이나 설치한 방법에 따라 조금씩 다르지만, www.python.org에서 받은 배포본을 사용한 PC나 매킨토시 환경이라면 IDLE이라는 응용 프로그램이 설치되어 있을 것이다. IDLE은 셸 환경과 함께 (나중에 배우겠지만) 직접 파이썬 프로그램을 작성할 수 있는 기능을 제공한다.

IDLE(또는 파이썬 셸)을 실행했다면 다음과 비슷한 메시지를 볼 수 있을 것이다.

```
Python 3.4.3 (v3.4.3:9b73f1c3e601, Feb 24 2015, 22:43:06)
[MSC v.1600 32 bit (Intel)] on win32
Type "copyright", "credits" or "license()" for more information.
>>>
```

정확히 어떤 메시지가 출력될지는 사용하고 있는 플랫폼이나 버전에 따라 조금씩 차이가 있다. 중요한 부분은 마지막 줄이다. >>>는 파이썬 '프롬프트'로 요정(파이썬 인터프리터)이 우리가 명령을 내리기를 기다리고 있다는 의미이다. 프로그래밍 언어에서 완전한 형태를 갖춘 명령을 '문'(文, statement)이라고 부른다.

파이썬 셸에 간단한 명령을 내리고 그 결과를 받아 보는 화면을 다음에 실었다.

```
>>> print("Hello, World!")
Hello, World!
>>> print(2 + 3)
5
>>> print("2 + 3 = ", 2 + 3)
2 + 3 = 5
```

앞의 화면에서 파이썬의 print 문을 사용해 세 가지 예제를 실행해 보았다. 첫 번째 명령문은 문자열 리터럴 Hello, World!를 출력하라는 뜻이고, 그에 따라 그다음 줄에 해당 문자열이 출력되었다. 두 번째 print 문은 2와 3의 합을 출력하라는 명령이다. 세 번째 print 문은 앞의 두 명령문을 결합한 것이다. 이 명령에 따라 파이썬은 문자열 2 + 3 = 뒤에 2와 3을 실제로 더한 결과인 5를 출력한다.

이런 셸 명령은 파이썬에서 새로운 것을 시도해 보기 좋은 방법이다. 이 책 전반에서 대화형 세션에서 사용된 코드 조각을 자주 볼 수 있을 것이다. 예제 코드에서 파이썬 프롬프트 >>>가 보인다면, 예제에 나오는 상황이 대화형 세션임을 알

수 있다. 지금 당장 앞에 있는 컴퓨터에서 파이썬 셸을 실행해 보고 예제를 따라
해 보자.

한 줄짜리 코드 조각보다 더 큰 규모로 여러 명령문으로 구성된 코드를 실행하
고 싶다면, 여러 명령문을 하나로 묶어 새로운 명령이나 함수를 만드는 기능을 활
용해 보자. 다음 예제에서는 hello라는 이름의 함수를 만들고 있다.

```
>>> def hello():
        print("Hello")
        print("Computers are fun!")
>>>
```

첫 번째 줄은 우리가 앞으로 새로운 함수를 만들 것이며, 그 이름을 hello라고 한
다는 의미다. 그 이후 줄은 들여쓰기가 되어 있는데, 이는 그 줄이 hello 함수의
내용임을 나타낸다(주의: 셸 종류에 따라서는 들여쓰기가 된 줄의 첫 부분에 말줄
임표(...)가 표시될 수도 있다). 맨 마지막 빈 줄(엔터키를 마지막에 한 번 더 쳐서
입력되었다)은 함수의 내용이 끝났음을 나타낸다. 그래서 그다음 줄에 파이썬 인
터프리터가 다시 프롬프트를 표시한다. 이때, 함수 정의를 입력해도 파이썬이 뭔
가를 실제로 출력하지는 않는다는 점에 주목할 필요가 있다. 우리가 지금 한 일은
파이썬이 hello 함수를 명령으로 받았을 때 무엇을 해야 하는지를 알려 준 것이
고, 아직 파이썬에게 이를 수행하라고 한 것이 아니다.

함수는 함수의 이름 뒤에 괄호를 붙여 '호출'(invoke, call)할 수 있다. 조금 전에
만든 hello 함수를 호출한 예제를 다음에 실었다.

```
>>> hello()
Hello
Computers are fun!
>>>
```

무슨 일이 일어났는지 이해하겠는가? hello 함수에 정의된 print 문 두 개가 차례
로 실행되었음을 알 수 있다.

hello 함수를 정의하거나 호출할 때 괄호가 왜 붙는지 궁금할 것이다. 명령문에
는 '인자'(argument) 또는 '파라미터'(parameter)라고 하는 변경 가능한 부분이 있
는데, 이 인자가 바로 괄호 안에 위치한다. 인자를 바꿔서 서로 다른 인사말을 건
네는 예제를 한번 살펴보자. 먼저 함수의 정의다.

```
>>> def greet(person):
        print("Hello", person)
        print("How are you?")
```

이제 이 함수를 이용해 사람에 따라 다른 인사말을 건네 보기로 한다.

```
>>> greet("John")
Hello John
How are you?
>>> greet("Emily")
Hello Emily
How are you?
>>>
```

이 예제의 내용을 이해할 수 있겠는가? greet 함수를 이용할 때 여러 가지 이름을 넣어서 함수를 실행한 결과가 달라지게 할 수 있다. 이 예제가 print 명령문을 호출했던 앞의 예제와 비슷하다는 점을 눈치챈 독자도 있을 것이다. print 함수는 파이썬에 포함된 내장 함수(built-in function) 중 하나다. print 함수를 호출하면, 괄호 안의 인자는 출력할 내용을 함수에 전달한다.

인자에 대한 자세한 내용은 조금 나중에 다루기로 한다. 현 단계에서 기억해 두어야 할 것은 함수를 호출할 때에는 항상 괄호가 함수명 뒤에 와야 한다는 것이다. 이는 인자 없이 호출할 때에도 마찬가지다. 예를 들어 매개 변수 없이 print를 사용해 빈 줄을 출력할 수 있다.

```
>>> print()

>>>
```

이와 다르게 괄호 없이 그냥 함수 이름만 입력하면 함수는 실행되지 않는다. 그 대신, 파이썬은 다음과 같이 이 함수명이 무엇을 가리키는지 나타내는 내용을 출력한다.

```
>>> greet
<function greet at 0x8393aec>
>>> print
<built-in function print>
```

0x8393aec라는 난해한 텍스트는 greet 함수가 컴퓨터의 주기억 장치에서 어느 위치에 저장되어 있는지 나타내는 주소다. 독자들이 자신의 컴퓨터에서 똑같이 입력해 보면 아마 이와는 다른 주소가 출력될 것이다.

조금 전의 hello와 greet 함수 예제처럼 파이썬 셸에서 대화형으로 함수를 정의했을 때 생기는 문제가 있다. 셸을 종료하면 우리가 정의했던 함수가 사라진다는 것이다. 이후에도 이 함수를 계속 사용하려면 함수를 다시 한 번 입력하여 정의해야 한다. 프로그램은 대개 '모듈' 또는 '스크립트'라는 별도의 파일에 정의를 입력해 만든다. 이 파일은 보조 기억 장치에 저장되어 다시 사용할 수 있다.

모듈 파일은 평범한 텍스트 파일이다. 그렇기 때문에 메모장이나 워드패드처럼 어떤 텍스트 편집기를 사용하더라도 이를 만들 수 있다. '통합 개발 환경' (integrated development environment, IDE)이라는 특별한 응용 프로그램을 이용하면 이러한 과정을 간단히 수행할 수 있다. 통합 개발 환경은 프로그래머가 프로그램을 쉽게 작성할 수 있도록 자동 들여쓰기, 코드 강조, 상호 작용형 개발 환경(interactive development)과 같은 기능을 제공한다. IDLE도 통합 개발 환경의 한 종류다. 지금까지는 IDLE을 파이썬 셸로만 사용해 왔으나, IDLE은 조금 단순하기는 해도 완전한 형태의 통합 개발 환경이다.[2]

완전한 프로그램을 작성하고 실행해 보면서 모듈 파일을 사용하는 법을 알아보자. 우리가 작성할 프로그램은 혼돈이라는 수학적 개념을 다루는 프로그램이 될 것이다. IDLE에 이 프로그램을 입력하기 위해서 메뉴에서 File/New File을 선택한다. 그러면 프로그램을 입력할 수 있는 (셸이 아닌) 빈 창이 화면에 나타난다. 다음 코드는 우리가 작성할 파이썬 프로그램이다.

```
# 파일: chaos.py
# 혼돈 함수의 간단한 예를 보여 주는 프로그램

def main():
    print("This program illustrates a chaotic function")
    x = eval(input("Enter a number between 0 and 1: "))
    for i in range(10):
        x = 3.9 * x * (1 - x)
        print(x)
main()
```

코드를 다 입력하고 나면, 다시 메뉴의 File/Save를 선택해 chaos.py라는 파일명으로 저장한다. 확장자 **.py**는 이 파일이 파이썬 모듈임을 뜻한다. 이때 파일을 저장하는 위치에 주의한다. 간혹 IDLE이 파이썬이 설치된 시스템 경로를 작업 디렉터리로 해서 실행되는 경우가 있으므로 자신의 파일이 저장된 디렉터리로 이동하여 저장해야 한다. 가급적이면 홈 디렉터리 안에 앞으로 작성할 파이썬 프로그램을 모아 놓을 별도의 디렉터리를 만들고 여기에 파일을 저장하는 것이 좋다.

이제 방금 입력한 내용이 무엇을 의미하는지 알아보자. 먼저 main이라는 이름으로 새로운 함수를 정의하는 부분이 있음을 알 수 있다(프로그램은 main 함수 안에 위치한다). 마지막 줄은 다시 이 함수를 실행하는 명령이다. main이 무엇을 하는 함수인지는 아직 몰라도 괜찮다. 이 함수의 내용에 대해서는 다음 절에서 다룰 것이다. 지금 중요한 내용은 이렇게 모듈 파일에 프로그램을 저장해 놓으면 나중

---

2 사실, IDLE 자체가 이미 통합 개발 환경(Integrated DeveLopment Environment)을 의미한다. L이 추가된 것은 몬티 파이썬의 멤버 에릭 아이들(Eric Idle)을 기리기 위한 것이다.

에도 다시 사용할 수 있다는 것이다.

모듈 파일로 작성된 프로그램을 실행하는 방법은 운영 체제나 개발 환경에 따라 서로 다르다. 그래픽 사용자 인터페이스 기반 운영 체제를 사용하고 있다면, 모듈 파일의 아이콘을 클릭(또는 더블 클릭)해 실행할 수도 있고, 명령행 기반 환경을 사용하고 있다면 python chaos.py와 같은 명령으로 실행할 수도 있다. IDLE을 사용한다면 모듈 창의 메뉴에서 Run/Run Module을 선택하거나 〈F5〉 키를 사용해 프로그램을 실행할 수 있다.

IDLE이 프로그램을 실행하면 창의 포커스가 셸 창으로 넘어가고 다음과 비슷한 내용이 출력될 것이다.

```
>>> ====================== RESTART ======================
>>>
This program illustrates a chaotic function
Enter a number between 0 and 1: .25
0.73125
0.76644140625
0.6981350104385375
0.8218958187902304
0.5708940191969317
0.9553987483642099
0.166186721954413
0.5404179120617926
0.9686289302998042
0.11850901017563877
>>>
```

첫 번째 줄은 IDLE이 셸이 재시작되었음을 알리는 메시지다. IDLE은 프로그램을 실행할 때마다 셸을 새로 시작해 프로그램이 새로운 환경에서 실행되도록 한다. 그리고 나서 모듈이 처음부터 끝까지 한 줄씩 실행된다. 이 점은 우리가 대화형 파이썬 프롬프트에서 프로그램을 입력했을 때와 같다. 먼저 def 문에 따라 main 함수가 만들어지고 모듈의 마지막 줄에서 main 함수가 실행되면서 우리가 작성한 프로그램이 실행된다. 실행된 프로그램은 사용자에게 0부터 1 사이의 숫자를 하나 입력하도록 요청한다(여기서는 .25를 입력했다). 입력이 끝나면 숫자 열 개를 연속해서 출력한다.

컴퓨터의 폴더를 보다 보면 파이썬이 모듈이 저장된 디렉터리 안에 __pycache__ 라는 이름의 디렉터리를 만드는 것을 가끔 볼 수 있다. 이 디렉터리는 파이썬이 확장자가 .pyc인 보조 파일을 두는 곳이다. 이 보조 파일은 파이썬 인터프리터가 사용하는 중간 파일인데, 전문적인 내용을 설명하자면, 파이썬은 컴파일 방식과 인터프리터 방식의 절충형을 취하고 있다. 파이썬 모듈에 포함된 소스 코드는 '바이트 코드'라는 조금 더 원시적인 형태로 컴파일된다. 이 바이트 코드가 인터프리터에서 해석되어 실행된다. 이렇게 만들어진 .pyc 파일을 보관해 두면 다음에 이 모듈을 실행할 때 조금 더 빨리 실행할 수 있다. 하지만 디스크 공간을 절약하고 싶다면 삭제해도 무방하다. 파이썬은 필요할 때 이 파일을 다시 만들 수 있다.

IDLE에서 모듈을 실행하면 셸 창에 프로그램이 로드된다. 그다음에는 파이썬에 main 명령을 내려서 프로그램을 다시 실행할 수 있다. 셸 창의 프롬프트에 명령어를 입력해 예제를 다시 실행해 보자. .26을 입력한 경우의 출력을 다음에 실었다.

```
>>> main()
This program illustrates a chaotic function
Enter a number between 0 and 1: .26
0.75036
0.73054749456
0.767706625733
0.6954993339
0.825942040734
0.560670965721
0.960644232282
0.147446875935
0.490254549376
0.974629602149
>>>
```

1.7 파이썬 프로그램 안에서 벌어지는 일

chaos 프로그램이 출력한 내용 자체는 그리 흥미로운 것이 못 된다. 그러나 이 안에서는 수학자나 물리학자라면 흥미로워할 만한 현상이 일어난다. 이 프로그램을 한 줄씩 살펴보며 어떤 일을 하는 프로그램인지 알아보자. 지금은 이해하지 못하는 세부 사항이 있어도 괜찮다. 다음 장에서 하나씩 알아볼 것이다.

프로그램의 처음 두 줄은 # 문자로 시작한다.

```
# 파일: chaos.py
# 혼돈 함수의 간단한 예를 보여 주는 프로그램
```

이렇게 # 문자로 시작하는 줄은 '주석'이라고 한다. 사람이 프로그램에 대해 참고할 수 있는 내용을 적는 줄이며 파이썬은 이 줄을 무시한다. 또한 파이썬은 줄 안에서 # 문자 뒤에 있는 모든 문자를 무시한다.

그다음 줄에는 main 함수의 정의가 시작된다.

```
def main():
```

엄밀하게 말하면, main 함수를 반드시 만들어야 하는 것은 아니다. 모듈 파일의 내용은 로드된 후 바로 실행되기 때문에 함수 정의 없이 내용을 작성해도 무방하다. 말하자면, 모듈은 다음과 같은 형태를 취할 수도 있다.

```
# 파일: chaos.py
# 혼돈 함수의 간단한 예를 보여 주는 프로그램
print("This program illustrates a chaotic function")
x = eval(input("Enter a number between 0 and 1: "))
for i in range(10):
    x = 3.9 * x * (1 - x)
    print(x)
```

이렇게 하면 프로그램이 조금 짧아지지만, 대개는 프로그램의 내용을 main 함수의 정의 안에 배치한다. 이런 방식으로 인해 바로 누릴 수 있는 장점은 (앞에서 설명했듯이) 파이썬 셸을 새로 시작해서 프로그램을 실행할 필요 없이 그저 main() 함수를 호출하는 것만으로 프로그램을 실행할 수 있다는 점이다. 이에 비해 main 함수가 없는 경우에는 파이썬 셸을 다시 시작하여 프로그램을 실행해야 한다.

main 함수 내용 중 첫째 줄이 우리 프로그램의 시작이 된다.

```
print("This program illustrates a chaotic function")
```

이 줄을 실행하면 프로그램을 소개하는 메시지를 출력한다.

그다음 줄을 살펴보자.

```
x = eval(input("Enter a number between 0 and 1: "))
```

이 줄에 나온 x는 '변수'다. 변수는 어떤 값에 이름을 부여해 프로그램의 다른 부분에서 그 값을 가리키기 위해 사용한다.

이 줄의 명령문 전체가 뜻하는 바는 사용자로부터 어떤 입력을 받으라는 내용이다. 한 줄로 하는 일치고는 조금 많은 것 같지만, 자세한 사항은 이후 장에서 설명할 것이다. 지금은 여기서 무엇을 하는지만 알면 된다. 파이썬이 이 줄을 실행하면, 먼저 따옴표 안의 메시지 Enter a number between 0 and 1:을 출력하고 사용자의 입력을 받기 위해 잠시 정지한다. 사용자가 입력을 마치면 입력한 값이 변수 x에 저장된다. 처음 실행했던 예제의 경우를 들자면, 사용자가 .25를 입력하고 이 값이 변수 x에 저장된다.

다음 명령문은 반복문이다.

```
for i in range(10):
```

반복문은 파이썬이 어떤 일을 몇 번이고 되풀이하도록 지시한다. 이 반복문은 무언가를 열 번 반복하라고 지시하는 것으로, 이 반복문 아래에 들여쓰기 된 줄은 열 번 반복되어 실행된다. 이렇게 들여쓰기 된 줄이 반복문의 '몸체'(body)가 된다.

```
x = 3.9 * x * (1 - x)
print(x)
```

이 반복문은 다음과 같이 반복문의 몸체를 열 번 입력한 것과 같은 결과를 낸다.

```
x = 3.9 * x * (1 - x)
print(x)
x = 3.9 * x * (1 - x)
print(x)
x = 3.9 * x * (1 - x)
print(x)
x = 3.9 * x * (1 - x)
print(x)
x = 3.9 * x * (1 - x)
print(x)
x = 3.9 * x * (1 - x)
print(x)
x = 3.9 * x * (1 - x)
print(x)
x = 3.9 * x * (1 - x)
print(x)
x = 3.9 * x * (1 - x)
print(x)
x = 3.9 * x * (1 - x)
print(x)
```

이렇듯 반복문은 프로그래머의 수고를 많이 줄여 준다.

그럼 반복문 몸체에 포함된 명령문은 무슨 역할을 할까? 먼저 첫 번째 명령문은 값을 계산하라는 명령이다.

```
x = 3.9 * x * (1 - x)
```

이 명령문은 변수에 값을 '할당'하는 명령문이다. = 기호의 오른쪽 부분이 수학적 표현식이다. 파이썬에서는 곱셈을 * 기호로 나타낸다. 우리가 조금 전에 (입력을 통해) x에 0.25라는 값을 부여했음을 상기하자. 계산된 값은 3.9(0.25)(1-0.25) 또는 0.73125가 된다. = 기호 오른쪽 부분의 계산이 끝나고 나면, 계산된 값은 = 기호 왼쪽에 나온 변수(여기서는 x)에 저장(또는 할당)된다. 그러면 새로운 값 (0.73125)이 x의 이전 값(0.25)을 대체한다.

반복문 몸체의 두 번째 줄은 우리가 이미 본 적 있는 print 문이다.

```
print(x)
```

파이썬이 이 명령문을 실행하면 변수 x의 현재 값이 스크린에 출력된다. 그래서 첫 번째 출력되는 숫자는 0.73125가 된다.

이 반복문은 열 번 반복되므로 x의 값을 출력한 다음, 두 명령문이 다시 실행된다.

```
x = 3.9 * x * (1 - x)
print(x)
```

이번에 변수 x의 값은 물론 0.73125이다. 그 때문에 새로운 값을 계산하는 식은 3.9(0.73125)(1-0.73125)가 되고 그 결과인 0.76644140625가 다시 x에 저장된다.

반복문의 몸체가 반복되면서 x의 현재 값이 쓰이고 있는 것이 이해되었는가? 예제가 실행되면서 출력되는 값은 이 x의 현재 값으로부터 계산된 숫자다. 입력으로 다른 값을 선택하여 직접 계산해 보는 것도 좋은 방법이다. 그리고 나서 파이썬으로 다시 실행해 보면 직접 계산했던 과정이 옳았는지 확인할 수 있을 것이다.

1.8 혼돈과 컴퓨터

앞 절에서 chaos 프로그램은 흥미로운 현상을 묘사한 것이라고 설명한 바 있다. 그냥 숫자만 잔뜩 출력되는 프로그램에 무슨 흥미로운 구석이 있다는 말일까? 직접 프로그램을 실행해 보면, 어떤 숫자를 입력해 시작하든지 항상 비슷한 결과, 즉 0과 1 사이의 숫자 열 개가 나옴을 알 수 있다. 또 출력되는 값을 보면 제멋대로 선택된 것처럼 보인다.

이 프로그램에서 수행되는 함수는 $k(x)(1-x)$와 같은 일반형을 갖는다(이 경우에는 k가 3.9). 이 함수는 로지스틱 함수라고 부르는데, 어떤 불안정한 전기 회로를 모형화하거나 특정한 제한 조건이 걸린 모집단을 모형화하는 데도 사용된다. 이 로지스틱 함수를 연달아 적용하면 혼돈을 낳는데, 이 때문에 우리의 프로그램은 확실히 정해진 행동을 하게 되어 있는데도 예측할 수 없는 값을 출력한다.

혼돈 함수의 또 한 가지 재미있는 특징은 입력 값의 차이가 처음에는 작은데 수식을 연속적으로 계산하면서 차이가 커진다는 점이다. 우리의 chaos 프로그램에 비슷한 두 값을 입력하여 이를 확인해 볼 수 있다. 다음은 초깃값을 0.25와 0.26 두 가지로 하여 동시에 계산하도록 수정된 프로그램의 출력이다.

```
input    0.25        0.26
------------------------------
         0.731250    0.750360
         0.766441    0.730547
```

```
0.698135    0.767707
0.821896    0.695499
0.570894    0.825942
0.955399    0.560671
0.166187    0.960644
0.540418    0.147447
0.968629    0.490255
0.118509    0.974630
```

시작 값은 크게 차이나지 않았지만 출력은 처음 몇 번만 비슷했을 뿐이고, 곧 큰 차이가 나기 시작한다. 다섯 번째 반복 즈음에는 두 경우가 마치 전혀 관계없는 것처럼 보인다.

이 chaos 프로그램의 두 가지 특징, 즉 예측 불가성과 초깃값에 대한 극도의 민감성은 혼돈 상태가 갖는 전형적인 특징이다. 혼돈은 컴퓨터 과학에서 중요한 의미를 지닌다. 우리가 컴퓨터를 이용한 모형화를 통해 예측을 시도했던 실세계 현상 중 상당수가 이런 혼돈 상태와 같은 행동을 보였기 때문이다. '나비 효과'라는 말을 들어 본 적이 있을 것이다. 이는 날씨의 변화를 예측하기 위해 만든 컴퓨터 모형은 너무도 민감해 뉴저지에서 나비 한 마리가 날갯짓만 해도 그 영향이 피오리아의 일기 예보에까지 미친다는 이야기다.

컴퓨터로 자연 현상을 완전히 모형화했더라도 자연 현상을 충분한 정확도로 측정할 수 없기 때문에 불과 며칠 정도에 대해서만 예측할 수 있을 뿐이다. 그리고 그보다 더 긴 기간을 예측할 수 있을 정도의 정확한 측정은 불가능하다.

지금까지 보았듯이, 이 짧은 프로그램을 통해 컴퓨터를 사용하는 데 필요한 많은 내용을 배울 수 있었다. 컴퓨터는 실행되는 프로그램의 바탕에 깔린 수학적 모형의 가치만큼만 유용할 수밖에 없다. 컴퓨터가 출력하는 결과에 대한 오류는 프로그램의 오류로부터 비롯될 수도 있고, 프로그램의 바탕에 깔린 수학적 모형의 오류나 정확하지 못한 입력으로부터도 나올 수 있다.

1.9 정리

이번 장에서는 컴퓨터, 컴퓨터 과학, 프로그래밍이 무엇인지 소개했다. 다음은 역시 이번 장에서 소개한 중요한 개념이다.

- 컴퓨터는 정보 처리를 위한 범용 기계다. 이 기계는 충분히 상세하게 기술되어 있다면 어떠한 일이든 수행할 수 있다. 어떤 문제를 해결하기 위한 방법을 단계별로 기술한 것을 알고리즘이라고 한다. 알고리즘은 하드웨어가 할 일을 지

시하기 위한 소프트웨어(프로그램)로 변환할 수 있다. 이렇게 소프트웨어를 만드는 과정을 프로그래밍이라고 한다.

- 컴퓨터 과학은 계산 가능한 것이 무엇인지 연구하는 학문이다. 컴퓨터 과학에서는 설계, 분석, 실험과 같은 방법을 통해 연구를 수행한다. 컴퓨터 과학은 또한 네트워크, 데이터베이스, 정보 관리 시스템 같은 분야를 포함하는 기초 영역이 된다.

- 컴퓨터를 기능적 관점에서 바라보면, 크게 CPU, 주기억 장치, 보조 기억 장치, 입출력 장치로 구성된다. CPU는 컴퓨터의 두뇌로서 사칙 연산과 논리 연산을 수행한다. CPU가 다루는 정보(프로그램과 데이터)는 주기억 장치에 위치한다. 영구적으로 기억해야 할 정보는 자기 디스크, 플래시 메모리, 광디스크와 같은 보조 기억 장치에 저장된다. 또한 정보는 입력 장치를 통해 입력되고 출력 장치를 통해 출력된다.

- 프로그램은 프로그래밍 언어라는 형식적 표기법에 따라 작성된다. 프로그래밍 언어에는 많은 종류가 있으나 이것들은 모두 정확한 구문(형태)과 그에 대한 해석(의미)을 갖는다. 컴퓨터의 하드웨어는 저수준의 기계어밖에 이해하지 못한다. 프로그램은 대개 사람의 편의를 위해 파이썬과 같은 고수준 언어로 작성된다. 고수준 언어로 작성된 프로그램은 컴파일 방식이나 인터프리터 방식을 통해 기계가 이해할 수 있는 저수준 언어로 변환되어야 한다. 고수준 언어는 기계어에 비해 이식이 편리하다.

- 파이썬은 인터프리터 방식을 취하는 언어다. 파이썬을 배우기 위해서는 대화형 셸을 통해 여러 가지를 실험해 보는 방법이 좋다. 표준적인 파이썬 배포본은 IDLE이라는 프로그램을 포함하는데, IDLE은 파이썬 프로그램을 편집하기 위한 기능과 셸을 제공한다.

- 파이썬 프로그램은 파이썬 인터프리터가 실행할 명령(문)이 차례대로 늘어서 있는 형태를 취한다. 파이썬에는 화면에 결과를 출력하는 명령도 있고 사용자로부터 입력을 받거나 수학적 표현식을 계산하는 명령도 있다. 그리고 연속된 명령문을 여러 번 반복하도록 할 수도 있다.

- 입력의 작은 차이가 결과에서 큰 차이로 나타나고 결과를 예측하기 어려운 수

학적 모형을 혼돈 모형이라고 한다. 상당수의 자연 현상에 대한 모형은 이렇게 혼돈 모형과 같은 행동을 보이며, 이 때문에 계산을 통해 이를 예측하는 데는 한계가 있다.

1.10 연습 문제

내용 점검

맞다/틀리다로 답하시오.

1. 컴퓨터 과학은 컴퓨터를 연구하는 학문이다.
2. CPU는 컴퓨터의 '뇌'에 해당한다.
3. 보조 저장 장치는 RAM이라고도 한다.
4. 컴퓨터가 처리하는 중인 모든 정보는 주기억 장치에 저장된다.
5. 프로그래밍 언어의 구문이란 의미에 대한 해석을 뜻하며 의미론은 형태를 뜻한다.
6. 함수의 정의란 여러 개의 명령을 새로운 명령으로 만드는 것이다.
7. 프로그래밍 환경이란 프로그래머가 일하는 환경을 가리킨다.
8. 변수는 어떤 값에 이름을 부여하고 프로그램의 다른 곳에서 이를 참조하기 위해 쓰인다.
9. 반복문은 프로그램의 특정 부분을 뛰어넘기 위해 쓰인다.
10. 혼돈 함수는 컴퓨터로 계산할 수 없다.

다음 중 맞는 것을 모두 고르시오.

1. 컴퓨터 과학의 바탕이 되는 질문은 무엇인가?

   a) 컴퓨터는 얼마나 빨리 계산이 가능한가?
   b) 어떤 것이 계산의 대상이 될 수 있는가?
   c) 가장 효율적인 프로그래밍 언어는 무엇인가?
   d) 프로그래머는 어느 정도의 수입을 올리는가?

2. 알고리즘은 _____와(과) 비슷하다.

   a) 신문   b) 파리지옥풀   c) 북   d) 조리법

3. '어려운' 문제란 _____ 문제다.

    a) 해를 되돌릴 수 없는

    b) 트랙터와 관계있는

    c) 해가 여러 개 존재하는

    d) 실용적 수준에서 문제를 해결할 수 없는

4. 이 중 보조 기억 장치에 속하지 '않는' 것은 무엇인가?

    a) RAM   b) 하드 디스크   c) USB 메모리   d) DVD

5. 사람이 사용하기 쉽도록 설계된 컴퓨터 언어는 다음 중 무엇인가?

    a) 자연 언어

    b) 고수준 프로그래밍 언어

    c) 기계어

    d) 인출-실행 언어

6. 명령문이란 _____

    a) 기계어를 번역한 것이다.

    b) 완전한 형태의 명령이다.

    c) 문제를 정확하게 기술한 것이다.

    d) 알고리즘의 한 부분이다.

7. 컴파일러와 인터프리터의 차이는 다음 중 무엇인가?

    a) 컴파일러는 프로그램이다.

    b) 컴파일러는 고수준 프로그래밍 언어를 기계어로 번역하는 데 사용된다.

    c) 프로그램을 한 번 번역하고 나면 컴파일러는 더 이상 필요하지 않다.

    d) 컴파일러는 소스 코드를 처리한다.

8. 관습적으로 프로그램을 구성하는 명령문은 _____(이)라는 이름의 함수 안에 위치한다.

    a) import   b) main   c) program   d) IDLE

9. 주석에 대한 설명 중 '틀린' 것은?

    a) 프로그램을 좀 더 효율적이게 해 준다.

    b) 사람이 읽기 위한 것이다.

c) 파이썬은 이를 무시한다.

d) 파이썬에서는 #으로 시작하는 줄이 이에 해당한다.

10. 함수 정의에서 괄호 안에 위치하는 내용은 _____라고 한다.

    a) 괄호 기호

    b) 인자

    c) 파라미터

    d) b와 c가 모두 맞다.

토론할 내용

1. 이번 장에서 다룬 개념 중 다음 개념이 서로 어떤 차이가 있는지 설명하라.

    a) 하드웨어 대 소프트웨어

    b) 알고리즘 대 프로그램

    c) 프로그래밍 언어 대 자연 언어

    d) 고수준 언어 대 기계어

    e) 인터프리터 대 컴파일러

    f) 구문 대 의미론

2. 그림 1.1의 도식에 나온 다섯 가지 개념을 각각 자신의 표현으로 설명하라.

3. 땅콩버터와 잼을 바른 샌드위치를 만들기 위한 상세한 알고리즘을 작성하라
   (일상생활에서 하는 다른 일도 좋다). 이 알고리즘은 이 일을 할 수는 있으나
   아직 해 본 적은 없는 사람(예를 들면, 어린 아이)을 위한 것이라고 가정한다.

4. 이후 장에서 배우게 되겠지만 컴퓨터에 저장된 수치는 대개의 경우 정확한 값
   이 아니라 원래 값의 근삿값이다. 예를 들면, 0.1을 0.10000000000000000555
   와 같이 저장할 수도 있다. 이 차이는 대부분 큰 문제가 되지 않지만, 이번 장
   에서 배운 혼돈처럼 이 차이를 신경 쓰지 않으면 안 되는 경우도 있다. 그 외
   에도 이런 차이가 어떤 경우에 문제가 될 수 있겠는지 설명하라.

5. 1.6절의 chaos 프로그램에서 0.15를 입력했다고 가정하고 손으로 수행한 뒤
   출력될 결과를 적으라.

프로그래밍 과제

1. 대화형 파이썬 셸을 실행한 뒤 다음과 같은 명령을 입력해 보고 출력된 결과를 답하라.

   a) `print("Hello, world!")`

   b) `print("Hello", "world!")`

   c) `print(3)`

   d) `print(3.0)`

   e) `print(2 + 3)`

   f) `print(2.0 + 3.0)`

   g) `print("2" + "3")`

   h) `print("2 + 3 =", 2 + 3)`

   i) `print(2 * 3)`

   j) `print(2 ** 3)`

   k) `print(7 / 3)`

   l) `print(7 // 3)`

2. 1.6절의 chaos 프로그램을 입력하고 실행해 보라. 입력 값을 바꿔 가며 실행하면서 출력이 정말 배운 내용과 같은지 확인하라.

3. chaos 프로그램 중 로지스틱 함수에서 3.9를 곱하는 부분을 2.0으로 바꿔 보라. 수정한 줄은 다음과 같아야 한다.

   `x = 2.0 * x * (1 - x)`

   프로그램을 수정한 뒤 입력 값을 바꿔 가며 실행하면서 원래 프로그램의 결과와 비교해 보라. 이 두 가지 버전이 동작에서 어떤 차이를 보였는지 간단히 설명하라.

4. chaos 프로그램이 열 개가 아니라 스무 개의 결과를 출력하도록 수정해 보라.

5. chaos 프로그램이 정해진 숫자의 결과를 출력하는 것이 아니라 사용자가 입력한 개수만큼의 결과를 출력하도록 수정해 보라. 사용자의 입력을 받기 위해서는 다음과 같은 줄을 프로그램의 위쪽 부분에 추가해야 한다.

   `n = eval(input("How many numbers should I print? "))`

그런 다음 특정 횟수가 아니라 입력받은 횟수만큼 반복하도록 반복문을 수정해야 한다.

6. chaos 프로그램에서 이뤄지는 계산은 대수적으로 동등하지만 서로 다른 여러 가지 방법으로 나타낼 수 있다. 다음과 같은 방법으로 계산을 수행하되 100개의 숫자를 출력하도록 프로그램을 변경해 본 뒤, 원래 방법과 결과가 같은지 확인해 보라.

a) 3.9 * x * (1 - x)

b) 3.9 * (x - x * x)

c) 3.9 * x - 3.9 * x * x

결과가 어떻게 이렇게 되었는지 설명하라. 힌트: 논의할 내용 문제의 네 번째 문제를 참조하라.

7. (심화 문제) 1.8절에서 본 것처럼 프로그램이 두 개의 입력을 받아 두 개의 입력에 대한 계산을 동시에 수행하도록 chaos 프로그램을 수정하라. 참고: 출력이 예제에서 본 것처럼 정렬되어 있지 않아도 된다. 5장에서 고정 자릿수 소수를 출력하는 방법을 다룰 것이다.

2장

간단한 프로그램 작성하기

이 장의 학습 목표

- 소프트웨어 개발 과정을 단계적으로 이해한다.
- 입력-처리-출력 패턴(IPO)을 따르는 프로그램을 이해하고 이에 대해 간단한 수정을 할 수 있다.
- 파이썬의 올바른 식별자와 표현식을 만들기 위한 규칙을 이해한다.
- 정보를 스크린에 출력하고, 값을 변수에 할당하며, 키보드로부터 입력을 받는 파이썬 명령을 이해하고 사용할 수 있다.

2.1 소프트웨어를 개발하는 과정

앞 장에서 보았듯이 이미 작성된 프로그램을 실행하는 것은 쉽다. 정말 어려운 일은 프로그램을 처음 작성하는 것이다. 컴퓨터는 말해 주지 않은 것은 알지 못하기 때문에 일을 어떻게 하는지 매우 세세한 부분까지 설명해 주어야 한다. 규모가 큰 프로그램을 작성하는 일은 어렵고 도전적인 일이다. 체계적인 방법으로 접근하지 않으면 성공하기 매우 어렵다.

프로그램을 만드는 과정은 어떤 정보를 생성하느냐에 따라 몇 가지 단계로 나누어 볼 수 있다. 이를 간단하게 나타내면 다음과 같다.

문제 분석: 풀려는 문제가 정확히 어떤 문제인지 파악하고, 문제의 속성이 어떤지 최대한 많이 이해한다. 풀려는 문제가 무엇인지 확실히 알지 못한 상태에서는 문제를 해결할 수 없다.

프로그램 사양 결정: 작성할 프로그램이 해야 할 일을 명확히 기술한다. 프로그램이 어떤 방식으로 동작해야 할지에 대해서는 이 단계에서 고민할 필요가 없다. 단

지 어떤 일을 수행할 수 있는지에 대해 명확히 결정해야 한다. 간단한 프로그램의 경우에는 프로그램이 어떤 입력을 받아서 어떤 출력을 내놓을지 그리고 입력과 출력은 어떤 관계인지와 같은 내용에 대한 기술이 필요하다.

설계하기: 프로그램의 전체 구조를 작성한다. 이 단계에서 프로그램이 어떻게 동작할지 계획한다. 결정된 사양에 부합하는 알고리즘을 작성하는 것이 이 단계에서 일어나는 주된 작업이다.

설계대로 구현하기: 설계 사항을 컴퓨터 언어로 옮겨서 컴퓨터에 입력한다. 이 책에서는 우리가 설계한 알고리즘을 파이썬 언어로 구현할 것이다.

테스트와 디버깅: 작성한 프로그램을 테스트해 의도대로 동작하는지 확인한다. 오류(버그라고도 부른다)가 있다면 프로그램을 수정한다. 프로그램에서 오류를 발견하고 수정하는 과정을 '디버깅'이라고 한다. 디버깅 단계의 목표는 오류를 찾아내는 것이므로 프로그램을 '망가뜨릴' 수 있는 모든 가능성에 대비해야 한다. "바보짓은 너무 기발하기 때문에 완벽한 안전이란 없다"라는 말을 명심해 두는 것이 좋다.

프로그램 유지 보수: 사용자의 필요에 따라 프로그램 개발을 계속한다. 대부분의 프로그램은 오랫동안 사용되면서 지속적으로 개발이 진행된다.

2.2 예제 프로그램: 온도 변환기

이제 가상의 컴퓨터 과학과 학생 수전 컴퓨트웰과 함께 간단한 실제 문제를 해결하기 위한 프로그램을 만들어 보려고 한다. 이 프로그램을 만들기 위한 개발 과정을 함께 거쳐 보자.

수전은 독일에서 1년 동안 공부하고 있다. 다양한 언어를 구사할 수 있었기에 (파이썬도 포함) 언어에는 불편이 없었지만, 매일 아침 기온이 어느 정도인지 아는 것이 어려웠다. 그래서 그날그날 어떤 옷을 입어야 할지 고민하는 게 매우 고역이었다. 수전은 매일 아침 일기 예보를 듣지만 일기 예보는 섭씨온도를 기준으로 하고 있었고 수전은 화씨온도에 익숙했다.

다행히도 수전은 이를 해결할 방법을 생각해 냈다. 컴퓨터 과학 전공이니만큼 수전은 어디든지 노트북 컴퓨터를 들고 다녔다. 그녀는 컴퓨터 프로그램으로 이 문제를 해결할 수 있을 것 같았다.

수전은 자신이 직면한 문제를 꼼꼼히 따져보기 시작했다. 수전이 마주한 문제는 꽤 명확했다. 라디오의 일기 예보는 온도를 매일 섭씨온도로 알려준다. 그러나 수전은 화씨온도로만 기온을 이해할 수 있다.

그다음, 수전은 자신에게 도움이 될 만한 프로그램이 어떤 것일지 고민했다. 입력은 어떤 값이어야 할까? 수전은 프로그램의 입력을 섭씨온도로 결정한다. 그럼 출력은 무엇이어야 할까? 이 프로그램은 화씨온도로 변환된 온도를 출력해야 한다. 이제 프로그램의 입력과 출력이 어떤 관계여야 하는지도 알게 되었다.

수전은 머리를 빠르게 회전시키기 시작했다. 그녀는 섭씨 0도가 화씨 32도에 해당함을 알고 있다. 그리고 섭씨 100도(끓는점)는 화씨 212도에 해당한다는 것도 알고 있다. 이 두 가지 정보로부터, 섭씨온도에 대한 화씨온도의 비율을 $\frac{212-32}{100-0} = \frac{180}{100} = \frac{9}{5}$와 같이 계산한다. F를 화씨온도라고 하고 C를 섭씨온도라고 할 때, 섭씨온도를 화씨온도로 변환하는 공식은 상수 k에 대해 $F = \frac{9}{5}C + k$와 같은 형태다. C와 F에 각각 0과 32를 대입하면, $k = 32$임을 알 수 있다. 이에 따라 완성된 변환 공식은 $F = \frac{9}{5}C + 32$가 된다. 이 정도면 충분히 명확한 사양이 될 것 같다.

지금 우리가 택한 방법은 이 문제를 풀 수 있는 여러 방법 중 하나일 뿐임을 잊지 않도록 한다. 수전이 인공 지능에 대한 배경지식이 있었다면, 음성 인식을 통해 실제로 라디오를 듣고 온도를 파악하는 프로그램을 만들었을지도 모른다. 출력 역시 변환된 온도 값에 따라 로봇이 옷을 적절히 선택해 주는 형태를 취할 수도 있다. 좋게 말해 봐야 도전적인 프로젝트이고, 나쁘게 말하면 아직은 불가능한 일이겠지만 말이다.

로봇을 이용한 프로그램은 확실히 문제 분석 과정에서 발견한 문제를 해결해 줄 것이다. 사양은 대상 프로그램이 문제를 해결하기 위해 정확히 어떤 일을 할 수 있어야 하는지를 결정하려고 작성하는 것이다. 수전은 어떤 프로그램이 필요한지 생각해 보기도 전에 다짜고짜 코드부터 작성하지는 않을 만큼 현명했다.

수전은 자신의 문제를 해결하기 위한 알고리즘을 작성할 준비가 되었다. 그녀는 이 알고리즘이 표준적인 입력-처리-출력 패턴(IPO)을 따르는 간단한 것임을 바로 알 수 있었다. 이 프로그램은 사용자로부터 입력 정보(여기서는 섭씨온도)를 받아서 화씨온도로 변환한 뒤에, 다시 스크린에 결과를 표시할 것이다.

수전은 알고리즘을 바로 컴퓨터 언어로 작성할 수도 있었지만 그러지 않았다. 알고리즘을 정확한 형식적 표현으로 작성하기 위해 집중할 때, 이 집중력이 알고리즘을 개발해 내는 데 필요한 창의성을 억누를 수 있기 때문이다. 그 대신, '유사 코드'(pseudocode)로 알고리즘을 먼저 작성했다. 유사 코드는 우리가 사용하는 말로 프로그램이 해야 할 일을 정확하게 기술한 것으로, 프로그래밍 언어의 세세한 사상을 신경 쓰는 데 따르는 지적 부하 없이 알고리즘에 대해 의사소통하는 것을 목적으로 한다.

수전이 완성한 알고리즘은 다음과 같다.

```
섭씨온도를 입력한다(변수명: celsius).
화씨온도를 공식 (9/5) celsius + 32로 계산한다.
화씨온도를 출력한다.
```

그다음 단계는 이 설계를 다시 파이썬 프로그램으로 옮기는 일이다. 알고리즘의 각 줄을 적절한 파이썬 코드로 바꾸면 된다.

```python
# convert.py
# 섭씨온도를 화씨온도로 변환하는 프로그램
# 작성: 수전 컴퓨트웰

def main():
    celsius = eval(input("What is the Celsius temperature? "))
    fahrenheit = 9/5 * celsius + 32
    print("The temperature is", fahrenheit, "degrees Fahrenheit.")
main()
```

프로그램을 한 줄씩 살펴보며 각각 어떤 일을 하는지 확인하라. 지금 잘 이해되지 않는 곳이 있어도 괜찮다. 다음 절에서 코드를 부분별로 살펴보며 자세한 사항을 다룰 것이다.

프로그램 작성을 마친 후에 수전은 프로그램이 잘 동작하는지 테스트했다. 먼저 정확한 화씨온도를 알고 있는 섭씨온도 값을 입력해 본다. 수전이 두 가지 입력에 대해 프로그램을 테스트한 결과를 다음에 실었다.

```
What is the Celsius temperature? 0
The temperature is 32.0 degree Fahrenheit.
What is the Celsius temperature? 100
The temperature is 212.0 degree Fahrenheit.
```

수전은 프로그램을 테스트하기 위한 입력으로 0과 100을 사용했다. 프로그램은 원하는 대로 잘 작동했고 수전은 자신의 해결책에 만족했다. 특히 디버깅을 안 해도 돼서 만족스러웠다(이런 경우는 매우 드물다).

2.3 프로그램을 구성하는 요소

프로그래밍을 작성하는 과정에 대해 조금은 알게 되었을 것이다. 이제 프로그램을 직접 작성해 볼 차례다. 프로그램 작성을 시작하기 전에 먼저 파이썬의 기초를 조금 더 다져 보자. 이후 절에서는 정확한 프로그램을 작성하기 위해 알아야 할 기술적인 세부 사항을 다루겠다. 이 부분이 조금 지루하겠지만 앞으로 프로그램을 작성하는 과정이 좀 더 즐거우려면 이 내용을 잘 알아 두어야 한다.

2.3.1 이름 짓기

우리는 이름을 짓는 일이 프로그래밍에서 매우 중요한 부분을 차지한다는 것을 이미 보았다. 모듈(예: convert)과 모듈에 포함된 함수(예: main)는 이름을 지어줄 수 있다. 또 어떤 값에 이름을 지어 주기 위해 변수를 사용하기도 한다(celsius나 fahrenheit와 같이). 기술적인 용어로 이런 이름을 '식별자'라고 한다. 파이썬에서 식별자를 만들 때 지켜야 할 규칙이 몇 가지 있다. 먼저, 모든 식별자는 첫 글자가 영문자 또는 밑줄('_' 문자)로 시작하는 영문자, 숫자, 밑줄의 연속이어야 한다. 바꿔 말하면 식별자는 공백을 포함할 수 없다.

이런 규칙에 의하면 다음과 같은 식별자는 파이썬에서 문법에 부합한다.

```
x
celsius
spam
spam2
SpamAndEggs
Spam_and_Eggs
```

식별자는 대소문자를 구분하기 때문에 spam과 Spam, sPam, SPAM은 파이썬에서 모두 다른 이름으로 인식된다. 대개의 경우 앞의 조건을 만족하면 어떤 이름이라도 사용할 수 있지만, 좋은 프로그래머는 그 대상을 잘 나타낼 수 있는 이름을 짓는다.

또 하나 알아 두어야 할 것은 식별자 중에는 파이썬 자체가 사용하는 것도 있다는 점이다. 이런 이름은 '예약어' 또는 '키워드'라고 부르며 일반적인 식별자로는 사용할 수 없다. 파이썬의 모든 예약어 목록을 표 2.1에 실었다.

False	class	finally	is	return
None	continue	for	lambda	try
True	def	from	nonlocal	while
and	del	global	not	with
as	elif	if	or	yield
assert	else	import	pass	
break	except	in	raise	

표 2.1 파이썬의 예약어

파이썬은 상당한 수의 내장 함수를 포함하고 있다. 이런 내장 함수의 이름을 다른 곳에 재사용하는 것은 일단 문법에 어긋나지는 않지만, 일반적으로 볼 때 **매우 좋지 않은** 행동이다. 예를 들어, print라는 이름을 다른 대상에 재정의했다고 생각해 보자. 이렇게 되면 화면에 내용을 출력할 수가 없게 된다. 그리고 여러분이 작성한 프로그램을 읽게 될 (print라는 이름을 내장 함수라고 생각하고 있을) 다른 프로그래머에게 큰 혼란을 줄 것이다. 파이썬의 모든 내장 함수 목록을 부록 A에 실었다.

2.3.2 표현식

프로그램은 데이터를 다룬다. 지금까지 우리가 본 예제 프로그램에서는 숫자와 텍스트라는 두 가지 유형의 데이터를 다뤘다. 이 두 가지 유형의 데이터가 어떻게 다른지는 이후 장에서 자세히 다룰 것이다. 지금은, 모든 데이터는 컴퓨터 안에 디지털 형식으로 저장되며 데이터 유형에 따라 저장되는 형식도 달라진다는 것만 알면 된다.

새로운 값을 만들거나 계산하는 프로그램 코드 조각을 '표현식'이라고 부른다. 가장 간단한 표현식은 '리터럴'이다. 리터럴은 어떤 특정한 값을 나타내기 위해 사용된다. chaos.py 프로그램에서 숫자 3.9와 1을 본 기억이 있을 것이다. convert.py 프로그램은 9, 5, 32를 포함하고 있었다. 이것들은 모두 숫자 리터럴로, 그 숫자의 값을 의미한다(리터럴 32는 숫자 32를 나타낸다).

우리가 작성했던 프로그램은 텍스트 데이터에 대한 간단한 처리도 포함하고 있었다. 컴퓨터 과학에서는 이런 텍스트 데이터를 '문자열'이라고 부른다. 문자열이란, 출력할 수 있는 문자의 연속열이라고 볼 수 있다. 파이썬에서 문자열 리터럴은 큰따옴표("")로 둘러싸인 문자의 연속열로 표현된다. 앞 장의 예제 프로그램을 다시 살펴보면, "Hello"나 "Enter a number between 0 and 1: " 같은 문자열 리터럴을 볼 수 있을 것이다. 이 리터럴들은 큰따옴표 안의 문자로 이루어진 문자열 데이터를 만든다.

이때 큰따옴표는 문자열을 만들기 위해 파이썬에서 쓰이는 장치이기 때문에 만들어진 문자열에 포함되지 않는다.

표현식을 표현식이 나타내는 데이터 타입으로 변환하는 과정을 '평가'라고 한다. 파이썬 셸에 어떤 표현식을 입력하면, 셸이 그 표현식을 평가하고 그 결과에 대한 텍스트 표현을 출력한다. 다음 실행 결과를 살펴보자.

```
>>> 32
32
>>> "Hello"
'Hello'
>>> "32"
'32'
```

셀이 문자열의 값을 출력할 때는 앞뒤로 작은따옴표를 추가한다. 이를 통해 이 값이 (숫자 등이 아니라) 문자열임을 나타낸다. 이 상황에서 파이썬이 실제로 저장하고 있는 값은 글자 '3'과 '2'이며, 숫자 32를 나타내는 것이 아니다. 지금 잘 이해되지 않는다고 해도 괜찮다. 이후 장에서 다른 데이터 타입을 더 배우면 이해할 수 있을 것이다.

식별자 단독으로도 표현식이 될 수 있다. 값에 이름을 주면 식별자를 변수로 사용할 수 있는데, 어떤 식별자가 그 자체로 표현식이면 이 식별자의 값을 찾아와서 이 값을 전체 표현식의 값으로 평가하게 된다. 다음은 파이썬에서 식별자를 표현식으로 입력한 경우의 실행 결과다.

```
>>> x = 5
>>> x
5
>>> print(x)
5
>>> print(spam)
Traceback (most recent call last):
  File "<stdin>", line 1, in <module>
NameError: name 'spam' is not defined
```

먼저 변수 x에 5를 값으로 할당한다(여기서 숫자 리터럴 5가 사용된다). 두 번째 입력에서는 표현식 x를 평가하도록 하고, 곧 그 응답으로 조금 전에 x에 할당했던 값인 5가 출력된다. 물론 print 문을 통해 x 값을 출력하도록 직접 명령을 내려도 같은 결과가 나온다. 마지막 입력은 아직 값을 할당하지 않은 변수의 값을 출력하라는 명령이다. 파이썬이 값을 찾을 수 없었기 때문에 NameError 오류를 띄운다. 이 오류는 해당하는 이름으로 저장된 값이 없다는 의미다. 여기서 알아야 할 점은 변수는 표현식에서 사용되기 전에 반드시 값을 먼저 할당해 두어야 한다는 것이다.

'연산자'를 이용하면 간단한 표현식을 조합해 더 복잡하고 유용한 표현식을 만들 수 있다. 파이썬은 숫자 데이터에 대해서는 일반적인 연산, 즉 덧셈, 뺄셈, 곱셈, 나눗셈, 지수연산(제곱)을 기본적으로 제공한다. 이 연산에 대한 파이썬 연산자는 차례대로 +, -, *, /, **이다. 다음은 chaos.py와 convert.py 프로그램에서 발췌한 결합 표현식이다.

```
3.9 * x * (1 - x)
9/5 * celsius + 32
```

표현식 안의 공백은 무시되므로 마지막 표현식의 경우, 9/5*celsius+32라고 입력해도 같은 결과가 된다. 하지만 표현식에 공백을 적절히 넣으면 가독성이 향상된다.

파이썬의 수학 연산자는 수학 시간에 배웠던 것과 같은 순서로 계산하므로(괄호를 이용해 계산 순서를 바꾸는 것도 적용된다) 좀 더 복잡한 표현식을 작성하더라도 큰 어려움은 없을 것이다. 단, 숫자 계산 표현식에서는 소괄호(())만 사용할 수 있으며 이 괄호는 다음처럼 여러 겹 겹쳐 사용할 수 있다.

```
((x1 - x2) / 2*n) + (spam / k**3)
```

파이썬은 문자열에 적용되는 연산자도 제공한다. 예를 들어 문자열을 다음과 같이 '더할' 수 있다.

```
>>> "Bat" + "man"
'Batman'
```

이것을 문자열의 '연접'(concatenation)이라 한다. 앞에서 보았듯이 이 연산자는 여러 문자열이 '연결된' 새로운 문자열을 만드는 기능을 한다. 문자열 연산자에 대해서는 5장에서 더 자세히 다룰 것이다.

2.4 출력 명령문

지금까지 프로그램의 기본 단위가 되는 식별자와 표현식에 대해 배웠다. 이제는 파이썬의 다양한 명령문을 자세히 살펴보기로 한다. 파이썬의 내장 함수 print를 이용해 원하는 정보를 화면에 출력할 수 있음을 이미 배웠다. 지금까지 화면에 출력하는 명령을 몇 가지 보았지만 아직 print 함수를 자세히 설명하지는 않았다. 다른 프로그래밍 언어처럼, 파이썬도 각 명령어에 대해 정확한 문법(형태) 규칙과 이에 대한 의미론(해석)을 갖는다. 컴퓨터 과학에서는 프로그래밍 언어를 기술하기 위한 정교한 표현법인 '메타언어'를 만들어 냈다. 이 책에서는 여러 가지 명령문의 문법을 나타내기 위해 이 메타언어를 간략히 한 표현법을 사용할 것이다.

print는 내장 함수이므로 print 문 역시 다른 함수 호출과 형태가 같다. 함수 이름 뒤에 괄호를 열고 이 안에 인자 값을 넣으면 된다. 이 표현법으로 print 명령을 나타내면 다음과 같다.

```
print(<expr>, <expr>, ..., <expr>)
print()
```

이 두 가지 명령어 꼴을 통해 print 명령의 두 가지 형태를 알 수 있다. 첫 번째는 print 명령문 뒤에 괄호를 쓰고 괄호 안에 쉼표(,)로 구분된 표현식의 연속열을 넣은 형태다. 명령어 꼴에 쓰인 홑화살괄호(⟨⟩)는 그 '자리'가 파이썬 코드 조각으로 대체될 것임을 의미하며, 홑화살괄호 안의 내용이 그 자리에 들어갈 코드가 무엇인지를 설명한다. 여기서는 표현식이 들어갈 자리임을 나타내고 있다. 말줄임표(...)는 개수가 정해지지 않은 (여기서는 표현식의) 연속열을 말한다. 그렇기 때문에 실제로 이 점을 입력할 필요는 없다. 두 번째 명령어 꼴은 print 명령에 출력할 표현식을 아무것도 주지 않아도 문법에 어긋나지는 않음을 나타낸다.

명령문에 대한 해석만 생각하자면, print 문은 정보를 텍스트 형태로 보여 주기 위한 명령이다. 명령과 함께 주어진 표현식은 왼쪽 것부터 평가된 다음, 그 값이 한 줄 안에 왼쪽부터 오른쪽으로 출력된다. 따로 지정하지 않는다면, 표현식의 값 사이에 빈칸이 들어간다. 다음 print 문과 실행 결과를 살펴보자.

```
print(3+4)
print(3, 4, 3 + 4)
print()
print("The answer is", 3 + 4)
```

앞의 명령을 실행하면 다음과 같은 결과가 나온다.

```
7
3 4 7

The answer is 7
```

마지막 명령문은 print 문의 출력을 꾸미기 위해 문자열 리터럴 표현식을 이용하는 사례를 잘 보여 주고 있다.

새 print 문의 출력은 이전 명령문이 출력된 줄에서 한 번 줄 바꿈이 된 줄에 출력된다. 아무 내용 없는(인자 없이) print 명령문은 그냥 빈 줄로 출력된다. 여기서 알 수 있는 것은, print 함수가 출력해야 할 표현식의 값을 모두 출력한 후 끝에 어떤 내용(여기서는 줄 바꿈)을 덧붙인다는 점이다. 따로 지정하지 않는다면, 이 덧붙이는 내용은 줄 바꿈 기호("\n")다. 이 값을 다른 값으로 지정하면 print 함수는 출력 끝에 줄 바꿈 기호 대신 우리가 지정한 값을 출력할 것이다. 이 값은 이름 붙은 인자 또는 '키워드' 인자 문법을 통해 지정할 수 있다.

덧붙이는 텍스트를 지정하는 것을 포함한 print 문의 명령어 꼴은 다음과 같다.

```
print(<expr>, <expr>, ..., <expr>, end="\n")
```

여기서 쓰인 키워드 인자의 이름은 end이며 변수 할당처럼 = 뒤에 인자의 값을 지정한다. 이 명령어 꼴에서는 기본값인 줄 바꿈 기호를 지정하고 있다. 이런 표기법은 키워드 인자에 값을 지정하지 않았을 때, 어떤 값이 기본값으로 사용되는지 알려 주는 표준적인 방법이다.

키워드 인자 end의 값을 바꿔야 하는 대표적인 경우로, 여러 print 문의 출력을 한 줄에 모아 출력하려는 경우를 들 수 있다. 예를 들면 다음과 같은 경우가 있다.

```python
print("The answer is", end=" ")
print(3 + 4)
```

앞의 두 print 명령문은 다음과 같은 내용을 출력한다.

```
The answer is 7
```

첫 번째 print 문의 출력이 줄 바꿈 문자가 아니라 공백 문자(" ")로 끝났다는 점에 주목하기 바란다. 두 번째 print 문의 출력 내용이 그 뒤에 바로 이어진다.

2.5 할당문

파이썬에서 가장 중요한 명령문 중 하나는 할당문이다. 이전 예제에서 다양한 형태의 할당문을 보았을 것이다.

2.5.1 값을 직접 할당하는 할당문

할당문은 기본적으로 다음과 같은 형태다.

```
<variable> = <expr>
```

여기서 variable은 식별자를 말하며, expr은 표현식을 의미한다. 할당문이 갖는 의미는 = 기호 오른편의 표현식을 평가한 값을, 기호 왼편의 식별자를 이름으로 하는 변수에 할당하는 것이다.

다음은 우리가 지금까지 보아 온 할당문의 예다.

```python
x = 3.9 * x * (1 - x)
fahrenheit = 9 / 5 * celsius + 32
x = 5
```

한 변수에 값을 여러 번 할당하는 것도 가능하다. 그리고 변수는 가장 최근에 할당된 값을 유지한다. 이 점을 파이썬 대화형 셸을 통해 확인해 보자.

```python
>>> myVar = 0
>>> myVar
```

```
0
>>> myVar = 7
>>> myVar
7
>>> myVar = myVar + 1
>>> myVar
8
```

앞 예제의 마지막 할당문을 보면 변수의 값을 바꾸기 위해 변수가 가진 현재 값을 사용할 수도 있음을 알 수 있다. 이 명령을 통해 변수의 원래 값에 1을 더했다. 1장에서 보았던 chaos.py 프로그램에서도 약간 더 복잡하지만 비슷한 것이 있었다. 변수의 값은 바뀔 수 있다는(바로 그래서 변수라 불린다) 점을 기억해야 한다.

변수를 '이름이 붙어 있고 값을 넣을 수 있는 컴퓨터 메모리 안의 상자'라고 생각하는 것도 때로는 이해하는 데 도움이 된다. 변수의 값이 바뀌면 이전 값은 지워지고 새 값이 채워진다. 그림 2.1에 x = x + 1이라는 코드를 이런 모형을 통해 도식화한 것을 실었다. 일부 프로그래밍 언어에서는 할당문이 실제로 이렇게 동작하기도 한다. 이 방법은 할당문이 갖는 효과를 나타내기에 매우 적합한 방법으로, 이 책의 나머지 부분에서도 이런 도식을 자주 보게 될 것이다.

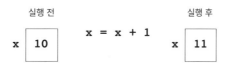

그림 2.1 상자에 비유해서 본 변수(x = x + 1)

파이썬의 할당문은 '컴퓨터 메모리 안의 상자'와는 약간 다른 방식으로 동작한다. 파이썬에서 값은 메모리 어딘가에 저장되는 것이 맞지만, 변수가 위치한 자리에 저장되지 않고 변수가 위치한 자리의 내용이 값이 저장된 자리를 가리키는 방식을 취한다. 변수에 값을 할당하는 것은 마치 포스트잇에 '이것이 x입니다'라고 써서 붙여 놓는 것과 같다고 볼 수 있다. 그림 2.2에 파이썬에서 할당문이 실제로 어떻게 동작하는지 도식화했다. 이 그림에서 화살표는 변수가 값이 저장된 자리를

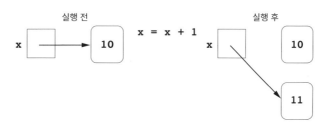

그림 2.2 포스트잇에 비유해서 본 (파이썬의) 변수(x = x + 1)

가리키고 있음을 나타낸다. 또, 값을 다시 할당해도 이전 값이 지워지지 않고 새로운 값을 가리킴을 알 수 있다. 이것은 마치 포스트잇을 옮겨 붙이는 것과 같다. 파이썬의 할낭분은 실제로 이런 식으로 농작하며, 이런 도식 역시 이 책 전체를 통해 여러 곳에서 볼 수 있을 것이다.

조금 다른 얘기지만, 할당문이 실행될 때 변수의 원래 값이 지워지지 않고 새로운 값을 가리킬 뿐이라 해도 컴퓨터 메모리가 이렇게 '버려진' 값으로 가득 차거나 하는 일은 일어나지 않는다. 아무 변수도 가리키고 있지 않은 값은 더는 쓸모가 없기 때문에 파이썬이 이를 자동으로 지우고 빈 공간을 다시 확보한다. 이는 마치 서랍을 열어 포스트잇이 붙어 있지 않은 물건을 내다 버리는 것과 같다고 할 수 있다. 이렇게 자동으로 메모리를 관리하는 과정을 '가비지 컬렉션'이라고 부른다.

2.5.2 입력받은 값을 할당하기

입력문은 프로그램의 사용자로부터 어떤 정보를 입력받아 변수로 저장하는 것을 목적으로 한다. 프로그래밍 언어 중에는 이런 입력만을 목적으로 하는 명령을 가진 것도 있다. 파이썬에서는 내장 함수 input과 할당문을 사용해 입력을 수행한다. 입력문의 정확한 형태는 어떤 타입의 데이터를 입력받느냐에 따라 조금씩 다르지만, 텍스트 입력을 예로 들자면 다음과 같은 형태가 사용된다.

```
<variable> = input(<prompt>)
```

여기서 <prompt>는 사용자에게 입력을 안내하기 위한 프롬프트 메시지가 담긴 문자열 표현식이다(또한 거의 대부분의 경우 문자열 리터럴이 사용된다).

파이썬은 input 명령문을 만나면 먼저 프롬프트를 화면에 출력한다. 그런 다음 사용자가 정보를 입력하고 엔터를 누를 때까지 잠시 대기한다. 사용자가 어떤 내용을 입력하든지 그 내용은 문자열로 저장된다. 다음의 간단한 입력 과정을 살펴보자.

```
>>> name = input("Enter your name: ")
Enter yout name: John Yaya
>>> name
'John Yaya'
```

input 문을 입력하면 프롬프트 메시지 "Enter your name: "이 출력되고 사용자의 입력을 기다리게 된다. 이 예제에서는 John Yaya라고 입력했고, 이 값이 변수 name에 저장되었다. 변수 name의 값을 평가하면 입력했던 문자열이 출력된다.

사용자가 숫자를 입력해야 할 때는 input 문의 형태가 약간 복잡해진다.

```
<variable> = eval(input(<prompt>))
```

앞의 예제에는 또 다른 내장 함수 eval이 input 함수를 '감싸고' 있음을 알 수 있다. 짐작했듯이 eval은 'evaluate'(평가하다)의 줄임말이다. 이런 형태의 명령문에서는 입력받은 텍스트 자체를 표현식으로 평가해 그 결괏값을 변수에 할당한다. 그러니까 이 예제에서 '32'를 입력하면 숫자 32가 변수에 할당된다. 지금까지의 예제 프로그램을 다시 보면 다음 코드처럼 사용자로부터 숫자를 입력받은 곳을 볼 수 있을 것이다.

```
x = eval(input("Please enter a number between 0 and 1: "))
celsius = eval(input("What is the Celsius temperature? "))
```

여기서 기억해 두어야 할 점은 문자열 대신 숫자를 입력받으려면 input 함수를 eval 함수로 감싸야 한다는 것이다.

예제 프로그램을 잘 읽어 보면, 프롬프트 메시지에 쓰인 문자열 리터럴의 마지막 글자가 모두 공백임을 알 수 있을 것이다. 이렇게 하면 사용자 입력이 프롬프트 메시지에 바로 이어지지 않게 할 수 있다. 이렇게 공백 문자를 삽입하면 프로그램을 사용하기가 좀 더 직관적이고 쉬워진다.

이번 예제에서는 콕 집어 숫자를 입력하라고 사용자에게 안내했지만, 실제로는 숫자 리터럴(그러니까 표현식)을 입력해도 무방하다. 사실, 모든 유효한 표현식을 입력할 수 있다. 파이썬 인터프리터를 사용한 다음 예제를 살펴보자.

```
>>> ans = eval(input("Enter an expression: "))
Enter an expression: 3 + 4 * 5
>>> print(ans)
23
>>>
```

표현식을 입력하라는 안내 메시지가 나온 뒤, 사용자가 3 + 4 * 5를 입력했다. 파이썬은 이 표현식을 (eval 함수를 통해) 평가하고 그 결괏값을 변수 ans에 할당했다. 이 변수를 출력하면 예상했듯이 23이 나오는 것을 알 수 있다. 이렇게 eval 함수와 input 함수를 결합해 사용하는 것은 평가를 지연시킨 표현식으로 볼 수 있다. 이 예제를 보면, ans = 3 + 4 * 5라고 입력한 것과 정확히 같은 효과를 내고 있기 때문이다. 차이가 있다면 이 표현식이 프로그램 작성 시점에 프로그래머가 입력한 것이 아니라 실행 시점에 사용자로부터 입력된 것이라는 점이다.

주의: eval 함수는 강력하지만 '그만큼 위험하기도' 하다. 이 예제에서 보았듯이, 사용자 입력을 eval 함수로 평가하는 것은 실질적으로 이 프로그램의 일부

를 사용자가 입력하는 것이나 마찬가지다. 파이썬은 무엇을 입력받든지 그 표현식을 있는 그대로 평가할 것이고, 이 점을 악용하면 악의적인 명령을 입력할 수 있다. 예를 들어, 사용자가 개인 정보를 탈취하고 컴퓨터의 파일을 삭제하라는 표현식을 입력할 수도 있다. 컴퓨터 보안에서는 이런 방법을 '코드 주입' 공격이라고 한다. 이런 명칭은 사용자가 악의적인 코드를 실행 중인 프로그램에 주입하기 때문에 붙게 되었다.

개인적으로 사용하기 위한 프로그램을 작성하는 초보 프로그래머에게는 이런 보안이 크게 문제가 되지 않는다. 컴퓨터 앞에 앉아서 파이썬 프로그램을 실행하고 있다면 대개는 시스템에 대한 모든 권한을 가지고 있을 것이고, 파일을 모두 삭제하는 데는 이것보다 더 편한 방법이 있을 것이기 때문이다. 그러나 인터넷에서처럼 출처를 신뢰할 수 없는 입력을 받을 때 eval 함수를 사용하면 큰 재앙을 불러올 수 있다. 다행히 이를 대신할 만한 안전한 방법을 다음 절에서 설명할 것이다.

2.5.3 동시에 할당하기

할당문 중에는 여러 값을 동시에 할당하는 형태도 있다. 다음과 같다.

```
<var1>, <var2>, ..., <varn> = <expr1>, <expr2>, ..., <exprn>
```

이런 형태를 '동시 할당문'이라고 부른다. 이 명령문의 의미는 등호 오른쪽의 표현식을 모두 평가한 뒤에 등호 왼쪽의 대응하는 변수에 각각 할당하라는 것이다. 다음 예제를 보자.

```
sum, diff = x+y, x-y
```

이 할당문을 실행하면 변수 sum은 x+y의 값을 갖게 되고, diff는 x-y의 값을 갖게 된다.

이런 식의 할당문은 처음 볼 때는 조금 낯설지만 곧 매우 유용하다는 것을 알게 된다. 예를 들어 설명해 보겠다. x와 y 두 변수의 값을 서로 바꿔야 한다고 가정해 보자. 이렇게 하려면 x의 값이 y에 담겨야 되고, x의 값은 y에 담겨야 한다. 언뜻 생각하기에 다음처럼 할당문을 두 개 사용하면 될 것 같다.

```
x = y
y = x
```

하지만 이렇게 해서는 안 된다. 앞의 할당문이 어떻게 동작하는지 한 단계씩 쫓아가 보자.

x와 y가 처음에 각각 2와 4를 값으로 갖고 있다고 하자. 그리고 두 할당문을 실행하면 이 두 변수가 어떻게 바뀔지 생각해 보자. 다음 코드에서는 코드의 해당 부분이 실행될 때 어떤 일이 일어나는지 주석을 통해 설명하고 있다.

```
# 변수명          x   y
# 초깃값          2   4
x = y
# 현재값              4   4
y = x
# 현재값2             4   4
```

잘 살펴보면 첫 번째 할당문이 x에 그냥 y의 값을 할당함으로써 원래 x의 값을 잃어버렸다는 것을 알 수 있다. 다시 다음 줄에서 y에 x의 값을 할당하면 y의 값이 두 벌 복사된 채로 프로그램이 끝나게 된다.

이런 일을 막기 위해 일반적으로는 x의 원래 값을 잠시 기억해 둘 임시 변수가 사용된다.

```
temp = x
x = y
y = temp
```

이 프로그램은 어떻게 동작하는지 살펴보자.

```
# 변수            x   y   temp
# 초깃값          2   4   초기화되지 않음
temp = x
#               2   4   2
x = y
#               4   4   2
y = temp
#               4   2   2
```

이번에는 x와 y의 변숫값이 잘 바뀌었음을 알 수 있다.

다른 프로그래밍 언어에서는 일반적으로 이렇게 세 변수를 사용하는 방법이 사용된다. 그러나 파이썬에서는 동시 할당문이라는 좀 더 우아한 방법을 사용할 수 있다. 두 변수의 값을 바꾸는 파이썬 코드는 다음과 같이 좀 더 간단하다.

```
x, y = y, x
```

동시 할당문을 사용하면 동시에 할당이 일어나므로 어느 한쪽 변수의 원래 값을 잃어버리지 않게 된다.

동시 할당문은 여러 값을 한 번의 input 명령으로 입력받을 때도 쓰인다. 평균 값을 계산하는 다음 프로그램을 살펴보자.

```
# avg2.py
# 두 시험 성적에 대한 평균 점수를 구하는 프로그램
# 동시 할당을 이용해 여러 값을 한 번에 입력받는 방법을 사용한다.

def main():
    print("This program computes the average of two exam scores.")
    score1, score2 = eval(input("Enter two scores separated by a comma: "))
    average = (score1 + score2) / 2
    print("The average of the scores is:", average)
main()
```

이 프로그램은 입력 값을 쉼표로 구분해 입력하도록 하고 있다. 사용자가 86, 92
를 입력했다면 이 input 명령문은 다음 코드와 같이 동작한다.

```
score1, score2 = 86, 92
```

이런 방법으로 한 번에 여러 값을 입력받을 수 있다. 앞의 예제에서는 입력 두 개
만 받았지만 더 많은 수를 받도록 일반화할 수 있다.

물론, 별도의 입력문을 사용해 사용자로부터 입력을 받을 수 있다.

```
score1 = eval(input("Enter the first score: "))
score2 = eval(input("Enter the second score: "))
```

어떤 면에서는 안내 프롬프트와 함께 각각 따로 입력받는 앞서와 같은 방법이 더
나을 수도 있지만 이런 상황에서는 취향 문제에 가깝다. 그리고 때로는 한 번에
여러 값을 입력받는 것이 더 나은 경우도 있으므로 동시 할당문을 이용하는 방법
을 알아 두면 도움이 된다. 다만 이런 방법은 (eval 함수를 거치지 않은) 문자열
입력의 경우에는 사용할 수 없다는 점을 기억해 두어야 한다. eval 함수를 거치지
않으면, 입력 문자열의 쉼표가 구분자가 아니라 그저 문자열의 한 글자로 취급되
기 때문이다.

2.6 유한 반복문

우리는 앞에서 일련의 명령문을 여러 번 실행하기 위해 반복문을 사용한다는 것
을 배웠다. '유한 반복문'은 가장 간단한 형태의 반복문이다. 유한 반복문은 반복
횟수가 유한하다. 다시 말하면, 반복을 시작할 때 이미 반복문의 몸체 부분을 실
행할 횟수가 정해져 있다는 뜻이다. 1장의 chaos 프로그램에 나왔던 반복문을 예
로 들어 보자. 다음 반복문은 정확히 열 번 실행된다.

```
for i in range(10):
    x = 3.9 * x * (1 - x)
    print(x)
```

이런 형태의 반복문을 '계수 반복'(counted loop)이라고 하며, 파이썬의 for 문으로 이를 만들 수 있다. 이 예제를 더 살펴보기 전에 for 문이 무엇인지 알아보자.

파이썬의 for 반복문은 다음과 같은 형태를 띤다.

```
for <var> in <sequence>:
    <body>
```

반복문의 몸체는 파이썬 명령문의 연속열이기만 하면 어떤 것이라도 무방하다. 반복문 몸체는 반복문 머리 부분(for <var> in <sequence>:에 해당하는) 아래에 들여쓰기가 된 영역에 의해 정해진다.

예약어 for 다음에 나오는 변수는 '반복 인덱스'다. 이 변수는 <sequence>에 해당하는 연속열로부터 값을 하나씩 차례차례 가져오고, 그때마다 반복문의 몸체가 한 번씩 실행된다. <sequence> 부분에는 어떤 값을 담은 리스트가 많이 사용된다. 리스트는 파이썬에서 매우 중요한 개념으로 이후 장에서 이에 대해 자세히 다룰 것이다. 지금은 쉼표로 구분된 여러 표현식을 대괄호([])로 감싸면 리스트를 만들 수 있다는 것만 알고 있으면 된다. 다음 대화형 셸 예제를 통해 내용을 확인해 보자.

```
>>> for i in [0, 1, 2, 3]:
        print(i)

0
1
2
3

>>> for odd in [1, 3, 5, 7, 9]:
        print(odd * odd)

1
9
25
49
81
```

이 두 가지 예제의 결과를 이해했는가? 리스트에서 첫 번째 값부터 순서대로 가져오면서 반복문의 몸체가 실행되는 것을 확인할 수 있다. 이때 리스트의 길이는 반복문이 몇 번 실행될지 결정한다. 첫 번째 예제에서 리스트는 0부터 3까지 네 개의 값을 가지고 있었고, 반복문 몸체에서는 이를 단순히 출력했다. 그리고 두 번째 예제의 리스트는 자연수의 홀수 중 가장 작은 다섯 개를 포함하며 반복문 몸체에서는 이 수들의 제곱을 계산해 출력했다.

그럼 이번 절 처음에 보았던 chaos.py 프로그램의 예제로 다시 돌아가 보자. 반복문 머리 부분을 다시 보면 다음과 같다.

```
for i in range(10):
```

이 부분을 앞에서 보았던 for 반복문의 형태와 비교해 보면, range(10) 부분이 어떤 연속열이어야 한다. range는 파이썬의 내장 함수로, 숫자의 연속열을 실행 중에 조금씩 만들어 주는 역할을 한다. 그러므로 range는 어떤 숫자의 연속열의 다른 표현이라고 봐도 무방하다. range 함수가 실제로 무슨 일을 하는지 이해하기 위해, 또 다른 내장 함수 list를 이용해 range가 만든 연속열을 평범한 리스트로 보여 주도록 할 수 있다.

```
>>> list(range(10))     # range(10)을 명시적인 리스트로 바꾼다.
[0, 1, 2, 3, 4, 5, 6, 7, 8, 9]
```

이 결과를 이해할 수 있겠는가? range(10)이라는 표현식은 0부터 9까지 숫자의 연속열을 만들기 때문에 range(10)을 반복문에 사용하면 다음을 실행하는 것과 같다.

```
for i in [0, 1, 2, 3, 4, 5, 6, 7, 8, 9]:
```

일반적으로, range(<expr>)는 0부터 시작해 <expr>의 값이 포함되지 않는, 숫자의 연속열을 만든다. 이를 잘 생각해 보면, 표현식 <expr>의 값이 이로부터 만들어질 연속열의 길이를 결정한다는 것을 알 수 있다. chaos.py 프로그램에서는 반복 인덱스가 어떤 값을 갖는지도 신경 쓰지 않았다(반복문 몸체에서 이 값이 사용되지 않았기 때문에). 단지 반복문을 열 번 실행하기 위해 10의 길이를 갖는 연속열이 필요했을 뿐이다.

앞에서 설명한 대로 이런 패턴을 '계수 반복'이라고 하며, 유한 반복을 나타내기 위한 기본적인 방법이 된다. 작성하고 있는 프로그램에서 어떤 일을 몇 번 반복하고 싶다면, range를 적절히 만들어서 for 문을 사용하면 된다. 이는 매우 자주 사용되는 파이썬 표현이므로 다음과 같이 기억해 두어야 한다.

```
for <variable> in range(<expr>):
```

표현식 <expr>의 값이 반복문이 실행될 횟수를 결정한다. 보통은 이런 계수 반복에서는 인덱스 변수로 i나 j가 많이 사용되지만, 인덱스 변수의 이름은 어떻게 정해도 괜찮다. 다만 다른 곳에서 사용하지 않을 식별자를 선택해야 한다. 그렇지 않으면 나중에 사용해야 할 변수의 값을 잃는다.

반복문이 갖는 또 하나의 유용하고 재미있는 점은 프로그램의 '제어 흐름'을 바꾼다는 것이다. 컴퓨터가 일련의 명령을 그냥 정해진 순서대로만 실행한다고 생각하기 쉽지만 반복문을 통해 파이썬은 이전 명령으로 돌아가 그 명령을 반복해 실행할 수 있다. 이렇게 프로그램의 어떤 부분을 실행할지 결정할 수 있는 for 문과 같은 명령문을 '제어 구조'라고 부른다.

프로그래머 중에는 이런 제어 구조를 '흐름도'로 나타내기를 좋아하는 사람도 있다. 흐름도란, 프로그램을 구성하는 각 명령을 상자로 나타내고, 프로그램이 실행될 때 이 각 명령을 어떤 순서대로 수행할지 상자를 연결하는 화살표로 나타낸 도식이다. 그림 2.3은 for 반복문에 대한 흐름도다.

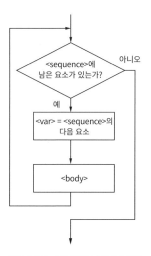

그림 2.3 for 반복문을 나타낸 흐름도

for 반복문이 아직 잘 이해되지 않는다면, 흐름도를 보면 도움이 될 수도 있다. 흐름도에서 다이아몬드 모양의 상자는 프로그램 내에서 어떤 결정을 내리는 부분이다. 파이썬이 반복문의 머리 부분에 다다르면 먼저 연속열에 아직 남은 값이 있는지 확인한다. 그래서 답이 '예'라면, 반복 인덱스 변수가 연속열에 남아 있던 그다음 항목을 값으로 갖게 되고 반복문 몸체가 실행된다. 반복문 몸체에 대한 실행이 끝나면, 프로그램은 반복문 머리 부분으로 돌아가 연속열에 또 다른 값이 있는지 확인한다. 연속열에 더 이상 값이 남아 있지 않으면 반복문이 종료되며, 프로그램은 반복문 이후의 명령문으로 넘어간다.

2.7 예제 프로그램: 미래 가치

또 다른 예제 프로그램을 통해 프로그램 작성 과정을 알아보고 이 장을 마치자. 우리는 어떤 투자에 대한 미래 가치를 예상하는 프로그램을 작성하려고 한다. 은행에 돈을 예금해 놓으면 예금한 돈에 이자가 붙고, 그 이자는 시간이 흐름에 따라 누적된다. 그럼 10년 후 잔고는 얼마가 될까? 10년 후 잔고는 먼저 예금한 액수(원금)와 은행이 제공하는 이자율에 따라 결정될 것이다. 원금과 이자율을 알고 있다면 10년 후 미래의 투자 가치를 프로그램을 통해 계산할 수 있다.

그럼 이어서 프로그램의 사양을 좀 더 자세히 결정하자. 다시 말하지만, 사양이란 프로그램이 정확히 무엇을 해야 하는지 기술한 것이다. 그럼 입력은 어떤 것이어야 할까? 사용자는 먼저 원금 액수를 입력해야 하고, 은행이 이자를 어떻게 지급하는지도 나타낼 방법이 필요한데, 은행 이자는 이자율과 이자를 지급하는 주기에 따라 결정된다. 이를 가장 간단하게 해결하는 방법은 사용자로 하여금 연간 이자율을 입력하게 하는 것이다. 연간 이자율을 통해 실제 이자율과 이자 지급 주기와 상관없이 1년에 은행이 이자를 얼마나 지급하는지 알 수 있다. 연간 이자율이 3%라면, 100만 원의 예금은 1년 뒤 103만 원이 될 것이다. 사용자가 이자율 3%를 어떻게 나타내야 할까? 여러 가지 방법이 있겠으나 여기서는 사용자가 0.03과 같은 소수를 사용해 입력한다고 가정하겠다.

이제 다음과 같은 사양을 기술할 수 있다.

프로그램명: 미래 가치

입력

    원금(principal): 예금된 금액(원화)

    연간 이자율(apr): 소수점으로 나타낸 1년 동안의 이자 비율

출력: 10년 후의 예금의 가치

(입력과 출력의) 관계: 1년 후의 예금의 가치는 $principal(1 + apr)$이다. 이 공식을 열 번 적용한다.

이제 프로그램에서 사용할 알고리즘을 설계해 보자. 파이썬 문법은 신경 쓰지 말고 유사 코드를 이용해 우리가 하려는 일을 나타내 보자. 아까 기술한 사양을 따르면 알고리즘을 곧바로 도출할 수 있다.

```
안내 메시지를 출력한다.
원금 액수를 입력받는다(principal).
연간 이자율을 입력받는다(apr).
다음을 열 번 반복한다:
    principal = principal * (1 + apr)
principal의 값을 출력한다.
```

금융 수학을(아니면 단순 사칙 연산이라도) 알고 있다면 이 프로그램에 반드시 반복문이 필요하지는 않다는 사실(거듭제곱을 통해 예금의 미래 가치를 한 번에 계산하는 공식이 있다)을 알 것이다. 이 프로그램에서 반복문을 사용한 이유는 계수 반복의 예를 하나 더 보임과 동시에 이 장 끝의 연습 문제에서 이 프로그램을 수정하는 과제를 주기 위해서다. 거듭제곱과 반복문 어느 쪽이든 알고리즘적으로 나타내면 계산 과정을 더 쉽게 이해할 수 있다. 1년 이자를 어떻게 계산하는지만 알면 몇 년 후가 되든 그 해의 이자를 알 수 있듯이 말이다.

유사 코드를 이용해 문제를 다 다뤘다면, 우리가 배운 파이썬 지식을 이용해 실제로 프로그램을 작성해 볼 차례다. 알고리즘의 각 줄을 파이썬 명령문으로 바꿔보자.

안내 메시지를 출력한다(print 문, 2.4절).

```
print("This program calculates the future value")
print("of a 10-year investment.")
```

원금의 액수를 입력받는다(숫자 입력(input), 2.5.2절).

```
principal = eval(input("Enter the initial principal:  "))
```

연간 이자율을 입력받는다(숫자 입력(input), 2.5.2절).

```
apr = eval(input("Enter the annual interest rate:  "))
```

다음을 열 번 반복한다(계수 반복, 2.6절).

```
for i in range(10):
```

공식 principal = principal * (1 + apr)을 계산한다(단순 할당, 2.5.1절).

```
principal = principal * (1 + apr)
```

principal의 값을 출력한다(print 문, 2.4절)

```
print("The value in 10 years is:", principal)
```

이 프로그램에서 쓰인 모든 명령문은 이번 장에서 자세히 설명했다. 이해되지 않는 부분이 있다면 해당 절로 돌아가 내용을 참고하기 바란다. 특히 이자 계산 공식을 열 번 적용하기 위해 계수 반복이 사용되었다.

이 코드들을 다시 모아 보면 다음과 같이 완성된 프로그램이 된다.

```python
# futval.py
# 초기 투자액에 대한 10년 후의 가치를 계산하는 프로그램

def main():
    print("This program calculates the future value")
    print("of a 10-year investment.")

    principal = eval(input("Enter the initial principal: "))
    apr = eval(input("Enter the annual interest rate: "))

    for i in range(10):
        principal = principal * (1 + apr)

    print("The value in 10 years is:", principal)

main()
```

프로그램에서 각각 입력, 처리, 출력을 수행하는 부분을 알아볼 수 있도록 해당 부분 사이에 빈 줄을 삽입했다. 이렇게 의도적으로 삽입된 '공백'은 프로그램의 가독성을 높여 준다.

이 프로그램에 대한 테스트와 디버깅은 연습 문제에서 독자들의 몫으로 남겨 두겠다.

2.8 정리

이번 장에서는 프로그램을 작성하는 과정과 파이썬으로 간단한 프로그램을 구현하기 위해 필요한 기초 지식을 다루었다. 이 중 중요한 내용을 정리했다.

- 프로그램 작성은 체계적인 문제 해결 능력을 필요로 하며, 보통 다음과 같은 순서로 진행된다.
  1. 문제 분석: 해결해야 할 문제를 살펴본다.
  2. 프로그램 사양 결정: 프로그램이 어떤 일을 해야 하는지 결정한다.
  3. 설계: 유사 코드로 알고리즘을 작성한다.
  4. 구현: 설계한 내용을 실제 프로그래밍 언어로 옮긴다.
  5. 테스트/디버깅: 프로그램의 오류를 찾아 수정한다.
  6. 유지 보수: 변화하는 요구에 맞춰 프로그램을 수정한다.

- 대부분의 간단한 프로그램은 입력-처리-출력(IPO) 패턴을 따른다.

- 프로그램은 명령문으로 구성되는데, 명령문은 다시 식별자와 표현식으로 구성된다.

- 식별자는 프로그램 내에서 사용되는 이름이다. 첫 글자는 영문자나 밑줄이어야 하며, 두 번째 글자부터는 영문자, 숫자, 밑줄을 사용할 수 있다. 또한 파이썬의 식별자는 대소문자를 구별한다.

- 표현식은 새로운 데이터를 만드는 프로그램 조각이다. 표현식은 다음과 같은 구성 요소로 이루어진다.
  리터럴: 어떤 특정한 값을 나타내는 표현. 예를 들어, 리터럴 3은 숫자 3을 나타낸다.
  변수: 값을 저장하고 있는 식별자
  연산자: 표현식을 결합해 좀 더 복잡한 표현식을 만드는 역할을 한다. 예를 들어, x + 3 * y에는 연산자 +와 *가 쓰였다.

- 파이썬의 수치 연산자는 덧셈(+), 뺄셈(-), 곱셈(*), 나눗셈(/) 등의 사칙 연산 연산자와 거듭제곱(**)을 포함한다.

- 파이썬의 print 문은 일련의 표현식의 값을 화면에 출력한다.

- 파이썬에서 어떤 값을 변수에 할당하기 위해서는 등호(=) 기호가 사용된다. 프로그램은 할당을 통해 외부로부터 입력을 받는다. 파이썬에는 또 동시 할당문이 있어서 한 번에 여러 변수의 값을 입력받을 수 있다.

- eval 함수는 사용자 입력으로 들어온 표현식을 평가하는 데 사용할 수 있다. 그러나 보안 위험이 있으므로 신뢰할 수 없거나 잘 알지 못하는 곳에서 들어온 입력에는 사용하지 말아야 한다.

- 유한 반복문은 반복 횟수가 유한한 반복문이다. 파이썬의 for 문은 어떤 값의 연속열에 대해 반복을 수행하는 유한 반복문이다. 파이썬 for 문에서는 값의 연속열로 리스트가 많이 사용된다.

- for 문의 또 한 가지 중요한 용도는 계수 반복이다. 계수 반복은 프로그램의 일부를 특정한 횟수만큼 반복하기 위한 반복문이다. 파이썬에서 계수 반복은 내장 함수 range로 적절한 연속열을 만들어 사용할 수 있다.

2.9 연습 문제

내용 점검

맞다/틀리다로 답하시오.

1. 프로그램을 작성하는 가장 좋은 방법은 우선 코드를 작성하기 시작해 제대로 동작할 때까지 디버깅하는 것이다.

2. 프로그래밍 언어 없이도 알고리즘을 나타낼 수 있다.

3. 작성과 디버깅이 끝난 프로그램은 더는 수정할 필요가 없다.

4. 파이썬에서 쓰이는 식별자의 첫 글자는 영문자 또는 밑줄이어야 한다.

5. 예약어는 변수명으로 쓰기 적합하다.

6. 표현식은 리터럴, 변수, 연산자로 이루어진다.

7. x = x + 1은 파이썬 문법에 맞는 명령문이다.

8. 파이썬에서는 하나의 입력 명령으로 여러 개의 변수에 값을 할당할 수 없다.

9. 계수 반복은 정해진 횟수만큼 반복하기 위한 것이다.

10. 흐름도에서 다이아몬드 상자는 명령문을 나타내며, 직사각형 상자는 어떤 결정을 내리는 부분이다.

다음 중 맞는 것을 모두 고르시오.

1. 다음 중 소프트웨어 개발 단계에 해당하지 '않는' 것은 무엇인가?

   a) 사양 결정   b) 테스트/디버깅

   c) 요금 결정   d) 유지 보수

2. 섭씨온도를 화씨온도로 변환하는 공식은 무엇인가?

   a) $F = 9/5(C) + 32$ b) $F = 5/9(C) - 32$

   c) $F = B^2 - 4AC$ d) $F = \frac{212 - 32}{100 - 0}$

3. 프로그램이 할 일을 명확히 결정하는 과정을 무엇이라고 하는가?

   a) 설계   b) 구현   c) 프로그래밍   d) 사양 결정

4. 다음 중 문법에 맞는 식별자가 아닌 것은?

   a) spam

   b) spAm

   c) 2spam

   d) spam4U

5. 다음 중 표현식의 구성 요소가 아닌 것은?

    a) 변수   b) 명령문   c) 연산자   d) 리터럴

6. 새로운 데이터 값을 생성하는 코드 조각을 무엇이라고 하는가?

    a) 식별자   b) 표현식

    c) 생성절   d) 할당문

7. 다음 중 IPO 패턴에 포함되지 않는 것은?

    a) 입력   b) 프로그램   c) 처리   d) 출력

8. 다음 중 명령어 꼴 `for <variable> in range(<expr>)`와 가장 관계 깊은 것은?

    a) for 반복문의 일반형   b) 할당문

    c) 흐름도   d) 계수 반복

9. 다음 중 파이썬의 할당문이 동작하는 방식을 가장 잘 나타낸 모형은 무엇인가?

    a) 포스트잇   b) 박스   c) 동시 할당   d) 플라스틱 저울

10. 파이썬에서 사용자의 입력을 받기 위한 내장 함수는 무엇인가?

    a) `for`

    b) `read`

    c) 동시 할당

    d) `input`

토론할 내용

1. 소프트웨어 개발의 6단계를 나열하고 자신의 표현으로 설명하라.

2. 1.6절의 chaos.py 프로그램을 받아 적고 다음 지시를 따르라.

    • 식별자를 동그라미로 표시한다.

    • 각 표현식에 밑줄을 친다.

    • 각 줄 끝에 주석으로 해당 줄의 명령문이 어떤 명령인지(출력, 할당, 입력 등) 쓰라.

3. 유한 반복문, for 반복문, 계수 반복 이 세 개념 사이의 관계를 설명하라.

4. 다음 코드 조각의 출력 결과를 답하라.

a)
```
for i in range(5):
    print(i * i)
```

b)
```
for d in [3,1,4,1,5]:
  print(d, end=" ")
```

c)
```
for i in range(4):
  print("Hello")
```

d)
```
for i in range(5):
  print(i, 2**i)
```

5. 프로그램을 작성할 때, 바로 코드를 작성하는 것보다 유사 코드로 알고리즘을 먼저 적어 보는 것이 바람직한 이유를 설명하라.

6. 파이썬의 print 함수는 end 말고도 다른 키워드 인자를 지원한다. 이 중에는 키워드 인자 sep도 있는데, 이 키워드 인자의 역할은 무엇이겠는가? 힌트: sep 은 구분자(separator)의 약자다. 파이썬 참조 문서를 보거나 예상되는 기능이 맞는지 직접 시험해 보라.

7. 다음 코드를 실행하면 어떤 결과가 나오겠는가?

```
print("start")
for i in range(0):
    print("Hello")
print("end")
```

이 장에서 다뤘던 for 문에 대한 흐름도를 보고 어떤 결과가 나올지 생각해 보라. 그리고 실제 코드를 작성한 후 실행해서 예상이 맞는지 확인하라.

프로그래밍 과제

1. 사용자 친화적 프로그램은 사용자에게 자신이 어떤 일을 하는 프로그램인지 알린다. 2.2절의 convert.py 프로그램이 자신이 하는 일을 사용자에게 알리도록 수정하라.

2. 파이썬이 설치된 대부분의 시스템에서 프로그램 파일의 아이콘을 더블 클릭하는 방법으로 프로그램을 실행할 수 있다. 이렇게 convert.py 프로그램을 실행할 경우, 사용성과 관련된 또 다른 문제를 만나게 된다. 프로그램을 실행하면 새 창이 뜨지만 프로그램이 끝남과 동시에 창이 사라져 버리기 때문에 출력 내용을 읽을 수가 없다. 사용자가 출력 내용을 읽도록 잠시 정지시키기 위

해 프로그램 끝에 input 명령문을 추가하라. 다음과 같은 명령을 추가하면 될 것이다.

```
input("Press the <Enter> key to quit.")
```

3. 세 과목의 평균을 구하도록 2.5.3절의 avg2.py 프로그램을 수정하라.

4. 2.2절의 convert.py 프로그램에 반복문을 추가해 프로그램을 다섯 번 반복한 후에 종료하도록 수정하라. 각 반복마다 새로 입력 값을 받고 변환된 값을 출력해야 한다.

5. 2.2절의 convert.py 프로그램이 섭씨 0도부터 100도까지 범위에서 10도 단위로 화씨온도 변환 결과표를 출력하도록 수정하라.

6. 2.7절의 futval.py 프로그램에서 예금 기간도 사용자 입력을 받도록 수정하라. 특히 마지막 출력 메시지에 나오는 기간에 대한 내용도 수정해야 한다.

7. 매년 정해진 금액을 예금하는 투자 계획이 있다. futval.py 프로그램을 수정해 이 투자 계획을 반영한 미래 가치를 예측하도록 하라. 프로그램이 받는 입력은 1년에 예금하는 금액, 이자율, 예금 기간이다.

8. 연간 이자율 대신에 이자를 가늠하는 방법으로 이자율을 이자 주기 수로 나누는 방법이 있다. 예를 들어, 이자율이 3%이고 분기별로 이자가 지급된다고 할 때, 매 분기마다 3/4%의 이자를 지급받게 된다.
   futval.py 프로그램이 앞의 방법을 따른 이자율을 입력받도록 수정하라. 프로그램은 사용자에게 연이율(rate)과 1년당 이자 지급 주기(periods) 정보를 요청해야 한다. 10년 후의 가치를 계산하기 위해 10 * periods번 반복하며 각 반복마다 rate/period만큼의 이자를 누적해 간다.

9. 화씨온도를 섭씨온도로 변환하는 프로그램을 작성하라.

10. 킬로미터를 마일로 변환하는 프로그램을 작성하라. 1킬로미터는 약 0.62마일이다.

11. 변환하고 싶은 두 단위를 변환하는 프로그램을 작성하라. 이때 프로그램은 자신이 어떤 일을 하는 프로그램인지 사용자에게 밝힐 수 있어야 한다.

12. 대화식 계산기 프로그램을 작성하라. 사용자가 수학 표현식을 입력하면 이 표현식의 값을 출력해야 한다. 사용자가 계산을 여러 번 수행할 수 있도록 프로그램에 반복문을 추가하라(100번 정도). 주의: 중간에 프로그램을 끝내려면 잘못된 표현식을 입력해 프로그램이 오류가 나게 하거나 실행한 창을 닫아야 한다. 대화형 프로그램을 종료하는 방법에 대해서는 이후 장에서 설명할 것이다.

3장

숫자 계산하기

이 장의 학습 목표
- 데이터 타입 개념을 이해한다.
- 파이썬의 숫자형 데이터 타입을 익숙하게 사용한다.
- 컴퓨터가 숫자를 표현하는 방법에 대한 기본 원리를 이해한다.
- 파이썬 수학 라이브러리를 사용할 수 있다.
- 프로그램 패턴 중 누적자(accumulator) 패턴을 이해한다.
- 숫자형 데이터를 다루는 프로그램을 작성하거나 읽고 이해할 수 있다.

3.1 숫자형 데이터 타입

컴퓨터가 처음 개발됐을 때 주된 용도는 수치 계산이었으며, 수치 계산은 현재도 컴퓨터의 주요한 용도 중 하나다. 이전 장에서 보았듯이, 수학 공식과 관련된 문제는 파이썬 프로그램으로 바꾸기가 매우 쉽다. 이번 장에서는 수치 계산을 위한 프로그램에 대해 알아보겠다.

일반적으로 컴퓨터가 저장하고 처리하는 정보를 '데이터'라고 부른다. 또한 데이터는 그 종류에 따라 처리하고 저장하는 방법도 달라진다. 다음 잔돈 계산 프로그램을 한번 살펴보자.

```python
# change.py
# 동전의 개수를 입력받아 액수를 계산하는 프로그램

def main():
    print("Change Counter")
    print()
    print("Please enter the count of each coin type.")
    quarters = eval(input("Quarters: "))
    dimes = eval(input("Dimes: "))
    nickels = eval(input("Nickels: "))
```

```
        pennies = eval(input("Pennies: "))
        total = quarters * .25 + dimes * .10 + nickels * .05 + pennies * .01
        print()
        print("The total value of your change is", total)

main()
```

다음은 이 프로그램이 출력하는 내용의 한 예다.

```
Change Counter

Please enter the count of each coin type.
Quarters: 5
Dimes: 3
Nickels: 4
Pennies: 6

The total value of your change is 1.81
```

이 프로그램은 두 가지 숫자를 다룬다. 사용자는 소수부를 갖지 않는 정수(여기서는 5, 3, 4, 6)를 입력하고, 동전의 가치는 소수부가 있는 10진수(.25, .10, .05, .01)로 표현된다. 컴퓨터 내부에서 소수부가 있는 숫자와 정수는 각각 다른 방법으로 저장된다. 이를 전문 용어로 '데이터 타입'이 서로 다르다고 한다.

객체의 데이터 타입은 그 객체가 어떤 값을 가질 수 있는지, 그 값에 대해 어떤 연산을 할 수 있는지 결정한다. 정수는 '정수형' 데이터 타입(int로 줄여 쓴다)으로 나타낸다. 정수형 데이터 타입은 음수 또는 양수인 정수를 나타낼 수 있다. 소수부를 갖는 숫자는 '부동소수형'(float로 줄여 쓴다) 데이터 타입으로 나타낸다. 그럼 어떤 숫자가 정수형인지 부동소수형인지 어떻게 구별할 수 있을까? 소수점이 없는 숫자 리터럴은 정수형 값을 생성하고, 소수점이 있는 숫자 리터럴은 (소수부가 0일지라도) 부동소수형 값을 생성한다.

파이썬에는 어떤 값이 무슨 데이터 타입인지(또는 어떤 클래스의 객체인지) 알려 주는 type이라는 특별한 함수가 있다. 다음은 정수형 리터럴과 부동소수형 리터럴의 차이를 확인하는 몇 가지 예제다.

```
>>> type(3)
<class 'int'>
>>> type(3.14)
<class 'float'>
>>> type(3.0)
<class 'float'>
>>> myInt = -32
>>> type(myInt)
<class 'int'>
>>> myFloat = 32.0
>>> type(myFloat)
<class 'float'>
```

독자들 중에는 같은 숫자를 나타내는 데 왜 두 가지 방법이 필요한가 싶은 사람도 있을 것이다. 첫 번째 이유는 프로그래밍 스타일 때문이다. 개수를 나타내는 값은 소수부를 가질 수 없다. 예를 들면, 동전 3.5개를 갖고 있을 수는 없다. 정수형 값을 사용하는 것은 이 값은 소수부를 가질 수 없다고 프로그램에 알려 주는 것과 같다. 또 다른 이유는 효율적인 연산을 위해서다. 대체로, 부동소수형보다는 정수형 데이터에 대한 사칙 연산이 수행하기 더 간단하고 더 빠르다. 물론 최근 나오는 하드웨어는 부동소수형 계산에도 최적화되어 있기 때문에 정수형에 대한 계산 못지않게 빠르다.

정수형과 부동소수형의 또 다른 차이점은 부동소수형은 실숫값의 실제 값이 아닌 근삿값만을 나타낼 수 있다는 것이다. 앞으로 설명하겠지만, 저장된 값에 대한 정확도나 정밀도에는 한계가 있다. 정수형은 항상 정확한 값을 갖지만 부동소수형은 그렇지 않으므로 소수 값을 사용하지 않는다면 정수형 데이터 타입을 사용하는 것이 원칙이다.

어떤 값의 데이터 타입은 어떤 연산을 할 수 있는지도 결정한다. 앞서 보았듯이, 파이썬은 숫자의 사칙 연산을 기본적으로 지원한다. 표 3.1에 이 연산들을 정리했다. 그러나 이 표는 사실 잘못 이해할 수 있는 면이 있다. 두 데이터 타입은 값을 표현하는 방법이 서로 다르기 때문에 연산을 하는 방법, 가능한 연산도 서로 다르다. 예를 들어, 표에서는 덧셈 연산이 하나만 포함되어 있지만, 실제로는 정수형에 대해서는 정수형 덧셈이 수행되고, 부동소수형에 대해서는 부동소수형을 위한 덧셈 연산이 수행된다. 파이썬은 연산의 인자가 무엇이냐에 따라 적합한 연산을 골라 사용한다.

연산자	설명
+	덧셈
-	뺄셈
*	곱셈
/	나눗셈
**	거듭제곱
abs	절댓값
//	정수 나눗셈
%	나머지 연산

표 3.1 파이썬의 내장 연산의 종류

다음 내용을 살펴보자.

```
>>> 3 + 4
7
>>> 3.0 + 4.0
7.0
>>> 3 * 4
12
>>> 3.0 * 4.0
12.0
>>> 4 ** 3
64
>>> 4.0 ** 3
64.0
>>> 4.0 ** 3.0
64.0
>>> abs(5)
5
>>> abs(-3.5)
3.5
>>>
```

보통, 부동소수형 계산에서는 부동소수형 결과가 나오고, 정수형 계산에서는 정수형이 나온다. 그러나 어떤 데이터 타입의 연산이 일어나는지 굳이 신경 쓸 필요는 없다. 부동소수형 연산이든 정수형 연산이든 거의 비슷한 결과가 나오며, 파이썬이 연산 종류도 잘 선택해 주기 때문이다.

그런데 나눗셈의 경우에는 조금 재미있는 현상이 일어난다. 표에서 보듯 파이썬에는 (3.0부터) 두 가지 나눗셈 연산이 있다. 일반적인 연산 기호(/)는 '보통' 나눗셈을 의미하며 겹슬래시(//)는 정수 나눗셈을 의미한다. 이 두 가지 연산의 차이를 이해하는 데 가장 좋은 방법은 직접 시험해 보는 것이다.

```
>>> 10 / 3
3.3333333333333335
>>> 10.0 / 3.0
3.3333333333333335
>>> 10 / 5
2.0
>>> 10 // 3
3
>>> 10.0 // 3.0
3
>>> 10 % 3
1
>>> 10.0 % 3.0
1.0
```

/ 연산자가 항상 부동소수형 값을 내놓는 것을 주목하라. 일반적인 나눗셈 연산이 정수끼리의 나눗셈에도 답으로 소수가 나오는 경우가 많기 때문에, 파이썬은 항상 부동소수형 값을 내놓는 방법을 택했다. 그리고 10/3에 대한 답의 소수점 끝에 5가 있는 것을 확인했는가? 다시 말하지만, 부동소수형은 항상 실제 값에 대한 근

삿값이다. 이 값이 파이썬이 $3\frac{1}{3}$을 가능한 한 가장 정확하게 나타낸 값이다.

답이 정수인 나눗셈을 사용하려면 정수 나눗셈 연산자 //를 사용해야 한다. 정수 나눗셈은 항상 정숫값을 결과로 내놓는다. 정수 나눗셈을 쉽게 이해하려면 '몇 개나 들어가는지'를 계산하는 거라고 생각하면 쉽다. 예를 들어 10 // 3의 값은 3인데, 10에는 3이 세 번 들어갈 수 있기 때문이다(나머지 1). 정수 나눗셈의 값은 항상 정수이지만, 리턴 값의 데이터 타입은 인자의 데이터 타입에 의해 결정된다. 부동소수형 값을 부동소수형 값으로 정수 나눗셈하면 소수부가 0인 부동소수형 답이 나온다. 마지막 두 명령은 나머지 연산자(%)에 대한 예제다. 정수 나눗셈 10 나누기 3의 나머지는 1이다. 결괏값의 데이터 타입은 인자의 데이터 타입에 의해 결정된다는 것을 다시 한 번 확인할 수 있다.

수학 배경지식에 따라 정수 나눗셈이나 나머지 연산을 사용해 본 적이 없을 수도 있다. 단지 이 두 연산이 서로 밀접하게 관련되어 있다는 점만 기억하면 된다. 정수 나눗셈은 한 숫자가 다른 숫자 안에 몇 개나 들어갈 수 있는지 알려 준다. 그리고 나머지 연산은 그렇게 들어간 뒤에 남는 수가 몇인지 알려 준다. 이를 수학적으로는 다음과 같이 나타낼 수 있다: $a = (a//b)(b) + (a\%b)$

잔돈 계산을 예로 들어 보자. 가진 잔돈이 얼마인지 계산하는데, 383센트를 가지고 있다면 383//100 = 3과 같이 달러 단위를 계산할 수 있고, 나머지 연산으로 383%100 = 83과 같이 센트 단위를 계산할 수 있다. 그러므로 우리가 가진 잔돈은 다 합해 3달러 83센트가 된다.

그런데 일반적인 프로그래밍 언어가 이 두 연산을 하나의 연산자(/)로 나타내는데 비해 (버전 3.0 이상의) 파이썬은 일반 나눗셈과 정수 나눗셈에 대한 연산자를 각각 다른 연산자로 나타낸다. 인자가 모두 정수형이면 /는 정수형 나눗셈이 되고, 인자가 부동소수형이면 /는 일반 나눗셈이 된다. 이 부분에서 많은 프로그래밍 오류가 발생한다. 예를 들어, 이전 장의 온도 변환 프로그램에서 9/5 * celsius + 32라는 공식에 정수 나눗셈이 적용됐다면 9/5가 1로 계산되었을 것이기 때문에 정상적으로 동작하지 않게 된다. 이런 프로그래밍 언어에서는 9.0/5.0 * celsius + 32처럼 작성하여 어떤 연산이 수행될지 확실히 해 두어야 한다.

3.2 형 변환과 반올림

간혹 어떤 데이터 타입의 값을 다른 데이터 타입으로 바꿔야 할 경우가 있다. 보통 정수형끼리의 연산은 정수형을 내놓고, 부동소수형끼리의 연산은 부동소수형

을 내놓는다는 것을 이전 절에서 보았다. 그런데 정수형과 부동소수형을 결합한
표현식은 어떻게 될까? 예를 들어 다음 할당문에서 x의 값은 어떻게 되어야 할까?

```
x = 5.0 * 2
```

여기서 부동소수형 연산이 일어났다면, 결과도 역시 부동소수형 값인 10.0이 되
어야 할 것이다. 반대로 정수형 연산이 일어났다면 결과는 정수형 값인 10이 된
다. 이 문제의 해답을 읽기 전에 먼저 어떻게 될지 잠깐 생각해 보자.

파이썬이 표현식 5.0 * 2를 평가하려면, 5.0을 정수형으로 바꿔 정수형 연산을
수행하거나 2를 부동소수형으로 바꿔 부동소수형 연산을 수행해야 한다. 일반적
으로 부동소수형을 정수형으로 바꾸면 소수부에 대한 정보를 잃어버릴 위험이 있
다. 반대로 정수형을 부동소수형으로 바꾸는 데는 소수부만 추가하면 되기 때문
에 정보를 잃어버릴 염려는 없다. 그래서 파이썬은 '혼합 자료형 표현식'을 처리할
때, 정수형을 부동소수형으로 변환한 뒤 부동소수형 연산을 수행한다. 물론 결과
는 부동소수형이다.

상황에 따라서는 사용자가 형 변환을 직접 하기를 원할 수도 있다. 이를 '명시
적' 형 변환이라고 한다. 파이썬은 이런 경우를 위해 내장 함수 int와 float를 제
공한다. 다음은 이 내장 함수를 사용한 예제다.

```
>>> int(4.5)
4
>>> int(3.9)
3
>>> float(4)
4.0
>>> float(4.5)
4.5
>>> float(int(3.3))
3.0
>>> int(float(3.3))
3
>>> int(float(3))
3
```

앞의 예제에서 볼 수 있듯이, 부동소수형을 정수형으로 바꾸는 것은 부동소수
형 값의 소수부만 버리면 된다. 그러나 이 경우 결과는 반올림 연산이 아니라 버
림 연산이 수행되므로 만약 반올림된 결과가 필요하다면 값이 양수일 때에 한해
int()를 적용하기 전에 0.5를 더해 주면 된다.

반올림 연산을 위한 좀 더 일반적인 방법은 내장 함수 round를 사용하는 것이다.
round는 인자와 가장 가까운 정숫값을 내놓는다.

```
>>> round(3.14)
3
>>> round(3.5)
4
```

round 함수는 정수형을 리턴한다는 점에 주의하라. 이 점을 이용해 부동소수형을 정수형으로 변환하는 데 round 함수를 사용할 수도 있다.

부동소수형 값을 정수가 아닌 소수점 자리에서 반올림하고 싶다면 소수점 이하 자리수를 두 번째 인자로 지정하면 된다. 다음은 원주율 pi를 이용한 예제다.

```
>>> pi = 3.141592653589793
>>> round(pi, 2)
3.14
>>> round(pi, 3)
3.142
```

앞에서 pi의 근삿값을 소수점 둘째 자리와 셋째 자리에서 반올림했을 때, 정확한 값이 출력되는 것을 알 수 있다. 그러나 부동소수형은 어디까지나 실제 값이 아닌 그에 매우 가까운 근삿값일 뿐이다. 실제로 저장된 값은 부동소수형으로 나타낼 수 있는 값 중 가능한 한 3.14와 가장 비슷한 값으로, 3.14000000000000124345 같은 것일 수도 있다. 다행히 파이썬은 우리에게 이 자릿수까지 다 보여 주는 대신 반올림된 값을 보여 준다. 이 때문에 어떤 부동소수형 값을 소수점 둘째 자리에서 반올림한 뒤 이 값을 출력하면, 정확히 소수점 둘째 자리까지 찍힌 값을 볼 수 있는 것이다. 5장에서는 좀 더 섬세하게 숫자를 출력하는 방법을 다룰 것이다. 이 방법을 통해 원한다면 모든 자릿수를 확인할 수 있다.

형 변환 함수 int와 float는 숫자로 구성된 문자열을 숫자형으로 변환하는 데도 사용할 수 있다.

```
>>> int("32")
32
>>> float("32")
32.0
>>> float("9.8")
9.8
```

이런 방법은 사용자 입력을 받을 때 eval 대신 사용하면 보안 위협을 방지할 수 있다. 다음에 그 예로 개선한 잔돈 계산 프로그램을 실었다.

```
# change2.py
# 동전의 개수를 입력받아 액수를 계산하는 프로그램

def main():
    print("Change Counter")
    print()
    print("Please enter the count of each coin type.")
```

```
        quarters = int(input("Quarters: "))
        dimes = int(input("Dimes: "))
        nickels = int(input("Nickels: "))
        pennies = int(input("Pennies: "))
        total = .25*quarters + .10*dimes + .05*nickels + .01*pennies
        print()
        print("The total value of your change is", total)

main()
```

input 문에서 eval 함수 대신 int 함수를 사용하면 사용자가 정수만 입력할 수 있다. 정수가 아닌 값을 입력하면 프로그램이 오류와 함께 중단되므로 (2.5.2절에서 언급한) 코드 주입 공격을 방지할 수 있다. 그와 함께 부수적으로 얻는 이득은 입력이 정수임을 강조하게 된다는 것이다.

eval 대신 숫자형 형 변환 함수를 사용할 때 유일한 단점은 다음 예처럼 여러 값을 동시에 입력받을 수 없다는 것이다(입력 한 번으로 여러 값을 입력받는 것).

```
>>> # eval을 사용한 동시 할당
>>> x,y = eval(input("Enter (x,y): "))
Enter (x,y): 3,4
>>> x
3
>>> y
4
>>> # 실수형에는 정상적으로 동작하지 않는다.
>>> x,y = float(input("Enter (x,y): "))
Enter (x,y): 3,4
Traceback (most recent call last):
  File "<stdin>", line 1, in <module>
ValueError: could not convert string to float: '3,4'
```

보안이 향상된 데 비하면 작은 대가이지만 5장에서 이 단점 역시 극복할 수 있는 내용을 다룰 것이다. 연습을 위해 eval이 사용되던 곳에 가능한 한 적절한 형 변환 함수를 사용해 보자.

3.3 수학 라이브러리 사용하기

표 3.1에 제시된 연산 외에도 파이썬은 수학 라이브러리를 통해 유용한 수학 함수를 많이 제공한다. 라이브러리란 유용한 정의를 모아 놓은 모듈을 말한다. 다음에 나오는 프로그램에서 이차 방정식의 해를 구하기 위해 이 수학 라이브러리를 사용하는 방법을 다룰 것이다.

이차 방정식은 일반형 $ax^2+bx+c=0$을 갖는다. 이 등식은 근의 공식에 따라 다음과 같이 주어지는 두 개의 해를 갖는다.

$$x = \frac{-b \pm \sqrt{b^2 - 4ac}}{2a}$$

그럼 이차 방정식의 해를 구하는 프로그램을 작성해 보자. 프로그램은 세 개의 계수 a, b, c를 입력으로 받으며 근의 공식으로 계산한 두 개의 해를 출력하게 된다. 작성된 프로그램은 다음과 같다.

```python
# quadratic.py
# 이차 방정식의 실수해를 구하는 프로그램
# 수학 라이브러리의 사용 방법을 보여 준다.
# 참고: 이 프로그램으로 실수해가 없는 방정식을 풀려고 하면 오류가 발생한다.

import math # 수학 라이브러리를 사용할 수 있도록 한다.

def main():
    print("This program finds the real solutions to a quadratic")
    print()

    a = float(input("Enter coefficient a: "))
    b = float(input("Enter coefficient b: "))
    c = float(input("Enter coefficient c: "))

    discRoot = math.sqrt(b * b - 4 * a * c)
    root1 = (-b + discRoot) / (2 * a)
    root2 = (-b - discRoot) / (2 * a)

    print()
    print("The solutions are:", root1, root2 )

main()
```

이 프로그램은 수학 라이브러리 모듈의 제곱근 함수 sqrt를 사용한다. 프로그램 맨 첫 줄을 보자.

```python
import math
```

이 줄을 통해 수학 라이브러리를 사용할 것을 알린다. 모듈을 임포트하면 그 모듈 안에 정의된 모든 것을 프로그램 내에서 사용할 수 있게 된다. $\sqrt{x}$를 계산하고 싶다면 math.sqrt(x)를 사용하면 된다. 이 점 표기법은 math 모듈 '안에 있는' 함수 sqrt를 찾아가라는 의미다. 이차 방정식을 푸는 프로그램에서 $\sqrt{b^2 - 4ac}$를 다음과 같이 계산할 수 있다.

```python
discRoot = math.sqrt(b * b - 4 * a * c)
```

프로그램을 실행하면 다음과 같은 화면을 볼 수 있다.

```
This program finds the real solutions to a quadratic

Enter coefficient a: 3
Enter coefficient b: 4
```

```
Enter coefficient c: -2

The solutions are: 0.38742588672279316 -1.7207592200561266
```

이 프로그램은 실수해를 갖는 이차 방정식에 대해서는 아무 문제없이 동작한다. 그러나 어떤 내용을 입력하느냐에 따라 프로그램이 충돌할 수도 있다. 다음 예는 프로그램을 실행한 또 다른 예다.

```
This program finds the real solutions to a quadratic

Enter coefficient a: 1
Enter coefficient b: 2
Enter coefficient c: 3

Traceback (most recent call last):
  File "quadratic.py", line 21, in ?
    main()
  File "quadratic.py", line 14, in main
    discRoot = math.sqrt(b * b - 4 * a * c)
ValueError: math domain error
```

여기서 문제가 되는 경우는 $b^2-4ac<0$인 경우인데, sqrt 함수가 음수에 대한 제곱근은 계산할 수 없기 때문이다. 파이썬은 math domain error라는 메시지를 출력하는데, 이 메시지는 음수가 sqrt 함수의 정의역에 포함되지 않는다는 뜻이다. 지금 당장은 이를 수정할 방법이 없으므로 사용자가 실수해가 있는 방정식만 입력한다고 가정하기로 한다.

사실, quadratic.py 프로그램이 수학 라이브러리를 반드시 사용해야 하는 것은 아니다. 제곱근은 거듭제곱 연산자 **를 사용해도 구할 수 있다(방법이 짐작 가는가?). math.sqrt 함수를 사용하면 좀 더 효율적이고, 수학 라이브러리 사용 예를 보여 줄 수 있는 예제가 되기 때문에 이 함수를 사용한 것이다. 일반적으로 프로그램에서 수학 함수가 필요하다면 이 수학 라이브러리를 먼저 확인하기 바란다. 표 3.2는 수학 라이브러리에 포함된 함수 중 일부를 정리한 것이다.

3.4 결괏값으로 합치기: 팩토리얼

여섯 가지 서로 다른 맥주 캔으로 구성된 맥주 캔 묶음을 샀다고 하자. 맥주는 어떤 순서로 마시느냐에 따라 더 맛있을 수도 있고 그렇지 않을 수도 있다. 가능한 한 모든 순서를 따라 맥주를 맛보고 싶다면 이 순서는 몇 가지나 있을까? 이렇게 순서를 매기는 가짓수는 놀랍게도 720가지나 된다. 이 숫자를 어떻게 계산했는지 알겠는가? 720은 6의 팩토리얼(계승)이다.

파이썬	수학	의미
pi	π	원주율의 근삿값
e	e	e의 근삿값
sqrt(x)	$\sqrt{x}$	x의 제곱근
sin(x)	$\sin x$	x의 사인
cos(x)	$\cos x$	x의 코사인
tan(x)	$\tan x$	x의 탄젠트
asin(x)	$\arcsin x$	x의 사인의 역수
acos(x)	$\arccos x$	x의 코사인의 역수
atan(x)	$\arctan x$	x의 탄젠트의 역수
log(x)	$\ln x$	x의 자연로그(밑이 e인)
log10(x)	$\log_{10} x$	x의 상용로그(밑이 10)
exp(x)	e^x	e의 x 거듭제곱
ceil(x)	$\lceil x \rceil$	x에 대한 올림
floor(x)	$\lfloor x \rfloor$	x에 대한 내림

표 3.2 파이썬의 수학 라이브러리에 포함된 주요 함수

수학에서 팩토리얼은 ! 기호로 나타낸다. 정수 n의 팩토리얼은 $n! = n(n-1)(n-2)\ldots(1)$과 같이 정의된다. 이 숫자는 n개에 순서를 매길 수 있는 가짓수와 같다. 여섯 개의 무언가가 있다면 $6! = (6)(5)(4)(3)(2)(1)$과 같이 계산해서 720가지임을 알 수 있다.

그럼 사용자가 입력한 수에 대한 팩토리얼을 계산하는 프로그램을 작성해 보자. 프로그램의 기본적인 얼개는 입력-처리-출력 패턴을 따를 것이다.

```
팩토리얼을 계산할 수를 입력받는다, n
n의 팩토리얼을 계산한다, fact
변수 fact를 출력한다.
```

여기서 어려운 부분은 두 번째 단계다.

팩토리얼을 과연 어떻게 계산해야 할까? 어떤 과정을 거치는지 알기 위해 한 가지 예를 손으로 계산해 보겠다. 6의 팩토리얼을 계산하려면, 곱셈 $6(5) = 30$을 한 다음, 그 결괏값으로 또 다른 곱셈 $30(4) = 120$을 한다. 이 결괏값은 다시 3이 곱해져서 $120(3) = 360$이 되고, 마지막으로 2가 곱해져서 $360(2) = 720$이 된다. 정의를 곧이곧대로 따르면 1로도 곱해야 하지만 이는 결괏값에 영향을 주지 못한다.

이 알고리즘을 좀 더 일반화해 보자. 이 과정에서 우리가 한 일은 곱셈을 반복

해 가면서 그 중간 결괏값을 계속 유지한 것이다. 이것은 알고리즘에서 아주 흔하게 볼 수 있는 패턴인 '누적자 패턴'이다. 이 패턴을 따르면 처리 과정을 통해 최종 결괏값을 조금씩 누적하거나 쌓아 올리는 방법으로 만들어 내게 된다. 프로그램 안에서 이 패턴을 형성하기 위해, '누적자 변수'와 반복 구조를 사용할 것이다. 이 구조의 일반적인 형태는 다음과 같다.

누적자 변수를 초기화한다.
최종 결과에 도달할 때까지 다음 내용을 반복한다.
  누적자 변수의 값을 새로운 값으로 업데이트한다.

이 패턴을 통해 팩토리얼 문제를 풀 수 있다는 것을 알게 되면, 나머지는 팩토리얼 문제를 해결할 세부 사항을 추가하는 것뿐이다. 팩토리얼 값을 차츰 누적해 가며 계산해야 할 텐데, 이 값을 fact라는 변수에 저장하도록 한다. 반복문을 한 번 수행할 때마다 변수 fact의 값을 n, $(n-1)$, ..., 1로 곱하게 될 것이다. 그럼 (최종값의) 인수의 연속열을 for 문을 통해 곱해 나가면 될 것 같다. 6의 팩토리얼을 구하는 과정을 예로 들면 다음과 같은 내용이 될 것이다.

```
fact = 1
for factor in [6,5,4,3,2,1]:
    fact = fact * factor
```

잠시 이 반복문을 손으로 실행해 보면서 이 코드가 동작하는지 확인해 보자. 반복문 몸체가 처음 실행될 때, 변수 fact의 값은 1이고 factor의 값은 6이다. 그래서 fact의 값은 1*6=6으로 바뀐다. 그다음 실행에서 factor의 값은 5이므로 fact의 값은 6*5=30으로 바뀐다. 이런 식으로 각 인수에 대해 반복이 계속되면서 최종 결과로 720이 나온다.

반복문이 시작되기 전에 fact의 값을 1로 초기화하는 것이 매우 중요하다. 반복문 몸체가 실행될 때마다(첫 번째도 마찬가지로) 변수 fact의 현재 값을 이용해 다음 값을 계산하게 된다. 이렇게 fact의 값을 1로 초기화하면 이런 반복문의 0번째 반복 중인 상태를 만들어 놓은 것과 같다. 누적자 패턴을 사용할 때는 항상 누적자 변수를 적절히 초기화하고 있는지 확인해야 한다. 초보 프로그래머는 이 부분을 잊는 실수를 자주 저지른다.

물론 다른 방법으로도 이 반복문을 작성할 수 있다. 수학 시간에 이미 배웠겠지만 곱셈에서는 결합 법칙과 교환 법칙이 성립하므로 계산 순서를 바꿔도 동일한 결과가 나온다. 반대쪽으로 계산해 나가는 것도 아주 쉽다. 그리고 1을 곱해도 원래 값 그대로이므로 인자의 리스트에서 1을 빼도 무방하다. 다음에 같은 결과를 얻을 수 있는 다른 버전의 프로그램을 실었다.

```
fact = 1
for factor in [2,3,4,5,6]:
    fact = fact * factor
```

하지만 이 두 가지 반복문만으로는 원래 문제를 풀 수가 없다. 이 두 반복문에서는 손으로 직접 작성한 인자 리스트를 사용해 6의 팩토리얼을 계산하고 있는데, 원래 문제는 사용자가 입력한 숫자 n에 대한 팩토리얼을 계산하는 것이다. 이 문제를 풀려면 n의 팩토리얼을 구하기 위한 적절한 인자의 리스트를 만들 수 있어야 한다.

다행히도, 파이썬의 range 함수를 이용하면 이를 쉽게 해결할 수 있다. range(n)이 0부터 n을 포함하지 않는 자연수의 연속열을 만들어 낸다는 것을 기억하는가? range는 사용 방법에 따라 다른 형태의 연속열을 만들 수도 있다. range(start, n)과 같이 인자 두 개를 이용하면 값 start부터 시작하고 n을 포함하지 않는 자연수의 연속열을 만든다. 그리고 range(start, n, step)처럼 인자 세 개를 이용하면 두 번째 경우처럼 start부터 시작하되 n을 포함하지 않는 연속열을 만드는데, 차이점은 이 연속열은 step 단위로 값이 변하는 연속열이라는 것이다. 다음에서 예제를 살펴보자.

```
>>> list(range(10))
[0, 1, 2, 3, 4, 5, 6, 7, 8, 9]
>>> list(range(5))
[5, 6, 7, 8, 9]
>>> list(range(5, 10, 3))
[5, 8]
```

이제 우리는 입력 값 n이 주어지면, n의 팩토리얼을 계산하기 위한 인수의 리스트를 range를 이용해 여러 가지 방법으로 만들 수 있다. 작은 것부터 큰 순서대로 만들고 싶다면(두 번째 반복문과 같은 방식) range(2, n+1)처럼 하면 된다. 이때 n을 리스트에 포함시키기 위해 두 번째 인자에 1을 더한 것에 주의하라.

또 세 가지 인자를 이용한 range 명령을 써서 인자의 리스트를 방향을 바꿔(첫 번째 반복문과 같은 방식) 만들어 볼 수도 있다. 이 경우에는 step을 음수로 해서 순서를 반대로 만들어야 한다. range(n, 1, -1)과 같이 하면 된다. 이 명령은 n부터 시작해 1을 더하는 대신 1을 빼서 차례차례 작아지는 리스트를 만든다. 여기서도 마찬가지로 1은 리스트에 포함되지 않는다.

다음에 팩토리얼 프로그램의 또 다른 버전을 실었다.

```
# factorial.py
# 정수 n에 대한 팩토리얼을 계산하는 프로그램
# 누적자 변수를 사용한 반복문의 예제다.

def main():
    n = int(input("Please enter a whole number: "))
    fact = 1
    for factor in range(n,1,-1):
        fact = fact * factor
    print("The factorial of", n, "is", fact)

main()
```

물론 이것 말고도 여러 가지 방법으로 이 프로그램을 작성할 수 있다. 먼저 인자의 계산 순서에 대해서는 이미 다루었고, 변수 fact의 값을 n으로 초기화하고 $n-1$ 부터 곱해 가는(n이 0에 도달하면 멈춘다) 방법도 있다. 이제 마음에 드는 방식으로 프로그램을 작성할 수 있을 것이다.

3.5 컴퓨터 연산의 한계

팩토리얼을 의미하는 기호로 느낌표(!)를 쓰는 이유는 함숫값이 깜짝 놀랄 만큼 커지기 때문이라는 말이 있다. 예를 들어 우리가 작성한 프로그램으로 100의 팩토리얼을 계산하면 다음과 같은 결과를 얻을 수 있다.

```
Please enter a whole number: 100
The factorial of 100 is 9332621544394415268169923885626670049071596826
43816214685929638952175999932299156089414639761565182862536979208272237
58251185210916864000000000000000000000000000
```

참으로 엄청나게 큰 숫자가 아닌가!

파이썬의 최근 버전은 이런 계산을 수행하는 데 아무 문제가 없지만, 파이썬의 이전 버전은 이런 계산을 잘 처리하지 못한다(자바나 C++ 같은 언어도 그렇다). 예를 들어, 자바를 이용해 비슷한 프로그램을 작성해서 실행해 보면, 다음과 같은 결과를 얻게 된다.

```
# run 1
Please enter a whole number: 6
The factorial is: 720

# run 2
Please enter a whole number: 12
The factorial is: 479001600

# run 3
Please enter a whole number: 13
The factorial is: 1932053504
```

언뜻 보면 별 이상이 없어 보인다. 6!＝720임을 우리도 알고 있고, 확인해 보면 12!＝479001600이 맞음을 알 수 있다. 그러나 안타깝게도 13!＝6227020800이다. 이 자바 프로그램은 잘못된 결과를 내놓고 있다!

무슨 일이 있었던 걸까? 지금까지 숫자 데이터 타입을 정수와 소수(분수도 포함) 같은 숫자를 나타내기 위한 방법이라고 설명했다. 이것 역시 중요하긴 하지만, 컴퓨터가 내부적으로 숫자를 나타내는 방법은 실제 숫자와는 다른 방식으로 동작하는 경우가 있다.

1장에서 컴퓨터의 CPU는 두 수의 덧셈이나 곱셈처럼 매우 기본적인 연산을 수행한다고 설명했던 것을 기억하는가? 더 정확히 말하면 CPU는 컴퓨터에서 쓰이는 숫자의 내부 표현에 대해 연산을 수행한다. 앞서 자바 프로그램에서 발생했던 문제는 이 자바 프로그램이 컴퓨터의 정수형 데이터 타입과 이에 대한 CPU의 연산 방법에 따라 정수를 나타내는 데 있다. 아쉽게도, 컴퓨터에서 쓰이는 정수형 데이터 타입은 수학에서 말하는 정수와는 성질이 조금 다르다. 정수는 무한히 많이 존재하지만, 정수형 데이터 타입에는 나타낼 수 있는 범위가 존재한다. 정수형 데이터 타입은 내부적으로 일정한 길이의 이진수로 표현된다. 이 모든 내용을 이해하려면 하드웨어 수준에서 벌어지는 일을 알아봐야 한다.

컴퓨터의 메모리는 수많은 전기적 '스위치'로 이루어져 있다. 각 스위치는 켜짐과 꺼짐 두 가지 상태를 가질 수 있으며, 1비트만큼의 정보를 나타낼 수 있다. 1비트는 두 가지 가능성을 표현할 수 있는데 주로 '꺼진' 상태는 0으로, '켜진' 상태는 1로 표현된다. 비트의 연속열은 이보다 좀 더 많은 경우의 수를 나타낼 수 있다.

예를 들어 두 개의 비트로 다음처럼 네 가지 경우를 나타낼 수 있다.

bit 2	bit 1
0	0
0	1
1	0
1	1

세 개의 비트를 이용하면 앞서 나온 표의 네 가지 경우 각각에 0 또는 1을 더해 여덟 가지 경우를 나타낼 수 있다.

bit 3	bit 2	bit 1
0	0	0
0	0	1
0	1	0
0	1	1
1	0	0
1	0	1
1	1	0
1	1	1

이제 패턴이 보이기 시작할 것이다. 비트가 하나 추가될 때마다 서로 다른 경우의 수는 두 배로 늘어난다. 이를 일반화하면, n비트는 2^n개의 서로 다른 값을 나타낸다고 할 수 있다.

어떤 컴퓨터가 하나의 정수형 데이터 타입을 나타내기 위해 사용하는 비트의 수는 그 컴퓨터의 설계에 따라 달라진다. 오늘날에 쓰이는 전형적인 PC는 32개 또는 64개를 사용한다. 예를 들어, 32비트 컴퓨터라면 2^{32}개의 서로 다른 값이 있는 것이다. 이 값들은 0을 중심으로 해 일정 범위의 양수와 음수를 나타낸다. 이제 나타낼 수 있는 값은 $\frac{2^{32}}{2} = 2^{31}$이 되었다. 그러므로 32비트 정수형 데이터 타입이 나타낼 수 있는 값의 범위는 -2^{31}부터 2^{31}-1까지가 된다. 높은 쪽의 범위에서 1을 빼는 이유는 중간에 0이 포함되기 때문이다.

이제 지금 설명한 내용을 이용해 자바로 작성된 팩토리얼 프로그램에서 어떤 일이 일어났는지 알아보자. 이 자바 프로그램이 32비트 정수형 데이터 타입을 사용하고 있다면, 저장할 수 있는 가장 큰 값은 무엇이겠는가? 파이썬으로 이 값을 확인해 볼 수 있다.

```
>>> 2**31-1
2147483647
```

이 값은 약 21억 정도가 되는데, 12!(약 4억 8000)과 13!(약 62억) 사이의 값임을 알 수 있다. 다시 말해, 이 자바 프로그램은 12까지의 팩토리얼은 정상적으로 계산할 수 있지만 그다음에는 '오버플로'(overflow)가 일어나 결괏값이 쓸모없는 값이 된다. 이 사실은 또 다른 의문으로 이어진다. 왜 최근 버전의 파이썬으로 작성된 프로그램은 잘 동작했을까?

먼저 정수형 데이터 타입 범위의 한계를 벗어나기 위해 부동소수형 데이터 타입을 사용했을 가능성을 생각해 볼 수 있다. 그러나 부동소수형 데이터 타입을 사용한다고 해서 이 문제가 해결되지는 않는다. 팩토리얼 프로그램을 부동소수형 데이터 타입을 사용하도록 조금 수정해 실행해 보았다.

```
Please enter a whole number: 30
The factorial of 30 is 2.6525285981219103e+32
```

부동소수형을 사용하면 동작은 하지만 정확한 값을 얻을 수가 없다.

매우 큰(또는 작은) 부동소수형 값은 '지수 표기법' 또는 '과학적 숫자'라는 방법으로 표시된다. 끝에 붙은 e+32는 이 결괏값이 $2.6525285981219103 \times 10^{32}$와 같다는 의미다. 이 +32를 소수점이 어디에 위치하는지 표시하는 의미라고 봐도 좋다. 이 예제에서는 실제 값에서 32자리를 오른쪽으로 이동해야 한다. 그러나 이 값의 소수부는 16자리밖에 안 되기 때문에 그 아래 16자리의 값을 '잃게' 된다.

부동소수형 데이터 타입을 사용하면 정수형 데이터 타입보다 훨씬 큰 '범위'의 값을 나타낼 수 있지만 이번에는 '정밀도'가 고정되어 있다. 사실, 컴퓨터는 부동소수형 값을 한 쌍의 고정 길이 (이진) 정수로 나타낸다. 첫 번째 정수는 '가수부'라고 하는데, 값을 나타내는 일련의 숫자를 나타낸다. 그리고 두 번째 정수는 '지수부'라고 하며, 정수 부분과 소수점 이하 부분의 경계(그러니까 이진수의 소수점이 위치할 자리)를 나타낸다. 부동소수형은 실제 값에 대한 근삿값이라고 했던 말을 기억할 것이다. 이게 그 이유다. 이 모든 것이 이진수로 표현되기 때문에 2의 거듭제곱으로 나타낼 수 있는 소수부만 실제 값을 갖게 된다. 그 외의 경우는 가수부가 무한 반복된다(1/3이 십진법에서 무한 소수인 것과 마찬가지 이유(3은 10의 거듭제곱이 아니므로)다). 이렇게 무한 반복되는 긴 가수부를 버림해 고정 길이 정수로 저장하면, 그 결괏값은 실제 값에 대한 근삿값이 되는 것이다. 가수부를 구성하는 비트 수가 이 근삿값의 정밀도를 결정하기는 하지만, 결국 부동소수형은 실제 값이 아니라는 한계를 벗어나지 못한다.

다행히도, 파이썬은 큰 수를 정확한 값으로 다루기 위해 더 나은 방법을 사용한다. 파이썬의 정수형 데이터 타입은 고정 길이를 갖지 않으며 나타내려는 값에 따라 크기가 확장된다. 유일한 한계는 사용 가능한 컴퓨터의 메모리 용량이다. 값이 작으면 파이썬은 컴퓨터의 기본 정수형 표현과 연산을 사용하지만, 값이 커짐에 따라 이를 더 많은 비트를 이용한 표현으로 변환한다. 물론, 이 큰 값들에 대해 연산을 수행하려면 이 연산을 좀 더 작은 단위에 대한 연산으로 분해해서 하드웨어가 이를 수행할 수 있도록 해야 한다(마치 나눗셈을 손으로 계산할 때와 같다). 이런 방식은 조금 비효율적이긴 하지만(연산 수행에 좀 더 많은 단계를 거친다), 파이썬의 정수형 데이터 타입이 임의의 비트 수를 가질 수 있게 해 준다. 그리고 바로 이 때문에 파이썬 팩토리얼 프로그램이 매우 큰 값도 정확히 계산할 수 있는 것이며 이는 파이썬의 큰 장점 중 하나다.

3.6 정리

이번 장에서는 수치 계산을 다루는 프로그램이 세부적으로 어떻게 동작하는지 다루었다. 이 중 중요한 개념을 다음에 정리했다.

- 컴퓨터가 어떤 정보를 나타내는 방법을 데이터 타입이라고 한다. 어떤 대상에 대한 데이터 타입은 이 데이터 타입이 어떤 값을 갖는지, 그에 대해 어떤 연산이 가능한지 결정한다.

- 파이썬에서 숫자를 나타내기 위한 데이터 타입에는 정수형과 부동소수형이 있다.

- 정수는 정수형 데이터 타입으로 나타내고, 소수 부분이 있는 숫자는 부동소수형으로 나타낸다. 파이썬이 지원하는 모든 수치형 데이터 타입은 다음과 같은 표준 내장 연산을 지원한다: 덧셈(+), 뺄셈(-), 곱셈(*), 나눗셈(/), 정수 나눗셈(//), 나머지 연산(%), 거듭제곱(**), 절댓값(abs(x))

- 파이썬은 상황에 따라 어떤 데이터 타입으로 표현된 값을 다른 데이터 타입으로 변환한다. 예를 들어 정수형과 부동소수형이 함께 쓰인 혼합 자료형 표현식을 평가할 때, 정수형 값을 먼저 부동소수형으로 변환한 뒤 부동소수형에 대한 연산이 수행된다.

- 프로그램 안에서 float(), int(), round()와 같은 함수를 이용해 어떤 값을 다른 데이터 타입으로 변환할 수 있다. 이런 형 변환 함수는 숫자로 된 사용자 입력을 처리하는 목적으로 eval 함수를 대체할 수 있다.

- 수학 라이브러리에는 이 외의 수학 함수가 정의되어 있다. 이 함수들을 사용하려면 먼저 프로그램 안에서 라이브러리를 임포트해야 한다.

- 어떤 수치 계산을 할 때, 여러 값을 하나의 값으로 합하거나 곱하는 경우가 자

주 있다. 반복을 이용한 누적자 패턴은 이런 경우에 유용하게 사용할 수 있다.

- 정수형과 부동소수형은 컴퓨터 내부에서 길이가 고정된 비트의 연속열로 표현 된다. 이런 점 때문에 표현의 한계가 생기는데, 32비트 머신의 하드웨어 정수 형은 -2^{31}부터 $(2^{31}-1)$까지 나타낼 수 있다. 부동소수형은 정밀도가 제한되어 있 기 때문에 대부분의 경우 실제 값 대신 그에 대한 근삿값을 나타낸다.

- 파이썬의 정수형 데이터 타입은 임의의 크기를 갖는 정수를 저장할 수 있다. 정수형 값은 하드웨어 정수형으로 나타낼 수 있는 범위를 넘어서면 좀 더 많은 비트 수를 갖는 표현으로 자동 변환된다. 이렇게 큰 정수를 저장할 수 있는 정 수형을 사용하면 계산의 효율성이 약간 저해된다.

3.7 연습 문제

내용 점검

맞다/틀리다로 답하시오.

1. 컴퓨터가 저장하거나 처리하는 정보를 데이터라고 한다.
2. 부동소수형 값은 매우 정확해 정수형 대신 사용할 수 있다.
3. 덧셈과 뺄셈 같은 연산은 수학 라이브러리 안에 정의되어 있다.
4. n개의 요소를 늘어놓을 수 있는 순서의 가짓수는 $n!$과 같다.
5. sqrt 함수는 숫자의 곱을 계산한다.
6. 부동소수형 데이터 타입은 수학적 개념으로서의 실수와 일치한다.
7. 컴퓨터는 숫자를 이진수로 나타낸다.
8. 하드웨어 부동소수형은 하드웨어 정수형보다 더 큰 범위의 수를 나타낼 수 있다.
9. float 같은 형 변환 함수는 사용자 입력을 받을 때 eval을 좀 더 안전하게 대체 할 수 있다.
10. 파이썬에서 표현식 4+5는 표현식 4.0+5.0과 같은 데이터 타입의 값을 내놓 는다.

다음 중 맞는 것을 모두 고르시오.

1. 다음 중 파이썬의 내장 데이터 타입이 아닌 것은 무엇인가?
   a) int   b) float   c) rational   d) string

2. 다음 중 파이썬의 내장 연산이 아닌 것은 무엇인가?

   a) +   b) %   c) abs()   d) sqrt()

3. 수학 라이브러리에 있는 함수를 사용하려면 프로그램에서 _____을(를) 포함해야 한다.

   a) 주석   b) 반복   c) 연산자   d) 임포트

4. 4!의 값은 무엇인가?

   a) 9   b) 24   c) 41   d) 120

5. 원주율 pi의 값을 저장하기 가장 좋은 데이터 타입은 무엇인가?

   a) int   b) float   c) irrational   d) string

6. 다섯 개의 비트로 나타낼 수 있는 값의 가짓수는 무엇인가?

   a) 5   b) 10   c) 32   d) 50

7. 정수형과 부동소수형이 함께 쓰이는 혼합 자료형 표현식을 평가할 때, 파이썬은 어떤 변환을 수행하는가?

   a) 부동소수형을 정수형으로   b) 정수형을 문자열로

   c) 정수형과 부동소수형을 모두 문자열로   d) 정수형을 부동소수형으로

8. 다음 중 파이썬의 형 변환 함수가 아닌 것은?

   a) float   b) round   c) int   d) abs

9. 팩토리얼 프로그램에서 쓰인 패턴은 어떤 패턴인가?

   a) 누적자 패턴   b) 입력-처리-출력 패턴   c) 계수 반복   d) 체크무늬 패턴

10. 최신 버전의 파이썬에서 정수형 값이 하드웨어 정수형이 나타낼 수 있는 범위를 벗어나면 어떤 일이 일어나는가?

    a) 오버플로   b) 부동소수형으로 변환

    c) 컴퓨터가 고장   d) 좀 더 많은 메모리를 사용

토론할 내용

1. 다음 표현식을 평가한 결과를 답하라. 값은 해당 값의 데이터 타입을 알 수 있는 형태로 적어야 한다(정수형 또는 부동소수형). 표현식이 문법에 맞지 않는다면 그 이유를 함께 설명하라.

a) `4.0 / 10.0 + 3.5 * 2`

b) `10 % 4 + 6 / 2`

b) `abs(4 - 20 // 3) ** 3`

d) `sqrt(4.5 - 5.0) + 7 * 3`

e) `3 * 10 // 3 + 10 % 3`

f) `3 ** 3`

2. 다음 수식을 같은 의미의 파이썬 표현식으로 옮겨 써라. 수학 라이브러리는 (`import math`로) 이미 임포트된 상태라고 가정한다.

   a) $(3 + 4)(5)$

   b) $\frac{n(n-1)}{2}$

   c) $4\pi r^2$

   d) $\sqrt{r(\cos a)^2 + r(\sin b)^2}$

   e) $\frac{x1 - y1}{x2 - x1}$

3. 다음과 같이 range 함수를 호출했을 때 어떤 숫자의 연속열이 생성되는지 답하라.

   a) `range(5)`

   b) `range(3, 10)`

   c) `range(4, 13, 3)`

   d) `range(15, 5, -2)`

   e) `range(5, 3)`

4. 다음 코드 조각을 실행했을 때 어떤 내용이 출력되는지 답하라.

   a)
   ```
   for i in range(1, 11):
       print(i*i)
   ```

   b)
   ```
   for i in [1,3,5,7,9]:
       print(i, ":", i**3)
   print(i)
   ```

   c)
   ```
   x = 2
   y = 10
   for j in range(0, y, x):
       print(j, end="")
       print(x + y)
   print("done")
   ```

```
d) rans = 0
   for i in range(1, 11):
       ans = ans + i*i
       print(i)
   print (ans)
```

5. round 함수의 두 번째 파라미터로 음수가 주어지면 어떤 결과가 일어날까? 예를 들어, round(314.159265, -1)과 같이 호출하면 어떤 결과가 나오겠는가? 일어날 결과에 대해 자신의 의견을 설명하라. 답을 작성한 뒤에는 파이썬을 실행해 직접 결과를 확인해 보도록 한다.

6. 정수 나눗셈이나 나머지 연산에 음수 인자가 주어지면 어떤 결과가 나오겠는가? 다음 경우에 대해 결과를 예상해 보고, 파이썬에서 확인해 보라. 힌트: 공식 $a = (a//b)(b) + (a\%b)$를 잘 활용하도록 한다.

   a) -10 // 3

   b) -10 % 3

   c) 10 // -3

   d) 10 % -3

   e) -10 // -3

프로그래밍 과제

1. 구의 반지름이 입력으로 주어졌을 때, 이로부터 구의 표면적과 부피를 계산하는 프로그램을 작성하라. 다음과 같은 공식을 활용한다.

$$V = 4/3\pi r^3$$
$$A = 4\pi r^2$$

2. 지름의 길이와 가격이 입력으로 주어졌을 때, 원 모양의 피자에 대해 제곱인치당 가격을 계산하는 프로그램을 작성하라. 원의 면적을 구하는 공식은 $A = \pi r^2$이다.

3. 탄수화물의 분자량을(g/mol을 단위로) 구하는 프로그램을 작성하라. 각 원자의 질량은 다음 표와 같이 주어진다. 프로그램은 먼저 이용자에게 수소 원자, 탄소 원자, 산소 원자의 순서대로 원자 수를 입력할 것을 안내해야 하며, 이후 이 원자들이 결합된 탄수화물의 분자량을 각 원자의 질량으로부터 계산하여 출력해야 한다.

원자	질량(g/mol)
H	1.00794
C	12.0107
O	15.9994

예를 들어, 물 분자(H_2O)의 분자량은 다음과 같이 계산할 수 있다: 2(1.00794) + 15.9994 = 18.01528

4. 번개가 번쩍한 순간과 천둥소리가 들려오는 시간 간격을 이용해 낙뢰가 떨어진 곳까지의 거리를 계산하는 프로그램을 작성하라. 소리의 속도는 약 340미터/초다.

5. 콘디토라이 커피점은 커피 1파운드를 배송비를 제외한 가격으로 10.50달러에 판매하고 있다. 주문에 대한 배송비는 기본요금 1.50달러에 1파운드당 0.86달러로 계산된다. 앞의 조건에 따라 총 주문 비용을 계산하는 프로그램을 작성하라.

6. 평면상의 두 점은 좌표(x1, y1)과 (x2, y2)에 의해 결정된다. 사용자가 입력한 두 점에 대해 이 두 점을 지나는 직선의 기울기(이 직선은 수직이 아니라고 가정한다)를 구하는 프로그램을 작성하라.

$$slope = \frac{y2 - y1}{x2 - x1}$$

7. 평면상의 두 점을 입력으로 받아(6번 문제 참조) 두 점 사이의 거리를 구하는 프로그램을 작성하라.

$$distance = \sqrt{(x2 - x1)^2 + (y2 - y1)^2}$$

8. 그레고리력에서 월령이란 1월 1일부터 지난 초승달까지의 날짜 수를 말한다. 이 숫자는 부활절을 계산하기 위해 사용되는데, 정수 나눗셈을 이용한 다음과 같은 공식으로 계산한다.

$C = year // 100$

$epact = (8 + C//4) - C + ((8C + 13)//25) + 11(year \% 19)) \% 30$

사용자로부터 입력받은 네 자리의 서기 연도로부터 월령의 값을 구하는 프로그램을 작성하라.

9. a, b, c 세 변의 길이를 입력으로 받아 그 세 변이 이루는 삼각형의 면적을 구하는 프로그램을 작성하라. 세 변의 길이로부터 삼각형의 면적을 구하는 공식은 다음과 같다.

$$s = \frac{a+b+c}{2}$$

$$A = \sqrt{s(s-a)(s-b)(s-c)}$$

10. 주어진 높이에 대해 해당 높이에 닿기 위해 건물에 사다리를 기댔을 때, 필요한 사다리의 길이를 구하는 프로그램을 작성하라. 도달하려는 높이와 사다리를 기댄 각도가 입력으로 주어진다. 사다리의 길이는 다음 공식과 같이 구할 수 있다.

$$length = \frac{height}{sin\ angle}$$

참고: 각도의 단위는 라디안이다. 사용자를 위한 안내 메시지에는 각도를 '도'로 입력하라고 요청하고 이를 다음 공식을 통해 라디안으로 변환하라.

$$radians = \frac{\pi}{180}\ degrees$$

11. 사용자가 숫자 n을 입력했을 때, 작은 순서대로 n개의 자연수의 합을 구하는 프로그램을 작성하라.

12. 사용자가 숫자 n을 입력했을 때, 작은 순서대로 n개의 자연수에 대해 그 세제곱의 합을 구하는 프로그램을 작성하라.

13. 사용자가 입력한 일련의 숫자에 대해 그 합을 구하는 프로그램을 작성하라. 프로그램은 먼저 사용자에게 입력할 숫자의 개수를 입력하도록 안내하고 개수를 입력받아야 하며, 그다음 다시 사용자에게 숫자를 하나씩 차례대로 입력하도록 안내해야 한다. 그 후에는 입력된 숫자의 합을 계산해 출력한다. 힌트: 반복문의 몸체에서 입력 명령을 사용하라.

14. 사용자가 입력한 일련의 숫자에 대해 그 평균을 구하는 프로그램을 작성하라. 앞의 문제와 마찬가지로, 프로그램은 먼저 입력할 숫자의 개수를 입력하라고 안내해야 한다. 참고: 입력 값이 모두 정수형이어도 평균값은 항상 부동소수형이어야 한다.

15. 4/1 - 4/3 + 4/5 - 4/7 + 4/9 - 4/11 + ... 수열의 합을 계산해 원주율 pi의 값을 근사하는 프로그램을 작성하라. 프로그램은 사용자에게 수열의 몇 번째 항까지 더할 것인지 n을 먼저 입력하도록 안내한 뒤, 앞에 나타난 수열에서 n번째 항까지의 합을 계산한다. 그런 다음, 근삿값의 정확도를 알아보기 위해 수학 라이브러리에 포함된 원주율 pi(math.pi)의 값과 어느 정도 차이가 나는지 출력하라.

16. 피보나치수열은 다음 항의 값이 이전 두 항의 값의 합으로 결정되는 수열이다. 고전적인 피보나치수열은 다음과 같이 시작한다: 1, 2, 2, 3, 5, 8, 13 ... 사용자로부터 입력받은 값 n에 대해, 피보나치수열의 n번째 항을 계산하는 프로그램을 작성하라. 예를 들어, $n = 6$이면, 여섯 번째 항은 8이 된다.

17. 수학 라이브러리에서 제곱근을 구하는 함수를 사용해 보았다. 이번 문제에서는 제곱근을 구하는 함수를 직접 작성해야 한다. 이 문제를 푸는 한 가지 방법은, '적당한 값을 선택한 뒤 확인해 보는' 방법이다. 제곱근에 대한 첫 번째 예상 값을 선택한 뒤, 이 값이 얼마나 정확했는지 확인한다. 이 정보를 다시 다음 예상 값을 결정하는 데 사용할 수 있으며 이를 반복해 만족할 만한 제곱근의 근삿값에 도달할 수 있다. 예상 값을 결정하기 위해 쓸 만한 방법으로 뉴턴 법을 들 수 있다. x는 우리가 제곱근을 구하려는 값이고, guess는 x의 제곱근에 대한 현재 예상 값이라고 했을 때, 이 예상 값에 다음 공식을 적용해 더 나은 예상 값을 구할 수 있다.

$$\frac{guess + \frac{x}{guess}}{2}$$

뉴턴 법을 구현하는 프로그램을 작성하라. 프로그램은 먼저 사용자에게 제곱근을 구할 x와 반복 횟수를 입력하도록 안내해야 한다. 그다음 첫 번째 예상 값을 x/2로 하고, 입력된 횟수만큼 반복해 예상 값을 개선하고 나서 마지막 예상 값을 출력하라. 또, 이 예상 값의 정확도를 알아보기 위해 수학 라이브러리에 포함된 math.sqrt(x)의 값과 어느 정도 차이가 나는지 출력하라.

4장

객체와 그래픽

이 장의 학습 목표

· 객체 개념과 객체를 이용하면 프로그래밍이 더 쉬워진다는 것을 이해한다.

· 그래픽 라이브러리에 포함된 여러 가지 객체의 사용법을 익힌다.

· 프로그램 안에서 객체를 생성하고 그래픽 연산을 수행하기 위해 적절한 메서드를 호출하는 법을 익힌다.

· 컴퓨터 그래픽의 기초적인 개념, 특히 좌표 체계와 좌표 변환의 역할을 이해한다.

· 그래픽 기반 프로그래밍에서 마우스 입력과 키보드 입력을 각각 어떻게 다루는지 이해한다.

· 그래픽 라이브러리를 이용하여 간단한 대화형 그래픽 인터페이스 프로그램을 작성한다.

4.1 이 장의 내용

지금까지는 문자열과 숫자를 나타내는 파이썬 내장 데이터 타입을 이용하여 프로그램을 작성해 왔다. 이전 장에서 각 데이터 타입은 특정한 범위 내에 속하는 값만을 나타낼 수 있고, 데이터 타입마다 정해진 연산을 갖고 있다는 것을 배웠다. 우리는 기본적으로 데이터를 능동적인 연산에 의해 수동적으로 처리되는 대상이라는 관점으로 보아 왔다. 이는 계산을 바라보는 전통적인 관점 중 하나이기도 하다. 그러나 복잡한 시스템을 구축하려면 데이터와 연산에 대해 좀 더 다른 관점이 필요하다.

현대적인 컴퓨터 프로그램의 대부분은 '객체 지향'(object-oriented, OO) 방식으로 개발되었다. 객체 지향은 소프트웨어를 설계하고 구현하기 위한 수많은 원칙을 아우르는 개념으로 짧게 정의하기 어렵다. 이 원칙들은 이 책 전체에서 사용되므로 자주 확인하게 될 것이다. 이번 장은 컴퓨터 그래픽을 예제로 기초적인 객체 개념을 소개한다.

그래픽을 이용한 프로그램은 흥미롭게 공부할 수 있으며, 객체를 이해하는 데 큰 도움이 된다. 이 과정에서 수많은 현대적 응용 프로그램에 적용된 컴퓨터 그래픽의 원칙도 배울 것이다. 독자들이 익숙하게 사용하고 있는 응용 프로그램 중 대부분은 '그래픽 사용자 인터페이스'(graphical user interface, GUI)를 갖추고 있어서 창, 아이콘, 버튼, 메뉴와 같은 요소를 조작하여 사용할 수 있다.

대화식 그래픽 인터페이스를 가진 프로그램을 작성하는 것은 때로 매우 까다로울 수도 있다(그래픽과 그래픽 인터페이스의 복잡성을 다루자면 책 한 권으로는 부족할 지경이다). GUI를 갖춘 프로그램을 실제 사용이 가능한 정도의 수준으로 만들기 위해서는 그래픽에 특화된 프로그래밍 프레임워크가 필요하다. 파이썬은 자체 GUI를 지원하는 모듈인 Tkinter를 탑재하고 있다. GUI 프레임워크가 발전함에 따라, Tkinter는 가장 쉽게 사용할 수 있는 모듈 중 하나가 되었으며, 파이썬 역시 실제 사용 가능한 수준의 GUI를 갖춘 프로그램을 개발하는 데 적합한 언어가 되었다. 그러나 초보 프로그래머인 독자들이 지금 당장 GUI 프레임워크를 배운다는 것은 조금 무리일 수 있고, 또한 이번 장의 본래 목적인 객체와 객체를 다루는 기본 원칙을 설명하는 데도 도움이 되지 않는다.

객체 등의 개념을 좀 더 쉽게 이해할 수 있도록 이번 장에서는 이 책을 위해 특별히 작성된 그래픽 라이브러리(graphics.py)를 사용할 것이다. 이 라이브러리는 초보 프로그래머에게 적합하도록 Tkinter 모듈의 기능 중 복잡한 내용을 숨긴(wrapper) 것이며, 파이썬 모듈[1]로 사용자의 목적에 맞는다면 자유롭게 사용할 수 있다. Tkinter를 어떻게 사용하는지 알고 싶다면, 이 라이브러리의 코드를 살펴보는 것도 좋은 공부가 된다.

4.2 만물을 표현하기 위한 객체

객체 지향 개발의 기본적인 아이디어는 복잡한 체계를 좀 더 단순한 객체들의 상호 작용으로 보는 것이다. 여기서 객체란 단어는 특별한 기술적 의미를 지닌다. 이런 용어를 이해하는 것도 객체 지향 프로그래밍을 배우면서 직면하는 어려움 중 하나다. 객체는 데이터와 그에 대한 연산을 결합한 일종의 데이터 타입으로 볼 수 있다. 더 쉽게 말하자면, 객체는 '무언가를 알고'(데이터) 있으며 또한 '무언가

---

1 이 책의 웹 사이트(https://goo.gl/am4uVD)에서 예제 코드와 연습 문제 해답 파일을 다운로드해 압축을 풀면 그 안에 들어 있다.

를 할'(연산) 수 있다. 그리고 객체는 서로 메시지를 보내는 방법으로 상호 작용한다. 메시지란 간단하게 말하면 다른 객체에게 그 객체가 가지고 있는 연산을 하도록 요청하는 것이다.

쉬운 예로, 대학교 학사 업무를 위한 정보 시스템을 만들어야 하는 상황을 가정해 보자. 이 시스템은 상당히 많은 양의 데이터를 유지할 수 있어야 한다. 먼저 학교에 다니는 학생들에 대한 정보를 유지해야 한다. 각 학생은 프로그램 내부적으로 객체로 표현될 수 있을 것이다. 학생을 나타내는 객체는 학번, 수강 과목, 교내 주소, 거주지 주소, 학점 등에 대한 정보를 포함할 수 있다. 각 학생 객체는 특정 요청에 응답할 수도 있다. 예를 들어, 모든 학생에게 우편을 보내기 위해 학생들의 주소를 전부 출력해야 한다고 하자. 이 작업은 printCampusAddress 연산을 통해 수행할 수 있다. 어떤 학생 객체가 printCampusAddress 메시지를 받으면, 이 객체는 학생의 주소를 출력한다. 모든 학생의 주소를 출력하기 위해 프로그램은 각 학생 객체에 printCampusAddress 메시지를 보낼 것이다.

객체는 또 다른 객체와 관계를 맺을 수도 있다. 앞서의 대학교 정보 시스템 예에서, 각각의 강의 역시 객체로 나타낼 수 있다. 강의 객체는 그 강의의 담당 교수가 누구인지, 어떤 학생이 강의를 수강하고 있는지, 이 강의의 선수 과목은 무엇인지, 수업 시간은 언제인지와 같은 사실을 알고 있다. 또 새로운 수강생을 추가하기 위해 addStudent 같은 연산을 가지고 있을 수도 있다. 이 새로운 수강생 역시 적절하게 생성된 학생 객체로 표현된다. 담당 교수도 객체로 표현되고 강의실, 심지어 수업 시간도 객체로 나타낼 수 있다. 이런 방법으로 조금씩 모형을 가다듬어 가면, 대학의 모든 정보를 나타낼 수 있는 모형에 다가갈 수 있을 것이다.

여러분은 초보 프로그래머이기 때문에 아직 대학 정보 시스템처럼 복잡한 문제를 해결하기는 어렵다. 지금은 간단한 그래픽 프로그래밍을 통해 객체가 무엇인지 먼저 알아보자.

4.3 처음 만나는 그래픽 프로그래밍

이번 장(과 그 이후 장)에서 사용할 예제 프로그램을 실행하기 위해 먼저 함께 제공된 graphics.py 파일이 필요하다. 이 라이브러리를 사용하려면 작성할 프로그램과 같은 디렉터리에 graphics.py 파일을 복사하기만 하면 된다. 아니면 다른 파이썬 라이브러리가 설치된 시스템 경로에 파일을 복사하면 시스템 상의 어떤 디렉터리에서든 라이브러리를 사용할 수 있다.

그래픽 라이브러리를 사용하면 그래픽을 대화식으로 실험해 보며 간단한 그래픽 프로그램을 쉽게 작성할 수 있다. 이 과정에서 복잡한 그래픽 프로그래밍 환경과 객체 지향 프로그래밍의 원리를 익히게 될 것이다. graphics 모듈 사용법은 다음 절에서 자세히 다루기로 하고, 여기서는 독자들의 흥미와 관심을 좀 더 이끌어내기 위한 내용에 집중하려고 한다.

항상 그랬듯이, 새로운 개념을 배우는 가장 좋은 방법은 소매를 걷어붙이고 직접 해 보는 것이다. 첫 번째 단계는 그래픽 라이브러리를 임포트하는 것이다. graphics.py 파일을 적합한 디렉터리에 복사하고 나면, 그래픽을 위한 명령을 대화형 세션에서 임포트할 수 있다. IDLE을 사용하고 있다면, 먼저 graphics.py 파일을 저장한 위치를 IDLE에 알려 주어야 한다. 가장 쉬운 방법은 그 디렉터리에 저장한 기존 프로그램을 하나 불러오는 것이다. 이 과정이 끝나고 나면 graphics 모듈을 셸 창에서 임포트할 수 있다.

```
>>> import graphics
>>>
```

에러 메시지가 뜬다면 파이썬이 그래픽 모듈을 찾지 못한 것이다. 파일이 적절한 디렉터리에 복사되어 있는지 확인하고 다시 시도해 보라.

그다음 할 일은 그래픽을 출력할 창을 만들어야 한다. graphics 모듈이 제공하는 이 창은 '그래픽 창' 또는 GraphWin이라고 불린다.

```
>>> win = graphics.GraphWin()
>>>
```

graphics 모듈에 포함된 GraphWin 함수를 실행하기 위해 점 표기법이 사용된 것에 주목하라. 수학 라이브러리 모듈에서 제곱근을 구하기 위해 사용했던 math.sqrt(x) 명령과 비슷하다는 것을 알 수 있다. GraphWin() 함수는 'Graphics Window'라는 제목으로 화면에 새로운 창을 띄운다. 이 창은 우리가 작업하던 파이썬 셸 창에 겹쳐서 나타날 수도 있으므로 그런 경우에는 창을 옮기거나 크기를 조절해서 두 창을 한 번에 볼 수 있도록 배치한다. 그림 4.1에 이때의 화면 상태 예를 실었다.

GraphWin은 하나의 객체로, 우리는 이 객체를 win이라는 변수에 할당했다. 이제 이 변수를 통해 창 객체를 마음대로 다룰 수 있다. 예를 들어, 창이 이제 필요 없어졌다면, 다음처럼 close 명령을 통해 창을 닫을 수 있다.

```
>>> win.close()
>>>
```

그림 4.1 파이썬 셸과 GraphWin 창의 스크린샷

이 명령을 입력하면 화면에서 창이 사라진다.

조금 전 명령에서 점 표기법을 다시 사용했다. 하지만 이번에는 점 왼쪽에 오는 이름이 모듈이 아니라 변수라는 것이 차이점이다. win이라는 변수에 아까 GraphWin 타입의 객체를 할당했던 것을 기억해 보자. GraphWin 객체가 할 수 있는 일 중에는 스스로를 닫는 것도 포함되어 있는데, 이 명령을 통해 이 변수와 연결된 창에 close 연산을 호출한 것이다. 그 결과로 화면에서 창이 사라진다.

여담일 수 있지만 짚고 넘어가야 할 것이 있다. 사용하는 환경에 따라 이렇게 대화식으로 그래픽 명령을 사용하는 데 어려움을 겪는 경우가 있다. IDLE 같은 통합 개발 환경을 통해 셸을 사용하고 있다면 특정 플랫폼에서는 그래픽 창이 응답 없음 상태, 즉 창 위에 커서를 올리면 '모래시계' 커서가 되거나(마이크로소프트 윈도 운영 체제의 경우) 창을 옮길 수 없는 상태가 될 수 있다. 또 그래픽 창이 통합 개발 환경 창 밑에 완전히 깔려서 따로 찾아내야 하는 경우도 있을 수 있다. 이런 오류는 통합 개발 환경과 그래픽 창이 모두 사용자의 조작에 따르려고 하기 때문에 발생한다. 대화형 셸에서 오류가 일어나는 경우도 있지만, 표준적인 환경(윈도, 맥OS, 리눅스)이라면 그래픽 라이브러리를 사용하는 프로그램은 대부분의 경우 정상 동작한다.

앞으로 그래픽 라이브러리의 명령을 사용하게 될 텐데, 매번 모듈명 graphics를 입력하면 불편할 것이다. 다음과 같은 방식으로 모듈을 임포트하면 이 문제가 해결될 것이다.

```
from graphics import *
```

from 문은 어떤 라이브러리 모듈 안에서 특정 정의만 로드할 수 있게 해 준다. from 문 뒤에 임포트할 이름을 죽 나열할 수도 있고, 별표(*)를 써서 모듈 안에 있는 모든 정의를 임포트할 수도 있다. 일단 임포트된 명령은 모듈명을 앞에 붙이지 않고도 직접 사용할 수 있다. 이런 방법으로 그래픽 라이브러리를 임포트하고 나면, GraphWin 함수를 좀 더 간단하게 사용할 수 있다.

```
win = GraphWin()
```

이후 예제는 모두 from 문을 통해 그래픽 라이브러리 전체를 임포트했다고 가정한다.

그럼 먼저 뭔가를 그려 보겠다. 그래픽 창은 '픽셀'(pixel, 그림 요소(picture element)의 준말)이라는 점이 모여 이루어진다. 각 픽셀의 색을 조절하는 방법으로 창에 무엇이 표시될지 정할 수 있다. 기본적으로 GraphWin은 높이 200픽셀, 폭 200픽셀인데, 이는 다시 말해 픽셀을 4만 개 갖고 있다는 뜻이다. 픽셀 하나하나의 색을 지정하면서 그림을 그린다면 너무 고된 작업이 될 것이다. 그 대신, 라이브러리에 있는 그래픽 객체의 힘을 빌리고자 한다. 각 객체는 자신의 정보를 저장할 수 있으며, 그래픽 창 안에 자기 자신을 그릴 수 있다.

graphics 모듈에서 가장 간단한 객체는 Point(점)다. 기하학에서 점은 공간 안의 한 지점을 말한다. 또 점의 위치는 좌표 체계에 의해 정해지는데, 우리가 사용할 Point(점) 그래픽 객체도 마찬가지로 GraphWin 안의 위치를 나타낸다. x 좌표와 y 좌표 두 값으로 점을 정의할 수 있는데, x 좌표는 점의 가로상 위치이고 y 좌표는 세로상 위치를 말한다.

창의 왼쪽 상단을 (0, 0)으로 정하는 경우가 많은데, 이에 따라 x의 값은 왼쪽에서 오른쪽으로 갈수록 증가하며, y의 값은 위에서 아래로 증가한다. 200x200 크기의 기본 GraphWin 창에서 가장 우측 하단의 좌표는 (199,199)가 된다. Point 객체를 그리면 창에서 해당하는 위치에 있는 픽셀의 색을 바꾸게 된다. 기본색은 검정이다.

다음에 Point 객체를 사용한 출력 결과를 실었다.

```
>>> p = Point(50,60)
```

```
>>> p.getX()
50
>>> p.getY()
60
>>> win = GraphWin()
>>> p.draw(win)
>>> p2 = Point(140,100)
>>> p2.draw(win)
```

첫 줄의 명령은 위치 (100, 120)에 Point 객체를 만든다. 객체가 만들어지고 나면, getX와 getY 연산을 통해 객체의 좌푯값에 접근할 수 있다. 이 연산을 호출할 때는 다른 함수를 호출할 때와 마찬가지로 끝에 괄호를 붙여야 한다. Point 객체를 창 안에 그리려면 draw 명령을 사용한다. 여기서는 두 개의 Point 객체(p와 p2)를 만들어 win이라는 변수에 할당된 GraphWin 창에 표시했다. 그림 4.2에 그 결과로 나타난 화면을 실었다.

그림 4.2 점 두 개가 표시된 그래픽 창

그래픽 라이브러리에는 점 외에도 선, 원, 직사각형, 타원형, 다각형, 텍스트 등을 표시하는 명령이 있다. 이 객체들 역시 비슷한 방법으로 생성해서 화면에 표시되도록 할 수 있다. 다음은 다양한 도형을 GraphWin 창에 그리는 예제다.

```
>>> #### 그래픽 창을 띄운다.
>>> win = GraphWin('Shapes')
>>> #### 좌표 (100,100)에 지름이 30인 붉은 원을 그린다.
>>> center = Point(100,100)
>>> circ = Circle(center, 30)
>>> circ.setFill('red')
>>> circ.draw(win)
>>> #### 원 가운데에 텍스트 레이블을 단다.
>>> label = Text(center, "Red Circle")
>>> label.draw(win)
>>> #### Rectangle 객체를 이용하여 정사각형을 그린다.
>>> rect = Rectangle(Point(30,30), Point(70,70))
>>> rect.draw(win)
>>> #### Line 객체를 이용하여 선분을 그린다.
>>> line = Line(Point(20,30), Point(180, 165))
>>> line.draw(win)
>>> #### Oval 객체를 이용하여 타원형을 그린다.
```

```
>>> oval = Oval(Point(20,120), Point(180,199))
>>> oval.draw(win)
```

차례대로 한 줄씩 어떤 뜻인지 알아보자. 앞의 명령을 입력하면 마지막 결과로 그림 4.3과 같은 화면이 나올 것이다.

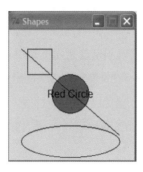

그림 4.3 graphics 모듈을 이용해서 그린 다양한 도형

4.4 그래픽 객체 사용하기

앞 예제의 명령 중 몇 가지는 조금 이상하게 보일 것이다. 그래픽 모듈을 완전히 이해하려면 객체 지향적 관점에서 바라보아야 한다. 다시 말하지만, 객체는 데이터와 그에 대한 연산을 결합한 것이다. 계산은 객체가 가진 연산 중 하나를 수행하도록 요청하는 형태로 이루어진다. 따라서 객체를 사용하려면 먼저 객체를 만들고 연산을 요청할 수 있어야 한다.

앞의 예제에서 다양한 종류의 객체, 즉 GraphWin, Point, Circle, Oval, Line, Text, Rectangle을 사용했다. 이런 객체의 종류를 '클래스'라고 한다. 모든 객체는 어떤 클래스의 '인스턴스'이며, 클래스는 그 인스턴스 객체가 어떤 속성을 지닐지 결정한다.

생물학적인 비유를 빌자면 "피도(Fido)는 개다"라는 말은, 피도가 개라고 하는 더 큰 집합에 속하는 특정 개체임을 의미한다. 이 상황을 객체 지향 용어로 나타내면 피도는 클래스 '개'에 속하는 한 인스턴스라고 할 수 있다. 그리고 이 사실로부터 우리는 어떤 사실, 즉 피도는 다리 네 개와 꼬리가 있고, 코가 축축하며, 짖는 소리를 낸다는 사실을 추정할 수 있다. 렉스(Rex)는 피도와 크기와 색이 다르지만 역시 개다. 렉스 역시 개라는 사실만 안다면 렉스도 피도와 비슷한 특징을 지닌다고 예상할 수 있다.

컴퓨터에서 쓰이는 객체에도 같은 논리가 성립한다. Point의 서로 다른 두 인스턴스를 만들고 이를 각각 p와 p2라고 하자. 각 Point 객체는 모두 x 좌표와 y 좌표의 값을 가지며 동일한 연산을 할 수 있다. 이 두 객체가 이런 성질을 갖는 것은 이것들이 Point 클래스의 객체이기 때문이다. 그러나 서로 다른 객체는 좌푯값과 같은 세부적인 부분에서는 차이가 날 수 있다.

어떤 클래스의 인스턴스를 새로이 만들려면 '생성자'(constructor)라는 특별한 연산을 사용해야 한다. 생성자를 호출하는 표현식은 새 객체를 만들어 낸다. 이 표현식의 일반형은 다음과 같다.

```
<class-name>(<param1>, <param2>, ...)
```

여기서 <class-name>은 Circle이나 Point 같은, 만들려고 하는 새 객체의 클래스명이다. 괄호 안의 표현식은 객체를 초기화하기 위한 파라미터이고, 이 파라미터의 개수나 데이터 타입은 클래스마다 다르다. 예를 들면, Point 클래스는 숫자형 값두 개를 인자로 필요로 하며, GraphWin 클래스는 아무 인자 없이도 객체를 만들 수 있다. 생성자는 할당문의 등호 오른쪽에 위치하는 형태로 많이 사용되는데, 이렇게 만들어진 객체는 등호 왼쪽에 위치한 변수에 할당되어 이후 그 변수를 통해 객체를 조작하게 된다.

그래픽 라이브러리의 점을 통해 좀 더 구체적인 예를 들어 보겠다. 다음 줄은 앞서의 예제에서 뽑은 생성자 명령문이다.

```
p = Point(50, 60)
```

Point 클래스의 생성자는 새로 만들 점의 x 좌표와 y 좌표에 해당하는 두 개의 파라미터를 필요로 한다. 이 값은 객체 안에 있는 '인스턴스 변수'(instance variable)에 저장되는데, 이 예제에서는 Point 클래스의 새 인스턴스를 만들고 인스턴스 변수 x에 50, y에 60을 저장하고 있다. 그리고 객체가 만들어지고 나면 그 객체를 변수 p에 할당한다.

그림 4.4에 이러한 개념을 도식으로 나타냈다. 앞으로 보게 될 도식과 마찬가지로 이 도식은 세부 사항 중 중요한 것만 나타낸 것이다. Point 클래스의 객체는 어

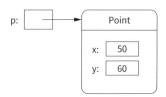

그림 4.4 새로운 Point를 가리키는 변수 p

떤 색인지, 어떤 그래픽 창에 속하는지 등에 대한 정보도 함께 가지고 있다. Point 객체를 만들 때 이 중 대부분의 정보는 기본값으로 설정된다.

객체한테 연산을 시키려면 객체에 메시지를 보내야 한다. 객체가 어떤 일을 수행할 수 있는 메시지를 객체의 '메서드'(method)라고 한다. 메서드는 객체 안에 있는 함수라고 생각하면 된다. 점 표기법을 이용하여 메서드를 호출할 수 있다.

```
<object>.<method-name>(<param1>, <param2>, ...)
```

필요한 파라미터의 수는 메서드에 따라 다르다. 파라미터를 필요로 하지 않는 메서드도 있다. 앞의 예제를 보면 메서드를 호출하는 명령을 많이 볼 수 있다.

파라미터가 없는 메서드로 다음과 같은 예를 들 수 있다.

```
p.getX()
p.getY()
```

메서드 getX와 getY는 각각 이 점의 x 좌푯값과 y 좌푯값을 리턴한다. 이런 메서드는 객체 안에 있는 인스턴스 변수에 접근하도록 해 주기 때문에 '접근자'(accessor)라고 부르기도 한다.

인스턴스 변수의 값을 바꿔서 객체의 '상태'를 변화시킬 수 있는 메서드도 있다. 모든 그래픽 객체는 move 메서드를 가지고 있는데, 그 형태는 다음과 같다.

move(dx, dy): 해당 객체를 x축 방향으로 dx만큼, y축 방향으로 dy만큼 옮긴다.

점 p를 오른쪽으로 10만큼 움직이려면 다음 명령을 사용하면 된다.

```
p.move(10,0)
```

이 명령은 객체 p가 갖는 인스턴스 변수 x의 값을 10 증가시킨다. 이 점이 GraphWin 객체에 그려져 있는 상태라면, move 명령은 이전 이미지를 지우고 새 위치에 점을 다시 그릴 것이다. 이렇게 객체의 상태를 바꿀 수 있는 메서드를 '수정자'(mutator)라고 한다.

move 메서드를 호출하려면 점을 축마다 얼마나 옮길 것인지 결정하는 두 가지 값을 주어야 한다. 파라미터는 이렇게 단순한 값 외에도 더 복잡한 객체로도 주어질 수 있다. 예를 들어 GraphWin 창에 Circle 객체를 그려 넣는 예제를 살펴보자. 이 예제는 다음과 같은 명령으로 구성된다.

```
circ = Circle(Point(100, 100), 30)
win = GraphWin()
circ.draw(win)
```

첫 번째 명령은 Point(100, 100)이 가리키는 위치에 지름이 30인 Circle 객체를 만든다. Circle 클래스의 생성자에 위치를 나타내기 위해 Point 객체를 인자로 사용했다는 점에 주목하라. 두 번째 줄은 GraphWin 객체를 만든다. 세 번째 줄이 어떤 역할을 하는지 알 수 있겠는가? 이 세 번째 명령은 Circle 클래스의 객체 circ로 하여금 GraphWin 클래스의 객체 win 안에 자신을 그려 넣도록 메시지를 보내는 명령이다. 이 명령을 내렸을 때 눈에 보이는 결과는 (100, 100)을 중심으로 하는 지름 30짜리 원이 그려지는 것이지만, 그 이면에서는 훨씬 많은 일이 일어난다.

다시 강조하지만, draw 메서드는 객체 circ 안에 존재한다. draw 메서드는 원의 중심점과 지름에 대한 정보를 인스턴스 변수로부터 얻은 뒤, 이 정보를 이용하여 GraphWin 객체에 자신을 그려 넣는 저수준 그래픽 명령을 내린다. 이때 Circle, Point, GraphWin 객체 사이에 일어나는 상호 작용을 그림 4.5에 도식화했다. 다행히도 이 모든 과정을 그래픽 객체가 대신 해 주기 때문에 우리는 이 내용을 신경 쓸 필요가 없다. 다만 객체를 만들고 적절한 메서드를 호출하기만 하면 된다. 이것이 객체 지향 프로그래밍이 지닌 위력이다.

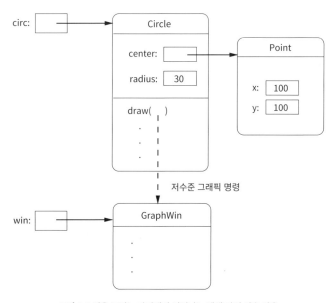

그림 4.5 원을 그리는 과정에서 일어나는 객체 간의 상호 작용

객체를 다룰 때에 알아 두어야 할 사실이 있다. 두 변수가 같은 객체를 가리킬 수 있다는 점이다. 이때 한쪽 변수를 통해 객체에 변화를 주면 다른 쪽 변수를 통해 접근한 객체에도 영향을 미치게 된다. 예를 들어, 웃는 얼굴을 그리기 위해 다음과 같은 명령을 사용하려고 한다. 두 눈을 서로 20만큼 떨어진 위치에 그리려고

하는데, 이렇게 눈을 그리기 위해 다음과 같은 일련의 명령을 사용했다.

```
## 두 개의 원을 만드는 잘못된 방법
leftEye = Circle(Point(80, 50), 5)
leftEye.setFill('yellow')
leftEye.setOutline('red')
rightEye = leftEye
rightEye.move(20,0)
```

원래 의도했던 것은 왼쪽 눈을 먼저 그린 뒤, 왼쪽 눈을 복사하여 오른쪽 눈을 만들고 오른쪽 눈의 위치를 옮기는 것이었다.

하지만 이 방법으로는 원하는 결과를 얻을 수 없다. 여기서 문제는 Circle 객체가 하나밖에 만들어지지 않았다는 것이다. 다음 할당문은 새로운 Circle 객체를 만드는 것이 아니라, 변수 rightEye가 변수 leftEye가 가리키는 변수를 똑같이 가리키도록 하는 것이다.

```
rightEye = leftEys
```

그림 4.6에 이런 상황을 도식화하여 실었다. 마지막 명령에서 Circle 객체가 옮겨지면 rightEye와 leftEye가 둘 다 오른쪽으로 옮겨진 이 객체를 가리키게 된다. 이렇게 여러 변수가 같은 객체를 가리키도록 하는 것을 '별명 짓기'(aliasing)라고 하는데, 의도하지 않은 실수를 일으키기 쉬우니 주의가 필요하다.

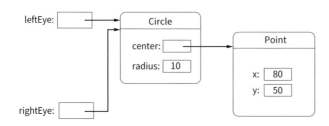

그림 4.6 두 변수 leftEye와 rightEye가 같은 객체를 가리키는 경우

조금 전의 문제점을 해결하려면 두 변수에 Circle 객체를 따로따로 만들어 주어야 한다.

```
## 두 개의 원을 만드는 바른 방법
leftEye = Circle(Point(80, 50), 5)
leftEye.setFill('yellow')
leftEye.setOutline('red')
rightEye = Circle(Point(100, 50), 5)
rightEye.setFill('yellow')
rightEye.setOutline('red')
```

이렇게 하면 원하는 대로 동작하긴 하지만, 두 눈에 대한 코드가 중복되어 있는 것이 썩 마음에 들지 않는다. '갖다 붙이는' 방법은 편하긴 하지만 우아한 해결책은 못 된다. 눈의 모양을 바꾸고 싶다면 매번 두 곳을 다 수정해야 하기 때문이다.

그래픽 라이브러리를 이용하면 더 좋은 방법이 있다. 모든 그래픽 객체는 해당 객체를 복제하는 clone 메서드를 갖고 있다. 이 메서드를 이용하면 처음에 썼던 방법으로 문제를 해결할 수 있다.

```
## clone 메서드를 이용하여 두 개의 원을 만드는 방법
leftEye = Circle(Point(80, 50), 5)
leftEye.setFill('yellow')
leftEye.setOutline('red')
rightEye = leftEye.clone() # rightEye는 왼쪽 눈에 해당하는 원의 복사본이다.
rightEye.move(20,0)
```

객체 복사를 잘 사용하면 그래픽과 관련된 작업을 쉽게 할 수 있다.

4.5 미래 가치를 그래프로 그리기

graphics 모듈을 사용하는 방법을 익혔으니 이제 그래픽을 이용하여 진짜 문제를 풀어 보자. 그래픽을 사용하는 가장 중요한 목적 중 하나는 데이터를 시각화하는 것이다. 백문이 불여일견이라는 말이 있듯이, 데이터를 시각화하면 그냥 숫자로 출력된 데이터보다 이해하는 데 훨씬 도움이 된다. 숫자를 다루는 거의 모든 프로그램은 그래픽 출력을 덧붙여 개선할 수 있다. 2장에서 보았던 10년 후의 예금 가치를 계산하는 프로그램을 기억하는가? 이 프로그램이 투자 내용의 요약을 그래픽으로 표현하도록 해 보자.

그래픽을 사용하여 프로그래밍을 할 때는 할 일을 세심하게 계획해야 한다. 앞으로의 내용에서는 종이와 연필을 이용해서 도식을 그리거나 계산 과정을 확인해 가는 편이 편리할 것이다. 그럼 평소와 마찬가지로 프로그램이 해야 할 일이 무엇인지 사양부터 작성해 보자.

이전의 futval.py 프로그램은 예금의 원금과 연간 이자율, 이 두 가지 값을 입력으로 받았다. 프로그램은 이 입력 값을 이용하여 10년 동안 원리금이 어떻게 변화하는지를 공식 principal = principal * (1 + apr)을 이용하여 연 단위로 계산했다. 그리고 10년 후의 원리금을 출력했다. 그래픽을 이용한 새로운 버전에서는 각 해의 원리금을 높이로 하는 10년간의 막대그래프를 출력할 것이다.

그럼 좀 더 구체적인 예를 살펴보자. 우리가 2000달러를 연간 이자율 10%로 투자했다고 가정하자. 10년 동안 원리금의 변화는 표 4.1과 같을 것이다. 새 프로그램은 이 정보를 막대그래프로 출력하려고 한다. 그림 4.7에 우리가 원하는 막대그래프 출력을 실었다. 그래프는 막대를 열한 개 포함하고 있으며, 첫 번째 막대는 초기 예금액을 나타낸다. 연도를 구분하기 위해 각 막대그래프에 0부터 10까지의 숫자를 매겼다.

햇수	예금액
0	2000.00달러
1	2200.00달러
2	2420.00달러
3	2662.00달러
4	2928.20달러
5	3221.02달러
6	3542.12달러
7	3897.43달러
8	4287.18달러
9	4715.90달러
10	5187.49달러

표 4.1 연이율 10%일 때, 원금 2000달러가 증가하는 양상

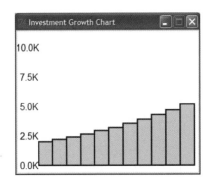

그림 4.7 연이율 10%에서 원금 2000달러가 증가하는 양상을 나타낸 막대그래프

다음은 이 프로그램의 대략적인 설계다.

```
프로그램의 안내 메시지를 출력한다.
원금의 액수와 연간 이자율을 사용자로부터 입력받는다.
GraphWin 객체를 만든다.
그래픽 창의 왼쪽에 그래프의 눈금 표시를 그린다.
위치 0부터 원금의 액수에 해당하는 막대그래프를 그린다.
다음을 첫 번째 해부터 열 번째 해까지 반복한다.
    공식 principal = principal * (1 + apr)을 계산한다.
    현재 해의 원리금을 높이로 하여 막대그래프를 그린다.
사용자가 엔터키를 칠 때까지 대기한다.
```

마지막 줄에 있는 대기 명령은 우리가 결과 창을 확인하기도 전에 창이 화면에서 사라지지 않도록 하기 위한 것이다. 이러한 대기 명령이 없으면 프로그램이 종료 되고 GraphWin이 사라진다.

이 설계를 통해 앞으로 작성할 프로그램의 얼개가 결정되었지만, 지금 상태로 는 아직 몇 가지 중요한 세부 사항을 명확히 하지 않았다. 프로그램을 실제로 작 성하려면 그래픽 창의 크기나 그래픽 객체를 배열할 방법을 정해야 한다. 구체적 으로 말하자면, 3221.02달러에 해당하는 막대그래프를 그릴 방법 같은 것을 결정 해야 한다.

먼저 GraphWin의 크기부터 정해 보자. 그래픽 창의 크기는 가로와 세로축에 들 어갈 픽셀 수로 지정할 수 있다. 픽셀 수 또는 화면 해상도는 사용하고 있는 모니 터나 그래픽 카드에 따라 결정된다. 오늘날의 PC에서 볼 수 있는 가장 낮은 해상 도는 1024×768픽셀 정도일 것이다. 대다수 모니터는 이보다 훨씬 크다. 그래픽 창의 기본 크기인 200×200픽셀은 이런 화면에서 보면 조금 작게 느껴질 수 있다. 그래픽 창의 크기를 320×240으로 설정하기로 한다. 이렇게 설정하면 작은 모니 터에서도 화면의 약 1/8 정도를 차지할 것이다.

이렇게 결정한 사항으로 프로그램 설계에 살을 붙여 나간다. 우리가 만든 설계 의 세 번째 줄은 이제 이렇게 고쳐야 할 것이다.

320x240 크기의 GraphWin 창을 'Investment Growth Chart'라는 제목으로 만든다.

이 내용을 파이썬 코드로 어떻게 옮겨야 하나 당황하는 독자도 있을 것이다. 하지 만 아까 GraphWin의 생성자에 추가적인 인자를 주어 창의 제목을 바꾸는 방법을 배웠다. 마찬가지 방법으로 창의 가로, 세로 크기를 생성자에 인자로 주어 창의 크기도 조절할 수 있다. 배운 내용을 적용하면 출력 내용이 들어갈 그래픽 창을 만들기 위해서는 다음과 같은 명령이 필요할 것이다.

```
win = GraphWin("Investment Growth Chart", 320, 240)
```

이번에는 그래픽 창의 왼쪽 가장자리에 그래프의 레이블을 표시하는 방법을 알 아보자. 편의를 위해, 그래프는 1만 달러 이하의 액수를 나타낼 수 있다고 가정 한다. 그리고 '0.0k'부터 '10.0k'까지 다섯 개의 레이블이 표시된다. 문제는 이 레 이블을 어떻게 표시하는가이다. 이런 경우에는 Text 객체를 사용한다. Text 객체 를 만들려면 기준점(텍스트의 중앙이 위치할 점)과 출력할 문자열을 정해 주어야 한다.

레이블 문자를 출력하는 것은 쉽다. 우리가 사용할 레이블은 최대 다섯 글자이므로 짧은 문자열이 왼쪽에 공백이 남도록 오른쪽으로 정렬한다. 레이블 배치는 레이블을 적당한 위치에 배치한 뒤 이를 조절해 보며 결정한다. 대화형 세션에서 확인해 보면, 그래픽 창의 왼쪽 가장자리에서 약 20픽셀 정도 떨어진 위치가 적당해 보인다. 이렇게 하면 창 왼쪽 가장자리에 약간의 여백도 남길 수 있다.

세로 방향으로는 200픽셀 이내에 다섯 개의 레이블을 배치하기로 한다. 대충 계산해 보면, 5000달러에 해당하는 레이블이 100픽셀 정도에 와야 하므로 레이블 끼리의 간격이 약 50픽셀이어야 한다. 200픽셀에 레이블 다섯 개를 배치하고 나면, 240 - 200 = 40픽셀이 남는데, 이는 위아래로 나누어 여백으로 한다. 이 경우, 1만 달러를 조금 넘기는 경우에 대비하여 위쪽 여백을 더 많이 두는 것이 좋겠다. 맨 아래 레이블은 바닥에 10픽셀 떨어뜨린 위치(좌표 230)가 적당해 보인다.

이렇게 결정한 사항을 알고리즘에 적용하면, 다음에 나타낸 알고리즘의 한 단계는

그래픽 창의 왼쪽에 그래프의 눈금 표시를 그린다.

다음과 같이 여러 단계로 나뉜다.

```
레이블 ' 0.0k'를 좌표 (20, 230)에 그린다.
레이블 ' 2.5k'를 좌표 (20, 180)에 그린다.
레이블 ' 5.0k'를 좌표 (20, 130)에 그린다.
레이블 ' 7.5k'를 좌표 (20, 80)에 그린다.
레이블 '10.0k'를 좌표 (20, 30)에 그린다.
```

알고리즘의 다음 단계는 초기 원금에 해당하는 막대그래프를 그리는 것이다. 이 막대그래프의 좌하단 위치는 쉽게 결정할 수 있다. 0.0에 해당하는 레이블이 세로 230픽셀, 가로 20픽셀에 위치하므로 가로 위치에 20픽셀을 더하면 레이블의 오른쪽 끝에 해당하는 위치를 알 수 있다. 이에 따라 0번째 막대그래프의 좌하단 좌표는 (40, 230)이 된다.

이제 막대그래프의 우상단 위치만 정하면 막대그래프를 그릴 수 있다. 먼저 세로 위치는 변수 principal(원금)의 값에 의해 결정된다. 아까 레이블을 그릴 때, 100픽셀이 5000달러에 해당했으므로 1달러는 100 / 5000 = 0.02픽셀에 해당한다. 이를 적용해 보면, 원금 2000달러는 높이가 2000(.02) = 40픽셀이 된다. 그러므로 막대그래프의 우상단 위치에 대한 y 좌표는 230-(원금)(0.02)가 된다(230일 때 막대그래프의 높이가 0이 됨을 기억하라. y 좌표는 막대그래프가 높아질수록 작아진다).

막대그래프의 폭은 어떻게 정해야 할까? 그래픽 창의 가로 폭은 320픽셀이다. 그러나 레이블을 표시하는 데 40픽셀을 이미 할애했고, 막대그래프 열한 개를 280픽셀 안에 표시해야 하므로 막대그래프 하나의 폭은 280/11 = 25.4545가 된다. 여기에도 여백을 약간 주기 위해 25픽셀로 하기로 한다. 그럼 막대그래프의 우상단 위치에 대한 x 좌표는 40 + 25 = 65가 된다.

이제 첫 번째 막대그래프를 그리기 위한 세부 사항을 모두 결정했다.

(40, 230)에서 (65, 230 – principal * 0.02)에 해당하는 직사각형을 그리라.

이제 프로그램을 완성하기 위한 세부 사항을 대부분 결정했다. 남은 것은 결정된 세부 사항을 알고리즘에 녹여 넣는 것이다. 그림 4.8에 우리가 결정한 그래프의 레이아웃을 실었다.

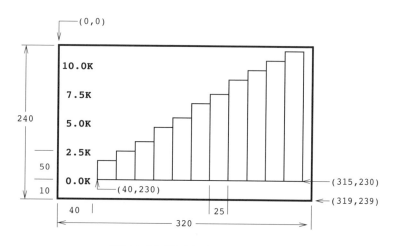

그림 4.8 미래 가치 막대그래프의 요소 배치

이번에는 각 막대그래프의 좌하단이 어디에 위치해야 하는지 알아보자. 조금 전에 막대그래프의 폭을 25픽셀로 정했으므로 다음 해에 해당하는 막대그래프는 이전 해의 막대그래프로부터 오른쪽으로 25픽셀에 위치한다. 햇수를 나타내는 변수 year를 사용하면 막대그래프 좌하단 위치의 x 좌표를 $(year)(25) + 40$과 같이 계산할 수 있다(더해지는 40픽셀은 레이블이 차지하는 공간이다). 물론 이 점의 y 좌표 역시 230(그래프의 아랫단)이다.

막대그래프의 우상단 위치는 좌하단 위치로부터 x 좌표에 25(그래프의 폭)를 더하고 y 좌표는 (새로이 계산된) 변수 principal의 값으로부터 아까와 같은 방식으로 구할 수 있다. 이 부분을 정리하면 다음과 같은 알고리즘으로 나타낼 수 있다.

year가 1부터 10까지 올라가는 동안:
    principal = principal * (1 + apr)을 계산하라.
    xll = 25 * year + 40을 계산하라.
    height = principal * 0.02를 계산하라.
    (xll, 230)에서 (x11+25, 230-height)에 해당하는 식사각형블 그리라.

변수 xll은 좌하단(lower-left) 위치의 x 좌표를 의미한다.

지금까지의 내용을 모으면 다음과 같은 알고리즘이 된다.

프로그램 안내 메시지를 출력한다.
원금 액수와 연간 이자율을 사용자로부터 입력받는다.
320x240 크기의 GraphWin 창을 'Investment Growth Chart'라는 제목으로 만든다.
레이블 ' 0.0k'를 좌표 (20, 230)에 그린다.
레이블 ' 2.5k'를 좌표 (20, 180)에 그린다.
레이블 ' 5.0k'를 좌표 (20, 130)에 그린다.
레이블 ' 7.5k'를 좌표 (20, 80)에 그린다.
레이블 '10.0k'를 좌표 (20, 30)에 그린다.
(40, 230)에서 (65, 230 - principal * 0.02)에 해당하는 직사각형을 그리라.
year가 1부터 10까지 올라가는 동안:
    principal = principal * (1 + apr)을 계산하라.
    xll = 25 * year + 40을 계산하라.
    height = principal * 0.02를 계산하라.
    (xll, 230)에서 (x11+25, 230-height)에 해당하는 직사각형을 그리라.
사용자가 엔터키를 칠 때까지 대기한다.

휴, 힘들었지만 마침내 알고리즘 전체를 파이썬 코드로 옮길 준비가 끝났다. 그래픽 라이브러리의 객체를 이용하면 이를 코드로 쉽게 옮길 수 있다. 코드로 옮긴 프로그램은 다음과 같다.

```python
# futval_graph.py

from graphics import *

def main():
    # 안내 메시지
    print("This program plots the growth of a 10-year investment.")

    # 원금과 이자율을 입력받는다.
    principal = float(input("Enter the initial principal: "))
    apr = float(input("Enter the annualized interest rate: "))

    # 왼쪽에 레이블이 달린 그래픽 창을 띄운다.
    win = GraphWin("Investment Growth Chart", 320, 240)
    win.setBackground("white")
    Text(Point(20, 230), ' 0.0K').draw(win)
    Text(Point(20, 180), ' 2.5K').draw(win)
    Text(Point(20, 130), ' 5.0K').draw(win)
    Text(Point(20, 80), ' 7.5K').draw(win)
    Text(Point(20, 30), '10.0K').draw(win)

    # 초기 원금에 대한 막대그래프를 그린다.
    height = principal * 0.02
    bar = Rectangle(Point(40, 230), Point(65, 230-height))
    bar.setFill("green")
    bar.setWidth(2)
    bar.draw(win)
```

```
# 이후 연도에 대한 막대그래프를 그린다.
for year in range(1,11):
    # 그다음 해의 투자 가치를 계산한다.
    principal = principal * (1 + apr)
    # 계산한 값에 대한 막대그래프를 그린다.
    xll = year * 25 + 40
    height = principal * 0.02
    bar = Rectangle(Point(xll, 230), Point(xll+25, 230-height))
    bar.setFill("green")
    bar.setWidth(2)
    bar.draw(win)

input("Press <Enter> to quit")
win.close()
```

```
main()
```

이 프로그램을 잘 살펴보면, 프로그램을 다듬기 위해 조금 더 추가된 기능이 있음을 알 수 있을 것이다. 모든 그래픽 객체는 색을 바꿀 수 있다. 먼저 화면의 배경색을 흰색으로 설정했다.

```
win.setBackground("white")
```

그리고 bar 객체의 색도 마찬가지로 변경했다. 다음 명령은 객체 bar에게 안쪽을 녹색으로 칠하라는 명령이다(돈을 나타내는 객체니까).

```
bar.setFill("green")
```

도형의 외곽선도 setOutline 메서드를 이용하면 색을 변경할 수 있다. 여기서는 외곽선의 색을 검은색으로 두어서 각각의 막대그래프를 구분할 수 있도록 했다. 이 구분을 좀 더 확실히 하려면 다음과 같은 명령으로 외곽선의 굵기를 좀 더 굵게 할 수 있다(선 굵기가 1픽셀에서 2픽셀로 늘어난다).

```
bar.setWidth(2)
```

그리고 레이블을 그리는 과정에도 효율성을 위한 변경이 있었다. 그래프의 레이블을 바꿀 필요는 없으므로 이 객체들을 변수에 할당할 필요가 없다. 그러므로 Text 객체를 만들어서 그대로 출력하도록 한다. 다음과 같이 하면 된다.

```
Text(Point(20, 230), '0.0K').draw(win)
```

마지막으로, 변수 year가 반복문 안에서 어떻게 사용되었는지 살펴보자.

```
for year in range(1,11):
```

표현식 range(1,11)은 1부터 10까지의 정수형 연속열을 만든다. 반복문의 인덱스 변수인 year는 이 연속열의 값을 각 반복마다 차례로 가지게 된다. 그러므로 첫 번째 반복에서 year의 값은 1이고, 그다음은 2, 또 그다음은 3, 이런 식으로 10까지 가게 된다. 그다음 year의 값은 각 막대그래프의 좌하단 위치의 좌표를 계산하는 데 사용된다.

```
xll = year * 25 + 40
```

이제 그래픽을 다루는 방법에 대해 감을 잡았을 것이다. 약간 번잡하지만 나름 이에 빠져드는 자신을 발견할 수 있다.

4.6 좌푯값 구하기

futval_graph 프로그램에서 가장 큰 비중을 차지한 내용은 화면에 객체를 배치할 정확한 위치를 구하는 것이었다. 그래픽과 관련된 대부분의 문제는 실제 세계의 문제에 대한 값을 화면상의 창 안에 늘어놓기 위한 좌표 변환 과정을 필요로 한다. 앞서의 예제에서, 문제의 범위는 햇수(1부터 10)를 나타내는 x와 금액(0부터 10000)을 나타내는 y의 값이었다. 문제를 풀려면 크기가 320x240인 창 안에 이 값들을 나타낼 수 있도록 변환해야 한다. 이런 과정을 이해하기 위해 한두 가지 예제를 더 보면 좋겠지만 지루한 프로그래밍 과정을 거쳐야 한다.

좌표 변환은 컴퓨터 그래픽 분야에서 이미 많은 연구가 이루어진 필수 분야다. 수학 지식이 풍부하지 않아도 이런 좌표 변환이 거의 항상 비슷한 형태임을 쉽게 이해할 수 있다. 어떤 패턴을 따르는 일은 쉽게 자동화할 수 있다. 여러 좌표계를 오가며 좌표를 변환하는 불편함을 해소하기 위해 그래픽 라이브러리에 이런 작업을 맡길 수 있다. GraphWin 객체를 만들고 setCoords 메서드를 사용하면 어떤 좌표계를 사용할지 정할 수 있다. 이 메서드는 인자를 네 개 필요로 하는데, 각각 좌하단 위치와 우상단 위치의 x 좌표와 y 좌표다. 이렇게 좌표계를 지정하고 나면 이 좌표계에 맞추어 그래픽 객체를 창 안에 배치할 수 있다.

간단한 예를 들어 보자. 창을 삼목(tic-tac-toe) 게임처럼 정사각형 아홉 개로 나누려고 한다. 200×200 창을 사용하면 이를 쉽게 할 수 있지만 여전히 계산이 약간 필요할 것이다. 하지만 좌표계를 다음과 같이 가로세로로 각각 0부터 3까지를 값으로 갖도록 바꾸면 이 문제는 훨씬 간단해진다.

```
# 200x200 크기의 새로운 창을 띄운다.
win = GraphWin("Tic-Tac-Toe")

# 좌하단이 (0,0), 우상단이 (3,3)이 되도록
# 좌표계를 설정한다.
```

```
win.setCoords(0.0, 0.0, 3.0, 3.0)

# 세로선을 그린다.
Line(Point(1,0), Point(1,3)).draw(win)
Line(Point(2,0), Point(2,3)).draw(win)

# 가로선을 그린다.
Line(Point(0,1), Point(3,1)).draw(win)
Line(Point(0,2), Point(3,2)).draw(win)
```

이 방법의 또 다른 장점은 그래픽 창을 만들 때의 크기만 지정하면(예를 들어, win = GraphWin("Tic-Tac-Toe", 300, 300)처럼) 프로그램의 다른 곳을 수정하지 않고도 창 크기를 변경할 수 있다는 점이다. 이는 창 크기가 바뀌어도 객체가 배치되는 좌표의 범위는 그대로 유지되기 때문이다. 창의 '픽셀 단위' 좌표를 그대로 사용했다면 프로그램의 여러 곳을 수정해야 했을 것이다.

이런 방식을 우리 프로그램에도 적용할 수 있다. 먼저, 그래픽 창을 x축으로는 0부터 10까지(해를 나타낸다), 그리고 y축으로는 0부터 10000까지(금액을 나타낸다)가 되도록 만들고 싶다. 이럴 때는 다음과 같이 창을 만들면 된다.

```
win = GraphWin("Investment Growth Chart", 320, 240)
win.setCoords(0.0, 0.0, 10.0, 10000.0)
```

이렇게 하고 나면, 변수 year나 principal의 값을 그대로 그래프를 그리는 데 사용할 수 있다. 각 막대그래프는 해당하는 연도의 0을 좌하단으로, 다음 연도와 맞닿는 principal과 같은 높이의 위치를 우상단으로 하도록 그려질 것이다.

```
bar = Rectangle(Point(year, 0), Point(year+1, principal))
```

그러나 이런 방식에도 작은 문제가 있다. 이 방법을 이용하면 막대그래프 열한 개가 창 전체를 차지하게 되며, 레이블이나 여백이 들어갈 자리가 없다. 이 문제는 창의 좌표를 약간 늘리면 해결할 수 있다. 먼저 막대그래프가 0부터 시작하므로 레이블을 -1에 위치시키자. 그리고 여백을 주고 싶은 만큼 좌표를 조금 더 늘리면 된다. 몇 번의 시행착오 끝에 다음과 같은 명령으로 그래픽 창을 만들기로 한다.

```
win = GraphWin("Investment Growth Chart", 320, 240)
win.setCoords(-1.75,-200, 11.5, 10400)
```

이렇게 전체 프로그램은 다음과 같이 수정된다.

```
# futval_graph2.py

from graphics import *

def main():
    # 안내 메시지
```

```
    print("This program plots the growth of a 10-year investment.")

    # 원금과 이자율을 입력받는다.
    principal = float(input("Enter the initial principal: "))
    apr = float(input("Enter the annualized interest rate: "))

    # 왼쪽에 레이블이 달린 그래픽 창을 띄운다.
    win = GraphWin("Investment Growth Chart", 320, 240)
    win.setBackground("white")
    win.setCoords(-1.75,-200, 11.5, 10400)
    Text(Point(-1, 0), ' 0.0K').draw(win)
    Text(Point(-1, 2500), ' 2.5K').draw(win)
    Text(Point(-1, 5000), ' 5.0K').draw(win)
    Text(Point(-1, 7500), ' 7.5k').draw(win)
    Text(Point(-1, 10000), '10.0K').draw(win)

    # 초기 원금에 대한 막대그래프를 그린다.
    bar = Rectangle(Point(0, 0), Point(1, principal))
    bar.setFill("green")
    bar.setWidth(2)
    bar.draw(win)

    # 이후 연도에 대한 막대그래프를 그린다.
    for year in range(1, 11):
        principal = principal * (1 + apr)
        bar = Rectangle(Point(year, 0), Point(year+1, principal))
        bar.setFill("green")
        bar.setWidth(2)
        bar.draw(win)

    input("Press <Enter> to quit.")
    win.close()

main()
```

이제 번거로운 좌표 계산을 모두 제거했다. 이 버전은 또 GraphWin 객체의 크기도 쉽게 변경할 수 있다. 창 크기를 640×480으로 바꾸면 좀 더 크지만 정상적인 그래프가 그려진다. 원래 프로그램이었다면 바뀐 창 크기에 맞추어 그래픽 객체의 위치를 새로 계산해야 했을 것이다.

이 수정된 프로그램이 이전 것보다 훨씬 작성하기도, 이해하기도 쉽다. 그래픽 프로그래밍을 하게 된다면 문제를 가능한 한 쉽게 해결할 수 있는 좌표계를 선택하는 것이 좋다.

4.7 대화형 그래픽

그래픽 인터페이스는 출력뿐 아니라 입력을 받는 데도 사용할 수 있다. GUI 환경에서는 버튼을 누르거나 메뉴를 선택하거나 텍스트 박스에 내용을 입력하는 방법으로 사용자가 응용 프로그램과 상호 작용한다. 이런 응용 프로그램에는 이벤트 기반 프로그래밍이라는 기법이 사용되는데, 이 기법을 사용한 프로그램은 인터페이스 요소(위젯이라고도 부른다)를 화면에 출력한 뒤 사용자가 이 요소들에 어떤 조작을 할 때까지 기다리는 방식으로 동작한다.

사용자가 마우스 커서를 움직이거나 버튼을 클릭하거나 키보드의 키를 누르면 그에 대한 이벤트가 발생한다. 여기서 이벤트란 지금 일어난 일에 대한 정보를 담은 객체를 말한다. 이벤트 객체는 이 이벤트를 처리하기 위한 프로그램의 부분으로 보내지는데, 예를 들어 버튼을 클릭하면 버튼 이벤트가 발생하고, 이 이벤트는 다시 버튼에 대한 조작을 처리하는 코드로 넘겨져 버튼에 따른 적절한 동작을 수행하게 된다.

이벤트 기반 프로그래밍은 어떤 때 프로그램의 어느 부분이 주도적으로 움직이는지 알기 어렵기 때문에 초보자에게는 조금 이해하기 어려울 수도 있다. 그래픽 모듈은 복잡한 이벤트 처리 메커니즘은 살짝 가려두고 GraphWin 객체에 대한 사용자 입력을 쉽게 처리할 수 있는 방법을 제공한다.

4.7.1 마우스 클릭 입력 받기

GraphWin 클래스의 getMouse 메서드를 이용하면 사용자의 그래픽 정보를 얻을 수 있다. GraphWin 클래스의 객체에 getMouse 메서드를 호출하면 먼저 프로그램이 잠시 정지하고 그래픽 창 어딘가에서 사용자의 클릭이 일어나기를 기다린다. 사용자가 클릭을 하면 이 클릭에 대한 정보가 Point 객체로서 리턴된다. 다음은 열 번의 연속적인 마우스 클릭으로부터 클릭된 위치의 좌표를 얻는 간단한 코드다.

```
# click.py
from graphics import *

def main():
    win = GraphWin("Click Me!")
    for i in range(10):
        p = win.getMouse()
        print("You clicked at:", p.getX(), p.getY())

main()
```

getMouse() 메서드가 리턴한 값은 이미 만들어진 Point 객체다. 이 객체도 우리가 만들었던 다른 Point 객체처럼 getX 또는 getY 같은 접근자나 draw 또는 move 같은 메서드를 통해 사용할 수 있다.

다음은 그래픽 창에 세 번의 클릭을 받은 뒤 이로부터 삼각형을 그리는 대화형 프로그램이다. 이 예제는 안내 메시지로도 Text 객체를 사용하고, 텍스트 창을 사용하지 않으므로 완전히 그래픽 요소로만 이루어져 있다. 마이크로소프트 윈도 환경을 사용하고 있다면 이 프로그램에 .pyw 확장자를 줄 수 있는데, 이렇게 하고 프로그램을 실행하면 파이썬 셸 창을 띄우지 않는다.

```python
# triangle.pyw
from graphics import *

def main():
    win = GraphWin("Draw a Triangle")
    win.setCoords(0.0, 0.0, 10.0, 10.0)
    message = Text(Point(5, 0.5), "Click on three points")
    message.draw(win)

    # 삼각형을 이루는 세 정점을 입력받아 점을 표시한다.
    p1 = win.getMouse()
    p1.draw(win)
    p2 = win.getMouse()
    p2.draw(win)
    p3 = win.getMouse()
    p3.draw(win)

    # Polygon 객체를 사용하여 삼각형을 그린다.
    triangle = Polygon(p1,p2,p3)
    triangle.setFill("peachpuff")
    triangle.setOutline("cyan")
    triangle.draw(win)

    # 다시 한 번 화면이 클릭되면 프로그램을 종료한다.
    message.setText("Click anywhere to quit.")
    win.getMouse()

main()
```

이 예제에서는 그래픽 모듈에서 아직 사용해 보지 않은 몇 가지 새로운 기능을 사용하고 있다. 실제로 삼각형 클래스가 있는 것은 아니지만, (삼각형을 포함한) 여러 개의 선분으로 이루어진 다각형을 Polygon 클래스를 사용해서 그릴 수 있다. Polygon 클래스의 생성자는 임의의 개수의 점을 인자로 받아서, 이 인자들이 주어진 순서대로 만들어지는 선분으로 둘러싸인 다각형을 만든다. 삼각형은 세 변을 갖는 다각형이 된다. Point 객체 세 개(p1, p2, p3)면 간단히 삼각형을 만들 수 있다.

```python
triangle = Polygon(p1, p2, p3)
```

안내 메시지를 출력하기 위해 사용된 Text 객체도 살펴보기 바란다. Text 객체는 프로그램 초반부에 생성되어 화면에 그려진다.

```python
message = Text(Point(5, 0.5), "Click on three points")
message.draw(win)
```

안내 메시지를 변경하려고 새 Text 객체를 만들 필요는 없다. 그냥 표시되는 텍스트를 변경할 수 있다. 이는 setText 메서드를 사용하여 프로그램이 끝날 무렵에 수행된다.

```
message.setText("Click anywhere to quit.")
```

이와 같이, GraphWin 클래스의 getMouse 메서드를 이용하면 그래픽 기반 프로그램에서 사용자의 입력을 쉽게 받을 수 있다.

4.7.2 텍스트 입력을 처리하기

앞의 삼각형 예제에서는 모든 입력이 마우스 클릭을 통해 이루어졌다. 그래픽 창을 사용할 때도 키보드 입력이 필요할 때가 많은데, GraphWin 클래스는 getMouse 메서드와 비슷한 방법으로 getKey() 메서드를 통해 키보드 입력을 받는다. 다음 예제는 클릭을 입력받는 간단한 프로그램을 확장하여 클릭한 위치에 키보드 입력으로 레이블을 달도록 한 프로그램이다.

```
# clickntype.py

from graphics import *

def main():
    win = GraphWin("Click and Type", 400, 400)
    for i in range(10):
        pt = win.getMouse()
        key = win.getKey()
        label = Text(pt, key)
        label.draw(win)

main()
```

반복문 몸체에서 어떤 일이 일어나는지 알아보자. 먼저 사용자의 마우스 클릭을 기다린 뒤, 리턴된 Point 객체를 변수 p에 할당한다. 그런 다음 다시 사용자의 키보드 입력을 기다린다. 키가 눌리면 해당하는 문자의 문자열이 리턴되고 이 문자열이 변수 key에 할당된다. 예를 들어, 사용자가 g 키를 눌렀다면 변수 key의 값은 'g'가 된다. 그리고 앞서 리턴된 Point 객체와 이 문자열로 텍스트 객체(label이라고 하자)를 만들고 화면에 그려 넣게 된다.

원한다면 getKey 메서드의 기능을 이해할 수 있을 때까지 프로그램을 다시 실행해 봐도 좋다. 특히, 커서 키나 〈Shift〉, 〈Ctrl〉과의 조합에서 어떤 문자열이 만들어지는지 확인하기 바란다.

getKey 메서드는 분명히 유용하지만, 어떤 문자열이든(이름이나 숫자 등의) 입력을 받기 위한 방법으로는 그다지 실용적이지 못하다. 다행히 그래픽 라이브러리에는 Entry 객체가 있어서 사용자가 그래픽 창에 내용을 직접 입력할 수 있다.

Entry 객체는 화면에 텍스트를 입력할 수 있는 입력란을 그린다. 그리고 이 객체는 Text 객체처럼 setText와 getText라는 메서드를 갖고 있다. 다만 차이점이 있다면 Entry 객체의 내용은 사용자가 직접 입력할 수 있다는 점이다. 2장에서 보았던 온도 변환 프로그램에 GUI를 적용한 프로그램을 다음에 실었다.

```python
# convert_gui.pyw
# 간단한 그래픽 인터페이스를 가진 화씨 -> 섭씨온도 변환 프로그램

from graphics import *

def main():
    win = GraphWin("Celsius Converter", 400, 300)
    win.setCoords(0.0, 0.0, 3.0, 4.0)

    # 인터페이스 그리기
    Text(Point(1,3), " Celsius Temperature:").draw(win)
    Text(Point(1,1), "Fahrenheit Temperature:").draw(win)
    inputText = Entry(Point(2.25, 3), 5)
    inputText.setText("0.0")
    inputText.draw(win)
    outputText = Text(Point(2.25,1),"")
    outputText.draw(win)
    button = Text(Point(1.5,2.0),"Convert It")
    button.draw(win)
    Rectangle(Point(1,1.5), Point(2,2.5)).draw(win)

    # 마우스를 클릭할 때까지 대기
    win.getMouse()

    # 입력된 값을 변환
    celsius = float(inputText.getText())
    fahrenheit = 9.0/5.0 * celsius + 32

    # 변환된 값을 출력하고 버튼의 레이블을 바꾼다.
    outputText.setText(round(fahrenheit,2))
    button.setText("Quit")

    # 다시 한 번 클릭하면 프로그램을 종료한다.
    win.getMouse()
    win.close()

main()
```

이 프로그램을 실행하면, 섭씨온도를 입력할 입력 칸과 변환 명령을 내리기 위한 버튼이 있는 창이 화면에 나타난다. 하지만 아직 버튼은 아무 기능이 없다. 프로그램은 실행되고 나서 마우스 클릭을 기다리기 위해 잠시 대기한다. 그림 4.9에 이 프로그램을 실행한 창의 이미지를 실었다.

입력 칸의 초깃값은 0.0으로 되어 있다. 사용자는 이 값을 지우고 원하는 값을 입력할 수 있다. 프로그램은 사용자가 버튼을 클릭할 때까지 다시 대기한다. 이렇게 대기하는 이유는 단지 사용자가 입력 칸에 입력할 여유를 주기 위한 것이어서 심지어 이때는 사용자가 클릭한 위치도 저장되지 않는다.

사용자의 입력은 이 프로그램에서 4단계를 거쳐 처리된다. 먼저 입력 칸의 텍스트가 (float 함수를 통해) 숫자로 변환된다. 이 숫자는 공식에 따라 다시 화

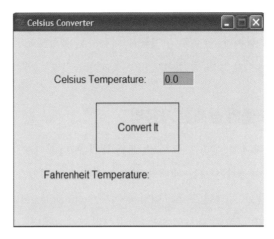

그림 **4.9** 그래픽을 이용한 온도 변환 프로그램의 초기 화면

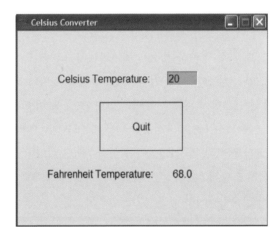

그림 **4.10** 그래픽을 이용한 온도 변환 프로그램의 처리 결과

씨온도로 변환되고 마지막으로 결괏값이 텍스트 영역에 출력된다. 이때 변수 fahrenheit는 부동소수형이지만, setText 메서드가 이를 적절히 문자열로 변환하여 출력한다.

그림 4.10은 사용자가 입력한 뒤 마우스를 클릭한 후의 창의 이미지다. 텍스트 영역을 보면 변환된 온도가 출력되었고, 버튼의 레이블은 'Quit'(종료)으로 바뀌었음을 알 수 있다. 또 그래픽 라이브러리에서 색, 크기, 그래픽 객체의 외곽선 두께 등을 조절하면 훨씬 깔끔한 프로그램을 만들 수 있다. 지금의 프로그램은 GUI의 동작을 설명하기 위해 설계에서 도저히 뺄 수 없는 필수적인 것만 포함한 매우 초라한 상태다.

getMouse, getKey 같은 메서드나 Entry 등의 객체가 비록 당장은 완전한 GUI 환경을 제공하지 못하지만, 앞으로 이것들을 이용하여 놀랍도록 풍부한 상호 작용을 만들어 가는 과정을 보게 될 것이다.

4.8 그래픽 모듈의 상세한 사용법

이번 장의 예제에서 그래픽 모듈의 요소를 대부분 다뤄 보았다. 이번 절에는 graphics 모듈이 제공하는 모든 객체와 함수의 사용법을 실었다. 이런 객체와 함수의 집합을 응용 프로그램 프로그래밍 인터페이스(application programming interface) 또는 API라고 부르기도 하는데, 숙련된 프로그래머들이 새로운 라이브러리를 학습할 때 사용한다. 독자들은 그래픽 라이브러리가 어떤 기능을 제공하는지 확인하기 위해 이 절을 훑어보는 것이 좋다. 그 후에 그래픽 프로그램을 직접 작성하게 되었을 때 이 절의 내용을 참조하면 될 것이다.

API를 학습하는 데 가장 어려운 과정은 이 API에서 쓰이는 다양한 데이터 타입과 친숙해지는 것이다. 참조 문서를 읽을 때는, 인자의 데이터 타입과 리턴 값의 데이터 타입을 확인하는 데 주의를 기울여야 한다. 예를 들어 Circle 객체를 만들 때, 첫 번째 인자는 '반드시' (원의 중심점을 나타내는) Point 객체여야 하고, 두 번째 인자는 또한 숫자형(원의 반지름)이어야 한다. 틀린 데이터 타입을 사용하면 그 즉시 에러 메시지를 통해 알 수 있는 경우도 있지만, 프로그램 동작 중, 예를 들면, 도형이 그려지는 시점에서야 알 수 있는 경우도 있다. 각 메서드의 설명 끝에 나오는 예제 코드에서는 해당 메서드에 어떤 데이터 타입이 사용되는지 보여 주는 리터럴을 사용하고 있다.

4.8.1 GraphWin 객체

GraphWin 객체는 그래픽 이미지가 그려지는 창에 해당한다. 프로그램은 GraphWin 객체를 임의의 개수만큼 가질 수 있다. GraphWin 객체는 다음과 같은 메서드를 갖추고 있다.

- GraphWin(title, width, height) 새로운 그래픽 창을 화면에 띄운다. 모든 파라미터는 필수 파라미터가 아니다. 창 제목의 기본값은 'Graphics Window'이고 기본 창 크기는 200×200이다.

  예: win = GraphWin("Investment Growth", 640, 480)

- plot(x, y, color) 창 안의 좌표 (x, y)에 점을 그린다. 색은 지정하지 않아도 되며 기본 색은 검은색이다.

  예: win.plot(35, 128, "blue")

- plotPixel(x, y, color) setCoords로 설정한 좌표 변환을 무시하고 창 안의 '픽셀 단위' 좌표 (x, y)에 점을 그린다.

  예: win.plotPixel(35, 128, "blue")

- setBackground(color) 창의 배경색을 지정한다. 기본 배경색은 시스템 설정에 따라 다르다. 색을 지정하는 방법에 대해서는 4.8.5절을 참조하라.

  예: win.setBackground("white")

- close() 화면에 떠 있는 그래픽 창을 닫는다.

  예: win.close()

- getMouse() 사용자의 마우스 입력을 기다린 후, 입력을 받으면 마우스 클릭이 일어난 위치를 나타내는 Point 객체를 리턴한다.

  예: clickPoint = win.getMouse()

- checkMouse() getMouse와 비슷하지만 사용자 입력을 기다리지 않는다. 지난번 checkMouse 또는 getMouse 호출 이후에 창이 클릭된 적이 있다면 그중 마지막 클릭에 대한 Point 객체를 리턴하며, 창이 클릭된 적이 없다면 None[2]을 리턴한다. 이 메서드는 애니메이션에 쓰이는 반복문을 제어하기 위해 많이 쓰인다(8장 참조).

  예: clickPoint = win.checkMouse()

  주의: 이때 clickPoint는 None일 수도 있다.

- getKey() 사용자의 키보드 입력을 기다린 후 입력을 받으면 키보드의 눌린 키에 해당하는 문자열을 리턴한다.

  예: keyString = win.getKey()

- checkKey() getKey와 비슷하지만 사용자 입력을 기다리지 않는다. 지난번

---

2 None은 해당 변수가 값을 가지고 있지 않음을 나타내는 특별한 객체다. 이에 대해서는 6장에서 좀 더 자세히 설명한다.

checkKey 또는 getKey 호출 이후에 키가 눌린 적이 있다면 그중 마지막 키 스트
로크에 대한 문자열을 리턴하며, 키가 눌린 적이 없다면 빈 문자열 ""을 리턴한
다. 이 메서드 역시 애니메이션에 쓰이는 반복문을 제어하기 위해 높이 쓰인다
(8장 참조).

예: keyString = win.checkKey()

주의: 이때 keyString의 값은 빈 문자열 ""일 수도 있다.

- setCoords(xll, yll, xur, yur) 그래픽 창의 좌표계를 설정한다. 창의 좌하단
  좌표를 (*xll*, *yll*)로, 우상단 좌표를 (*xur*, *yur*)로 설정한다. 현재 창에 그려져
  있는 객체는 다시 그려지며, 이후 그리는 객체는 새 좌표 체계를 따르게 된다
  (plotPixel은 해당하지 않는다).

  예: win.setCoords(0, 0, 200, 100)

4.8.2 그래픽 객체

그래픽 라이브러리에서 제공하는 객체 중 draw 메서드를 가진 것(drawable)은
Circle, Oval, Rectangle, Polygon, Text, Point, Line이다. 이 모든 객체는 채움색의
기본값이 '없음'이고, 검은색 외곽선이 기본값이다. 이 그래픽 객체들은 다음과 같
은 공통의 개념적(generic) 메서드를 갖는다.

- setFill(color) 그래픽 객체의 채움색을 지정한다.

  예: someObject.setFill("red")

- setOutline(color) 그래픽 객체의 외곽선 색을 지정한다.

  예: someObject.setOutline("yellow")

- setWidth(pixels) 그래픽 객체의 외곽선 굵기를 픽셀 단위로 지정한다(Point에
  서는 안 된다).

  예: someObject.setWidth(3)

- draw(aGraphWin) 그래픽 객체를 지정한 그래픽 창에 그리고, 그려진 객체를 리
  턴한다.

  예: someObject.draw(someGraphWin)

- undraw() 그래픽 객체를 그래픽 창에서 삭제한다. 해당 객체가 현재 그려져 있
  지 않은 객체라면 아무 일도 일어나지 않는다.

예: someObject.undraw()

- move(dx, dy) 해당 객체를 x축 방향으로 dx만큼, y축 방향으로 dy만큼 이동한다. 객체가 현재 그려져 있는 상태라면 새로운 위치에 다시 그려진다.

    예: someObject.move(10, 15.5)

- clone() 해당 객체의 복사본을 만들어 리턴한다. 복사된 객체는 그려지지 않은 상태를 가지며, 이 점을 제외하면 원본 객체와 동일하다.

    예: objectCopy = someObject.clone()

Point 객체의 메서드

- Point(x, y) 주어진 인자를 좌표로 갖는 Point 객체를 생성한다.

    예: aPoint = Point(3.5, 8)

- getX() 해당 Point 객체의 x 좌푯값을 리턴한다.

    예: xValue = aPoint.getX()

- getY() 해당 Point 객체의 y 좌푯값을 리턴한다.

    예: yValue = aPoint.getY()

Line 객체의 메서드

- Line(point1, point2) point1과 point2를 잇는 선분 객체를 생성한다.

    예: aLine = Line(Point(1,3), Point(7,4))

- setArrow(endString) 선분의 인자로 지정한 위치(끝부분)를 화살표로 만든다. 화살표를 달 수 있는 위치는 선분의 시작점, 끝점, 양쪽 모두 세 가지다. 가능한 endString 값은 각각 "first", "last", "both", "none"이다. 기본값은 "none"이다.

    예: aLine.setArrow("both")

- getCenter() 선분의 중점을 나타내는 Point 객체의 복사본을 리턴한다.

    예: midPoint = aLine.getCenter()

- getP1(), getP2() 선분의 해당하는 끝점을 나타내는 Point 객체의 복사본을 리턴한다.

    예: startPoint = aLine.getP1()

Circle 객체의 메서드

- Circle(centerPoint, radius) centerPoint의 위치를 중심점으로, radius를 반지름으로 하는 Circle 객체를 생성한다.

  예: aCircle = Circle(Point(3,4), 10.5)

- getCenter() 원의 중심점을 나타내는 Point 객체의 복사본을 리턴한다.

  예: centerPoint = aCircle.getCenter()

- getRadius() 원의 반지름 값을 리턴한다.

  예: radius = aCircle.getRadius()

- getP1(), getP2() 원에 외접하는 박스의 꼭짓점을 나타내는 Point 객체의 복사본을 리턴한다. 이 메서드들은 원에 의해 결정되는 정사각형의 서로 반대쪽 꼭짓점을 각각 리턴한다.

  예: cornerPoint = aCircle.getP1()

Rectangle 객체의 메서드

- Rectangle(point1, point2) point1과 point2를 서로 반대 방향 꼭짓점으로 갖는 Rectangle 객체를 생성한다.

  예: aRectangle = Rectangle(Point(1,3), Point(4,7))

- getCenter() 해당 객체의 중심점을 나타내는 Point 객체의 복사본을 리턴한다.

  예: centerPoint = aRectangle.getCenter()

- getP1(), getP2() 해당 객체를 생성할 때 지정한 두 Point 객체의 복사본을 리턴한다.

  예: cornerPoint = aRectangle.getP1()

Oval 객체의 메서드

- Oval(point1, point2) 두 점 point1과 point2로 결정되는 직사각형에 내접하는 Oval 객체를 생성한다.

  예: anOval = Oval(Point(1,2), Point(3,4))

- getCenter() 해당 객체의 중심점을 나타내는 Point 객체의 복사본을 리턴한다.

  예: centerPoint = anOval.getCenter()

- getP1(), getP2() 해당 객체를 생성할 때 지정한 두 Point 객체의 복사본을 리턴한다.

  예: cornerPoint = anOval.getP1()

Polygon 객체의 메서드

- Polygon(point1, point2, point3, ...) 주어진 점들을 꼭짓점으로 갖는 Polygon 객체를 생성한다. 꼭짓점의 리스트를 단일 인자로 받는 것도 가능하다.

  예: aPolygon = Polygon(Point(1,2), Point(3,4), Point(5,6))

  　　aPolygon = Polygon([Point(1,2), Point(3,4), Point(5,6)])

- getPoints() 해당 객체를 생성할 때 받은 Point 객체의 리스트를 리턴한다.

  예: pointList = aPolygon.getPoints()

Text 객체의 메서드

- Text(anchorPoint, textString) 문자열 textString을 기준점 anchorPoint에 그리는 Text 객체를 생성한다. 텍스트는 가로로 표시된다.

  예: message = Text(Point(3,4), "Hello!")

- setText(string) 해당 객체의 텍스트 내용을 문자열 string으로 설정한다.

  예: message.setText("Goodbye!")

- getText() 해당 객체의 현재 텍스트 내용을 문자열로 리턴한다.

  예: msgString = message.getText()

- getAnchor() 해당 객체를 생성할 때 지정한 기준점을 나타내는 Point 객체의 복사본을 리턴한다.

  예: centerPoint = message.getAnchor()

- setFace(family) 텍스트를 나타낼 글꼴을 인자 family의 값으로 설정한다. "helvetica", "courier", "times roman", "arial" 네 가지 값을 사용할 수 있다.

  예: message.setFace("arial")

- setSize(point) 텍스트를 나타낼 글꼴 크기를 지정한다. 5부터 36 사이의 값을 사용할 수 있다.

  예: message.setSize(18)

- setStyle(style) 텍스트에 적용할 스타일을 지정한다. "normal", "bold", "italic", "bold italic" 네 가지 값을 사용할 수 있다.

  예: message.setStyle("bold")

- setTextColor(color) 텍스트를 나타낼 색을 지정한다. 참고: setFill과 같은 효과를 낸다.

  예: message.setTextColor("pink")

4.8.3 입력 칸 객체

입력 칸 객체 Entry는 사용자가 내용을 수정할 수 있는 입력 칸으로 화면에 표시된다. Entry 객체는 move(), draw(graphwin), undraw(), setFill(color), clone() 이 다섯 가지 공통의 개념적(generic) 메서드를 가지며, Entry 객체만이 갖는 메서드는 다음과 같다.

- Entry(centerPoint, width) centerPoint 인자로 지정한 위치에 width로 지정한 크기로 Entry 객체를 생성한다. 이때 width는 입력 칸에 표시할 수 있는 글자 수다.

  예: inputBox = Entry(Point(3,4), 5)

- getAnchor() 해당 객체를 생성할 때 지정한 기준점을 나타내는 Point 객체의 복사본을 리턴한다.

  예: centerPoint = inputBox.getAnchor()

- getText() 해당 객체의 현재 텍스트 내용을 문자열로 리턴한다.

  예: inputStr = inputBox.getText()

- setText(string) 해당 객체의 텍스트 내용을 문자열 string으로 설정한다.

  예: inputBox.setText("32.0")

- setFace(family) 텍스트를 나타낼 글꼴을 인자 family의 값으로 설정한다. "helvetica", "courier", "times roman", "arial" 네 가지 값을 사용할 수 있다.

  예: inputBox.setFace("courier")

- setSize(point) 텍스트를 나타낼 글꼴 크기를 지정한다. 5부터 36 사이의 값을 사용할 수 있다.

예: inputBox.setSize(12)

- setStyle(style) 텍스트에 적용할 스타일을 지정한다. "normal", "bold", "italic", "bold italic" 네 가지 값을 사용할 수 있다.

  예: inputBox.setStyle("italic")

- setTextColor(color) 텍스트를 나타낼 색을 지정한다.

  예: inputBox.setTextColor("green")

4.8.4 이미지 표시하기

그래픽 모듈은 GraphWin 객체 안에서 약간의 이미지 표시와 이미지 가공 기능을 제공한다. 대다수 플랫폼에서 최소한 PPM과 GIF 형식의 이미지를 사용할 수 있다. 이미지는 Image 객체를 이용하여 표시하는데, 이 Image 객체는 공통의 개념적 메서드 move(dx, dy), draw(graphwin), undraw(), clone()을 가지며, Image 객체에만 있는 메서드는 다음과 같다.

- Image(anchorPoint, filename) 인자로 주어진 파일의 내용으로부터 얻은 이미지를, 마찬가지로 인자로 주어진 기준점을 중심으로 표시하는 Image 객체를 생성한다. filename 대신 인자 width와 height로 호출할 수도 있다. 이때는 지정한 크기(픽셀)의 빈(투명하게 표시) 이미지를 나타내는 Image 객체가 생성된다.

  예: flowerImage = Image(Point(100,100), "flower.gif")

      fbflankImage = Image(320, 240)

- getAnchor() 해당 객체의 중심점을 나타내는 Point 객체의 복사본을 리턴한다.

  예: centerPoint = flowerImage.getAnchor()

- getWidth() 해당 객체가 나타내는 이미지의 폭을 리턴한다.

  예: widthInPixels = flowerImage.getWidth()

- getHeight() 해당 객체가 나타내는 이미지의 높이를 리턴한다.

  예: heightInPixels = flowerImage.getHeight()

- getPixel(x, y) 지정한 위치 (x, y)에 해당하는 픽셀의 RGB 값을 [red, green, blue]처럼 리스트로 리턴한다. 각 값은 0부터 255 사이이며 해당하는 색의 강도를 나타낸다. 이 값은 color_rgb 함수를 이용하여 색 이름을 나타내는 문자열

로 변환할 수 있다(다음 절을 참조하라). 여기서의 좌표는 그래픽 창의 좌표가 아니라 이미지 내의 좌표다. 이미지의 좌상단이 (0, 0)이 된다.

예: red, green, blue = flowerImage.getPixel(32, 18)

- setPixel(x, y, color) 지정한 위치 (x, y)에 해당하는 픽셀의 색을 지정된 값으로 바꾼다. 참고: 이 연산은 시간이 오래 걸릴 수도 있다.

  예: flowerImage.setPixel(32, 18, "blue")

- save(filename) 해당 객체가 나타내는 이미지를 파일로 저장한다. 저장하는 이미지의 형식(GIF, PPM 등)은 파일명에서 지정하는 확장자에 의해 결정된다.

  예: flowerImage.save("mypic.ppm")

4.8.5 색 지정하기

색은 문자열로 나타낸다. 우리가 사용하는 "red", "purple", "green", "cyan" 등의 일반적인 색 이름을 사용할 수 있다. 색은 대부분 다양한 세부 색을 갖는데, 예를 들어 "red1", "red2", "red3", "red4"는 숫자가 커질수록 어두운 색이 된다. 이 색 이름의 전체 목록을 보고 싶다면, X11에서 사용하는 색 이름(X11 color name)을 검색해 보라.

그래픽 모듈은 수치적으로 지정하여 색을 만들어 주는 기능도 제공한다. color_rgb(red, green, blue) 함수는 RGB 세 가지 색상의 강도(intensity) 값을 인자로 받아 문자열 색 이름을 리턴한다. 이 값은 0부터 255 사이의 정수형이어야 한다. 예를 들어 color_rgb(255, 0, 0)은 밝은 빨강색이며, color_rgb(130, 0, 130)은 중간 자주색이다.

예: aCircle.setFill(color_rgb(130, 0, 130))

4.8.6 화면 표시 내용의 갱신을 제어하기

보통, GraphWin 객체는 그래픽 객체의 외적인 상태가 변화한 경우에 표시된 내용을 갱신한다. 그러나 대화형 셸에서 그래픽 객체를 사용하거나 하는 경우에는, 변화된 내용을 즉각 갱신하도록 해야 할 때가 있다. update() 함수를 이용하면 이렇게 표시 내용을 즉각적으로 갱신할 수 있다.

- update() 아직 보류 중인 모든 그래픽 연산을 수행하고 결과를 화면에 표시한다.

효율성 문제로, 창의 표시 내용을 자동 갱신하지 않는 쪽이 더 바람직한 경우도 있다. 예를 들어 애니메이션을 표시할 때, 애니메이션의 다음 '프레임'을 표시하기 전에 한 개 이상의 그래픽 객체에 변화를 가해야 한다고 가정해 보자. GraphWin 객체의 생성자는 autoflush라는 특별한 추가 인자를 받는데, 이 값을 통해 표시 내용의 자동 갱신 여부를 제어할 수 있다. autoflush의 기본값은 켜짐 상태이며, 이를 끄려면 다음과 같이 autoflush 값을 False로 지정해야 한다.

```
win = GraphWin("My Animation", 400, 400, autoflush=False)
```

이렇게 하면 win에 할당된 GraphWin 객체에 표시되는 그래픽 객체는 그래픽 시스템이 여유로울 때 또는 명시적으로 update() 함수가 호출되어야만 표시 내용이 갱신된다.

update() 메서드는 또 갱신의 (초당) 최대 빈도를 인자로 지정할 수 있는데, 이는 하드웨어와 무관하게 애니메이션의 빠르기를 유지하려는 경우에 유용하다. 예를 들어 어떤 반복문의 맨 마지막에 update(30)이라는 명령을 내리면, 이 반복문은 정확히 1초에 30번 동작하게 된다. 이는 update 함수가 자신의 수행 빈도가 일정하게 정해진 값을 갖도록 동작할 시간까지 적절히 대기하기 때문이다. 물론 이런 속도 제한은 반복문의 내용이 1초에 30번 이상 반복될 때만 해당된다.

예: 1000프레임을 초당 30프레임으로 갱신한다.

```
win = GraphWin("Update Example", 320, 200, autoflush=False)
for i in range(1000):
    # <i번째 프레임을 그린다.>
    update(30)
```

4.9 정리

이번 장은 컴퓨터 그래픽과 객체 지향 프로그래밍을 다루었다. 이 중 중요한 개념을 다음에 정리했다.

- 객체는 데이터와 연산을 결합한 대상이다. 객체는 어떤 것을 '알거나' 어떤 일을 '할' 수 있다. 객체의 데이터는 인스턴스 변수에 저장되는데, 이에 대해 이루어지는 연산을 메서드라고 한다.

- 모든 객체는 어떤 클래스의 인스턴스다. 객체가 어떤 메서드를 갖고 있는지는 그 객체가 속하는 클래스에 의해 결정된다. 인스턴스는 생성자 메서드를 호출

하여 만들어진다.

- 점 표기법을 이용하여 객체의 속성값에 접근할 수 있다. 일반적으로 객체를 이용한 연산은 객체의 메서드를 호출하는 방식으로 이루어진다. 접근자 메서드는 객체의 인스턴스 변수에 대한 정보를 리턴한다. 설정자 메서드는 인스턴스 변수의 값을 바꿀 수 있다.

- 이 책에서 제공하는 그래픽 모듈은 그래픽 프로그래밍을 위한 다양한 클래스를 포함하고 있다. GraphWin 객체는 그래픽을 표시하는 화면상의 창을 나타내며 Point, Line, Rectangle, Oval, Polygon, Text 등의 다양한 그래픽 객체를 그 안에 표시할 수 있다. 사용자는 GraphWin 창에 마우스로 클릭을 하거나 창 안의 입력 칸에 키보드 입력을 하는 방법으로 프로그램과 상호 작용할 수 있다.

- 그래픽 프로그래밍에서는 적절한 좌표 체계를 사용하는 것이 중요하다. 그래픽 라이브러리는 이 좌표들에 대한 변환을 자동으로 수행하는 기능도 제공한다.

- 두 개의 변수가 동일한 객체를 가리키는 경우를 별명 짓기라고 한다. 별명 짓기는 간혹 의도하지 않은 결과를 발생시킬 수 있다. 이런 의도치 않은 결과를 방지하기 위해 그래픽 라이브러리에서는 clone 메서드를 사용한다.

4.10 연습 문제

내용 점검

맞다/틀리다로 답하시오.

1. graphics.py 모듈을 사용하면 파이썬 셸 창에서 그래픽을 사용할 수 있다.
2. 그래픽 창의 좌표는 관습적으로 좌상단이 $(0, 0)$이 된다.
3. 그래픽 화면의 한 점을 픽셀이라고 한다.
4. 클래스의 새로운 인스턴스를 만드는 함수는 접근자다.
5. 인스턴스 변수는 객체 안에 데이터를 저장하기 위한 것이다.
6. 명령문 myShape.move(10, 20)은 myShape를 위치 (10, 20)으로 옮긴다.
7. 두 변수가 같은 객체를 가리키고 있는 상황을 별명 짓기라 한다.

8. copy 메서드는 그래픽 객체를 복사하기 위한 메서드다.

9. 그래픽 창의 제목은 항상 'Graphics Window'다.

10. 그래픽 라이브러리에서 마우스 클릭을 입력받기 위해 readMouse 메서드를 사용한다.

다음 중 맞는 것을 모두 고르시오.

1. 객체의 인스턴스 변수의 값을 리턴하는 메서드를 무엇이라고 하는가?

   a) 설정자   b) 함수   c) 생성자   d) 접근자

2. 객체의 상태를 바꾸는 메서드를 무엇이라고 하는가?

   a) 상태자   b) 설정자   c) 생성자   d) 변경자

3. 정사각형을 그리는 데 가장 적합한 그래픽 객체 클래스는 무엇인가?

   a) Square   b) Polygon   c) Line   d) Rectangle

4. 다음 중 win의 좌표계가 좌하단 (0, 0), 우상단 (10, 10)이 되도록 하는 명령은 무엇인가?

   a) win.setcoords(Point(0,0, Point(10,10))

   b) win.setcoords((0,0), (10,10))

   c) win.setcoords(0, 0, 10, 10)

   d) win.setcoords(Point(10,10), Point(0,0))

5. 다음 중 점 (2,3)과 (4,5)를 잇는 선분 객체를 만드는 표현식은 무엇인가?

   a) Line(2, 3, 4, 5)

   b) Line((2,3), (4,5))

   c) Line(2, 4, 3, 5)

   d) Line(Point(2,3), Point(4,5))

6. 그래픽 창 win에 그래픽 객체 shape를 그려 넣도록 하는 명령은 다음 중 무엇인가?

   a) win.draw(shape)

   b) win.show(shape)

   c) shape.draw()

   d) shape.draw(win)

7. 점 p1과 p2의 가로축 상의 거리를 구하는 방법은 다음 중 무엇인가?

   a) abs(p1 - p2)

   b) p2.getX() - p1.getX()

   c) abs(p1.getY() - p2.getY())

   d) abs(p1.getX() - p2.getX())

8. 그래픽 창에서 텍스트 입력을 받으려면 어떤 객체를 사용해야 하는가?

   a) Text

   b) Entry

   c) Input

   d) Keyboard

9. 시각적 요소와 사용자 입력으로 구성된 사용자 인터페이스를 다음 중 무엇이라고 하는가?

   a) GUI   b) 응용 프로그램   c) 창 관리자   d) API

10. color_rgb(0, 255, 255)는 다음 중 어떤 색인가?

   a) 노란색(yellow) b) 청록색(cyan) c) 자주색(magenta) d) 주황색(orange)

토론할 내용

1. 실생활에 쓰이는 사물을 하나 골라 이를 프로그래밍에 쓰이는 객체로 설명해 보라. 객체가 가지게 될 데이터는 무엇인지(속성, 객체가 '아는' 것)와 메서드(행동, 객체가 '할' 수 있는 것)는 어떤 것을 갖는지에 대한 내용을 포함해야 한다.

2. 그래픽 모듈의 다음 연산이 어떤 객체를 만드는지 자신의 말로 설명하라. 설명은 가능한 한 명확해야 한다. 또한 크기, 위치, 모양 등에 대한 언급을 잊지 않도록 한다. 원한다면 그림을 포함하여 설명해도 좋다.

   a) Point(130, 130)

   b) c = Circle(Point(30,40),25)
      c.setFill("blue")
      c.setOutline("red")

   c) r = Rectangle(Point(20,20), Point(40,40))
      r.setFill(color_rgb(0,255,150))
      r.setWidth(3)

d) l = Line(Point(100,100), Point(100,200))
   l.setOutline("red4")
   l.setArrow("first")

e) Oval(Point(50,50), Point(60,100))

f) shape = Polygon(Point(5,5), Point(10,10), Point(5,10), Point(10,5))
   shape.setFill("orange")

g) t = Text(Point(100,100), "Hello World!")
   t.setFace("courier")
   t.setSize(16)
   t.setStyle("italic")

3. 다음 대화형 프로그램을 실행하면 어떤 결과가 나오는지 설명하라.

```
from graphics import *

def main():
    win = GraphWin()
    shape = Circle(Point(50,50), 20)
    shape.setOutline("red")
    shape.setFill("red")
    shape.draw(win)
    for i in range(10):
        p = win.getMouse()
        c = shape.getCenter()
        dx = p.getX() - c.getX()
        dy = p.getY() - c.getY()
        shape.move(dx,dy)
    win.close()
main()
```

프로그래밍 과제

1. 토론할 내용의 마지막 문제에 나오는 프로그램을 다음과 같이 수정하라.

   (a) 원 대신 정사각형을 그리도록 수정하라.

   (b) 그래픽 창에 클릭을 할 때마다 정사각형을 하나씩 더 표시하라(원래의 정사각형을 옮기는 것이 아니다).

   (c) 반복문이 끝난 후에 그래픽 창에 'Click again to quit'이라는 메시지를 출력하고 창을 닫기 전에 마지막 클릭이 들어올 때까지 대기하라.

2. 양궁에 쓰이는 과녁판은 가운데 노란 원을 중심으로 빨간색, 파란색, 검은색, 하얀색 순의 동심원으로 이루어져 있다. 각 동심원은 가운데 노란 원의 반지름만큼의 폭을 갖는다. 이 과녁판을 그리는 프로그램을 작성하라. 힌트: 나중에 그려지는 객체는 먼저 그려진 객체 위에 그려지게 된다.

3. 사람의 얼굴을 그리는 프로그램을 작성하라.

4. 크리스마스트리와 눈사람이 포함된 겨울 풍경을 그리는 프로그램을 작성하라.

5. 연속적인 숫자(1, 2, 3, 4, 5 또는 2, 3, 4, 5, 6)를 나타내는 다섯 개의 주사위를 화면에 표시하는 프로그램을 작성하라.

6. 그래픽을 이용한 미래 가치 프로그램이 입력(원금, 연간 이자율)도 Entry 객체를 이용하여 받도록 프로그램을 수정하라.

7. 원과 직선의 교점.
   원과 수평선의 교점을 계산하여 교점에 대한 정보를 그래픽과 텍스트 두 가지 형태로 출력하는 프로그램을 작성하라.

   입력: 원의 반지름과 직선의 y 절편
   출력: (-10, -10), (10, 10)에 이르는 좌표계를 갖는 그래픽 창에 좌표 (0,0)을 중심으로 하며 주어진 길이를 반지름으로 하는 원을 그린다.
   주어진 값을 y 절편으로 갖는 수평선을 그린다.
   원과 직선이 교차하는 두 점을 빨강색으로 표시한다.
   두 교점의 x 좌표를 출력한다.
   공식: $x = \pm\sqrt{r^2 - y^2}$

8. 선분.
   이 프로그램은 사용자가 선분을 그리면 이 선분을 그래픽과 텍스트 두 가지 형태로 출력하는 프로그램이다.

   입력: 선분의 양 끝점에 해당하는 두 번의 마우스 클릭
   출력: 선분의 중점을 자주색(magenta)으로 표시한다.
   선분을 그린다.
   선분의 양 끝점을 잇는 직선의 기울기와 선분의 길이를 표시한다.
   공식: $dx = x_2 - x_1$
   $dy = y_2 - y_1$
   기울기 $= dy / dx$
   길이 $= \sqrt{dx^2 + dy^2}$

9. 직사각형.
   이 프로그램은 사용자가 그린 직사각형에 대한 정보를 표시한다.

입력: 직사각형의 서로 마주보는 꼭짓점에 해당하는 두 번의 마우스 클릭

출력: 직사각형을 그린다.

직사각형의 둘레와 넓이를 표시한다.

공식: 넓이 = (길이)(폭)

둘레 = 2(길이 + 폭)

10. 삼각형.

이전 문제와 같다. 단, 사용자는 삼각형의 꼭짓점 세 개를 클릭으로 입력한다.

공식: 둘레의 길이는 삼각형을 이루는 세 선분의 길이의 합과 같다.

세 변의 길이가 a, b, c이고, $s = \frac{a+b+c}{2}$라고 할 때 넓이 $= \sqrt{s(s-a)(s-b)(s-c)}$ 이다.

11. 집 그리기.

마우스 클릭 다섯 번으로 집을 그리는 프로그램을 작성해야 한다. 처음 두 번의 클릭은 집 본체를 이루는 직사각형의 두 꼭짓점이고, 세 번째 클릭은 문에 해당하는 직사각형의 윗면의 중점이다. 문의 폭은 집 본체 폭의 $\frac{1}{5}$이어야 한다. 문의 옆면은 집 본체의 옆면을 먼저 그린 윗면으로부터 집 본체의 아랫면까지 이어진다. 네 번째 클릭은 창문에 해당하는 정사각형의 중심점이다. 창문의 한 변은 문의 폭의 절반이다. 마지막 클릭은 지붕의 꼭짓점을 나타낸다. 지붕의 두 변은 클릭한 꼭짓점으로부터 집 본체의 위쪽 두 꼭짓점까지 이어진다.

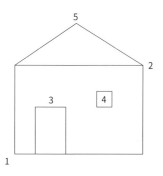

5장

연속열형: 문자열, 리스트, 파일

이 장의 학습 목표
- 문자열 데이터 타입과 컴퓨터에서 문자열을 나타내는 방법을 이해한다.
- 내장 함수 및 문자열 클래스의 메서드를 포함한 다양한 문자열 연산을 익숙하게 사용한다.
- 연속열형의 기본 개념과 연속열형의 요소에 접근하는 방법을 문자열과 리스트를 통해 이해한다.
- 문자열 포매팅을 통해 좀 더 이해하기 쉽고 보기 좋은 출력을 만들 수 있다.
- 파이썬에서 파일을 처리하는 기본적인 방법을 이해하고, 텍스트 파일을 읽고 쓸 수 있다.
- 암호학의 기본 개념을 이해한다.
- 텍스트 정보를 처리하는 프로그램을 이해하고 작성할 수 있다.

5.1 문자열 데이터 타입

지금까지 숫자와 그래픽을 처리하는 프로그램을 다뤄 보았다. 하지만 우리가 컴퓨터를 사용하는 시간 중 워드 프로세서를 사용하는 시간이 차지하는 비중을 생각해 보면 숫자가 아닌 텍스트 정보를 저장하고 처리하는 것도 컴퓨터를 사용하는 주된 목적 중 하나라고 할 수 있다. 이번 장에서는 컴퓨터가 텍스트 정보를 다루는 방식을 설명하기 위해 텍스트를 대상으로 하는 응용 프로그램에 초점을 맞춰 볼 것이다. 워드 프로세서 같은 것에 그다지 흥미가 당기지 않을 수도 있지만, 여기서 소개할 기본 개념은 웹을 비롯하여 거의 모든 영역에서 활용할 수 있다.

텍스트는 프로그램 안에서 문자열 데이터 타입으로 표현된다. 문자열은 문자의 연속열이라고 보면 된다. 2장에서 문자열 리터럴을 큰따옴표("")로 둘러싼 문자의 연속열로 나타내었는데, 파이썬에서는 작은따옴표('')로 감싼 문자의 연속열도 마찬가지로 문자열로 간주된다. 다만 이를 섞어서 사용하지만 않으면 된다. 문자열 역시 다른 형태의 데이터처럼 변수에 할당될 수 있다. 다음은 문자열 리터럴을 표기하는 두 가지 방법을 보여 주는 예제다.

```
>>> str1 = "Hello"
>>> str2 = 'spam'
>>> print(str1, str2)
Hello spam
>>> type(str1)
<class 'str'>
>>> type(str2)
<class 'str'>
```

문자열을 출력하는 방법과 사용자로부터 문자열 입력을 받는 방법은 이미 배운 바 있다. input 함수는 사용자가 무엇을 입력하든지 그 내용을 문자열로 리턴했다. 다시 말해 문자열 입력을 받고 싶다면 input 함수를 사용하여 그 결과에 아무 변환도 가하지 않으면 된다. 다음 내용을 보면 이를 확인할 수 있다.

```
>>> firstName = input("Please enter your name: ")
Please enter your name: John
>>> print("Hello", firstName)
Hello John
```

앞의 예제를 보면, 사용자의 이름을 변수에 저장하고, 이름을 출력하는 데 다시 그 변수를 사용했음을 알 수 있다.

지금까지 문자열을 입력으로 받고 다시 이를 변수에 할당한 뒤 화면에 출력해 보았다. 입력한 내용을 앵무새처럼 반복하는 프로그램이라면 이것으로도 충분할 것이다. 그러나 텍스트를 이용한 의미 있는 처리를 하기에는 이것만으로는 부족하다. 이런 처리를 하려면 문자열에 대한 연산이 필요하다. 이 절의 나머지 부분에서는 파이썬의 문자열 연산 중 중요한 것을 훑어보겠다. 그 이후에 다시 예제 프로그램에서 배운 내용을 직접 사용해 보기로 한다.

문자열로 가능한 연산에는 어떤 것이 있을까? 문자열이란 문자의 연속열이라는 정의를 다시 한 번 상기하며 생각해 보자. 먼저 문자열을 이루는 각 문자에 접근하는 일을 생각해 볼 수 있다. 파이썬에서는 위치 접근(indexing) 연산을 통해 문자열의 각 문자에 접근할 수 있다. 문자열의 각 위치에 왼쪽 끝에서 0부터 시작하는 번호를 매겼다고 생각해 보자. 그림 5.1에 문자열 Hello Bob에 대해 이렇게 번호를 매긴 상태를 실었다. 문자열을 나타내는 표현식에서 문자열의 특정 문자에 접근하기 위해 위치 접근 연산을 사용한다. 위치 접근의 일반적인 형태는 <string>[<expr>]이다. 표현식 <expr>의 값에 따라 문자열 안에서 선택되는 문자가 결정된다.

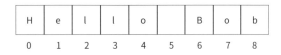

그림 5.1 문자열 "Hello Bob"에 대한 위치 접근 연산

다음은 대화형 셸에서 위치 접근 연산을 수행해 본 예다.

```
>>> greet = "Hello Bob"
>>> greet[0]
'H'
>>> print(greet[0], greet[2], greet[4])
H l o
>>> x = 8
>>> print(greet[x-2])
B
```

위치 지표(index)가 0부터 시작하기 때문에 n개의 문자로 이루어진 문자열에서 마지막 글자는 $n-1$번째 자리에 위치한다. 그리고 문자열 객체와 문자열을 출력한 내용 사이에 왜 차이가 있는지도 여기서 밝히는 편이 좋겠다. 앞의 예제에서, 문자열 객체를 출력하면 문자열의 내용이 작은따옴표로 감싸져 있음을 알 수 있다. 이것은 이 객체가 문자열임을 나타내기 위한 표시로, 문자열의 내용을 print 함수로 출력하면 작은따옴표 없이 문자열의 내용만 출력된다.

또, 파이썬에서 음수로 된 위치 지표를 사용하면 위치 접근을 오른쪽부터 매긴 순서대로 할 수도 있다.

```
>>> greet[-1]
'b'
>>> greet[-3]
'B'
```

이 방법은 문자열의 마지막 문자를 구할 때 특히 유용하다.

위치 접근 연산의 결과는 문자열의 해당 자리에 위치한 한 글자로 된 문자열 객체다. 그러나 위치 접근 연산을 통해 인접한 여러 개의 문자(부분 문자열)에 접근하는 것도 가능하다. 파이썬에서는 조각 썰기(slicing) 연산을 통해 부분 문자열을 만들 수 있다. 조각 썰기 연산은 일정한 범위에 해당하는 위치 지표에 대한 위치 접근이라고 생각하면 된다. 조각 썰기 연산은 <string>[<start>:<end>]와 같은 형태인데, 이때 start와 end는 정수형을 나타내는 표현식이어야 한다. 조각 썰기 연산의 결과는 위치 start에서 시작하여 위치 end까지(중요: 하지만 위치 end는 포함하지 않는다)의 부분 문자열이다.

대화형 셸에서 조각 썰기 연산을 수행한 예를 살펴보자.

```
>>> greet[0:3]
'Hel'
>>> greet[5:9]
' Bob'
>>> greet[:5]
'Hello'
>>> greet[5:]
' Bob'
>>> greet[:]
'Hello Bob'
```

뒤의 세 예제를 보면, start나 end 중 어느 한 표현식이 생략될 경우 문자열의 처음이나 끝이 기본값이 됨을 알 수 있다. 마지막 예제에는 두 표현식이 모두 생략되었으므로 문자열 전체를 리턴하게 된다.

위치 찾기와 조각 썰기 연산은 문자열을 좀 더 작은 문자열로 자르는 데 유용하다. 문자열 데이터 타입은 문자열을 연결하는 연산도 갖고 있다. 연접 연산자(+)와 반복 연산자(*)가 있는데, 연접 연산자는 두 문자열을 '이어 붙이는' 역할을 한다. 반복 연산자는 대상 문자열을 여러 번 반복하여 이어 붙인다. 이 외에도 문자열의 길이를 알려 주는 len 함수도 자주 쓰인다. 그리고 문자열도 문자의 연속열이므로 for 문을 통해 각 문자에 대해 반복문을 수행할 수 있다.

다음에 다양한 문자열 연산의 예를 실었다.

```
>>> "spam" + "eggs"
'spameggs'
>>> "Spam" + "And" + "Eggs"
'SpamAndEggs'
>>> 3 * "spam"
'spamspamspam'
>>> "spam" * 5
'spamspamspamspamspam'
>>> (3 * "spam") + ("eggs" * 5)
'spamspamspameggseggseggseggseggs'
>>> len("spam")
4
>>> len("SpamAndEggs")
11
>>> for ch in "Spam!":
        print(ch, end=" ")
S p a m !
```

표 5.1은 문자열에 대한 기본 연산을 정리한 것이다.

연산자	의미	연산자	의미
+	연접	<string>[:]	조각 썰기
*	반복	len(<string>)	길이
<string>[]	위치 찾기	for <var> in <string>	각 글자마다 반복 수행

표 5.1 파이썬의 문자열 연산

5.2 간단한 문자열 처리

이제 문자열에 대해 어떤 연산을 할 수 있는지 알았으니, 이 연산들을 사용하는 프로그램을 작성해 보자. 첫 번째 예제 프로그램은 컴퓨터에서 쓰이는 사용자명을 만드는 프로그램이다.

대다수 시스템에서는 사용자명과 비밀번호 조합을 이용하여 해당 시스템의 사용자가 맞는지 확인한다. 시스템 관리자는 각 사용자에게 모두 다른 사용자명을 부여해야 한다. 이 사용자명은 사용자의 실명으로부터 만드는 경우가 많은데, 이렇게 사용자명을 만드는 가장 흔한 방식은 이름의 첫 글자 뒤에다 사용자의 성(최대 일곱 글자까지)을 연결하는 것이다. 예를 들면 Zaphod Beeblebrox의 사용자명은 'zbeebleb'가 되고, John Smith의 사용자명은 'jsmith'가 되는 식이다.

이제 어떤 사람의 이름을 입력받아 이 이름에 해당하는 사용자명을 만드는 프로그램을 작성하려고 한다. 이 프로그램은 기본적인 입력-처리-출력 패턴을 따를 것이다. 편의를 위해 알고리즘 작성은 생략하고 바로 코드를 작성하겠다. 알고리즘의 얼개는 프로그램의 최종판에 주석으로 포함될 것이다.

```python
# username.py
# 아이디를 생성하는 간단한 문자열 처리 프로그램

def main():
    print("This program generates computer usernames.\n")

    # 사용자의 성명을 입력받는다.
    first = input("Please enter your first name (all lowercase): ")
    last = input("Please enter your last name (all lowercase): ")

    # 이름의 첫 글자와 성의 첫 일곱 글자를 연접
    uname = first[0] + last[:7]

    # 새로 만든 아이디를 출력한다.
    print("Your username is:", uname)

main()
```

프로그램을 실행하면 먼저 input 함수를 통해 사용자로부터 문자열 입력을 받는다. 그런 다음, 위치 접근 및 조각 썰기 연산을 통해 사용자명을 만든다. 프로그램의 실행 예를 다음에 실었다.

```
This program generates computer usernames.

Please enter your first name (all lowercase): zaphod
Please enter your last name (all lowercase): beeblebrox
Your username is: zbeebleb
```

설명 메시지와 입력 안내 메시지 사이에 빈 줄이 붙은 이유를 알 수 있겠는가? 첫 번째 print 문을 보면 출력하려는 문자열 뒤에 개행 문자(\n)가 붙어 있음을 알 수 있다. 이 개행 문자로 인해 빈 줄이 하나 더 들어가게 된다. 이를 잘 이용하면 좀 더 깔끔하게 정리된 출력을 얻을 수 있다.

문자열 연산을 통해 해결할 수 있는 문제를 한 가지 더 살펴보자. 달의 숫자 (1~12)를 입력받아 그 달의 이름의 약칭을 출력하려고 한다. 프로그램의 입력은 달의 숫자를 나타내는 정수형 값이고, 출력은 해당하는 달의 이름에 대한 약칭이다. 예를 들어, 3을 입력하면 출력은 March의 약칭인 Mar가 되어야 한다.

언뜻 보면 지금 배운 내용만으로는 이 문제를 풀 수 있을 것 같지 않다. 숙련된 프로그래머라면 이 문제가 어떤 결정을 내리는 문제임을 알 수 있을 것이다. 다시 말해, 이 프로그램은 입력된 값에 따라 열두 가지 출력 값 중 하나를 선택해야 한다. 우리는 결정을 내리기 위한 제어 구조를 아직 배우지 않았지만, 조각 썰기 연산을 잘 이용하면 이 문제를 해결할 수 있다.

먼저 달의 이름을 모두 함께 저장한 긴 문자열을 마련한다.

```
months = "JanFebMarAprMayJunJulAugSepOctNovDec"
```

그런 다음 입력 값에 따라 적절한 부분 문자열을 만드는 조각 썰기 연산을 수행하면 된다. 문제는 조각 썰기 연산을 어디에 적용할 것이냐이다. 각 달의 이름은 세 글자씩이므로 해당하는 달의 이름이 문자열 어느 부분에서 시작하는지 알 수 있다면, 해당 달의 이름을 다음과 같이 쉽게 추출할 수 있다.

```
monthAbbrev = months[pos:pos+3]
```

이렇게 하면 변수 pos가 가리키는 값으로부터 세 글자에 해당하는 부분 문자열을 얻게 될 것이다.

pos의 위치는 어떻게 계산해야 할까? 몇 가지 예를 보며 방법을 찾아보자. 문자열의 위치 지표는 0부터 시작한다는 것을 유념하기 바란다.

달	숫자	위치
Jan	1	0
Feb	2	3
Mar	3	6
Apr	4	9

모든 위치가 당연히 3의 배수로부터 시작한다. 이 3의 배수 중 맞는 답을 고르려

면 달의 숫자에서 1을 뺀 뒤 3을 곱하면 된다. 그러면 1월은 (1-1)*3 = 0*3 = 0이 되고, 12월은 (12-1)*3 = 11*3 = 33이 됨을 알 수 있다.

이제 프로그램을 작성할 준비가 되었다. 주석을 보면 어떤 알고리즘이 사용되었는지 확인할 수 있다.

```python
# month.py
# 숫자로 입력된 달의 축약 이름을 출력하는 프로그램

def main():
    # months는 순람표 역할을 한다.
    months = "JanFebMarAprMayJunJulAugSepOctNovDec"

    n = int(input("Enter a month number (1-12): "))

    # 문자열 안에서 n번째 달의 이름의 위치를 계산
    pos = (n-1) * 3

    # 해당 달의 이름 부분을 조각 썰기
    monthAbbrev = months[pos:pos+3]

    # 결과를 출력한다.
    print("The month abbreviation is", monthAbbrev + ".")

main()
```

프로그램의 마지막 줄을 보면 문자열 연접 연산을 사용해서 출력 마지막에 마침표를 추가하고 있음을 알 수 있다.

다음은 프로그램의 실행 예다.

```
Enter a month number (1-12): 4
The month abbreviation is Apr.
```

문자열을 '일종의 순람표'(lookup table)로 사용하는 방법은 부분 문자열이 모두 똑같은 길이(이 문제의 경우 3)여야 하는 제한이 있다. 달 이름의 약칭이 아니라 전체 이름을 출력해야 한다면 이를 어떻게 해결해야 할까?

5.3 리스트를 연속열형으로 사용하기

엄밀히 말하면, 표 5.1에 정리한 연산은 문자열에서만 쓰이는 게 아니다. 이 연산들은 모든 연속열형에 적용될 수 있다. 2장에서 다루었던 바와 같이, 파이썬의 리스트는 또한 연속열형이기도 하다. 이는 다시 말해, 다음 예와 같이 위치 접근, 조각 썰기, 연접 연산 등을 리스트에 대해서도 할 수 있다는 뜻이다.

```python
>>> [1,2] + [3,4]
[1, 2, 3, 4]
>>> [1,2]*3
```

```
[1, 2, 1, 2, 1, 2]
>>> grades = ['A','B','C','D','F']
>>> grades[0]
'A'
>>> grades[2:4]
['C', 'D']
>>> len(grades)
5
```

리스트의 또 다른 장점은 문자열에 비해 훨씬 다양한 형태의 요소를 가질 수 있다는 것이다. 문자열의 모든 요소는 문자여야 하지만, 리스트는 어떤 객체든 요소로 가질 수 있다. 숫자의 리스트를 만들 수도 있고 문자열의 리스트를 만들 수도 있다. 사실 다음과 같이 두 가지 값을 모두 요소로 갖는 리스트를 만드는 것도 가능하다.

```
myList = [1, "Spam", 4, "U"]
```

앞으로 점, 직사각형, 주사위, 버튼, 심지어 학생까지 다양한 객체를 넣은 리스트를 만드는 모습을 볼 수 있을 것이다.

문자열의 리스트를 사용하면 달의 약칭을 출력하는 프로그램을 좀 더 간단한 방법으로 작성할 수 있다.

```
# month2.py
# 숫자로 입력된 달의 축약 이름을 출력하는 프로그램

def main():

    # months는 순람표 역할을 한다.
    months = ["Jan", "Feb", "Mar", "Apr", "May", "Jun",
              "Jul", "Aug", "Sep", "Oct", "Nov", "Dec"]

    n = int(input("Enter a month number (1-12): "))

    print("The month abbreviation is", months[n-1] + ".")

main()
```

이 프로그램에서 알 수 있는 내용이 몇 가지 있다. 이번 버전에서는 순람표로 사용하기 위해 months라는 이름으로 문자열의 리스트를 만들었다. 리스트를 만드는 코드는 두 줄로 나뉘어 있는데, 보통 파이썬의 명령문은 한 줄로 작성하지만, 이 경우에는 대괄호가 닫히지 않았기 때문에 해당 줄이 아직 끝나지 않았음을 알 수 있다. 이런 식으로 명령문 하나를 두 줄 이상으로 나누어 작성하면 가독성을 높일 수 있다.

리스트도 문자열과 마찬가지로 0부터 시작하는 위치 지표를 갖는다. 그러므로 months[0]은 문자열 "Jan"에 해당한다. 다른 달로 범위를 넓히면, n번째 달의 이름은 위치 n-1에 있다고 할 수 있다. 이 과정은 직관적이어서 중간에 다른 처리를 할 필요도 없다. 표현식 months[n-1]을 print 문에 바로 쓰면 된다.

이 문제를 쉽게 해결하는 방법이 이것만 있는 것은 아니지만, 이 방법은 여러모로 활용할 수 있는 유연성이 뛰어나다. 예를 들어, 달 이름의 약칭이 아니라 이름 전체를 출력해야 한다고 문제를 바꿔 보자. 이 경우 그저 순람표로 쓸 리스트를 다음과 같이 수정하면 된다.

```
months = ["January", "February", "March", "April",
          "May", "June", "July", "August",
          "September", "October", "November", "December"]
```

문자열과 리스트는 모두 연속열형에 속하지만 이 둘 사이에는 큰 차이가 있다. 리스트는 가변형(mutable)이다. 다시 말해, 리스트의 요솟값은 할당문을 통해 바꿀 수 있다. 그러나 문자열은 '이미 있는 객체를 수정'할 수 없다. 다음 예를 통해 차이점을 알아보자.

```
>>> myList = [34, 26, 15, 10]
>>> myList[2]
15
>>> myList[2] = 0
>>> myList
[34, 26, 0, 10]
>>> myString = "Hello World"
>>> myString[2]
'l'
>>> myString[2] = 'z'
Traceback (most recent call last):
  File "<stdin>", line 1, in <module>
TypeError: 'str' object does not support item assignment
```

첫 번째 줄은 먼저 숫자 네 개를 포함하는 리스트를 만든다. 이 중 위치 2에 접근하면 값 15를 얻을 수 있다(다른 경우와 같이 위치 지표는 0부터 시작한다). 그다음 명령에서 리스트의 위치 2에 해당하는 요소에 값 0을 할당한다. 값이 할당되고 나면 리스트에서 새로운 값이 이전 값을 대체했음을 확인한다. 이번에는 문자열에 비슷한 방법으로 연산을 시도해 본다. 오류가 나는 것을 알 수 있다. 그러므로 리스트는 가변형(수정할 수 있음)이지만 문자열은 그렇지 않다(불변형).

5.4 문자열의 내부 표현과 인코딩

5.4.1 문자열의 내부 표현

이제 텍스트 데이터의 연산에 대해 어느 정도 알게 되었을 것이다. 그러나 우리는 아직 컴퓨터가 문자열을 조작하는 방법을 알지 못한다. 3장에서 컴퓨터는 숫자형 데이터를 이진 표현(0과 1의 연속열)으로 나타내며, 컴퓨터의 CPU는 이 이진 표현에 대한 연산을 할 수 있는 회로를 갖추고 있다는 사실을 배웠다. 컴퓨터는 텍스트 정보 역시 이진 표현으로 나타낸다. 텍스트 정보 처리든 숫자 계산이든 컴퓨터에서 실제 벌어지는 일은 대동소이하다.

이러한 구도는, 전달하려는 메시지와 비밀 암호에 비유하면 좀 더 이해하기 쉽다. 학창 시절에 서로 쪽지를 전달하던 때의 기억을 떠올려 보자. 교실 저편에 앉아 있는 친구에게 쪽지를 전하려고 한다. 그러나 친구에게 쪽지를 전달하려면, 쪽지의 내용을 궁금해할지도 모를 수많은 다른 친구의 손을 거쳐야 하며, 잘못하면 쪽지가 선생님 손에 들어가게 될 수도 있다. 이 때문에 친구와 안전하게 대화를 나누려면 다른 사람이 쪽지의 내용을 알아보지 못하게 할 방법을 강구해야 한다.

생각할 수 있는 한 가지 방법은 쪽지의 내용을 숫자의 연속열로 바꾸는 것이다. 알파벳의 한 글자 한 글자에 대응하는 숫자를 정한 뒤, 해당 글자 대신에 이 숫자를 쓰면 된다. 깊게 생각할 것도 없이 1부터 26의 숫자를 a부터 z에 대응시키면 될 것이다. 'sourpuss'라는 낱말을 보내고 싶다면 '18, 14, 20, 17, 15, 20, 18, 18'이라고 쪽지를 보내면 된다. 암호를 알지 못하는 사람에게는 의미 없는 숫자처럼 보이겠지만 나와 친구는 내용을 이해할 수 있다.

컴퓨터가 문자열을 나타내는 방법도 이와 같다. 각 문자는 숫자로 변환되고 문자열 전체는 이 숫자(이진수)의 연속열로 컴퓨터의 메모리에 저장된다. 컴퓨터가 이 부호화와 복호화 과정을 같은 방법으로 하는 한, 어떤 숫자가 어떤 글자를 나타내는지는 그다지 중요하지 않다. 그러나 컴퓨터가 개발된 초기에는, 컴퓨터 제작사나 설계자끼리 서로 다른 방법을 사용했다. 이 시절에 다른 종류의 컴퓨터로부터 데이터를 가져오는 것은 매우 골치 아픈 일이었다.

PC와 매킨토시가 서로 다른 인코딩(encoding, 부호화) 방법을 사용한다면, 어떤 일이 일어날까? PC에서 기말 보고서를 작성하여 텍스트 파일에 저장하면, 이 보고서는 숫자의 연속열 형태로 저장되어 있을 것이다. 그리고 나서 교수님이 사용하는 매킨토시에서 이 파일을 열면 입력했던 것과 '다른' 글자가 화면에 표시되는 것이다. 얼마나 황당하겠는가!

이런 문제를 피하기 위해 오늘날 사용되는 컴퓨터는 산업 표준으로 정해진 인코딩을 사용한다. 이 중 가장 많이 쓰이는 것이 아스키(American Standard Code for Information Interchange, ASCII)다. 아스키는 0부터 127까지의 숫자로 (미국식) 키보드의 주요 문자와 정보 전송 과정에 쓰이는 제어 문자를 포함한 문자를 나타낸다. 예를 들어 알파벳 대문자 A~Z는 65~90에 해당하고, 소문자 a~z는 97~122에 해당한다.

아스키를 사용할 때 문제점 중 하나는 이름에서 알 수 있듯이, 미국 상황을 기준으로 만들어졌다는 점이다. 아스키로는 다른 수많은 언어에서 사용되는 기호를 다 나타낼 수 없다. 이를 해소하기 위해 아스키를 확장한 인코딩을 국제표준기구(International Standards Organization, ISO)에서 제정했다. 오늘날 대다수 시스템은 전 세계 모든 표기 체계를 아우를 수 있을 만큼 대폭 확장된 인코딩인 유니코드(Unicode)를 사용하고 있다. 파이썬 문자열도 이 유니코드를 지원하므로 우리가 사용하는 시스템에 필요한 글꼴이 있다면 어떤 언어의 텍스트라도 다루는 데 문제가 없다.

파이썬은 문자와 문자를 표현하는 데 사용되는 숫자를 상호 변환할 수 있는 몇 가지 내장 함수를 제공한다. ord 함수는 한 글자로 된 문자열을 인자로 받아 이 문자의 내부 표현에 해당하는 숫자를 리턴하며, chr 함수는 반대 기능을 한다. 다음에 몇 가지 사용 예를 나타냈다.

```
>>> ord("a")
97
>>> ord("A")
65
>>> chr(97)
'a'
>>> chr(90)
'Z'
```

이 값을 잘 보면 아까 이야기한 아스키 인코딩에서 해당 글자를 나타내는 값과 같음을 알 수 있을 것이다. 유니코드는 아스키가 정의한 127글자에 대해서는 아스키의 값을 그대로 따르도록 설계되었다. 그러나 유니코드는 이 외에도 수많은 낯선 기호를 포함하고 있다. 예를 들면, 그리스 문자 pi는 문자 960이며 유로의 화폐 기호는 문자 8364이다.

컴퓨터에 글자가 어떻게 저장되는지 알기 위해 설명해야 할 것이 하나 더 있다. 3장에서 설명한 바와 같이, CPU가 한 번에 다룰 수 있는 메모리의 양은 고정되어 있다. 이때 주소를 매길 수 있는 가장 작은 단위는 대개 8비트로 이를 바이트라고 부른다. 1바이트는 $2^8 = 256$가지 값을 가질 수 있다. 이 정도면 아스키 인코딩의 모든 글자를 나타내는 데 부족함이 없지만(사실 아스키는 7비트면 충분하다), 문자를 10만 개 이상 가지는 유니코드는 1바이트만으로는 도저히 나타낼 수 없다.

이 문제를 해결하기 위해 유니코드 표준에서는 유니코드 문자를 바이트의 연속열로 나타내기 위한 다양한 인코딩 스키마(encoding scheme)를 정의하고 있다. 이 중 가장 많이 쓰이는 것이 UTF-8이다. UTF-8은 가변 길이 인코딩 스키마인데, 아스키에 포함되는 문자는 1바이트로 나타내고, 흔히 쓰이지 않는 글자는 최대 4바이트까지로 나타낸다. 이는 열 개의 문자가 문자에 따라 길이가 10바이트에서 40바이트 사이인 바이트 연속열로 표현된다는 이야기다. 그러나 적어도 알파벳 문자를 사용하는 경우에는 한 글자를 1바이트로 가정해도 크게 문제가 없다.

5.4.2 부호화 프로그램 작성하기

다시 친구와 쪽지를 주고받는 이야기로 돌아가자. ord와 chr 함수를 사용하면 메시지를 숫자의 연속열로 바꾸었다가 원래대로 돌리는 프로그램을 작성할 수 있다. 이를 위한 알고리즘은 간단하다.

부호화할 메시지를 입력받는다.
메시지의 각 글자마다 다음을 반복한다:
　　　현재 글자에 해당하는 숫자를 출력한다.

사용자로부터 메시지를 입력받는 것은 input 함수를 사용하면 간단하다.

```
message = input("Please enter the message to encode: ")
```

반복문을 작성하려면 약간 생각을 해야 한다. 지금 하려는 일은 메시지의 각 글자에 대해 뭔가를 하는 것이다. for 문은 연속열형의 요소에 대해 반복을 수행한다. 문자열도 마찬가지로 연속열형이므로 for 문으로 메시지의 각 글자에 대해 반복을 수행할 수 있다.

```
for ch in message:
```

마지막으로 각 글자를 숫자로 변환하는 것이 남았다. 가장 간단한 방법은 해당 문자의 유니코드 번호(ord 함수가 리턴하는)를 출력하는 것이다.

완성된 프로그램은 다음과 같다.

```
# text2numbers.py
# 텍스트 메시지를 유니코드 인코딩을 사용한 숫자의 연속열로 바꾸는 프로그램

def main():
    print("This program converts a textual message into a sequence")
    print("of numbers representing the Unicode encoding of the message.\n")

    # 인코딩할 메시지를 입력받는다.
    message = input("Please enter the message to encode: ")

    print("\nHere are the Unicode codes:")
```

```
        # message의 각 글자에 대해 유니코드 값을 출력한다.
        for ch in message:
            print(ord(ch), end=" ")

        print() # 빈 줄 출력
main()
```

이제 프로그램을 사용하여 메시지를 부호화해 보자.

This program converts a textual message into a sequence
of numbers representing the Unicode encoding of the message.

Please enter the message to encode: What a Sourpuss!

Here are the Unicode codes:
87 104 97 116 32 97 32 83 111 117 114 112 117 115 115 33

이 결과로부터 공백 문자에도 해당하는 유니코드 번호(32)가 있다는 것을 알 수
있다.

5.5 문자열 객체의 메서드

5.5.1 복호화 프로그램 작성하기

이제 먼저 작성한 프로그램으로 메시지를 숫자의 연속열로 변환할 수 있게 되었
다. 하지만 건너편에 있는 친구에게도 숫자의 연속열을 다시 메시지로 복원해 주
는 프로그램이 있으면 더 좋을 것이다. 이번에는 이 문제를 해결해 보자. 이번에
작성할 복호화 프로그램은 사용자에게 유니코드 번호의 연속열을 입력하라고 안
내한 뒤, 번호에 해당하는 문자로 메시지를 다시 복원한다. 이 프로그램을 작성하
려면 몇 가지 해결해야 할 점이 아직 있는데 이것들은 차차 살펴볼 것이다.

복호화 프로그램의 얼개는 부호화 프로그램과 매우 비슷하다. 복호화 프로그램
의 차이점은 낱낱의 글자를 모두 모아 하나의 문자열로 만든 메시지를 출력한다
는 점이다. 이렇게 하려면, 3장의 팩토리얼 프로그램에서 보았던 것과 같이 누적
자 변수를 사용해야 한다. 복호화를 위한 알고리즘은 다음과 같다.

```
복호화할 숫자의 연속열을 입력받는다.
message = ""
입력의 각 숫자에 대해 다음을 수행한다:
    현재 숫자에 해당하는 유니코드 문자를 구한다.
    message 변수의 값의 끝에 구한 문자를 추가한다.
변수 message의 값을 출력한다.
```

누적자 변수 message는 반복문 앞에서 빈 문자열, 즉 아무 글자도 포함하지 않는
문자열로 초기화된다. 반복문 몸체를 한 번 반복할 때마다 입력된 숫자 하나씩을

그에 해당하는 문자로 바꾼 다음, 그 문자를 다시 지금까지 만든 메시지 끝에 덧붙인다.

알고리즘은 간단하지만 첫 단계부터 장애물에 부닥치게 된다. 몇 개의 숫자를 입력받을지도 모르는 상황에서 어떻게 해야 복호화할 숫자의 연속열을 입력받을 수 있을까? 이 문제를 해결하려면 또 다른 문자열 객체의 메서드를 사용해야 한다.

먼저 input 함수로 숫자의 연속열 전체를 하나의 문자열로 입력받는다. 그런 다음 이 통짜 문자열을 각 숫자에 해당하는 좀 더 짧은 문자열의 연속열로 나눈다. 마지막으로 이 문자열의 리스트에 대해 반복문을 수행하면서 각 문자열을 숫자로 변환하고, 다시 이 숫자로부터 유니코드 문자를 구한다. 이제 완전한 알고리즘을 다음과 같이 작성할 수 있다.

```
숫자의 연속열을 하나의 문자열(inString)로 통째로 입력받는다.
inString을 좀 더 짧은 문자열의 연속열로 분할한다.
message = ""
분할한 문자열에 대해 다음을 반복한다:
    현재 문자열을 숫자로 변환한다.
    변환한 숫자에 해당하는 유니코드 문자를 변수 message에 덧붙인다.
변수 message를 출력한다.
```

조금 복잡해 보이지만 우리가 하려는 일은 모두 파이썬이 제공하는 기능으로 가능하다.

지금까지 문자열 객체에 대해 설명해 왔음을 눈치챘을 것이다. 이전 장에서 설명했듯이, 객체는 데이터와 연산('알고 있는 것'과 '할 수 있는 것')을 모두 가질 수 있다. 문자열도 객체이기 때문에 지금까지 사용했던 연속열형의 공통 개념 메서드 외에도 문자열 고유의 메서드를 가지고 있는데, 이제 이 메서드들을 활용하여 복호화 프로그램을 작성할 것이다.

이 프로그램에서 split 메서드를 사용할 텐데, 이 메서드는 하나의 문자열을 문자열의 리스트로 나누는 역할을 한다. 아무 값이 지정되지 않았을 때, split 메서드는 문자열을 공백 문자 단위로 분할한다. 다음 예제를 살펴보자.

```
>>> myString = "Hello, string methods!"
>>> myString.split()
['Hello,', 'string', 'methods!']
```

객체가 가진 메서드를 호출하는 것이기 때문에 당연히 split을 호출할 때도 점 표기법을 사용해야 한다. 그 결과를 보면 split 메서드가 원래 문자열 "Hello, string methods!"를 어떻게 "Hello,", "string", "methods!" 세 개의 부분 문자열로 분할했는지 알 수 있을 것이다.

그런데 split 메서드는 분할 기준이 될 문자를 인자로 지정해 주면, 공백 외의 문자를 기준으로도 문자열을 분할할 수 있다. 예를 들어, 쉼표로 분리된 숫자의 연속열을 나타내는 문자열이 있다면, 쉼표를 기준으로 이 문자열을 분할할 수 있다.

```
>>> "32,24,25,57".split(",")
['32', '24', '25', '57']
```

이 방법으로 eval 함수를 사용하는 위험을 감수하지 않고도 한 번에 여러 값을 입력받을 수 있다. 예를 들어, 한 점의 x 좌표와 y 좌표를 입력 문자열 하나로 입력받았을 경우 이 문자열을 split 메서드로 문자열의 리스트로 분할하고 나면, 다음 예제처럼 리스트에 적절한 위치 찾기 연산을 수행하여 각 값에 접근할 수 있다.

```
>>> coords = input("Enter the point coordinates (x,y): ").split(",")
Enter the point coordinates (x,y): 3.4, 6.25
>>> coords
['3.4', '6.25']
>>> coords[0]
'3.4'
>>coords[1]
'6.25'
```

물론 이 문자열은 다시 숫자로 변환해야 한다. 3장에서 형 변환 함수 int와 float를 써서 문자열을 적절한 숫자형으로 변환한 바 있다. 여기서는 float를 사용하여 한 줄로 처리해 보겠다.

```
coords = input("Enter the point coordinates (x,y): ").split(",")
x,y = float(coords[0]), float(coords[1])
```

다시 복호화 프로그램 이야기로 돌아가자. 우리가 작성하려는 복호화 프로그램에도 이런 방식을 적용할 수 있다. 이 프로그램은 부호화 프로그램의 출력 형식, 그러니까 유니코드 문자 번호의 연속열을 그대로 입력으로 받기 때문에, split 함수를 인자 없이 호출해도 잘 동작한다.

```
>>> "87 104 97 116 32 97 32 83 111 117 114 112 117 115 115 33".split()
['87', '104', '97', '116', '32', '97', '32', '83', '111', '117',
'114', '112', '117', '115', '115', '33']
```

이번에도 split 연산의 결과는 숫자의 리스트가 아니라 문자열의 리스트다. 단지 이 문자열들이 숫자로만 이루어져 있기 때문에 숫자형으로 해석할 수 있을 뿐이다.

지금 같은 경우에는 문자열은 모두 정수형 리터럴이므로 각 문자열에 int 함수를 호출하여 숫자로 변환한다.

이렇게 split과 int를 이용해서 복호화 프로그램을 완성했다.

```python
# numbers2text.py
# 유니코드 값의 연속열을 텍스트 문자열로 바꾸는 프로그램

def main():
    print("This program converts a sequence of Unicode numbers into")
    print("the string of text that it represents.\n")

    # 인코딩할 메시지를 입력받는다.
    inString = input("Please enter the Unicode-encoded message: ")

    # 각 부분 문자열을 해당하는 유니코드 문자로 변환하여 문자열을 만든다.
    message = ""
    for numStr in inString.split():
        codeNum = int(numStr) # 숫자로 된 문자열을 정수형으로 변환
        message = message + chr(codeNum) # 각 글자를 message 뒤에 연결한다.

    print("\nThe decoded message is:", message)

main()
```

조금만 자세히 살펴보면 이 프로그램이 어떻게 동작하는지 알 수 있을 것이다. 프로그램의 가장 중요한 부분은 다음과 같은 반복문이다.

```python
for numStr in inString.split():
    codeNum = int(numStr)
    message = message + chr(codeNum)
```

split 메서드가 (부분) 문자열의 리스트를 리턴하고 나면, 이 리스트의 각 요소를 변수 numStr이 가리키며 반복문 몸체를 반복 실행한다. 이 변수의 이름을 numStr로 한 것은 이 변수의 값이 숫자를 나타내는 문자열이기 때문이다. 반복문 몸체가 한 번 실행될 때마다 리스트의 다음 요소가 int 함수를 통해 숫자형으로 변환된다. 이 숫자는 chr 함수를 거쳐 이 숫자에 해당하는 유니코드 문자로 다시 변환되어 누적자 변수(여기서는 message)의 끝에 덧붙여진다. 반복문 수행이 끝나고 나면, 문자열 inString에 있던 숫자는 모두 문자로 변환되어 변수 message에 복원된 메시지가 들어 있게 된다.

다음은 프로그램의 실행 예다.

```
This program converts a sequence of Unicode numbers into
the string of text that it represents.

Please enter the Unicode-encoded message:
83 116 114 105 110 103 115 32 97 114 101 32 70 117 110 33

The decoded message is: Strings are Fun!
```

5.5.2 문자열 객체의 그 외 메서드

이제 이 한 쌍의 프로그램으로 메시지를 유니코드 문자 번호로 부호화했다가 다시 원래 메시지로 복원할 수 있게 되었다. 파이썬의 문자열 객체와 메서드, 연속 열형을 다루는 내장 함수를 이용하여 꽤 간단한 프로그램으로 목적을 달성할 수 있었다.

파이썬은 텍스트를 다루는 프로그램을 짜기에 적합한 언어다. 표 5.2에 문자열 객체의 유용한 메서드를 정리했다. 이것들을 확실히 익히려면 한번 써 보는 것이 가장 좋은 방법이다.

함수	의미
s.capitalize()	첫 글자만 대문자로 바뀐 s의 복사본을 리턴한다.
s.center(width)	길이 width 안에서 중앙 정렬된 s의 복사본을 리턴한다.
s.count(sub)	s 안에서 sub가 출현한 횟수를 리턴한다.
s.find(sub)	s 안에서 sub가 처음 출현한 위치를 리턴한다.
s.join(list)	list의 각 요소를 s를 구분자로 하여 하나의 문자열로 연접
s.ljust(width)	center와 같으나 왼쪽 정렬이라는 점이 다르다.
s.lower()	모든 문자가 소문자인 s의 복사본을 리턴한다.
s.lstrip()	앞에 오는 모든 공백 문자를 제거한 s의 복사본을 리턴한다.
s.replace(oldsub,newsub)	s 안에 출현한 모든 oldsub를 newsub로 교체한다.
s.rfind(sub)	find와 같으나 오른쪽부터 찾은 위치를 리턴한다.
s.rjust(width)	center와 같으나 오른쪽 정렬이라는 점이 다르다.
s.rstrip()	뒤에 오는 모든 공백 문자를 제거한 s의 복사본을 리턴한다.
s.split()	문자열 s를 나누어 부분 문자열의 리스트로 만든다(본문 참조).
s.title()	각 단어의 첫 글자가 대문자로 바뀐 s의 복사본을 리턴한다.
s.upper()	모든 문자가 대문자인 s의 복사본을 리턴한다.

표 5.2 문자열 객체의 메서드

```
>>> s = "hello, I came here for an argument"
>>> s.capitalize()
'Hello, i came here for an argument'
>>> s.title()
'Hello, I Came Here For An Argument'
>>> s.lower()
'hello, i came here for an argument'
>>> s.upper()
'HELLO, I CAME HERE FOR AN ARGUMENT'
>>> s.replace("I", "you")
'hello, you came here for an argument'
>>> s.center(30)
```

```
'hello, I came here for an argument'
>>> s.center(50)
' hello, I came here for an argument '
>>> s.count('e')
5
>>> s.find(',')
5
>>> " ".join(["Number", "one,", "the", "Larch"])
'Number one, the Larch'
>>> "spam".join(["Number", "one,", "the", "Larch"])
'Numberspamone,spamthespamLarch'
```

split 메서드 외에도 많은 메서드가 파라미터를 추가하여 메서드가 수행하는 연산 내용을 조정할 수 있다. 파이썬은 여기에서 다룬 것 외에도 텍스트 처리를 위한 메서드를 풍부하게 갖추고 있다. 이 외의 메서드에 대해 알고 싶다면, 온라인에 공개된 파이썬 참조 문서를 읽어보면 된다.

5.6 리스트에도 메서드가 있다

이전 절에서 문자열 객체를 다루기 위한 메서드를 몇 가지 살펴보았다. 리스트 역시 문자열처럼 객체이며 리스트에만 있는 메서드를 '따로' 갖고 있다. 이번 장은 텍스트 처리가 주제이므로 이와 관계가 적은 리스트의 메서드에 대해서는 이후 장에서 자세히 다루기로 하고, 여기서는 예고편으로 메서드 하나만 소개하겠다.

append 메서드는 리스트 맨 끝에 새로운 요소를 추가하기 위해 사용한다. 요소를 하나씩 추가해 가며 리스트를 구성할 때 자주 사용된다. 다음 코드는 자연수 1부터 100까지, 그 제곱 값의 리스트를 만드는 코드다.

```
squares = []
for x in range(1,101):
    squares.append(x*x)
```

이 예제에서는 빈 리스트([])부터 시작하여 1부터 100까지의 자연수를 제곱한 뒤 이 값을 리스트에 추가하고 있다. 반복문 수행이 끝나면, 변수 squares는 [1, 4, 9, ..., 10000]과 같은 리스트가 될 것이다. 이것도 누적자 패턴이 쓰인 예로, 여기서는 리스트를 누적자 변수로 사용하고 있다.

append 메서드를 사용하면, 조금 전의 복호화 프로그램을 조금 다른 방법으로 작성할 수 있다. 이 프로그램은 원래 복호화된 메시지를 저장하기 위해 문자열을 누적자 변수로 사용했다. 다음 명령문은 변수 message의 값을 완전히 한 벌 복사한 후 이 복사본의 뒤에 한 글자를 추가한다.

```
message = message + chr(codeNum)
```

메시지를 복호화하는 과정에서 딱 한 글자를 추가하기 위해 복사되는 문자열이 점점 더 길어진다. 파이썬의 이전 버전에서는 문자열의 연접 연산이 느렸기 때문에 프로그래머는 긴 문자열을 누적해 가기 위해 연접 연산 외의 다른 방법을 사용해야 했다.

메시지 복사를 반복하지 않으려면 리스트를 사용하면 된다. 메시지를 문자의 리스트 형태로 두고, 리스트 끝에 문자를 하나씩 추가해 나가면 문자열을 누적하는 것과 같은 효과를 얻을 수 있다. 다시 강조하지만, 리스트는 가변형이므로 객체의 새로운 복사본을 만들지 않고 '원래 객체에' 요소를 추가할 수 있다.[1] 리스트에 모든 문자를 모으고 나면 join 메서드를 사용해서 리스트를 문자열로 한 번에 바꿀 수 있다.

다음 프로그램은 이 방법을 사용하도록 수정한 복호화 프로그램이다.

```python
# numbers2text2.py
# 유니코드 값의 연속열을 텍스트 문자열로 변환하는 프로그램
# 리스트 형태의 누적자를 사용하여 효율성을 높였다.

def main():
    print("This program converts a sequence of Unicode numbers into")
    print("the string of text that it represents.\n")

    # 인코딩할 메시지를 입력받는다.
    inString = input("Please enter the Unicode-encoded message: ")

    # 각 부분 문자열을 유니코드 문자로 변환하여 텍스트 메시지로 만든다.
    chars = []
    for numStr in inString.split():
        codeNum = int(numStr) # 숫자로 된 문자열을 정수형으로 변환
        chars.append(chr(codeNum)) # 새로 변환된 문자를 누적자 변수에 추가

    message = "".join(chars)
    print("\nThe decoded message is:", message)

main()
```

이 코드는 chars라는 리스트에 문자를 추가해 가면서 메시지를 복원하는데, 이 복원 과정은 join 메서드에 인자로 넘겨져 구분자로 빈 문자열을 사용하여(따라서 연접 결과에 공백 문자 등이 추가되지 않는다) 연접되면서 끝난다.

문자열 연접 연산을 사용하는 방법이나 append와 join 메서드를 사용하는 방법은 파이썬의 최근 버전에서는 효율 면에서 별 차이가 없으며, 프로그래머의 취향에 따라 선택이 갈린다. 리스트를 사용하는 방법은 join 메서드에 연접 문자열 사

---

1 사실, 리스트의 공간을 새로 확보하는 경우에는 물밑에서 모든 요소가 복사되는 것이 맞다. 그러나 이는 그리 자주 일어나지 않는다.

이에 삽입할 구분자(탭 문자, 쉼표, 공백 등)를 지정할 수 있기 때문에 좀 더 유연하다는 장점이 있다.

5.7 부호화에서 암호화로

지금까지 컴퓨터가 문자열을 나타내는 방법을 부호화 문제의 관점에서 살펴보았다. 문자열의 각 글자는 컴퓨터에 이진수로 저장되는 숫자로 표현된다. 여기에는 신비로운 마법도, 비밀도 전혀 없으며, 산업 표준으로 지정된 숫자와 글자의 매핑을 사용하고 있을 뿐이다. 컴퓨터 과학에 조금만 지식이 있는 사람이라면 별 어려움 없이 우리가 부호화한 메시지를 가로챌 수 있을 것이다.

정보를 숨기거나 남이 알지 못하도록 전송하기 위해 정보를 부호화하는 것을 암호화라고 한다. 암호화를 다루는 학문은 암호학이라고 하여 수학과 컴퓨터 과학에서 중요도가 점점 높아지고 있는 하위 분야다. 예를 들어 인터넷 쇼핑을 할 때, 이름이나 카드 번호와 같은 민감한 개인 정보는 이를 가로채려는 사람이 정보를 알 수 없도록 부호화된다.

우리가 만들었던 부호화/복호화 프로그램은 치환 암호라는 매우 취약한 암호화 방법을 사용한 것이다. 원래 메시지(이를 평문이라고 한다)의 각 문자를 해당하는 암호 알파벳의 문자로 바꾸는 방법으로 암호화한다. 이렇게 얻은 결과를 암호문이라고 한다.

우리가 유니코드 문자 번호를 이용하지 않는다 해도, 이 방법으로 암호화된 암호는 쉽게 평문을 알아낼 수 있다. 하나의 글자는 항상 똑같은 글자로 암호화되기 때문에 암호 해독가는 글자의 사용 빈도에 대한 통계를 이용하여 간단한 시행착오를 통해 평문을 알아낼 수 있다. 이런 유형의 암호화는 학교에서 쪽지를 주고받는 데는 유용할지 모르지만, 전 세계적 네트워크를 오가는 통신의 보안을 지키기에는 너무 부족하다.

근대적인 암호화 기법은 우리가 본 예제 프로그램처럼 메시지를 숫자로 바꾸는 과정으로 시작된다. 그리고 복잡한 수학적 알고리즘을 이용하여 이 숫자를 다시 다른 숫자로 변환한다. 이러한 변환은 대개 키라는 특별한 값을 메시지와 결합하는 방식으로 이뤄지는데, 암호문을 수신한 사람은 메시지를 다시 복호화할 수 있는 키를 가지고 있어야 한다.

암호화에는 공개 키 방식과 비밀 키(공유 키라고도 함) 방식이 있다. 비밀 키 방식은 메시지의 암호화와 복호화에 같은 키를 사용한다. 이 방식을 통해 암호화된 의사소통을 하려면 이 키를 알아야 하는데 키가 외부로 유출되면 안 된다. 암호화라고 하면 흔히 사람들이 떠올리는 것도 이 방식이다.

공개 키 방식에서는 암호화만 할 수 있는 키와 복호화만 할 수 있는 키가 따로 존재한다. 암호화 키만으로는 복호화 키나 메시지 내용을 알아낼 수 없으므로 암호화 키는 아무나 볼 수 있도록 공개되고 복호화 키만 숨겨둔다. 누구든지 나에게 메시지를 보내고 싶은 사람은 내가 공개한 내 암호화 키를 사용하면 된다. 그럼 복호화 키를 갖고 있는 것은 나뿐이므로 메시지 내용도 나만 알 수 있다. 공개 키 방식의 예로, 보안 통신이 적용된 웹 사이트를 들 수 있다. 이 웹 사이트는 웹 브라우저를 통해 사이트의 공개 키를 보내 준다. 그러면 웹 브라우저는 사용자의 카드 정보 등 민감한 정보를 웹 사이트의 공개 키로 암호화하여 전송한다. 이렇게 하면 웹 사이트를 운영하는 회사만이 복호화 키를 갖고 있으므로 이 정보를 읽을 수 있다.

5.8 문자열 조작을 통해 입출력하기

텍스트 처리를 하는 프로그램이 아니어도 문자열 연산을 사용할 경우가 많다. 예를 들어 재무 분석을 하는 프로그램을 생각해 보자. 먼저 날짜 등의 정보가 문자열로 입력되어야 할 것이고, 계산을 끝내고 난 뒤 다시 분석 결과에는 수치, 차트, 표, 그림 등을 설명할 텍스트 정보가 포함되어야 할 것이다. 이렇게 입력과 출력 작업에도 문자열 연산이 사용된다.

5.8.1 예제 프로그램: 날짜 변환

구체적인 예제로 이전에 작성했던 달의 약칭을 출력하는 프로그램을 조금만 확장해서 날짜 변환을 해 보자. 사용자가 '05/24/2020'과 같은 형식으로 날짜를 입력하면, 프로그램이 'May 24, 2020'과 같이 날짜를 출력하면 된다. 이 프로그램의 알고리즘은 다음과 같다.

```
날짜를 mm/dd/yyyy 형식으로 입력받는다(dateStr).
dateStr을 월, 일, 년에 해당하는 문자열로 분할한다.
달에 해당하는 문자열을 그 달을 나타내는 숫자로 변환한다.
달을 나타내는 숫자로 달의 이름을 찾는다.
"달 이름 날짜, 연도" 형식으로 날짜 문자열을 새로 만든다.
새로운 날짜 문자열을 출력한다.
```

알고리즘의 처음 두 줄은 이전에 보았던 문자열 연산을 이용한 다음 코드를 활용하여 바로 구현할 수 있다.

```
dateStr = input("Enter a date (mm/dd/yyyy): ")
monthStr, dayStr, yearStr = dateStr.split("/")
```

앞의 코드를 보면 문자열 형태로 입력된 후 슬래시를 기준으로 분할하여 날짜 정보를 얻는다. 그런 다음 분할한 리스트를 '풀어서' 세 변수 monthStr, dayStr, yearStr에 동시 할당한다.

그다음으로 monthStr의 값을 숫자로 변환(int를 써서)한다. 그리고 이 값을 이용하여 달의 이름을 찾아온다. 이 부분에 대한 코드는 다음과 같다.

```
months = ["January", "February", "March", "April",
          "May", "June", "July", "August",
          "September", "October", "November", "December"]
monthStr = months[int(monthStr)-1]
```

위치 지표 값이 0부터 시작하기 때문에 이를 나타내는 표현식을 int(monthStr)-1과 같이 해야 하는 것에 주의한다.

프로그램의 마지막 단계는 각 부분으로 나뉜 날짜를 새로운 형식으로 묶는 것이다.

```
print("The converted date is:", monthStr, dayStr+",", yearStr)
```

여기서 날짜 뒤에 바로 쉼표가 오도록 한 연접 연산을 잘 봐 두기 바란다.

완성된 프로그램은 다음과 같다.

```
# dateconvert.py
# "mm/dd/yyyy" 형식의 날짜를 "month day, year" 형식으로 바꾼다.

def main():
    # 날짜를 입력받음
    dateStr = input("Enter a date (mm/dd/yyyy): ")

    # 연, 월, 일로 분할
    monthStr, dayStr, yearStr = dateStr.split("/")

    # monthStr에 해당 달의 이름을 할당
    months = ["January", "February", "March", "April",
              "May", "June", "July", "August",
              "September", "October", "November", "December"]
    monthStr = months[int(monthStr)-1]

    # 원하는 형식으로 변환된 날짜를 출력
    print("The converted date is:", monthStr, dayStr+",", yearStr)

main()
```

이 프로그램의 실행 예를 다음에 실었다.

```
Enter a date (mm/dd/yyyy): 05/24/2020
The converted date is: May 24, 2020
```

이 예제에는 없었지만 숫자를 다시 문자열로 변환해야 하는 경우도 가끔 있다. 파이썬에서는 대부분의 데이터 타입을 str 함수를 이용하여 문자열로 변환할 수 있다. 다음은 이에 대한 간단한 예제다.

```
>>> str(500)
'500'
>>> value = 3.14
>>> str(value)
'3.14'
>>> print("The value is", str(value) + ".")
The value is 3.14.
```

마지막 예제를 자세히 볼 필요가 있다. 변수 value의 값을 문자열로 변환함으로써 문장 끝에 문자열 연산으로 마침표를 붙일 수 있게 되었다. 이 문자열 변환이 없었다면, 파이썬은 + 연산자를 숫자의 덧셈 연산으로 이해하고 오류를 일으켰을 것이다. 그 이유는 '.'가 숫자가 아니기 때문이다.

이제 다양한 형 변환 함수를 모두 사용할 수 있게 되었다. 표 5.3에 지금까지 다뤘던 형 변환 함수를 정리했다.

함수	의미
float(<expr>)	표현식 expr을 부동소수형으로 변환
int(<expr>)	표현식 expr을 정수형으로 변환
str(<expr>)	표현식 expr을 나타내는 문자열을 리턴
eval(<string>)	문자열 string을 표현식으로서 평가한 결과를 리턴

표 5.3 다양한 형 변환 함수

숫자 값을 문자열로 변환하는 주된 이유는 문자열 연산을 사용하여 값의 출력 형태를 제어할 수 있기 때문이다. 날짜 계산을 위한 프로그램을 예로 들면 월, 일, 년에 대한 계산을 마친 뒤, 이 값을 다시 문자열로 계산하면 깔끔하게 결과를 출력할 수 있다.

5.8.2 형식에 맞춘 문자열 만들기

지금까지 보았듯이 기본적인 문자열 연산을 이용하여 깔끔한 출력을 얻을 수 있다. 이 기법은 출력하려는 형식이 간단할 때는 유용하지만, 좀 더 복잡한 형식에 맞추기 위해 자잘하게 조각 썰기와 연접 연산을 이용하려면 귀찮을 수 있다. 파이썬이 제공하는 문자열 형식 연산을 사용하면 복잡한 형식에 맞춘 문자열을 쉽게 만들 수 있다.

한번 간단한 예부터 해 보자. 다음은 3장에서 보았던 잔돈 세기 프로그램이다.

```
Change Counter

Please enter the count of each coin type.
How many quarters do you have? 6
How many dimes do you have? 0
How many nickels do you have? 0
How many pennies do you have? 0
The total value of your change is 1.5
```

마지막의 출력 값을 보면 소수점 한 자리까지만 출력되어 있다. 우리는 보통 소수점 둘째 자리까지($1.50처럼) 표기하는 방법을 사용하기 때문에 이 출력 값은 어딘가 낯설다.

프로그램의 마지막 줄을 다음과 같이 수정하면 이 문제를 해결할 수 있다.

```
print("The total value of your change is ${0:0.2f}".format(total))
```

이제 프로그램은 다음과 같은 내용을 출력한다.

```
The total value of change is $1.50
```

다른 경우에도 응용해 보자. 이 format 메서드는 문자열에 대한 내장 함수로, 형식을 나타내는 형식 문자열(template string)과 어떤 값을 인자로 주면 이 형식에 값을 삽입하여 새로운 문자열을 만들어 준다. 문자열 형식 메서드는 다음과 같은 형태로 사용된다.

```
<template-string>.format(<values>)
```

template-string 안에 있는 중괄호({})는 인자로 주어지는 값이 삽입될 '자리'(slot)를 나타낸다. 그리고 중괄호 안의 내용은 이 자리에 들어갈 값이 어떤 형식을 따라야 하는지 알려 준다. 이 연산자는 매우 유연하게 사용할 수 있으나 여기서는 기본적인 사용법만 다룰 것이다. 좀 더 자세한 사항을 알고 싶다면 참고 문서를 보기 바란다. 이 책에서는 다음과 같은 형태의 자리 형식(slot description)만을 다룰 것이다.

```
{<index>:<format-specifier>}
```

index는 이 자리에 몇 번째 인자가 들어갈 것인지를 결정한다.[2] 다른 경우와 마찬가지로 이 순서는 0부터 시작한다. 앞 예제의 형식에는 첫 번째(이자 유일한) 인

2　파이썬 3.1부터 자리 형식의 일련번호 부분이 필수가 아니게 되었다. 이 번호가 생략된 경우, 왼쪽에서 오른쪽의 순서대로 매겨진 번호를 따른다.

자 값을 넣을 하나의 자리만 존재한다.

콜론 기호 뒤의 내용은 이 자리에 값이 어떤 모양으로 들어가야 하는지를 결정한다. 예제를 다시 보면 포맷 지정자 부분은 **0.2f**라고 되어 있다. 포맷 지정자는 다시 <width>.<precision><type>과 같은 형식인데, width는 값이 출력될 전체 길이가 몇인지를 결정하고, 만약 삽입할 값이 이 길이보다 짧으면 나머지 부분은 추가 문자(기본값은 공백이다)로 채워진다. 값이 이보다 더 길면 값을 출력하는 데 필요한 만큼 길이가 늘어난다. 그러므로 width 값을 0으로 하면 '필요한 만큼의 길이로 출력하라'는 뜻이 된다. 그리고 precision은 소수점 몇 번째 자리에서 반올림할지 결정하는 값으로, 여기서는 2를 쓰고 있다. 마지막으로 type은 f인데, 이는 이 값의 해당 자릿수가 없으면 출력 범위인 자릿수를 0이라도 출력하도록 고정소수형으로 나타내라는 의미다.

문자열 형식을 작성하는 법은 많이 복잡할 것 같지만, 몇 가지 예제를 보면 곧 감을 잡을 수 있다. 가장 간단한 예는 값이 들어갈 자리만 지정하는 형식이다.

```
>>> "Hello {0} {1}, you may have won ${2}".format("Mr.", "Smith", 10000)
'Hello Mr. Smith, you may have won $10000'
```

또 정수형이나 부동소수형의 자릿수를 지정하는 형식도 자주 사용된다.

```
>>> "This int, {0:5}, was placed in a field of width 5".format(7)
'This int,     7, was placed in a field of width 5'

>>> "This int, {0:10}, was placed in a field of width 10".format(7)
'This int,          7, was placed in a field of width 10'

>>> "This float, {0:10.5}, has width 10 and precision 5".format(3.1415926)
'This float,    3.1416, has width 10 and precision 5'

>>> "This float, {0:10.5f}, is fixed at 5 decimal places".format(3.1415926)
'This float,    3.14159, is fixed at 5 decimal places'

>>> "This float, {0:0.5}, has width 0 and precision 5".format(3.1415926)
'This float, 3.1416, has width 0 and precision 5'

>>> "Compare {0} and {0:0.20}".format(3.14)
'Compare 3.14 and 3.1400000000000001243'
```

(지금까지 보았던) 부동소수형에서 precision은 출력할 유효 숫자의 수를 의미하지만, 고정소수형에서는(type 값이 f) 출력할 소수점 이하의 자릿수를 의미한다. 마지막 예제를 보면 같은 값을 두 가지 형식에 맞춰 출력하고 있는데, 이 예제를 보면 부동소수형을 완전히 출력했을 때 깜짝 놀랄 만한 결과를 얻게 된다. 나타낼 수 있는 값 중 3.14에 가장 가까운 것도 실제로는 3.14보다 조금 크다. precision 값을 지정하지 않는다면, 소수점 아래로 한두 자리만 출력하게 된다. 이 오차 값은

상당히 여러 자리를 출력해야 볼 수 있다. 일반적인 경우에는 실제 값을 반올림한 값이 출력된다. 형식을 명시적으로 지정해야 실제 근삿값을 온전히 볼 수 있다.

또 숫자는 기본적으로 오른쪽 정렬 상태로 출력된다. 이 기능은 자릿수를 맞춰 여러 숫자를 출력할 때 유용한데, 이와 달리 문자열은 기본적으로 왼쪽 정렬 상태가 된다. 자리 형식 맨 앞 글자에 정렬 방향 지정 문자를 넣으면 이 정렬 상태를 명시적으로 바꿀 수 있다. 이 문자는 <, >, ^으로 각각 왼쪽 정렬, 오른쪽 정렬, 중앙 정렬을 의미한다.

```
>>> "left justification: {0:<5}".format("Hi!")
'left justification: Hi! '

>>> "right justification: {0:>5}".format("Hi!")
'right justification:   Hi!'

>>> "centered: {0:^5}".format("Hi!")
'centered:  Hi! '
```

5.8.3 개선된 잔돈 세기 프로그램

예제 한 가지를 더 살펴본 후 문자열 형식에 대한 설명은 마치기로 한다. 부동소수형에 대해 새롭게 배운 것을 생각하면, 돈의 액수를 부동소수형으로 나타내기가 조금 불안할 수도 있을 것이다.

은행을 위한 컴퓨터 시스템을 작성했는데, '107.56달러에 매우 가까운' 잔고의 근삿값을 보게 된다면 그 은행의 고객은 그다지 유쾌하지 못할 것이다. 은행 고객들은 은행이 항상 예금 액수를 정확하게 알고 있기를 바란다. 처음에는 오차 값이 매우 작더라도 오랫동안 계산이 거듭되면서 이 오차가 늘어나면 나중에는 실제 액수에 차이가 생길 수도 있기 때문이다. 금융 산업에서는 절대 일어나서는 안 될 일이다.

이 문제는 프로그램이 돈의 액수를 근삿값이 아닌 정확한 값으로 나타내게 하면 해결된다. 돈의 액수를 정확한 값으로 나타내게 하려면 센트 단위의 정수형으로 잔고를 저장하면 된다. 그리고 출력할 때만 달러 단위로 표시해 준다. 잔고가 양수라고 가정할 때, 달러 단위는 정수 나눗셈 total // 100과 같이 계산하고, 달러 단위를 뺀 센트 단위 액수는 total % 100처럼 계산하면 된다. 이 과정에 사용된 연산은 모두 정수형 연산이다. 따라서 근삿값에서 오는 오차는 없다. 이렇게 수정된 프로그램은 다음과 같다.

```
# change2.py
# 동전 개수를 입력받아 총액을 계산하는 프로그램
# 총액의 단위는 센트다.
```

```
def main():
    print("Change Counter\n")
    print("Please enter the count of each coin type.")
    quarters = int(input("Quarters: "))
    dimes = int(input("Dimes: "))
    nickels = int(input("Nickels: "))
    pennies = int(input("Pennies: "))

    total = quarters * 25 + dimes * 10 + nickels * 5 + pennies

    print("The total value of your change is ${0}.{1:0>2}"
          .format(total//100, total%100))

main()
```

마지막 print 문은 두 줄에 걸쳐 나뉘어 있다. 명령문은 한 줄에 적는 것이 일반적이지만, 긴 명령문을 여러 줄에 나누어 놓는 것이 더 나을 때도 있다. 괄호가 닫히지 않은 것을 보고 파이썬 인터프리터는 이 print 문이 이 줄에서 아직 끝나지 않았다는 것을 알 수 있다. 지금과 같은 경우도 명령문을 두 줄로 나누는 것이 바람직해 보인다.

print 명령에 포함된 문자열 형식은 두 개의 자리를 갖고 있다. 하나는 달러 단위 액수를 출력할 자리이고, 다른 하나는 센트 단위 액수 자리다. 센트 단위 액수의 자리 형식에는 트릭이 약간 사용되었는데, 센트 단위 값을 형식 0>2에 따라 출력하라고 하고 있다. 정렬 방향 지정 문자 앞의 0은 (필요하다면) 공백 대신 0으로 자릿수를 채우라는 뜻이다. 이렇게 하면 10달러 5센트도 $10. 5가 아니라 $10.05로 출력된다.

5.9 파일 처리하기

이 장 처음에 문자열 데이터를 다루는 응용 프로그램의 예로 워드 프로세서를 든바 있다. 워드 프로세서 프로그램에서 없어서는 안 될 기능 중 하나는 작성된 문서를 파일에서 읽어 오거나 파일에 저장하는 기능이다. 이번 절에서는 파일 입출력을 살펴본다. 이 절이 끝나고 나면 파일 입출력도 결국 다른 형태의 문자열 처리임을 알게 될 것이다.

5.9.1 여러 줄로 이루어진 문자열

파일이란 보조 저장 장치(보통 디스크 드라이브)에 저장된 데이터의 연속열이다. 파일은 어떤 데이터든 저장할 수 있으나 가장 다루기 쉬운 것은 텍스트 파일이다. 텍스트 파일은 사람이 직접 읽고 이해할 수 있으며, 텍스트 편집기(IDLE 같은)를 사용해서 쉽게 만들거나 수정할 수 있다. 파이썬은 문자열을 다양한 형태로 변환할 수 있기 때문에 텍스트 파일을 유연하게 처리할 수 있다.

텍스트 파일은 디스크에 저장된 (엄청 긴) 문자열이라고 보면 된다. 물론, 대개의 파일은 하나 이상의 줄로 이루어져 있다. 각 줄의 같은 특별한 문자 또는 문자의 연속열로 표시되는데, 줄 끝(end-of-line)을 표시하는 방법에는 여러 가지가 있다. 그러나 서로 다른 방법을 파이썬이 알아서 처리해 주므로 우리는 일반적인 개행 문자(\n)를 사용하면 된다.

좀 더 구체적인 예를 살펴보자. 텍스트 편집기에 다음과 같은 내용을 입력하고,

```
Hello
World

Goodbye 32
```

이를 파일에 저장하면 다음과 같은 문자의 연속열이 저장된다.

```
Hello\nWorld\n\nGoodbye 32\n
```

파일로 저장된 내용에서는 개행 문자 하나가 빈 줄을 나타낸다는 것을 알 수 있다.

그런데 이 방법은 print 문 하나로 개행 문자가 포함된 문자열을 출력하여 여러 줄에 걸친 출력을 만드는 것이나 마찬가지임을 알 수 있다. 다음 예를 통해 이를 확인해 보자.

```
>>> print("Hello\nWorld\n\nGoodbye 32\n")
Hello
World

Goodbye 32

>>>
```

그러나 개행 문자를 포함한 문자열의 값을 셸에서 그냥 평가하면 개행 문자가 그대로 출력되고 줄 바꿈이 일어나지 않는다.

```
>>>"Hello\nWorld\n\nGoodbye 32\n"
'Hello\nWorld\n\nGoodbye 32\n'
```

특수 문자는 print 함수로 출력될 때만 자신의 효과를 발휘한다.

5.9.2 파일 처리

파일 처리 방법은 구체적으로 들어가면 프로그래밍 언어마다 사뭇 다르지만, 파일을 다룬다는 개념은 거의 모든 프로그래밍 언어가 함께 가지고 있다. 먼저, 디스크 상의 파일을 프로그램 안의 객체와 연결해야 한다. 이 과정을 일컬어 파일

열기라고 한다. 파일을 한번 열고 나면 열린 파일과 연결된 객체를 통해 파일의 내용에 접근할 수 있다.

두 번째로, 파일 객체에 다양한 조작을 가할 수 있는 연산이 필요하다. 최소한 파일로부터 정보를 읽어 들이거나 파일에 새로운 정보를 쓰는 연산은 반드시 있어야 한다. 대개의 경우, 텍스트 파일을 읽고 쓰는 연산은 텍스트 정보를 대화식으로 입출력하는 방법과 매우 비슷하다.

마지막으로 파일 처리가 끝나면 파일을 닫는다. 파일을 닫으면 디스크 상의 파일과 연결된 객체 간에 미뤄진 처리가 정리된다. 예를 들어, 파일 객체에 정보를 쓰고 난 후, 파일을 닫기 전까지는 실제 파일에 해당 내용이 기록되지 않았을 수도 있다.

파일 열기/닫기 개념은 우리가 워드 프로세서 같은 응용 프로그램에서 문서 파일을 사용하는 방법과 비슷하다. 그러나 이 두 개념 간에도 약간의 차이는 있다. 마이크로소프트 워드 같은 응용 프로그램에서 파일을 열면, 파일 내용은 실제로 디스크로부터 읽힌 다음 메모리에 저장된다. 이와 달리 프로그래밍에서 말하는 파일 열기는 파일 사용을 시작하기 위한 과정이고, 실제로 파일의 내용을 읽는 것은 파일 읽기 연산을 통해 이루어진다. 그리고 나서 (역시 프로그래밍에서 말하는) 파일 닫기가 이루어진다. 우리가 '파일을 편집'할 때, 실제 바뀌는 것은 메모리 상에 저장된 파일의 내용이고 디스크 상의 파일이 아니다. 편집한 내용은 응용 프로그램에서 '저장'해야만 실제 파일에 기록된다.

파일 저장도 여러 단계에 걸쳐 이루어지는 과정이다. 먼저, 디스크 상의 원래 파일을 (정보를 기록할 수 있는 모드로) 연다. 이 과정에서 디스크 상의 파일은 원래 내용이 지워진다. 그런 다음 다시 파일 쓰기 연산으로 메모리에 있는 파일의 현재 내용을 디스크에 쓴다. 이 과정을 사용자 관점에서만 보면 파일을 수정한 것과 같다. 그러나 프로그램 관점에서는 파일을 열고, 내용을 읽고, 파일을 닫은 뒤, 다시 새로운 파일을 (같은 이름으로) 만들고 메모리에서 변경된 파일 내용을 다시 파일에 쓴 다음, 새 파일 역시 닫는 복잡한 과정을 거치게 된다.

텍스트 파일은 파이썬으로 쉽게 다룰 수 있다. 가장 먼저 해야 할 일은 디스크 상의 파일과 연결된 파일 객체를 만드는 것이다. 파일 객체는 open 함수를 이용해서 만들 수 있다. 대개 파일 객체는 만들어지자마자 변수에 할당된다.

```
<variable> = open(<name>, <mode>)
```

여기서 name은 디스크에 저장된 파일의 이름을 가리키는 문자열이다. 또, 파라미터 mode는 "r"과 "w" 두 가지 값을 가질 수 있는데 각각 파일을 읽기 모드, 쓰기 모드로 연다.

예를 들어, 'numbers.dat'이라는 파일을 읽기 모드로 연다면, 다음과 같은 명령을 사용해야 한다.

```python
infile = open("numbers.dat", "r")
```

이 과정이 끝나면 파일 객체 infile을 사용해서 numbers.dat 파일의 내용을 읽을 수 있다.

파이썬은 파일의 내용을 읽는 데 다음 세 가지 연산을 제공한다.

- <file>.read() 파일의 현재 위치에서 끝까지의 내용을 (아주 길고, 여러 줄로 된) 문자열 하나로 리턴한다.
- <file>.readline() 파일의 현재 위치에서 다음 줄을 리턴한다. 다시 말해, 현재 위치부터 처음 만나는 개행 문자까지의 내용을 개행 문자를 포함하여 리턴한다.
- <file>.readlines() 파일의 각 줄을 요소로 갖는 리스트를 리턴한다. 각 줄의 마지막 문자는 개행 문자다.

다음은 read 연산을 통해 파일의 내용을 화면에 출력하는 예제 프로그램이다.

```python
# printfile.py
# 파일의 내용을 화면에 출력한다.

def main():
    fname = input("Enter filename: ")
    infile = open(fname,"r")
    data = infile.read()
    print(data)

main()
```

프로그램은 먼저 사용자에게 파일명을 입력하라고 안내한 뒤, 입력된 파일명을 갖는 파일을 열어 변수 infile에 할당한다. 이때 변수의 이름은 어떤 것을 사용해도 무방하다. 여기서 infile이란 이름을 사용한 것은 파일을 입력으로 사용한다는 것을 강조하기 위해서다. 그런 다음 파일의 전체 내용을 읽어 하나의 큰 문자열로 만든 뒤 이 문자열을 변수 data에 할당한다. 그리고 data의 값을 출력하면 파일의 내용이 화면에 표시된다.

readline 연산은 파일의 현재 위치로부터 다음 줄을 읽어 온다. readline 연산을 한 번 실행할 때마다 다음 줄, 또 그다음 줄을 읽어 오게 된다. 이것은 input 함수가 입력을 받을 때 사용자가 엔터키를 칠 때까지 모든 문자를 읽어 오는 것, 그리고 input 함수를 한 번 실행할 때마다 한 줄씩을 입력받는 것과 비슷하다. 그러나 input 함수의 리턴 값은 끝에 개행 문자가 없고, readline의 리턴 값은 끝에 항상 개행 문자가 있다는 차이점을 기억해야 한다.

다음 코드는 파일의 첫 다섯 줄을 출력하는 예제다.

```
infile = open(someFile, "r")
for i in range(5):
    line = infile.readline()
    print(line[:-1])
```

읽어 들인 줄 끝에 있는 개행 문자를 빼 버리기 위해 조각 썰기 연산을 사용한 것에 주의하라. print 명령은 자동으로 줄 바꿈을 하는(개행 문자를 출력하는) 기능이 있으므로 줄 끝에 개행 문자가 남아 있으면 매 줄마다 줄 바꿈을 두 번씩 한다. 아니면, 줄 전체를 출력하되 print 함수가 자동 줄 바꿈을 하지 않게 할 수도 있다.

```
print(line, end="")
```

파일 내용 전체를 한 바퀴 순회하는 방법 중 하나는 다음과 같이 readlines 함수가 만든 리스트에 대해 반복문을 수행하는 것이다.

```
infile = open(someFile, "r")
for line in infile.readlines():
    # 여기서 현재 줄을 처리
infile.close()
```

물론 이 방법은 파일의 내용을 한 번에 모두 읽어 들여야 하기 때문에 파일 크기가 매우 클 경우, 메모리를 많이 필요로 하는 단점이 있다.

다행히 이를 피해갈 수 있는 간단한 해결책이 있다. 파이썬에서는 파일을 줄의 연속열형으로 다루므로 다음과 같은 방법을 이용하여 파일의 내용을 한 줄씩 순회할 수 있다.

```
infile = open(someFile, "r")
for line in infile:
    # 여기서 현재 줄을 처리
infile.close()
```

이 방법은 파일 내용을 한 줄씩 처리할 때 특히 유용하다.

쓰기 모드로 파일을 열면 파일은 정보를 받아들일 준비를 한다. 해당 파일명을 가진 파일이 없다면 새로운 파일을 만든다. 이때 해당 파일명을 가진 파일이 있는 경우에는 기존 파일을 지우고 새로운 파일을 만들므로 조심해야 한다. 파일에 쓰기 작업을 할 때는 나중에 사용할 파일을 망가뜨리지 않도록 주의가 필요하다. 쓰기 모드로 파일을 여는 예제는 다음과 같다.

```
outfile = open("mydata.out", "w")
```

텍스트 파일에 정보를 기록하는 가장 쉬운 방법은 이미 익숙한 print 함수를 이용하는 것이다. 대상 파일을 지정할 키워드 인자를 추가하면, 원하는 파일에 정보를 기록할 수 있다.

```
print(..., file=<outputFile>)
```

이렇게 하면 print 함수는 화면에 출력할 때와 똑같은 내용을 파일(outputFile)에 기록한다.

5.9.3 예제 프로그램: 사용자명 일괄 생성

지금까지 배운 내용이 한 프로그램 안에서 어떻게 동작하는지 보기 위한 예제로, 사용자명 생성 프로그램을 다시 작성해 보자. 이 프로그램의 기존 버전은 사용자로부터 대화식으로 이름을 입력받아 사용자명을 만들었다. 여러 사용자명을 한꺼번에 만들어야 한다면, 대화식보다는 일괄 처리 방식을 택하는 것이 좋다.

　새로 작성할 프로그램은 사용자의 이름이 담긴 파일을 처리할 것이다. 입력 파일의 각 줄은 공백으로 구분된 사용자의 성과 이름으로 구성된다. 결과로 생성되는 출력 파일에는 생성된 사용자명이 한 줄에 하나씩 기록된다.

```python
# userfile.py
# 아이디를 파일로부터 배치로 생성하는 프로그램

def main():
    print("This program creates a file of usernames from a")
    print("file of names.")

    # 파일명을 입력받음
    infileName = input("What file are the names in? ")
    outfileName = input("What file should the usernames go in? ")

    # 파일 열기
    infile = open(infileName, "r")
    outfile = open(outfileName, "w")

    # 입력 파일의 각 줄을 처리
    for line in infile:
        # 성명에서 성과 이름을 분리
        first, last = line.split()
        # 아이디를 생성
        uname = (first[0]+last[:7]).lower()
        # 출력 파일에 쓰기
        print(uname, file=outfile)

    # 입력 파일과 출력 파일을 모두 닫음
    infile.close()
```

```
    outfile.close()

    print("Usernames have been written to", outfileName)
main()
```

이 프로그램에서 주목할 만한 점이 두 가지 있다. 한 가지는 입력 파일(infile)과 출력 파일(outfile)을 동시에 열었다는 점이다. 한 프로그램이 여러 파일을 한꺼번에 다루는 일은 비교적 드물기 때문이다. 또 한 가지는, 사용자명을 만들 때 문자열 메서드 lower를 사용했다는 점이다. 연접 연산으로 문자열을 만드는 부분에 lower 메서드가 사용되었다. 이 메서드를 사용하면 대소문자가 섞인 이름도 모두 소문자가 된다.

5.9.4 파일 대화 창(선택 사항)

파일을 다루는 프로그램을 작성할 때 자주 맞닥뜨리는 고민 중 하나는 사용하려는 파일을 어떻게 지정하도록 하느냐이다. 데이터 파일이 프로그램과 같은 디렉터리에 있다면 파이썬이 현재 디렉터리를 대상으로 파일을 찾아 줄 것이므로 그냥 파일명만 입력하면 되지만, 간혹 이 파일의 이름을 정확히 기억하지 못하는 경우가 있다. 대부분의 운영 체제에서 파일명은 <name>.<type>과 같은 형태를 취한다(type은 서너 글자 정도로 파일에 담긴 데이터의 종류를 나타내는 부분이다). 예를 들어, 사용자명이 저장된 파일의 이름이 'users.txt'라면, 확장자인 '.txt'는 이 파일이 텍스트 파일임을 알려 준다. 그러나 윈도나 맥OS 같은 운영 체제에서는 기본적으로 이 확장자를 노출하지 않고 점 앞의 파일명만 보여 주기 때문에 정확한 파일명을 알 수 없는 어려움이 있다.

거기다 파일이 현재 디렉터리에 있지 않다면 상황이 더 심각해진다. 파일을 처리하는 프로그램은 말 그대로 파일이 보조 기억 장치 어디에 있든 파일을 처리할 수 있어야 하는데, 이렇게 멀리 떨어진 파일을 사용하려면 파일명에 더하여 파일이 위치한 정확한 경로까지 알아야 한다. 경로 및 파일명의 형식은 시스템에 따라 다를 수도 있다. 예를 들어, 윈도에서는 파일의 완전한 경로명은 다음과 같은 형태를 띤다.

```
C:/users/susan/Documents/Python_Programs/users.txt
```

완전한 경로명은 입력하기에도 너무 복잡할 뿐 아니라 대다수 사용자가 정확히 알지 못한다.

이 문제에 대한 해결책은 사용자가 시각적으로 파일 시스템을 뒤져 특정 디렉터리 또는 파일을 찾아가도록 하는 것이다. 파일을 열거나 저장을 위해 사용자에게 파일명을 요청하는 일은 응용 프로그램에서 매우 흔한 일이므로 운영 체제 레벨에서 이에 대한 표준적이거나 쉬운 방법을 제공하는 경우가 많다. 이 표준적인 방법은 대개 사용자가 마우스로 파일 시스템을 열람하며 파일을 선택하거나, 파일명을 입력할 수 있는 대화 창(사용자와 상호 작용을 하기 위한 특별한 창)을 사용하는 것이다. 다행히 우리도 파이썬에 기본 포함된 GUI 라이브러리인 tkinter가 제공하는 대화 창을 이용하여 파일명을 입력받을 수 있다.

대화 창으로 사용자에게 파일명을 요청하려면 askopenfilename 함수를 사용한다. 이 함수는 tkinter.filedialog 모듈 안에 있다. 프로그램의 최상단에 다음과 같이 askopenfilename 함수를 임포트한다.

```
from tkinter.filedialog import askopenfilename
```

이 임포트 문에서 점 표기법이 사용된 이유는 tkinter가 모듈 여러 개로 구성된 패키지이기 때문이다. 이 경우에는 tkinter의 filedialog 모듈을 추가로 지정했다. 모듈 안에 포함된 것을 전부 임포트하기보다는 사용하려는 함수 하나만 임포트했다. 이제 askopenfilename 함수를 호출하면 시스템마다 다른 파일 대화 창이 뜰 것이다.

이렇게 사용자로부터 파일명을 입력받는 코드는 다음과 같다.

```
infileName = askopenfilename()
```

그림 5.2에 앞의 코드를 실행했을 때 나오는 대화 창의 이미지를 실었다. 사용자는 이 대화 창에서 파일을 마우스로 선택하거나 파일명을 입력할 수 있다. 사용자가 'Open' 버튼을 누르면, 파일의 완전한 경로명이 담긴 문자열이 리턴되고 변수 infileName에 할당된다. 반대로 'Cancel' 버튼을 누르면 빈 문자열이 리턴된다. 7장에서 이 리턴 값으로 사용자가 어떤 버튼을 눌렀는지를 구분하고 이에 따라 다른 행동을 취하는 방법을 배울 것이다.

tkinter 라이브러리는 저장할 파일을 선택하기 위한 대화 창도 asksavefilename 함수를 통해 제공한다. 사용 방법 역시 비슷하다.

```
from tkinter.filedialog import asksaveasfilename
...
outfileName = asksaveasfilename()
```

그림 5.3에 asksavefilename 함수가 띄우는 대화 창의 이미지를 실었다. 다음과 같은 코드로 대화 창을 제공하는 두 함수를 모두 임포트할 수 있다.

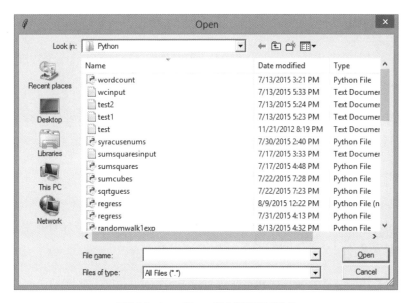

그림 5.2 askopenfilename을 사용한 파일 대화 창

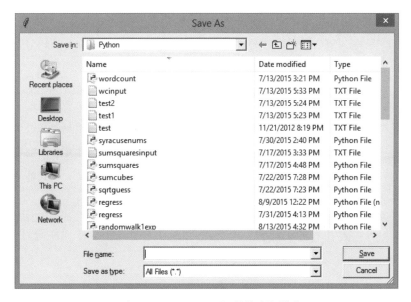

그림 5.3 asksaveasfilename을 사용한 파일 대화 창

```
from tkinter.filedialog import askopenfilename, asksavefilename
```

이 두 함수에는 대화 창을 커스터마이징할 수 있는 다양한 옵션 인자가 있다. 예를 들면 파일명의 기본값을 정하거나 대화 창의 제목을 바꿀 수도 있다. 이 함수의 좀 더 자세한 사항에 관심이 있다면 파이썬 문서를 참고하기 바란다.

5.10 정리

이번 장에서는 파이썬의 문자열, 리스트, 파일 객체를 소개했다. 다음은 이번 장의 중요한 내용을 요약한 것이다.

- 문자열은 문자의 연속열이다. 작은따옴표 또는 큰따옴표로 감싸서 문자열 리터럴임을 표시한다.

- 연접(+), 반복(*), 위치 접근([]), 조각 썰기([:]), 길이 연산(len()) 등의 내장 연산으로 문자열과 리스트를 조작할 수 있다. 문자열, 리스트, 파일 객체의 각 요소(문자열의 각 문자, 리스트의 각 요소, 파일 객체의 각 줄)를 순회하기 위해 for 문을 사용할 수 있다.

- 숫자 값을 문자열 정보로 변환하기 위해 문자열이나 리스트를 순람표로 사용할 수 있다.

- 리스트는 다음과 같은 면에서 문자열보다 더 일반적이다.
  - 모든 문자열은 문자의 연속열인 데 비해, 리스트는 다양한 데이터 타입을 값으로 가질 수 있다.
  - 리스트는 리스트의 각 요소에 새로운 값을 할당할 수 있는 가변형이다.

- 문자열은 컴퓨터 내부에서 숫자 코드로 표현된다. 아스키와 유니코드는 문자를 숫자 코드로 나타내는 대응 관계의 산업 표준이며 이 두 가지는 서로 호환성을 갖는다. 파이썬에서는 함수 ord와 chr을 이용하여 유니코드 번호와 문자를 상호 변환할 수 있다.

- 파이썬 문자열 객체와 리스트 객체에는 자신을 조작하기 위한 내장 메서드가 있다.

- 데이터를 비밀로 하기 위한 부호화를 암호화라고 한다. 암호화 체계에는 두 가지 방식이 있는데, 하나는 공개 키 방식이고 다른 하나는 비밀 키 방식이다.

- 프로그램 입출력 과정에 문자열 처리가 필요한 경우가 많다. 파이썬에는 숫자 값과 문자열을 상호 변환할 수 있는 내장 함수가 여러 가지 있다. 깔끔한 출력을 위해 형식에 따른 문자열을 만드는 메서드(format)가 특히 유용하다.

- 텍스트 파일은 보조 저장 장치에 저장된 한 줄 이상의 문자열이다. 텍스트 파일은 읽기/쓰기 두 가지 모드 중 하나를 택해 열 수 있다. 쓰기 모드로 파일을 연 경우, 기존 파일 내용은 지워진다. 파이썬은 파일을 읽기 위해 read(), readline(), readlines() 세 가지 메서드를 제공한다. 텍스트 파일 역시 for 문으로 행 단위 순회가 가능하다. 데이터를 파일에 쓸 때는 print 함수를 사용한다. 모든 처리가 끝나고 나면 파일을 닫는다.

5.11 연습 문제

내용 점검

맞다/틀리다로 답하시오.

1. 파이썬에서 문자열 리터럴은 항상 큰따옴표로 감싸야 한다.
2. 문자열의 마지막 문자는 위치 len(s)-1에 있다.
3. 문자열은 항상 한 줄로 이루어져 있다.
4. 파이썬에서 "4" + "5"를 평가하면 "45"가 된다.
5. 파이썬의 리스트는 가변형이지만 문자열은 불변형이다.
6. 아스키는 문자를 숫자 코드로 나타내기 위한 산업 표준이다.
7. split 메서드는 문자열을 부분 문자열의 리스트로 만든다. join 메서드는 부분 문자열의 리스트를 문자열로 합친다.
8. 치환 암호는 민감한 정보를 안전하게 암호화하기 적합한 방법이다.
9. add 메서드는 리스트의 맨 끝에 요소를 하나 추가하는 역할을 한다.
10. 파일과 객체를 연결하는 과정을 '파일 열기'라고 한다.

다음 중 맞는 것을 모두 고르시오.

1. 문자열을 구성하는 문자 중 하나에 접근하는 것을 무엇이라고 하는가?
   a) 조각 썰기 연산   b) 연접 연산   c) 할당   d) 위치 접근 연산

2. 다음 중 s[0:-1]과 같은 것은?
   a) s[-1]
   b) s[:]
   c) s[:len(s)-1]
   d) s[0:len(s)]

3. 문자의 유니코드 숫자 값을 리턴하는 함수는 무엇인가?

   a) `ord`   b) `ascii`   c) `chr`   d) `eval`

4. 다음 중 숫자로 된 문자열을 숫자형으로 변환할 때 사용할 수 없는 것은?

   a) `int`   b) `float`   c) `str`   d) `eval`

5. 아스키 다음 표준으로 세계의 거의 모든 문자가 포함된 차세대 표준을 무엇이라 하는가?

   a) TELLI   b) 아스키++   c) 유니코드   d) ISO

6. 문자열의 모든 문자를 대문자로 변환하는 메서드는 무엇인가?

   a) `capitalize`

   b) `capwords`

   c) `uppercase`

   d) `upper`

7. `format` 메서드의 형식 문자열에서 값이 들어갈 '자리'를 나타내는 것은?

   a) `%`   b) `$`   c) `[]`   d) `{}`

8. 다음 중 파이썬의 파일 읽기 메서드가 아닌 것은?

   a) `read`

   b) `readline`

   c) `readlall`

   d) `readlines`

9. 파일로부터 입력을 받고 결과를 파일에 출력하는 프로그램을 나타내는 말로 적합한 것은?

   a) 파일 지향   b) 다중행   c) 배치   d) 절름발이

10. 파일을 읽거나 쓰려면 먼저 파일 객체를 만들어야 한다. 다음 중 파일 객체를 만드는 명령은 무엇인가?

    a) `open`

    b) `create`

    c) `File`

    d) `Folder`

토론할 내용

1. 다음 초기 명령 이후에 다음 표현식을 평가하면 어떤 결과를 얻게 되는지 설명하라.

   ```
   s1 = "spam"
   s2 = "ni!"
   ```

   a) `"The Knights who say, " + s2`

   b) `3 * s1 + 2 * s2`

   c) `s1[1]`

   d) `s1[1:3]`

   e) `s1[2] + s2[:2]`

   f) `s1 + s2[-1]`

   g) `s1.upper()`

   h) `s2.upper().ljust(4) * 3`

2. 이전 문제의 초기 명령 이후에 다음 결과가 나오려면 문자열 s1과 s2에 어떤 연산을 해야 하는지 설명하라.

   a) `"NI"`

   b) `"ni!spamni!"`

   c) `"Spam Ni! Spam Ni! Spam Ni!"`

   d) `"spam"`

   e) `["sp", "m"]`

   f) `"spm"`

3. 다음 코드 조각을 실행했을 때 출력되는 내용이 무엇인지 설명하라.

   a)
   ```
   for ch in "aardvark":
       print(ch)
   ```

   b)
   ```
   for w in "Now is the winter of our discontent...".split():
       print(w)
   ```

   c)
   ```
   for w in "Mississippi".split("i"):
       print(w, end=" ")
   ```

   d)
   ```
   msg = ""
   for s in "secret".split("e"):
       msg = msg + s
   print(msg)
   ```

```
e) msg = ""
   for ch in "secret":
       msg = msg + chr(ord(ch)+1)
   print(msg)
```

4. 다음과 같은 형식으로 문자열을 만들었을 때 결과로 어떤 문자열이 나오는지 설명하라. 문법에 맞지 않는 부분이 있다면 그 이유도 설명하라.

   a) "Looks like {1} and {0} for breakfast".format("eggs", "spam")

   b) "There is {0} {1} {2} {3}".format(1, "spam", 4, "you")

   c) "Hello {0}".format("Susan", "Computewell")

   d) "{0:0.2f} {0:0.2f}".format(2.3, 2.3468)

   e) "{7.5f} {7.5f}".format(2.3, 2.3468)

   f) "Time left {0:02}:{1:05.2f}".format(1. 37.374)

   g) "{1:3}".format("14")

5. 공개 키 방식 암호화가 비밀 키 방식보다 인터넷 통신 보안에 유용한 이유를 설명하라.

프로그래밍 과제

1. 이번 장에서 설명한 것처럼, 형식에 따른 문자열을 만드는 방법을 이용해 dateconvert2.py 프로그램을 좀 더 단순하게 할 수 있다. 형식에 따른 문자열을 만드는 방법을 사용하여 이 프로그램을 다시 작성해 보라.

2. 어떤 컴공과 교수가 5점짜리 퀴즈를 냈는데, 점수가 5점이면 A, 4점이면 B, 3점이면 C, 2점이면 D, 1점과 0점이면 F로 성적을 매기기로 했다. 퀴즈 점수를 입력받아 점수에 따른 학점을 출력하는 프로그램을 작성하라.

3. 어떤 컴공과 교수가 100점 만점의 시험 문제를 출제했다. 그리고 그 점수가 90~100점이면 A, 80~89점이면 B, 70~79점은 C, 60~69점은 D, 60점 미만이면 F로 성적을 매기기로 했다. 이 시험의 점수를 입력받아 점수에 따른 학점을 출력하는 프로그램을 작성하라.

4. 여러 낱말로 이루어진 구의 각 낱말에서 머리글자만 모아 새 낱말을 만드는 방법을 약어라고 한다. 예를 들어 RAM은 'random access memory'의 약어다. 사용자가 여러 낱말로 된 구를 입력하면 이에 대한 약어를 출력하는 프로그램

을 작성하라. **주의**: 원래 구의 낱말이 대문자로 시작하지 않아도 약어는 대문자여야 한다.

5. 수비학에 따르면, 이름에 담긴 숫자가 그 사람의 성격과 기질을 결정한다고 한다. 이름에 담긴 값은 이름의 각 글자가 나타내는 값의 합이다. 'a'는 1, 'b'는 2, 'c'는 3, 이런 식으로 'z'까지 26이 된다. 'Zelle'이란 이름을 예로 들면, 이 이름의 값은 26 + 5 + 12 + 12 + 5 = 60(그러고 보니 멋진 숫자다)이 된다. 입력받은 이름으로부터 이 이름에 담긴 값을 계산하는 프로그램을 작성하라.

6. 앞의 문제를 확장하여 'John Marvin Zelle', 'John Jacob Jingleheimer Smith' 와 같은 성명의 숫자 값을 계산하는 프로그램을 작성하라. 전체 성명에 대한 숫자 값은 성과 이름의 숫자 값을 합한 것이다.

7. 카이사르 암호란 평문을 구성하는 각 글자를 알파벳 순서로 일정한 값(키라고 한다)만큼 밀거나 당긴 글자로 대체하는 치환 암호의 일종이다. 예를 들어 키가 2라면, 'Sourpuss'라는 낱말은 'Uqwtrwuu'로 부호화된다. 키값의 음수로 다시 부호화하면 원래 메시지가 복원된다.

   카이사르 암호를 부호화/복호화하는 프로그램을 작성하라. 프로그램의 입력은 평문 메시지를 담은 문자열과 키값이다. 프로그램은 키값에 따라 유니코드 번호를 밀거나 당겨서 부호화된 암호문을 출력해야 한다. ch가 문자열의 문자이고, key가 밀거나 당기는 정도라고 하면, 문자 ch와 치환되는 문자는 다음과 같이 계산된다: chr(ord(ch) + key)

8. 앞 문제는 알파벳의 양 끝이 '맞물리지 않는' 문제가 있다. 카이사르 암호는 원래 알파벳의 양 끝이 이어져 순환한다고 가정('z'의 다음 글자는 'a'가 되도록)하고 순서를 밀거나 당기도록 되어 있다. 앞 문제에서 작성한 프로그램이 이 규칙을 반영하도록 수정하라. 입력은 알파벳 문자와 공백만으로 구성된다고 가정한다. 힌트: 알파벳 문자를 모두 포함하는 문자열을 만든 후, 이 문자열의 위치 지표를 부호화에 사용하라. 'z'를 'a'로 밀라는 것이 아니라 전체 문자의 순서가 순환하도록 해야 한다.

9. 사용자가 입력한 문장이 몇 개의 낱말로 이루어졌는지 출력하는 프로그램을 작성하라.

10. 사용자가 입력한 문장에 포함된 낱말의 평균 길이를 계산하는 프로그램을 작성하라.

11. 1장에서 살펴본 chaos.py 프로그램을 사용자로부터 두 값과 반복 횟수를 입력받고, 다음과 같이 값이 변해 가는 양상을 깔끔하게 형식을 맞추어 출력하도록 수정하라. 예를 들어, 두 시작 값이 .25와 .26이고 반복 횟수가 10이라면 다음과 같은 내용을 출력해야 한다.

```
index    0.25        0.26
------------------------------
   1    0.731250    0.750360
   2    0.766441    0.730547
   3    0.698135    0.767707
   4    0.821896    0.695499
   5    0.570894    0.825942
   6    0.955399    0.560671
   7    0.166187    0.960644
   8    0.540418    0.147447
   9    0.968629    0.490255
  10    0.118509    0.974630
```

12. 2장에서 살펴본 futval.py 프로그램을 다음과 같이 수정하라. 사용자에게 원금과 연간 이자율, 투자 기간(햇수)을 입력하라고 안내하고 입력을 받으면 연 단위로 투자금이 변화하는 양상을 다음처럼 깔끔한 형식으로 출력하라.

```
Year     Value
----------------
   0    $2000.00
   1    $2200.00
   2    $2420.00
   3    $2662.00
   4    $2928.20
   5    $3221.02
   6    $3542.12
   7    $3897.43
```

13. 앞의 문제들을 일괄 처리 방식(텍스트 파일로부터 입출력을 행하도록)으로 다시 작성하라.

14. 유닉스 또는 리눅스 시스템에는 'wc'라는 낱말 수를 세어 주는 간단한 프로그램이 있다. 이 프로그램은 파일을 분석하여 파일의 줄, 낱말, 문자 수를 세어 준다. wc 프로그램을 직접 작성해 보라. 프로그램은 파일명을 입력으로 받아서 파일의 줄, 낱말, 문자 수에 해당하는 세 개의 숫자를 출력해야 한다.

15. 학생들의 시험 점수에 대한 가로 막대그래프를 그리는 프로그램을 작성하라.

입력은 텍스트 파일로부터 받는데 이 파일의 첫 줄은 학생 수를 나타내는 숫자이고, 그다음 줄부터 학생의 성(姓)과 0~100점 사이의 점수가 저장된다. 각 학생에 대해 가로 길이가 학생의 점수를 나타내는 직사각형을 그리되, 직사각형은 왼쪽 끝이 맞도록 정렬되어야 한다. 힌트: 그래픽 창의 크기와 좌표계를 학생 수에 맞춰 결정하라. 보너스 문제: 막대그래프 좌측에 학생 이름을 표시하라.

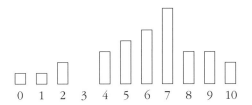

16. 쪽지 시험 점수의 분포를 히스토그램으로 나타내는 프로그램을 작성하라. 시험 점수는 파일로부터 입력받는다. 파일의 각 줄은 0부터 10까지의 숫자로 이루어져 있다. 프로그램은 각 점수의 출현 횟수를 세어 해당 점수(0부터 10까지)에 대해 그 점수의 빈도를 높이로 갖는 세로 막대그래프를 그려야 한다. 예를 들어, 8점을 받은 학생이 열다섯 명이라면, 8점에 대한 그래프는 높이 15가 되어야 한다. 다음은 히스토그램 출력의 예제다. 힌트: 각 점수에 대해 학생 수를 세기 위한 리스트를 만들라.

6장

함수 정의하기

이 장의 학습 목표

- 프로그램을 함수 여러 개로 나누어 구성하는 것의 장점을 이해한다.
- 파이썬에서 새로운 함수를 정의할 수 있다.
- 파이썬에서 함수를 호출할 때 함수에 인자가 넘겨지는 방법을 이해한다.
- 프로그램의 모듈성을 향상시키고 코드 중복을 줄이기 위해 함수를 사용한 프로그램을 작성할 수 있다.

6.1 함수의 기능

지금까지 작성했던 프로그램은 main이라는 이름의 함수 하나로 되어 있었다. 그리고 파이썬 내장 함수(예: print, abs), 파이썬 표준 라이브러리(예: math.sqrt), 그래픽 라이브러리의 메서드 또는 함수(예: myPoint.getX()) 등 이미 만들어져 있는 것만 사용해 왔다. 함수는 복잡한 프로그램을 작성할 때 반드시 필요한 도구다. 이번 장에서는 함수를 사용해야 하는 이유와 가독성 좋은 프로그램을 쉽게 작성할 수 있도록 함수를 설계하고 작성하는 방법을 다룬다.

4장에서 살펴본 예금의 미래 가치 문제에서, 원리금이 증가하는 양상을 시각화하기 위해 graphics 라이브러리를 사용했다. 그때 작성했던 프로그램은 다음과 같았다.

```
# futval_graph2.py

from graphics import *

def main():
    # 안내 메시지
    print("This program plots the growth of a 10-year investment.")

    # 원금과 이자율을 입력받는다.
```

```python
    principal = float(input("Enter the initial principal: "))
    apr = float(input("Enter the annualized interest rate: "))

    # 왼쪽에 레이블이 달린 그래픽 창을 띄운다.
    win = GraphWin("Investment Growth Chart", 320, 240)
    win.setBackground("white")
    win.setCoords(-1.75,-200, 11.5, 10400)
    Text(Point(-1, 0), ' 0.0K').draw(win)
    Text(Point(-1, 2500), ' 2.5K').draw(win)
    Text(Point(-1, 5000), ' 5.0K').draw(win)
    Text(Point(-1, 7500), ' 7.5K').draw(win)
    Text(Point(-1, 10000), '10.0K').draw(win)

    # 원금에 대한 막대그래프를 그린다.
    bar = Rectangle(Point(0, 0), Point(1, principal))
    bar.setFill("green")
    bar.setWidth(2)
    bar.draw(win)

    # 이후 기간에 대한 막대그래프를 그린다.
    for year in range(1, 11):
        principal = principal * (1 + apr)
        bar = Rectangle(Point(year, 0), Point(year+1, principal))
        bar.setFill("green")
        bar.setWidth(2)
        bar.draw(win)

    input("Press <Enter> to quit.")
    win.close()

main()
```

이 프로그램은 잘 동작하긴 하지만 문제가 없다고는 할 수 없다. 이 프로그램에서 막대그래프를 그리는 부분이 두 곳에 흩어져 있다. 첫 막대그래프는 반복문이 시작하기 전에 그려지고, 그 이후의 막대그래프는 반복문 안에서 그려진다.

비슷한 내용의 코드를 여러 곳에 두면 나중에 문제가 될 수 있다. 첫 번째로 들 수 있는 이유는 같은 코드를 두 번 작성해야 된다는 점이다. 하지만 더 큰 문제는 나중에 프로그램을 수정할 때도 두 곳을 수정해야 한다는 것이다. 막대그래프의 색이나 다른 속성을 변경해야 한다고 해 보자. 그러면 이 두 곳에 대해 모두 수정과 테스트를 거쳐야 한다. 프로그램에 생길 수 있는 문제 중 많은 수가 프로그램의 유지 보수 과정에서 서로 관계 깊은 부분이 어긋나면서 생긴다.

함수는 이런 코드 중복을 막고 프로그램을 이해하고 유지 보수하기 쉽게 해 준다. 예금의 미래 가치 프로그램을 수정하기 전에, 함수는 어떤 특징을 가져야 하는지 알아보자.

6.2 함수는 어떻게 작성되어야 하는가

함수는 프로그램 속의 작은 프로그램이라고 할 수 있다. 기본적으로 함수는 어떤 명령문의 연속열에 이름을 붙여 주는 것이다. 이렇게 이름을 붙여 주고 나면 이 명령문들은 프로그램의 어느 지점에서든 함수의 이름을 통해 실행할 수 있다.

프로그램에서 함수를 만드는 부분을 함수 선언이라고 한다. 그리고 만들어진 함수가 프로그램에서 사용되는 것을 이 함수가 호출되었다고 한다. 함수는 한 번 선언되면 프로그램 여러 곳에서 사용할 수 있다.

구체적인 예를 살펴보자. 생일 축하 노래의 가사를 출력하는 프로그램을 작성 해야 한다고 하자. 이 노래의 가장 잘 알려진 가사는 다음과 같다.

```
Happy birthday to you!
Happy birthday to you!
Happy birthday, dear <insert-name>.
Happy birthday to you!
```

이제 파이썬의 대화형 세션에서 이 예제를 실행해 보자. 직접 파이썬으로 예제를 실행해 보자.

이 문제를 해결하는 가장 간단한 방법은 print 문을 네 번 사용하는 것이다. 다음 대화형 세션에서는 프레드가 생일인 경우의 가사를 출력하는 프로그램을 작성 하고 있다.

```
>>> def main():
        print("Happy birthday to you!")
        print("Happy birthday to you!")
        print("Happy birthday, dear Fred.")
        print("Happy birthday to you!")
```

이제 이 프로그램을 실행하면 원하는 가사를 얻을 수 있다.

```
>>> main()
Happy birthday to you!
Happy birthday to you!
Happy birthday, dear Fred.
Happy birthday to you!
```

이 코드에는 반복되는 부분이 여러 곳 있다. 이렇게 짧은 프로그램에서는 별 문제 가 되지 않을 수도 있지만, 역시 같은 내용을 여러 번 타이핑하는 것은 조금 귀찮 은 일이다. 그럼 이제 가사의 첫째 줄, 둘째 줄, 넷째 줄을 출력하는 함수를 만들 어 보자.

```
>>> def happy():
        print("Happy birthday to you!")
```

이제 happy라는 이름으로 새로운 함수를 만들었다. 이 함수를 실행한 결과는 다음 과 같다.

```
>>> happy()
Happy birthday to you!
```

happy라는 명령을 호출하면 가사의 한 줄을 출력한다.

그럼 이번에는 happy 함수를 사용해서 프레드를 위한 가사를 출력해 보자. 그리고 이 함수는 singFred라고 이름 붙여 보도록 한다.

```
>>> def singFred():
        happy()
        happy()
        print("Happy birthday, dear Fred.")
        happy()
```

프로그램을 이렇게 수정하니 happy 명령 덕분에 타이핑할 내용이 한결 줄었다. 테스트를 위해 프레드를 위한 가사를 한 번 더 출력해 본다.

```
>>> singFred()
Happy birthday to you!
Happy birthday to you!
Happy birthday, dear Fred.
Happy birthday to you!
```

지금까지는 원하는 대로 잘 되었다. 이제 프레드에게 생일 축하 노래를 불러 주고 나서 루시에게도 불러 주어야 한다. 프레드를 위한 가사를 작성하는 프로그램은 이미 있으므로 루시를 위한 프로그램도 작성해 보자.

```
>>> def singLucy():
        happy()
        happy()
        print("Happy birthday, dear Lucy.")
        happy()
```

이제 다음과 같은 main 프로그램으로 프레드와 루시에게 노래를 불러 줄 수 있다.

```
>>> def main():
        singFred()
        print()
        singLucy()
```

두 함수의 호출 사이에 빈 print 문을 넣어 출력에서 구분할 수 있게끔 했다. 이 프로그램의 실행 결과는 다음과 같다.

```
>>> main()
Happy birthday to you!
Happy birthday to you!
Happy birthday, dear Fred.
Happy birthday to you!

Happy birthday to you!
Happy birthday to you!
Happy birthday, dear Lucy.
Happy birthday to you!
```

이렇게 happy 함수를 사용해서 중복되는 코드도 제거했고 프로그램이 똑같이 동작하는 것도 확인했다. 그러나 아직 끝나지 않았다. 우리는 조금 전에 두 함수 singFred와 singLucy를 작성했는데, 이 두 함수의 내용은 거의 동일하다. 엘머에게 또 노래를 불러 줘야 할 경우가 생긴다면, 조금 전의 방법으로는 프레드와 루시처럼 singElmer라는 거의 똑같은 함수를 또 만들어야 한다. 이렇게 비슷한 코드가 계속 늘어나는 것을 막을 방법은 없을까?

singFred 함수와 singLucy 함수는 세 번째 print 문에서 각각 다른 이름을 찍는다는 점에서만 차이가 나고 나머지 부분은 완전히 똑같다. 인자를 사용하면 이 두 함수를 하나의 함수로 합칠 수 있다. 이렇게 좀 더 일반화한 함수를 sing이라고 부르자.

```
>>> def sing(person):
        happy()
        happy()
        print("Happy Birthday, dear", person + ".")
        happy()
```

이 함수에서는 person이라는 인자가 사용되고 있다. 인자란 함수가 실행될 때 초기화되는 변수라고 할 수 있다. 이렇게 함수 sing만 사용해서 프레드와 루시를 위한 가사를 모두 출력할 수 있다. 함수를 호출할 때 원하는 사람의 이름을 인자로 넘기기만 하면 된다.

```
>>> sing("Fred")
Happy birthday to you!
Happy birthday to you!
Happy Birthday, dear Fred.
Happy birthday to you!

>>> sing("Lucy")
Happy birthday to you!
Happy birthday to you!
Happy Birthday, dear Lucy.
Happy birthday to you!
```

이제 마지막으로 생일을 맞은 세 사람 모두를 위한 가사를 출력해 보자.

```
>>> def main():
        sing("Fred")
        print()
        sing("Lucy")
        print()
        sing("Elmer")
```

이제 이보다 더 간단하게 할 수는 없을 것 같다.

다음은 완성된 프로그램을 모듈 파일로 작성한 것이다.

```
# happy.py

def happy():
    print("Happy Birthday to you!")

def sing(person):
    happy()
    happy()
    print("Happy birthday, dear", person + ".")
    happy()

def main():
    sing("Fred")
    print()
    sing("Lucy")
    print()
    sing("Elmer")

main()
```

6.3 함수를 사용한 미래 가치 프로그램

이제 함수를 정의해 코드 중복을 제거하는 방법을 배웠다. 이제 예금의 미래 가치를 계산하는 프로그램으로 다시 돌아가 보자. 이 프로그램의 문제는 막대그래프를 그리는 코드가 두 군데에 나뉘어 있다는 점이다. 반복문 전에 나오는 코드는 다음과 같다.

```
# 원금에 대한 막대그래프를 그린다.
bar = Rectangle(Point(0, 0), Point(1, principal))
bar.setFill("green")
bar.setWidth(2)
bar.draw(win)
```

그리고 반복문 안에 위치한 코드는 다음과 같다.

```
bar = Rectangle(Point(year, 0), Point(year+1, principal))
bar.setFill("green")
bar.setWidth(2)
bar.draw(win)
```

이 두 코드를 막대그래프를 그리는 하나의 함수로 합쳐 보자.

막대그래프를 그리기 위해서는 그래프에 대한 정보가 필요하다. 이 중 핵심적인 정보는 막대그래프가 어느 해를 나타내는 그래프인가와 그 높이가 얼마나 되어야 하는가, 그리고 이 그래프를 어느 그래픽 창에 그려야 하는가이다. 이 세 가지 값을 인자로 함수에 넘겨야 한다. 정의된 함수는 다음과 같다.

```
def drawBar(window, year, height):
    # 주어진 높이에 맞게 각각의 해에 해당하는 막대그래프를 그린다.
    bar = Rectangle(Point(year, 0), Point(year+1, height))
```

```
    bar.setFill("green")
    bar.setWidth(2)
    bar.draw(window)
```

함수를 사용하려면 세 인자에 대한 값을 지정해야 한다. 예를 들어, win이 GraphWin 객체이고 0번째 해의 막대그래프를 그리려고 하며 이 해의 원리금이 2000달러라면 drawBar 함수를 다음과 같이 호출할 수 있다.

```
drawBar(win, 0, 2000)
```

미래 가치 계산 프로그램을 drawBar 함수를 사용해서 다음과 같이 수정할 수 있다.

```
# futval_graph3.py
from graphics import *

def drawBar(window, year, height):
    # 주어진 높이에 맞게 각각의 해에 해당하는 막대그래프를 그린다.
    bar = Rectangle(Point(year, 0), Point(year+1, height))
    bar.setFill("green")
    bar.setWidth(2)
    bar.draw(window)

def main():
    # 안내 메시지
    print("This program plots the growth of a 10-year investment.")

    # 원금과 이자율을 입력받는다.
    principal = float(input("Enter the initial principal: "))
    apr = float(input("Enter the annualized interest rate: "))

    # 왼쪽에 레이블이 달린 그래픽 창을 띄운다.
    win = GraphWin("Investment Growth Chart", 320, 240)
    win.setBackground("white")
    win.setCoords(-1.75,-200, 11.5, 10400)
    Text(Point(-1, 0), ' 0.0K').draw(win)
    Text(Point(-1, 2500), ' 2.5K').draw(win)
    Text(Point(-1, 5000), ' 5.0K').draw(win)
    Text(Point(-1, 7500), ' 7.5k').draw(win)
    Text(Point(-1, 10000), '10.0K').draw(win)

    drawBar(win, 0, principal)
    for year in range(1, 11):
        principal = principal * (1 + apr)
        drawBar(win, year, principal)

    input("Press <Enter> to quit.")
    win.close()

main()
```

drawBar 함수를 사용해서 중복되는 코드를 제거했다. 이제 그래프에서 막대그래프의 모양을 바꿔야 할 때는 drawBar 함수 안에 정의된 한 곳만 수정하면 된다. 아직은 함수를 정의하고 사용하는 방법을 더 배워야 하므로 이번 예제에서 이해되지 않는 부분이 있다 해도 무방하다.

6.4 함수와 인자: 함수는 어떤 과정으로 호출되는가

함수 drawBar의 인자를 어떻게 그렇게 정하게 되었는지 궁금할 것이다. 그래프로 나타낼 해와 막대그래프의 높이는 확실히 막대그래프를 그리는 과정에서 바꾸어 가야 하는 내용이다. 그런데 window 객체도 함수의 인자가 된 이유는 무엇일까? 결국 모든 그래프는 그래픽 창 하나에 그리게 될 텐데 말이다.

함수에 window 인자를 포함시킨 이유는 함수 정의 안에서 변수의 유효 범위 때문이다. 변수의 유효 범위란 어떤 변수를 사용할 수 있는 프로그램의 범위를 말한다. 다시 말하지만 각 함수는 프로그램 안의 작은 프로그램이라고 할 수 있다. 하나의 함수 안에서만 사용되는 변수는 다른 함수에서 같은 이름의 변수가 사용되고 있다고 하더라도 그 함수에 대한 지역 변수가 된다.

함수 내에서 다른 함수에서 사용되는 변수를 사용하려면 해당 변수를 인자로 받는 수밖에 없다.[1] (변수 win에 할당된) GraphWin 객체는 main 함수 안에서 만들어 졌으므로 drawBar 안에서는 직접 접근할 수 없다. 그러나 drawBar 함수를 호출할 때 drawBar의 window 인자로 main 함수에서의 변수 win의 값을 지정하고 있다. 이 것이 어떻게 가능한지 알려면 함수가 호출되는 과정을 좀 더 자세히 들여다볼 필요가 있다.

함수 정의는 다음과 같은 형태다.

```
def <name>(<formal-parameters>):
    <body>
```

함수 이름 name은 문법에 맞는 식별자여야 한다. 그리고 형식 인자 formal-parameters는 변수명(마찬가지로 식별자다)의 연속열이다(빈 연속열도 무방하다). 형식 인자는 함수 안에서 정의된 다른 변수처럼 함수의 몸체 안에서만 접근할 수 있다. 프로그램의 다른 부분에서 같은 이름으로 정의된 변수는 함수 몸체 안의 변수와는 별개의 것이다.

함수는 함수 이름 뒤에 실질 인자(actual parameters) 목록을 붙여 호출할 수 있다.

```
<name>(<actual-parameters>)
```

파이썬의 함수 호출은 다음 4단계에 걸쳐 일어난다.

---

[1] 엄밀하게 말하면 함수 안에서 정의된 또 다른 함수에서는 변수를 참조할 수 있지만, 함수의 중첩된 정의는 이 논의의 범위를 벗어난다.

1. 호출하는 프로그램의 실행이 호출 시점에서 정지한다.
2. 함수의 형식 인자가 호출 시의 실질 인자의 값을 할당받는다.
3. 함수의 몸체가 실행된다.
4. 프로그램의 흐름 제어가 함수 호출이 일어났던 곳으로 돌아간다.

이제 생일 축하 노래 예제로 돌아가서 두 가사가 출력되는 과정을 살펴보자. 다음은 main 함수의 몸체 중 일부다.

```
sing("Fred")
print()
sing("Lucy")
```

명령문 sing("Fred")를 실행하면, main 함수의 실행이 잠시 정지된다. 그러고 나서 함수 sing의 정의를 찾아 형식 인자가 person 하나임을 확인한다. 형식 인자에 실질 인자의 값을 할당하므로 다음 명령을 실행한 것과 같다.

```
person = "Fred"
```

이때의 상황을 그림 6.1에 도식으로 나타냈다. 변수 person이 sing 안에서 지금 막 초기화된 것을 볼 수 있다.

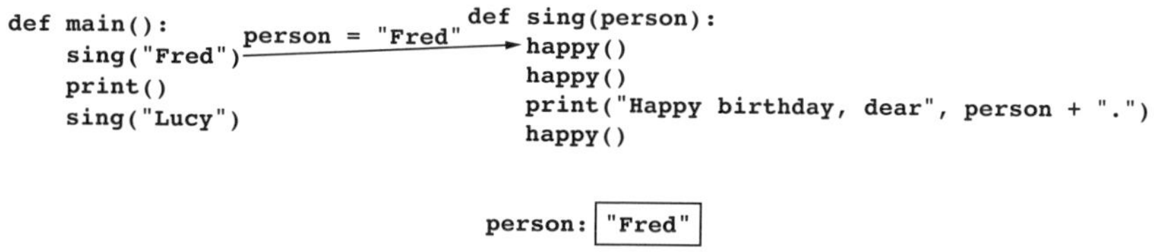

그림 6.1 sing 함수를 호출할 때 프로그램의 제어가 이동하는 과정

그다음 함수 sing의 몸체가 실행된다. 첫 명령문은 다른 함수(여기서는 happy)에 대한 호출이다. 함수 sing의 실행도 여기서 잠시 정지되고 흐름 제어는 호출된 함수 happy로 넘어간다. 함수 happy는 print 문 하나로 구성되어 있다. 이 명령문이 실행된 다음, 흐름 제어가 다시 함수 sing이 정지했던 지점으로 돌아온다. 그림 6.2에 여기까지의 상황을 도식으로 실었다.

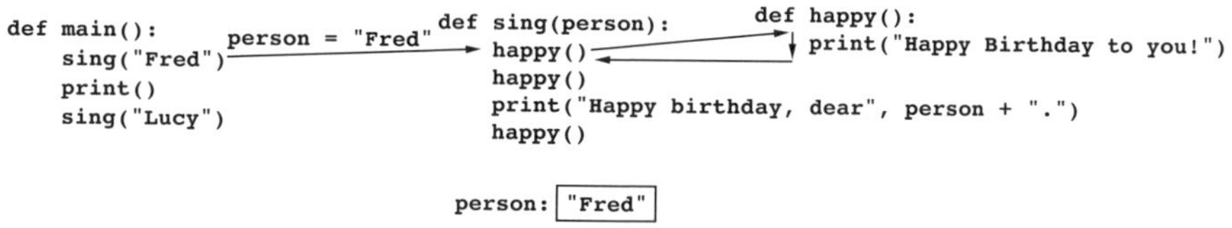

그림 6.2 happy 함수의 호출이 끝난 뒤의 상태

sing 함수를 끝까지 실행하려면 이어지는 실행 중 이런 식으로 두 번 더 happy 함수로 넘어갔다 오게 된다. 그리고 sing 함수의 끝에 다다르면, 흐름 제어가 다시 main 함수로 돌아가서 함수가 실행된 지점부터 실행이 재개된다. 그림 6.3이 지금까지의 상황을 나타낸 것이다. 그림을 잘 보면 변수 person이 사라졌음을 알 수 있다. 함수의 실행이 끝나면 지역 변수의 값을 저장했던 메모리 영역이 반환된다. 지역 변수의 값은 함수 실행 중에만 유지된다.

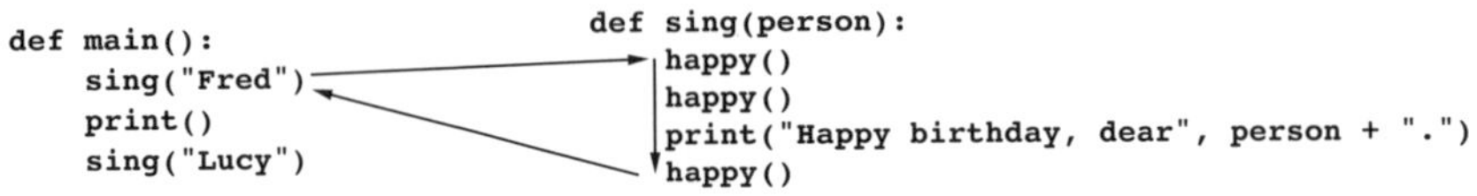

```
def main():                      def sing(person):
    sing("Fred")                     happy()
    print()                          happy()
    sing("Lucy")                     print("Happy birthday, dear", person + ".")
                                     happy()
```

그림 6.3 sing 함수의 호출이 끝난 뒤의 상태

다음 명령문은 main 함수 안에서 사용된 print 문이다. 이 명령문은 빈 줄 하나를 출력한다. 그다음엔 sing 함수가 다시 한 번 호출된다. 전과 마찬가지로 함수 정의로 프로그램 흐름이 이동한다. 이번에는 실질 인자의 값이 "Lucy"다. 그림 6.4에 함수 sing이 두 번째 실행되는 상황을 나타냈다.

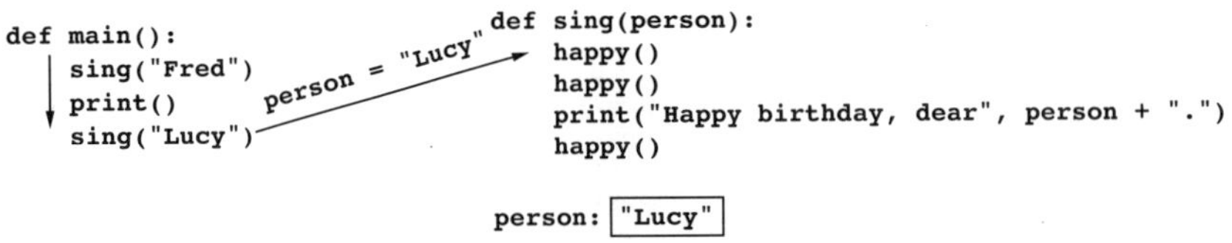

```
def main():                      def sing(person):
    sing("Fred")                     happy()
    print()       person = "Lucy"   happy()
    sing("Lucy")                     print("Happy birthday, dear", person + ".")
                                     happy()

                        person: "Lucy"
```

그림 6.4 sing 함수를 두 번째 호출할 때의 상태

이번엔 조금 빨리 넘어가 보겠다. 함수 sing의 몸체가 인자 "Lucy"에 대해 (함수 happy의 실행 세 번을 포함해) 실행되고 난 뒤, main 함수에서 sing이 호출되었던 지점으로 제어 흐름이 다시 돌아간다. 이제 지금 실행하고 있는 코드의 끝에 다다랐으며 이때의 상황을 그림 6.5에 나타냈다. 함수 main의 세 명령문으로부터 sing이 두 번 실행되고, happy는 여섯 번 실행되었다. 그리고 전부 아홉 줄의 출력이 이루어졌다.

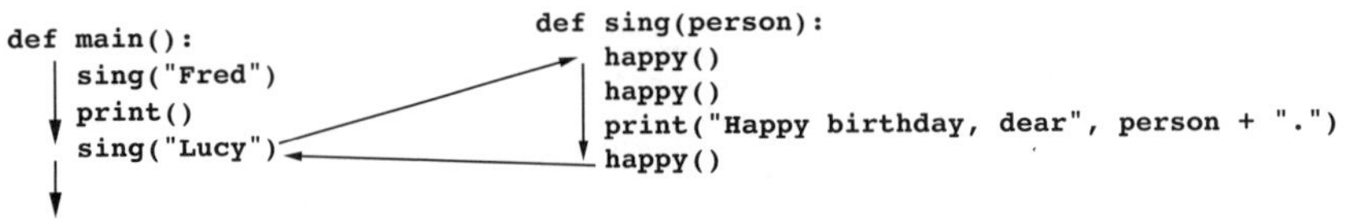

```
def main():                      def sing(person):
    sing("Fred")                     happy()
    print()                          happy()
    sing("Lucy")                     print("Happy birthday, dear", person + ".")
                                     happy()
```

그림 6.5 sing 함수의 두 번째 호출이 끝난 뒤의 상태

이제 함수 호출이 어떻게 일어나는지 알았을 것이다. 여기서 다루지 않은 경우는 인자가 여러 개인 경우다. 어떤 함수가 인자를 한 개 이상 가지고 있을 때, 실질 인자는 순서를 기준으로 형식 인자에 대응된다. 첫 번째 실질 인자는 첫 번째 형식 인자에, 두 번째 실질 인자는 두 번째 형식 인자에 할당되는 식이다. 키워드 인자(print 함수의 end="" 같은)를 사용하면 이름이 기준이 되므로 순서를 바꿀 수 있다. 그러나 우리가 볼 예제는 모두 순서를 일치시키는 방식을 택한다.

미래 가치 프로그램의 drawBar 함수를 다시 예로 들어 보자. 0번째 막대그래프를 그리는 코드는 다음과 같았다.

```
drawBar(win, 0, principal)
```

실행의 흐름 제어가 함수 drawBar로 넘어가면, 이 실질 인자의 값이 함수 정의의 형식 인자에 대응된다.

```
def drawBar(window, year, height):
```

그래서 결과적으로 함수 몸체 앞에 다음 코드가 위치한 것과 같은 효과가 난다.

```
window = win
year = 0
height = principal
```

함수를 호출할 때는 항상 실질 인자를 함수 정의와 일치하는 순서로 주고 있는지 주의해야 한다.

6.5 리턴 값이 있는 함수

이전 절에서 함수에 인자를 넘기면 함수 안에서 변수를 초기화하는 것과 같은 효과가 있음을 배웠다. 어떤 면에서 보면 인자는 함수에 대한 입력과 같다고 할 수 있다. 입력 인자를 바꿔 가며 함수를 여러 번 호출하면 서로 다른 결과를 얻을 수 있다. 사실 함수의 기본 개념은, 입력과 출력의 대응 관계인 수학 함수에서 차용한 것이다. 예를 들어, 입력에 대해 그 제곱을 계산하는 함수를 정의했다면 이 함수를 수학으로 다음과 같이 나타낼 수 있을 것이다.

$$f(x) = x^2$$

이 수식으로부터 f가 변수 하나(여기서는 x)에 대한 함수이며, 함숫값은 x의 제곱임을 알 수 있다.

파이썬 함수처럼 수학 수식에서도 함수를 적용한다는 의미를 괄호로 나타낸다. 예를 들어 *f*(5) = 25라는 수식은, 함수 *f*를 5에 적용하면, 결괏값이 25가 된다는 의미이고, 우리는 이를 "에프 5는 25다"라고 읽는 것이다. 수학 함수도 인자를 한 개이상 가질 수 있다. 예를 들어 피타고라스의 정리를 이용해 직각 삼각형의 두 변의 길이로부터 빗면의 길이를 계산하는 함수를 정의하고 이 함수를 *h*라고 이름 붙였다고 하자.

$$h(x, y) = \sqrt{x^2 + y^2}$$

이 정의를 이용하면 *h*(3, 4) = 5가 됨을 확인할 수 있다.

지금까지 파이썬 함수에 대해 설명하는데 주로 새로운 명령으로 함수를 사용하는 예를 들어 왔다. 그러나 수학적 관점에서 본 함수 호출은 어떤 값을 내놓을 표현식이다. 파이썬 함수 역시 이런 개념을 받아들일 수 있다. 실은 우리는 이런 함수를 이미 여러 개 보아 왔다. math 라이브러리의 sqrt 함수를 예로 들어 살펴보자.

```
discRt = math.sqrt(b*b - 4*a*c)
```

여기서 b*b - 4*a*c의 값은 math.sqrt에 실질 인자로 주어진다. 함수 호출이 할당문의 우변에 있었으므로 함수 호출도 표현식임을 알 수 있다. 결과적으로 math.sqrt 함수는 어떤 값을 생성하고 그 값이 변수 discRt에 할당된다. 이 과정을 전문용어로 sqrt가 인자에 대한 제곱근을 리턴한다고 한다.

어떤 값을 리턴하는 함수를 작성하는 방법은 아주 쉽다. 다음 코드는 인자에 대한 제곱근을 계산하는 함수를 파이썬으로 구현한 것이다.

```
def square(x):
    return x ** 2
```

앞의 함수를 아까 봤던 수학 함수(*f*(*x*))와 비교해 보면 매우 비슷해 보인다. 파이썬 함수의 몸체는 return 문 하나로 이루어져 있는데, 이 명령문은 함수를 끝낸 뒤함수가 호출된 곳으로 프로그램의 흐름 제어를 즉시 되돌려 준다. 그리고 return문에 주어진 값을 함수 호출 표현식의 값으로 돌려준다. 근본적으로 리턴 값은 아까 봤던 함수 호출의 4단계에서 한 단계(즉 리턴된 값이 표현식의 평갓값으로 쓰이는)를 보탠 것에 지나지 않는다.

이로써 얻을 수 있는 효과는 우리가 작성하는 코드 어디든 표현식이 들어갈 자리에서 표현식 대신 square 함수를 호출할 수 있다는 것이다. 다음은 대화형 세션에서 이를 확인해 본 예제다.

```
>>> square(3)
9>>> print(square(4))
16
>>> x = 5
>>> y = square(x)
>>> print(y)
25
>>> print(square(x) + square(3))
34
```

이번에는 square 함수를 사용해서 두 점 사이의 거리를 구하는 함수를 작성해 보자. 두 점 (x_1, y_1), (x_2, y_2)가 있을 때 이 두 점 사이의 거리는 $\sqrt{(x_2-x_1)^2+(y_2-y_1)^2}$와 같이 계산할 수 있다. 다음은 두 Point 객체 사이의 거리를 계산하는 파이썬 함수다.

```
def distance(p1, p2):
    dist = math.sqrt(square(p2.getX() - p1.getX())
                    + square(p2.getY() - p1.getY())
    return dist
```

4장에서 봤던 삼각형 둘레 길이를 구하는 프로그램을 이 함수로 다음과 같이 개선할 수 있다.

```
# 프로그램: triangle2.py
import math
from graphics import *

def square(x):
    return x ** 2

def distance(p1, p2):
    dist = math.sqrt(square(p2.getX() - p1.getX())
                    + square(p2.getY() - p1.getY()))
    return dist

def main():
    win = GraphWin("Draw a Triangle")
    win.setCoords(0.0, 0.0, 10.0, 10.0)
    message = Text(Point(5, 0.5), "Click on three points")
    message.draw(win)

    # 삼각형의 세 꼭짓점을 입력받아 표시한다.
    p1 = win.getMouse()
    p1.draw(win)
    p2 = win.getMouse()
    p2.draw(win)
    p3 = win.getMouse()
    p3.draw(win)

    # Polygon 객체를 이용해 삼각형을 그린다.
    triangle = Polygon(p1,p2,p3)
    triangle.setFill("peachpuff")
    triangle.setOutline("cyan")
    triangle.draw(win)

    # 삼각형의 둘레 길이를 계산한다.
```

```
    perim = distance(p1,p2) + distance(p2,p3) + distance(p3,p1)
    message.setText("The perimeter is: {0:0.2f}".format(perim))

    # 한 번 더 클릭을 입력받으면 프로그램을 종료한다.
    win.getMouse()
    win.close()

main()
```

앞의 코드를 보면 삼각형의 둘레를 계산하는 동안 distance 함수가 세 번 호출되는 것을 알 수 있다. 여기서 함수를 사용함으로써 번거로운 코딩 작업을 많이 줄일 수 있었다. 리턴 값이 있는 함수는 표현식으로 사용할 수 있기 때문에 다양한 상황에 따라 유연하고 유용하게 사용된다.

그런데 프로그램 안에서 함수를 정의하는 순서는 상관이 없다. 앞의 프로그램을 수정해 예를 들면, main 함수를 맨 위로 옮긴다 해도 프로그램은 멀쩡히 동작할 것이다. 중요한 점은 프로그램을 실행하기 전에 함수가 정의되어 있어야 한다는 것이다. 여기서는 main 함수가 프로그램의 맨 아래에서 호출되기 때문에 프로그램이 동작하기 전에 모든 함수가 이미 정의된 상태가 되는 것이다.

또 다른 예로, 생일 축하 프로그램도 한 번 더 살펴보자. 이 프로그램은 원래 print 문을 사용한 함수로 이루어져 있었다. 이제 이 프로그램을 직접 출력해 주는 함수를 사용하는 대신 리턴 값으로 문자열을 돌려주는 함수를 만들고, 이것들이 리턴한 문자열을 main 함수에서 출력하도록 해 보자. 수정된 프로그램은 다음과 같다.

```
# happy2.py

def happy():
    return "Happy Birthday to you!\n"

def verseFor(person):
    lyrics = happy()*2 + "Happy birthday, dear " + person + ".\n" + happy()
    return lyrics

def main():
    for person in ["Fred", "Lucy", "Elmer"]:
        print(verseFor(person))

main()
```

수정된 프로그램에서는 출력이 모두 한 곳(main 함수)에서만 이루어지며, happy 함수와 verseFor 함수는 출력할 내용을 담은 문자열을 만들기만 한다는 것을 알 수 있다. 리턴 값이 있는 함수를 이용해서 전체 가사를 하나의 문자열 표현식으로 만들어 볼 수도 있다.

```
lyrics = happy()*2 + "Happy birthday, dear " + person + ".\n" + happy()
```

앞의 예제 코드를 잘 보고 이해해 두기 바란다. 리턴 값이 있는 함수의 강력함과 아름다움을 잘 보여 주는 좋은 예다.

이 프로그램은 우아하기도 하지만 또 출력 명령이 여러 함수에 흩어져 있지 않기 때문에 원래 버전보다 뛰어난 유연성도 갖추고 있다. 예를 들어 출력 내용을 화면에 표시하는 대신 파일에 쓰고 싶다면, 파일을 하나 열어 출력문에 키워드 인자 file을 지정하기만 하면 되며 다른 함수를 수정할 필요가 없다. 다음은 이렇게 수정한 프로그램이다.

```
def main():
    outf = open("Happy_Birthday.txt", "w")
    for person in ["Fred", "Lucy", "Elmer"]:
        print(verseFor(person), file=outf)
    outf.close()
```

대개의 경우, 함수 안에서 출력하는 것보다는 값을 리턴하게끔 하는 쪽이 더 낫다. 이렇게 하면 함수를 호출한 쪽에서 정보를 어떻게 처리할지 결정할 수 있기 때문이다.

간혹 값을 하나 이상 리턴할 필요가 있는 경우도 있는데, 이럴 때는 return 문 뒤에 추가로 리턴할 값을 더 열거하면 된다. 예를 들어, 두 수의 합과 차를 한꺼번에 리턴하는 함수는 다음과 같이 구현할 수 있다.

```
def sumDiff(x,y):
    sum = x + y
    diff = x - y
    return sum, diff
```

앞의 코드에서 볼 수 있듯이, return 문이 두 개의 값을 리턴하고 있다. 이 함수는 동시 할당문의 우변에서 사용하게 된다.

```
num1, num2 = input("Please enter two numbers (num1, num2) ").split(",")
s, d = sumDiff(float(num1), float(num2))
print("The sum is", s, "and the difference is", d)
```

인자를 여러 개 넘길 때처럼 여러 값을 리턴할 때에도 return 문에서의 순서에 따라 할당되는 변수가 정해진다. 이 예제에서는 변수 s가 return 문의 첫 번째 값 (sum)을 할당받고, 변수 d는 두 번째 값(diff)을 할당받는다.

파이썬에서 리턴 값이 있는 함수를 사용하기 위해 알아 두어야 할 내용은 이것이 전부다. 그러나 한 가지 저지르기 쉬운 '실수'가 있다. 엄밀하게 말하면 모든 파이썬 함수는 return 문을 포함하는지 여부에 상관없이 어떤 값을 리턴한다고 할 수 있다. return 문을 포함하지 않는 모든 함수는 None이라는 특별한 객체를 리턴한다. 이 객체는 변수가 아무 정보를 가지고 있지 않다는 것을 나타내기 위해 주로 사용된다. 그리고 초보 프로그래머는 리턴 값이 있는 함수를 작성하다가 return 문을 빼먹는 경우가 많은데, 여기서 의도하지 않은 오류가 많이 생긴다.

distance 함수에서 다음 코드와 같이 return 문을 빼먹었다고 해 보자.

```python
def distance(p1, p2):
    dist = math.sqrt(square(p2.getX() - p1.getX())
                   + square(p2.getY() - p1.getY()))
```

return 문이 빠진 distance 함수로 삼각형의 둘레를 구하려 하면 다음과 같은 오류를 보게 될 것이다.

```
Traceback (most recent call last):
  File "triangle2.py", line 42, in <module>
    main()
  File "triangle2.py", line 35, in main
    perim = distance(p1,p2) + distance(p2,p3) + distance(p3,p1)
TypeError: unsupported operand type(s) for +: 'NoneType' and 'NoneType'
```

여기서 사용된 distance 함수는 return 문이 빠져 있기 때문에 항상 None 객체를 리턴한다. None 객체(NoneType이라는 특별한 데이터 타입을 갖는다)에 대한 덧셈 연산은 정의되어 있지 않으므로 오류가 발생하게 된다. 만약 리턴 값이 있는 함수를 작성해 사용할 때 None과 관련된 원인을 알 수 없는 오류가 발생하거나 출력에서 'None'이 발견된다면, return 문이 누락되지 않았는지 확인해 봐야 한다.

6.6 인자 값을 바꾸는 함수

리턴 값은 호출된 함수에서 함수를 호출한 프로그램으로 정보를 보내는 주된 수단이다. 그러나 리턴 값이 아니라 함수의 인자 값을 수정해 호출한 프로그램에 정보를 전달하는 경우도 있다. 이것을 잘 알고 쓰려면 함수 호출에서 형식 인자와 실질 인자가 맺는 관계와, 이 관계에 대해 파이썬의 할당문이 미치는 영향을 완전히 알고 있어야 한다.

그럼 간단한 예부터 살펴보자. 은행 계좌 또는 투자금을 관리하는 프로그램을 작성하려고 한다. 이 중 반드시 있어야 하는 기능이 계좌에 이자를 (미래 가치 프로그램처럼) 누적해 주는 기능이다. 이 문제를 해결하기 위해 먼저 계좌의 잔고에 자동으로 이자를 더해 주는 함수를 생각해 볼 수 있다. 다음은 이 함수의 첫 번째 구현이다.

```
# addinterest1.py
def addInterest(balance, rate):
    newBalance = balance * (1+rate)
    balance = newBalance
```

이 함수의 목적은 계좌의 잔고 값을 이자를 더한 새로운 액수로 수정하는 것이다.

다음 코드를 통해 이 함수를 테스트해 보자.

```
def test():
    amount = 1000
    rate = 0.05
    addInterest(amount, rate)
    print(amount)
```

이 프로그램의 출력이 어떻게 될 것 같은가? 우리가 의도한 결과는 amount에 5%가 더해진 값인 1050이 출력되는 것이다. 자, 그럼 결과를 확인해 보자.

```
>>> test()
1000
```

그러나 amount의 값은 변하지 않았다. 무엇이 잘못됐을까?

사실 여기서 잘못된 것은 전혀 없다. 함수와 그 인자에 대해 지금까지 배운 내용을 잘 생각해 봤다면 이 결과가 맞음을 알 수 있을 것이다. 이 예제의 실행 과정을 따라가면서 어떤 일이 생기는지 확인해 보자. test 함수의 처음 두 줄에서 amount와 rate 두 개의 지역 변수를 만들고 여기에 각각 1000과 0.05를 할당한다.

그런 다음에 제어 흐름은 addInterest 함수로 넘어간다. 형식 인자 balance와 rate는 실질 인자인 amount와 rate의 값을 할당받는다. 여기서 기억해 두어야 할 것은 rate라는 이름의 변수가 두 함수 모두에서 출현하지만, 이것들은 서로 다른 변수라는 점이다. addInterest 함수가 실행되기 시작하는 시점의 상황을 그림 6.6에 나타냈다. 이때 인자 값을 할당하는 과정에서 변수 balance와 rate는 실질 인자의 값을 갖는다.

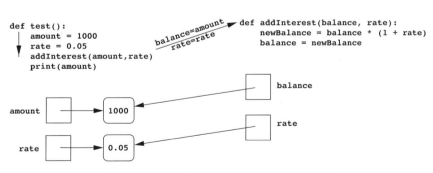

그림 6.6 함수 addInterest로 프로그램의 제어가 이동하는 과정

addInterest 함수의 첫 번째 줄이 실행되면 newBalance라는 새로운 변수가 만들어진다. 여기서부터가 중요하다. addInterest의 다음 명령문은 balance에 newBalance와 같은 값을 힐딩한다. 이때의 결과가 그림 6.7에 나타나 있다. 그러나 이것은 그림에서 보듯 test 함수에 있는 amount의 값에는 영향을 미치지 못한다.

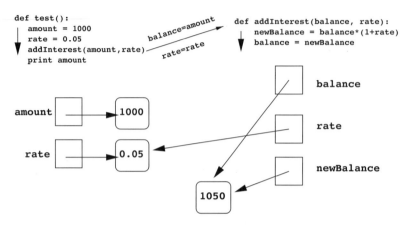

그림 6.7 변수 balance에 대한 할당

이제 addInterest 함수의 실행이 끝나고 흐름 제어가 다시 test 함수로 돌아온다. addInterest 함수의 (인자를 포함한) 지역 변수는 모두 사라지고, test 함수의 변수 amount와 rate의 값은 아직 초깃값인 1000, 0.05로 남아 있다. 이렇게 프로그램은 amount의 값 1000을 출력하게 된다.

조금 전의 상황을 정리하자면 함수의 형식 인자는 실질 인자의 값만 전달받는다. 함수는 실질 인자의 원래 변수에는 접근하지 못하므로 형식 인자에 새로운 값을 할당한다고 해도 실질 인자 값을 제공한 변수에는 아무런 영향을 끼칠 수 없는 것이다. 프로그래밍 언어에서 쓰이는 용어로는 이를 '값으로 호출'(by value)이라고 하며 파이썬은 함수를 호출할 때 이 방법을 사용한다.

프로그래밍 언어에 따라서는(C++나 에이다 등), 함수를 호출할 때 변수의 값이 아닌 변수 자체를 보내는 경우도 있다. 이런 방법은 프로그래밍 용어로 '참조로 호출'(by reference)이라고 한다. 어떤 변수가 참조로 넘겨지면 해당 형식 인자에 새로운 값을 할당했을 때 함수를 호출한 쪽에서도 실질 인자 변수의 값이 변하게 된다.

파이썬은 참조로 호출하는 방법을 사용하지 않으므로 addInterest 함수는 newBalance의 값을 리턴하는 형태로 수정되어야 한다. 이 값은 리턴된 다음, test

함수에서 amount의 값을 바꾸는 데 쓰인다. 다음은 정상적으로 동작하도록 수정된 프로그램이다(addinterest2.py).

```python
def addInterest(balance, rate):
    newBalance = balance * (1+rate)
    return newBalance

def test():
    amount = 1000
    rate = 0.05
    amount = addInterest(amount, rate)
    print(amount)
```

이 프로그램의 실행 과정은 쉽게 따라가 볼 수 있을 것이다. 결과는 다음과 같다.

```
>>> test()
1050
```

이제 처리해야 할 계좌가 여러 개인 경우를 고려해 보자. 계좌 여러 개를 처리하는 프로그램을 작성하려면 리스트에 각 계좌의 잔고를 저장하는 방법을 생각해 볼 수 있다. 그러고 나서 addInterest 함수가 이 계좌들에 이자액을 더해 가도록 하면 될 것이다. balances가 여러 계좌의 잔고를 저장한 리스트일 때, 이 리스트의 첫 번째 요소에 해당하는(위치 지표가 0인) 잔고를 다음과 같이 변화시킬 수 있다.

```python
balances[0] = balances[0] * (1 + rate)
```

다시 말하지만 이 방법은 리스트가 가변형이기 때문에 사용할 수 있는 것이다. 이 코드가 말하는 바는, "리스트의 0번째 위치에 있는 값에 $(1 + rate)$를 곱하라"이기 때문이다. 다음 계좌 역시 비슷한 방법으로 잔고액을 업데이트할 수 있다. 0을 1로 바꾸기만 하면 된다.

```python
balances[1] = balances[1] * (1 + rate)
```

리스트의 모든 잔고를 수정할 수 있도록 0, 1, ... $length$-1까지 반복하는 반복문으로 일반화해 보자. 다음 addInterest3.py는 이렇게 수정된 프로그램이다.

```python
def addInterest(balances, rate):
    for i in range(len(balances)):
        balances[i] = balances[i] * (1+rate)

def test():
    amounts = [1000, 2200, 800, 360]
    rate = 0.05
    addInterest(amounts, rate)
    print(amounts)
```

이 프로그램을 잠시 살펴보자. test 함수는 amounts를 요소가 네 개인 리스트로 초기화하면서 시작한다. 그런 다음, addInterest 함수가 호출되어 amounts가 첫 번째 인자로 넘겨진다. 함수 호출이 끝난 뒤 amounts의 값이 출력된다. 어떤 값이 출력될 것 같은가? 프로그램의 결과는 다음과 같다.

```
>>> test()
[1050.0, 2310.0, 840.0, 378.0]
```

흥미롭지 않은가? 이번 예제에서도 함수가 인자인 amounts의 값을 바꿨다. 그런데 조금 전에 밝혔다시피 파이썬의 함수 호출은 값으로 호출하는 방법이며 따라서 함수 안에서 실질 인자 변수(amounts)의 값을 바꿀 수가 없다. 그럼 어떻게 된 걸까?

test 함수의 처음 두 줄은 지역 변수 amounts와 rates를 만든다. 그리고 add Interest 함수를 호출해 흐름 제어를 함수로 넘긴다. 이 시점의 상황은 그림 6.8과 같다.

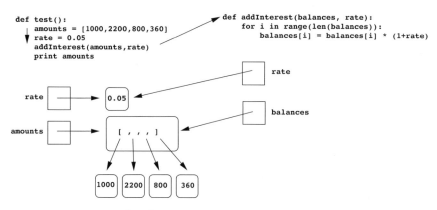

그림 6.8 함수 addInterest로 리스트 인자가 전달되는 과정

변수 amounts의 값은 (요소를 네 개 갖는) 리스트이기 때문에, addInterest 함수로 넘겨지는 값도 리스트 자체이고 따라서 balances의 값도 전달되는 것이다.

그다음에 addInterest가 실행된다. 반복문은 0, 1, ..., $length$-1 구간의 각 위치 지표를 지나며 balances의 값을 고친다. 결과는 그림 6.9와 같다.

그림에 보면 balances의 이전 값(1000, 2200, 800, 360)이 표시되어 있을 것이다. 이 값을 표시해 둔 이유는 낱낱의 값이 저장된 곳의 값은 실제로 바뀌지 않았다는 것을 강조하기 위해서다. 변수에 새 값이 할당되면 실제로 저장된 곳의 값이 바뀌는 대신 새 값이 저장된 곳을 새롭게 가리킨다. 이렇게 남겨진 오래된 값들은

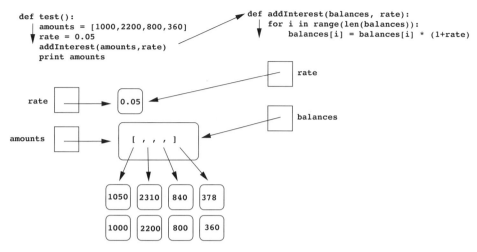

그림 6.9 함수 addInterest에 의해 변경된 리스트

가비지 컬렉션이 발생할 때 비워져 회수된다.

리스트를 사용한 addInterest 프로그램이 답을 계산해 낼 수 있는 이유를 이제 이해할 수 있을 것이다. addInterest 프로그램이 끝나고 나면, amounts가 가리키는 리스트의 값은 전과 달라지고 이 달라진 값이 출력된다. 여기서 중요한 점은 변수 amounts의 값은 바뀌지 않았다는 것이다. addInterest가 실행되기 전이나 후나 변수 amounts는 같은 리스트를 가리키고 있다. 다만 이 리스트의 상태가 변화했고 이 변화에 함수를 호출했던 쪽에서도 접근할 수 있는 것뿐이다.

이제 파이썬에서 함수가 호출될 때 인자가 어떻게 전달되는지 속속들이 알게 되었다. 인자는 항상 값으로(by value) 전달된다. 그러나 실질 인자가 가변형 객체를 값으로 갖는다면 이 객체에 가해진 상태 변화는 함수를 호출하는 쪽에서도 접근할 수 있다. 이런 상황은 4장에서 다뤘던 별명 짓기의 또 다른 형태이기도 하다.

6.7 함수와 프로그램의 구조

지금까지는 함수를 코드 중복을 제거하기 위한 수단으로, 프로그램의 길이를 줄이고 좀 더 단순화하는 데 사용했다. 하지만 함수를 사용했을 때 프로그램의 분량이 오히려 늘어나는 경우도 있다. 함수를 사용하는 두 번째 이유는 모듈성을 갖춘 프로그램을 작성하기 위해서다.

알고리즘이 복잡해질수록 이를 프로그램으로 옮기기도 함께 어려워진다. 사람의 기억력은 많아야 열 개 정도를 동시에 기억할 수 있는데, 수백 줄이 넘는 분량으로 표현된 알고리즘을 보게 되면 숙련된 프로그래머라도 두 손을 들게 마련이다.

이런 복잡성을 잘 다루기 위한 방법 중 하나가, 알고리즘을 좀 더 작은 부분 프로그램 여러 개로 나누되, 이것들 각각이 스스로 완결성을 갖추도록 하는 것이다. 여기에 대해서는 9장에서 프로그램 설계 방법을 다룰 때 훨씬 더 많은 이야기를 나눌 것이다. 지금은 간단한 예제만 살펴보면 된다. 예금의 미래 가치 프로그램을 한 번 더 살펴보자. 마지막에 작성한 main 프로그램은 다음과 같았다.

```python
def main():
    # 안내 메시지
    print("This program plots the growth of a 10-year investment.")

    # 원금과 이자율을 입력받는다.
    principal = float(input("Enter the initial principal: "))
    apr = float(input("Enter the annualized interest rate: "))

    # 왼쪽에 레이블이 달린 그래픽 창을 띄운다.
    win = GraphWin("Investment Growth Chart", 320, 240)
    win.setBackground("white")
    win.setCoords(-1.75,-200, 11.5, 10400)
    Text(Point(-1, 0), ' 0.0K').draw(win)
    Text(Point(-1, 2500), ' 2.5K').draw(win)
    Text(Point(-1, 5000), ' 5.0K').draw(win)
    Text(Point(-1, 7500), ' 7.5k').draw(win)
    Text(Point(-1, 10000), '10.0K').draw(win)

    # 원금에 대한 막대그래프를 그린다.
    drawBar(win, 0, principal)

    # 이후 기간에 대한 막대그래프를 그린다.
    for year in range(1, 11):
        principal = principal * (1 + apr)
        drawBar(win, year, principal)

    input("Press <Enter> to quit.")
    win.close()

main()
```

drawBar 함수를 작성해 이 프로그램의 알고리즘을 상당 부분 줄이긴 했지만 한 번에 읽기에는 아직 버거운 분량이다. 주석을 달아 이해를 도울 수도 있지만(너무 상세한 주석은 지양한다), 역시 그 정도로 이해하기에는 이 함수가 너무 길다. 프로그램의 가독성을 높일 수 있는 방법으로는 프로그램의 상세한 사항을 별도의 함수로 옮기는 방법을 들 수 있다. 예를 들어, 다음 코드는 그래프가 작성될 창을 마련하는 데 코드 여덟 줄을 할애하고 있다. 이 부분을 다음과 같이 리턴 값이 있는 함수로 바꿔 보는 것을 생각해 볼 수 있다.

```
def createLabeledWindow():
    # 제목과 레이블이 그려진 GraphWin 객체를 리턴한다.
    window = GraphWin("Investment Growth Chart", 320, 240)
    window.setBackground("white")
    window.setCoords(-1.75,-200, 11.5, 10400)
    Text(Point(-1, 0), ' 0.0K').draw(window)
    Text(Point(-1, 2500), ' 2.5K').draw(window)
    Text(Point(-1, 5000), ' 5.0K').draw(window)
    Text(Point(-1, 7500), ' 7.5k').draw(window)
    Text(Point(-1, 10000), '10.0K').draw(window)
    return window
```

이름에서 알 수 있듯이, 이 함수는 그래프를 그릴 그래픽 창을 마련하는 핵심 내용을 담고 있다. 또한 이 함수는 잘 정의된 과업을 완결성 있게 수행하도록 나뉘어 있기도 하다.

이 함수를 사용하면 main 함수의 알고리즘이 훨씬 단순해진다.

```
def main():
    print("This program plots the growth of a 10-year investment.")

    principal = input("Enter the initial principal: ")
    apr = input("Enter the annualized interest rate: ")

    win = createLabeledWindow()
    drawBar(win, 0, principal)
    for year in range(1, 11):
        principal = principal * (1 + apr)
        drawBar(win, year, principal)

    input("Press <Enter> to quit.")
    win.close()
```

이제 알고리즘의 의도를 코드 자체로 이해할 수 있게 되었으므로 주석을 제거했다. 함수 이름을 잘 지으면, 코드 그 자체로 문서에 가깝게 코드를 이해(self-documenting)할 수 있다.

다시 수정한 미래 가치 프로그램은 다음과 같다.

```
# futval_graph4.py

from graphics import *

def createLabeledWindow():
    window = GraphWin("Investment Growth Chart", 320, 240)
    window.setBackground("white")
    window.setCoords(-1.75,-200, 11.5, 10400)
    Text(Point(-1, 0), ' 0.0K').draw(window)
    Text(Point(-1, 2500), ' 2.5K').draw(window)
    Text(Point(-1, 5000), ' 5.0K').draw(window)
    Text(Point(-1, 7500), ' 7.5k').draw(window)
    Text(Point(-1, 10000), '10.0K').draw(window)
    return window

def drawBar(window, year, height):
    bar = Rectangle(Point(year, 0), Point(year+1, height))
```

```
        bar.setFill("green")
        bar.setWidth(2)
        bar.draw(window)
def main():
    print("This program plots the growth of a 10 year investment.")

    principal = float(input("Enter the initial principal: "))
    apr = float(input("Enter the annualized interest rate: "))

    win = createLabeledWindow()
    drawBar(win, 0, principal)
    for year in range(1, 11):
        principal = principal * (1 + apr)
        drawBar(win, year, principal)

    input("Press <Enter> to quit.")
    win.close()

main()
```

수정된 버전은 이전 버전의 프로그램보다 조금 길어졌지만, 숙련된 프로그래머에게는 훨씬 이해하기 쉬워졌다. 함수를 많이 읽고 작성하다 보면 독자들도 모듈성을 갖춘 코드의 우아함을 알아볼 수 있게 될 것이다.

6.8 정리

• 함수는 일종의 부분 프로그램이다. 함수를 사용해서 코드 중복을 줄이고 프로그램이 모듈성을 갖추도록 프로그램을 구성할 수 있다. 함수를 정의하고 나면 프로그램 안에서 정의된 함수를 몇 번이라도 호출할 수 있다. 인자는 함수의 일부분을 교환 가능한 것처럼 만들어 준다. 함수의 정의 부분에 나오는 인자를 형식 인자라고 하고, 함수를 호출하는 부분에 나오는 표현식을 실질 인자라고 한다.

• 함수 호출은 다음 4단계를 거쳐 이루어진다.
  1. 함수를 호출하는 프로그램이 정지한다.
  2. 실질 인자의 값이 형식 인자에 할당된다.
  3. 함수의 몸체가 실행된다.
  4. 함수 실행이 끝나면 함수가 호출되었던 부분으로 프로그램의 흐름 제어가 돌아온다. 또 리턴 값이 함수를 호출한 표현식의 평갓값이 된다.

• 변수의 유효 범위란 프로그램 내에서 변수가 참조될 수 있는 범위를 말한다. 형식 인자와 함수 안에서 정의된 변수의 유효 범위는 해당 함수 안으로 국한된

다. 지역 변수와 프로그램 내 다른 곳에서 정의된 변수는 두 변수의 이름이 같다고 해도 서로 다른 변수다.

• 함수는 자신을 호출한 프로그램에 리턴 값의 형태로 정보를 전달한다. 파이썬의 함수는 한 번에 여러 개의 값을 리턴할 수 있다. 리턴 값이 있는 함수는 일반적으로 프로그램 내에서 표현식의 역할을 하는 자리에서 호출된다. 명시적으로 값을 리턴하지 않는 함수는 특별한 객체인 None을 리턴한다.

• 파이썬의 함수 호출은 값으로 호출 방식을 택하고 있다. 넘겨진 값이 가변형 객체라면 이 객체의 상태 변화에는 함수를 호출한 쪽에서도 접근할 수 있다.

6.9 연습 문제

내용 점검

맞다/틀리다로 답하시오.

1. 프로그래머가 직접 함수를 작성하는 일은 잦지 않다.
2. 함수는 프로그램 안에서 한 번만 호출될 수 있다.
3. 인자의 형태로 함수에 정보를 전달할 수 있다.
4. 모든 파이썬 함수는 어떤 값을 리턴한다.
5. 파이썬에는 참조로 전달(by reference)되는 함수의 인자도 있다.
6. 파이썬의 함수는 하나의 값만 리턴할 수 있다.
7. 파이썬의 함수는 인자로 주어진 변수의 값을 바꿀 수 없다.
8. 함수를 사용하는 목적 중 하나는 코드 중복을 줄이기 위해서다.
9. 함수 안에서 정의된 변수의 유효 범위는 해당 함수 안으로 국한된다.
10. 새로 정의한 함수로 인해 프로그램이 더 길어진다면, 함수를 새로 만들지 않는 편이 더 낫다.

다음 중 맞는 것을 모두 고르시오.

1. 함수를 호출하는 프로그램의 일부를 무엇이라고 하는가?

   a) 사용자   b) 호출자   c) 피호출자   d) 명령문

2. 파이썬의 함수 정의는 어떤 키워드로 시작하는가?

   a) def   b) define   c) function   d) defun

3. 함수로부터 프로그램에 정보를 보내기 위한 명령문은 무엇인가?

    a) return   b) print   c) 할당문   d) SASE

4. 형식 인자와 실질 인자를 대응시키는 기준은 무엇인가?

    a) 이름   b) 순서   c) 식별자   d) 관심도

5. 다음 중 함수 호출의 4단계가 아닌 것은?

    a) 호출하는 프로그램이 정지한다.

    b) 형식 인자에 실질 인자의 값이 할당된다.

    c) 함수의 몸체 부분이 실행된다.

    d) 프로그램의 흐름 제어가 함수가 호출되기 직전으로 되돌아간다.

6. 파이썬에서 실질 인자가 함수에 전달되는 방식은 무엇인가?

    a) 값으로 호출   b) 참조로 호출   c) 무작위로   d) 개체 간의 통신으로

7. 다음 중 함수를 사용해야 할 이유가 되지 못하는 것은?

    a) 코드 중복을 줄이기 위해

    b) 프로그램의 모듈성을 향상시키기 위해

    c) 코드 자체로 프로그램을 이해할 수 있게 하기 위해

    d) 지적 우월성을 보여주기 위해

8. 리턴 값이 있는 함수라면, 다음 중 어떤 위치에서 호출되어야 하겠는가?

    a) 표현식   b) 다른 프로그램

    c) main 함수   d) 휴대 전화

9. 다음 중 return 문이 포함되지 않은 함수의 리턴 값은 무엇인가?

    a) 아무것도 리턴하지 않는다.   b) 인자   c) 변수   d) None

10. 함수 안에서 실질 인자의 값을 바꾸려면 해당 인자가 어떤 것이어야 하는가?

    a) 가변형   b) 리스트   c) 참조로 호출되어야 한다.   d) 변수

토론할 내용

1. 프로그래밍을 할 때 함수를 정의하는 이유 두 가지를 스스로의 논리로 설명하라.

2. 지금까지 컴퓨터 프로그램을 컴퓨터가 하나하나 실행해 나가는 명령어의 연

속열로 보는 관점을 취해 왔다. 함수의 정의를 포함하는 프로그램도 여기에 부합하는가? 그 이유를 함께 설명하라.

3. 인자는 함수 정의에서 매우 중요한 개념이다.

   a) 함수 정의에 인자를 두는 이유는 무엇인가?

   b) 형식 인자와 실질 인자의 차이점은 무엇인가?

   c) 인자와 일반적인 변수의 공통점과 차이점은 무엇인가?

4. 함수는 프로그램 안에 존재하는 작은 부분 프로그램으로 볼 수 있다. 함수 역시 프로그램처럼 입력과 출력을 통해 주 프로그램과 의사소통한다고 볼 수도 있다.

   a) 프로그램이 함수에 '입력'으로 제공하는 것은 무엇인가?

   b) 함수가 프로그램에 '출력'으로 제공하는 것은 무엇인가?

5. 다음 함수에 대해 다음 물음에 답하라.

```
def cube(x):
    answer = x * x * x
    return answer
```

   a) 이 함수는 어떤 일을 하는 함수인가?

   b) y가 변수일 때 이 함수가 y^3을 구하도록 이 함수를 사용해 보라.

   c) 다음 프로그램 조각은 이 함수를 사용하는 예다.

```
answer = 4
result = cube(3)
print(answer, result)
```

   cube 함수가 answer의 값을 바꾸는 것 같은데, 이 프로그램 조각의 출력은 4 27이다. 이 프로그램의 출력이 27 27이 아닌 이유를 설명하라.

프로그래밍 과제

1. "Old MacDonald"라는 노래의 가사를 출력하는 프로그램을 작성하라. 출력할 가사는 다음과 비슷하게 다섯 가지 동물이 나와야 한다.

   Old MacDonald had a farm, Ee-igh, Ee-igh, Oh!
   And on that farm he had a cow, Ee-igh, Ee-igh, Oh!
   With a moo, moo here and a moo, moo there.
   Here a moo, there a moo, everywhere a moo, moo.
   Old MacDonald had a farm, Ee-igh, Ee-igh, Oh!

2. 다음은 "The Ants Go Marching"이라는 노래의 가사다. 이 노래의 가사를 10 까지 이어지도록 출력하는 프로그램을 작성하라. 다음은 가사의 예제로, 'little one'이 무엇을 하는지에 대한 가사는 마음대로 고쳐도 좋지만 운율을 어기지 않아야 한다.

> The ants go marching one by one, hurrah! hurrah!
> The ants go marching one by one, hurrah! hurrah!
> The ants go marching one by one,
> The little one stops to suck his thumb,
> And they all go marching down...
> In the ground...
> To get out....
> Of the rain.
> Boom! Boom! Boom!
> The ants go marching two by two, hurrah! hurrah!
> The ants go marching two by two, hurrah! hurrah!
> The ants go marching two by two,
> The little one stops to tie his shoe,
> And they all go marching down...
> In the ground...
> To get out...
> Of the rain.
> Boom! Boom! Boom!

3. 다음 설명에 부합하는 함수의 정의를 작성하라.

- sphereArea(radius) 주어진 길이를 반지름으로 하는 구의 면적을 리턴한다.
- sphereVolume(radius) 주어진 길이를 반지름으로 하는 구의 체적을 리턴한다.

그리고 이 함수를 사용해 3장의 프로그래밍 과제 1번 문제를 다시 풀어 보라.

4. 다음 설명에 부합하는 함수의 정의를 작성하라.

- sumN(n) 자연수 1부터 n까지의 합을 리턴한다.
- sumNCubes(n) 자연수 1부터 n까지의 세제곱의 합을 리턴한다.

그리고 작성한 함수를 사용해 사용자에게 n의 값을 입력한 뒤, 이 n에 대한 각 함수의 리턴 값을 출력하는 프로그램을 작성하라.

5. 3장의 프로그래밍 과제 2번 문제를 두 함수, 즉 하나는 피자의 면적을 구하는 함수, 다른 하나는 피자의 제곱센티미터 당 가격을 구하는 함수를 사용해 다시 풀어 보라.

6. 세 변의 길이를 인자로 받아 이 세 변이 이루는 삼각형의 면적을 구하는 함수를 작성하라(3장의 프로그래밍 과제 9번 참조). 이 함수를 사용해 이번 장의 **triangle2.py** 프로그램이 삼각형의 면적도 출력하도록 수정하라.

7. n을 인자로 받아 피보나치수열의 n번째 수를 구하는 함수를 작성하라. 그리고 이 함수를 이용해 3장의 프로그래밍 과제 16번을 다시 풀어 보라.

8. 다음 예상치를 만드는 nextGuess(guess,x) 함수를 사용해 3장의 프로그래밍 과제 17번을 다시 풀어 보라.

9. 시험 점수를 받아 (문자로 된) 학점을 리턴하는 grade(score) 함수를 사용해 5장의 프로그래밍 과제 3번을 다시 풀어 보라.

10. 인자로 받은 구의 약자를 리턴하는 acronym(phrase) 함수를 사용해 5장의 프로그래밍 과제 4번을 다시 풀어 보라.

11. 다음 조건에 부합하는 함수를 작성하고 그 함수를 테스트해 보라.

    - squareEach(nums) nums가 숫자의 리스트일 때, 이 리스트의 각 요소의 값을 원래 값의 제곱으로 바꾼다.

12. 다음 조건에 부합하는 함수를 작성하고 그 함수를 테스트해 보라.

    - sumList(nums) nums가 숫자의 리스트일 때, 이 리스트에 포함된 숫자의 합을 리턴한다.

13. 다음 조건에 부합하는 함수를 작성하고 그 함수를 테스트해 보라.

    - toNumbers(strList) strList가 숫자를 나타내는 문자열의 리스트일 때, 이 리스트의 각 요소를 문자열에서 문자열이 가리키는 숫자로 변환한다.

14. 앞의 세 문제에서 정의한 함수를 사용해, 파일에서 읽어 들인 숫자에 대해 그 제곱의 합을 구하는 프로그램을 작성하라. 프로그램은 먼저 사용자에게 파일

명을 입력하도록 안내한 뒤 계산한 값을 출력해야 한다. 힌트: readlines()를 사용하라.

15. 다음 조건에 부합하는 함수를 작성하고 그 함수를 테스트해 보라.

   • drawFace(center, size, win) center는 점이고, size는 정수, win은 GraphWin 객체일 때, win 객체 안에 size에 맞게 사람 얼굴을 그린다.

   웃는 얼굴 또는 찡그린 얼굴을 그려도 무방하다. 이 함수를 사용해 창 하나에 다양한 크기로 얼굴을 그리는 프로그램을 작성하라.

16. 앞에서 작성한 drawFace 함수를 이용해 사진에 얼굴을 가려 주는 프로그램을 작성하라. 프로그램에 이미지 파일(ppm 또는 gif)을 로딩한 뒤, 사진 상의 얼굴에 얼굴 그림을 덮어씌운다. 사용자가 이미지 파일의 이름을 입력하면 해당하는 이미지를 로딩한 뒤, 가려야 할 얼굴의 개수를 다시 입력하도록 한다. 그런 다음 입력한 횟수만큼 사진 상의 얼굴의 위치를 클릭으로 입력받는다. 입력이 끝나면 drawFace 함수를 사용해 입력받은 위치에 얼굴을 그린다.

   힌트: 4.8.4절에서 그래픽 라이브러리의 이미지 조작 방법을 참조한다. GraphWin 창에 원래 크기로 이미지를 출력한 뒤, 다시 창에 얼굴을 그려 넣는다. 결과물을 저장하려면 화면 캡처 도구를 이용한다.

17. 다음 조건에 부합하는 함수를 작성하고 그 함수를 테스트해 보라.

   • moveTo(shape, newCenter) shape가 getCenter 메서드를 가진 그래픽 객체이고, newCenter가 Point 객체일 때, shape의 중심이 newCenter가 되도록 이동시킨다.

   작성한 함수를 이용해 원을 그리고 열 번에 걸쳐 사용자가 창을 클릭할 때마다 클릭한 위치로 원을 이동시키는 프로그램을 작성하라.

7장

제어 구조

이 장의 학습 목표

· 파이썬의 if 문을 사용한 제어 구조를 이해한다.
· 파이썬의 if-else 문을 사용한 제어 구조를 이해한다.
· 파이썬의 if-elif-else 문을 사용한 제어 구조를 이해한다.
· 예외 처리의 개념을 이해하고 런타임 오류에 대한 예외 처리를 수행하는 간단한 프로그램을 작성할 수 있다.
· bool 데이터 타입과 불 표현식의 개념을 이해한다.
· 연속적인 분기나 분기 안의 분기와 같은 제어 구조를 포함하는 알고리즘을 작성하고 이해할 수 있다.

7.1 단순 분기

지금까지는 컴퓨터 프로그램을 한 줄로 늘어선 명령어의 연속열로 보아 왔다. 프로그래밍의 기본 개념은 이렇게 연속하는 명령을 실행하는 것이지만, 이것만으로는 모든 문제를 풀기에 부족하다. 문제를 풀다 보면 상황에 따라 프로그램의 순차적 흐름을 바꿔야 하는 경우가 자주 있다. 프로그램의 순차적 흐름을 바꾸려면 제어 구조라는 특별한 명령문을 사용해야 한다. 이번 장에서는 제어 구조를 살펴볼 것이다. 제어 구조는 경우에 따라 프로그램이 다른 순서로 실행되게끔 해 주기 때문에 프로그램이 상황에 맞는 행동을 '고르도록' 하는 데 효과적이다.

7.1.1 예제: 기온 알림

간단한 분기를 만드는 것부터 시작해 보자. 이해를 돕기 위해 2장의 온도 변환 예제를 다시 살펴볼 것이다. 이 문제는 유럽에서 생활하는 수전이 아침마다 어떤 옷을 골라야 하는지 참고하려고 만든 프로그램이다. 지금까지 작성된 프로그램은 다음과 같다.

```
# convert.py
# 섭씨온도를 화씨온도로 변환하는 프로그램
# 작성: 수전 컴퓨트웰

def main():
    celsius = float(input("What is the Celsius temperature? "))
    fahrenheit = 9/5 * celsius + 32
    print("The temperature is", fahrenheit, "degrees fahrenheit.")

main()
```

이 프로그램은 이대로도 잘 동작하긴 하지만 조금 더 개선해 보려고 한다. 수전은 아침형 인간이 아니어서 온도 변환 프로그램이 있어도 여기에 주의를 기울이지 못할 때가 많다. 그래서 우리는 매우 덥거나 추운 날에 수전이 바깥 기온을 확실히 알 수 있도록 프로그램을 개선하려고 한다.

가장 먼저 할 일은 어떤 개선을 할지 정확하게 결정하는 것이다. 매우 덥거나 추운 날이라고 할 경우 화씨 90도가 넘으면 폭염 알림을 주고, 화씨 30도가 안 되면 혹한 알림을 주는 정도가 좋을 것 같다. 지금 결정한 사항으로 다음과 같이 확장된 알고리즘을 설계할 수 있다.

```
섭씨온도를 입력한다(celsius).
9/5 celsius + 32와 같이 화씨온도를 계산한다.
화씨온도를 출력한다.
화씨온도가 90도를 넘으면
    폭염 경보를 출력한다.
화씨온도가 30도 아래이면
    혹한 경보를 출력한다.
```

새로운 알고리즘에는 끝에 분기가 두 군데 추가되었다. 여기서 들여쓰기가 된 코드는 해당 줄이 그 앞의 조건문을 만족했을 때만 실행된다. 이때 중요한 점은 이런 분기를 통해 프로그램의 흐름이 바뀐다는 것이다. 알고리즘이 실제 수행되는 순서가 fahrenheit의 값에 의해 결정된다.

그림 7.1은 이 알고리즘이 어떤 경로를 통해 수행되는지 나타낸 흐름도다. 이 그림에서 다이아몬드 모양 상자는 조건 분기를 가리킨다. 조건문이 거짓이라면 다음 순서의 명령(아래쪽 상자)으로 넘어가고, 참이라면 오른쪽 상자로 넘어간다. 오른쪽 상자의 명령을 수행하고 나면 다시 원래 경로로 돌아와 다음 명령을 수행한다.

다음은 이 설계를 파이썬 코드로 옮긴 것이다.

```
# convert2.py
# 섭씨온도를 화씨온도로 변환하는 프로그램
# 혹한/폭염 시 경보를 출력하도록 수정했다.
```

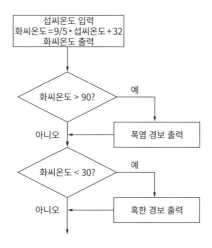

그림 7.1 기온 알림 기능을 추가한 온도 변환 프로그램을 나타낸 흐름도

```
def main():
    celsius = float(input("What is the Celsius temperature? "))
    fahrenheit = 9/5 * celsius + 32
    print("The temperature is", fahrenheit, "degrees Fahrenheit.")

    # 실외 기온이 매우 덥거나 추운 경우 경보를 출력한다.
    if fahrenheit > 90:
        print("It's really hot out there. Be careful!")
    if fahrenheit < 30:
        print("Brrrrr. Be sure to dress warmly!")
main()
```

앞의 코드를 보면 분기 부분이 if 문으로 나타나 있음을 알 수 있다.

if 문은 다음과 같은 형태다.

```
if <condition>:
    <body>
```

body는 if 문의 머리 부분 아래로 들여쓰기 된 하나 이상의 명령문에 해당한다. convert2.py 프로그램에는 하나의 명령문으로 구성된 몸체를 가진 if 문이 두 개 있다.

앞의 예제를 보면 if 문을 어떻게 해석해야 할지 분명히 알 수 있다. 먼저, 머리 부분의 조건식이 평가된다. 조건식이 참이라면 몸체가 실행되고, 거짓이라면 프로그램의 다음 명령문으로 넘어가므로 if 문의 몸체를 실행하지 않고 지나간다. 그림 7.2는 if 문법을 흐름도로 보여 준다. if 문의 몸체는 조건문의 값에 따라 실행될지 말지 결정되는 것이다. 어느 쪽이든, if 문 이후의 다음 명령문으로 넘어가게 된다. 이를 단지 분기(one-way) 또는 단순(simple) 분기라고 한다.

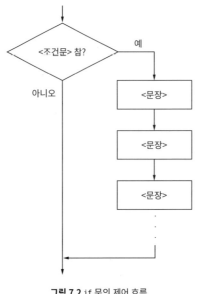

그림 7.2 if 문의 제어 흐름

7.1.2 단순 분기를 구성하는 방법

조금 전의 내용에서 조건식이 무엇인지 설명하지 않았다. 이 절에서는 우선 두 표현식의 값을 비교하기 위해 다음과 같은 간단한 조건식을 사용할 것이다: `<expr> <relop> <expr>`. 여기서 `<relop>`은 관계 연산자(relational operator)를 의미한다. 수학에서 말하는 '이상' 또는 '이하'와 같은 개념을 좀 더 그럴듯하게 보이도록 하는 용어다. 파이썬에는 다음 표에서 보듯, 여섯 가지 관계 연산자가 있다.

연산자	수학	연산자 의미
<	$<$	미만
<=	$\leq$	이하
==	$=$	같음
>=	$\geq$	이상
>	$>$	초과
!=	$\neq$	같지 않음

==이 등호의 의미로 쓰이는 데 주의가 필요하다. 파이썬에서는 할당문에 =가 쓰이므로 등호를 나타내기 위해서는 다른 기호를 사용해야 하기 때문이다. ==가 필요한 자리에 =를 쓰는 것이 파이썬으로 프로그램을 작성할 때 흔히 저지르는 오류 중 하나다.

조건식은 숫자 또는 문자열을 비교 대상으로 한다. 문자열의 대소를 비교할 때는 사전 순서를 따른다. 이게 무슨 뜻이냐면 유니코드 값에 따라 문자열의 대소 비교가 이루어진다는 뜻이다. 예를 들어 대문자로만 된 문자열은 같은 글자의 소문자 버전보다 순서가 앞에 온다('B'가 'a'보다 앞에 오므로 'Bbbb'도 'aaaa'보다 앞에 온다).

조건식은 19세기 영국의 수학자 조지 불(George Boole)의 이름을 따서 불 표현식이라고도 부르는데, 이름에서 알 수 있듯이 표현식의 한 갈래다. 또 불 표현식은 (조건이) 참 또는 거짓 두 가지 값 중 하나로 평가된다. C++나 파이썬의 이전 버전에서는 이 참과 거짓을 각각 정수 1과 0으로 나타낸다. 그러나 자바나 현재의 파이썬과 같은 언어에서는 불 표현식만을 위한 데이터 타입을 따로 두고 있다.

파이썬에서 불 표현식은 bool 데이터 타입을 갖고, 참과 거짓은 각각 리터럴 True와 False로 나타낸다. 다음은 대화형 세션에서의 예제다.

```
>>> 3 < 4
True
>>> 3 * 4 < 3 + 4
False
>>> "hello" == "hello"
True
>>> "hello" < "hello"
False
>>> "Hello" < "hello"
True
```

7.1.3 예제: 조건식에 따른 프로그램 실행

1장에서 파이썬 프로그램을 실행하는 방법은 한 가지가 아니라고 설명한 바 있다. 파이썬 모듈 중에는 직접 실행되도록 만들어진 것이 있는데, 이것들을 흔히 '프로그램' 또는 '스크립트'라고 부른다. 그 외의 파이썬 모듈은 다른 프로그램에서 임포트되어 사용되도록 만들어진 것으로, 이것들은 '라이브러리'라고 부른다. 그러나 간혹 라이브러리와 독립된 프로그램으로서의 성질을 모두 지닌 모듈을 만들어야 할 때가 있다.

지금까지 우리가 본 프로그램은 맨 마지막 줄에서 main 함수를 호출해 왔다.

```
main()
```

이곳이 바로 실질적으로 프로그램이 시작되는 지점이다. 이렇게 구성된 프로그램은 직접 실행되는 데 적합하다. GUI 환경에서라면 파일 아이콘을 더블 클릭해서 실행할 수도 있겠다. 아니면 명령줄에서 python <myfile>.py와 같이 실행할 수도 있다.

파이썬은 임포트 과정에서 해당 모듈의 각 줄을 평가하기 때문에 이 프로그램이 다른 프로그램 또는 대화형 세션에서 임포트되면 main 함수를 통해 프로그램이 실행된다. 일반적으로는 프로그램이 임포트될 때 실행되는 것은 좋지 않게 여겨지지만, 프로그램을 대화형 세션에서 테스트하는 경우 등에는 임포트하면서 main 함수가 실행되도록 하는 경우도 많다.

조건식을 통해 프로그램이 라이브러리로 쓰이는지, 직접 실행되는지에 따라 main 함수 실행 여부를 결정할 수 있다. 다음과 같은 단순 분기를 사용하면 된다.

```python
if <condition>:
    main()
```

그럼 여기서 사용해야 할 조건식은 무엇일까?

모듈이 임포트될 때 파이썬은 __name__이라는 이름의 특수한 변수를 만들고 이 변수에 해당 모듈의 이름을 붙여 둔다. 다음은 math 라이브러리에서 이 사실을 확인해 본 결과다.

```python
>>> import math
>>> math.__name__
'math'
```

앞의 결과에서 보듯이, math 모듈을 임포트하면 math 모듈 안에 __name__이라는 변수에 'math'라는 값이 할당된다.

하지만 파이썬 코드가 직접 실행될 때는(임포트되는 것이 아니라) __name__의 값이 '__main__'이 된다. 확인해 보고 싶다면 다음과 같은 명령을 내려 보라.

```python
>>> __name__
'__main__'
```

그러므로 __name__의 값은 임포트된 모듈에서는 모듈명을 값으로 가질 것이고, 직접 실행되었다면 '__main__'이라는 값을 갖게 될 것이다. 모듈은 이 값을 확인해서 자신이 임포트되었는지 직접 실행되었는지 알 수 있다.

이를 적용해서 프로그램의 마지막 부분을 다음과 같이 수정해 보자.

```python
if __name__ == '__main__':
    main()
```

이 코드를 추가하면 직접 실행되었을 때는 main 함수가 실행될 것이고, 임포트되었다면 실행되지 않을 것이다. 앞으로 볼 거의 대부분의 파이썬 프로그램에서 이런 부분을 볼 수 있을 것이다.

7.2 쌍지(two-way) 분기

이제 프로그램에서 분기를 통해 명령문을 선택적으로 실행할 수 있게 되었다. 3 장의 2차 방정식을 푸는 프로그램 예제를 다시 한 번 살펴보자. 지금까지 작성했던 프로그램은 다음과 같았다.

```
# quadratic.py
# 2차 방정식의 실수해를 구하는 프로그램
# 참고: 실수해가 없는 방정식의 경우 프로그램이 비정상 종료된다.

import math

def main():
    print("This program finds the real solutions to a quadratic\n")

    a = float(input("Enter coefficient a: "))
    b = float(input("Enter coefficient b: "))
    c = float(input("Enter coefficient c: "))

    discRoot = math.sqrt(b * b – 4 * a * c)
    root1 = (–b + discRoot) / (2 * a)
    root2 = (–b – discRoot) / (2 * a)

    print("\nThe solutions are:", root1, root2 )
main()
```

주석에서 밝혔듯이 이 프로그램은 실수해가 없는 2차 방정식의 계수를 입력받으면 프로그램이 비정상적으로 종료하게 된다. 이 비정상 종료는 $b^2\text{-}4ac$의 값이 0보다 작을 때 발생하는데, 프로그램이 음수에 대한 제곱근을 구하려고 하기 때문이다. 음수의 제곱근은 존재하지 않기 때문에 math 라이브러리가 오류를 낸다. 다음은 비정상 종료가 발생하는 예제다.

```
>>> main()
This program finds the real solutions to a quadratic

Enter coefficient a: 1
Enter coefficient b: 2
Enter coefficient c: 3
Traceback (most recent call last):
  File "quadratic.py", line 23, in <module>
    main()
  File "quadratic.py", line 16, in main
    discRoot = math.sqrt(b * b – 4 * a * c)
ValueError: math domain error
```

이 프로그램에 분기를 추가해 프로그램이 비정상 종료되는 상황인지 확인할 수 있다. 먼저 다음과 같이 시도해 보자.

```
# quadratic2.py
import math
```

```python
def main():
    print("This program finds the real solutions to a quadratic\n")
    a = float(input("Enter coefficient a: "))
    b = float(input("Enter coefficient b: "))
    c = float(input("Enter coefficient c: "))

    discrim = b * b - 4 * a * c
    if discrim >= 0:
        discRoot = math.sqrt(discrim)
        root1 = (-b + discRoot) / (2 * a)
        root2 = (-b - discRoot) / (2 * a)
        print("\nThe solutions are:", root1, root2 )

main()
```

수정된 프로그램은 먼저 (b^2-$4ac$)의 값을 계산한다. 그리고 계산된 값이 음수가 아닌지 확인한다. 이 값이 음수가 아니어야만 프로그램은 이어서 제곱근을 계산해서 해를 구한다. 이 프로그램은 discrim의 값이 양수여야만 math.sqrt를 호출한다.

하지만 아직 문제를 완전히 해결한 것은 아니다. 실제로 실수해가 없는 방정식을 입력하면 어떻게 될까? 단순 분기로 쓰인 if의 해석에 따르면, b*b - 4*a*c가 0보다 작으면, 프로그램은 그냥 계산을 생략하고 다음 명령문으로 넘어간다. 여기서는 다음 명령문이 존재하지 않으므로 프로그램이 종료된다. 다음은 대화형 세션에서 이를 확인한 예제다.

```
>>> main()
This program finds the real solutions to a quadratic

Enter coefficient a: 1
Enter coefficient b: 2
Enter coefficient c: 3
>>>
```

이건 오히려 아까보다 더 좋지 않다. 사용자에게 무엇이 잘못되었는지조차 알려주지 않고 그냥 종료되어 버리기 때문이다. 좋은 프로그램이라면 지금 입력받은 방정식이 실수해가 없는 방정식임을 사용자에게 안내해야 할 것이다. 다음과 같은 단순 분기를 하나 더 추가하면 문제를 해결할 수 있을 것 같다.

```python
if discrim < 0:
    print("The equation has no real roots!")
```

이 방법이면 확실히 문제를 해결할 수 있다. 그러나 어쩐지 마음이 개운치 않다. 단순 분기 두 개를 이어서 사용했는데 이 두 분기의 조건문은 상호 배타적이다. discrim < 0이 참이라면, discrim >= 0은 거짓이고, 그 반대 역시 마찬가지다. 프로그램 안에 분기는 두 개인데 실제 필요한 판단은 하나뿐이다. 지금 같은 상황은 쌍지 분기를 적용해야 한다. 그림 7.3에 이 상황을 도식으로 실었다.

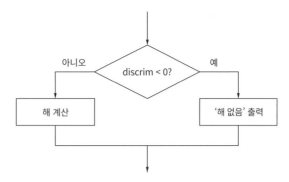

그림 7.3 2차 방정식 풀이 프로그램에 사용된 쌍지 분기

파이썬에서는 if 절 뒤에 else 절을 덧붙여 쌍지 분기를 구성할 수 있다. 이것을 if-else 문이라고 한다.

```
if <condition>:
    <statements>
else:
    <statements>
```

파이썬 인터프리터가 프로그램을 해석하다가 if-else 문을 만나면 먼저 조건식을 평가한다. 조건식이 참이라면 if 절 아래의 명령문이 실행된다. 조건식이 거짓이라면 else 절 아래의 명령문이 실행된다. 어떤 경우든 각 절 아래의 명령문을 실행하고 나면 if-else 문 다음의 명령문으로 가게 된다.

쌍지 분기를 이용하면 2차 방정식 프로그램을 좀 더 우아하게 바꿀 수 있다.

```
# quadratic3.py
import math

def main():
    print("This program finds the real solutions to a quadratic\n")

    a = float(input("Enter coefficient a: "))
    b = float(input("Enter coefficient b: "))
    c = float(input("Enter coefficient c: "))

    discrim = b * b - 4 * a * c
    if discrim < 0:
        print("\nThe equation has no real roots!")
    else:
        discRoot = math.sqrt(b * b - 4 * a * c)
        root1 = (-b + discRoot) / (2 * a)
        root2 = (-b - discRoot) / (2 * a)
        print("\nThe solutions are:", root1, root2)
main()
```

프로그램이 이제 만족스럽게 동작한다. 다음은 수정된 프로그램을 두 번에 걸쳐 실행해 본 예다.

```
>>> main()
This program finds the real solutions to a quadratic

Enter coefficient a: 1
Enter coefficient b: 2
Enter coefficient c: 3

The equation has no real roots!
>>> main()
This program finds the real solutions to a quadratic

Enter coefficient a: 2
Enter coefficient b: 4
Enter coefficient c: 1

The solutions are: -0.2928932188134524 -1.7071067811865475
>>>
```

7.3 다지(multi-way) 분기

2차 방정식 풀이 프로그램이 이제 많이 개선되었지만, 아직 고쳐야 할 점이 없는 것은 아니다. 다음은 또 다른 실행 예다.

```
>>> main()
This program finds the real solutions to a quadratic

Enter coefficient a: 1
Enter coefficient b: 2
Enter coefficient c: 1

The solutions are: -1.0 -1.0
```

굳이 따지자면 주어진 방정식에 대한 답은 -1로 맞기는 하다. 그러나 같은 값을 두 번 출력하기 때문에 출력 내용을 이해하는 데 혼란이 있을 수 있다. 프로그램 차원에서 이런 혼란을 방지할 방법은 없을까?

같은 해가 두 번 출력되는 문제는 discrim의 값이 정확히 0일 때 발생한다. 이 경우에는 discRoot의 값도 함께 0이 되며 따라서 두 해가 모두 $\frac{-b}{2a}$를 값으로 갖는다. 이 특별한 경우를 따로 처리하려면 세 갈래의 분기가 필요하다. 다음에 이 부분을 어떻게 설계할지 구상을 나타냈다.

```
...
discrim 값 확인
    0보다 작으면 해가 없다.
    0이면 같은 해가 두 개다.
    0보다 크면 서로 다른 해 두 개가 나온다.
```

이 알고리즘을 코드로 작성하기 위해 먼저 두 개의 if-else 문을 사용하는 방법을 생각해 볼 수 있다. if 또는 else 절의 몸체에는 문법에 맞기만 하면 if 문이나 if-else 문을 포함한 어떤 명령문이라도 사용할 수 있다. 이렇게 복합 명령문 안에 또 다른 복합 명령문을 포함시킨 것을 중첩문이라고 한다. 다음 코드 조각은 세 갈래 분기를 구성하기 위해 중첩문을 사용하고 있다.

```
if discrim < 0:
    print("Equation has no real roots")
else:
    if discrim == 0:
        root = -b / (2 * a)
        print("There is a double root at", root)
    else:
        # 해가 두 개인 경우의 처리
```

이 코드를 잘 따라가 보면 가능한 경로가 세 개임을 알 수 있을 것이다. 명령문이 수행되는 순서는 discrim의 값에 의해 결정된다. 그림 7.4에 이 코드의 흐름도를 실었다. 가장 상위 수준에서 보면 if-else 구조로 되어 있는 것을 알 수 있다(점선 상자를 하나의 명령문으로 간주하라). 점선 상자는 위에 있는 분기의 else 절에 안겨 있는 두 번째 if-else 문을 나타낸다.

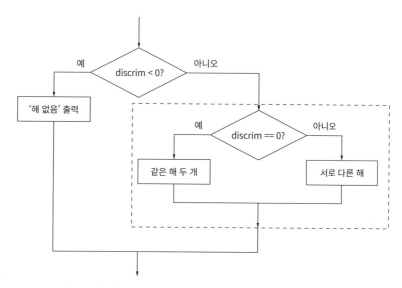

그림 7.4 2차 방정식 풀이 프로그램에서 중첩 if-else 문으로 구현된 세 갈래 분기

다시 잘 작동하는 프로그램을 작성했으나 구현 코드에 아직 찜찜한 구석이 남아 있다. 이 프로그램에서는 세 갈래 분기를 쌍지 분기 두 개를 이용해 구성했는데, 이것은 진짜 세 갈래 분기가 아니기 때문이다. 가령 다섯 갈래 분기가 필요한 상황이 되었다고 하자. 그럼 if-else 문이 네 번이나 중첩되어야 할 것이고, 오른쪽으로 엄청나게 치우친 코드가 될 것이다.

파이썬에는 중첩문처럼 다지 분기를 구성하면서도 이를 좀 더 보기 좋게 할 수 있는 방법이 있다. else와 if를 합친 elif(엘리프라고 읽는다)라는 절을 만드는 것이다.

```
if <condition1>:
    <case1 statements>
elif <condition2>:
    <case2 statements>
elif <condition3>:
    <case3 statements>
...
else:
    <default statements>
```

이런 형태를 통해 서로 동시에 실행되지 않을 코드 블록을 몇 개라도 만들 수 있다. 이 코드가 실행될 때는 차례대로 조건식을 평가하면서 가장 먼저 참이 되는 것을 찾는다. 참인 조건식이 발견되면 그 조건식 아래에 들여쓰기가 된 명령문이 실행된다. 그리고 실행이 끝나면 전체 if-elif-else 문의 다음 명령문으로 흐름이 넘어간다. 참인 조건식이 없다면 else 절 아래의 명령문이 실행된다. 이 else 절은 반드시 있어야 하는 것은 아니다. 이때 else 절이 없다면 if-elif-else 문 안에 포함된 명령문은 하나도 실행되지 않는다.

if-elif-else 문을 사용해서 2차 방정식 풀이 프로그램을 다음처럼 보기 좋게 바꿀 수 있다.

```python
# quadratic4.py
import math

def main():
    print("This program finds the real solutions to a quadratic\n")

    a = float(input("Enter coefficient a: "))
    b = float(input("Enter coefficient b: "))
    c = float(input("Enter coefficient c: "))

    discrim = b * b - 4 * a * c
    if discrim < 0:
        print("\nThe equation has no real roots!")
    elif discrim == 0:
        root = -b / (2 * a)
        print("\nThere is a double root at", root)
    else:
        discRoot = math.sqrt(b * b - 4 * a * c)
        root1 = (-b + discRoot) / (2 * a)
        root2 = (-b - discRoot) / (2 * a)
        print("\nThe solutions are:", root1, root2 )
main()
```

7.4 예외 처리

조금 전의 2차 방정식 풀이 프로그램에서는 음수의 제곱근을 구하면서 발생하는 런타임 오류를 피하기 위해 분기를 사용했다. 이렇게 분기를 사용해서 간혹 발생하지만 오류를 일으키는 상황을 회피하는 방식은 많은 프로그램에서 쓰이고 있다.

2차 방정식 프로그램에서는 sqrt 함수를 호출하기 전에 데이터를 확인했다. 그러나 가끔 함수 자체에서 오류 가능성을 확인하다가 연산이 정상적으로 이루어지지 않았다는 특별한 값을 리턴할 때가 있다. 예를 들어, 제곱근을 구하는 함수 중에 오류가 발생하면 음수(-1 따위)를 리턴하는 함수가 있다고 하자. 제곱근 함수는 항상 양수 해의 값을 리턴하므로 이를 통해 무언가 오류가 발생했음을 알 수 있다. 또 프로그램에서는 이 점을 이용해 연산 결과의 이상 유무를 확인할 수도 있다.

```
discRt = otherSqrt(b*b – 4*a*c)
if discRt < 0:
    print("No real roots.")
else:
    ...
```

가끔은 프로그램에 예외적인 경우를 처리하는 분기가 너무 많아져서 정상적인 경우의 분기가 잘 드러나지 않는 경우가 있다. 프로그래밍 언어를 설계하는 사람들은 이런 문제를 해결하기 위해 예외 처리라는 장치를 마련해 두었다. 예외 처리란 프로그램 실행 중에 발생하는 오류를 잡아내어 처리하는 것을 말한다. 알고리즘의 매 단계마다 연산이 성공했는지 매번 확인하는 대신, 예외 처리는 "이러이러한 일을 하되 이상이 생기면 이렇게 처리하라"라고 프로그램에 말해 두는 것과 비슷하다.

파이썬의 예외 처리에 대해 지금 자세히 다루지는 않겠지만, 프로그램 안에서 어떤 역할을 하고 어떻게 적용해야 하는지 구체적인 예를 통해 살펴볼 것이다. 파이썬의 예외 처리는 분기와 비슷한 제어 구조를 통해 이루어진다. 먼저 예제를 보고 이를 일반화해 보자.

다음 코드는 math.sqrt 함수에 일어날 수 있는 오류를 처리하도록 파이썬의 예외 처리를 적용한 2차 방정식 풀이 프로그램이다.

```
# quadratic5.py
import math
```

```python
def main():
    print("This program finds the real solutions to a quadratic\n")

    try:
        a = float(input("Enter coefficient a: "))
        b = float(input("Enter coefficient b: "))
        c = float(input("Enter coefficient c: "))
        discRoot = math.sqrt(b * b - 4 * a * c)
        root1 = (-b + discRoot) / (2 * a)
        root2 = (-b - discRoot) / (2 * a)
        print("\nThe solutions are:", root1, root2)
    except ValueError:
        print("\nNo real roots")
main()
```

이 프로그램은 핵심 부분에 try ... except 문을 적용한 초기 버전이다. try 문은 다음과 같은 일반형을 갖는다.

```
try:
    <body>
except <ErrorType>:
    <handler>
```

프로그램 실행 중에 try 절을 만나면, 먼저 몸체(<body>) 안의 명령문을 실행한다. 몸체의 명령문을 아무 오류 없이 수행하고 나면 try ... except 문이 끝난 바로 다음 명령문으로 넘어간다. 반대로 오류가 발생했다면, except 절 중에 발생한 오류에 해당하는 절을 찾는다. 해당하는 except 절이 발견되면 해당 절의 몸체를 수행한다.

예외 처리가 없던 프로그램의 이전 버전은 다음과 같은 오류를 일으켰다.

```
Traceback (most recent call last):
  File "quadratic.py", line 23, in <module>
    main()
  File "quadratic.py", line 16, in main
    discRoot = math.sqrt(b * b - 4 * a * c)
ValueError: math domain error
```

오류 메시지의 마지막 줄에 이 오류의 유형이 ValueError임을 알려 주고 있다. 수정된 프로그램에는 ValueError 유형의 오류를 처리할 수 있는 except 절이 포함되어 있다. 수정된 프로그램은 다음과 같이 동작한다.

```
This program finds the real solutions to a quadratic

Enter coefficient a: 1
Enter coefficient b: 2
Enter coefficient c: 3

No real roots
```

오류와 함께 종료되는 대신에, 예외 처리 코드가 오류를 잡아내어 해당 방정식이 실수해가 없다는 메시지를 출력하는 것을 볼 수 있다.

재미있는 것은, 사용자가 잘못된 값을 입력한 경우의 오류도 함께 처리한다는 점이다. 프로그램을 다시 실행해서 이번에는 다음과 같이 첫 번째 입력에 'x'를 입력해 보자.

```
This program finds the real solutions to a quadratic

Enter coefficient a: x

No real roots
```

왜 이렇게 동작하는지 이유를 알겠는가? float("x")가 실행될 때 "x"를 부동소수형으로 변환할 수 없어서 ValueError가 발생하기 때문이다. 이렇게 오류가 발생했기 때문에 프로그램은 try 절의 실행을 멈추고 발생한 오류에 해당하는 except 절의 몸체를 실행하게 된다. 물론 마지막에 출력하는 메시지의 내용은 좀 이상하게 보일 것이다. 다음 코드는 어떤 오류가 발생했는지에 따라 오류를 처리하도록 수정된 프로그램이다.

```python
# quadratic6.py
import math

def main():
    print("This program finds the real solutions to a quadratic\n")
    try:
        a = float(input("Enter coefficient a: "))
        b = float(input("Enter coefficient b: "))
        c = float(input("Enter coefficient c: "))
        discRoot = math.sqrt(b * b - 4 * a * c)
        root1 = (-b + discRoot) / (2 * a)
        root2 = (-b - discRoot) / (2 * a)
        print("\nThe solutions are:", root1, root2 )
    except ValueError as excObj:
        if str(excObj) == "math domain error":
            print("No Real Roots")
        else:
            print("Invalid coefficient given")
    except:
        print("\nSomething went wrong, sorry!")

main()
```

여러 개의 except 절은 여러 개의 elif 절이 있는 경우와 비슷한 방식으로 동작한다. 오류가 발생하면, 각 except 절을 차례대로 돌며 발생한 오류와 일치하는 유형을 찾는다. 마지막의 오류 유형을 지정하지 않은 except 절은 else 절처럼, 오류 유형이 일치하는 except 절을 찾지 못했을 때 사용된다. 오류 유형을 지정하지 않은 except 절이 없는 상태에서 일치하는 오류 유형을 찾지 못했다면 프로그램은 오류와 함께 종료된다.

ValueError 오류를 두 가지 방법으로 나누어 처리하고 있는 것에 주의하라. 예외 역시 객체의 일종이다. except 절에서 오류 유형 뒤에 as <variable>을 붙여 주면 이 변수에 실제 예외 객체를 할당하게 된다. 여기서는 예외 객체를 문자열로 변환해 오류의 원인을 확인하는 과정을 거친다. 이 문자열의 내용이 오류와 함께 프로그램이 종료될 때 출력된 메시지와 일치한다는 것을 알 수 있다(ValueError: math domain error 같은). 오류 유형이 ValueError가 아니라면 프로그램은 일반적인 오류 안내 메시지를 출력한다. 어떤 값을 입력해야 이 일반적인 오류 안내 메시지를 볼 수 있는지 확인해 보는 것도 공부가 되겠다.

지금까지 try ... except 문을 통해 프로그램을 좀 더 튼튼하게 작성할 수 있다는 것을 배웠다. 다른 오류에 대해서도 같은 방법으로 except 절을 구성하면 오류를 처리할 수 있다. 오류 처리를 어느 정도까지 해야 하는지는 어떤 프로그램을 작성하느냐에 따라 달라진다. 초보 프로그래머의 습작이라면 그렇게 크게 걱정할 일이 없겠지만, 상용 수준의 소프트웨어라면 어떻게든 사용자가 예상치 못한 오류를 겪지 않게끔 해야 한다.

7.5 설계 연구: 세 수의 최댓값 찾기

이제 프로그램의 제어 흐름을 바꿀 수 있는 분기를 사용할 수 있으므로 단지 다음 명령어를 계속 실행해 갈 뿐인 단순한 알고리즘에서 벗어나게 되었다. 여기에는 장점과 단점이 모두 있는데, 장점은 2차 방정식 풀이 프로그램에서처럼 좀 더 복잡한 알고리즘을 작성할 수 있게 되었다는 것이고, 단점은 복잡한 알고리즘은 그만큼 작성하기 어렵다는 것이다. 이번 절에서는 분기가 필요한 문제 중 좀 더 어려운 문제에 대한 알고리즘을 작성해 보면서 프로그램 설계의 어려움과 이를 해결하는 쾌감을 느껴 보자.

세 수의 최댓값을 찾는 알고리즘을 작성하려고 한다. 이 알고리즘은 학점 계산이나 세액 계산처럼 좀 더 큰 프로그램의 일부가 될 수도 있겠으나 이런 부분은 이번에는 그냥 넘어가고 이 문제의 핵심만을 다뤄 보기로 한다. 사용자의 세 가지 입력 값 중에 가장 큰 값을 어떻게 고르도록 해야 할까? 다음 코드는 이 프로그램의 기본 얼개다.

```python
def main():
    x1, x2, x3 = eval(input("Please enter three values: "))

    # 생략된 코드는 maxval을 가장 큰 값으로 설정한다.

    print("The largest value is", maxval)
```

세 개의 수를 입력받기 위해 여기서는 대충 eval 함수를 쓰고 있지만 제품 코드(다른 사람이 사용할 프로그램)라면 eval을 사용해서는 안 된다. 다만 지금은 알고리즘을 작성하고 테스트하는 것이 목적이므로 사용해도 무방하다.

이제 프로그램의 빈 곳을 메우기만 하면 된다. 이후의 내용을 읽기 전에 먼저 어떻게 문제를 풀지 생각해 보도록 한다.

7.5.1 첫 번째 전략: 각 쌍을 모두 비교하기

이 문제는 분명히 분기를 사용해야 풀 수 있다. 이 문제의 답이 될 프로그램은 maxval이 세 개의 입력 x1, x2, x3 중 가장 큰 것을 값으로 갖도록 해야 한다. 언뜻 생각하기에 다음 세 명령 중 하나를 수행하면 될 것이니 세 갈래 분기를 사용하면 될 것 같다.

```
maxval = x1
maxval = x2
maxval = x3
```

그렇다면 상황에 맞게 앞의 명령 중 하나가 실행되도록 조건식만 만들어 주면 될 것이다.

첫 번째로 x1이 가장 큰 값일 경우를 생각해 보자. x1이 실제로 가장 큰 값인지 알려면 적어도 나머지 두 값보다 작지는 않다는 것을 확인해야 한다. 먼저 다음과 같이 해 보았다.

```
if x1 >= x2 >= x3:
    maxval = x1
```

이 명령문이 파이썬 문법에 맞는지 먼저 따져 보자. 조건식 x1 >= x2 >= x3은 우리가 먼저 봤던 조건식의 일반형에 부합하지 않는다. 대부분의 프로그래밍 언어에서 이런 표현식은 문법에 어긋난다. 그러나 파이썬은 복합 조건식을 지원하므로 이 조건식은 수학에서 다루는 조건식 $x1 \geq x2 \geq x3$과 그 의미가 완전히 같다. 다시 말해, x1이 x2 이상이고 x2가 x3 이상이어야 이 조건식이 참이 된다. 그래서 다행히도 이 조건식은 파이썬 문법에 어긋나지 않는다.

프로그램에서 분기를 작성할 때는 다음 두 가지 사항을 주의 깊게 생각해야 한다. 첫 번째로 조건식이 참일 때 해당 분기에서 정확한 명령이 실행되도록 해야 한다. 이 경우의 조건식은 x1이 적어도 x2나 x3보다 작지는 않음을 의미하기 때문에 maxval에 x1의 값을 할당하는 것이 옳다. 그리고 항상 경곗값에 주의를 기울여야 한다. 이 조건식은 더 큰 값뿐 아니라 값이 같은 경우도 참이 된다. 이 경곗값을 분명히 알아 두어야 한다. x1, x2, x3가 모두 같은 값이라면 이 조건식은 참이 될 것이다. 그럼 어느 것을 골라도 상관이 없을 것이므로 x1의 값을 최댓값이라 힐 수 있다.

두 번째는 첫 번째 경우의 역으로 이 조건식이 정말 x1이 최댓값이 되는 모든 경우에 해당하는지를 생각해 보아야 한다. 현재의 조건식은 아쉽게도 이 점을 만족하지는 못한다. 세 값이 5, 2, 4라면 당연히 x1이 최댓값이 되겠지만, $5 \geq 2 \geq 4$는 참이 아니기 때문이다. 이젠 조건식을 수정해야 한다.

x2와 x3의 대소 관계와 무관하게 x1이 최댓값임을 보장하려면, x1 >= x2와 x1 >= x3 두 가지 테스트를 따로따로 해야 한다. 파이썬에서는 한 개 이상의 조건식을 예약어 and로 결합해 전부 테스트할 수 있다. and의 정확한 의미에 대해서는 8장에서 설명하기로 하고, 직관적으로 볼 때 우리가 작성하려는 조건식은 다음과 같을 것이다.

```python
if x1 >= x2 and x1 >= x3:  # x1이 다른 두 수보다 크다.
    maxval = x1
```

프로그램을 완성하려면 다른 경우에 대해서도 조건식을 만들어야 한다.

```python
if x1 >= x2 and x1 >= x3:
    maxval = x1
elif x2 >= x1 and x2 >= x3:
    maxval = x2
else:
    maxval = x3
```

이 방법은 다시 말해, 가능한 모든 경우에 대해 해당 수가 가장 큰 수인지 비교해 보는 과정이 된다.

비교할 값이 세 개뿐이라면 간단하게 해결할 수 있을 것이다. 그런데 비교할 수가 다섯 개로 늘어난다면 어떻게 될까? 다섯 개에 대해 같은 방법을 적용하려면 네 개의 조건식이 and로 연결된 불 표현식을 네 개 만들어야 할 것이다. 이렇게 복잡한 조건식을 만들어야 하는 이유는 이전 분기의 조건식에서 얻은 정보를 이용하지 못하고 각 분기마다 해당 분기에 정확하게 맞는 조건식을 새로 만들기 때문이다. 무슨 말인지 잘 이해되지 않는다면, 세 개 수의 최댓값을 구하던 예제 코드를 다시 한 번 보기 바란다. 이 코드의 첫 번째 분기에서 x1이 x2보다 크지만 x3보다는 작다는 것을 알게 되었다면, 이 시점에서 이미 x3이 최댓값임을 추론할 수 있다. 하지만 현재 코드는 이런 정보를 활용하지 않고 마지막 표현식까지 거짓이라는 것을 확인한 다음 else 절을 실행하게 된다.

7.5.2 두 번째 전략: 분기 트리

이렇게 같은 정보를 두 번 확인하는 것을 방지하려면 분기 트리 전략을 이용하는 편이 좋다. 먼저 조건식 x1 >= x2부터 시작해 보자. 이 조건식의 결과를 통해 x1이나 x2 둘 중 하나는 최댓값이 아니라는 것을 알 수 있다. 조건식이 참이라면 그다음엔 x1이나 x3 중 더 큰 값이 무엇인지만 확인하면 된다. 반대로 조건식이 거짓이라면, 같은 방법으로 x2나 x1만 비교해 보면 된다. 이 예제에서 보듯 첫 번째 분기가 두 가능성으로 나뉘어 다시 다른 분기로 이어지는 구조에서 분기 트리라는 이름이 유래했다. 그림 7.5에 이 예제를 흐름도로 나타냈다. 이 흐름도는 다시 중첩 if-else 문으로 쉽게 변환할 수 있다.

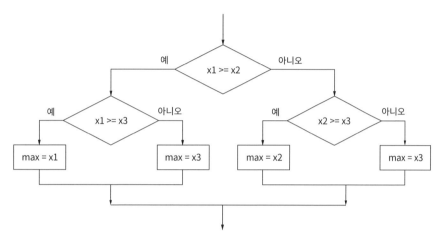

그림 7.5 세 수의 최댓값을 구하기 위한 분기 트리를 나타낸 흐름도

```
if x1 >= x2:
    if x1 >= x3:
        maxval = x1
    else:
        maxval = x3
else:
    if x2 >= x3:
        maxval = x2
    else:
        maxval = x3
```

이 방법은 뛰어난 효율성이 장점이다. 세 개의 수가 어떤 순서로 주어지든지 두 번의 대소 비교만으로 maxval에 정확한 값을 할당할 수 있다. 그러나 이 방법은 첫 번째 방법보다 구조가 복잡하고, 비교할 수의 개수가 늘어나면서 구조가 훨씬 더 복잡해지는 단점이 있다. 자신이 있다면 네 개의 수를 비교하기 위한 분기 트리를 한번 설계해 보라(세 겹으로 중첩된 if-else 문 안에 할당문 여덟 개를 작성해야 할 것이다).

7.5.3 세 번째 전략: 순차 처리

지금까지 서로 매우 다른 두 가지 전략을 살펴보았으나 두 가지 방법 모두 특출하세 우아한 방법은 아니었다. 더 나은 방법이 있을지도 모른다. 알고리즘을 실세할 때는 내가 이 문제를 푼다면 어떻게 풀지부터 생각해 보는 것이 좋다. 세 개의 수에서 최댓값을 직접 찾아본다고 해서 썩 그럴듯한 방법이 떠오르지는 않는다. 그저 세 개의 수를 보고 그중 가장 큰 것이 무엇인지 고를 뿐이다. 하지만 아무 두서없이 수백 개의 숫자가 뒤섞인 책에서 최댓값을 찾아야 한다면 어떨까? 이 안에서 여러분이라면 어떻게 최댓값을 찾을 것인가?

규모가 큰 문제를 풀 때 사람들은 문제를 해결할 전략을 짜기 시작한다. 숫자를 죽 훑어보면서 큰 값을 찾고, 그 값을 손가락으로 표시해 놓는다. 다시 숫자를 훑기 시작한다. 손가락으로 표시해 둔 숫자보다 더 큰 숫자를 찾았다면 이번에는 새로운 최댓값을 손가락으로 표시한다. 그리고 숫자를 다 훑었다면 지금 손가락으로 표시하고 있는 수가 최댓값일 것이다. 간단하게 말해서, 숫자를 순서대로 죽 훑으면서 현재까지의 최댓값이 무엇인지 확인하는 방법이다.

컴퓨터에는 손가락이 없으므로 최댓값을 저장해 두기 위한 변수를 사용하기로 한다. 가장 쉬운 방법은 maxval을 이 변수로 직접 사용하는 것이다. 이렇게 하면, 숫자를 다 훑고 났을 때의 maxval 값이 최댓값이 된다. 이 방법으로 세 개의 수의 최댓값을 구하는 과정을 그림 7.6에 흐름도로 나타냈다.

그리고 이 흐름도를 파이썬 코드로 옮기면 다음과 같다.

```python
maxval = x1
if x2 > maxval:
    maxval = x2
if x3 > maxval:
    maxval = x3
```

이 순차적 방법이 지금까지 본 세 가지 방법 중 확실히 가장 나아 보인다. 코드도 간단하고 분기도 단순 분기 두 개뿐이다. 그리고 앞의 두 알고리즘에서 사용했던 중첩문보다 훨씬 이해하기 쉽다. 거기다 문제의 크기가 커질 경우, 예를 들어, 숫자의 수가 세 개에서 네 개로 늘어난다 치면 다음과 같이 if 문 하나만 추가하면 된다.

```python
maxval = x1
if x2 > maxval:
    maxval = x2
if x3 > maxval:
    maxval = x3
if x4 > maxval:
    maxval = x4
```

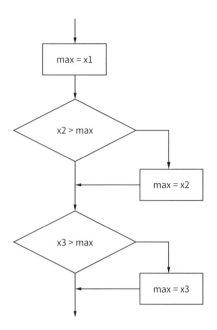

그림 7.6 세 수의 최댓값을 순차적으로 훑어가며 구하는 과정을 나타낸 흐름도

세 번째 알고리즘은 애초에 규모가 큰 문제를 고려하면서 만들어졌으므로 큰 규모의 문제로 쉽게 확장할 수 있는 것은 어찌 보면 당연하다 하겠다. 또 이 코드는 비슷한 코드가 여러 번 반복되므로 반복문으로 이를 축약할 수도 있을 것이다. 그리고 x1, x2, x3 같은 변수를 일일이 나눠 쓰는 대신 x라는 변수 하나로 갈음할 수 있을 것이다. 이렇게 되면 매 반복마다 x의 새로운 값을 현재 maxval 값과 비교하게 될 것이다.

```
# program: maxn.py
# 숫자의 연속열에서 가장 큰 값을 찾는다.

def main():
    n = int(input("How many numbers are there? "))

    # 첫 번째 값을 현재 최댓값으로 한다.
    maxval = float(input("Enter a number >> "))

    # n-1개의 숫자를 비교한다.
    for i in range(n-1):
        x = float(input("Enter a number >> "))
        if x > maxval:
            maxval = x

    print("The largest value is", maxval)

main()
```

이 코드는 반복문에 포함된 분기 하나만으로 같은 일을 수행할 수 있다. 반복문의 매 반복마다 maxval은 지금까지 본 숫자 중 가장 큰 것을 값으로 갖게 된다.

7.5.4 네 번째 전략: 파이썬이 제공하는 기능 사용하기

이제 와서 하는 말이지만 사실 지금까지 우리가 알고리즘을 만들기 위해 기울인 노력은 불필요한 것이었다. 파이썬에는 인자 중 가장 큰 값이 무엇인지 알려 주는 내장 함수 max가 있기 때문이다. 다음 코드는 이 문제를 해결하는 가장 쉬운 방법이다.

```python
def main():
    x1, x2, x3 = eval(input("Please enter three values: "))
    print("The largest value is", max(x1, x2, x3))
```

물론 이 코드에는 어떤 알고리즘도 포함되어 있지 않지만 그래서 더욱 이 문제의 허를 찌른다고 할 수 있다. 문제에 따라서는 파이썬이 즉시 답을 제공해 주기도 한다는 점을 기억하기 바란다.

7.5.5 기억해 둘 점

세 수의 최댓값을 구하는 문제가 그렇게 대단한 문제는 아니지만 이 문제를 풀면서 프로그램 설계에서 중요하게 생각해야 할 점이 몇 가지 드러난다.

- 문제는 여러 가지 방법으로 풀 수 있다. 진지하게 해결해야 하는 계산 문제에도 여러 가지 해결 방법을 찾을 수 있다. 당연해 보이지만 많은 초보 프로그래머들이 이 점을 간과한다. 그렇다면 어찌해야 할까? 생각나는 대로 우선 코드부터 작성하기 시작하는 버릇을 버려야 한다. 프로그램을 어떻게 설계할지 고민하고 더 나은 방법은 없는지 스스로에게 질문을 던져야 한다. 코드를 이미 작성했다면 더 나은 방법이 없는지 다시 한 번 고민해 본다. 가장 먼저 해야 할 일은 일단 문제를 해결하는 알고리즘을 작성하는 것이지만, 그다음엔 그저 동작하는 것이 아니라 명료하고, 간결하며, 효율적이고, 확장이 쉽고, 우아한 알고리즘을 추구해야 한다. 좋은 알고리즘이나 프로그램은 논리로 짜인 훌륭한 시와 같다. 이를 읽고 고치는 것만으로도 프로그래머에게 즐거움을 준다.
- 컴퓨터의 입장에서 생각하라. 특히 초보 프로그래머에게 알고리즘을 작성하는 가장 좋은 방법은 나라면 문제를 어떻게 풀지 생각해 보는 것이다. 좋은 알고리즘을 작성하기 위한 방법은 이 외에도 여러 가지가 있지만(13장에서 다룰 것이다), 때로는 목표를 향해 직진하는 것이 가장 간단하고 투명하며 효율적인 경우도 있다.
- 일반적인 경우를 생각하라. 세 수의 최댓값을 구하는 문제에서도 비교할 숫자

의 수를 n개로 확장하면서 가장 좋은 해결책에 도달할 수 있었다. 어떤 특수한 경우에 대한 좋은 해답을 좀 더 일반적인 경우로부터 이끌어 내는 경우는 흔히 볼 수 있다. 지금 푸는 문제에서 한 걸음 물러서서 더 큰 문제에 손대는 것을 두려워하지 말라. 프로그램을 작성할 때도 마찬가지로 좀 더 많은 상황에서 유용한 프로그램이 될 수 있도록 항상 고민하라. n개의 수의 최댓값을 구하는 것과 세 수의 최댓값을 구하는 것이 난이도가 비슷하다면, 더 쓸모가 많은 일반적인 경우에 대한 프로그램을 작성하는 것이 좋다. 이런 태도는 프로그래밍에 들인 노력을 최대한 활용할 수 있도록 해 줄 것이다.

- 이미 있는 것을 다시 만들지 말라. 아까 본 네 번째 방법은 파이썬의 max 함수를 사용한 것이었다. 반칙이라고 생각할 사람도 있겠지만 여기서 깨달아야 할 점이 있다. 세상에는 이미 매우 똑똑한 프로그래머들이 만들어 놓은 좋은 프로그램과 알고리즘이 많다. 내가 해결하려는 문제가 과거 누군가가 직면했던 문제라면, 이미 해결책이 있지 않는지부터 확인해 보는 것이 좋다. 물론 알고리즘을 처음부터 작성해 보는 것도 프로그래밍 공부에 많은 도움이 된다. 하지만 정말 훌륭한 프로그래머들은 다른 사람의 해결책을 빌려 쓰기를 주저하지 않는다.

7.6 정리

이 장에서는 프로그램에 분기를 만드는 제어 구조를 다뤘다. 다음은 이번 장의 중요한 내용을 요약한 것이다.

- 분기는 프로그램이 경우에 따라 다른 순서로 실행되도록 하는 제어 구조다.
- 파이썬에서 분기는 if 문을 이용해 만드는데 단순 분기는 if 문, 쌍지(두 갈래) 분기는 if-else 문, 세 갈래 이상의 분기는 if-elif-else 문을 이용해 만든다.
- 분기는 불 표현식으로 된 조건식의 평갓값에 따라 이루어진다. 불 표현식은 참 또는 거짓을 값으로 갖는데, 파이썬에는 이를 위한 bool 데이터 타입과 참/거짓에 대한 리터럴 True와 False가 있다. <, <=, !=, ==, >, >=와 같은 관계 연산자를 이용하면 더 복잡한 조건식을 만들 수 있다.
- 프로그래밍 언어는 프로그램을 좀 더 튼튼하게 하기 위해 예외 처리라는 수단을 제공하기도 한다. 파이썬도 try-except 문을 통해 예외 처리를 제공한다.
- 중첩되는 분기를 사용하는 알고리즘은 자칫 복잡해지기 쉽다. 문제를 해결하

는 방법에는 여러 가지가 있지만 정확하고 효율적이며 이해하기 쉬운 프로그램을 작성하려면 많은 고민이 필요하다.

7.7 연습 문제

내용 점검

맞다/틀리다로 답하시오.

1. 단순 분기는 if 문을 이용해 만들 수 있다.

2. 파이선 조건문에서 ≠는 /=로 나타낸다.

3. 문자열의 대소 비교는 사전 순서를 기준으로 한다.

4. 쌍지(두 갈래) 분기는 if-elif 문을 이용한다.

5. math.sqrt 함수는 음수에 대한 제곱근은 계산할 수 없다.

6. try 문 하나로도 여러 종류의 오류를 처리할 수 있다.

7. 다지 분기는 중첩된 if-else 문으로만 만들 수 있다.

8. 제어 구조를 사용해야 하는 문제에는 대개 하나의 정답만이 있다.

9. 파이썬에서 조건식 x <= y <= z는 문법에 어긋나지 않는다.

10. 입력의 유효성 확인이란, 입력이 필요할 때 사용자에게 안내 메시지를 출력하는 것을 말한다.

다음 중 맞는 것을 모두 고르시오.

1. 다른 명령문의 실행 여부를 제어하는 명령문을 무엇이라고 하는가?

   a) 상사 구조   b) 초구조

   c) 제어 구조   d) 지점

2. 파이썬에서 다지 분기를 구현하기에 가장 적합한 구조는 무엇인가?

   a) if   b) if-else   c) if-elif-else   d) try

3. 참 또는 거짓의 두 가지 값으로 평가되는 표현식을 무엇이라고 하는가?

   a) 동작문   b) 불 표현식   c) 단순 표현식   d) 복합 표현식

4. 프로그램이 임포트가 아니라 직접 실행될 때 __name__의 값은 무엇인가?

   a) script

   b) main

c) `__main__`

d) `True`

5. 다음 중 bool 데이터 타입의 리터럴은 무엇인가?

   a) `T, F`

   b) `True, False`

   c) `true, false`

   d) `1, 0`

6. 분기 안에 다시 분기를 배치하는 것을 무엇이라고 하는가?

   a) 복제   b) 포옹   c) 중첩   d) 지연

7. 파이썬에서 분기의 몸체를 나타내는 방법은 무엇인가?

   a) 들여쓰기   b) 괄호(())   c) 중괄호({})   d) 콜론(:)

8. 하나의 분기가 다시 여러 개의 분기로 이어지는 구조를 분기 _____(이)라고 한다.

   a) 네트워크   b) 웹   c) 트리   d) 트랩

9. `math.sqrt` 함수로 음수의 제곱근을 구하려고 하면 무엇이 발생하는가?

   a) `ValueError`   b) 허수

   c) 프로그램 강제 종료   d) 복통

10. 여러 개의 예시가 있는 문제는 다음 중 무엇과 가장 비슷하다고 할 수 있는가?

   a) 단순 분기   b) 쌍지(두 갈래) 분기

   c) 다지 분기   d) 예외 처리자

토론할 내용

1. 다음 개념을 스스로의 논리로 설명하시오.

   a) 단순 분기

   b) 쌍지 분기

   c) 다지 분기

2. `try-catch`를 사용하는 예외 처리와 일반적인 분기 구조를 사용해서 예외적인 경우를 처리하는 것(if 문의 특이한 용도)의 유사점은 무엇인가?

3. 다음은 바람직하지 못한 분기 구조다.

```python
a, b, c = eval(input('Enter three numbers: '))

if a > b:
    if b > c:
        print("Spam Please!")
    else:
        print("It's a late parrot!")
elif b > c:
    print("Cheese Shoppe")
    if a >= c:
        print("Cheddar")
    elif a < b:
        print("Gouda")
    elif c == b:
        print("Swiss")
else:
    print("Trees")
    if a == b:
        print("Chestnut")
    else:
        print("Larch")
print("Done")
```

다음 입력에 대해 어떤 내용이 출력될지 답하시오.

a) 3, 4, 5

b) 3, 3, 3

c) 5, 4, 3

d) 3, 5, 2

e) 5, 4, 7

f) 3, 3, 2

프로그래밍 과제

1. 여러 회사에서 시급 대비 1.5배의 초과 근무 수당(주당 40시간 이상)을 지급한다. 그 주의 근무 시간과 시급 액수를 입력받아 해당 주의 주급을 계산하는 프로그램을 작성하라.

2. 컴퓨터공학과의 어떤 교수는 5점짜리 퀴즈에 다음과 같이 학점을 매긴다고 한다. 5점-A, 4점-B, 3점-C, 2점-D, 1점-F, 0점-F. 퀴즈 점수를 입력받은 뒤 분기구조를 사용해서 학점을 부여하는 프로그램을 작성하라.

3. 컴퓨터공학과의 또 다른 교수는 100점짜리 퀴즈에 다음과 같이 학점을 매긴다고 한다. 90~100점: A, 80~89점: B, 70~79점: C, 60~69점: D, 60점 미만: F.

퀴즈 점수를 입력받은 뒤 분기 구조를 사용해서 학점을 부여하는 프로그램을 작성하라.

4. 어떤 대학교에서는 학생을 이수 학점 수에 따라 다음과 같이 분류한다고 한다. 7학점 이하: 1학년, 8~15학점: 2학년, 16~25학점: 3학년, 26학점 이상: 4학년. 이수 학점 수를 입력받아 학생의 학년을 구하는 프로그램을 작성하라.

5. 체질량 지수(body mass index, BMI)는 체중(파운드 단위)에 720을 곱한 뒤, 키(인치 단위)의 제곱으로 나누는 방법으로 계산한다. BMI 지수가 19 이상 25 이하일 때를 정상 범위로 본다. 체중과 키를 입력받아 BMI 지수를 계산하고, 계산된 값이 정상 범위인지 여부를 출력하는 프로그램을 작성하라.

6. 포덩크스빌의 속도위반 벌금은 기본 50달러에, 시간당 마일로 제한 속도를 초과한 만큼에 5를 곱한 액수를 더해서 계산된다. 그리고 시간당 90마일이 넘은 경우에는 200달러를 벌금으로 부과한다. 제한 속도와 차량 속도를 입력받아 제한 속도를 위반한 경우에 속도위반 벌금 액수를 계산하는 프로그램을 작성하라.

7. 어떤 보모는 오후 9시 이전까지는 시간당 2.50달러를, 그 이후에는(아이가 자고 있으므로) 시간당 1.75달러를 받는다고 한다. 아이를 보기 시작한 시간과 끝낸 시간을 입력받아 요금을 계산하는 프로그램을 작성하라. 각 시간은 24시간제를 기준으로 한다. 시간 단위로 딱 떨어지지 않는 시간은 그에 비례해 요금을 매긴다.

8. 미국의 상원 의원은 30세 이상이며 9년 이상 미국 시민권을 보유한 사람만이 출마할 수 있다. 하원 의원의 경우는 25세 이상, 시민권 보유 기간은 7년이다. 나이와 시민권 보유 기간을 입력받아 상원 및 하원에 출마 자격이 있는지 여부를 출력하는 프로그램을 작성하라.

9. 1982년부터 2048년 사이의 부활절 날짜는 다음과 같이 계산한다. $a = year \% 19$, $b = year \% 4$, $c = year \% 7$, $d = (19a + 24) \% 30$, $e = (2b + 4c + 6d + 5) \% 7$ 이라고 할 때, 부활절 날짜는 3월 $22 + d + e$일(4월로 넘어갈 수도 있다)이 된다. 연도를 입력받아 해당 연도가 이 계산법을 적용할 수 있는 해인지 확인하고, 그 해의 부활절이 며칠인지 출력하는 프로그램을 작성하라.

10. 앞의 문제에서 부활절 날짜를 구하는 방법은 1900년부터 2099년 사이에서 1954년, 1981년, 2049년, 2076년을 제외한 해에만 적용할 수 있다. 이 네 해에는 원래 날짜보다 한 주 늦은 날짜가 계산된다. 앞의 문제에서 작성한 프로그램을 수정해 1900년부터 2099년까지의 모든 해에 적용할 수 있도록 하라.

11. 어떤 해가 윤년인지 아닌지는 다음과 같은 방법을 통해 알 수 있다. 연도의 수가 4로 나누어떨어지면서, 400으로 나누어떨어지거나 100으로 나누어떨어지지 않아야 윤년이다(1600년과 2000년은 윤년이지만, 1800년과 1900년은 윤년이 아니다). 연도를 입력받아 해당 연도가 윤년인지 아닌지 출력하는 프로그램을 작성하라.

12. 년/월/일의 형식으로 날짜를 입력받아 입력받은 날짜가 유효한지 판정하는 프로그램을 작성하라. 구체적으로 예를 들면 1962/5/24는 유효한 날짜지만, 2000/9/31은 유효하지 않은 날짜다(9월은 30일까지이므로).

13. 날짜를 1년 중 몇 번째 날인지로 나타낼 수 있다(1~365 또는 366). 이 숫자는 다음과 같은 절차로 정수 연산을 하면 구할 수 있다.

(a) dayNum = 31(month - 1) + day
(b) 만약 달이 2월 이후라면 (4(month) + 23) // 10을 뺀다.
(c) 연도가 윤년이고 2월 29일 이후라면 1을 더한다.

년/월/일 형식으로 날짜를 입력받아 유효한 날짜인지 확인(앞 문제 참고)하고, 이 날짜가 1년 중 몇 번째 날인지 출력하는 프로그램을 작성하라.

14. 4장의 프로그래밍 과제 7번 문제를 직선과 원이 겹치지 않는 경우를 처리하기 위한 분기를 추가해 다시 풀라.

15. 4장의 프로그래밍 과제 8번 문제를 직선이 수직인 경우에 0으로 나누는 일을 방지하도록 분기를 추가해 다시 풀라.

16. 양궁 채점 프로그램. 양궁 시합의 과녁판을 그리고(4장의 프로그래밍 과제 2번 참조) 과녁판에 화살을 나타내는 클릭 다섯 번을 입력받아 점수를 계산하는 프로그램을 작성하라. 점수대를 다섯 개로 나누어 정 가운데를 9점, 동심원 하나를 벗어날 때마다 2점씩 감점해 흰 바탕을 맞추면 1점으로 한다. 프로그

램은 클릭 입력이 들어갈 때마다 점수를 출력하고, 그때까지의 합계 점수 또한 출력해야 한다.

17. 창 안에서 원이 튀어 다니는 애니메이션을 그리는 프로그램을 작성하라. 먼저 창 안쪽에 원을 그린 다음, 변수 dx, dy(초깃값은 1로 한다)로 원의 이동을 제어한다. 반복 횟수가 매우 많은(1만 번쯤) 반복문을 사용해 매 반복마다 dx, dy만큼 원을 움직이면 된다. 원의 중심점에 대한 x 좌푯값이 너무 커지면(창의 가장자리에 부딪히면) dx를 -1로, 너무 작아지면 다시 1로 변경한다. dy에도 같은 처리를 한다.

참고: 애니메이션이 너무 빠르게 진행될 수 있다. update 함수에 적절한 값을 주어 애니메이션을 느리게 할 수 있다. 예를 들어 다음과 같이 하면 리프레시율이 1초에 30번으로 제한된다.

```
for i in range(10000):
    ...
    update(3) # 1초에 30번 이상 리프레시하지 못하도록 멈춘다.
```

18. 이전 장에서 가장 마음에 들었던 프로그래밍 과제를 골라 분기와 예외 처리를 추가해 프로그램이 좀 더 튼튼해지도록(어떤 입력에도 오류로 종료되지 않도록) 고쳐 보라. 작성한 프로그램을 친구와 교환해 상대의 프로그램에 오류를 일으켜 보라.

8장

P y t h o n   P r o g r a m m i n g

반복 구조와 불 값

이 장의 학습 목표

· 횟수 지정 반복문(definite loop)과 조건 지정 반복문(indefinite loop)의 개념을 이해하고 파이썬의 for 문과 while 문으로 구현할 수 있다.

· 상호 작용식 반복문(interactive loop)과 경곗값 반복문(sentinel loop) 프로그래밍 패턴을 이해하고 파이썬의 while 문으로 구현할 수 있다.

· 파일 끝 반복문(end-of-file loop) 프로그래밍 패턴을 이해하고 파이썬에서 이를 구현할 수 있다.

· 중첩 반복문 등의 반복문 패턴을 사용하는 문제를 해결하기 위한 방법을 설계하고 구현할 수 있다.

· 기초적인 불 대수를 이해하고 불 연산자를 사용한 불 표현식을 작성하거나 이해할 수 있다.

8.1 for 반복문: 복습하기

7장에서 파이썬의 if 문과 이를 이용해 단순, 쌍지, 다지 분기를 구성하는 방법에 대해 자세히 알아본 바 있다. 이번 장에서는 불 표현식과 반복문을 자세히 알아보며 제어 구조에 대한 공부를 마무리하고자 한다.

파이썬의 for 문을 통해 프로그램의 일부를 반복 실행할 수 있음은 이미 배웠다. for 문을 이용하면 어떤 값의 연속열에 대해 값마다 어떤 명령을 반복할 수 있다.

```
for <var> in <sequence>:
    <body>
```

반복 인덱스 변수인 var는 매 반복마다 연속열의 해당하는 값을 할당받고 이때마다 반복문의 몸체가 실행된다.

사용자가 입력하는 일련의 수에 대해 평균을 구하는 프로그램을 작성한다고 하자. 이 프로그램이 좀 더 많은 경우에 유용하려면, 숫자의 개수에 상관없이 평균을 구할 수 있어야 할 것이다. 평균은 모든 수의 합을 구한 후에 이 합을 수의 개수로 나누어서 구하면 된다는 것은 이미 알고 있다. 입력받은 수를 모두 저장해 둘 필요는 없고, 그때그때 합을 저장하며 마지막에 평균을 구하기만 하면 된다.

이 문제를 보다 보면 전에 봤던 패턴임을 떠올릴 수 있을 것이다. 반복문을 통해 어떤 숫자를 차례대로 처리하는 패턴 말이다. 숫자가 n개 있다면, 반복문도 n번 수행된다. 여기엔 계수 반복 패턴을 사용할 수 있다. 또, 그때그때의 합을 저장하는 역할은 누적자 변수가 맡아 줄 것이다. 이 두 가지를 모두 적용하면 이 문제에 대해 다음과 같은 설계를 이끌어 낼 수 있다.

```
숫자의 개수를 입력받는다, n
변수 total을 0으로 초기화한다.
다음을 n번 반복한다.
    숫자를 입력받는다, x
    total에 x를 더한다.
total / n과 같이 출력할 평균을 구한다.
```

계수 반복과 누적자 패턴이 모두 적용됐음을 알 수 있을 것이다. 이 설계는 다시 거의 그대로 파이썬 코드로 옮길 수 있다.

```python
# average1.py

def main():
    n = int(input("How many numbers do you have? "))
    total = 0.0
    for i in range(n):
        x = float(input("Enter a number >> "))
        total = total + x
    print("\nThe average of the numbers is", total / n)

main()
```

중간 합계는 0부터 시작해 각 숫자가 차례로 더해진다. 반복문이 끝나고 나면 중간 합계는 전체 합계가 되고 이를 n으로 나누어 평균을 계산한다.

다음은 이 프로그램의 실행 결과다.

```
How many numbers do you have? 5
Enter a number >> 32
Enter a number >> 45
Enter a number >> 34
Enter a number >> 76
Enter a number >> 45

The average of the numbers is 46.4
```

이만하면 괜찮은 것 같다. 계수 반복과 누적자라는 흔히 쓰이는 패턴을 이용해서 최소한의 수고만으로 잘 동작하는 프로그램을 작성할 수 있었다. 이렇게 어디선가 본 듯한 문제를 만날 경우 이전의 경험을 활용하면 큰 수고를 덜 수 있다.

8.2 조건 지정 반복문

조금 전에 작성한 평균을 구하는 프로그램은 틀림없이 잘 작동하지만 사용자 인터페이스에는 아직 개선할 여지가 있다. 이 프로그램은 처음에 입력할 숫자의 개수를 입력받는데, 숫자가 몇 개 안 되는 경우에는 크게 문제가 안 되지만, 한 페이지가 넘는 숫자의 평균을 구해야 한다면 어떨까? 이걸 세는 것만으로도 큰 수고가 되는 경우가 있다.

이럴 때는 숫자의 개수를 컴퓨터가 세어 준다면 좋을 것이다. 그러나 for 문을 이용한 (표준적인 형태의) 반복문에서는 반복문을 시작할 때 이미 반복 횟수가 정해져 있다. 그렇기 때문에 숫자의 개수를 미리 알지 못하면 반복문을 수행할 횟수를 알 수 없기 때문에 횟수 지정 반복문을 사용할 수 없는 진퇴양난의 상황에 빠지게 된다.

이런 딜레마는 조건 지정 반복문(indefinite loop, conditional loop)이라는 또 다른 형태의 반복문을 사용해 해결할 수 있다. 조건 지정 반복문은 어떤 조건을 만족할 때까지 계속해서 반복을 수행하므로 반복 횟수가 미리 정해져 있지 않다.

파이썬에서는 while 문을 이용해 조건 지정 반복문을 구성할 수 있다. while 문은 다음과 같이 간단한 문법을 갖는다.

```
while <condition>:
    <body>
```

여기서 condition은 if 문에서와 같이 불 표현식이며, 몸체 역시 명령문 하나 또는 여러 개로 구성된다.

while 문은 말 그대로 조건문이 참인 한 반복문의 몸체가 계속해서 실행된다는 뜻이다. 조건문이 거짓이면 반복문이 종료된다. 그림 8.1에 while 문의 흐름도를 나타냈다. 조건문의 평가는 항상 반복문의 가장 위에서, 그러니까 몸체가 실행되기 전에 일어난다는 점에 주의해야 한다. 이런 구조를 사전 검사 반복문(pre-test loop)이라고 한다. 반복문의 조건이 처음부터 거짓이면 몸체는 한 번도 실행되지 않는다.

다음은 while 문을 이용해 0부터 10까지 숫자를 세는 반복문이다.

```
i = 0
while i <= 10:
    print(i)
    i = i + 1
```

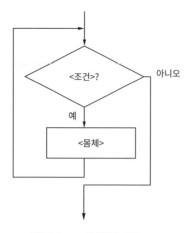

그림 8.1 while 반복문의 흐름도

앞의 코드는 다음의 for 문을 이용한 코드와 같은 결과를 낳는다.

```
for i in range(11):
    print(i)
```

while을 이용한 코드에서는 i를 반복문 이전에 미리 초기화하고, 반복문 몸체 맨 밑에서 i의 값을 증가시켜 주어야 하는 수고가 필요하지만, for 문에서는 이와 같은 과정이 자동으로 이루어진다.

while 문의 이런 단순함은 강력하지만 때로는 위험할 수도 있다. 그저 연속열형의 각 요소에 대한 반복이 아니므로 유연한 반면 그만큼 엄밀하지 못하기 때문이다. 그래서 오류를 내기 쉽다.

조금 전의 코드에서 i를 증가시키는 것을 잊었다면 어떻게 될까?

```
i = 0
while i <= 10:
    print(i)
```

이 프로그램의 출력이 어떻게 될 것 같은가? 파이썬이 반복문을 시작하면, i의 값은 0이므로 10보다 작다. 그래서 반복문 몸체가 실행되어 0이 출력된다. 그다음 다시 조건문의 평가로 돌아가서 i의 값을 확인한다. 여전히 0이다. 그럼 반복문 몸체가 실행되어 다시 0이 출력되고 이것이 무한히 반복된다.

이제 상황이 이해되는가? 앞의 코드는 무한 반복문(infinite loop)의 한 예다. 대부분의 경우에 무한 반복문은 바람직하지 못한데, 이 코드 역시 딱히 쓸모 있는 일을 하지는 못한다. 이걸 보니 기억나는 농담이 있는데, 어떤 컴퓨터 과학자가 머리를 계속 감다 지쳐 죽었다고 한다. 그 이유인즉슨, '샴푸, 린스(헹굼), 반복할 것'이라고 쓰여 있었기 때문이다.

초보 프로그래머가 작성한 프로그램이 무한 반복에 빠지는 일은 왕왕 있게 마련이다. 이 또한 프로그래머가 되기 위한 통과 의례라고 할 수 있다. 숙련된 프로그래머 역시 가끔 저지르는 실수다. 그럴 때는 〈ctrl〉+c(컨트롤키를 누른 채로 c를 누른다)를 눌러 반복문을 빠져 나오면 된다. 정말 많은 일을 하고 있는 반복문이라면 이 방법이 통하지 않을 수도 있는데, 그럴 때는 좀 더 단호한 방법을 택해야 한다(〈ctrl〉+〈alt〉+〈del〉 같은). 이 모든 방법이 통하지 않을 때는 그냥 PC의 리셋 버튼을 누르라. 하지만 먼저 무한 반복에 빠지지 않는 프로그램을 작성하는 것이 좋다.

8.3 자주 쓰이는 반복문 패턴

8.3.1 상호 작용식 반복문

조건 지정 반복문을 잘 활용한 예가 상호 작용식 반복문(interactive loop)이다. 상호 작용식 반복문은 프로그램의 일부를 사용자의 요청에 따라 반복 실행하기 위한 것이다. 숫자의 평균 내기 프로그램을 통해 이 반복문 패턴이 어떤 형태인지 알아보자.

이 프로그램의 마지막 버전은 사용자가 평균을 낼 숫자가 몇 개인지 미리 세어야만 했다. 이 점을 개선하기 위해 프로그램이 직접 숫자의 개수를 세도록 수정하려고 한다. 이를 위해 누적자 변수를 하나 더 사용해서(여기서는 call이라고 해 두겠다) 0부터 시작해서 반복문이 한 번 수행될 때마다 1씩 증가시키도록 한다.

사용자가 언제든지 입력을 멈출 수 있도록 매 반복마다 더 입력할 값이 있는지 묻는다. 상호 작용식 반복문의 일반적인 형태는 다음과 같다.

```
moredata를 "yes"로 한다.
moredata가 "yes"인 한, 다음을 반복하라.
    다음 데이터를 입력받는다.
    입력받은 데이터를 처리한다.
    더 입력할 데이터가 있는지 사용자에게 묻는다.
```

이와 같은 상호 작용식 반복문 패턴에 총합과 숫자의 개수를 저장할 누적자 변수를 추가하면 다음과 같이 평균을 구하는 알고리즘을 만들 수 있다.

```
누적자 변수 total을 0.0으로 초기화한다.
누적자 변수 count를 0으로 초기화한다.
moredata를 "yes"로 한다.
moredata가 "yes"인 한, 다음을 반복하라.
    숫자를 입력받아 x에 할당한다.
```

```
            x의 값을 total에 더한다.
            count의 값을 1 증가시킨다.
            더 입력할 데이터가 있는지 사용자에게 묻는다.
total / count로 평균을 계산해 출력한다.
```

상호 작용식 반복문에 어느 위치에서 누적자 변수가 사용되는지 잘 봐 두기 바란다.

다음은 앞의 알고리즘을 파이썬 코드로 옮긴 것이다.

```python
# average2.py

def main():
    total = 0.0
    count = 0
    moredata = "yes"
    while moredata[0] == "y":
        x = float(input("Enter a number >> "))
        total = total + x
        count = count + 1
        moredata = input("Do you have more numbers (yes or no)? ")
    print("\nThe average of the numbers is", total / count)

main()
```

이 프로그램에서는 사용자 입력의 첫 글자만 확인하기 위해 문자열의 위치 찾기 연산(moredata[0])을 사용하고 있다. 이렇게 하면 "yes", "y", "yeah" 어떤 값을 입력하든지 첫 글자가 'y'로 같으므로 정상적으로 처리할 수 있다.

다음은 이 프로그램의 실행 예다.

```
Enter a number >> 32
Do you have more numbers (yes or no)? yes
Enter a number >> 45
Do you have more numbers (yes or no)? y
Enter a number >> 34
Do you have more numbers (yes or no)? y
Enter a number >> 76
Do you have more numbers (yes or no)? y
Enter a number >> 45
Do you have more numbers (yes or no)? nope

The average of the numbers is 46.4
```

프로그램의 수정된 버전은 더 이상 사용자가 숫자의 개수를 세지 않아도 된다. 하지만 여전히 사용자에게 계속 다음 값을 요구하는 메시지를 출력한다는 점에서 인터페이스에 아직 개선할 부분이 있다. 상호 작용식 반복문은 많은 곳에서 유용하게 쓰이지만 이 문제에는 적합하지 않다.

8.3.2 경곗값 반복문

평균 내기 프로그램에 경곗값 반복문 패턴을 적용하면 프로그램을 개선할 수 있다. 경곗값 반복문이란 데이터가 모두 끝났음을 나타내는 특별한 값을 받을 때까지 처리를 계속하는 반복문이다. 이때 이 특별한 값을 경곗값이라고 한다. 어떤 값이든 경곗값으로 사용할 수 있으나 실제 데이터와는 구별할 수 있는 것이어야 한다. 이 경곗값은 데이터의 일부로 간주되지는 않는다.

다음은 경곗값 반복문의 일반적인 패턴이다.

```
첫 번째 데이터를 가져온다.
현재 데이터가 경곗값이 아닌 한 다음을 반복한다.
    현재 데이터를 처리한다.
    다음 데이터를 가져온다.
```

이 구조에서 어떻게 경곗값을 데이터로 처리하지 않게 되는지에 주의를 기울이기 바란다. 먼저 첫 번째 데이터를 가져온 뒤 반복문이 시작된다. 데이터에 대한 처리가 시작되기 전에 읽어 오기 때문에 이 과정을 미리 읽기(priming read)라고 부르기도 한다. 첫 번째 데이터가 경곗값이라면, 반복문은 바로 종료되며 아무 데이터도 처리하지 않는다. 반대로 첫 번째 데이터가 경곗값이 아니라면, 읽어 온 데이터를 처리한 뒤 다음 데이터를 읽어 온다. 다음 데이터는 반복문 머리 부분의 조건문 평가로 인해 경곗값이 아님이 보장된다. 이런 과정을 거쳐 다음 데이터가 경곗값이라면 반복문이 종료된다.

평균 내기 프로그램에도 경곗값 반복문을 적용할 수 있다. 시험 점수의 평균을 계산하는 프로그램을 작성해야 한다고 하자. 이때 모든 점수는 0점 이상이라고 볼 수 있다. 그러므로 사용자가 음수를 입력하면 이를 데이터의 끝이라고 간주한다. 상호 작용식 반복문과 두 개의 누적자 변수를 사용했던 프로그램에 다시 경곗값 반복문을 적용하면 다음과 같은 프로그램이 된다.

```python
# average3.py

def main():
    total = 0.0
    count = 0
    x = float(input("Enter a number (negative to quit) >> "))
    while x >= 0:
        total = total + x
        count = count + 1
        x = float(input("Enter a number (negative to quit) >> "))
    print("\nThe average of the numbers is", total / count)

main()
```

사용자에게 음수를 입력하면 입력을 마칠 수 있음을 알리기 위해 입력 안내 메시지를 수정했다. 미리 읽기 부분과 반복문 몸체 맨 아래에 똑같은 입력 안내문을 출력하고 있는 것에 주의하기 바란다.

이제 프로그램이 제법 쓸 만해졌다. 다음은 수정된 프로그램의 실행 예다.

```
Enter a number (negative to quit) >> 32
Enter a number (negative to quit) >> 45
Enter a number (negative to quit) >> 34
Enter a number (negative to quit) >> 76
Enter a number (negative to quit) >> 45
Enter a number (negative to quit) >> -1

The average of the numbers is 46.4
```

이번 버전은 상호 작용식 반복문에서 데이터를 계속 입력하기 위해 "yes"를 계속 입력해야 하는 번거로움을 개선했다. 경곗값 반복문은 대부분의 데이터 처리 문제에서 유용하게 사용된다. 이 역시 기억해 둘 만한 단골 패턴이다.

경곗값 반복문을 적용한 버전은 꽤 괜찮아졌지만 한계점도 여전히 남아 있다. 이 프로그램은 평균을 내려는 숫자에 음수가 포함되는 경우에는 사용할 수 없기 때문이다. 프로그램을 좀 더 많은 경우에 활용하려면 어떻게 해야 하는지 살펴보자. 여기서 수정이 필요한 부분은 경곗값이 다른 정상적인 데이터, 그러니까 음수 또는 양수와 구분할 수 있는 값이어야 한다는 것이다. 물론 입력 형태로 숫자만 고집한다면 이 문제를 해결할 수 없다. 경곗값으로 어떤 숫자를 고르든지, 평균을 내야 할 숫자에 그 숫자가 포함되지 않는다는 보장이 없기 때문이다.

데이터에 절대 포함되지 않을 경곗값을 사용하려면 입력의 범위를 확대해야 한다. 사용자의 입력을 문자열로 받는다면 숫자가 아닌 문자열을 경곗값으로 사용할 수 있을 것이다. 숫자로 된 다른 입력 값은 숫자형으로 변환한 뒤 여느 때와 같이 처리하면 된다. 쉬운 해결책 중 하나는 빈 문자열을 경곗값으로 사용하는 것이다. 파이썬에서 빈 문자열은 ""(사이에 공백이 없는 두 개의 따옴표)로 나타냈다. 사용자가 input 함수에 대해 그냥 엔터를 치면 빈 문자열이 입력된다. 이 값을 이용해 입력을 중단할 수 있다. 이런 방법을 적용하면 다음과 같은 알고리즘이 된다.

```
누적자 변수 total을 0.0으로 초기화한다.
누적자 변수 count를 0으로 초기화한다.
문자열을 입력받는다, xStr
xStr의 값이 빈 문자열이 아닌 한, 다음을 반복하라.
    xStr을 숫자형으로 변환한다, x
    x의 값을 total에 더한다.
    count의 값을 1 증가시킨다.
    다음 문자열을 입력받는다, xStr
total / count로 평균을 계산해 출력한다.
```

이전 알고리즘과 비교해 보면, 경곗값 반복문 안에 있는 데이터 처리 부분에 문자열을 숫자형으로 변환하는 과정이 추가되었음을 알 수 있다.

이 알고리즘을 파이썬 코드로 옮기면 다음과 같다.

```
# average4.py

def main():
    total = 0.0
    count = 0
    xStr = input("Enter a number (<Enter> to quit) >> ")
    while xStr != "":
        x = float(xStr)
        total = total + x
        count = count + 1
        xStr = input("Enter a number (<Enter> to quit) >> ")
    print("\nThe average of the numbers is", total / count)

main()
```

이 코드에서는 입력 값이 (float 함수로) 바로 숫자형으로 변환되지 않고, 이 입력 값이 경곗값인지 아닌지를 확인한 후에 변환된다.

다음은 이 프로그램의 실행 예다. 이제 음수를 포함한 어떤 수라도 평균을 구할 수 있다.

```
Enter a number (<Enter> to quit) >> 34
Enter a number (<Enter> to quit) >> 23
Enter a number (<Enter> to quit) >> 0
Enter a number (<Enter> to quit) >> -25
Enter a number (<Enter> to quit) >> -34.4
Enter a number (<Enter> to quit) >> 22.7
Enter a number (<Enter> to quit) >>

The average of the numbers is 3.38333333333
```

평균 내기 문제에 대해 이제야 흡족할 만한 해결책에 도달했다. 앞으로 작성할 다른 프로그램에도 이 프로그램에서 사용한 기법을 적용할 수 있도록 잘 익혀 두기 바란다.

8.3.3 파일에 대한 반복문

지금까지 작성한 평균 내기 프로그램의 단점은 이 프로그램이 대화형이라는 점이다. 87개의 숫자를 입력하다가 거의 끝에 와서 오타를 냈다고 생각해 보자. 이런 경우에 대화형 프로그램은 처음부터 다시 입력하지 않으면 안 된다.

평균을 구할 숫자를 파일에 모두 저장해 두면 이러한 단점을 해결할 수 있을 것이다. 파일에 입력한 숫자는 평균을 구하기 전에 미리 훑어보며 확인할 수 있다. 데이터를 처리하는 응용 프로그램 중에는 이런 식으로 파일을 이용하는 경우가 많다.

5장에서 파일 객체를 사용하는 for 문으로 파일에서 데이터를 읽어 들이는 방법을 배운 바 있다. 이 방법을 평균 내기 프로그램에도 적용하면 한 줄에 하나씩 숫자가 입력되어 있다고 할 때 다음과 같은 프로그램을 작성할 수 있다.

```python
# average5.py

def main():
    fileName = input("What file are the numbers in? ")
    infile = open(fileName,'r')
    total = 0.0
    count = 0
    for line in infile:
        total = total + float(line)
        count = count + 1
    print("\nThe average of the numbers is", total / count)

main()
```

이 코드에서는 반복 변수 line이 줄의 연속열 형으로 파일을 훑어 내려간다. 그리고 각 줄은 숫자로 변환되어 중간 합계에 합산된다.

대다수 프로그래밍 언어는 이런 식으로 파일을 훑어갈 수 있는 수단을 제공하지 않는다. 이런 프로그래밍 언어에서는 경곗값 반복의 형태로 파일을 한 줄씩 읽어 간다. 파이썬의 readline() 메서드를 통해 이 방법에 대해 알아볼 것이다. readline() 메서드는 파일의 다음 줄을 문자열로 리턴하는 함수다. 파일 끝에 다다르면 readline() 메서드는 우리가 경곗값으로 사용할 수 있도록 빈 문자열을 리턴한다. 다음은 파이썬에서 사용되는 파일 끝 반복문의 일반적인 패턴이다.

```python
line = infile.readline()
while line != "":
    # 줄 처리
    line = infile.readline()
```

언뜻 생각하면 중간에 빈 줄을 만날 경우 파일 끝에 다다르기 전에 반복문이 종료될지도 모른다는 걱정도 들 것이다. 하지만 그런 일은 일어나지 않는다. 텍스트 파일에서 빈 줄은 하나의 개행 문자("\n")만을 포함하는데, readline() 메서드는 이 개행 문자를 리턴 값에 포함시키기 때문이다. "\n" != ""이므로 반복문은 종료되지 않는다.

평균 내기 프로그램에 파일 끝 경곗값 반복문을 적용하면 다음과 같은 프로그램이 된다.

```python
# average6.py

def main():
    fileName = input("What file are the numbers in? ")
    infile = open(fileName,'r')
    total = 0.0
```

```
    count = 0
    line = infile.readline()
    while line != "":
        total = total + float(line)
        count = count + 1
        line = infile.readline()
    print("\nThe average of the numbers is", total / count)

main()
```

이 방법은 for 문을 사용한 버전에 비해서는 확실히 간결함이 부족하다. 파이썬이라면 for 문을 사용하겠지만, 조금 덜 우아한 프로그래밍 언어를 사용해야만 할 때를 위해 파일 끝 반복문 역시 알아 두는 것이 좋다.

8.3.4 중첩 반복문

지난 장에서 반복문 또는 분기와 같은 제어 구조가 서로 중첩되며 복잡한 알고리즘을 표현할 수 있다는 것을 배웠다. 이 중 조금 어렵지만 유용한 것이 반복문의 중첩이다.

예제 프로그램부터 한 번 보자. 평균 내기 프로그램의 마지막 수정 버전을 예로 들면 어떨까? 이 예제를 쓰는 것은 (11장까지는) 이것이 마지막이 될 것이다. 파일로부터 숫자를 읽어 평균을 내는 문제를 약간 고쳐 보기로 한다. 이번에는 파일 한 줄에 숫자가 하나씩 들어가는 대신, 한 줄에 숫자 여러 개를 입력할 수 있다고 하자. 한 줄에 숫자 여러 개가 들어갈 경우 각 숫자는 쉼표로 구분한다.

먼저 가장 상위 구조는 파일의 각 줄을 순회하는 반복문과 중간 합계 및 숫자의 개수를 세는 구조가 될 것이다. 연습을 위해 파일 끝 반복문도 사용하기로 한다. 다음은 이렇게 구성한 상위 구조의 반복문이다.

```
total = 0.0
count = 0
line = infile.readline()
while line != "":
    # 파일의 한 줄에 대해 중간 합계(total)와 개수(count)를 업데이트한다.
    line = infile.readline()
print("\nThe average of the numbers is", total / count)
```

이제 total과 count의 값을 반복문 몸체 안에서 어떻게 업데이트할지 고민해야 한다. 파일의 각 줄은 쉼표로 구분된 하나 또는 여러 개의 숫자를 포함하고 있으므로, 이 줄을 숫자를 나타내는 여러 개의 부분 문자열로 나눈 다음 이것들을 다시 숫자로 변환해 total에 합산해 주면 된다. 그리고 각 숫자마다 count에 1을 더해 주는 것도 잊지 말아야 한다. 다음은 이렇게 파일의 한 줄을 처리하는 코드 조각이다.

```
for xStr in line.split(","):
    total = total + float(xStr)
    count = count +1
```

이 for 문의 반복 횟수는 조금 전 작성한 상위 구조 반복문의 반복 변수인 line의 값에 의해 정해진다는 것에 주의하라. 이 두 구조를 조립하면 다음과 같은 프로그램이 된다.

```
# average7.py

def main():
    fileName = input("What file are the numbers in? ")
    infile = open(fileName,'r')
    total = 0.0
    count = 0
    line = infile.readline()
    while line != "":
        # 파일의 한 줄에 대해 중간 합계(total)와 개수(count)를 업데이트한다.
        for xStr in line.split(","):
            total = total + float(xStr)
            count = count + 1
        line = infile.readline()
    print("\nThe average of the numbers is", total / count)

main()
```

앞의 코드를 보면 한 줄에 포함된 숫자를 처리하는 반복문이 파일의 각 줄을 처리하는 반복문 안에 들여쓰기가 되어 있는 것을 알 수 있다. 바깥쪽의 while 문은 파일의 각 줄마다 반복 수행되며, 바깥쪽 반복문이 한 번 수행될 때마다 안쪽 for 문이 그 줄에 포함된 숫자의 개수만큼 반복 실행된다. 안쪽 반복문의 실행이 끝나고 나면 그다음 줄을 읽어 들이고, 바깥쪽 반복문의 다음 반복이 시작된다.

이 문제의 부분 부분을 따로 놓고 보면 그다지 복잡하지 않지만, 이것들을 모아 놓고 보면 꽤 복잡한 문제가 된다. 중첩 반복문을 설계하는 가장 좋은 방법은 조금 전의 방법을 따르는 것이다. 먼저 안쪽 반복문을 신경 쓰지 말고 바깥쪽 반복문을 설계한다. 그런 다음 이번에는 바깥쪽 반복문과 상관없이 안쪽 반복문을 작성한다. 마지막으로 이 두 구조가 적절히 중첩되도록 합치면 된다. 각 반복문이 맞게 작성되었다면 이것들이 합쳐진 중첩 반복문도 틀림없이 잘 동작할 것이다. 조금만 연습하면 이중 중첩, 나아가 삼중 중첩 반복문도 쉽게 작성할 수 있을 것이다.

8.4 불 값 다루기

지금까지 if와 while 불 표현식을 조건문으로 사용하는 두 가지 제어 구조를 배웠다. 불 표현식은 참 또는 거짓 두 가지 중 하나의 값으로 평가되는데, 파이썬에서는 이 두 값을 리터럴 True와 False로 나타낸다. 또한 지금까지는 (while x >= 0처럼) 두 값을 비교하는 간단한 불 표현식만 사용해 왔다.

8.4.1 불 연산자

지금까지 사용해 온 간단한 조건식만으로는 충분치 않게 느껴질 때가 있다. 예를 들어 두 개의 점 객체가 같은 위치에 있는지, 다시 말해 두 객체의 x 좌표와 y 좌표가 같은지 여부를 판단해야 한다고 할 때, 이 문제를 다음과 같이 중첩 분기로 해결할 수는 있다.

```
if p1.getX() == p2.getX():
    if p1.getY() == p2.getY():
        # 두 점의 위치가 같다.
    else:
        # 두 점의 위치가 다르다.
else:
    # 두 점의 위치가 다르다.
```

이 방법은 보다시피 좋은 해결책은 못 된다.

이 문제를 분기 구조로 대충 해결하는 대신, 불 연산을 이용해 좀 더 복잡한 조건식을 만드는 방법을 생각해 볼 수 있다. 대다수 다른 프로그래밍 언어처럼, 파이썬에도 and, or, not 세 가지 불 연산자가 있다. 이 불 연산자가 무엇인지 알아본 다음, 이 문제를 쉽게 해결하기 위해 어떻게 활용할 수 있는지도 알아보자.

불 연산자 and와 or는 두 개의 불 표현식을 결합해 새로운 불 값 결과를 만들어 낸다.

```
<expr> and <expr>
<expr> or <expr>
```

and로 연결된 두 개 표현식의 진릿값은 두 표현식의 진릿값이 모두 참일 때만 참이다. 이를 진리표로 나타내면 다음과 같다.

P	Q	P and Q
T	T	T
T	F	F
F	T	F
F	F	F

이 표에서 P와 Q는 불 연산자로 연결된 불 표현식을 의미한다. 각 표현식은 두 가지 값 중 하나를 가지므로 이 값들의 조합은 네 가지가 존재하며 표의 각 줄이 이

조합을 나타낸다. 또 마지막 열은 *P*와 *Q* 값의 각 조합에 대한 *P* and *Q*의 값을 나타낸다. 이에 따라 and 연산자로 결합된 식은 두 식의 값이 모두 참일 때만 참으로 정의된다.

이에 비해 or로 연결된 표현식은 두 표현식 중 하나만 참이면 참이 된다. 다음은 or의 진리표다.

P	*Q*	*P* and *Q*
T	T	T
T	F	T
F	T	T
F	F	F

or로 연결된 표현식이 거짓인 경우는 두 표현식이 모두 거짓일 때뿐이다. 특히 두 표현식이 모두 참일 때에도 or로 연결된 표현식이 참이 되는 것에 주의하라. 일상 영어에서는 'or'가 상호 배타적인 의미로 사용되는 경우가 있지만 수학에서 쓰이는 'or'는 그렇지 않다. 엄마가 후식으로 "케이크 or 쿠키"라고 했을 때 두 가지를 다 먹으려고 하면 엄마의 표정이 밝지 않을 것이다.

not 연산자는 불 표현식의 값을 반전시킨다. 이 연산자는 표현식 한 개에만 작용하는 일항 연산자로 진리표는 다음과 같다.

P	not *Q*
T	F
F	T

불 연산자를 사용하면 무한히 복잡한 불 표현식을 만들 수 있다. 사칙 연산처럼 복잡한 표현식에 대한 정확한 해석은 연산자 적용 순서에 따라 달라질 수 있다. 다음 표현식을 살펴보자.

```
a or not b and c
```

이 표현식의 값이 무엇이겠는가?

파이썬은 관습적인 순서에 따라 not의 우선순위가 가장 높고, 그다음이 and, 그다음이 or다. 그러므로 조금 전의 표현식은 다음과 같이 괄호를 씌운 것과 같다고 볼 수 있다.

```
(a or ((not b) and c))
```

사칙 연산과 달리 불 연산에는 우선순위가 있다는 것을 잊어버리는 경우가 많다. 혼란을 방지하기 위해 복잡한 표현식을 작성할 때는 항상 괄호를 포함시키는 것이 좋다.

이제 불 연산자도 배웠으니 다시 예제로 돌아가 보자. 두 점 객체의 위치가 같은지 여부를 판단하기 위해 다음과 같이 and 연산자를 사용할 수 있다.

```
if p1.getX() == p2.getX() and p2.getY() == p1.getY():
    # 두 점의 위치가 같다.
else:
    # 두 점의 위치가 다르다.
```

이 전체 조건식은 두 개의 부분 표현식이 모두 참일 때만 참이 된다. 이를 통해 두 점 객체의 x 좌표와 y 좌표가 같음을 확인할 수 있다. 중첩 if 문보다는 확실히 명료하고 이해하기 쉽다는 것을 알 수 있다.

이번에는 조금 더 복잡한 예제를 살펴보기로 한다. 다음 장에서는 라켓볼 시합의 시뮬레이션을 만들어 볼 것이다. 이 시뮬레이션 중에는 시합이 끝났는지 여부를 판단하는 내용도 포함되어 있다. 예를 들어 scoreA와 scoreB가 두 선수의 점수를 나타낸다고 할 때, 두 선수 중 어느 한쪽의 점수가 15점에 도달하면 시합이 끝난다. 다음 불 표현식은 시합이 끝났을 때 참이 되는 표현식이다.

```
scoreA == 15 or scoreB == 15
```

어느 한쪽의 점수가 15점이 되면 두 개의 단순 조건식 중 하나가 참이 될 것이므로 연산자 or의 정의에 의해 전체 불 표현식의 값이 참이 된다. 두 표현식의 값이 모두 거짓(두 선수 모두 15점에 도달하지 못함)인 경우에는 전체 표현식은 거짓이 된다.

다음 장에서 작성할 시뮬레이션에는 게임이 끝날 때까지 지속되는 반복문이 있어야 한다. 이 반복문에 필요한 조건식은 게임이 끝나는 조건식에 부정을 적용해서 만들 수 있다.

```
while not (scoreA == 15 or scoreB == 15):
    # 시합을 계속한다.
```

시합의 종료 조건 중 다른 조건을 만족하도록 복잡한 조건식을 만들어 볼 수도 있다. 라켓볼에는 셧아웃('스컹크'라고도 한다)이라는 게 있는데, 한쪽 선수가 한 점도 내지 못한 상태에서 다른 선수가 7점을 내면 셧아웃에 해당되어 시합이 끝난다. 편의를 위해 scoreA를 a, scoreB를 b라고 하기로 한다. 다음 조건식은 시합 종료 조건에 셧아웃을 포함시킨 것이다.

```
a == 15 or b == 15 or (a == 7 and b == 0) or (b == 7 and a == 0)
```

원래 조건식에 두 가지 종료 조건이 덧붙여진 것을 알 수 있겠는가? 추가된 부분은 셧아웃이 발생하는 두 가지 조건(두 선수의 점수를 모두 확인해야 하는)을 나타낸다. 그 결과로 꽤 복잡한 조건식이 되었다.

손을 댄 김에 한 가지 예제를 더 살펴보자. 이번에는 라켓볼이 아니라 배구 시합에 대한 시뮬레이션을 작성하고 있다고 하자. 배구의 기본 규칙에 셧아웃은 없지만 승부가 나려면 점수 차이가 2점 이상 나야 한다. 그렇지 않으면 점수가 15대 14, 심지어 21대 20이 된다 해도 시합은 끝나지 않는다.

배구 시합의 종료 조건을 나타내는 조건식을 작성해 보자. 다음은 한 가지 예다.

```
(a >= 15 and a - b >= 2) or (b >= 15 and b - a >= 2)
```

이 조건식이 어떻게 구성되었는지 알 수 있겠는가? 이 식은 A 팀이 이긴 경우(15점을 냈고 점수 차가 2점 이상인)와 B 팀이 이긴 경우의 순으로 구성되어 있다.

다음은 이 조건식의 또 다른 예다.

```
(a >= 15 or b >= 15) and abs(a - b) >= 2
```

이번 조건식은 아까보다 더 간결해 보인다. 이 식은 먼저, 두 팀 중에 이기기 위해 필요한 점수에 도달한 팀이 있으며, 두 팀의 점수 차가 2점 이상임을 확인하는 형태로 구성되어 있다. 이때 abs 함수는 표현식의 값의 절댓값을 리턴한다.

8.4.2 불 대수

컴퓨터 프로그램에서 분기의 핵심은 적절한 불 표현식을 사용하는 것이다. 이 불 표현식을 작성하고, 상황에 맞게 고치고, 이해할 수 있는 능력은 프로그래머와 컴퓨터 과학자에게 꼭 필요하다. 불 표현식은 사칙 연산과 비슷한 대수적 법칙을 따른다. 이 법칙을 불 논리(Boolean logic) 또는 불 대수(Boolean algebra)라고 한다.

몇 가지 예를 살펴보자. 다음 표는 서로 관계 깊은 사칙 연산의 법칙과 불 대수의 법칙을 비교한 것이다.

대수	불 대수
$a * 0 = 0$	a and false == false
$a * 1 = a$	a and true == a
$a + 0 = a$	a or false == a

앞의 예를 보면, 0과 1을 각각 참과 거짓으로 두었을 때 and는 곱셈과 비슷한 면이 있으며, or는 덧셈과 비슷한 성질이 있다는 것을 알 수 있다.

다음은 불 연산의 흥미로운 성질을 보여 주는 또 다른 예다. 어떤 표현식이든지 참과 or로 결합되면 결합한 표현식의 값은 무조건 참이 된다.

(a or True) == True

또, and와 or에는 결합 법칙이 성립한다.

(a or (b and c)) == ((a or b) and (a or c))
(a and (b or c)) == ((a and b) or (a and c))

이중 부정은 그대로 소거할 수 있다.

(not (not a)) == a

그리고 다음 두 항등식은 드모르간의 법칙(DeMorgan's laws)으로 유명하다.

(not(a or b)) == ((not a) and (not b))
(not(a and b)) == ((not a) or (not b))

표현식 밖에 붙은 not을 부분 표현식으로 옮기면 연산자가 어떻게 바뀌는지 잘 봐 두기 바란다.

불 대수의 또 다른 장점은 이런 항등식을 진리표를 통해 증명할 수 있다는 것이다. 변수가 가질 수 있는 값의 조합은 항상 그 개수가 유한하므로 모든 가능한 조합을 나열하여 그 경우의 표현식의 값을 계산해 보면 된다. 다음 표는 드모르간의 법칙을 진리표로 증명한 예다.

a	b	a or b	not (a or b)	not a	not b	(not a) and (not b)
T	T	T	**F**	F	F	**F**
T	F	T	**F**	F	T	**F**
F	T	T	**F**	T	F	**F**
F	F	F	**T**	T	T	**T**

이 표에서 행은 변수 a와 b가 특정한 값을 갖는 한 가지 경우를 나타내며, 열은 그 경우에 항등식의 부분 표현식이 어떤 값을 갖는지 나타낸다. 볼드체로 나타낸 두 열의 값을 보면 서로 일치하는데, 이를 통해 항등식이 성립한다는 것을 증명할 수 있다.

불 대수는 프로그램에 포함된 불 표현식을 분석하고 이를 좀 더 단순화하는 데

요긴하게 쓰인다. 조금 전의 라켓볼 프로그램을 다시 예로 들어 보자. 이 예제에서 게임이 끝났는지 여부를 판단하는 반복문의 조건문으로 다음과 같은 식을 사용했다.

```
while not (scoreA == 15 or scoreB == 15):
    # 시합을 계속한다.
```

이 조건식을 읽으면 다음과 같다. 선수 A가 15점을 득점했거나 또는 선수 B가 15점을 득점한 상태가 아니라면 경기를 계속한다. 식이 맞긴 하지만 복합 표현식에 부정을 적용하면 그대로 읽었을 때 좀 어색한 면이 있다. 여기에 불 대수를 약간 적용하면 이 식을 바꿀 수 있다.

드모르간의 법칙을 적용하면 다음 식이 원래 식과 등치라는 것을 알 수 있다.

```
(not scoreA == 15) and (not scoreB == 15)
```

부정 연산에 분배 법칙을 적용할 때는 or를 and로 바꿔야 한다는 것을 잊지 않도록 한다. 수정한 표현식은 원래 식과 다를 바 없지만, not 연산자를 부분 표현식 안으로 옮길 수 있다.

```
while scoreA != 15 and scoreB != 15:
    # 시합을 계속한다.
```

이제 한결 이해하기 쉬운 표현식이 되었다. 이 식은 '선수 A와 선수 B의 득점이 모두 15점에 이르지 못했다면 시합을 계속한다'와 같이 간단하게 읽을 수 있다.

이 예제는 특수한 경우이지만 여기서 쓰인 방법은 반복문의 조건문에서 일반적으로 유용하게 쓰인다. 간혹 반복문이 계속 수행되는 조건을 생각하는 것보다 반복문이 종료되는 조건을 생각하는 쪽이 더 쉬울 때가 있다. 그럴 때는, 반복문의 종료 조건을 먼저 작성하고 그 앞에 not을 붙여 주면 된다. 그다음 드모르간의 법칙을 한두 번 적용하면 while 문에서 쓸 수 있도록 원래 식과 동치이지만 좀 더 단순한 식을 얻게 된다.

8.5 그 외의 자주 쓰이는 구조

분기 구조(if)와 사전 검사 반복문(while)을 알았다면, 모든 제어 구조를 배웠다고 할 수 있다. 다시 말하면 이 구조들만 이용해서 모든 알고리즘을 작성할 수 있다는 뜻이다. while과 if를 자유자재로 사용할 수 있다면, 원칙적으로 생각할 수 있는 모든 알고리즘을 작성할 수 있다. 그러나 문제의 종류에 따라서는 다른 구조를 사용하는 것이 훨씬 편리한 경우도 있다. 이 절에서는 이런 조금 다른 구조에 대해 살펴보려고 한다.

8.5.1 사후 검사 반복문

사용자로부터 양수를 하나 입력받는 알고리즘을 작성하고 있다고 하자. 사용자가 잘못된 값을 입력하면, 프로그램은 입력을 재차 요청해야 한다. 사용자가 정상적인 값을 입력할 때까지 이 과정이 반복되어야 하는데, 이런 과정을 입력 값 유효성 검사라고 한다. 세심하게 작성된 프로그램은 가능한 한 모든 입력에 대해 유효성 검사를 수행한다.

다음은 이를 알고리즘으로 간단히 나타낸 것이다.

```
다음을 반복한다.
    사용자로부터 숫자를 입력받는다.
숫자 >= 0일 때까지
```

이 반복 구조의 목적은 유효한 값이 입력될 때까지 반복해서 입력을 받는 것이다. 이 설계를 흐름도로 나타낸 것을 그림 8.2에 실었다. 이 흐름도의 반복 구조에 있는 조건문에 대한 검사가 반복문의 몸체 다음에 오는 것에 주목하기 바란다. 이런 반복문을 사후 검사 반복문(post-test loop)이라고 한다. 사후 검사 반복문은 반복문의 몸체가 적어도 한 번은 실행되는 것이 보장된다.

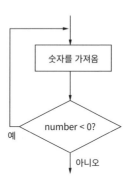

그림 8.2 사후 검사 반복문 흐름도

다른 프로그래밍 언어와 달리, 파이썬에는 사후 검사 반복문을 바로 구성할 수 있는 명령문이 없다. 그러나 while 문에 첫 번째 실행을 보장하는 조건을 '갖추어' 두는 형태로 이 알고리즘을 구현할 수 있다.

```
number = -1 # 유효하지 않은 값을 초깃값으로 하여 반복문 진입을 보장한다.
while number < 0:
    number = float(input("Enter a positive number: "))
```

이렇게 하면 반복문의 몸체가 적어도 한 번은 실행되는 것이 보장되고, 이는 사후 검사 반복문과 동등하다고 할 수 있다. 이 구조가 이전에 배웠던 상호 작용식 반복문과 비슷하다고 느낀 독자들도 있을 텐데, 상호 직용식 반복문은 원래 사후 검사 반복문에 적합한 구조이기 때문이다.

프로그래머 중에는 break 문을 사용해 좀 더 직설적인 사후 검사 반복문을 작성하는 방법을 선호하는 사람도 있다. 이 break 문은 수행 중인 반복문을 즉시 종료하게 하는데, 이런 방법은 언뜻 보면 무한 루프처럼 보이기도 한다.

다음은 같은 알고리즘을 break 문을 이용해 구현한 것이다.

```python
while True:
    number = float(input("Enter a positive number: "))
    if number >= 0: break    # 입력된 값이 유효하다면 반복문을 벗어난다.
```

이 코드의 첫째 줄은 조금 낯설게 보일 수도 있다. while 문은 반복문 머리 부분의 조건문이 참인 한 계속 수행되는데, 리터럴 True는 항상 참이므로 이 코드는 무한 반복문이 된다. 그러나 x 값이 음수가 아니라면 break 문에 의해 반복문을 벗어나게 된다. if 절과 같은 줄에 break 문을 배치한 것에 주목하기 바란다. 이렇게 한 줄에 if 문과 break 문을 같이 배치하는 경우는 흔하다.

이 짧은 예제도 아직 개선할 곳이 있다. 프로그램이 잘못된 입력을 받았을 때 이 입력이 왜 잘못되었는지 사용자에게 알려 준다면 좋을 것이다. while 문으로 사후 검사 반복문을 구현한 프로그램에 이 기능을 추가하려면 약간 어색한 코드가 된다. 그래도 if 문을 추가해 유효한 입력에 대해서는 메시지가 출력되지 않도록 한다.

```python
number = -1 # 유효하지 않은 값을 초깃값으로 하여 반복문 진입을 보장한다.
while number < 0:
    number = float(input("Enter a positive number: "))
    if number < 0:
        print("The number you entered was not positive")
```

이 코드를 보면 유효성 검사가 두 번 이루어지고 있다.

break 문을 사용한 예제에서는 원래 있는 if 문에 else 절을 하나 추가하기만 하면 된다.

```python
while True:
    number = float(input("Enter a positive number: "))
    if number >= 0:
        break    # 입력된 값이 유효하다면 반복문을 벗어난다.
    else:
        print("The number you entered was not positive")
```

8.5.2 반복문 중간 탈출

조금 전의 예제는 프로그래머에 따라서 약간 다른 방식으로 구현하기도 한다.

```
while True:
    number = float(input("Enter a positive number: "))
    if number >= 0: break  # 반복문을 벗어난다.
    print("The number you entered was not positive")
```

이 코드에서는 반복문 몸체 중간에서 반복문을 탈출하는 것을 알 수 있다. 이런 구조를 반복문 중간 탈출(loop and a half)이라고 한다. 원칙을 따지기 좋아하는 사람들은 반복문 중간에 탈출 지점을 두는 것에 눈살을 찌푸리기도 하지만, 대체로 이 패턴은 유용한 경우가 많다.

반복문을 중간에 벗어나는 방법은 경곗값 반복문에서 사전 읽기를 하지 않아도 된다는 점에서 좀 더 우아한 해결책이라고 할 수 있다. 다음은 반복문 중간 탈출을 적용한 경곗값 반복문이다.

```
while True:
    다음 데이터를 가져온다.
    가져온 데이터의 값이 경곗값이라면: break
    가져온 데이터를 처리한다.
```

그림 8.3에 이 경곗값 반복문을 흐름도로 나타낸 것을 실었다. 이 흐름도를 잘 보면 경곗값 반복문에서 반드시 지켜야 할 사항(경곗값을 처리에 포함해서는 안 된다)을 잘 지키고 있음을 알 수 있다.

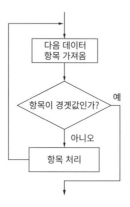

그림 8.3 경곗값 반복문 패턴의 반복문 중간 탈출 구현

이때 break 문을 사용할지는 대체로 취향에 따르며, 다른 방법을 사용할 수도 있다. 한 가지 잘못 생각하기 쉬운 실수는 반복문 몸체 안에 break 문 여러 개를 배치하는 것이다. 반복문을 벗어나는 자리가 여러 곳일 경우 반복문의 결과에 대한

일관성을 잃기 쉽다. 그러나 경우에 따라서는 우아한 해결책을 위해 이 법칙을 깨야 하는 경우도 있다.

8.5.3 불 표현식을 분기로 사용하기

지금까지는 불 표현식을 다른 제어 구조 안에서만 사용해 왔다. 그러나 불 표현식 자체를 제어 구조처럼 사용하는 방법도 있다. 파이썬의 불 표현식은 매우 유연해서 가끔 알아채기 어려운 오류를 낳기도 한다.

사용자가 'y'를 입력할 때까지 계속 입력을 받는 상호 작용식 반복문이 있다고 하자. 사용자가 대소문자를 모두 입력할 수 있게 하려면 다음과 같은 반복문을 생각해 볼 수 있다.

```
while response[0] == "y" or response[0] == "Y":
```

이때 이 조건문을 "첫 글자가 'y'이거나(or) 'Y'이면"과 같은 뜻으로 다음과 같이 줄여 써서는 안 된다. 다음과 같은 형태는 생각대로 동작하지 않는다.

```
while response[0] == "y" or "Y":
```

이 코드는 무한 반복문이 되어 버린다. 이 조건식이 왜 항상 참이 되는지 알려면 파이썬의 불 표현식의 특성을 깊이 알아야 한다.

우리는 이미 파이썬에 bool 데이터 타입이 있음을 배운 바 있다. 이 데이터 타입은 파이썬 2.3부터 추가된 것으로, 그 이전에는 참과 거짓을 나타내기 위해 정수 1과 0을 사용했다. 사실 bool 데이터 타입도 1과 0을 각각 True, False로 출력하는 '특별한' 정수형에 지나지 않는다. True + True와 같은 표현식으로 이를 확인해 볼 수 있다.

지금까지 불 값의 참, 거짓을 나타내기 위해 각각 리터럴 True와 False를 사용했는데, 파이썬의 조건 연산자(== 등)는 항상 bool 데이터 타입의 값을 내놓는다. 그러나 파이썬은 다른 표현식을 불 표현식으로서 받아들이는 데 상당히 유연한 경향이 있다. 모든 내장 데이터 타입은 불 값으로 간주되며, 숫자형(int나 float)의 0도 불 값의 거짓으로 간주된다(0 이외에는 모두 참으로 간주된다). 명시적으로 bool 데이터 타입으로 변환해 보면, 어떤 값이 불 값의 어떤 값으로 해석되는지 확인해 볼 수 있다. 다음은 그 몇 가지 예다.

```
>>> bool(0)
False
>>> bool(1)
True
```

```
>>> bool(32)
True
>>> bool("hello")
True
>>> bool("")
False
>>> bool([1,2,3])
True
>>> bool([])
False
```

앞의 예제를 보면 빈 연속열형은 거짓으로, 요소를 가진 연속열형은 참으로 해석되는 것을 알 수 있다.

이 불 값에 대한 유연한 해석은 불 연산자에 대해서도 마찬가지로 적용된다. 이 연산자들을 사용하는 주된 목적은 불 표현식을 구성하는 것이지만, 이 연산자들이 실제 동작하는 방식(operational definition)을 다른 목적으로 활용하기도 한다. 다음 표는 이 연산자들이 실제로 어떻게 동작하는지 설명한 것이다.

연산자	실제 동작 방식
x and y	x가 거짓이라면 x를 리턴, 아니라면 y를 리턴
x or y	x가 참이라면 x를 리턴, 아니라면 y를 리턴
not x	x가 거짓이면 True를 리턴, 아니라면 False를 리턴

not 연산자의 실제 동작은 언뜻 보아도 직관적이다. 그러나 and나 or에 대해서는 이 연산자가 우리가 조금 전에 본 진리표를 준수하고 있는지 잠깐 봐서는 알기 어렵다.

예를 들어 표현식 x and y가 있다고 하자. 이 표현식이 참이 되려면 x와 y가 모두 참이어야 한다. 이 두 부분 표현식 중 어느 한쪽이라도 거짓이라는 게 밝혀지면 전체 표현식은 거짓이 된다. 파이썬은 왼쪽부터 오른쪽의 순서로 표현식을 평가하는데, x가 거짓이면 즉시 거짓을 결과로 내놓는다. 그런데 이때 결과로 내놓는 값은 x의 값이 무엇이었든지 간에 (거짓으로 판단된) x의 값을 그대로 내놓는다. 반대로 x가 참이면 전체 표현식의 참/거짓은 y에 따라 결정된다. 이때 y의 값을 그냥 리턴하면, y가 참인 경우에는 전체 표현식도 참이 되므로 정확한 값이 되고, y가 거짓인 경우에도 전체 표현식 역시 거짓이 되므로 정확한 값이 된다. or 연산에 대해서도 이런 방법으로 생각해 보면 or 연산의 결과가 진리표와 어긋나지 않음을 알 수 있을 것이다.

이렇게 연산자가 실제 동작하는 방식을 볼 때, 파이썬의 불 연산자는 간략 연산

자(short-circuit operator)라고 할 수 있다. 간략 연산이란 전체 표현식을 다 평가
하는 대신 전체 표현식의 결과를 정확히 예상할 수 있는 시점에 즉시 결과를 내놓
는 것을 말한다. and로 결합한 표현식에서 첫 번째 부분 표현식이 거짓이거나 or
로 결합된 표현식의 첫 번째 부분 표현식이 참이라면, 두 번째 부분 표현식은 실
제로 평가되지 않는다.

그럼 다시 무한 반복문 문제로 돌아가 보자.

```
response[0] == "y" or "Y"
```

불 표현식으로 앞의 표현식을 평가하면 항상 참이 될 것이다. 먼저 알아 두어야
할 것은 불 연산자는 두 개의 표현식을 결합시킨다는 점이다. 앞의 것은 단순 조
건문이고, 뒤의 것은 문자열이다. 이 표현식에 괄호를 더해 결합 순서를 명확히
하면 다음과 같은 식이 된다.

```
(response[0] == "y") or ("Y"):
```

or 연산자의 실제 동작 정의에 의해, 이 표현식의 값은 True(response[0]이 "y"와
같은지 확인한 결과)이거나 "Y"(response[0]이 "y"가 아닐 때)가 될 것이다. 이 두
가지 값 모두 파이썬에서는 참으로 간주된다.

좀 더 논리에 중점을 두어 생각해 보려면 두 번째 부분 표현식을 보면 된다. 이
표현식은 내용이 있는(non-empty) 문자열이므로 파이썬에서는 이 역시 항상 참
으로 간주된다. 두 표현식 중 하나가 항상 참이므로 or로 결합된 전체 표현식도
항상 참이 된다.

이 예제에서 나타나는 비직관성은 불 연산자의 독특한 동작 정의 때문이다. 이
동작 정의는 파이썬에서 초보 프로그래머가 빠지기 쉬운 잠재적 함정 중 하나다.
아직 이러한 기법의 장점을 이해하지 못할 수도 있지만, 이러한 파이썬의 유연성
덕분에 많은 프로그래머들이 즐겨 사용하는 간결한 프로그래밍 패턴을 사용할 수
있다. 이런 패턴의 예제를 한번 살펴보자.

사용자에게 입력을 요청하는 메시지에 입력의 기본값을 제시해야 하는 경우가
왕왕 있다. 기본값은 흔히 대괄호를 씌워 나타내는데, 사용자가 입력 값 없이 그냥
엔터키를 쳤을 때 입력 값으로 쓰인다. 다음은 기본값을 적용한 코드 조각이다.

```
ans = input("What flavor do you want [vanilla]: ")
if ans != "":
    flavor = ans
else:
    flavor = "vanilla"
```

문자열 변수 ans가 불 값으로도 취급될 수 있다는 점을 잘 이용하면, 이 코드의 조건식은 다음과 같이 간략화할 수 있다.

```
ans = input("What flavor do you want [vanilla]: ")
if ans:
    flavor = ans
else:
    flavor = "vanilla"
```

이 코드에서 불 조건식은 문자열 변수에 어떤 값을 할당할 것인지 결정한다. 사용자가 입력 값 없이 엔터를 치면, ans는 빈 문자열이 될 것이고, 이 값은 다시 거짓으로 간주된다. 그렇게 되면 else 절에서 빈 문자열에 다시 "vanilla"라는 값이 할당된다.

　or 연산자와 함께 문자열 자체를 불 값으로 간주하는 방법을 적용해 다음과 같이 좀 더 간결한 코드를 작성할 수도 있다.

```
ans = input("What flavor do you want [vanilla]: ")
flavor = ans or "vanilla"
```

or의 실제 동작 방식으로 인해 if-else를 사용한 것과 같은 결과를 얻게 된다. 비어 있지 않은 답변은 모두 참으로 해석됨을 기억하라.

　사실 이 작업은 다음과 같이 코드 한 줄로 할 수 있다.

```
flavor = input("What flavor do you want [vanilla]: ") or "vanilla"
```

이런 식으로 불 연산자를 사용하여 코드 몇 줄을 줄이는 것이 정말 가치 있는지는 모르겠다. 이런 방식이 어떤 이유로든 마음에 든다면 원하는 만큼 사용해도 좋다. 단지 다른 사람이 여러분이 작성한 코드를 이해하는 데 어려움을 겪을 정도가 아니면 된다.

8.6 예제 프로그램: 간단한 이벤트 반복

앞서 4장에서 GUI를 사용하는 현대적 프로그램은 대개 이벤트 기반 프로그래밍 기법으로 작성된다고 언급한 바 있다. 프로그램이 실행되면 그래픽 인터페이스를 표시한 다음 사용자가 메뉴를 클릭하거나 키보드의 키를 누르거나 하는 사용자 이벤트가 일어나기를 '기다린다'. 그리고 프로그램은 이 이벤트를 처리하는 방식으로 사용자에게 반응한다. 이런 스타일의 프로그램이 동작하도록 물밑에서 움직이는 장치를 이벤트 반복(event loop)이라고 한다. GUI 기반 프로그램의 기본적 구조는 다음과 같다.

```
GUI를 그린다.
while True:
    다음 이벤트를 접수한다.
    if 이벤트가 "프로그램 종료"이면:
        break
    이벤트를 처리한다.
정리 후 프로그램을 종료한다.
```

이 구조는 본질적으로 경곗값 반복문 구조다. 여기서 경곗값은 프로그램을 종료하는 특별한 이벤트(q 키를 입력한다든지)를 사용하고 있다.

간단한 예로, 그래픽 창을 열고 사용자가 키를 눌러 창의 색을 바꿀 수 있는(r 키를 눌러 빨간색, 또는 g 키를 눌러 회색 등) 프로그램을 생각해 보자. 사용자가 q 키를 누르면 언제든 프로그램을 종료할 수 있다. 키 입력을 처리하는 getKey() 와 간단한 이벤트 반복문 구조를 이용해서 이 프로그램을 작성할 수 있다. 다음은 작성된 프로그램이다.

```python
# event_loop1.py --- 키보드로 창의 색을 바꾸는 프로그램

from graphics import *

def main():
    win = GraphWin("Color Window", 500, 500)

    # 이벤트 반복문: 사용자가 q 키를 누를 때까지 키 입력을 처리한다.
    while True:
        key = win.getKey()
        if key == "q": # 반복문 탈출
            break

        # 키 입력을 처리한다.
        if key == "r":
            win.setBackground("pink")
        elif key == "w":
            win.setBackground("white")
        elif key == "g":
            win.setBackground("lightgray")
        elif key == "b":
            win.setBackground("lightblue")

    # 프로그램을 종료한다.
    win.close()

main()
```

이 프로그램은 이벤트 반복을 한 번 수행할 때마다 사용자가 키를 입력하기를 기다린다. 다음 줄과 같은 코드로 인해 키 입력이 없으면 프로그램이 계속 실행되지 않는다.

```python
key = win.getKey()
```

좀 더 유연한 인터페이스라면 사용자가 여러 가지 방법, 예를 들어 키보드 입력,

메뉴 선택, 아이콘 위에 마우스 커서 올리기, 또는 버튼 클릭 등으로 상호 작용할 수 있을 것이다. 이런 경우에는 이벤트 반복문이 여러 유형의 이벤트를 다 처리하게 된다. 이를 설명하기 위해, 창 색을 바꾸는 프로그램에 마우스를 이용한 상호 작용을 추가해 보면 어떨까. 사용자가 위치를 입력하기 위해 마우스를 클릭하고 문자열을 창에 입력할 수 있도록 4장의 프로그램을 개선해 보자.

키보드 입력과 마우스 입력을 함께 사용하려면 먼저 부닥치는 문제가 있다. 그 동안 잘 사용해 왔던 입력 메서드인 getMouse와 getKey를 사용할 수 없게 된다. 그 이유를 알겠는가? win.getKey()를 호출하면 프로그램은 사용자가 키 입력을 할 때까지 멈춘다. 사용자가 마우스를 쓰기로 마음먹었다면 어떻게 되겠는가? 당연히 키 입력을 기다리며 프로그램이 멈춰 있을 것이다. 반대로 getMouse()를 호출했다면 프로그램이 마우스 입력을 기다리고 있을 것이므로 키보드 입력이 잠기게 된다. 인터페이스 설계 분야에서는 특정한 유형의 상호 작용으로 사용자를 제한한다는 점에서 이것들을 특정 유형(modal) 입력 메서드라고 부른다. 사용자가 상호 작용 방식을 선택할 수 있는 상황이라면 입력은 특정 유형에 제한되어서는 안 된다(여러 유형의 상호 작용이 가능해야 한다).

앞으로 볼 예제에서는 checkKey와 checkMouse라는 다른 메서드를 사용해서 입력이 특정 유형으로 제한되지 않도록 할 것이다. 이것들은 사용자 입력을 기다리지 않는다는 점만 빼면 getKey나 getMouse와 비슷한 기능을 한다. 다음 명령문을 살펴보자.

```
key = win.checkKey()
```

이 명령을 실행하면 파이썬은 눌린 키가 있는지 확인한다. 눌린 키가 있다면 눌린 키를 나타내는 문자열을 리턴한다. 눌린 키가 없다고 해도 계속해서 입력을 기다리지 않는다. 변수 key의 값을 확인하면 굳이 프로그램을 멈추지 않아도 키가 눌렸는지 여부를 판단할 수 있다.

check 메서드들을 사용한 프로그램을 보면 입력 유형이 제한되지 않은 이벤트 반복문의 구조를 알 수 있다.

```
GUI를 그린다.
while True:
    key = checkKey()
    if key의 값이 "프로그램 종료"를 의미하면: break
    if key의 값이 유효한 입력이면:
        입력된 key의 값을 처리한다.
    click = checkMouse()
    if click의 값이 유효한 입력이면:
        입력된 click의 값을 처리한다.
정리 후 프로그램을 종료한다.
```

이 유사 코드를 잘 살펴보기 바란다. 반복문을 한 번 수행할 때마다 프로그램은 키 입력과 마우스 입력을 한 번씩 확인한 뒤 들어온 입력을 적절하게 처리한다. 처리할 이벤트가 없어도 프로그램은 멈춰서 기다리는 대신 반복문을 다시 수행하며 한 번 더 확인한다. 프로그램이 사용자의 입력을 끈기 있게 기다리는 것처럼 보이지만 사실 이렇게 반복문을 바쁘게 수행하고 있는 것이다.

클릭 및 입력을 받는 멋진 프로그램을 만들기 위해 먼저 이렇게 확장된 이벤트 반복문을 적용해 보기로 한다.

```python
# event_loop2.py --- 창의 색을 바꾸기

from graphics import *

def handleKey(k, win):
    if k == "r":
        win.setBackground("pink")
    elif k == "w":
        win.setBackground("white")
    elif k == "g":
        win.setBackground("lightgray")
    elif k == "b":
        win.setBackground("lightblue")

def handleClick(pt, win):
    pass

def main():
    win = GraphWin("Click and Type", 500, 500)
    # 이벤트 반복문: 사용자가 'q' 키를 입력할 때까지 키 입력과
    # 마우스 클릭을 처리한다.
    while True:
        key = win.checkKey()
        if key == "q": # loop exit
            break

        if key:
            handleKey(key, win)

        pt = win.checkMouse()
        if pt:
            handleClick(pt, win)

    win.close()

main()
```

여기서 함수를 사용한 것은 프로그램을 더 잘 모듈화하고 수정된 이벤트 반복문의 구조를 잘 보이도록 하기 위해서다. 마우스 클릭의 경우는 어떻게 처리할지 아직 정하지 않았기 때문에 handleClick 함수의 몸체에는 pass 명령문 하나만 있다. pass 명령을 실행하면 아무 일도 일어나지 않는다. 문법적으로 어떤 명령문이 있어야 할 자리에 그냥 채워 넣는 용도로 쓰인다. 이를 이용해서 프로그램이 수정하기 전과 동일하게 동작하는지 확인해 볼 수 있다.

그리고 if 문 안에서 사용한 조건문에도 주목하기 바란다. 입력이 없으면 checkKey()와 checkMouse() 둘 다 거짓으로 해석되는 값을 리턴한다(checkKey는 빈 문자열, checkMouse()는 None 객체). 이전 절에서 배웠듯이 이를 통해 사용자 입력의 유무를 간결하게 파이썬다운 방식으로 확인할 수 있다. 코드에서는 if key != "": 대신 if key:, if pt != None 대신 if pt:라고 하면 된다. 모든 프로그래머가 이 상용구(idiom)를 사용하지는 않지만, 적어도 나는 이쪽 코드가 읽었을 때 더 직관적이어서 선호한다. 이 코드를 '키 입력이 있다면', 또는 '마우스 클릭이 있다면'으로 해석할 수 있기 때문이다. 만약 입력이 있다면 처리를 하면 된다.

입력 유형을 제한하지 않도록 창의 색을 바꾸는 프로그램을 수정했다. 이제 마우스 입력 처리 부분을 추가할 차례다. 우리는 사용자가 창에 텍스트를 배치할 수 있도록 하려고 한다. 지금 있는 이벤트 반복문에서 한 글자씩 처리하는 방법보다는 Entry 객체에 직접 내용을 입력하도록 하면 편리할 것이다. 그렇다면 마우스 클릭은 다음 세 단계 알고리즘을 수행해야 한다.

1. 마우스로 클릭한 곳에 Entry 객체의 공란을 표시한다.
2. 사용자가 공란에 내용을 입력하도록 한다. 엔터를 치면 입력을 마친다.
3. Entry 객체의 공란이 화면에서 사라지고 입력한 내용이 창에 표시된다.

이 알고리즘의 두 번째 단계에는 재미있는 점이 있다. 여기서는 사용자 입력을 Entry 객체의 공란에 표시하지만, 명령의 최상위에서 이 키 입력을 해석하지는 않으려고 한다. 구체적으로 말하면, Entry 공란에서 'q'를 눌러도 프로그램이 종료되어서는 안 된다! 프로그램은 이 부분에서는 공란으로 특정한 형태의 입력만 받아야 한다. 다시 말해, 사용자가 엔터키를 칠 때까지는 공란 입력 모드를 전환하고 이를 유지해야 한다. GUI 응용 프로그램에서 프로그램을 사용하기 전에 팝업 창이 떠서 이 창을 처리하지 않으면 프로그램을 사용할 수 없는 상태와 비슷하다고 할 수 있다. 이런 팝업 창을 모달 대화 창이라고 한다.

어떻게 하면 Entry 공란 역시 모달 대화 창처럼 만들 수 있을까? 그 답은 반복문을 추가하는 것이다. 가장 바깥쪽 이벤트 반복문 안에 엔터키가 입력될 때까지 키 입력을 받으면서 반복을 계속하는 반복문을 중첩시키면 된다. 엔터키가 눌리면 안쪽의 반복문이 종료되면서 프로그램이 계속된다. 다음은 이렇게 수정한 handleClick 함수다.

```
def handleClick(pt, win):
    # 텍스트를 입력할 Entry 공란을 만든다.
    entry = Entry(pt, 10)
    entry.draw(win)

    # 모달 입력으로 전환한다: 엔터키를 칠 때까지 반복
    while True:
        key = win.getKey()
        if key == "Return": break

    # Entry 공란을 화면에서 지우고 Text0을 만들어 화면에 그린다.
    entry.undraw()
    typed = entry.getText()
    Text(pt, typed).draw(win)

    # 텍스트 입력 중에 들어온 마우스 클릭을 처리(무시)한다.
    win.checkMouse()
```

앞의 알고리즘의 세 단계가 이 코드에서 어떻게 구현되었는지 확실히 이해해 두기 바란다. 알아 두어야 할 것은 getKey 함수가 엔터키를 입력하면 "Return"을 리턴한다는 것이다(역사적으로 엔터키는 리턴키라 부르기도 했다).

또 한 가지는, 모달 입력으로 전환하기 위한 반복문이 우리가 다른 예제에서 키 입력을 처리할 때 사용한 반복문과 비슷한 구조로 되어 있다는 것이다. 그냥 "Return"이라는 값이 들어올 때까지 기다리는 것이라면 다음과 같은 반복문을 사용하면 된다.

```
while win.getKey() != "Return":
    pass
```

앞의 코드에서 반복문의 몸체에서는 아무 일도 수행하지 않는다. 이 반복문은 엔터키가 눌려 조건문이 거짓이 될 때까지 조건문 확인만을 반복한다. 이렇게 아무 것도 하지 않는 반복문을 탈출하고 나면 프로그램이 계속 수행된다. 어느 쪽이든 동작은 같지만 첫 번째 프로그램이 좀 더 명확한 대신 두 번째 프로그램은 교묘하다고 할 수 있다. 그러나 교묘한 것보다는 명확한 것을 택하는 편이 좋다.

이 함수의 마지막 줄은 Entry 공란을 모달 입력 상태로 확실히 두는 것이 목적이다. 엔터키가 입력되기 전에는 어떤 마우스 클릭이라도 무시된다. checkMouse는 마지막으로 실행된 이후로 들어온 마우스 클릭을 리턴하기 때문에 함수의 마지막 줄에 이 명령을 두면 아직 확인하지 않은 마우스 클릭을 (처리하지 않고) 치워 버리는 효과를 내게 된다.

이번 예제는 여기까지다. 지금까지 수정한 event_loop3.py 프로그램의 최종 버전을 여러 번 실행해 보면서 잘 이해해 두기 바란다. handleClick 함수 끝의 checkMouse를 주석 처리한 뒤 프로그램이 어떻게 하면 이상하게 동작하는지 찾아

본다든지, 공란에 텍스트를 입력하는 도중 언제라도 〈ESC〉를 누르면 입력을 취소하는 기능을 추가해 보는 것 등을 생각해 볼 수 있겠다. 모달 입력을 유지하는 반복문의 조건문에 "Escape"를 기다리도록 추가한 뒤, 이 경우엔 Text 객체를 만들지 않도록 하면 된다.

8.7 정리

이 장에서는 파이썬의 반복문과 불 표현식을 배웠다. 다음은 이번 장의 중요한 내용을 요약한 것이다.

- 파이썬의 for 문은 연속열 형의 각 요소에 대해 반복을 수행하는 횟수 지정 반복문이다.
- 파이썬의 while 문은 조건 지정 반복문의 한 예다. while 문은 주어진 조건이 참인 한 반복을 계속한다. 조건 지정 반복문을 사용할 때는 무한 반복이 되지 않도록 주의해야 한다.
- 조건 지정 반복문이 쓰이는 주된 형태 중 하나는 상호 작용식 반복문을 구현하는 것이다. 상호 작용식 반복문은 프로그램의 일부를 사용자의 요구에 따라 반복적으로 실행하는 데 쓰인다.
- 경곗값 반복문은 미리 정해진 특별한 값(경곗값)이 나올 때까지 입력을 계속 처리하는 반복문이다. 경곗값 반복문은 매우 자주 쓰이는 패턴 중 하나다. 경곗값 반복문을 사용할 때는 경곗값을 다른 값처럼 처리하지 않도록 주의해야 한다.
- 반복문은 파일을 읽어 들일 때 편리하다. 파이썬은 파일을 줄의 연속열 형과 같이 취급하므로 for 문을 사용해서 파일을 줄 단위로 처리하는 프로그램을 쉽게 작성할 수 있다. 다른 언어에서는 파일에 대해 반복을 수행할 때 대개 경곗값 반복문 패턴을 사용한다.
- 반복문 역시 다른 제어 구조처럼 중첩할 수 있다. 중첩 반복문을 사용하는 알고리즘을 작성할 때는 반복문을 한 번에 하나씩 작성하는 것이 좋다.
- 단순 조건문을 불 연산자 and, or, not으로 결합하는 방법으로 복잡한 불 표현식을 구성할 수 있다. 불 연산자는 불 대수의 법칙을 따른다. 드모르간의 법칙은 and 또는 or로 결합된 불 표현식의 부정이 갖는 성질을 나타낸다.
- 반복문 중간 탈출과 같은 비표준적인 반복문은 while 문에 항상 참이 되는 표

현식을 부여한 뒤, 반복문을 탈출할 지점에 break 문을 배치하는 방식으로 구성할 수 있다.

- 파이썬의 불 연산자 and와 or에는 간략 연산이 적용된다. 어떤 경우에는 이 연산자들의 이러한 실제 동작 방식을 의도적으로 사용하기도 한다. 파이썬에는 불 값을 위한 내장 데이터 타입 bool이 있지만, 불 표현식이 들어갈 자리에 다른 데이터 타입의 값을 사용할 수도 있다.
- 대부분의 GUI 프로그램은 사용자와의 상호 작용을 처리하기 위해 세심하게 구성된 이벤트 반복문으로 구현되는 이벤트 기반 프로그램이다. 상호 작용에는 사용 가능한 상호 작용의 유형을 제한하는 모달 방식과 유형을 제한하지 않는 논모달 방식이 있다.

8.8 연습 문제

내용 점검

맞다/틀리다로 답하시오.

1. 파이썬의 while 문은 횟수 지정 반복문을 구성하기 위해 사용된다.
2. 계수 반복 패턴은 횟수 지정 반복문으로 구현한다.
3. 경곗값 반복문은 매 반복마다 사용자에게 반복을 계속할지 여부를 묻는다.
4. 경곗값 반복문에서는 경곗값을 처리해서는 안 된다.
5. 파이썬에서 파일의 각 줄을 순회하는 가장 좋은 방법은 while 문을 사용하는 것이다.
6. while 문은 사후 검사 반복문이다.
7. 불 연산자 or는 두 피연산자가 모두 참일 때 참을 리턴한다.
8. a and (b or c) == (a and b) or (a and c)
9. not(a or b) == (not a) or not(b)
10. True or False

다음 중 맞는 것을 모두 고르시오.

1. 매 반복마다 사용자에게 계속할 것인지를 묻는 반복문 패턴을 무엇이라고 하는가?
   a) 상호 작용식 반복문   b) 파일 끝 반복문
   c) 경곗값 반복문   d) 무한 반복

2. 미리 정해 둔 특별한 값을 만날 때까지 계속 반복을 수행하는 반복문 패턴을 무엇이라고 하는가?

    a) 상호 작용식 반복문   b) 파일 끝 반복문

    c) 경곗값 반복문   d) 무한 반복

3. 반복문의 반복 조건을 반복문 몸체를 실행한 뒤 확인하는 반복문 구조를 무엇이라고 하는가?

    a) 사전 검사 반복문   b) 반복문 중간 탈출

    c) 경곗값 반복문   d) 사후 검사 반복문

4. 미리 읽기는 다음 중 어떤 반복문 패턴에서 쓰이는가?

    a) 상호 작용식 반복문   b) 파일 끝 반복문

    c) 경곗값 반복문   d) 무한 반복

5. 반복문의 몸체에서 중간에 빠져나오기 위해 어떤 명령문을 사용하는가?

    a) if   b) input   c) break   d) exit

6. 다음 중 불 연산에서 항상 성립하는 식이 아닌 것은?

    a) (True or x) == True

    b) (False and x) == False

    c) not(a and b) == not(a) and not(b)

    d) (True or False) == True

7. 영원히 종료되지 않는 반복문을 무엇이라고 하는가?

    a) 분주 반복   b) 부정 반복   c) 긴축 반복   d) 무한 반복

8. 다음 중 연산자 and의 진리표에 포함되지 않는 것은?

    a) T T T   b) T F T   c) F T F   d) F F F

9. 다음 중 연산자 or의 진리표에 포함되지 않는 것은?

    a) T T T   b) T F T   c) F T F   d) F F F

10. 연산자가 피연산자가 되는 부분 표현식을 일부만 평가하는 방식을 무엇이라고 하는가?

    a) 간략 연산   b) 오류 연산   c) 배타 연산   d) 부정 연산

토론할 내용

1. 다음 용어 쌍에 대해 유사점과 차이점을 설명하시오.

    a) 횟수 지정 반복문/조건 지정 반복문

    b) for 문/while 문

    c) 상호 작용식 반복문/경곗값 반복문

    d) 경곗값 반복문/파일 끝 반복문

2. 다음 식에 대한 진리표를 작성하라. 모든 가능한 입력의 경우가 포함되어야 한다. 힌트: 표현식의 일부에 대한 열을 추가로 작성하면 도움이 된다.

    a) not $(P$ and $Q)$

    b) (not P) or (not Q)

    c) $(P$ and $Q)$ or R

    d) $(P$ or $R)$ and $(Q$ or $R)$

3. 다음 값을 계산하는 while 반복문을 작성하라.

    a) 1부터 n까지의 자연수: $1+2+3+\cdots+n$

    b) 작은 것부터 n개의 홀수의 합: $1+3+5+\cdots+2n-1$

    c) 999가 입력될 때까지 사용자가 입력한 수의 연속열의 합(주의: 999는 합에 포함하지 않는다)

    d) 정수 n이 1이 될 때까지 2로 나눌 수(정수 나눗셈) 있는 횟수(예를 들면, $\log_2 n$)

프로그래밍 과제

1. 피보나치수열의 시작 부분은 다음과 같다. 1, 1, 2, 3, 5, 8, …(처음 두 개를 제외한) 수열의 각 숫자는 이전 두 숫자의 합이다. 피보나치수열의 n번째 숫자를 계산하는 프로그램을 작성하라. 이때 n은 사용자가 입력하도록 한다.

2. 기상청의 체감 온도 지수는 다음과 같은 공식으로 계산한다.

    $$35.74 + 0.6215T - 35.75(V^{0.16}) + 0.4275T(V^{0.16})$$

    이때 T는 화씨온도이며, V는 시간당 마일 단위로 나타낸 풍속이다.
    체감 온도를 잘 정렬된 표로 출력하는 프로그램을 작성하라. 표의 각 줄은 풍속이 0부터 50까지의 범위에서 5씩 증가하는 경우를 나타내며, 표의 각 열은

-20도부터 +60도까지 10도씩 증가하는 경우를 나타낸다. 참고: 이 공식은 풍속이 3mph(miles per hour)를 넘을 때에만 유효하다.

3. while 문을 사용해서 이자율이 주어졌을 때 원리금이 원금의 두 배로 증가할 때까지 걸리는 기간을 계산하는 프로그램을 작성하라. 입력은 연간 이자율을 기준으로 하며, 출력은 원리금이 원금의 두 배에 도달하는 햇수이다. 참고: 초기 원금의 액수는 중요하지 않다. 1달러를 적용해도 무방하다.

4. 시라쿠사 수열 또는 콜라츠 추측(Collatz conjecture)이란 임의의 자연수로부터 시작해 다음과 같은 조작을 계속 반복했을 때 결과가 반드시 1에 다다르게 된다는 추측이다.

$$syr(x) = \begin{cases} x/2 & \text{if x is even} \\ 3x+1 & \text{if x is odd} \end{cases}$$

예를 들어, 5부터 시작하는 시라쿠사 수열은 다음과 같다. 5, 16, 8, 4, 2, 1. 임의의 자연수에 대해 이 추측이 성립하는지는 아직 밝혀지지 않았다.
수열의 시작 값을 사용자로부터 입력받아 이 숫자로 시작하는 시라쿠사 수열을 출력하는 프로그램을 작성하라.

5. 양의 정수 $n > 2$가 2와 $\sqrt{n}$ 사이의 값 중에 n을 나누어떨어지는 수가 없을 때 n을 소수라고 한다. n을 입력받아 이 수가 소수인지 판별하는 프로그램을 작성하라. 소수가 아닌 n에 대해서, n을 나누어떨어지는 수가 발견되면 프로그램이 즉시 중단되어야 한다.

6. 앞에서 작성한 프로그램을 n 이하의 값에 대해 모든 소수를 찾도록 수정하라.

7. 골드바흐 추측(Goldbach conjecture)은 모든 짝수는 두 소수의 합으로 나타낼 수 있다는 추측이다. 사용자로부터 어떤 값을 입력받아 이 값이 짝수인지 확인한 뒤, 합해 이 값이 되는 두 개의 소수를 찾는 프로그램을 작성하라.

8. 유클리드 호제법을 이용하면 두 수의 최대 공약수를 구할 수 있다. 두 값 m과 n에서 시작해, m이 0이 될 때까지 공식 n, m = m, n%m를 반복해 적용한다. m이 0에 다다르면 n은 m과 n의 최대 공약수가 된다. 두 수를 입력받아 이 알고리즘으로 최대 공약수를 구하는 프로그램을 작성하라.

9. 중간 경유지가 있는 여정에 대해 평균 연비를 계산하는 프로그램을 작성하라. 프로그램은 먼저 출발 시점의 거리계 값을 입력받은 뒤, 각 경유지와 최종 목적지에 대한 정보를 입력받는다. 각 경유지에 대해 사용자는 현재 거리계 값과 이 구간에서 사용한 연료량을 입력해야 한다(각 값은 공백 문자로 구분한다). 빈 줄을 입력해 모든 경유지에 대한 정보가 입력되었음을 알린다. 입력이 끝나면 프로그램은 각 구간의 연비와 전체 여정에 대한 연비를 출력해야 한다.

10. 앞의 프로그램을 파일로부터 입력을 받도록 수정하라.

11. 시설 관리 회사는 난방 및 냉방 가동 수요를 도*일을 단위로 추산한다. 어느 날의 평균 기온이 60도(화씨) 아래였다면, 난방 가동 기간에 60도에서 모자란 만큼을 더한다. 반대로 어느 날의 평균 기온이 80도(화씨) 이상이라면, 80도를 넘은 만큼을 냉방 가동 기간에 더한다. 어떤 기간의 평균 기온을 입력받아 그 기간 동안의 난방 또는 냉방 가동 수요를 도*일 단위로 계산하는 프로그램을 작성하라. 모든 데이터를 처리하고 난 뒤, 난방 가동 수요와 냉방 가동 수요를 각각 출력해야 한다.

12. 앞의 프로그램을 파일로부터 입력을 받도록 수정하라.

13. 추세선(점의 연속열에 대해 값이 변화하는 추세를 가장 잘 예측하는 선)을 시각적으로 나타내는 프로그램을 작성하라. 먼저 사용자에게 그래픽 창에 일련의 점을 클릭으로 입력하게끔 한다. 입력이 끝났음을 알리기 위해 그래픽 창의 좌하단에 '완료'라고 쓰인 직사각형을 그린다. 사용자가 이 직사각형 안을 클릭하면 더 이상의 입력을 받지 않는다.

   m을 다음과 같이 정의할 때,

   $$m = \frac{\sum x_i y_i - n\bar{x}\bar{y}}{\sum x_i^2 - n\bar{x}^2}$$

   추세선은 다음 식을 따르는 직선이다.

   $$y = \bar{y} + m(x - \bar{x})$$

   $\bar{x}$와 $\bar{y}$는 각각 x와 y의 평균이며 n은 점의 개수다.

사용자가 점을 클릭해 감에 따라 프로그램은 클릭한 점을 그래픽 창에 표시하고, 입력 값의 개수와 x, y, x^2, xy를 계속 계산해야 한다. 사용자가 '완료' 상자를 클릭하면 프로그램은 (앞의 식을 이용해) y의 값을 계산한 뒤, 창의 좌우 끝까지 이어지는 추세선을 그려야 한다. 추세선을 그리고 나면, 그려진 추세선을 볼 수 있도록 한 번 더 클릭 후 프로그램이 종료되도록 한다.

14. 컬러 이미지를 흑백 이미지로 변환하는 프로그램을 작성하라. 사용자가 GIF나 PPM 포맷을 가진 파일 이름을 입력하면, 프로그램이 이미지를 읽어 들여그래픽 창에 표시한다. 표시된 이미지에 마우스를 클릭하면 이미지를 흑백으로 변환한다. 변환이 끝나면 사용자가 변환된 이미지를 저장할 파일 이름을입력하도록 한다.

   이 문제를 풀기 위해서는 그래픽 라이브러리의 Image 객체를 다뤘던 부분을참조(4.8.4절)해야 할 것이다. 이미지를 흑백으로 변환하는 방법은 각 픽셀마다 색을 적절한 밝기의 흑백으로 바꿔야 한다. RGB 세 가지 색이 같은 값을 가지면 흑백 픽셀이 된다. 그러므로 color_rgb(0,0,0)는 검은색, color_rgb(255,255,255)는 흰색, color_rgb(127,127,127)는 중간 밝기의 회색이 된다. 픽셀의 원래 RGB 값의 가중 평균을 구한 뒤 이 값을 흑백 밝기 값으로 한다. 다음은 이미지를 흑백으로 변환하는 알고리즘이다.

   ```
   for 이미지의 각 줄에 대해:
       for 이미지의 각 열에 대해:
           r, g, b = 현재 줄과 열에 해당하는 픽셀의 정보를 구한다.
           brightness = int(round(0.299r + 0.587g + 0.114b))
           현재 픽셀의 색을 color_rgb(brightness, brightness, brightness)로 한다.
       현재 줄이 변환된 것을 볼 수 있도록 이미지를 갱신한다.
   ```

   참고: Image 클래스의 픽셀에 대한 연산은 수행 시간이 오래 걸리므로 비교적 작은 이미지(1200만 픽셀 이하)를 이용해 프로그램을 테스트하는 것이 좋다.

15. 이미지를 색 반전 이미지로 변환하는 프로그램을 작성하라. 프로그램의 기본구조는 앞의 문제와 같으나 색 반전은 각 색 채널을 255에서 뺀 값으로 바꾸면된다. 그러므로 반전된 색은 color_rgb(255-r, 255-g, 255-b)가 된다.

16. event_loop3 프로그램을 수정해 본문에서 설명한 것과 같이 〈ESC〉 키를 사용하도록 하라. 사용자가 Entry 입력란에 내용을 입력하는 도중에 〈ESC〉 키를치면, 입력된 내용을 버리고 입력란을 지워야 한다.

9장

시뮬레이션과 설계

이 장의 학습 목표
· 실세계의 문제를 해결하기 위한 수단으로 시뮬레이션을 활용할 수 있음을 이해한다.
· 유사 난수를 이해하고 몬테카를로 시뮬레이션에 이를 활용할 수 있다.
· 하향식 및 나선형 설계를 통해 복잡한 프로그램을 작성할 수 있다.
· 단위 테스트를 이해하고 복잡한 프로그램을 디버깅하는 데 이를 활용할 수 있다.

9.1 라켓볼 시합을 시뮬레이션하기

아직 깨닫지 못하고 있을 수도 있지만 우리는 컴퓨터 과학자가 되기 위한 먼 여정에서 상당 부분을 이미 지나왔다. 이제 원하는 문제를 풀기 위한 모든 도구의 사용법을 알게 되었다. 여기서 말하는 문제란 알고리즘을 설계하고 구현하는 능력이 없으면 해결할 수 없거나 해결이 어려운 문제를 말한다. 지금 당장 대세 애플리케이션을 만들지는 못하더라도 녹록치 않은 문제를 풀어낼 만한 능력이 여러분에게 이미 있다.

실세계의 문제를 해결하기 위한 강력한 해법 중 하나가 시뮬레이션이다. 컴퓨터를 통해 실제 세계에서 일어나는 일을 모형화해 기존에 알 수 없었던 사실을 알수 있다. 컴퓨터 시뮬레이션은 일기 예보, 항공기 설계, 영화의 특수 효과, 비디오게임 등 헤아릴 수 없이 많은 분야에서 쓰이고 있다. 이런 응용 분야는 대체로 매우 복잡한 프로그램을 필요로 하지만, 때로는 간단한 시뮬레이션으로도 골치 아픈 문제를 해결할 단초를 얻을 수 있다.

이번 장에서는 라켓볼 시합에 대한 간단한 시뮬레이션을 만들어 볼 것이다. 이 과정에서 다른 문제를 해결할 때 유용하게 사용될 설계와 구현의 중요한 전략을 배울 것이다.

9.1.1 시뮬레이션 문제

수전의 친구 데니는 라켓볼을 즐긴다. 데니는 여러 해 동안 라켓볼을 해 오면서 특이한 현상을 발견하게 된다. 데니는 자신보다 실력이 살짝 더 나은 선수와 시합을 자주 한다. 그리고 이런 시합에서는 그가 질 때가 많았고, 그때마다 그는 분통을 터뜨렸다. 그러다가 그는 문득 궁금해졌다. 언뜻 생각하기에 실력 차이가 크지 않다면 이기는 횟수도 차이가 약간만 나야 할 텐데 그들은 거의 늘 데니에게 이기는 것 같았다.

한 가지 분명한 점은 그의 문제가 심리적인 데서 비롯됐다는 것이다. 어쩌면, 그의 정신력이 신체적 능력에 미치지 못하는 것일 수도 있고, 자신보다 한참 높은 상대의 실력을 눈치 채지 못하고 있을 수도 있다.

그러던 어느 날 데니가 수전과 라켓볼에 관해 이야기를 나누는데 수전이 또 다른 가능성을 제시했다. 라켓볼이라는 게임 자체의 특성상 실력 차이가 조금만 나도 일방적인 경기 결과가 나올 수 있다는 것이었다. 데니도 그 이야기에 흥미가 동했지만 도움이 될지 안 될지 모를 스포츠 심리학자에게 큰돈을 쓰고 싶지는 않았다. 그렇다면 어떻게 해야 자신의 문제가 정신적인 것인지 아니면 경기 자체의 특징인지 알 수 있을까?

수전은 라켓볼에 대한 시뮬레이션 프로그램을 작성해 보겠다고 했다. 시뮬레이션을 통해 실력 차가 다양한 선수들이 경기를 했을 때 어떤 결과가 나오는지를 모형화해 볼 수 있을 것이다. 이 시뮬레이션은 정신적인 요소를 포함하지 않을 것이므로 이러한 요소에 영향을 받지 않았을 때 데니가 실제 실력보다 시합에서 많이 지고 있는지 알 수 있게 해 줄 것이었다.

자, 이제 직접 라켓볼 시뮬레이션을 작성해 수전과 데니가 어떤 사실을 알게 되었는지 확인해 보자.

9.1.2 분석과 요구 사항

라켓볼은 사방이 벽으로 둘러싸인 경기장에서 두 명의 선수가 라켓으로 공을 치는 경기다. 다른 구기 종목, 예를 들어 테니스, 배구, 배드민턴, 스쿼시, 탁구 등과도 비슷한 점이 많다. 이 시뮬레이션 프로그램을 작성하기 위해서는 라켓볼의 대략적인 규칙만 알면 된다.

한쪽 선수가 공을 치면(이것을 서브라고 한다) 경기가 시작된다. 그다음 두 선수가 교대로 공을 치며 경기를 이어 간다. 이것을 랠리라고 한다. 규칙에 맞게 친 공을 다른 선수가 놓치게 될 경우에 랠리가 끝나고, 공을 놓친 선수가 랠리에서 패한 것으로 처리된다. 공을 놓친 선수가 서브를 했던 선수라면, 그다음 번에 서브를 할 권리는 상대 선수에게 넘어간다. 서브를 했던 선수가 랠리에서 이겼다면 점수를 얻는다. 득점은 자신이 서브권을 가지고 있을 때만 가능하다. 그리고 15점에 먼저 도달하는 선수가 경기에 승리한다.

이 시뮬레이션에서 선수의 실력은 자신이 서브를 했던 랠리에서 이길 확률로 나타낸다. 그러므로 확률이 0.6인 선수는 자신이 서브를 넣은 랠리에서 이길 확률이 60%가 된다. 프로그램은 사용자로부터 두 선수에 대한 (서브를 했을 때 랠리에서 이길) 확률을 입력받은 뒤, 이 확률에 따라 하나 이상의 라켓볼 경기를 시뮬레이션한다. 시뮬레이션이 끝나면 프로그램은 결과를 출력한다.

이 프로그램이 해야 할 일을 자세히 적어 보면 다음과 같다.

입력: 프로그램은 각 선수가 서브를 했을 때 랠리에서 이길 확률을 입력할 것을 요청하고 이 확률을 입력받는다(이때 두 선수를 각각 'player A', 'player B'라고 한다). 그리고 시뮬레이션할 경기의 횟수를 입력받는다.

출력: 프로그램은 다음과 같은 입력 안내문을 출력한다.

```
What is the prob. player A wins a server?
What is the prob. player B wins a server?
How many games to simulate?
```

그런 다음 시뮬레이션한 경기의 횟수와 두 선수의 승리한 경기 수 및 비율을 잘 정렬해 출력한다. 다음은 출력 예다.

```
Games Simulated: 500
Wins for A: 268 (53.6%)
Wins for B: 232 (46.4%)
```

참고: 모든 입력은 유효한 숫자 값이라고 가정한다. 따라서 오류 또는 유효성 확인은 불필요하다.

그리고 모든 경기에서 player A가 먼저 서브를 할 권한을 갖는다.

9.2 유사 난수

우리가 만들려는 시뮬레이션은 불확실성을 지닌 사건을 다룬다. 어떤 선수가 서브를 넣었을 때 승률이 50%라는 말은, 서브를 하나 걸러 무조건 이긴다는 뜻이 아니다. 마치 동전 던지기처럼, 앞면이 나올 확률과 뒷면이 나올 확률이 똑같이 반반이지만 뒷면이 연속으로 다섯 번 나오는 경우도 있는 것이다. 마찬가지로, 이 시뮬레이션에서 두 선수의 랠리 승패도 무작위로 정해져야 한다. 서브 시 승률은 서브를 넣었을 때 그 랠리에서 이길 가능성을 말하는 것이며, 정해진 승패 패턴이 있지는 않다.

많은 시뮬레이션이 이렇게 어떤 가능성에 따라 일어나는 사건을 다룬다. 어떤 주체를 관점으로 하는 시뮬레이션은 다른 주체의 행동에 대한 불확실성을 모형화할 수 있어야 한다. 예를 들어 은행에 대한 시뮬레이션이라면 고객이 우연히 은행 지점에 방문하는 상황을 처리할 수 있어야 하는 것과 같다. 어떤 확률을 따르는 우연에 의해 결과가 정해진다는 성질 때문에 이런 시뮬레이션을 몬테카를로 알고리즘이라고 부른다.[1] 물론, 명확한 명령을 그대로 따르는 기계인 컴퓨터에서 일어나는 일 중에 무작위로 일어나는 일은 없다는 것을 우리는 이미 잘 알고 있다. 어떻게 하면 컴퓨터가 무작위로 일어나는 일들을 모형화할 수 있을까?

무작위를 흉내 내는 방법은 컴퓨터 과학에서 오래전부터 연구되었던 주제다. 1장의 혼돈 프로그램을 기억하는가? 이 프로그램이 생성한 숫자는 0과 1 사이의 값을 무질서하게 오갔다. 함수를 연속해서 적용하는 방법으로 이렇게 확실한 무작위성을 얻을 수 있었는데, 난수(실제로는 유사 난수)를 생성하는 데도 이와 비슷한 방법을 사용한다.

유사 난수 생성기로 난수를 생성하려면 먼저 어떤 시드 값을 받아야 한다. 이 값은 함수가 난수를 만들 수 있게끔 해 준다. 난수를 하나 더 생성하면 이전에 생성했던 값이 다시 입력되어 새로운 난수를 만든다. 함수를 잘 만들면 이렇게 이어지는 결과가 난수처럼 보이게 된다. 물론 같은 시드 값으로 난수 생성을 반복하면 완전히 똑같은 순서로 똑같은 숫자가 나온다. 어떤 숫자가 어떤 순서로 나올지는 난수를 생성하는 함수와 이 함수에 주어진 시드 값에 의해 결정된다.

파이썬에는 이렇게 유사 난수를 생성하기 위한 함수를 여럿 갖추고 있는 모듈

---

1 그래서 파이썬으로 작성된 확률적 시뮬레이션 프로그램을 '몬티(Monte) 파이썬' 프로그램이라고 부르기도 한다(옮긴이: 유명 텔레비전 코미디 드라마 중에 제목의 발음이 비슷한 몬티(Monty) 파이썬이 있었다).

이 있다. 이 모듈에 포함된 함수는 모듈이 로드되는 시점의 시간 값을 시드 값으로 사용한다. 그래서 똑같은 방법으로 난수를 생성해도 매번 다른 숫자가 다른 순서로 나온다. 우리가 하려는 일에 가장 부합하는 두 함수가 randrange와 random이다.

randrange 함수는 주어진 범위 안의 정수를 무작위로 선택하는 함수다. 이 함수에는 인자를 세 개까지 줄 수 있는데, 이 세 개의 인자는 범위를 지정하는 것으로 range 함수에서 사용했던 인자와 정확히 같다. 예를 들어, randrange(1,6)은 [1, 2, 3, 4, 5] 중의 한 값을 리턴하고, randrange(5,105,5)는 5와 100 사이에서 5의 배수 중 하나를 리턴한다(상한값 자체는 포함하지 않는다는 것을 기억하라).

randrange를 한 번 호출할 때마다 정숫값의 새로운 유사 난수가 생성된다. 다음은 randrange의 몇 가지 사용 예다.

```
>>> from random import randrange
>>> randrange(1,6)
3
>>> randrange(1,6)
3
>>> randrange(1,6)
5
>>> randrange(1,6)
5
>>> randrange(1,6)
5
>>> randrange(1,6)
1
>>> randrange(1,6)
5
>>> randrange(1,6)
4
>>> randrange(1,6)
2
```

randrange 함수에 대한 아홉 번의 호출에서 모두 1부터 5 사이의 값이 나온 것을 확인할 수 있다. 이 중 절반 가까이에서 5가 나왔는데 이것은 난수가 확률적인 속성을 갖기 때문이다. 좀 더 많은 횟수를 반복하면 이 함수에서 나오는 모든 값의 출현 횟수가 비슷해지는 균등 분포에 가까워질 것이다.

random 함수는 부동소수형 유사 난수를 생성할 수도 있다. 아무 인자 없이 이 함수를 호출하면 0부터 1 사이의 값을 균등한 확률로 리턴한다(0은 포함되지만 1은 포함되지 않는다). 다음은 몇 가지 호출 예다.

```
>>> from random import random
>>> random()
0.545146406725
>>> random()
```

```
0.221621655814
>>> random()
0.928877335157
>>> random()
0.258660828538
>>> random()
0.859346793436
```

모듈 이름과 함수 이름이 모두 random으로 같으므로 임포트 명령이 조금 어색하게 보인다.

우리가 만들고 있는 라켓볼 시뮬레이션은 어떤 선수가 자신이 서브를 넣은 랠리에서 이길지 여부를 random 함수를 사용해 결정한다. 구체적인 예를 살펴보자. 어느 선수의 서브 승률이 0.70이라고 하자. 이는 다시 말하면 서브를 넣은 랠리의 70%를 이겼다는 뜻이다. 그렇다면 다음과 같은 분기를 생각해 볼 수 있다.

```
if <player wins serve>:
    score = score + 1
```

그리고 여기에 70%에 해당하는 확률적 조건문을 넣어 주면 된다.

0과 1 사이의 값을 갖는 난수를 생성한다고 하자. 구간 [0, 1]의 70%는 0.7보다 미만의 값이 될 것이다. 그리고 나머지 30%는 0.7 이상의 값이 될 것이다(등호가 상한에만 붙는 이유는 난수 생성기에서 1이 나오는 일은 없기 때문이다). 일반적으로 prob을 선수 자신이 서브를 넣은 랠리를 이길 확률이라고 하면, random() < prob 같은 조건문을 사용해 의도한 확률을 얻을 수 있다. 다음은 이를 적용한 분기다.

```
if random() < prob:
    score = score + 1
```

9.3 하향식 설계

지금까지 우리가 작성할 시뮬레이션이 어떤 일을 해야 하는지 충분히 명확히 했고 이를 위해 난수를 사용하는 법을 배웠다. 자, 이제 내가 기다리는 몇 분 동안 프로그램을 작성해 보자.

역시 아직은 무리다. 이 프로그램은 지금까지 작성했던 프로그램 중 가장 복잡한 프로그램일 것이다. 어디서부터 손을 대야 할지 감이 오지 않을 수도 있다. 시행착오와 좌절을 최소한으로 줄이려면 체계적으로 문제에 접근해야 한다.

복잡한 문제를 풀기에 적합하다고 검증된 방법 중 하나가 바로 하향식 설계다. 하향식 설계의 기본적인 방법은 일반적인 문제로부터 시작해서 이 문제의 해결책을 다른 부분 문제로 나타내는 것이다. 그런 다음 각 부분 문제를 같은 방법으로 해결한다. 문제의 크기가 충분히 작아져서 쉽게 해결할 수 있게 된 후, 다시 이 해결된 문제를 따라 올라가면 전체 문제를 해결하는 프로그램에 이르게 된다.

9.3.1 최상위 설계

최상위 설계는 이에 대한 정의를 내리기보다는 구체적인 예를 보는 것이 이해하기 쉽다. 그럼 하향식 설계를 라켓볼 시뮬레이션에 적용해 보고, 그 효과가 어떤지 살펴보자. 언제나처럼 프로그램 명세에 대한 이해는 설계를 위한 첫 단계가 된다. 큰 윤곽만 보자면 이 프로그램은 기본적인 입력-처리-출력 패턴을 따른다. 시뮬레이션을 위한 정보를 사용자로부터 입력받고, 경기를 시뮬레이션한 뒤에 그 결과를 보고하면 된다. 다음은 기본 알고리즘이다.

```
안내 메시지를 출력한다.
정보를 입력받는다: probA, probB, n
probA와 probB에 근거해 n번의 라켓볼 시합을 시뮬레이션한다.
playerA와 playerB의 승패 및 승률 정보를 정리해 출력한다.
```

이제 기본적인 알고리즘을 얻었으니 프로그램을 작성해 볼 차례다. 아, 무슨 걱정을 하고 있는지는 알고 있다. 이 설계는 아직 너무 추상적이고 이 설계가 실제로 동작하도록 하려면 어떻게 해야 하는지 감도 오지 않을 것이다. 하지만 그래도 괜찮다. 우리가 아무것도 모른다 하더라도 지금은 그 사실을 무시하자. 단지 우리가 프로그램을 작성하기 위해 필요로 하는 모든 구성 요소가 이미 갖추어져 있다고 상상해 보자. 우리가 할 일은 이렇게 이미 갖추어진 구성 요소를 이용해 최상위 알고리즘을 완성하는 것이다.

먼저 안내 메시지를 출력한다. print 명령을 몇 번 사용하면 된다는 것을 이미 알고 있지만 일단 지금은 거기에 구애받지 말도록 한다. 알고리즘에서 중요도가 떨어지는 부분이다. 누군가가 안내 메시지 출력을 대신 해 주리라고 믿으며 이 문제의 해결을 최대한 미룰 것이다. 다음은 프로그램 도입부다.

```
def main():
    printIntro()
```

이 프로그램의 동작 원리가 감이 오는가? 여기서는 그저 printIntro라는 함수가 있다고 가정하고 이 함수에 안내 메시지 출력에 대한 모든 것을 맡기고 있다. 여기까진 그렇게 어렵지 않았다. 그럼 계속 나아가 보자.

그다음에는 사용자로부터 입력을 받아야 한다. 입력을 받는 것도 input 명령을 몇 번 사용하면 된다는 것을 이미 알고 있다. 하지만 이 역시 시시한 부분이니 지금은 자세한 부분을 다 생략하자. 입력을 받는 구성 요소가 이미 갖추어졌다고 가정하고, 이 함수를 getInputs라고 부르도록 하겠다. 이 함수가 하는 일은 변수 probA, probB, n에 대한 값을 받아오는 것이다. 이 함수는 주 프로그램에서 사용할 변수의 값을 리턴해야 한다. 지금까지 작성된 프로그램은 다음과 같다.

```
def main():
    printIntro()
    probA, probB, n = getInputs()
```

잘 진행되고 있다. 그다음으로 넘어가자.

이제 이 문제의 핵심에 다다랐다. n번의 라켓볼 시합을 변수 probA, probB의 값을 이용해 시뮬레이션해야 한다. 이 시뮬레이션을 어떻게 할 것인지에 대해서는 아직 뾰족한 계획이 없다. 이번에도 함수 안에 세부 사항을 다 밀어 넣고 넘어가기로 하자(나중에 누군가가 대신 이 부분을 작성해 줄지도 모를 일이다). 그럼 main에는 어떤 내용을 포함시켜야 할까? 조금 전의 함수를 simNGames라고 하기로 하고, 이 함수가 어떤 형태로 호출되어야 하는지 잠시 생각해 보자.

친구에게 n번의 라켓볼 경기를 시뮬레이션해 달라고 해야 한다면, 친구에게 어떤 정보를 주어야 할까? 친구가 이 시뮬레이션을 해 주려면 시뮬레이션해야 할 경기의 횟수와 시뮬레이션에 사용할 probA와 probB의 값이 필요할 것이다. 이 세 값이 함수에 대한 입력이 된다.

그럼 친구가 시뮬레이션을 끝내고 결과를 알려 줄 때 어떤 정보를 받아야 하겠는가? (보기 좋게 결과를 출력하고) 프로그램을 마치려면 먼저 playerA가 playerB에게 몇 번이나 이겼는지 알아야 한다. 그리고 이 정보는 simNGames 함수로부터 출력되어야 한다. 6장에서 함수에 대해 설명할 때, 인자는 함수에 대한 입력이고 리턴 값은 함수의 출력이라고 설명한 바 있다. 지금까지의 내용을 종합하면 알고리즘에 다음과 같은 내용을 추가하게 된다.

```
def main():
    printIntro()
    probA, probB, n = getInputs()
    winsA, winsB = simNGames(n, probA, probB)
```

이제 함수 사용이 점점 능숙해짐을 느낄 것이다. 마지막으로 할 일은 결과를 잘 정리해서 출력하는 것이다. 친구에게 시뮬레이션 결과를 정리해 달라고 부탁해야 한다면, 먼저 각 선수가 몇 번이나 이겼는지를 친구에게 알려 주어야 한다. 이 정보가 함수에 대한 입력이 된다. 다음은 이렇게 완성된 프로그램이다.

```
def main():
    printIntro()
    probA, probB, n = getInputs()
    winsA, winsB = simNGames(n, probA, probB)
    printSummary(winsA, winsB)
```

여기까지는 그렇게 어렵지 않았다. main 함수는 딱 다섯 줄만으로 대강의 모습만 갖췄던 알고리즘을 좀 더 명확하게 나타내고 있다.

9.3.2 관심사의 분리

지금의 main 함수만으로는 물론 아무것도 할 수 없다. 세부 사항을 다 함수 안으로 떼어 놓았기 때문이다. 어떻게 보면 지금까지 한 것이 없다고 생각할 수도 있다. 하지만 그렇지 않다.

지금까지 우리가 한 일은 전체 문제를 네 개의 서로 독립적인 일, 즉 printIntro, getInputs, simNGames, printSummary로 나눈 것이다. 거기다 이 함수들에 대해 이름이 무엇인지, 필요한 인자는 무엇인지, 어떤 값을 리턴하는지까지도 이미 정해 놓았다. 이런 사항을 함수의 시그너처(signature) 또는 인터페이스라고 한다.

시그너처가 정해지면 각 문제를 따로따로 해결할 수 있게 된다. main 함수의 관점에서는 simNGames 함수가 어떻게 문제를 해결할지는 신경 쓸 필요가 없다. 중요한 점은, 시뮬레이션할 경기의 횟수와 두 선수의 승률 정보를 넘겨주면 각 선수의 승패 수를 알려 줄 것이라는 사실이다. 이렇듯 main 함수는 각 함수가 하는 일이 무엇인지만 알면 된다.

지금까지의 설계를 구조도(모듈 계층도라고도 한다)로 나타낸 것을 그림 9.1에 실었다. 이 도표에서 각 구성 요소는 직사각형으로 표현된다. 두 직사각형을 잇는 선은 위에 있는 구성 요소가 아래에 있는 구성 요소를 사용하고 있음을 나타낸다.

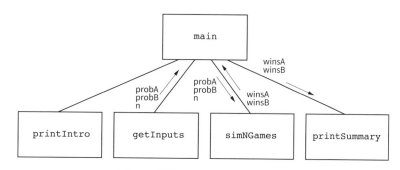

그림 9.1 라켓볼 시뮬레이션의 구조도 중 최상층

화살표와 주석은 구성 요소 간의 정보 흐름 즉, 인터페이스를 알 수 있게 해 준다. 설계상의 각 계층의 인터페이스를 보면 그 하위 계층에서 어떤 세부 사항이 중요시되는지 파악할 수 있다. (그 시점에서는) 그 외의 것들은 무시해도 무방하다. 어떤 일에서 현재 중요한 것과 그렇지 않은 것을 나누고 중요하지 않은 것을 생략하는 과정을 추상화라고 한다. 추상화는 설계의 근본적 수단이 된다. 하향식 설계 과정 전체를 유용한 추상화를 찾아 나가는 과정이라고 해도 과언이 아닐 정도다.

9.3.3 상위 2단계의 설계

이제 남은 일은 각 구성 요소에 대해 지금까지의 과정을 반복하는 것뿐이다. 순서 대로 처리해 보자. printIntro 함수는 프로그램을 소개하는 메시지를 출력해야 한다. 적당한 내용을 일련의 print 명령으로 출력해 보자.

```python
def printIntro():
    print("This program simulates a game of racquetball between two")
    print('players called "A" and "B". The ability of each player is')
    print("indicated by a probability (a number between 0 and 1) that")
    print("the player wins the point when serving. Player A always")
    print("has the first serve.")
```

이 코드의 두 번째 줄에 주목하기 바란다. "A"와 "B"를 큰따옴표로 감싸고, 전체 문자열은 작은따옴표로 감싼 것을 볼 수 있다. 이 함수는 내장 함수의 호출만으로 되어 있는데, 새로운 함수를 추가하지 않았으므로 구조도에 구성 요소를 추가할 필요가 없다.

그다음은 getInputs를 작성할 차례다. 먼저 세 값의 입력을 요청하는 메시지를 출력한 뒤, 입력받은 값을 주 프로그램으로 리턴한다. 이번에도 이를 코드로 옮기기는 그다지 어렵지 않다.

```python
def getInputs():
    # 시뮬레이션에 필요한 세 가지 정보 probA, probB, n을 리턴한다.
    a = float(input("What is the prob. player A wins a serve? "))
    b = float(input("What is the prob. player B wins a serve? "))
    n = int(input("How many games to simulate? "))
    return a, b, n
```

편의를 위해 변수명을 축약해 작성했다. 함수 안에서 정의된 변수는 유효 범위가 해당 함수 안으로 국한된다. 이 함수는 길이가 짧기 때문에 세 값이 무엇을 뜻하는지 파악하기 쉽다. 여기서 중요한 일은 각 값이 우리가 getInputs와 main 사이에 정의한 인터페이스와 일치하는 순서로 정확히 리턴되도록 하는 것이다.

9.3.4 simNGames 함수 설계하기

하향식 설계에 조금 익숙해졌으니 이제 문제의 핵심인 simNGames 함수를 해결할 때가 되었다. 이 함수를 작성하려면 좀 더 생각해야 할 것이 많다. 기본적인 방법은 n번의 라켓볼 경기를 시뮬레이션하고 두 선수의 승 수를 헤아리는 것이다. 'n번의 라켓볼 경기를 시뮬레이션'이라고 하면 계수 반복을 사용해야 할 것 같다. 그리고 승 수 헤아리기는 누적자 변수를 사용하면 될 것이다. 자주 보아 익숙한 패턴들을 써서 다음과 같은 알고리즘으로 구성할 수 있다.

```
winsA와 winsB를 0으로 초기화한다.
다음을 n번 반복한다.
    한 경기를 시뮬레이션한다.
    if playerA가 이겼다면
        winsA에 1을 더한다.
    else
        winsB에 1을 더한다.
```

대강의 구조만 갖춘 설계이지만 이것은 최상위 설계에서도 마찬가지였다. 세부 사항은 이 알고리즘을 파이썬 코드로 옮기면서 메워 나갈 것이다.

다시 말하지만 우리는 이미 모든 함수의 시그너처를 정의해 둔 바 있다.

```
def simNGames(n, probA, probB):
    # n번의 라켓볼 경기를 시뮬레이션하고 winsA와 winsB를 리턴한다.
```

여기에 두 개의 누적자 변수와 계수 반복문의 머리 부분을 추가해 보자.

```
def simNGames(n, probA, probB):
    # n번의 라켓볼 경기를 시뮬레이션하고 winsA와 winsB를 리턴한다.
    winsA = 0
    winsB = 0
    for i in range(n):
```

남은 부분은 라켓볼 경기 하나를 시뮬레이션하는 것이다. 아직은 이를 어떻게 해야 할지 잘 모르므로 세부 사항은 덮어놓기로 한다. simOneGame이라는 함수가 이미 있어서 이를 처리해 준다고 생각하자.

이제 이 함수의 인터페이스를 정해야 한다. 함수의 입력이 무엇이 되어야 할지는 분명하다. 경기를 정확히 시뮬레이션하려면 각 선수의 승률이 필요하다. 그런데 어떤 정보를 출력해야 할까? 알고리즘의 그다음 단계는 시뮬레이션한 경기의 승자가 누구인지에 대한 정보를 필요로 한다. 그럼 경기의 승자는 어떻게 결정할까? 일반적으로는 최종 득점을 확인하면 될 것이다.

그렇다면 simOneGame의 리턴 값은 두 선수의 최종 득점으로 하는 편이 좋겠다. 그리고 그다음 분기문에 이 결정 사항을 반영하도록 한다. 이렇게 수정된 구조도

를 그림 9.2에 실었다. 그리고 이 구조를 다시 코드로 옮기면 거의 완성된 함수를
얻을 수 있다.

```
def simNGames(n, probA, probB):
    # n번의 라켓볼 경기를 시뮬레이션하고 winsA와 winsB를 리턴한다.
    winsA = 0
    winsB = 0
    for i in range(n):
        scoreA, scoreB = simOneGame(probA, probB)
```

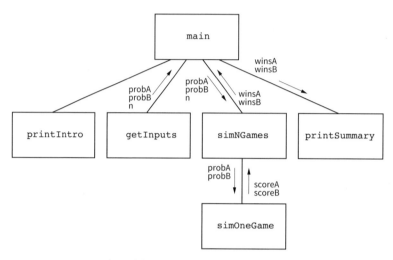

그림 9.2 라켓볼 시뮬레이션의 구조도 중 상위 두 번째 층

그리고 다시 승패를 확인한 뒤 적절한 누적자 변수에 승 수를 합산하는 내용을 추
가한다. 다음은 이 내용을 추가한 결과다.

```
def simNGames(n, probA, probB):
    winsA = winsB = 0
    for i in range(n):
        scoreA, scoreB = simOneGame(probA, probB)
        if scoreA > scoreB:
            winsA = winsA + 1
        else:
            winsB = winsB + 1
    return winsA, winsB
```

9.3.5 상위 3단계의 설계

필요한 구성 요소가 하나씩 갖춰지고 있다. 계속해서 시뮬레이션의 심장부를 만
들어 나가 보자. 다음에 만들어야 할 부분은 simOneGame 함수다. 바로 여기서 라켓
볼 경기의 규칙이 코드로 옮겨져 사용된다. 두 선수는 경기가 끝날 때까지 랠리를
계속한다.

이 과정에서 두 선수의 점수와 현재 랠리에서 서브를 누가 넣고 있는지에 대한 정보를 계속 유지해야 한다. 점수는 누적자 변수를 두 개 사용하면 되겠지만, 서브권을 가진 선수가 누구인지에 대한 정보는 어떻게 유지해야 할까? 서브권은 playerA 또는 playerB가 갖고 있을 것이므로 문자열 "A"와 "B"로 나타내는 방법을 먼저 생각해 볼 수 있다. 이 변수도 일종의 누적자 변수라 할 수 있지만, 두 값을 서로 오가는 형태로 사용된다는 점이 다른 누적자 변수와 다른 점이다.

여기까지 분석이 끝났다면 대강의 알고리즘을 구성해 보자.

```
두 선수의 점수를 0으로 초기화한다.
serving의 값을 "A"로 초기화한다.
while 경기가 계속되는 동안:
    서브권을 가진 선수의 서브를 시뮬레이션한다.
    경기의 상태를 업데이트한다.
두 선수의 점수를 리턴한다.
```

아직 모든 일이 끝나지는 않았지만 최소한 이 알고리즘이 시작점이 되어 줄 것이다.

먼저 알고리즘의 앞부분부터 코드로 옮겨 보자. 그 결과는 다음과 같다.

```python
def simOneGame(probA, probB):
    scoreA = 0
    scoreB = 0
    serving = "A"
    while <condition>:
```

이제 반복문에서 사용할 조건문을 결정해야 한다. 우리의 의도는 경기가 끝나지 않는 한 반복문을 계속 수행하는 것이다. 두 선수의 득점수를 통해 경기가 끝났는지 여부를 판단할 수 있어야 한다. 우리는 이미 지난 장에서 이 조건문이 가질 수 있는 여러 경우(몇 가지 경우는 꽤 복잡했으나)를 고찰해 보았다. 이번에도 세부 사항은 함수 안으로 미루도록 한다. 함수 이름은 gameOver라고 하자. 이 함수는 두 선수의 점수를 확인해 경기가 끝났다면 True를 리턴하고, 그렇지 않다면 False를 리턴한다. 이 부분은 반복문의 나머지 부분에서 수행할 것이다.

그림 9.3에 새로운 함수를 추가한 구조도를 실었다. 그리고 simOneGame은 다음과 같이 수정되었다.

```python
def simOneGame(probA, probB):
    scoreA = 0
    scoreB = 0
    serving = "A"
    while not gameOver(scoreA, scoreB):
```

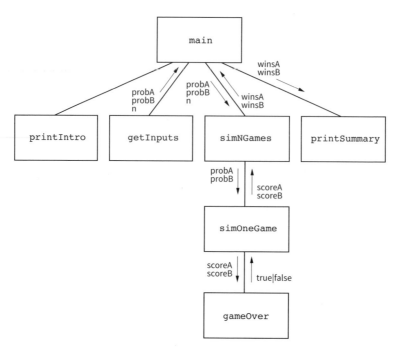

그림 9.3 라켓볼 시뮬레이션의 구조도 중 상위 세 번째 층

반복문 몸체에서는 한 번의 서브가 이루어져야 한다. 아까 다루었듯이 서브를 넣는 선수의 득점 여부를 결정하기 위해 난수와 확률을 비교(random() < prob)할 것이다. 이때 정확한 확률은 serving의 값에 따라 결정된다. playerA가 서브권을 갖고 있다면 A의 확률을 적용해야 하고, 확률을 적용한 결과에 따라 A가 득점을 할지, 아니면 서브권이 B로 넘어가게 될지가 정해진다. 이를 코드로 옮기면 다음과 같다.

```python
if serving == "A":
    if random() < probA: # A가 현재 랠리를 이긴 경우
        scoreA = scoreA + 1
    else:                # A가 현재 랠리를 뺏긴 경우
        serving = "B"
```

playerB가 서브권을 갖고 있을 때에도 B에 대해 같은 처리를 해야 한다. else 절에 B에 대한 코드를 추가하자.

```python
if serving == "A":
    if random() < probA: # A의 득점
        scoreA = scoreA + 1
    else:                # A가 서브권을 뺏김
        serving = "B"
else:
    if random() < probB:  # B의 득점
```

```
            scoreB = scoreB + 1
    else:                      # B가 서브권을 뺏김
        serving = "A"
```

이제 함수가 거의 완성되었다. 약간 복잡해지긴 했지만 라켓볼 시합 규칙이 코드 구조에 잘 반영되어 있다. 이를 다시 함수에 옮겨 넣으면 다음과 같은 코드가 된다.

```
def simOneGame(probA, probB):
    scoreA = 0
    scoreB = 0
    serving = "A"
    while not gameOver(scoreA, scoreB):
        if serving == "A":
            if random() < probA:
                scoreA = scoreA + 1
            else:
                serving = "B"
        else:
            if random() < probB:
                scoreB = scoreB + 1
            else:
                serving = "A"
    return scoreA, scoreB
```

9.3.6 마무리

휴, 이제 좀 더 어려운 함수 gameOver만 남았다. 이 함수에 대해 우리가 알고 있는 사실은 다음과 같다.

```
def gameOver(a,b):
    # a와 b는 두 선수의 현재 득점이다.
    # 경기 종료 조건을 만족하면 True, 그렇지 않다면 False를 리턴한다.
```

시뮬레이션에 적용할 규칙에 따르면, 두 선수 중 한쪽의 득점이 15점에 이르면 경기가 종료된다. 이 조건은 간단한 불 표현식으로 확인할 수 있다.

```
def gameOver(a,b):
    # a와 b는 두 선수의 현재 득점이다.
    # 경기 종료 조건을 만족하면 True, 그렇지 않다면 False를 리턴한다.
    return a == 15 or b == 15
```

이 함수는 경기 종료 조건을 한 줄로 확인해 리턴하고 있다.

이제 다 되었다. printSummary만 작성하면 프로그램이 완성된다. 아직도 빠져 있는 세부 사항을 메워 넣고 프로그램을 마무리하자. 다음은 지금까지 작성한 내용을 합쳐 완성한 프로그램이다.

```
# rball.py
from random import random
```

```python
def main():
    printIntro()
    probA, probB, n = getInputs()
    winsA, winsB = simNGames(n, probA, probB)
    printSummary(winsA, winsB)

def printIntro():
    print("This program simulates a game of racquetball between two")
    print('players called "A" and "B". The ability of each player is')
    print("indicated by a probability (a number between 0 and 1) that")
    print("the player wins the point when serving. Player A always")
    print("has the first serve.")

def getInputs():
    # 시뮬레이션에 필요한 세 가지 정보 probA, probB, n을 리턴한다.
    a = float(input("What is the prob. player A wins a serve? "))
    b = float(input("What is the prob. player B wins a serve? "))
    n = int(input("How many games to simulate? "))
    return a, b, n

def simNGames(n, probA, probB):
    # 실력이 서브 획득 확률로 표현되는 두 선수 간의
    # 라켓볼 경기 n번을 시뮬레이션한다.
    # A와 B의 승 수를 반환한다.
    winsA = winsB = 0
    for i in range(n):
        scoreA, scoreB = simOneGame(probA, probB)
        if scoreA > scoreB:
            winsA = winsA + 1
        else:
            winsB = winsB + 1
    return winsA, winsB

def simOneGame(probA, probB):
    # 실력이 서브 획득 확률로 표현되는 두 선수 간의
    # 라켓볼 경기 한 번을 시뮬레이션한다.
    # A와 B의 최종 점수를 반환한다.
    serving = "A"
    scoreA = 0
    scoreB = 0
    while not gameOver(scoreA, scoreB):
        if serving == "A":
            if random() < probA:
                scoreA = scoreA + 1
            else:
                serving = "B"
        else:
            if random() < probB:
                scoreB = scoreB + 1
            else:
                serving = "A"
    return scoreA, scoreB

def gameOver(a,b):
    # a와 b는 두 선수의 현재 득점이다.
    # 경기 종료 조건을 만족하면 True, 그렇지 않다면 False를 리턴한다.
    return a == 15 or b == 15

def printSummary(winsA, winsB):
    # 두 선수의 시뮬레이션 결과를 정리해 출력한다.
    n = winsA + winsB
    print("\nGames simulated:", n)
```

```
    print("Wins for A: {0} ({1:0.1%})".format(winsA, winsA/n))
    print("Wins for B: {0} ({1:0.1%})".format(winsB, winsB/n))

if __name__ == '__main__': main()
```

printSummary를 주의 깊게 보면 문자열 형식 연산이 사용된 것을 볼 수 있다. 형식 지정자 %를 사용하면 자동으로 출력할 값에 100을 곱하고 퍼센트 기호를 붙여 퍼센티지 값으로 만들어 주기 때문에 퍼센티지 값을 출력할 때 유용하다.

9.3.7 전체 설계 과정의 마무리

지금까지 하향식 설계의 실제 예를 살펴보았다. 이제는 이 방법이 왜 하향식 설계라 불리는지 깨닫게 되었을 것이다. 구조도의 맨 위에서부터 시작해서 차례대로 아래로 내려오며 설계를 진행해 왔다. 이 과정에서 각 단계마다 일반적으로 서술된 알고리즘을 잘 정리되고 명확한 코드로 옮길 수 있었다. 이러한 접근법을 단계별 정리(step-wise refinement)라고 한다. 전체 과정은 크게 다음 4단계로 구분할 수 있다.

1. 여러 개의 부분 문제로 알고리즘을 나타낸다.
2. 각 부분 문제 사이의 인터페이스를 정의한다.
3. 각 부분 문제에 인터페이스를 준수하는 세부 사항을 채워 넣는다.
4. 모든 부분 문제에 대해 이 과정을 반복한다.

하향식 설계는 복잡한 알고리즘을 개발하는 데 있어 가치가 매우 높은 도구가 된다. 이 과정을 한 단계 한 단계 설명만 보면 쉬워 보이지만, 혼자 문제를 해결하려고 할 때는 모든 게 이렇게 쉽게 되지는 않을 것이다. 그래도 문제를 계속 붙들면 점차 쉽게 해결할 수 있을 것이다. 처음에는 왜 이렇게 많은 수의 함수를 작성해야 하나 생각할 수도 있다. 그러나 이렇게 프로그램을 모듈화하는 과정 없이 복잡한 프로그램을 작성하기란 거의 불가능하다. 연습을 거듭하다 보면 익숙하게 다른 함수를 이용해 내 프로그램을 작성할 수 있게 될 것이다.

9.4 상향식 구현

이제 프로그램을 완성했으니 잠시 손을 멈추고, 프로그램을 컴퓨터에 입력해서 실행해 보고 싶을 것이다. 하지만 처음으로 프로그램을 실행해 보면 실망스러운 결과를 얻는 경우가 많다. 설계 단계에서 꽤나 주의를 기울였지만, 어리석은 실수를 저지르지 않았다는 보장이 없기 때문이다. 코드 자체에는 오류가 없을지라도, 이를 입력할 때 실수를 저질렀을 수도 있다. 프로그램을 통째로 한 번에 작성하는 것보다 부분으로 나누어 작성하는 것이 더 쉬웠듯이, 구현 역시 작은 부분으로 나누어 하는 것이 효과적이다.

9.4.1 단위 테스트

구조도의 가장 아래 부분부터 구현해 올라오며, 어느 한 부분을 완성할 때마다 완성한 부분을 테스트해 보는 방법도 중간 규모의 프로그램을 작성하기에 적합한 방법이다. 조금 전의 구조도로 다시 돌아가서, 이번에는 gameOver 함수부터 시작해 보자. 이 함수를 모듈 파일에 입력했다면, 이 모듈을 임포트해 즉시 테스트해 볼 수 있다. 다음은 이 함수를 테스트한 몇 가지 예다.

```
>>> gameOver(0,0)
False
>>> gameOver(5,10)
False
>>> gameOver(15,3)
True
>>> gameOver(3,15)
True
```

몇 가지 중요한 경우를 골라 함수를 테스트하기 위한 테스트 데이터를 만들었다. 첫 번째 호출은 점수가 0 대 0인 경우다. 함수는 False라고 정확한 출력을 내놓았지만 아직 테스트가 좀 더 남아 있다. 경기가 진행됨에 따라 경기 중간의 득점 정보를 인자로 함수가 호출된다. 두 번째 테스트 예제는 경기가 아직 진행 중인 상황의 한 예다. 그리고 마지막의 두 테스트는 두 선수가 각각 15점을 선취, 승리해 경기가 종료된 경우를 테스트하고 있다.

이제 gameOver 함수가 올바르게 동작한다는 확신을 얻었으니, 이번에는 simOneGame 함수를 구현하자. 이 함수에는 확률적으로 동작하는 부분이 있으므로 출력이 항상 정해져 있지 않다. 이런 경우에 적용할 수 있는 가장 좋은 방법은 함수가 이치에 맞게 동작하는지 보는 것이다. 다음은 그 실행 예다.

```
>>> simOneGame(.5,.5)
(13, 15)
>>> simOneGame(.5,.5)
(15, 11)
>>> simOneGame(.3,.3)
(15, 11)
>>> simOneGame(.3,.3)
(11, 15)
>>> simOneGame(.4,.9)
(4, 15)
```

```
>>> simOneGame(.4,.9)
(1, 15)
>>> simOneGame(.9,.4)
(15, 3)
>>> simOneGame(.9,.4)
(15, 0)
>>> simOneGame(.4,.6)
(9, 15)
>>> simOneGame(.4,.6)
(6, 15)
```

이 함수의 결과는 우리가 의도한 대로 두 선수의 승률이 비슷하다면 점수도 비슷할 것이고, 크게 차이가 난다면 점수도 크게 차이가 날 것이다. 이는 이 함수가 어떻게 동작해야 한다고 우리가 생각했던 것과 일치한다.

이렇게 코드에 추가되는 각 구성 요소를 테스트하면서 하나씩 구현해 나갈 수 있다. 소프트웨어 엔지니어는 이러한 과정을 단위 테스트라고 부른다. 각 함수를 따로 테스트하면 오류의 위치를 특정하기 쉽다는 장점이 있다. 오류를 찾아 프로그램 전체를 헤매는 것보다는 이 방법이 실패 확률이 훨씬 적을 것이다.

모듈화된 설계를 통해 관심사의 분리를 실현하면 복잡한 프로그램도 쉽게 설계할 수 있다는 장점이 있다. 단위 테스트를 이용해 관심사를 분리하면 복잡한 프로그램의 디버깅이 쉬워진다. 이 기법을 직접 연습해 보면 동작하는 프로그램에 이르기까지의 노력과 시행착오를 한결 줄여 준다는 사실을 알 수 있을 것이다.

9.4.2 시뮬레이션 결과

드디어 데니의 의문을 확인할 수 있게 되었다. 작은 실력 차이도 경기의 승패에서는 큰 차이로 나타나는 것이 경기 자체의 특성일까? 데니의 서브 승률이 60%이고, 상대의 승률이 데니보다 5% 더 높다고 할 때, 데니는 몇 경기나 이길 수 있을까? 다음은 데니의 상대 선수가 항상 서브를 넣는다고 가정했을 때의 실행 예다.

```
This program simulates a game of racquetball between two
players called "A" and "B". The ability of each player is
indicated by a probability (a number between 0 and 1) that
the player wins the point when serving. Player A always
has the first serve.

What is the prob. player A wins a serve? .65
What is the prob. player B wins a serve? .6
How many games to simulate? 5000

Games simulated: 5000
Wins for A: 3360 (67.2%)
Wins for B: 1640 (32.8%)
```

실력 차는 조금밖에 나지 않았는데, 데니의 경기 승률은 1/3 정도밖에 되지 않았다. 그렇다면 데니가 다섯 경기에서 세 경기 선취를 목표로 하는 시합에서 이길 확률은 상당히 낮아진다. 확실히 말해, 데니가 실력보다 못한 결과를 얻어왔던 것은 아니었다. 승률을 높이려면 실력을 키우든가 경기에 더 최선을 다해 임해야 할 것이다.

하나 이상의 경기로 이루어진 시합에서 이길 확률을 계산하도록 프로그램을 확장하는 것도 좋은 연습이다. 꼭 해 보기 바란다.

9.5 그 외의 설계 기법

하향식 설계는 프로그램을 설계하는 데 있어 매우 강력한 기법이지만 이것이 전부는 아니다. 간혹 어떤 단계에서 어떻게 진행해야 할지 몰라 막히는 경우도 있고, 원래 문제의 명세 자체가 지나치게 복잡해 이를 일일이 분석해 내려가기 어려운 경우도 있다.

9.5.1 프로토타이핑과 나선형 개발

프로그램을 설계하는 또 다른 방법은 단순한 프로그램 또는 구성 요소부터 시작해 점점 살을 붙여 가며 모든 요구 사항을 만족할 때까지 기능을 추가해 나가는 것이다. 이때 시작점이 되는 단순한 프로그램을 프로토타입(prototype)이라고 부른다. 프로토타이핑(prototyping)은 일종의 나선형 개발 형태로 이어지는 경우가 많다. 명세, 설계, 구현, 테스트를 거쳐 전체 문제를 한 번에 해결하는 대신에 먼저 프로토타입에 대한 설계와 구현 그리고 테스트를 거친 뒤, 이 프로토타입이 원하던 프로그램에 이를 때까지 점진적으로 작은 개발 주기를 돌며 기능을 추가해 나간다.

조금 전의 라켓볼 시뮬레이션을 예로 들어 설명하면, 이 문제의 핵심은 라켓볼 경기를 시뮬레이션하는 것이다. 그렇다면 simOneGame 함수부터 시작하는 방법도 생각해 볼 수 있다. 좀 더 단순화하면, 두 선수의 랠리 승률이 각각 50%라고 가정하고 랠리를 서른 개 반복하는 프로그램부터 출발할 수도 있다. 이 프로토타입에는 득점과 서브권이 오가는 규칙이 적용되어 있지 않으므로 핵심적인 문제에 있어서는 약간 비켜선 프로그램이 된다. 다음은 이러한 프로토타입의 한 예다.

```python
from random import random

def simOneGame():
    scoreA = 0
    scoreB = 0
    serving = "A"
    for i in range(30):
```

```
        if serving == "A":
            if random() < .5:
                scoreA = scoreA + 1
            else:
                serving = "B"
        else:
            if random() < .5:
                scoreB = scoreB + 1
            else:
                serving = "A"
        print(scoreA, scoreB)

if __name__ == '__main__': simOneGame()
```

반복문 몸체의 끝 부분에 print 명령을 사용한 것을 볼 수 있다. 중간 과정의 점수를 출력하면 프로토타입 프로그램이 경기를 진행하는 양상을 확인할 수 있다. 다음은 이러한 출력의 예다.

```
1 0
1 0
2 0
...
7 7
7 8
```

썩 깔끔하진 않지만 출력 내용을 통해 서브권이 오가거나 득점이 일어나는 상황을 확인할 수 있다.

그리고 나서 단계별로 프로그램을 보강해 나간다. 다음은 프로젝트 계획이다.

1단계: 초기 프로토타입 개발. 서브권을 가진 선수가 승률이 50%인 상황에서 서른 개의 랠리를 시뮬레이션하는 프로그램을 프로토타입으로 한다. 매 서브마다 현재의 득점 상황을 출력한다.

2단계: 두 개의 인자를 추가해 두 선수의 랠리 승률이 각각 다르도록 한다.

3단계: 어느 한 선수가 15점에 이르기까지 랠리를 시뮬레이션하도록 한다. 이 시점에서 한 경기에 대해 동작하는 프로그램을 확보하게 된다.

4단계: 여러 경기를 시뮬레이션할 수 있도록 프로그램을 확장한다. 출력으로는 각 선수가 이긴 경기의 숫자를 출력한다.

5단계: 프로그램을 완성한다. 대화식 입력이나 잘 정렬된 출력 형식을 적용한다.

나선형 개발은 익숙하지 않거나 새로운 기능 또는 기술을 도입할 때 특히 유용하다. 빠르게 완성할 수 있는 프로토타입을 통해 이 일이 가능한지 여부를 조기에 파악할 수 있다. 초보 프로그래머에게는 모든 것이 새로우므로 프로토타이핑이 유용하다. 하향식 설계로 일이 잘 진행되지 않는다면, 나선형 개발을 시도해 보는 것도 좋은 방법이다.

9.5.2 설계의 기술

그렇다고 나선형 개발이 하향식 설계의 완전한 대체재가 되는 것은 아니다. 양자의 관계는 대체재라기보다는 보완재에 가깝다. 프로토타입을 설계할 때에도 하향식 설계를 적용할 수 있다. 12장에서는 객체 지향 설계라는 또 다른 방법을 배울 것이다.

설계에 있어 모든 경우에 정답이 되는 방법은 없다. 좋은 설계는 이론 지식 못지 않게 창의력을 필요로 한다. 설계 결과는 꼼꼼한 분석 대상이 될 수 있지만, 좋은 설계를 후딱 뽑아낼 수 있는 방법 같은 것은 없다. 훌륭한 소프트웨어 설계자는 다양한 기법을 프로그램을 설계하는 데 동원한다. 책에서 이런 기법들을 배울 수는 있지만, 이 기법을 언제 사용해야 하는지 알려면 경험이 필요하다. 다른 대부분의 것과 마찬가지로 설계에서 실력을 높이기 위한 가장 좋은 방법은 연습이다.

9.6 정리

- 컴퓨터 시뮬레이션은 실세계에서 일어나는 일에 대한 답을 찾을 수 있는 매우 강력한 기법이다. 시뮬레이션 기법은 확률적 사건의 성질을 이용하는 기법이 며 몬테카를로 시뮬레이션이라는 이름으로 잘 알려져 있다. 컴퓨터는 몬테카를로 시뮬레이션을 수행하기 위해 유사 난수를 사용한다.

- 하향식 설계는 복잡한 프로그램을 설계하기 위한 방법이다. 기본적으로 다음 과 같은 단계를 거친다.
  1. 알고리즘을 조금 더 작은 부분 문제로 나누어 나타낸다.
  2. 부분 문제와의 인터페이스를 설계한다.
  3. 알고리즘을 다시 부분 문제에 대한 인터페이스로 나타낸다.
  4. 부분 문제에 대해 이 과정을 반복한다.

- 라켓볼 경기의 시뮬레이션 프로그램을 개발하는 과정을 통해 하향식 설계 과 정을 보았다.

- 단위 테스트는 프로그램의 일부가 되는 구성 요소를 따로따로 테스트하는 과

정을 말한다. 단위 테스트와 상향식 구현은 복잡한 프로그램을 코드로 작성할 때 유용하다.

- 나선형 개발은 먼저 단순한 기능만을 가진 프로토타입을 만든 뒤, 기능을 점차 추가해 나가는 방법이다. 프로토타이핑과 나선형 개발은 하향식 설계와 함께 적용해도 유용하다.

- 설계는 이론과 실무의 조합이다. 좋은 설계를 위해서는 연습이 가장 좋은 방법이 된다.

9.7 연습 문제

내용 점검

맞다/틀리다로 답하시오.

1. 컴퓨터는 진짜 난수를 생성할 수 있다.
2. 파이썬의 random 함수는 정수인 유사 난수를 생성한다.
3. 하향식 설계는 단계별 정리라고도 한다.
4. 하향식 설계에서, 주 알고리즘은 아직 존재하지 않는 함수에 대한 호출로 이루어져 있다.
5. main 함수는 함수의 구조도에서 맨 위에 위치한다.
6. 하향식 설계로 설계한 프로그램은 역시 하향식으로 구현하는 것이 가장 좋다.
7. 단위 테스트는 큰 프로그램을 구성하는 요소를 따로 떼어 테스트하는 것이다.
8. 하향식 설계와 나선형 설계를 한꺼번에 적용하는 것은 불가능하다.
9. 설계에 대한 책만 읽으면 훌륭한 소프트웨어 설계자가 될 수 있다.
10. 어떤 프로그램의 간략한 버전을 시뮬레이션이라고 한다.

다음 중 맞는 것을 모두 고르시오.

1. 다음 중 66%의 확률로 참이 되는 조건식은 무엇인가?

    a) random() >= 66

    b) random() < 66

    c) random() < 0.66

    d) random() >= 0.66

2. 다음 중 하향식 설계만의 절차가 아닌 것은 무엇인가?

   a) 부분 문제에 대해 과정을 반복한다.

   b) 부분 문제에 대한 인터페이스로 알고리즘의 살을 붙여 나간다.

   c) 목표하는 시스템의 간략한 버전인 프로토타입을 만든다.

   d) 부분 문제로 전체 알고리즘을 나타낸다.

3. 설계에 포함되는 구성 요소 간의 종속 관계를 시각적으로 나타낸 것을 무엇이라고 하는가?

   a) 흐름도   b) 프로토타입   c) 인터페이스   d) 구조도

4. 모듈 계층도에서 화살표가 의미하는 것은 무엇인가?

   a) 정보의 흐름   b) 제어의 흐름

   c) 주석   d) 일방통행

5. 하향식 설계에서 설계상의 부분 요소는 어떤 것으로 구성되는가?

   a) 객체   b) 반복문   c) 함수   d) 프로그램

6. 확률적 사건에 대한 시뮬레이션을 무엇이라고 하는가?

   a) 몬테카를로   b) 유사 난수   c) 몬티 파이썬   d) 혼돈

7. 나선형 개발에서 사용되는 시스템의 초기 버전을 무엇이라고 하는가?

   a) 초보자 키트   b) 프로토타입   c) 목업   d) 베타 버전

8. 라켓볼 시뮬레이션에서 gameOver 함수는 어떤 데이터 타입의 값을 리턴하는가?

   a) bool   b) int   c) string   d) float

9. 문자열 형식에서 퍼센트 기호(%)를 사용하려면 무엇을 사용하는가?

   a) %   b) \%   c) %%   d) \%%

10. 시스템에서 단위 테스트를 시작하기 가장 적합한 곳은 어디인가?

   a) 가장 상위 요소

   b) 가장 하위 요소

   c) 중간 계층 요소

   d) main 함수

토론할 내용

1. 다음 main 함수에 대한 구조도의 최상층을 그리라.

```
def main():
    printIntro()
    length, width = getDimensions()
    amtNeeded = computeAmount(length,width)
    printReport(length, width, amtNeeded)
```

2. random이나 randrange를 써서 다음을 구하는 표현식을 작성하라.

   a) 0부터 10 사이의 무작위 정수

   b) -0.5부터 0.5 사이의 무작위 실수

   c) 육면체 주사위를 굴려 나오는 숫자에 해당하는 난수

   d) 두 개의 육면체 주사위를 굴려 나오는 숫자의 합에 해당하는 난수

   e) -10.0부터 10.0 사이의 무작위 실수

3. 설계자가 나선형 개발을 선택하는 요인을 스스로의 논리로 설명하라.

프로그래밍 과제

1. 라켓볼 시뮬레이션 프로그램을 수정해 n개의 경기로 이루어진 시합의 결과를 계산할 수 있게 하라. 서브권은 경기 단위로 번갈아 가며 시작한다. 예를 들어, 홀수 번째 경기에서는 A의 서브로 경기를 시작하며, 짝수 번째 경기에서는 B의 서브로 경기를 시작한다.

2. 라켓볼 시뮬레이션 프로그램을 수정해 셧아웃 규칙을 적용하도록 하라. 수정된 프로그램은 두 선수에 대해 이긴 경기 수, 경기 승률, 셧아웃 횟수, 셧아웃으로 이긴 경기의 비율을 출력해야 한다.

3. 배구 경기를 시뮬레이션하는 프로그램을 설계하고 작성하라. 1999년 이전 일반적인 배구 경기 규칙에서는 라켓볼처럼 서브권을 가진 팀만이 점수를 얻을 수 있었다. 경기는 어느 한 팀이 15점에 도달하고, 2점 이상의 점수 차가 날 때만 종료됐다.

4. 현재 주류가 되는 배구 경기의 규칙은 랠리 스코어링을 적용한다. 이 규칙에 따르면 서브권을 갖지 않아도 랠리에서 이긴 팀이 득점을 할 수 있다. 경기는 어느 한 팀이 25점에 도달하면 종료된다. 랠리 스코어링을 적용한 배구 경기의 시뮬레이션을 설계하고 작성하라.

5. 랠리 스코어링을 적용한 배구 경기와 1999년 이전 규칙을 따르는 배구 경기를 비교하는 프로그램을 설계하고 작성하라. 프로그램은 실력이 우월한 팀의 점수 차가 두 규칙 아래서 각각 확대되는지, 아니면 축소되는지, 또는 별 영향이 없는지를 확인해야 한다.

6. 라켓을 사용한 다른 경기(테니스 또는 탁구)에 대한 시뮬레이션을 설계하고 작성하라.

7. 크랩스(craps)는 카지노에서 하는 주사위 게임이다. 참가자는 두 개의 육면 주사위를 던진다. 처음 던져 나온 결과가 2, 3, 12이면 참가자가 패배한다. 마찬가지로 처음 던져 나온 결과가 7이나 11이면 참가자의 승리가 된다. 처음 던져 나온 결과가 이 중에 해당되지 않을 때에는 '롤 포 포인트'(roll for point)가 된다. 롤 포 포인트란 7 또는 처음 던져 나온 결과와 같은 결과가 나올 때까지 계속 주사위를 던지는 것을 말한다. 참가자가 7이 나오기 전에 처음 던져 나온 결과를 다시 얻으면 참가자의 승리가 된다. 반대로 7이 먼저 나오면 참가자가 패배한다.

   한 경기 이상의 크랩스 게임을 시뮬레이션하고 참가자의 승리 확률을 계산하는 프로그램을 작성하라. 예를 들어, 어떤 참가자가 500 경기 중에 249 경기를 이겼다면, 이 참가자의 승리 확률은 249 / 500 = 0.498이 된다.

8. 블랙잭(21)은 카지노에서 하는 카드 게임이다. 게임의 목표는 뽑은 카드의 합이 모두 합쳐 21에 가장 가까이 가되 21을 초과하지 않는 것이다. K, Q, J는 모두 10점으로 간주된다. A는 1점 또는 11점, 그 외 숫자가 쓰인 카드는 해당 숫자를 점수로 한다.

   이 게임은 참가자와 딜러 간에 이루어진다. 참가자는 패의 합이 딜러의 패보다 21에 더 가까워지도록 카드를 뽑는다. 딜러의 패가 21을 넘으면 자동으로 참가자의 승리가 된다. 딜러는 항상 정해진 규칙에 의해서만 카드를 뽑아야 하는데, 딜러가 카드를 뽑을 수 있는 조건은 패의 합이 최소 17에 도달하는 것이다. 딜러의 패에 A가 포함되어 있을 경우, 이 카드의 점수는 패의 합이 17에서 21 사이(구간 경곗값 포함)라면 11로 계산되고, 그렇지 않다면 1점이다.

   한 판 이상의 블랙잭 게임을 시뮬레이션하고 딜러가 가진 패의 합이 21을 넘길 확률을 계산하는 프로그램을 작성하라. 힌트: 카드 덱의 수가 무한하다고 가정한다(실제 카지노에서도 여러 덱을 사용한다). 딜러와 참가자의 패에 대한 정보를 유지할 필요는 없으며, 패의 합만을 유지하며(이때 A는 1점으로 간주된다) 현재 패에 A가 포함되어 있는지 여부를 불 값을 갖는 변수 hasAce에 저장한다. A를 포함한 패는 패의 합이 17에서 21 사이(역시 구간 경곗값 포함)에 이르렀을 때 10점을 더해야 한다.

9. 블랙잭 게임의 딜러는 게임을 시작할 때 항상 한 장의 카드를 드러낸다. 이 정보는 이 카드가 무엇이냐에 따라 딜러가 가진 패의 합이 21을 넘을지 여부를 가늠할 만한 힌트가 된다. 한 판 이상의 블랙잭 게임을 시뮬레이션해 딜러가 드러내는 한 장의 카드가 어떤 것이냐에 따라 딜러가 가진 패의 합이 21을 넘을 확률을 계산하는 시뮬레이션 프로그램을 작성하라.

10. 몬테카를로 기법은 원주율의 값을 추정하는 데도 사용할 수 있다. 정사각형 모양의 캐비닛에 꼭 들어맞는 다트 판이 있다고 하자. 이 다트 판에 무작위로 다트를 던지면, 다트 판 안에 맞은 다트와 맞지 않은 다트의 비율로 다트 판과 캐비닛의 상대적 면적비를 계산할 수 있다. n이 (캐비닛 안에 들어간) 무작위로 던진 다트의 총 수이고, h가 다트 판을 맞춘 다트의 수라고 할 때, 원주율은 다음과 같음을 알 수 있다.

$$\pi \approx 4\left(\frac{h}{n}\right)$$

'무작위로 던질 다트의 수'를 입력으로 받아 원주율 π를 추정하기 위한 시뮬레이션을 수행하는 프로그램을 작성하라. 힌트: 원점 $(0, 0)$을 중심으로 하는 가로세로 2피트 영역 안에 2 * random() - 1과 같이 무작위 위치의 x 좌표와 y 좌표를 생성할 수 있다. 원의 안쪽에 위치하는 점은 $x^2 + y^2 \leq 1$을 만족한다.

11. 육면 주사위 다섯 개를 던져 모두 같은 눈이 나올 확률을 계산하는 시뮬레이션 프로그램을 작성하라.

12. 무작위 행보(random walk)란, 분자의 브라운 운동 등과 같은 확률적 계를 모형화하기 위한 확률적 시뮬레이션의 일종이다. 1차원 무작위 행보의 예로 동전 던지기를 들 수 있다. 여러분은 지금 여러분의 앞뒤로 무한히 뻗은 인도에서 있다. 동전을 던져 앞면이 나오면 한 걸음 앞으로 가고, 뒷면이 나오면 한 걸음 뒤로 간다.

n단계의 무작위 행보를 수행한다고 할 때, 평균적으로 출발점에서 몇 걸음 떨

어진 곳까지 도달할 수 있겠는가? 이 물음의 답을 찾을 수 있는 프로그램을 작성하라.

13. 시가지의 블록에서 무작위 행보(이전 문제 참조)를 수행하고 있다. 매 단계마다 한 블록 앞으로 갈지, 뒤로 갈지 또는 왼쪽, 오른쪽으로 갈지를 선택한다. n단계의 무작위 행보를 수행한다고 할 때, 출발점에서 얼마나 떨어진 곳까지 도달할 수 있을까? 이 물음의 답을 찾을 수 있는 프로그램을 작성하라.

14. 2차원 무작위 행보(이전 두 문제 참조)를 시각적으로 추적하는 그래픽 프로그램을 작성하라. 이 시뮬레이션에서는 각 단계마다 360도 어느 방향으로든 이동할 수 있다. 이동을 위한 무작위 방향은 x축을 기준으로 다음과 같이 구할 수 있다.

```
angle = random() * 2 * math.pi
```

그리고 새로운 x 좌표와 y 좌표는 다음과 같이 계산한다.

```
x = x + cos(angle)
y = y + sin(angle)
```

프로그램은 무작위 행보를 수행할 단계 수를 입력받는다. 그리고 100x100 격자를 그린 뒤 그 중심에서 시뮬레이션을 시작해 매 단계마다 이동하는 위치를 선으로 표시한다.

15. (심화 문제) 복잡한 기하 해석학(대수적) 또는 (그보다는) 간단한 시뮬레이션을 통해 해결해야 하는 문제가 있다.

여러분이 현재 정육면체의 중심에 있다고 하자. 어떤 방향이든 볼 수 있으며, 정육면체의 한 면은 여러분 시야의 $\frac{1}{6}$을 차지한다. 여러분이 정육면체의 어떤 한 면을 향해 이동해, 이제 그 면과 중심 사이의 중점에 왔다고 할 때, 가장 가까이 있는 정육면체의 면이 여러분 시야에서 차지하는 비율은 얼마나 되겠는가? 힌트: 모든 방향에 대해 어딘가를 '보는' 몬테카를로 시뮬레이션을 수행한 뒤, 해당 면을 보게 된 횟수를 센다.

10장

클래스 정의하기

이 장의 학습 목표

- 복잡한 프로그램을 클래스 정의를 통해 구조화하는 방법을 이해한다.
- 파이썬의 클래스 정의를 읽고 작성할 수 있다.
- 캡슐화의 개념을 이해하고 캡슐화가 모듈화되고 유지 보수가 간편한 프로그램을 작성하는 데 어떤 역할을 하는지 이해한다.
- 간단한 클래스 정의를 포함하는 프로그램을 작성할 수 있다.
- 새로운(직접 작성한) 위젯을 사용하는 대화형 그래픽 프로그램을 작성할 수 있다.

10.1 객체 다시 보기

바로 이전의 세 장에서 프로그램이 수행하는 계산을 구조화하기 위한 방법을 배웠다. 이 장부터 다음 몇 장까지는 프로그램에서 사용되는 데이터를 구조화하기 위한 기법을 살펴볼 것이다. 우리는 이미 복잡한 데이터를 구조화하는 도구로 객체를 활용하는 방법을 배웠다. 지금까지는 이미 정의된 클래스로부터만 객체를 생성해서 사용했으나 이번 장에서는 나만의 클래스를 작성하는 방법을 배울 것이다.

4장에서 객체란 뭔가를 알고 있으며 어떤 일을 할 수도 있는 능동적인 데이터 타입이라고 정의한 바 있다. 이 정의를 좀 더 정확하게 하자면 객체는 다음과 같은 요소로 구성된다.

1. 서로 관계 깊은 정보의 집합
2. 이 정보를 조작하기 위한 일련의 연산

정보는 객체 안의 인스턴스 변수에 저장된다. 그리고 메서드라는 연산은 객체 안에 있는 함수를 말한다. 이러한 인스턴스 변수와 메서드를 통틀어 객체의 속성(attribute)이라고 한다.

이젠 익숙해진 Circle 객체를 예로 들면, Circle 객체는 원의 중점에 대한 정보를 저장하는 center, 반지름 정보를 저장하는 radius 같은 인스턴스 변수를 갖는다. Circle 객체의 메서드는 역할을 수행하기 위해 이 데이터들을 필요로 한다. draw 메서드는 center와 radius의 값을 조사해 그래픽 창에서 어떤 픽셀의 색을 바꿔야 하는지 결정한다. move 메서드는 새로운 위치를 반영하도록 center의 값을 바꾼다.

모든 객체는 어떤 클래스의 인스턴스라고 했다. 객체의 클래스는 그 객체가 어떤 속성을 가질지 결정한다. 말하자면 클래스란 그 인스턴스가 무엇을 알고 있고, 어떤 일을 할 수 있는지에 대한 설명이라고 할 수 있다. 클래스의 생성자를 호출하면 새로운 객체를 만들 수 있다. 이런 점에서 클래스를 일종의 인스턴스 공장으로 이해해도 무방하다.

다음과 같이 새로운 원 객체를 만드는 경우를 살펴보자.

```python
myCircle = Circle(Point(0,0), 20)
```

생성자를 호출하려면 클래스의 이름인 Circle을 사용한다. 이 명령문은 Circle 클래스의 새로운 인스턴스를 만들고 그에 대한 참조를 변수 myCircle에 할당한다. 생성자에 주어진 인자는 새로운 객체의 인스턴스 변수(여기서는 center와 radius)를 초기화하는 데 사용된다. 인스턴스가 만들어지고 나면 메서드를 호출해 객체를 조작할 수 있다.

```python
myCircle.draw(win)
myCircle.move(dx, dy)
```

10.2 예제 프로그램: 대포알

새로운 클래스를 정의하는 방법을 자세히 알아보기 전에, 새로운 클래스가 얼마나 유용할 수 있는지 잠시 체험해 보겠다.

10.2.1 프로그램 명세

대포알(또는 총탄, 야구공, 골프공 등 그 외의 발사체)의 비행을 시뮬레이션하는 프로그램을 작성하려 한다고 하자. 우리는 그중에서도 특히 특정한 발사 각도와 초기 속도가 주어졌을 때 대포알이 날아갈 거리에 관심이 있다. 프로그램은 대포알의 발사 각도(단위는 도)와 초기 속도(단위는 m/sec), 초기 고도(단위는 미터)를 입력받아 발사체가 땅에 닿기 전에 얼마나 멀리 날아가는지(단위는 미터) 출력한다.

공기의 저항을 무시하고 대포알이 지표면에서 너무 멀리 떨어지지 않는다고(지구 궤도에 진입하는 등) 가정하면 이 문제는 꽤 쉬운 고전 물리 문제가 된다. 지표면에서 중력에 의한 가속도는 9.8m/sec^2인데, 이 말의 의미는 어떤 물체가 초속 20미터로 위로 쏘아 올려졌다면 1초 후에 이 물체의 속도가 $20-9.8=10.2\text{m/sec}^2$이 된다는 것이다. 또 1초가 더 지나면 속도는 0.4m/sec^2이 될 것이고, 곧 아래로 떨어지기 시작할 것이다.

미적분학에 대한 지식이 있는 독자라면, 어느 순간에 우리가 쏜 대포알의 위치를 계산할 수 있는 공식을 어렵지 않게 유도해 낼 수 있을 것이다. 그러나 이런 미적분을 이용한 방법을 동원하는 대신, 우리가 작성할 프로그램에서는 순간 단위로 대포알의 운동을 시뮬레이션하는 방법을 사용할 것이다. 물체가 이동한 거리는 이동 속도 및 이동 시간을 곱한 것과 같다는 관계($d=rt$)와 간단한 삼각법을 이용해서 이 문제를 알고리즘으로 풀어보려고 한다.

10.2.2 프로그램 설계하기

알고리즘 설계부터 시작해 보자. 문제의 조건을 볼 때, 우리가 고려해야 할 대포알의 운동은 2차원 운동, 즉 높이와 거리다. 대포알의 위치는 2차원 그래프에서 x 좌표를 거리로, y 좌표를 높이로 삼으면 점 (x, y)로 나타낼 수 있다.

우리가 작성할 시뮬레이션은 대포알의 운동에 따라 위치에 대한 정보를 업데이트해 가야 한다. 대포알이 위치 (0,0)에서 운동을 시작한다면, 예를 들어 1초에 열 번씩 대포알의 위치를 확인한다고 했을 때, 각 구간마다 대포알은 앞으로(x축 양의 방향), 위로(y축 양의 방향) 움직였을 것이다. 각 축에서 대포알이 움직인 거리는 대포알의 그 방향에 대한 속도에 의해 결정된다.

x축의 속도와 y축의 속도를 따로 떼어 생각하면 일이 조금 더 간단해진다. 바람의 영향은 고려하지 않으므로 x축의 속도는 항상 일정하다. 그러나 y축의 속도는 중력의 영향으로 시간에 따라 변화한다. 대포알의 y축 속도는 처음에는 양의 값이었다가 대포알이 떨어지기 시작하면서 음의 값으로 바뀐다.

분석을 통해 시뮬레이션에서 해야 할 일이 명확해졌다. 다음은 대강의 내용이다.

```
시뮬레이션 파라미터를 입력한다: angle, velocity, height, interval
대포알의 초기 위치를 계산한다: xpos, ypos
대포알의 초기 속도를 계산한다: xvel, yvel
while 대포알이 운동 중이라면:
    interval 초 후의 xpos, ypos, yvel의 값을 계산해 업데이트한다.
xpos 값이 대포알이 날아간 거리이므로 이 값을 출력한다.
```

단계별 정리를 통해 이 대강의 알고리즘을 프로그램으로 바꿔 보자.

알고리즘의 첫 줄은 이해하기 쉽다. 적절하게 입력 명령을 사용하면 된다. 프로그램의 시작은 다음과 같다.

```python
def main():
    angle = float(input("Enter the launch angle (in degrees): "))
    vel = float(input("Enter the initial velocity (in meters/sec): "))
    h0 = float(input("Enter the initial height (in meters): "))
    time = float(input(
            "Enter the time interval between position calculations: "))
```

대포알의 초기 위치를 계산하는 것도 어렵지 않다. 초기 위치는 거리가 0, 높이도 초기 높이 h0일 것이므로 다음과 같은 할당문이면 된다.

```python
xpos = 0.0
ypos = h0
```

그다음에는 x축과 y축 상에서의 초기 속도를 계산해야 한다. 이 계산을 하려면 고등학교 수준의 삼각법을 알아야 한다(학교에서 배운 것도 다 도움이 될 날이 온다). 초기 속도를 일정 시간 동안의 x축 상의 이동 거리와 y축 상의 이동 거리가 합쳐진 것으로 생각했을 때, 이 세 가지 요소(x축 상의 이동 거리, y축 상의 이동 거리, 전체 이동 거리)가 그림 10.1에서 보듯 직각삼각형을 이루게 된다. 발사각(theta, 각도를 나타낼 때 그리스 문자 θ를 주로 사용한다)과 초기 속력을 알고 있으므로 $xvel$은 $xvel = velocity\ cos\ theta$, $yvel$은 $yvel = velocity\ sin\ theta$와 같은 공식으로 계산할 수 있다.

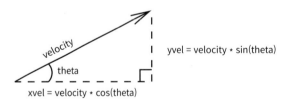

yvel = velocity * sin(theta)

velocity

theta

xvel = velocity * cos(theta)

그림 10.1 대포알의 x축 상에서의 속도와 y축 상에서의 속도 구하기

삼각 함수가 무엇인지 전혀 몰라도 이 공식을 파이썬 코드로 옮길 수 있다. 그러나 아직 미묘한 문제가 하나 남아 있다. 우리가 입력받은 각도는 단위가 도이지만, 파이썬의 math 라이브러리는 각도의 단위로 라디안(radian)을 사용한다. 그러므로 이 공식을 적용하기 전에 각도 값을 라디안으로 변환해야 한다. 360도가 $2\pi\ radian$이므로 $theta = \frac{\pi * angle}{180}$이 된다.

이 계산 과정은 수학 라이브러리에서 제공하는 radians 함수를 통해 편리하게 수행할 수 있다. 초기 속도를 알기 위한 이 세 가지 공식은 다음과 같이 코드로 옮길 수 있다.

```
theta = math.radians(angle)
xvel = velocity * math.cos(theta)
yvel = velocity * math.sin(theta)
```

그럼 이제 프로그램의 주 반복문을 작성할 수 있게 되었다. 우리가 하려는 일은 대포알이 착지하기 전까지 계속 운동 중인 대포알의 위치와 속도를 업데이트하는 것이다. 대포알이 착지했는지 확인하기 위해서는 다음과 같이 ypos의 값을 확인하면 된다.

```
while ypos >= 0.0:
```

이 조건문에서 >=를 사용한 이유는 대포알이 지표면(=0)에서 운동을 시작해도 반복문에 진입할 수 있도록 하기 위해서다. 이 반복문은 ypos의 값이 0보다 작아지면, 다시 말해 지표면 아래에 위치하면 종료된다.

이제 시뮬레이션의 핵심적인 부분이 남았다. 반복문을 한 번 수행할 때마다 time초 동안 운동한 후의 대포알의 상태를 계산해 업데이트하려고 한다. 먼저 가로축 상의 운동부터 생각해 보자. 조금 전에 작성한 명세에서 바람의 영향을 무시한다고 했으므로 가로축 상의 운동 속도는 xvel의 값을 그대로 유지한다.

구체적인 예로 설명하겠다. 대포알이 초당 30미터의 속도로 출발 지점부터 50미터 떨어진 곳을 날아가고 있다면, 1초 후에는 30미터를 더 날아가 출발 지점부터 80미터 떨어진 곳에 위치하게 될 것이다. 시간 간격이 (1초가 아니라) 0.1초라고 하면 대포알의 위치는 0.1(30)=3미터 이동한 53미터가 될 것이다. 이렇게 대포알의 이동 거리는 time * xvel과 같이 계산할 수 있다. 그리고 다음 한 줄로 가로축 상의 위치를 업데이트할 수 있다.

```
xpos = xpos + time * xvel
```

세로축 상의 운동은 중력의 힘이 y축 속도를 지속적으로 감소시키기 때문에 조금 더 복잡하다. 매 초마다 yvel은 9.8m/sec씩 감소한다. 0.1초 동안이라면 0.1(9.8)=0.98m/sec가 감소할 것이다. 매 구간이 끝나는 순간의 속도 값은 다음과 같이 계산할 수 있다.

```
yvel1 = yvel - time * 9.8
```

그리고 이 구간 동안에 대포알이 얼마나 멀리 날아갔는지 알려면, y축 상의 평균 속도를 알아야 한다. 중력에 의해 작용하는 가속도는 일정하므로 평균 속도는 구간의 시작 속도와 끝 속도의 평균으로 계산할 수 있다. (yvel + yvel1)/2.0 이렇게 계산한 평균 속도에 시간을 곱하면 y축 상의 이동 거리를 알 수 있다.

완성된 반복문은 다음과 같다.

```python
while ypos >= 0.0:
    yvel1 = yvel - time * 9.8
    ypos = ypos + time * (yvel + yvel1)/2.0
    yvel = yvel1
```

구간이 끝나는 순간의 속도는 처음에는 변수 yvel1에 저장되었다가 평균 속도를 계산하고 난 뒤 yvel의 원래 값이 더 이상 필요 없어지면 (반복문의 끝에서) 변수 yvel로 옮겨진다. 이를 통해 다음 구간이 시작하는 순간의 속도를 반영하게 된다.

마지막으로 대포알이 날아간 거리를 출력하는 코드를 추가하면 다음과 같이 프로그램이 완성된다.

```python
# cball1.py
from math import sin, cos, radians

def main():
    angle = float(input("Enter the launch angle (in degrees): "))
    vel = float(input("Enter the initial velocity (in meters/sec): "))
    h0 = float(input("Enter the initial height (in meters): "))
    time = float(input(
            "Enter the time interval between position calculations: "))

    # 각도를 라디안으로 변환
    theta = radians(angle)

    # 초기 위치 및 x축과 y축 상의 초기 속도를 계산
    xpos = 0
    ypos = h0
    xvel = vel * cos(theta)
    yvel = vel * sin(theta)

    # 대포알이 착지할 때까지 반복한다.
    while ypos >= 0.0:
        # time초 후의 위치와 속도를 계산한다.
        xpos = xpos + time * xvel
        yvel1 = yvel - time * 9.8
        ypos = ypos + time * (yvel + yvel1)/2.0
        yvel = yvel1

    print("\nDistance traveled: {0:0.1f} meters.".format(xpos))
```

10.2.3 프로그램을 모듈화하기

조금 전에 알고리즘을 설계하면서 단계별 정리(하향식 설계)를 적용하겠다고 했지만, 실제 프로그램을 함수로 나누지는 않았다. 이번에는 프로그램을 두 가지 방법으로 모듈화하려고 한다. 먼저 첫 번째 방법은 함수를 사용하는 방법이다(하향식 설계와 같은 식으로).

최종적인 프로그램은 비교적 짧지만 길이에 비해서는 복잡도가 높다. 프로그램이 이렇게 복잡해진 이유는 변수를 열 개나 사용해 코드를 읽을 때 이를 일일이 쫓기 어렵기 때문이다. 이제 프로그램을 각각의 기능을 가진 여러 부분으로 나누어 보고 이것이 코드를 이해하는 데 도움이 되는지 보려고 한다. 다음은 헬퍼 함수(helper function)를 사용한 주 알고리즘이다.

```
def main():
    angle, vel, h0, time = getInputs()
    xpos, ypos = 0, h0
    xvel, yvel = getXYComponents(vel, angle)
    while ypos >= 0:
        xpos, ypos, yvel = updateCannonBall(time, xpos, ypos, xvel, yvel)
    print("\nDistance traveled: {0:0.1f} meters.".format(xpos))
```

수정하기 전 프로그램과 함수 이름을 보면 그 함수가 어떤 역할을 하는지 쉽게 이해할 수 있다. 그리고 헬퍼 함수를 작성하는 데는 그렇게 오랜 시간이 필요하지는 않을 것이다.

이렇게 수정된 프로그램은 주 알고리즘을 이해하기가 훨씬 쉽다. 변수의 숫자는 여덟 개로 줄어들었는데(theta와 yvel1이 주 알고리즘에서 빠졌다) 이 변수들은 어디로 갔을까? 변수 theta는 함수 getXYComponents 안에서만 쓰이고, yvel1도 마찬가지로 함수 updateCannonBall 안에서만 쓰인다. 이렇게 계산 도중에만 사용되는 변수를 숨길 수 있다는 것은 하향식 설계를 통한 관심사의 분리의 큰 장점이다.

하지만 수정된 프로그램도 여전히 지나치게 복잡해 보인다. 반복문을 중심으로 살펴보자. 대포알의 상태를 계속 추적하려면 네 가지 정보가 필요한데, 그중 세 가지는 매 순간마다 값이 바뀐다. 이 세 가지 값을 계산하려면 매 순간에 대한 네 가지 값이 모두 필요하다. 이 때문에 인자가 다섯 개에, 리턴 값이 세 개나 되는 예쁘지 않은 함수가 만들어진다. 함수에 인자가 지나치게 많다는 것은 프로그램의 구조에 개선의 여지가 있다는 표시다. 다른 방법을 찾아보는 것이 좋겠다.

프로그램의 원래 명세 자체에 변수를 좀 더 잘 다룰 수 있는 방법이 포함되어 있다. 실세계에는 대포알이 하나뿐이지만 프로그램에서는 이 대포알 하나를 기술하기 위해 네 가지 값, 즉 xpos, ypos, xvel, yvel이 사용된다. 우리가 대포알과 같은 물체의 성질을 이해하는 Projectile이라는 클래스를 갖고 있었다면 어떻게 될까? 이 클래스를 이용해 객체를 만들고 이 객체를 가리키는 변수 하나만으로 그 객체의 상태를 업데이트하는 방식으로 주 알고리즘을 나타낼 수 있을 것이다. 이런 객체 지향 접근법을 적용하면 main 함수를 다음과 같이 수정할 수 있다.

```
def main():
    angle, vel, h0, time = getInputs()
    cball = Projectile(angle, vel, h0)
    while cball.getY() >= 0:
        cball.update(time)
    print("\nDistance traveled: {0:0.1f} meters.".format(cball.getX()))
```

알고리즘이 확실히 더 간결해지고 명확하게 표현되었음을 알 수 있다. angle, vel, h0의 초깃값은 Projectile 클래스의 객체 cball을 만들 때 인자로 사용되었다. 그리고 반복문을 한 번 수행할 때마다 cball에 time의 변화에 따라 자신의 상태를 변화시키도록 요청하게 된다. 그리고 우리는 getX와 getY 메서드를 사용해서 언제든지 cball의 위치 정보를 알 수 있다. 이를 위해서는 update, getX, getY와 같은 메서드를 구현하는 Projectile 클래스를 정의해야 한다.

10.3 새로운 클래스를 정의하기

Projectile 클래스를 새로 만들기 전에 좀 더 간단한 예로 이해를 돕고자 한다.

10.3.1 예제: 주사위

가장 흔한 주사위는 1부터 6까지의 눈이 있는 정육면체다. 게임에 따라서 면수가 여섯 개보다 적거나(4면) 많은(13면 등) 비표준 주사위를 사용하기도 하는데, 이 주사위들을 모형화할 수 있는 일반 클래스 MSDie를 설계해 보려고 한다. 이 클래스를 완성하면 다양한 게임이나 시뮬레이션 프로그램에서 활용할 수 있을 것이다.

MSDie 객체는 다음과 같은 정보를 알아야 한다.

1. 주사위가 가진 면의 개수
2. 주사위를 굴려서 나오는 수

MSDie 객체를 새로 만들 때 그 주사위가 가지게 될 면의 개수 n을 지정해 준다. 그러고 나서 클래스가 제공하는 다음 세 개의 메서드로 주사위를 다룬다. roll은 (주사위를 던져) 1부터 n 사이 중 하나의 값이 나오게 하고, setValue는 주사위의 값을 특정한 값으로 설정하고(치팅 등의 경우), getValue는 현재 주사위의 값을 읽는다.

다음은 이 클래스를 통해 어떤 일을 할 수 있는지에 대한 예제다.

```
>>> die1 = MSDie(6)
>>> die1.getValue()
1
>>> die1.roll()
>>> die1.getValue()
4
```

```
>>> die2 = MSDie(13)
>>> die2.getValue()
1
>>> die2.roll()
>>> die2.getValue()
12
>>> die2.setValue(8)
>>> die2.getValue()
8
```

이게 어떤 쓸모가 있을까 싶기도 하겠지만 이 클래스를 이용하면 임의의 면수를 갖는 주사위를 몇 개라도 만들 수 있다. 각 주사위를 독립적으로 굴릴 수도 있고, 주사위를 굴리면 주사위의 면수에 따라 적절한 범위 안에 들어가는 난수를 생성한다.

객체 지향 용어를 사용하자면, MSDie 클래스의 생성자를 주사위의 면수를 인자로 호출해 새로운 주사위를 만들 수 있다. 우리가 만든 주사위 객체는 인스턴스 변수를 이용해서 자신의 면수를 기억할 것이고, 또 다른 인스턴스 변수는 이 주사위를 굴려 나온 값을 기억하는 용도로 사용된다. 주사위 값의 초깃값은 1이다. 이 값은 roll 메서드를 사용해서 주사위를 굴리거나 setValue 메서드로 주사위의 값을 특정한 값으로 지정함으로써 바꿀 수 있으며, getValue 메서드로 현재 값을 확인할 수 있다.

MSDie 클래스는 아주 간단하게 정의할 수 있다. 클래스란 메서드의 집합이고 메서드는 그냥 함수다. 다음은 MSDie 클래스의 정의다.

```
# msdie.py
# n개의 면을 갖는 주사위에 대한 클래스 정의

from random import randrange

class MSDie:

    def __init__(self, sides):
        self.sides = sides
        self.value = 1

    def roll(self):
        self.value = randrange(1,self.sides+1)

    def getValue(self):
        return self.value

    def setValue(self, value):
        self.value = value
```

앞에서 볼 수 있듯이 클래스 정의는 다음과 같은 간단한 형태다.

```
class <class-name>:
    <method-definitions>
```

각 메서드 정의는 일반적인 함수 정의와 동일하다. 클래스 정의 안에서 함수를 정의하면 일반적인 독립된 함수가 아니라 그 클래스의 메서드가 된다.

이 클래스에서 정의된 메서드 세 개를 하나씩 살펴보자. 먼저 알 수 있는 것은 모든 메서드의 첫 번째 인자가 self라는 것이다. 메서드의 첫 번째 인자는 특별한 의미를 지닌다. 이 인자는 항상 메서드가 조작하는 객체에 대한 참조를 값으로 갖는다. 이 인자도 다른 인자와 마찬가지로 자유롭게 이름을 지을 수 있지만, 관습적으로 self라는 이름을 사용한다. 이 책에서도 항상 이 이름을 사용할 것이다.

예제를 보면 self를 어떻게 사용해야 하는지 이해가 쉬울 것이다. 우리가 main 함수에서 die1.setValue(8)과 같이 메서드를 호출한다고 하자. 메서드 호출은 곧 함수 호출이므로 네 단계의 과정을 거친다.

1. 호출하는 쪽(main)은 메서드를 호출하는 시점에서 정지한다. 그런 다음 메서드가 호출된 객체의 클래스 정의로부터 해당하는 메서드를 찾는다. 여기서는 die1이 MSDie 클래스의 객체이므로 제어 흐름이 MSDie 클래스의 setValue 메서드로 넘어가게 된다.

2. 메서드의 형식 인자에 호출 시에 받은 실질 인자가 할당된다. 메서드 호출의 경우는 첫 번째 인자가 메서드가 호출된 객체를 나타낸다. 이 예제에서는 메서드 몸체가 실행되기 전에 다음과 같은 할당문이 수행된 것과 같다고 볼 수 있다.

```
self = die1
value = 8
```

3. 메서드 몸체가 실행된다.

4. 제어 흐름이 다시 메서드가 호출되었던 지점으로 돌아간다. 이 예제에서는 die1.setValue(8)의 다음 줄로 제어 흐름이 이동한다.

그림 10.2에 지금 본 예제에 대한 메서드 호출 절차를 도식화했다. 메서드가 self가 생략되어 하나의 실질 인자로 호출되었지만, 실제로는 두 개의 인자를 받는다. 대개의 경우, 사람들은 setValue는 하나의 인자를 필요로 한다고 할 것이다. 인자 self는 형식상의 존재라고 할 수 있다. 다른 언어 중에는 이런 인자를 묵시적으로

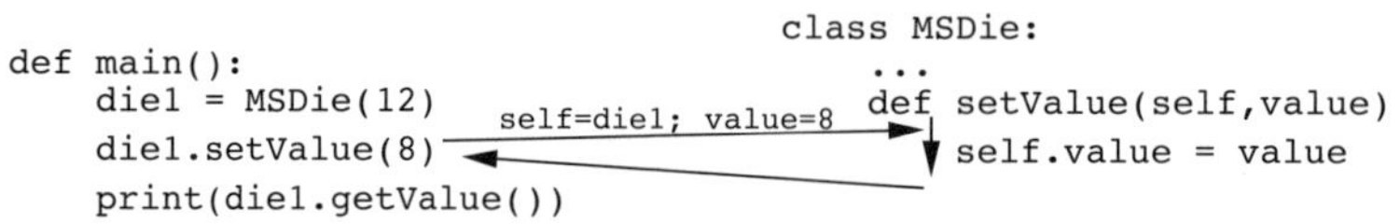

```
                                    class MSDie:
    def main():                         ...
        die1 = MSDie(12)    self=die1; value=8   def setValue(self,value)
        die1.setValue(8)                             self.value = value
        print(die1.getValue())
```

그림 10.2 die1.setValue(8)을 실행할 때의 제어 흐름

두는 경우도 있지만, 파이썬의 경우는 인자를 따로 하나 추가해야 한다. 혼동을 피하기 위해 이 첫 번째 형식 인자를 앞으로 셀프(self) 인자라고 부르고, 그 외의 인자를 일반 인자라고 부를 것이다. 이 방법대로라면 setValue는 일반 인자 한 개를 갖는 메서드가 된다.

이제 self는 어떤 객체를 가리키는 인자라는 것을 알았다. 그런데 이 인자로 할 수 있는 일이 무엇일까? 여기서 기억해야 할 것은 객체는 자신만의 데이터를 갖는다는 점이다. 말하자면, 인스턴스 변수를 통해 객체 안에 데이터를 저장한다. 다른 변수들과 마찬가지로 인스턴스 변수에도 변수의 이름을 통해 접근할 수 있다. 이때 〈object〉.〈instance-var〉와 같이 이미 익숙한 점 표기법이 쓰인다. setValue의 정의를 다시 한 번 보자. self.value는 현재 객체의 value라는 인스턴스 변수를 가리킨다. 클래스의 각 인스턴스는 자신만의 인스턴스 변수를 가지므로 MSDie 클래스의 객체도 자신만의 value 변수를 갖는다.

메서드 중에는 파이썬에서 특별한 의미로 사용되는 것들이 있다. 이 메서드는 밑줄 두 개로 시작하는 이름을 갖는다. 특별 메서드인 __init__은 객체를 생성하는 생성자다. 이 메서드를 호출하여 MSDie 클래스의 새로운 객체를 만들 수 있다. __init__ 메서드의 역할 중에는 객체의 인스턴스 객체를 어떤 값으로 초기화하는 것도 있다. 클래스 밖에서 생성자를 호출하려면 클래스 이름을 사용한다.

```
die1 = MSDie(6)
```

이 명령문을 실행하면 MSDie 클래스의 새로운 객체를 만들고 이 객체의 __init__을 실행한다. 이 모든 과정의 결과로 die1.sides의 값은 6이 되고 die1.value의 값은 1이 된다.

인스턴스 객체의 힘은 어떤 특정한 객체의 상태를 기억해 둘 수 있다는 데 있다. 그리고 이 정보는 다시 객체의 일부로 프로그램 이곳저곳에서 쓰이게 된다. 일반적인 함수의 지역 변수는 함수 실행이 끝나고 나면 사라지는 데 비해, 인스턴스 변수의 값은 다른 메서드 또는 같은 메서드 안에서도 참조할 수 있다는 점이 다르다.

다음은 몇 가지 간단한 예다.

```
>>> die1 = Die(13)
>>> print(die1.getValue())
1
>>> die1.setValue(8)
>>> print(die1.getValue())
8
```

생성자를 호출하면 인스턴스 변수 die1.value의 값이 1이 된다. 그다음 줄에서는 이 값을 출력한다. 생성자에 의해 설정된 인스턴스 변수의 값은 객체의 일부로 생성자의 실행이 끝나도 유지되고 있다는 것을 알 수 있다. 마찬가지로 die1.setValue(8)을 실행하면 인스턴스 변수의 값을 8로 바꿔 객체의 상태를 변화시킨다. 이후로 객체의 값을 요청받으면 이 새로운 값을 전달한다.

파이썬에서 새로운 클래스를 정의하기 전에 알아 두어야 할 것은 이 정도다. 이제 새로 배운 것을 사용해 볼 차례다.

10.3.2 예제: 발사체(Projectile) 클래스

다시 대포알 예제로 돌아가서 우리는 발사체를 표현할 객체를 필요로 하고 있다. 이 클래스에는 인스턴스 변수를 초기화하기 위한 생성자가 있어야 하고, 발사체의 상태를 바꾸기 위한 update, 발사체의 현재 위치를 알 수 있는 getX, getY 메서드가 있어야 한다.

그럼 먼저 생성자부터 시작해 보자. 주 프로그램에서 대포알의 발사 각도, 초기 속도, 초기 높이에 대한 정보로 대포알 객체를 만들 것이다.

```
cball = Projectile(angle, vel, h0)
```

이 Projectile 클래스에는 인스턴스 변수를 초기화하기 위해 반드시 __init__ 메서드가 있어야 한다. 그러나 어떤 값을 인스턴스 변수로 삼아야 할까? 맞다. 대포알의 운동을 특징지을 수 있는 네 가지 정보, 즉 xpos, ypos, xvel, yvel을 인스턴스 변수로 가져야 한다. 이 값들은 이전 프로그램에서와 같은 공식을 이용해 계산한다.

새로운 클래스의 생성자는 다음과 같다.

```
class Projectile:

    def __init__(self, angle, velocity, height):
        self.xpos = 0.0
        self.ypos = height
        theta = math.radians(angle)
        self.xvel = velocity * math.cos(theta)
        self.yvel = velocity * math.sin(theta)
```

객체 안에서 self에 대한 점 표기법을 사용해 인스턴스 변수 네 개를 만든 것에 주목하기 바란다. theta 값은 __init__이 끝나면 더 이상 필요하지 않으므로 일반적인 함수 내 지역 변수로 정의되었다.

발사체의 위치에 접근하기 위한 메서드는 더 간단하다. 현재 위치는 인스턴스 변수 xpos와 ypos를 보면 알 수 있다. 이 값들을 바로 리턴하는 메서드를 몇 개 만들면 된다.

```
def getX(self):
    return self.xpos

def getY(self):
    return self.ypos
```

마지막으로 update 메서드를 작성하자. 이 메서드는 시간 간격을 의미하는 하나의 일반 인자를 받는다. 지정한 시간이 지난 후의 시점에 발사체가 어떤 상태인지 업데이트해야 한다. 다음은 이 메서드의 코드다.

```
def update(self, time):
    self.xpos = self.xpos + time * self.xvel
    yvel1 = self.yvel - time * 9.8
    self.ypos = self.ypos + time * (self.yvel + yvel1)/2.0
    self.yvel = yvel1
```

이 코드는 이전 프로그램에서 인스턴스 변수의 값을 수정하던 코드와 기본적으로 같은 코드다. yvel1이 임시(그러니까 일반) 변수로 쓰이고 있는 것에 주의하라. 새로 계산된 값은 이 메서드의 마지막 줄에서 객체에 저장된다.

이제 발사체 클래스가 완성되었다. 대포알 문제를 객체 지향적 방법으로 해결할 수 있는 수단을 손에 넣게 된 것이다.

```
# cball3.py
from math import sin, cos, radians

class Projectile:

    def __init__(self, angle, velocity, height):
        self.xpos = 0.0
        self.ypos = height
        theta = radians(angle)
        self.xvel = velocity * cos(theta)
        self.yvel = velocity * sin(theta)

    def update(self, time):
        self.xpos = self.xpos + time * self.xvel
        yvel1 = self.yvel - 9.8 * time
        self.ypos = self.ypos + time * (self.yvel + yvel1) / 2.0
        self.yvel = yvel1

    def getY(self):
        return self.ypos

    def getX(self):
        return self.xpos

def getInputs():
    a = float(input("Enter the launch angle (in degrees): "))
    v = float(input("Enter the initial velocity (in meters/sec): "))
    h = float(input("Enter the initial height (in meters): "))
    t = float(input(
            "Enter the time interval between position calculations: "))
```

```
        return a,v,h,t
def main():
    angle, vel, h0, time = getInputs()
    cball = Projectile(angle, vel, h0)
    while cball.getY() >= 0:
        cball.update(time)
    print("\nDistance traveled: {0:0.1f} meters.".format(cball.getX()))
```

10.4 클래스를 이용한 데이터 처리

발사체 예제를 통해 우리는 클래스를 이용하면 실세계의 사물에 대한 복잡한 행
동을 모형화할 수 있다는 것을 알았다. 그런데 객체는 어떤 사람이나 사물에 대한
정보를 모아 놓는 용도로도 많이 쓰인다. 구체적인 예를 들면, 어떤 회사가 직원
정보를 유지하고 있는데, 이 회사의 인사 시스템에는 Employee라는 객체가 있어서
직원 이름, 주민등록번호, 주소, 급여, 소속 부서 등을 저장한다. 이런 유형의 정보
를 레코드라고 한다.

대학교의 학사 시스템을 예로 간단한 데이터 처리를 수행해 보자. 대다수 대학
교에서는 성적을 주당 수업 시간과 4점 만점에 4단계('A'는 4점, 'B'는 3점과 같은
식)로 주어지는 학점으로 평가한다. 강의 성적은 이 두 기준을 곱해 계산하는데,
만약 3학점짜리 강의에서 A를 받은 학생이 있다면, 이 강의에서 얻은 점수는 3(4)
= 12점이 된다. 학생의 평점(GPA)을 계산하려면 이수한 강의에 대해 이 점수를
모두 합해 이수 학점으로 나누면 된다.

학생의 성적 정보가 담긴 데이터 파일이 있다. 파일의 각 줄마다 학생의 이름,
이수 학점 수, 강의 성적 총점(quality point)으로 구성되어 있다. 이 세 값은 탭 문
자로 구분되어 있어 다음과 같은 형태다.

```
Adams, Henry      127     228
Computewell, Susan       100     400
Dibblebit, Denny        18      41.5
Jones, Jim      48.5    155
Smith, Frank    37      125.33
```

우리가 할 일은 이 파일을 읽어 들여 평점이 제일 높은 학생을 찾아 이름과 이수
학점, 평점을 출력하는 프로그램을 작성하는 것이다. 먼저 Student 클래스를 만드
는 일부터 시작해 보자. Student 타입을 갖는 객체는 학생 한 명에 대한 레코드가
된다. 지금 같은 경우, 레코드는 세 가지 정보, 즉 이름, 이수 학점, 강의 성적 총점
으로 구성된다. 다음 코드로 이 정보를 생성자 안에서 초기화하는 방법으로 인스
턴스 변수에 저장할 수 있다.

```
class Student:
    def __init__(self, name, hours, qpoints):
        self.name = name
        self.hours = float(hours)
        self.qpoints = float(qpoints)
```

생성자의 인자 이름을 대응하는 인스턴스 변수의 이름과 똑같이 했다. 처음에는 좀 이상해 보이겠지만 이런 클래스에서는 매우 흔하게 볼 수 있는 스타일이다. 그리고 hours와 qpoints의 값은 float 함수를 거쳐 부동소수형이 되도록 했다. 이렇게 하면 부동소수형, 실수형, 문자열까지 다양한 형태로 인자를 받을 수 있기 때문에 생성자를 좀 더 유연하게 사용할 수 있다.

이제 생성자가 완성되었다. 이걸 사용해서 학생의 레코드를 만드는 방법은 매우 간단하다. 예를 들어, 헨리 애덤스라는 학생의 레코드를 다음과 같이 만들 수 있다.

```
aStudent = Student("Adams, Henry", 127, 228)
```

객체를 사용하면 하나의 변수 안에 이 학생과 관련된 모든 정보를 저장할 수 있다.

그다음으로 할 일은 학생 객체가 어떤 메서드를 가져야 하는지 결정하는 것이다. 먼저 학생 정보에 접근하기 위한 메서드가 필요할 것이다. 그러므로 다음과 같은 접근자 메서드를 먼저 정의한다.

```
def getName(self):
    return self.name

def getHours(self):
    return self.hours

def getQPoints(self):
    return self.qpoints
```

이 메서드들을 사용해서 학생의 레코드로부터 정보를 읽을 수 있다. 예를 들어, 학생의 이름을 출력하려면 다음과 같이 하면 된다.

```
print(aStudent.getName())
```

평점을 계산할 메서드가 아직 추가되지 않았다. getHours와 getQPoints 메서드를 사용해 필요한 정보를 꺼낸 뒤 따로 계산할 수도 있겠지만, 이를 대신해 주는 메서드가 있다면 편리할 것이다.

```
def gpa(self):
    return self.qpoints / self.hours
```

이제 이 클래스가 완성되었으니 평점이 가장 높은 학생을 찾을 준비가 되었다. 이를 위해 필요한 알고리즘은 n개의 숫자 중에서 최댓값을 찾는 알고리즘과 비슷하다. 여러 학생의 레코드를 차례로 살펴보며 개중 가장 평점이 높은 학생을 찾으면 된다. 다음은 이 프로그램의 알고리즘이다.

```
사용자로부터 파일 이름을 입력받는다.
파일을 읽기 모드로 연다.
첫 번째 학생을 최우수 학생으로 한다.
각 학생 s에 대해 다음을 반복한다.
    if s.gpa() > best.gpa()
        s의 값을 새로운 best의 값으로 한다.
best가 가리키는 학생에 대한 정보를 출력한다.
```

이를 바탕으로 완성된 프로그램은 다음과 같다.

```python
# gpa.py
# 평점이 가장 높은 학생을 찾는 프로그램

class Student:

    def __init__(self, name, hours, qpoints):
        self.name = name
        self.hours = float(hours)
        self.qpoints = float(qpoints)

    def getName(self):
        return self.name

    def getHours(self):
        return self.hours

    def getQPoints(self):
        return self.qpoints

    def gpa(self):
        return self.qpoints/self.hours

def makeStudent(infoStr):
    # infoStr은 다음 각 요소가 탭으로 구분된 한 줄이다: name, hours, qpoints
    # 이에 해당하는 Student 객체를 리턴한다.
    name, hours, qpoints = infoStr.split("\t")
    return Student(name, hours, qpoints)

def main():
    # 입력 파일을 읽기 모드로 연다.
    filename = input("Enter name the grade file: ")
    infile = open(filename, 'r')

    # best의 값을 파일 내 첫 번째 학생을 가리키도록 한다.
    best = makeStudent(infile.readline())

    # 파일의 나머지 줄을 처리한다.
    for line in infile:
        # 읽어 들인 줄을 학생 레코드로 변환한다.
        s = makeStudent(line)
        # 지금 본 학생이 평점이 가장 높다면 이 학생을 기억해 둔다.
        if s.gpa() > best.gpa():
            best = s
```

```
    infile.close()

    # 평점이 가장 높은 학생의 정보를 출력한다.
    print("The best student is:", best.getName())
    print("hours:", best.getHours())
    print("GPA:", best.gpa())

if __name__ == '__main__':
    main()
```

편의를 위해 헬퍼 함수 makeStudent가 추가된 것을 볼 수 있다. 이 함수는 파일의 한 줄을 인자로 받아 이 문자열을 탭으로 구분된 필드 세 개로 나눈 뒤, 이에 해당하는 Student 객체를 만들어 리턴한다. 반복문 바로 앞에서 이 함수가 첫 번째 학생에 대한 레코드를 만들기 위해 호출되었다.

```
best = makeStudent(infile.readline())
```

그리고 이 함수는 반복문 안에서 파일의 나머지 줄을 처리하는 데도 쓰인다.

```
s = makeStudent(line)
```

다음은 샘플 데이터에 대해 이 프로그램을 실행한 예다.

```
Enter name the grade file: students.dat
The best student is: Computewell, Susan
hours: 100.0
GPA: 4.0
```

이 프로그램에 아직 남아 있는 문제는 동점자가 있어도 단 한 명에 대한 정보만 출력한다는 점이다. 동점자에 대한 정보까지 출력할 수 있는 프로그램은 흥미 있는 설계 문제로 독자들에게 남겨 두고자 한다.

10.5 객체와 캡슐화

10.5.1 중요한 사항에만 신경 쓰도록 해 주는 캡슐화

Projectile과 Student 클래스처럼, 클래스를 작성하는 것은 프로그램을 모듈화하는 좋은 수단이 된다. 어떤 대상을 객체로 삼을지 잘 정하고 나면, 이 객체들을 이용하는 알고리즘과 이 객체들을 구현할 수 있다. 이는 하향식 설계에서 함수를 사용했을 때처럼 우리가 관심사의 분리를 실현할 수 있게 해 준다. 주 프로그램은 객체가 어떤 일을 할 수 있는지만 알면 되며, 객체가 그 일을 어떻게 하는지(구현)에 대해서는 신경 쓸 필요가 없다.

컴퓨터 과학에서는 이러한 관심사의 분리를 캡슐화(encapsulation)라고 부른다. 객체의 구체적인 구현 사항은 클래스 정의 안에 포장되어, 프로그램의 나머지 부분으로부터 격리되고 따라서 이를 다룰 필요가 없다. 이 또한 또 다른 형태의 추상화이며 좋은 설계를 하는 데 핵심이다.

설명을 보태자면 캡슐화는 파이썬에서 쓰이는 프로그래밍 관습 중 하나일 뿐, 그 자체로는 언어 스펙의 강제 사항이 아니다. 우리가 설계했던 Projectile 클래스에는 getX와 getY라는 짧은 메서드 두 개가 포함되었다. 이 두 메서드는 각각 단순히 xpos와 ypos라는 인스턴스 변수를 리턴하는 메서드다. 또 Student 클래스에도 인스턴스 변수에 접근할 수 있는 비슷한 접근자 메서드가 있었다. 엄밀하게 말하자면, 이러한 메서드가 꼭 있어야 하는 것은 아니다. 파이썬에서는 흔히 쓰이는 점 문법(dot notation)을 통해 어떤 객체의 인스턴스 변수에도 자유로이 접근할 수 있다. 예를 들면, Projectile 클래스도 생성자를 통해 객체를 생성한 뒤, 다음과 같이 인스턴스 변수에 직접 접근해 볼 수 있다.

```
>>> c = Projectile(60, 50, 20)
>>> c.xpos
0.0
>>> c.ypos
20
>>> c.xvel
25.0
>>> c.yvel
43.301270
```

객체의 인스턴스 변수에 직접 접근하는 것은 테스트 목적으로는 매우 편리하지만, 실제 프로그램에서 이렇게 하는 것은 권장되지 않는다. 객체를 사용하는 주 목적 중 하나가 객체를 사용하는 프로그램으로부터 객체가 지닌 복잡성을 숨기는 것이기 때문이다. 인스턴스 변수에 대한 참조는 일반적으로 클래스 정의 안에서만 사용할 수 있도록 범위를 국한해야 한다. 클래스 외부와의 상호 작용은 일반적으로 메서드가 제공하는 인터페이스를 통해야 한다. 그러나 이 규칙이 절대적이지는 않다. 파이썬 프로그램을 설계하면서 인스턴스 변수 자체를 인터페이스의 일부로 노출하는 경우도 자주 있다.[1]

캡슐화를 적용해 즉각적으로 얻을 수 있는 이점 중 하나는 이 클래스를 사용하는 나머지 프로그램을 '망치는' 일 없이 클래스만 따로 수정할 수 있다는 점이다. 클래스가 제공하는 인터페이스가 그대로 유지되는 한, 프로그램의 다른 부분에서

---

[1] 사실, 파이썬은 '속성'이라는 흥미로운 장치를 제공하는데, 이를 사용하면 안전하면서도 우아한 방법으로 인스턴스 변수에 접근할 수 있다. 자세한 사항은 파이썬의 참조 문서를 찾아보기 바란다.

는 클래스가 바뀌었다는 것조차 깨닫지 못할 것이다. 직접 작성한 클래스를 사용하기 시작했다면, 이 클래스가 쓸모 있을 수 있도록 완결된 메서드 집합을 제공할 수 있게 힘써야 한다.

10.5.2 모듈에 클래스를 포함시키기

잘 정의된 단일 클래스 또는 일련의 클래스가 제공하는 추상화를 좀 더 다양한 프로그램에서 사용하고 싶은 경우가 있다. 예를 들어, 발사체 클래스를 별도의 모듈 파일에 넣는다면, 다른 프로그램에서도 이 클래스를 사용할 수 있을 것이다. 그 과정에서 이 클래스의 사용법 등을 문서화해서 추가한다면 이 코드를 사용할 프로그래머가 코드를 보며 클래스와 메서드의 사용법을 익히지 않아도 될 것이다.

10.5.3 모듈 문서화하기

우리는 이미 주석을 통해 프로그램을 문서화하는 방법을 배웠다. 주석을 통해 모듈에 담긴 코드를 문서화하는 것은 무조건 좋은 일이다. 이런 종류의 주석은 매우 중요하기 때문에 파이썬에서는 독스트링(docstring)이라는 이름으로 이를 위한 특별한 주석 형태를 따로 만들어 놓았을 정도다. 독스트링은 모듈이나 클래스, 함수의 첫 줄에 평범한 문자열 리터럴을 추가하는 형태로 적용할 수 있다. 독스트링을 사용할 때의 이점은 일반적인 주석은 인터프리터에서 그냥 무시하는 반면, 독스트링은 __doc__이라는 특별한 속성을 통해 프로그램에서도 접근할 수 있다는 것이다. 또한, 이 문자열을 동적으로 다루는 것도 가능하다.

파이썬 라이브러리 모듈 중 거의 대부분이 해당 모듈의 사용법을 알려 주는 방대한 독스트링을 갖고 있다. 예를 들어, random 함수의 사용법을 잊었다면 다음과 같이 이 함수의 독스트링을 출력하도록 할 수 있다.

```
>>> import random
>>> print(random.random.__doc__)
random() -> x in the interval [0, 1).
```

독스트링은 파이독(pydoc)이라는 파이썬의 도움말 시스템에서도 자동으로 모듈의 참조 문서를 만드는 데 쓰인다. 다음과 같이 대화형 도움말을 사용해도 같은 내용을 얻을 수 있다.

```
>>> import random
>>> help(random.random)
Help on built-in function random:

random(...)
    random() -> x in the interval [0, 1).
```

random 모듈 전체에 대한 정보를 한꺼번에 보고 싶다면, help(random)을 입력하면
된다.

다음은 독스트링을 갖춘 모듈 파일로 만든 Projectile 클래스다.

```
# projectile.py

"""projectile.py
이 모듈은 발사체의 운동을 모형화하는
간단한 클래스를 제공한다."""

from math import sin, cos, radians

class Projectile:

    """지표면 가까이에서의 발사체의 운동을 시뮬레이션한다.
    이때 바람의 영향은 무시한다. 운동에 대한 추적은 높이(x)와
    거리(y)의 2차원 상에서 이루어진다."""

    def __init__(self, angle, velocity, height):
        """주어진 발사 각도, 초기 속도 및 고도에 따라
        발사체 객체를 만든다."""
        self.xpos = 0.0
        self.ypos = height
        theta = radians(angle)
        self.xvel = velocity * cos(theta)
        self.yvel = velocity * sin(theta)

    def update(self, time):
        """이 발사체의 상태를 time초 후의 상태로 업데이트한다."""
        self.xpos = self.xpos + time * self.xvel
        yvel1 = self.yvel - 9.8 * time
        self.ypos = self.ypos + time * (self.yvel + yvel1) / 2.0
        self.yvel = yvel1

    def getY(self):
        "이 발사체의 y축 상의 위치(고도)를 리턴한다."
        return self.ypos

    def getX(self):
        "이 발사체의 x축 상의 위치(거리)를 리턴한다."
        return self.xpos
```

이 코드의 독스트링이 세 개의 큰따옴표(""")로 싸여 있음을 볼 수 있다. 이것은
파이썬에서 문자열 리터럴을 나타내는 세 번째 방법이다. 세 개의 큰따옴표로 감
싸면 문자열 리터럴을 여러 줄에 걸쳐 쓸 수 있다. 다음은 이 독스트링을 출력했
을 때의 출력 내용이다.

```
>>> print(projectile.Projectile.__doc__)
지표면 가까이에서의 발사체의 운동을 시뮬레이션한다.
    이때 바람의 영향은 무시한다. 운동에 대한 추적은 높이(x)와
    거리(y)의 2차원 상에서 이루어진다.
```

모듈 전체에 대한 도움말을 보려면 help(projectile)을 입력하면 된다.

10.5.4 모듈을 여러 개 다루기

이제 projectile 모듈을 주 프로그램에서 임포트하는 방식으로 원래 문제를 해결해 보자.

```python
# cball4.py
from projectile import Projectile

def getInputs():
    a = float(input("Enter the launch angle (in degrees): "))
    v = float(input("Enter the initial velocity (in meters/sec): "))
    h = float(input("Enter the initial height (in meters): "))
    t = float(input("Enter the time interval between position calculations:
    return a,v,h,t

def main():
    angle, vel, h0, time = getInputs()
    cball = Projectile(angle, vel, h0)
    while cball.getY() >= 0:
        cball.update(time)
    print("\nDistance traveled: {0:0.1f} meters.".format(cball.getX()))
```

이렇게 수정된 프로그램에서는 발사체의 운동에 대한 세부 사항이 projectile 모듈 안에 숨겨지게 된다.

하나 이상의 모듈로 구성된 파이썬 프로젝트를 대화형 기반으로(좋은 생각이다) 테스트하고 싶다면, 파이썬에서 모듈이 임포트되는 미묘한 메커니즘을 이해해야 한다. 파이썬이 어떤 모듈을 임포트할 때는, 이 모듈 안에 정의된 모든 것이 담긴 모듈 객체를 만든다(이를 전문 용어로 네임스페이스(namespace)라고 한다). 모듈이 성공적으로 임포트되면(모듈에 문법 오류가 없었다면), 그다음에 이뤄지는 임포트에서는 임포트가 끝난 모듈이 다시 임포트되지 않는다. 그 대신 이미 만들어진 모듈 객체에 대한 참조를 하나 더 만들어 둔다. 이런 이유로 모듈의 내용을 변경하더라도(소스 파일을 편집해서) 대화형 세션에서 모듈을 다시 임포트하면 수정된 모듈을 사용할 수 없다.

대화형 세션에서도 표준 라이브러리의 imp 모듈에 있는 reload(<module>) 함수를 사용하면 이미 임포트된 모듈에 대해서도 (최신의) 새로운 모듈 객체를 만들 수 있다(자세한 내용은 파이썬 문서를 참조하기 바란다). 그러나 이 방법을 사용해도 원하는 대로 되지 않는 경우가 있다. 이것은 reload 함수로 모듈을 다시 로드해도 현재 대화형 세션에서 모듈의 이전 버전에서 생성한 객체를 가리키던 변수는 이전과 그대로이기 때문이다. 사실 어떤 모듈의 현재 버전과 지난 버전 양쪽에서 생성된 객체가 함께 살아 있는 혼란스러운 경우는 생각보다 어렵지 않게 만날 수 있다.

이런 혼란을 방지하려면 어떤 모듈을 수정한 뒤 테스트를 수행할 때는 매번 새로운 대화형 세션을 만드는 것이 좋다. 이렇게 하면 모듈을 임포트한 모듈 객체가 항상 최신 내용을 반영하도록 할 수 있다. IDLE을 사용할 경우, 'run module' 명령을 내리면 항상 셸이 재시작되면서 문제의 소지를 제거해 준다.

10.6 위젯

객체가 자주 사용되는 경우 중 하나로 GUI 설계를 들 수 있다. 4장에서 위젯 (widget)이라는 시각적 인터페이스 객체로 구성된 GUI에 대해 설명했다. 그래픽 라이브러리에서 사용했던 Entry 객체도 이러한 위젯의 일종이다. 이제 새로운 클래스를 정의할 수 있게 되었으니, 새로운 위젯 역시 만들 수 있다.

10.6.1 예제 프로그램: 주사위 프로그램

먼저 쓸 만한 위젯을 두어 가지 만들어 보자. 예제 응용 프로그램으로, 표준(6면) 주사위를 굴리는 프로그램을 만들어 보려고 한다. 이 프로그램은 주사위 두 개를 그래픽으로 표시하고, 여기에 더불어 주사위를 굴리거나 프로그램을 종료하기 위한 두 개의 버튼을 제공한다. 그림 10.3에 이 프로그램의 인터페이스를 나타냈다.

그림 10.3 주사위 프로그램의 화면

그림을 보면 이 프로그램에 두 가지 위젯(버튼, 주사위)이 사용되었음을 알 수 있다. 이 위젯에 맞는 클래스를 만드는 일부터 시작해 보자. 두 버튼은 Button 클래스의 인스턴스가 될 것이고, 주사위를 굴려 나온 값이 무엇인지 시각적으로 보여주는 데는 DieView라는 클래스를 사용할 것이다.

10.6.2 버튼 만들기

버튼은 오늘날 거의 모든 GUI에서 사용되는 표준적인 요소다. 최근의 버튼은 매우 복잡하고 3차원에 가까운 외관을 갖추기도 한다. 우리가 만든 그래픽 패키지로는 버튼을 눌렀을 때 모양이 변하는 등의 기능을 제공할 수 없다. 이 패키지로 할 수 있는 일은, 마우스를 클릭했을 때 클릭이 일어난 위치를 찾는 것뿐이다. 하지만 이걸로도 조금 덜 예쁘기는 하지만 유용한 버튼 클래스를 만들 수 있다.

우리가 만들 버튼은 사용자가 응용 프로그램을 조작하기 위해 클릭하는 그래픽 창 내의 직사각형 영역이 될 것이다. 만들어진 버튼은 마우스로 클릭하면 클릭되었다는 것을 알 수 있어야 한다. 그리고 버튼 각각을 활성화하거나 비활성화할 수 있다면 더 좋을 것이다. 이런 방법을 통해 사용자에게 항상 현재 어떤 선택 사항을 사용할 수 있는지 알려 줄 수 있다. 보통, 비활성화된 버튼은 회색으로 흐려져서 지금 이 버튼을 사용할 수 없다는 의미를 전달한다.

이 내용을 종합하면, 우리가 만들 버튼에는 다음과 같은 메서드가 필요하다.

- **생성자**: 그래픽 창에 버튼을 만든다. 버튼을 만들 창과 버튼의 크기와 위치, 그리고 버튼 안에 표시할 레이블을 지정할 수 있어야 한다.

- activate: 버튼을 활성화한다.

- deactivate: 버튼을 비활성화한다.

- clicked: 버튼이 클릭되었는지 여부를 확인한다. 버튼이 활성 상태라면, 이 메서드로 버튼 영역 안에 클릭이 이루어졌는지 확인할 수 있다. 클릭 여부를 확인하려면 클릭한 위치를 메서드에 인자로 넘겨야 한다.

- getLabel: 버튼의 레이블 문자열을 리턴한다. 이 메서드는 버튼을 구별하는 것을 목적으로 한다.

이 연산들을 수행하려면, 인스턴스 변수가 여러 개 필요할 것이다. 예를 들어, 버튼은 가운데 텍스트가 쓰인 사각 영역으로 그려질 것이고, activate나 deactivate를 호출하면 버튼의 모습이 바뀌어야 한다. 인스턴스 변수로 Rectangle 객체나 Text 객체를 갖도록 하면 이것들을 이용해 레이블 텍스트의 색이나 외곽선의 굵기를 조절할 수 있을 것이다. 다양한 메서드를 먼저 구현해 보면서 어떤 인스턴스 변수가 필요할지 알아보자. 어떤 변수를 만들어야 하는지 알게 되면, 이 값들을 초기화하는 생성자를 작성할 수 있다.

먼저 activate 메서드부터 시작해 보자. 버튼의 외곽선을 굵게 하고, 레이블 텍스트의 색을 검은색으로 바꿔 이 버튼이 활성 상태임을 알릴 수 있다. 다음은 이를 수행하는 코드다(self 객체는 버튼 객체 자신을 의미한다).

```python
def activate(self):
    "버튼을 활성 상태로 한다."
    self.label.setFill('black')
    self.rect.setWidth(2)
    self.active = True
```

앞에서 밝혔듯이, 이 코드가 작동하려면 생성자 메서드에서 self.label에 적절한 Text 객체를, self.rect에는 Rectangle 객체를 할당해 주어야 한다. 그리고 인스턴스 변수 self.active에는 이 버튼이 활성 상태인지 여부를 저장하는 불 변수가 할당되어야 한다.

deactivate 메서드는 activate의 반대 작용을 한다. 코드는 다음과 같다.

```python
def deactivate(self):
    "버튼을 비활성 상태로 한다."
    self.label.setFill('darkgrey')
    self.rect.setWidth(1)
    self.active = False:
```

버튼의 가장 중요한 기능은 물론 클릭 입력을 받는 것이다. 이번에는 clicked 메서드를 작성해 보자. 이미 알고 있겠지만 그래픽 패키지에는 getMouse 메서드가 있어서 이 메서드가 마우스로 클릭한 위치를 알려 준다. 응용 프로그램에서 버튼 클릭을 입력받으려면, getMouse를 호출해 어떤 버튼의 영역 안쪽이 클릭되었는지 확인해야 한다. 다음과 같은 구조의 코드로 버튼을 처리할 수 있다.

```python
pt = win.getMouse()
if button1.clicked(pt):
    # button1의 기능을 수행
elif button2.clicked(pt):
    # button2의 기능을 수행
elif button3.clicked(pt)
    # button3의 기능을 수행
...
```

clicked 메서드의 주 기능은 인자로 주어진 위치가 직사각형 모양을 가진 버튼의 안쪽인지 여부를 판단하는 것이다. 클릭된 위치가 버튼 안쪽이려면 클릭된 위치의 x 좌표와 y 좌표가 버튼의 x 값과 y 값의 범위 안에 들어 있어야 한다. 버튼이 갖는 x 값과 y 값의 최솟값과 최댓값을 저장하는 인스턴스 변수가 있다면 이 일을 쉽게 처리할 수 있을 것이다.

인스턴스 변수 xmin, xmax, ymin, ymax가 이미 있다고 치고, 다음과 같이 불 표현식 하나로 구성된 clicked 메서드를 구현할 수 있다.

```
def clicked(self, p):
    "버튼이 활성 상태이고 버튼 안쪽이 클릭되었다면 참을 리턴한다."
    return (self.active and
            self.xmin <= p.getX() <= self.xmax and
            self.ymin <= p.getY() <= self.ymax)
```

이 메서드에는 부분 표현식 세 개를 합친 큰 불 표현식 하나가 사용되었는데, 이 전체 표현식이 참이 되려면 세 개의 부분 표현식 모두가 참이 되어야 한다.

세 부분 표현식 중 첫 번째는 인스턴스 변수 self.active의 값을 가져온다. 이 표현식으로 인해 활성 상태인 버튼만이 클릭에 반응하게 된다. self.active가 거짓이라면, clicked 메서드는 거짓을 리턴할 것이다. 두 번째 부분 표현식은 클릭 위치의 x 좌표와 y 좌표가 버튼의 직사각형 영역 안에 포함되는지를 확인하는 복합 표현식이다(다시 한 번 밝히지만, x <= y <= z는 수학 표현식 $x \le y \le z$와 의미가 같다(7.5.1절 참조)).

이제 버튼의 기본 동작은 완성되었고, 지금까지 사용했던 인스턴스 변수를 적절히 초기화해 줄 생성자만 있으면 된다. 생성자를 작성하는 것은 어렵지는 않지만 조금 까다롭다. 다음은 적당한 생성자가 추가되어 완성된 클래스다.

```
# button.py
from graphics import *

class Button:

    """"""버튼은 텍스트 레이블이 달린 그래픽 창 안의 직사각형 영역이다.
    activate 메서드와 deactivate 메서드로 활성화하거나 비활성화할 수 있다.
    clicked(p) 메서드는 버튼이 활성 상태이고 버튼 안쪽이 클릭되었다면
    참을 리턴한다."""

    def __init__(self, win, center, width, height, label):
        """ 직사각형 버튼을 만든다.
        예: qb = Button(myWin, centerPoint, width, height, 'Quit') """

        w,h = width/2.0, height/2.0
        x,y = center.getX(), center.getY()
        self.xmax, self.xmin = x+w, x-w
        self.ymax, self.ymin = y+h, y-h
        p1 = Point(self.xmin, self.ymin)
        p2 = Point(self.xmax, self.ymax)
        self.rect = Rectangle(p1,p2)
        self.rect.setFill('lightgray')
        self.rect.draw(win)
        self.label = Text(center, label)
        self.label.draw(win)
        self.deactivate()

    def clicked(self, p):
```

```
        "버튼이 활성 상태이고 버튼 안쪽이 클릭되었다면 참을 리턴한다."
        return (self.active and
                self.xmin <= p.getX() <= self.xmax and
                self.ymin <= p.getY() <= self.ymax)

    def getLabel(self):
        "버튼의 텍스트 레이블을 문자열로 리턴한다."
        return self.label.getText()

    def activate(self):
        "버튼을 활성 상태로 한다."
        self.label.setFill('black')
        self.rect.setWidth(2)
        self.active = True

    def deactivate(self):
        "버튼을 비활성 상태로 한다."
        self.label.setFill('darkgrey')
        self.rect.setWidth(1)
        self.active = False
```

이 클래스의 인스턴스 변수가 어떻게 초기화되는지 이해하려면 생성자를 잘 봐두어야 한다. 버튼의 위치는 중점과 폭, 높이로 특정되며 다른 인스턴스 변수는 이 값으로부터 계산되는 값이다.

10.6.3 주사위 만들기

이제 DieView 클래스를 만들어 볼 차례다. 이 클래스의 목적은 그래픽으로 주사위의 눈을 표시하는 것이다. 주사위의 면은 정사각형(Rectangle 클래스를 이용한다)으로, 주사위 눈은 원으로 그릴 것이다.

DieView 클래스는 다음과 같은 인터페이스를 제공한다.

- **생성자**: 주사위 객체를 만든다. 주사위를 표시할 그래픽 창과 주사위의 중심점이 될 위치, 주사위의 크기를 인자로 주어야 한다.

- setValue: 인자로 주어진 값을 주사위 눈으로 표시한다.

DieView 클래스의 가장 중요한 부분은 주사위의 값에 따라 눈을 '켜거나 끄는' 일일 것이다. 눈이 있는 모든 자리에 미리 원을 그려 놓고 이 원의 색을 바꿔 눈을 켜고 끄는 방법을 택하기로 한다.

주사위의 눈 위치는 표준적인 주사위를 기준으로 하면, 왼쪽 가에 세로로 세 개, 오른쪽 가에 세로로 세 개, 그리고 가운데 하나 해서 모두 일곱 개의 자리가 필요하다. 생성자 메서드는 먼저 주사위의 바탕이 될 정사각형과 일곱 개의 원을 그린다. setValue 메서드는 주사위의 값에 따라 적절히 원의 색을 바꾼다.

다음은 이 방법으로 구현한 DieView 클래스의 코드다. 주석을 통해 클래스가 어떻게 동작하는지 이해할 수 있을 것이다.

```python
# dieview.py
from graphics import *
class DieView:
    """ 표준인 육면 주사위를 화면에 표시하기 위한 위젯 클래스 """

    def __init__(self, win, center, size):
        """주사위의 한 면을 그린다.
            예: d1 = GDie(myWin, Point(40,50), 20)
        중심이 (40, 50)이고, 한 변의 길이가 20이 되는
        주사위 객체를 생성한다."""

        # 기본값을 저장한다.
        self.win = win            # 나중에 눈금을 그릴 때 사용한다.
        self.background = "white" # 주사위의 바탕색
        self.foreground = "black" # 주사위의 눈 색
        self.psize = 0.1 * size   # 눈 하나의 반지름 크기
        hsize = size / 2.0        # 주사위 크기의 절반
        offset = 0.6 * hsize      # 중심으로부터 바깥쪽 눈까지의 거리

        # 주사위 바탕을 그린다.
        cx, cy = center.getX(), center.getY()
        p1 = Point(cx-hsize, cy-hsize)
        p2 = Point(cx+hsize, cy+hsize)
        rect = Rectangle(p1,p2)
        rect.draw(win)
        rect.setFill(self.background)

        # 표준인 주사위의 눈 위치에 눈을 그린다.
        self.pip1 = self.__makePip(cx-offset, cy-offset)
        self.pip2 = self.__makePip(cx-offset, cy)
        self.pip3 = self.__makePip(cx-offset, cy+offset)
        self.pip4 = self.__makePip(cx, cy)
        self.pip5 = self.__makePip(cx+offset, cy-offset)
        self.pip6 = self.__makePip(cx+offset, cy)
        self.pip7 = self.__makePip(cx+offset, cy+offset)

        # 초깃값을 1로 하여 주사위를 그린다.
        self.setValue(1)

    def __makePip(self, x, y):
        "위치 (x,y)에 눈을 그리기 위한 헬퍼 메서드"
        pip = Circle(Point(x,y), self.psize)
        pip.setFill(self.background)
        pip.setOutline(self.background)
        pip.draw(self.win)
        return pip

    def setValue(self, value):
        "인자 값을 나타내도록 주사위를 다시 그린다."
        # 모든 눈을 끈다.
        self.pip1.setFill(self.background)
        self.pip2.setFill(self.background)
        self.pip3.setFill(self.background)
        self.pip4.setFill(self.background)
        self.pip5.setFill(self.background)
        self.pip6.setFill(self.background)
        self.pip7.setFill(self.background)
```

```python
# 값에 따라 적절한 눈을 켠다.
if value == 1:
    self.pip4.setFill(self.foreground)
elif value == 2:
    self.pip1.setFill(self.foreground)
    self.pip7.setFill(self.foreground)
elif value == 3:
    self.pip1.setFill(self.foreground)
    self.pip7.setFill(self.foreground)
    self.pip4.setFill(self.foreground)
elif value == 4:
    self.pip1.setFill(self.foreground)
    self.pip3.setFill(self.foreground)
    self.pip5.setFill(self.foreground)
    self.pip7.setFill(self.foreground)
elif value == 5:
    self.pip1.setFill(self.foreground)
    self.pip3.setFill(self.foreground)
    self.pip4.setFill(self.foreground)
    self.pip5.setFill(self.foreground)
    self.pip7.setFill(self.foreground)
else:
    self.pip1.setFill(self.foreground)
    self.pip2.setFill(self.foreground)
    self.pip3.setFill(self.foreground)
    self.pip5.setFill(self.foreground)
    self.pip6.setFill(self.foreground)
    self.pip7.setFill(self.foreground)
```

이 코드에는 몇 군데 주목할 만한 점이 있다. 먼저 생성자에서 주사위의 색이나 눈의 크기 등을 결정하는 값을 정의해 두었는데, 생성자에서 이 값들을 계산하도록 해 두면 나중에 주사위의 외관을 바꿔야 할 때 이 값들이 사용되는 코드 전체를 고치지 않아도 된다. 이 값에 대한 계산(눈 크기를 주사위 크기의 1/10로 한다든가 하는)은 시행착오를 통해 결정한 것이다.

또 봐 두어야 할 점은 원래 명세에는 없었지만 추가로 만들어 둔 __makePip 메서드다. 이 메서드는 일곱 개의 눈을 그리기 위한 네 줄의 명령을 실행하는 헬퍼 메서드다. 이 함수는 DieView 클래스 안에서만 쓸모가 있기 때문에 클래스 안에서 정의하는 것이 자연스럽다. 그리고 나면 생성자가 이 메서드를 self.__makePip(cx, cy)와 같이 호출한다. 파이썬에서 밑줄 하나 또는 두 개로 시작하는 메서드명은 이 메서드가 클래스 안에서만 사용되어야 하는 '프라이빗'(private) 메서드임을 나타낸다.

10.6.4 주 프로그램

이제 주 프로그램을 작성할 준비가 되었다. Button 클래스와 DieView 클래스를 각 모듈로부터 임포트한다. 새로 작성한 위젯을 사용한 프로그램은 다음과 같다.

```
# roller.py
# 한 쌍의 주사위를 굴리는 프로그램
# 새로 추가한 위젯인 Button과 DieView를 사용한다.

from random import randrange
from graphics import GraphWin, Point
from button import Button
from dieview import DieView

def main():
    # 새로운 그래픽 창을 만든다.
    win = GraphWin("Dice Roller")
    win.setCoords(0, 0, 10, 10)
    win.setBackground("green2")

    # 인터페이스 위젯을 표시한다.
    die1 = DieView(win, Point(3,7), 2)
    die2 = DieView(win, Point(7,7), 2)
    rollButton = Button(win, Point(5,4.5), 6, 1, "Roll Dice")
    rollButton.activate()
    quitButton = Button(win, Point(5,1), 2, 1, "Quit")

    # 이벤트 반복
    pt = win.getMouse()
    while not quitButton.clicked(pt):
        if rollButton.clicked(pt):
            value1 = randrange(1,7)
            die1.setValue(value1)
            value2 = randrange(1,7)
            die2.setValue(value2)
            quitButton.activate()
        pt = win.getMouse()

    # 종료를 위해 창을 닫는다.
    win.close()

main()
```

프로그램의 윗부분에서 두 개의 DieView 객체와 역시 두 개의 Button 객체를 이용해 인터페이스를 구성한 것을 봐 두기 바란다. 버튼의 활성화 여부를 보여 주기 위해 'Roll Dice' 버튼은 초기 상태가 활성 상태이고, 'Quit' 버튼은 초기 상태를 비활성 상태로 두었다. 'Quit' 버튼은 이벤트 반복문 안에서 'Roll Dice' 버튼이 눌리면 활성화된다. 이런 방법을 통해 사용자가 프로그램을 종료하기 전에 적어도 한 번은 주사위를 굴리도록 강제할 수 있다.

프로그램의 핵심은 이벤트 반복문이다. 이 반복문은 사용자가 'Quit' 버튼을 누를 때까지 입력되는 마우스 클릭을 계속해서 처리하는 경곗값 반복문이다. 반복문 안의 if 문이 'Roll Dice' 버튼이 눌렸을 때만 주사위가 던져지도록 해 준다. 어느 버튼에도 속하지 않은 위치에 대한 클릭이 들어오면 반복문은 또 한 번 반복을 수행하게 되고, 그 결과 아무 일도 일어나지 않는다.

10.7 애니메이션으로 표현된 대포알

추가 예제로, 이번 장 초반에 나왔던 대포알 예제 프로그램에 객체를 도입해 멋진 인터페이스를 더하자. 지루한 텍스트 기반 인터페이스 대신, 그래픽 인터페이스를 갖춘다면 더 재미있는 프로그램이 될 것이다. 대포알이 어디까지 어떻게 날아가는지 '볼' 수 있다면 좋을 것이다. 그림 10.4에 이런 프로그램의 화면을 실었다. 그림에서 이미 떨어진 두 개의 대포알과 운동 중인 대포알을 볼 수 있다.

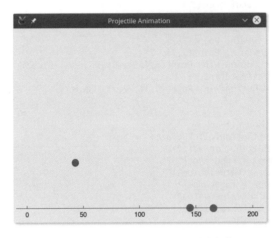

그림 10.4 대포알의 운동을 그래픽으로 나타낸 예

10.7.1 애니메이션 창 그리기

가장 먼저 해야 할 일은 그래픽 창을 만든 뒤 바닥에 눈금을 그리는 것이다. 그래픽 라이브러리를 이용하면 간단하게 할 수 있다. 다음은 프로그램의 첫 부분이다.

```python
def main():

    # 애니메이션 창 만들기
    win = GraphWin("Projectile Animation", 640, 480, autoflush=False)
    win.setCoords(-10, -10, 210, 155)

    # 밑바닥 선 그리기
    Line(Point(-10,0), Point(210,0)).draw(win)

    # 50미터 단위로 눈금 그리기
    for x in range(0, 210, 50):
        Text(Point(x,-5), str(x)).draw(win)
        Line(Point(x,0), Point(x,2)).draw(win)
```

이 코드에서 조금 어려운 부분은 GraphWin의 생성자를 호출할 때 추가된 키워드 인자 autoflush=False다. 그래픽 객체의 외형은 기본적으로 객체의 상태가 변화되자마자 바뀌도록 설정되어 있다. 구체적인 예를 들면, `mycircle.setFill("green")` 명령으로 원의 색을 바꾸면, 화면에 있는 원의 색도 즉각 바뀐다. 연속된 그래픽 명령을 일종의 파이프라인으로 보면 명령 하나가 실행될 때마다 파이프라인이 비워지는 상황과 비슷하다. `autoflush` 값을 거짓으로 설정하면 파이프라인에 명령이 몇 개 차더라도 이 파이프라인을 비워 즉각 화면에 반영하지 않아도 된다는 의미가 된다.

그래픽 명령이 즉각 반영되지 않도록 하는 게 조금 이상하게 보일 수도 있지만 사실 이 옵션은 굉장히 편리하다. 그래픽 프로그램의 효율이 `autoflush`를 끔으로써 향상되는 경우가 많다. 그래픽 명령은 저 아래의 운영 체제를 거쳐 디스플레이 하드웨어까지 정보를 소통해야 하기 때문에 (상대적으로) 연산 시간이 긴 편이다. 그래서 화면이 바뀌는 내용이 적은 그래픽 명령 여럿을 일일이 수행하기 위해 프로그램을 멈춰 놓는 것보다는 작업이 조금 쌓이도록 두었다가 한 번에 처리하는 편이 효율적이다.

`autoflush`를 꺼 놓는 또 다른 이유는 언제 화면을 업데이트할지 프로그램에서 결정할 수 있기 때문이다. 애니메이션 중에는 여러 개의 화면상 변화가 동기화되어 이루어져야 할 경우가 있는데, `autoflush`가 꺼져 있으면 이 여러 개의 화면 변화를 `update` 함수를 호출해 화면에 동시에 표시할 수 있기 때문이다. 애니메이션은 대부분 이런 식으로 동작한다. 프로그램이 다음 프레임을 준비하고 나서, `update()` 명령으로 준비된 프레임을 표시한다. 물론 우리 예제에서는 동시에 움직이는 객체가 하나뿐이므로 구태여 프레임을 준비해야 할 필요는 없다. 그러나 그렇다 하더라도 명시적으로 화면을 갱신할 수 있게 됨으로써 애니메이션 속도를 정확히 조절할 수 있음을 보게 될 것이다. 이를 체험해 보고 나면 앞으로 거의 대부분 `autoflush`를 끄게 될 것이다.

10.7.2 ShotTracker 클래스 만들기

그다음으로 대포알처럼 움직여 줄 그래픽 객체가 필요하다. 대포알의 움직임을 모형화하는 데는 조금 전에 만든 `Projectile` 클래스를 사용하면 되겠지만, `Projectile` 클래스는 그래픽 객체가 아니므로 그래픽 창에 그려 넣을 수 없다. 반대로, `Circle`은 대포알을 그리기 적당한 그래픽 객체이지만, 이 클래스는 발사체가 어떤 운동을 하는지 알지 못한다. 우리가 원하는 것은 이 두 가지 일을 다 할 수 있는 객체다. 새로운 클래스를 정의하면 이렇게 원과 발사체의 특성을 모두 갖춘 객체를 만들 수 있다. 이 클래스의 이름을 `ShotTracker`라고 하자. 우리가 만들

ShotTracker 클래스는 Projectile과 Circle 객체를 모두 포함할 것이다. 이 객체의 역할은 두 인스턴스 변수가 서로 일치하는 상태를 유지하도록 하는 것이다. 이 클래스의 생성자는 다음과 같다.

```python
def __init__(self, win, angle, velocity, height):
    """win은 대포알을 그릴 그래픽 창이다.
    angle, velocity, height는 발사체의 초기 상태다.
    """

    self.proj = Projectile(angle, velocity, height)
    self.marker = Circle(Point(0,height), 3)
    self.marker.setFill("red")
    self.marker.setOutline("red")
    self.marker.draw(win)
```

인자가 Projectile과 Circle을 생성하는 데 필요한 모든 정보를 제공하는 방법에 주목하자. 이 정보는 각각 인스턴스 변수 proj와 marker에 저장된다. marker라는 이름을 사용한 이유는 원 객체가 시각적으로 발사체의 현재 위치를 표시해 주기 때문이다. 그리고 애니메이션에 걸맞도록 원의 반지름을 3으로 설정했다. 실제라면 반지름 3미터는 실제 대포알을 만들기에는 조금 과한 크기일 것이다.

이제 적당한 발사체와 원 그래픽 객체를 만들었다. 이제 해야 할 일은 상태가 업데이트될 때마다 발사체와 원의 위치를 적절히 고쳐 주는 것이다. ShotTracker 클래스에 update라는 메서드를 추가해 이 두 가지 일을 맡기자. Projectile 객체의 업데이트는 시간 구간의 길이를 인자로 update 메서드만 호출하면 되므로 매우 간단하지만, 원 객체는 업데이트된 발사체 객체의 위치에 원의 중점이 자리하도록 발사체의 위치로부터 다시 각각 x축과 y축으로 이동할 거리를 계산해 주어야 한다.

```python
def update(self, dt):
    """ dt초 후의 운동 상태로 업데이트한다. """

    # 발사체의 상태를 업데이트한다.
    self.proj.update(dt)

    # 업데이트된 발사체의 위치와 일치하도록 원을 이동시킨다.
    center = self.marker.getCenter()
    dx = self.proj.getX() - center.getX()
    dy = self.proj.getY() - center.getY()
    self.marker.move(dx,dy)
```

이 메서드가 ShotTracker의 어려운 일을 해결해 줄 것이다. 이제 남은 일은 접근자 메서드 몇 개와 대포알을 더는 보고 싶지 않을 때 이를 화면에서 지우는 메서드를 작성하는 것뿐이다.

```python
def getX(self):
    """ 대포알의 중심점에 대한 x 좌표를 리턴한다. """
```

```
            return self.proj.getX()

def getY(self):
        """ 대포알의 중심점에 대한 y 좌표를 리턴한다. """
        return self.proj.getY()

def undraw(self):
        """ 대포알을 화면에서 지운다. """
        self.marker.undraw()
```

적합한 구성 요소를 골라 일을 맡기기만 하면 된다. 간단하지 않은가?

10.7.3 입력 대화 창 만들기

대포알을 날려보기 전에 발사 각도, 초기 속도와 고도 등 발사체의 초기 상태를 사용자로부터 입력받아야 한다. 프로그램의 이전 버전에서처럼 input 함수를 이용할 수도 있겠지만, 기왕 그래픽 인터페이스를 만드는 김에 입력 역시 그래픽을 이용한 방식으로 받고자 한다. GUI에서 사용자 입력을 받기 위한 가장 흔한 방법은 대화 창을 이용하는 것이다. 예를 들면, 5장에서 사용자가 파일을 선택할 수 있는 내장 대화 창을 설명한 적이 있다. 그래픽 라이브러리를 사용하면 간단한 대화 창을 쉽게 만들고 이로부터 사용자 입력을 받을 수 있다.

대화 창은 더 큰 프로그램의 독립적 구성 요소인 일종의 작은 GUI다. 그림 10.5와 같은 대화 창이면 적당할 것이다. 사용자는 정보를 입력한 뒤, 'Fire!' 버튼을 눌러 대포알을 발사하거나 'Quit' 버튼을 눌러 프로그램을 종료할 수 있다. 보면 알겠지만 이 창에는 Text와 Entry, Button 객체가 있을 뿐이다.

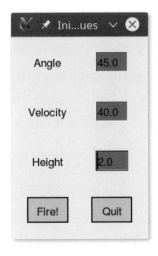

그림 10.5 대포알 애니메이션에서 사용할 입력 대화 창

이 대화 창 역시 주 프로그램에서 조작해야 할 객체라고 생각하면 이해하기 쉽다. 이 객체는 대화 창을 만들고 사용자와 상호 작용한 뒤 사용자가 입력한 값을 전달하는 연산을 갖는다. 새로운 객체의 타입을 정의하기 위해서는 물론 새로운 클래스를 정의해야 한다. 생성자 안에서 창 자체를 만들고 창의 내용을 그려 넣으면 된다. 코드 길이는 제법 되지만 우리가 만들려는 창을 곧이곧대로 코드로 옮긴 것에 지나지 않는다.

```python
class InputDialog:

    """ 시뮬레이션을 위한 값(발사 각도, 초기 속도, 고도)을
    사용자로부터 입력받기 위한 대화 창 """

    def __init__(self, angle, vel, height):
        """ 입력창을 생성하고 표시한다. """

        self.win = win = GraphWin("Initial Values", 200, 300)
        win.setCoords(0,4.5,4,.5)

        Text(Point(1,1), "Angle").draw(win)
        self.angle = Entry(Point(3,1), 5).draw(win)
        self.angle.setText(str(angle))

        Text(Point(1,2), "Velocity").draw(win)
        self.vel = Entry(Point(3,2), 5).draw(win)
        self.vel.setText(str(vel))

        Text(Point(1,3), "Height").draw(win)
        self.height = Entry(Point(3,3), 5).draw(win)
        self.height.setText(str(height))

        self.fire = Button(win, Point(1,4), 1.25, .5, "Fire!")
        self.fire.activate()

        self.quit = Button(win, Point(3,4), 1.25, .5, "Quit")
        self.quit.activate()
```

이 코드에서 생성자는 초기 정보를 인자로 받아 이 값을 기본값으로 삼는다. 이렇게 하면 이미 입력된 값을 입력 예로서 사용자에게 보여 줄 수 있다.

이제 사용자가 대화 창과 상호 작용하고 나면, 이 창만을 위한 이벤트 반복문을 이용해서 대화 창을 모달 입력 상태로 바꿔 버튼이 눌리기 전에는 창에서 빠져나갈 수 없게 한다.

```python
def interact(self):
    """ 사용자가 'Quit' 버튼 또는 'Fire' 버튼을 누를 때까지 기다린다.
    클릭된 버튼을 가리키는 문자열을 리턴한다.
    """

    while True:
        pt = self.win.getMouse()
        if self.quit.clicked(pt):
            return "Quit"
        if self.fire.clicked(pt):
            return "Fire!"
```

이 메서드의 리턴 값은 어떤 버튼이 클릭되었는지 확인해서 상호 작용을 끝내는 데 사용된다.

 마지막으로 대화 창으로부터 입력 값을 얻은 뒤 역할을 마친 대화 창을 닫는 연산을 추가한다.

```python
def getValues(self):
    """ 입력된 값을 리턴한다. """
    a = float(self.angle.getText())
    v = float(self.vel.getText())
    h = float(self.height.getText())
    return a,v,h

def close(self):
    """ 입력 창을 닫는다. """
    self.win.close()
```

편의를 위해 세 입력 값을 메서드 호출 한 번으로 모두 가져오게끔 했다. 입력란에서 읽어 온 문자열을 부동소수형 값으로 변환했으므로 주 프로그램에서는 그냥 숫자형을 전달받는다는 것에 주의하기 바란다.

 이제 입력창 클래스가 완성되었으니 다음과 같은 코드 몇 줄 만으로 사용자로부터 입력을 받을 수 있게 되었다.

```python
dialog = InputDialog(45, 40, 2)
choice = dialog.interact()
if choice == "Fire!":
    angle, vel, height = dialog.getValues()
```

대화 창을 닫는 것은 별도의 연산이므로 매번 새로운 대화 창을 띄울지 아니면 창하나를 계속 열어 두고 interact 메서드를 사용할 때마다 여러 번 사용할지는 프로그램의 재량에 맡겨진다.

10.7.4 주 이벤트 반복문

이제 주 이벤트 반복문을 작성할 준비가 되었다. 다음은 완성된 main 함수다.

```python
# 파일: animation.py

def main():

    # 애니메이션 창을 만든다.
    win = GraphWin("Projectile Animation", 640, 480, autoflush=False)
    win.setCoords(-10, -10, 210, 155)
    Line(Point(-10,0), Point(210,0)).draw(win)
    for x in range(0, 210, 50):
        Text(Point(x,-5), str(x)).draw(win)
        Line(Point(x,0), Point(x,2)).draw(win)

    # 이벤트 반복문. 한 번 수행될 때마다 대포알 하나를 발사한다.
    angle, vel, height = 45.0, 40.0, 2.0
    while True:
```

```
# 사용자와의 상호 작용
inputwin = InputDialog(angle, vel, height)
choice = inputwin.interact()
inputwin.close()

if choice == "Quit": # 반복문 탈출 지점
    break

# 대포알을 발사하고 창을 벗어나거나 착지할 때까지 추적한다.
angle, vel, height = inputwin.getValues()
shot = ShotTracker(win, angle, vel, height)
while 0 <= shot.getY() and -10 < shot.getX() <= 210:
    shot.update(1/50)
    update(50)

win.close()
```

이벤트 반복문을 한 번 수행할 때마다 대포알을 한 번씩 발사하게 된다.

이벤트 반복문 맨 밑에 위치한 애니메이션을 만드는 반복문을 자세히 살펴보자.

```
while 0 <= shot.getY() and -10 < shot.getX() <= 210:
    shot.update(1/50)
    update(50)
```

이 while 문은 대포알이 가로 방향으로 창을 벗어나거나 착지할 때까지 대포알의 상태를 계속 업데이트한다. 이 반복문이 한 번 수행될 때마다 1/50초 단위로 대포알의 운동 상태가 업데이트된다. 조금 전에 우리가 autoflush 값을 False로 설정했기 때문에, 이때 일어난 변화는 반복문 맨 아래에 위치한 update(50) 명령이 실행될 때까지 화면에 반영되지 않는다. update 메서드의 인자는 화면 업데이트를 허용하는 초당 최대 횟수를 지정한다. 그러므로 여기서 말하는 50은 이 반복문이 1초에 약 50번 실행된다는 의미가 된다. 이 정도면 애니메이션을 위한 효율적인 프레임률이 된다. 그리고 1/50초 간격의 시뮬레이션과 1초에 50번으로 제한되는 화면 업데이트를 합치면 실시간 시뮬레이션이 된다. 다시 말해, 정확히 실제 대포알이 날아가는 시간만큼 시뮬레이션 상의 대포알도 날아갈 거라는 의미다. 작은 컴퓨터 화면에서는 조금 부자연스럽게 느려 보일 수도 있으니, 값을 변경해 보며 애니메이션 속도가 어떻게 달라지는지 보기 바란다. 그러나 update의 인자를 너무 큰 값으로 하지 않도록 주의가 필요하다. 각 프레임을 그리기에 충분한 시간을 확보하지 못하면 그래픽 품질에도 영향을 미치기 때문이다.

이제 우리가 만든 간단한 애니메이션이 완성되었다. 이 애니메이션을 만들면서 배운 것은 기능(대포알의 상태를 계산하거나, 사용자와 상호 작용하는 등)을 별도의 클래스 안에 캡슐화하면, 주 프로그램을 훨씬 간단하게 할 수 있다는 점이다. 이 예제에서 취한 방법의 한계 중 하나는 프로그램이 한 번에 대포알 하나만 움직

이게 할 수 있다는 점이다. 사실상, 애니메이션을 만드는 반복문을 이벤트 반복문 안에 중첩해 놓아서 대포알의 움직임을 모달 상태로 만들어 버렸기 때문이다. 객체 여러 개를 동시에 움직이면서 동시에 사용자와 상호 작용할 필요가 있는 비디오 게임 등의 응용 프로그램이라면 이는 적합한 설계가 되지 못한다. 다음 장과 그다음 장에서는 객체 여러 개를 움직이는 완전한 애니메이션을 위해 필요한 설계 기법을 다룰 것이다. 그리고 11장의 마무리로 이 예제를 다시 개선할 것이다.

10.8 정리

이번 장에서는 클래스를 정의하는 방법을 다뤘다. 다음은 이 장의 중요한 내용을 정리한 것이다.

- 객체는 서로 관계 깊은 데이터와 이를 조작하기 위한 일련의 연산으로 이루어져 있다. 데이터는 인스턴스 변수에 저장되며 메서드가 이를 조작한다.
- 모든 객체는 어떤 클래스의 인스턴스다. 객체는 클래스에 의해 그 성질이 결정된다. 적절한 클래스 정의를 작성하는 방법으로 새로운 종류의 객체를 만들 수 있다.
- 파이썬의 클래스 정의는 여러 함수 정의의 집합이다. 이 함수들이 새로이 정의되는 클래스의 메서드를 구현한다. 모든 메서드 정의는 첫 번째 인자로 self를 갖는다. 이 인자의 실질 인자는 메서드 수행을 요청받은 객체가 된다. self 인자는 점 표기법을 통해 객체의 속성에 접근하는 용도로도 쓰인다.
- 특별 메서드 __init__은 클래스의 생성자다. 생성자의 역할은 객체의 인스턴스 변수를 초기화하는 것이다.
- (class를 통해) 서로 관계 깊은 데이터를 모두 갖고 있는 새로운 객체를 정의하면, 이 정보를 모두 가진 객체를 하나의 변수에 할당함으로써 프로그램을 단순화할 수 있다. 객체는 또한 실세계의 사물을 모형화하는 데도 유용하다. 이 사물들이 가질 수 있는 복잡한 행동을 메서드의 알고리즘으로 포착하거나(발사체처럼) 서로 관계 깊은 데이터를 단순히 묶는 용도로 사용할 수도 있다(학생 레코드).
- 잘 설계된 클래스는 캡슐화의 장점을 누릴 수 있다. 객체 내부의 구현에 대한 세부 사항은 클래스 정의 밖에서는 숨겨지므로 프로그램의 나머지 부분에서 이를 알 필요가 없다. 이런 방법, 즉 객체의 인스턴스 변수는 클래스의 인터페

이스를 통해서만 접근하고 수정할 수 있게 하는 방법으로 실현하는 관심사의 분리는 파이썬의 프로그래밍 관습 중 하나다.

- GUI 시스템은 대부분 객체 지향적 방식으로 만들어졌다. 적합한 클래스를 정의하는 방법으로 새로운 GUI 위젯을 만들 수 있다. GUI 위젯은 사용자와의 상호 작용을 위한 전용 대화 창 등을 만드는 데 사용한다.

10.9 연습 문제

내용 점검

맞다/틀리다로 답하시오.

1. 생성자를 호출해 새로운 객체를 만들 수 있다.
2. 객체 안에 있는 함수를 인스턴스 변수라고 한다.
3. 파이썬의 메서드 정의에서 첫 번째 인자를 this라고 한다.
4. 객체는 인스턴스 변수를 하나만 가질 수 있다.
5. 데이터 처리에서 어떤 사람이나 사물에 대한 정보를 모은 것을 파일이라고 한다.
6. 파이썬의 클래스에서 생성자의 이름은 __init__ 이다.
7. 독스트링은 주석과 같은 말이다.
8. 인스턴스 변수는 메서드의 실행이 끝나면 저장된 값을 잃어버린다.
9. 모든 메서드명은 하나 또는 두 개의 밑줄(_)로 시작해야 한다.
10. 클래스 정의의 외부에서 직접 인스턴스 변수에 접근하는 방법은 권장되지 않는다.

다음 중 맞는 것을 모두 고르시오.

1. 파이썬의 예약어 중 클래스 정의를 위한 것은 무엇인가?

    a) def   b) class   c) object   d) __init__

2. 메서드 정의에서 형식 인자가 네 개인 메서드를 호출할 때의 형식 인자 수는 몇 개인가?

    a) 3   b) 4   c) 5   d) 경우에 따라 다르다.

3. 메서드 정의는 ___와(과) 비슷하다.

    a) 반복문   b) 모듈   c) 임포트 문   d) 함수 정의

4. 메서드 정의 안에서 인스턴스 변수 x에 접근할 수 있는 표현식은 무엇인가?

    a) x   b) self.x   c) self[x]   d) self.getX()

5. 해당 클래스 정의 안에서만 사용할 수 있는 프라이빗 메서드를 정의하려면 메서드의 이름을 __(으)로 시작하도록 짓는 것이 파이썬의 프로그래밍 관습이다.

    a) private   b) 샾 기호(#)

    c) 밑줄(_)   d) 하이픈(-)

6. 세부 사항을 클래스 정의 안으로 숨기는 것을 의미하는 용어는 무엇인가?

    a) 장애물   b) 상속

    c) 문서화   d) 캡슐화

7. 여러 줄에 걸친 파이썬 문자열 리터럴을 사용하려면 이 리터럴을 __로 감싸야 한다.

    a) "   b) '   c) """   d) \

8. Button 위젯의 인스턴스 변수 active의 데이터 타입은 무엇인가?

    a) bool   b) int   c) float   d) str

9. 다음 중 이번 장에서 소개된 Button 클래스에 포함된 메서드가 아닌 것은?

    a) activate

    b) deactivate

    c) setLabel

    d) clicked

10. 다음 중 이번 장에서 소개된 DieView 클래스에 포함된 메서드는?

    a) activate

    b) setColor

    c) setValue

    d) clicked

토론할 내용

1. 인스턴스 변수와 함수 안의 지역 변수의 유사점과 차이점을 설명하라.

2. 클래스를 정의하는 코드를 예로 들어 다음 용어를 설명하라.

   a) 메서드

   b) 인스턴스 변수

   c) 생성자

   d) 접근자

   e) 수정자

3. 다음 코드의 출력이 무엇일지 답하라.

```python
class Bozo:
    def __init__(self, value):

        print("Creating a Bozo from:", value)
        self.value = 2 * value

    def clown(self, x):
        print("Clowning:", x)
        print(x * self.value)
        return x + self.value

def main():
    print("Clowning around now.")
    c1 = Bozo(3)
    c2 = Bozo(4)
    print c1.clown(3)
    print c2.clown(c1.clown(2))

main()
```

프로그래밍 과제

1. 대포알의 최고 고도를 구하도록 이번 장의 대포알 시뮬레이션을 수정하라.

2. 이번 장의 Button 클래스를 사용해서 이 책의 이전 장에 나온 프로그램 중 하나의 GUI 버전을 만들라.

3. '세 버튼 몬티' 프로그램을 작성하라. 프로그램은 먼저 'Door 1', 'Door 2', 'Door 3'라고 쓰인 버튼을 그래픽 창에 표시한 다음, 그중 하나를 무작위로 선택한다(이때 선택된 문을 사용자에게 알려 주지는 않는다). 그런 다음 사용자가 버튼 중 하나를 선택하게 한다. 사용자가 클릭한 버튼이 조금 전에 선택된 문이라면 승리이고, 그렇지 않다면 패배가 된다. 프로그램은 승패 여부를 사용자에게 알려 준다. 이 프로그램은 완전히 그래픽 기반이어야 하며, 모든 입력 안내와 출력 메시지는 그래픽 창에 표시되어야 한다.

4. 앞 문제의 프로그램을 확장해 게임을 여러 판 하면서 승리 및 패배 횟수를 표시하도록 하라. 게임을 나가기 위한 'Quit' 버튼도 추가하라.

5. 이번 장의 Student 클래스에 학점을 매기는 수정자 메서드를 추가하라. 다음은 새로 추가할 메서드의 명세다.
   addGrade(self, gradePoint, credits) gradePoint는 학점을 나타내는 부동소수형 값이고(예: A=4.0, A-=3.7, B+=3.3), credits는 해당 강의의 이수 학점 수를 나타내는 부동소수형 값이다. 또한 학생 객체가 이 정보를 저장할 수 있도록 수정한다.
   그다음 평점을 계산하는 새 프로그램에 수정된 클래스를 사용하라. 새 프로그램은 이수 학점과 수업 평점 합계가 0인 새로운 학생 객체를 만든다(이름은 다른 것이어도 상관없다). 또, 사용자에게 하나 이상의 강의에 대해 강의 정보를 (gradePoint와 credits) 입력하게 한 뒤 최종 평점을 출력한다.

6. 앞 문제의 프로그램에 addLetterGrade 메서드를 추가로 구현하라. 이 메서드는 등급 학점(A+ 같은) 문자열을 (gradePoint 대신) 입력받는다. 수정된 클래스를 사용해서 등급 학점을 입력해 평점을 계산할 수 있도록 하라.

7. Button 클래스를 수정한 새 클래스를 작성하라. 새 클래스는 원형 버튼을 만들기 위한 클래스로, 기존 Button 클래스와 기능이 완전히 같다. 이 클래스의 생성자는 버튼의 중심점과 반지름을 일반 인자로 받는다. 또, 이 클래스를 cbutton.py 모듈에 포함시켜야 한다. 작성된 클래스를 roller.py 프로그램을 수정해 테스트하라.

8. 이번 장의 DieView 클래스에 주사위 눈의 색을 지정할 수 있는 메서드를 추가하라.

   • setColor(self, color) 주사위 눈의 색을 color로 바꾼다.

   힌트: 인스턴스 변수 foreground의 값을 바꾸면 색을 바꿀 수 있다. 그러나 주사위를 다시 그려야 변경된 색이 반영된다. 주사위를 다시 그리는 방법은, 먼저 setValue를 수정해 주사위의 값을 인스턴스 변수에 저장하도록 하라. 그러면 setColor가 setValue를 호출할 때 저장되어 있던 값을 넘겨 주사위를 다시 그릴 수 있다. 수정된 클래스를 roller.py 프로그램에서

테스트하라. 주사위를 던질 때마다 무작위로 주사위의 색이 바뀌게끔
하라(color_rgb 함수로 무작위 색을 만들 수 있다).

9. 구를 나타내는 클래스를 작성하라. 새로 작성할 클래스는 다음 메서드를 구현
해야 한다.

- __init__(self, radius) 반지름이 radius인 구의 객체를 만든다.
- getRadius(self) 해당 구의 반지름을 리턴한다.
- surfaceArea(self) 해당 구의 표면적을 리턴한다.
- volume(self) 해당 구의 부피를 리턴한다.

새로 만든 클래스로 3장의 프로그래밍 과제 1번을 풀어 보라.

10. 정육면체에 대해 앞 문제처럼 클래스를 작성하라. 생성자 메서드는 한 변의
길이를 인자로 받는다.

11. 트럼프 카드를 나타내는 클래스를 작성하라. 새로 작성할 클래스는 다음과 같
은 메서드를 구현해야 한다.

- __init__(self, rank, suit) rank는 1부터 13 사이의 정수로 에이스부터 킹
까지의 카드의 값을 나타낸다. suit는 'd', 'c', 'h', 's' 네 글자 중 하나로 각각
카드의 종류(다이아몬드, 클로버, 하트, 스페이드)를 나타낸다. 해당 카드를
만든다.
- getRank(self) 카드의 값을 반환한다.
- getSuit(self) 카드의 종류를 반환한다.
- value(self) 해당 카드에 대한 블랙잭에서의 점수를 리턴한다. 에이스는 1
점, 나머지 글자 카드(K, Q, J)는 10점으로 간주된다.
- __str__(self) 카드의 이름에 해당하는 문자열을 리턴한다. 예를 들면,
'Ace of Spades'와 같은 식이다.

참고: __str__이라는 이름을 가진 메서드는 파이썬에서 특별하게 취급된다.
이 메서드를 가진 객체를 문자열로 변환할 때 이 메서드가 사용된다. 예
를 들어,

```
c = Card(1, "s")
print c
```

라고 하면, 'Ace of Spades'가 출력될 것이다.

사용자가 입력한 *n* 값에 대해, *n*개의 카드를 무작위로 생성한 뒤 이 카드의 문자열과 이 카드에 해당하는 블랙잭 점수를 출력하는 프로그램을 작성해 새로 작성한 클래스를 테스트하라.

12. 앞 문제에서 작성한 카드의 클래스에 with(self, win, center) 메서드를 추가해 확장하라. 이 메서드는 카드를 그래픽 창에 그리는 역할을 한다. 이렇게 확장된 클래스를 사용해 다섯 개의 카드로 구성된 패를 화면에 표시하는 프로그램을 작성하라. 힌트: 가장 쉬운 방법은 인터넷을 검색해 카드의 이미지를 얻은 뒤, Image 객체를 사용해 이 이미지를 표시하는 것이다.

13. 다음 코드는 그래픽 창에 무시무시한 얼굴을 그리는 클래스다.

```python
# face.py
from graphics import *

class Face:

    def __init__(self, window, center, size):
        eyeSize = 0.15 * size
        eyeOff = size / 3.0
        mouthSize = 0.8 * size
        mouthOff = size / 2.0
        self.head = Circle(center, size)
        self.head.draw(window)
        self.leftEye = Circle(center, eyeSize)
        self.leftEye.move(-eyeOff, -eyeOff)
        self.rightEye = Circle(center, eyeSize)
        self.rightEye.move(eyeOff, -eyeOff)
        self.leftEye.draw(window)
        self.rightEye.draw(window)
        p1 = center.clone()
        p1.move(-mouthSize/2, mouthOff)
        p2 = center.clone()
        p2.move(mouthSize/2, mouthOff)
        self.mouth = Line(p1,p2)
        self.mouth.draw(window)
```

얼굴 표정을 바꾸는 메서드를 이 클래스에 추가하라. 예를 들어, smile, wink, frown, flinch와 같은 메서드를 생각해 볼 수 있다. 적어도 메서드를 세 개 이상 구현해야 한다.

확장된 클래스를 이용해 사용자가 버튼을 눌러 표정을 고르면 해당 표정을 짓고 있는 얼굴을 그리는 프로그램을 작성하라.

14. 이전 문제의 Face 클래스를 수정해 그래픽 객체처럼 move 메서드를 추가하라.

그리고 추가한 메서드를 사용해서 얼굴이 그래픽 창 안을 이리저리 튀어 다니는 프로그램을 작성하라(7장의 프로그래밍 과제 17 참조). 보너스 문제: 얼굴이 그래픽 창 가장자리에 부딪힐 때마다 표정이 바뀌도록 하라.

15. 대포알 애니메이션 프로그램에서 대화 창이 항상 화면에 떠 있도록 수정하라.

16. (심화 문제) 대포알 애니메이션 프로그램에 Target 클래스를 추가하라. 이 클래스는 x축 상의 무작위 위치에 나타나는 직사각형 영역이다. 이 영역을 맞출 때까지 계속해서 대포알을 쏠 수 있도록 하라.

17. 8장의 선형 회귀 문제(프로그래밍 과제 13)를 다시 풀어 보라. 이번에는 Regression 클래스를 새로 작성해 사용한다. 새로 작성할 클래스는 추세선을 그리기 위한 여러 가지 값(계산 도중의 x, y, x^2, xy 등의 값)을 유지하는 클래스다. Regression 클래스는 또한 다음 메서드를 구현해야 한다.

- __init__ 데이터 점을 추가할 수 있는 새로운 추세선 객체를 만든다.
- addPoint 추세선 객체에 데이터 점을 추가한다.
- predict x 좌표 값을 인자로 받아, 해당 x 좌표에 대해 추세선 상의 y 좌표를 리턴한다.

참고: 추세선의 기울기 등을 구할 때 내부 헬퍼 메서드를 사용하면 도움이 된다.

11장

컬렉션 데이터 타입

이 장의 학습 목표

· 관련 깊은 데이터의 집합을 표현하기 위해 리스트(배열)를 사용할 수 있다.

· 파이썬의 리스트를 조작하기 위한 함수와 메서드를 익숙하게 사용할 수 있다.

· 데이터의 집합을 다루기 위해 리스트를 사용하는 프로그램을 작성할 수 있다.

· 복합적인 데이터를 구조화하기 위해 리스트와 클래스를 사용하는 프로그램을 작성할 수 있다.

· 데이터 간 순서가 없는 데이터 집합을 저장하기 위한 데이터 타입인 딕셔너리(dictionary)를 사용할 수 있다.

11.1 예제 문제: 간단한 통계

이전 장에서 밝혔듯이, 클래스는 프로그램 안의 데이터를 구조화하기 위한 장치다. 그러나 데이터를 다루다 생길 수 있는 모든 문제를 클래스만으로 해결할 수는 없다.

실세계의 문제를 해결하는 프로그램이 가장 흔하게 다루는 데이터 유형은 비슷한 정보가 굉장히 많이 모여 있는 데이터 집합일 것이다. 오늘날의 프로그램에서 다루는 이런 데이터의 몇 가지 예로 다음과 같은 것을 들 수 있다.

· 문서에 포함된 낱말들

· 강의를 수강 중인 학생들

· 어떤 실험에서 나온 데이터

· 사업 고객

· 화면에 표시된 그래픽 객체

· 트럼프 카드

이번 장에서는 이런 유형의 데이터를 다룰 수 있는 프로그램을 작성하는 방법을 배울 것이다.

그럼 간단한 예로 숫자로 구성된 데이터부터 시작해 보자. 지난 8장에서 우리는 이미 사용자가 입력한 일련의 숫자에 대한 평균을 구하는 프로그램을 작성한 바 있다. 기억을 되살리기 위해 이 프로그램을 다시 한 번 살펴보자.

```python
# average4.py
def main():
    total = 0.0
    count = 0
    xStr = input("Enter a number (<Enter> to quit) >> ")
    while xStr != "":
        x = float(xStr)
        total = total + x
        count = count + 1
        xStr = input("Enter a number (<Enter> to quit) >> ")
    print("\nThe average of the numbers is", total / count)

main()
```

이 프로그램은 사용자가 일련의 숫자를 입력하게끔 하지만, 그 숫자를 모두 기억해 두지는 않는다. 그 대신 입력 도중의 중간 합계 형태로 지금까지 입력된 숫자에 대한 정보를 대신한다. 사실 평균을 구하려면 그것으로 충분하기 때문이다.

이 프로그램을 평균 외에도 다른 두 가지 통계적 측정치인 중앙값(median)과 표준 편차(standard deviation)를 계산할 수 있도록 확장하려고 한다. 중앙값에 대해서는 이미 잘 알고 있을 것이다. 중앙값이란 정렬된 데이터가 정확히 반으로 나뉘는 데이터의 값을 말한다. 예를 들어 [2, 4, 6, 9, 13]이라는 데이터가 있다면 6보다 작은 값도 두 개, 6보다 큰 값도 두 개가 되므로 중앙값은 6이 된다. 중앙값을 구하는 또 다른 방법은 모든 숫자를 정렬해서 가운데 값을 바로 골라내는 것이다.

표준 편차는 데이터가 평균으로부터 얼마나 흩어져 있는지를 측정하는 기준이다. 데이터가 평균 주변에 바짝 모여 있다면 표준 편차의 값은 작아진다. 그러나 데이터가 평균 주변에서 더 멀리 흩어져 있다면 표준 편차 값은 커질 것이다. 표준 편차는 어떤 값이 그 데이터 집합 내에서 얼마나 예외적인지를 평가하기 위한 기준으로 쓰인다. 구체적인 예를 들면, 어떤 교사가 'A' 학점의 기준을 평균보다 (표준 편차 * 2)점 높은 점수를 기준으로 삼는 경우를 들 수 있다.

표준 편차 s는 다음과 같이 계산한다.

$$S = \sqrt{\frac{\sum(\bar{x} - x_i)^2}{n-1}}$$

이 공식에서 $\bar{x}$는 평균을 의미하며, x_i는 i번째 데이터의 값이고, n은 데이터의 수를 의미한다. 공식이 복잡해 보이지만 그리 어렵지 않게 계산할 수 있다. 표현식 $(\bar{x}-x_i)^2$은 어떤 데이터 값 하나에 대한 '편차'의 제곱이다. 그러므로 이 분수의 분자는 모든 데이터 값에 대한 제곱한 편차의 합이 된다.

간단한 예를 들어 계산해 보자. 조금 전의 데이터 [2, 4, 6, 9, 13]에 대한 표준 편차를 구해야 한다. 평균($\bar{x}$)은 6.8이다. 따라서 분수의 분자는 다음과 같이 계산된다.

$$(6.8-2)^2 + (6.8-4)^2 + (6.8-6)^2 + (6.8-9)^2 + (6.8-13)^2 = 74.8$$

이를 다시 공식에 적용하면 다음과 같다.

$$s = \sqrt{\frac{74.8}{5-1}} = \sqrt{18.7} = 4.32$$

이 데이터의 표준 편차는 약 4.3이 된다. 표준 편차를 계산하기 위해서는 (모든 숫자를 알기 전에는 알 수 없는 값인) 평균과 각각의 값이 모두 필요하다. 지금의 방법으로 표준 편차를 계산하려면 각각의 데이터를 모두 기억해 둘 수 있는 방법을 사용해야 한다.

11.2 리스트 사용하기

우리가 원하는 통곗값을 계산하기 위해서는 모든 숫자를 저장하고 이를 조작할 수 있는 방법이 필요하다. 숫자의 개수를 미리 알 수 없기 때문에 변수를 일일이 만드는 방법은 사용할 수 없다.

지금 필요한 것은 데이터 값 전체를 하나의 객체에 모아 놓을 수 있는 수단이다. 자세히 설명하지는 않았으나 사실 우리는 이미 이러한 것을 본 적이 있다. 다음 예제를 살펴보자.

```
>>> list(range(10))
[0, 1, 2, 3, 4, 5, 6, 7, 8, 9]
>>> "This is an ex-parrot!".split()
['This', 'is', 'an', 'ex-parrot!']
```

이미 익숙한 두 함수가 리턴하는 값이 대괄호로 감싸져 있는 것을 알 수 있다. 이것이 바로 리스트다.

11.2.1 리스트와 배열

이미 알고 있듯이 파이썬의 리스트는 순서를 가진 요소들의 연속열이다. 사실 리스트의 표기법과 개념은 연속열에 대한 수학적 표기법으로부터 빌려 온 것이다. 수학에서는 다음과 같은 n개의 숫자의 연속열을 S라고 부르듯, 어떤 요소의 연속열을 통째로 지칭하는 이름을 붙이기도 한다.

$$S = S_0, S_1, S_2, S_3, \cdots, S_{n-1}$$

이 연속열에서 특정한 한 값을 지칭하려면 아래 첨자를 사용한다. 이 예제를 기준으로 하면 이 연속열의 첫 번째 요소는 아래 첨자 0을 붙여서 S_0이 된다.

아래 첨자를 사용하게 된 뒤, 수학자들은 연속열의 각 요소에 대한 계산을 아래 첨자 변수로 간결하게 나타낼 수 있게 되었다. 예를 들면, 연속열의 각 요소의 합을 나타내는 표준적인 표기법은 다음과 같다.

$$\sum_{i=0}^{n-1} S_i$$

컴퓨터 프로그램에도 같은 방식을 적용할 수 있다. 리스트를 사용하면 하나의 변수로 리스트 자체(연속열 전체)를 나타내고, 연속열을 구성하는 각 요소는 아래 첨자를 사용해서 접근할 수 있다. 그런데 파이썬에 아래 첨자는 없으니 위치 지표를 사용한다.

연속열 데이터가 s라는 변수에 저장되어 있다고 하자. 이 연속열의 각 요소의 합을 구하기 위한 반복문은 다음과 같이 작성할 수 있다.

```
total = 0
for i in range(n):
    total = total + s[i]
```

거의 모든 프로그래밍 언어가 이와 비슷한 방식으로 연속열 구조를 다룬다. 다른 언어에서는 이를 배열이라고 부른다. 정리하자면 리스트 또는 배열은 연속열 전체를 하나의 변수(여기서는 s)로 지칭할 수 있으며 낱낱의 요소에는 위치 접근 연산을 통해 접근(s[i]처럼)할 수 있는 연속열을 말한다.

여타 프로그래밍 언어에서 배열은 대체로 크기가 고정되어 있다. 이러한 언어에서 배열을 만들 때는 배열 크기를 미리 지정해 주어야 한다. 저장할 요소의 개수를 미리 알 수 없을 때는, 더 큰 배열을 준비한 뒤 '자리'가 얼마나 남았는지 계속 헤아리는 방법을 사용한다. 배열은 또한 동종 요소로 구성되는데, 이 말은 배열의 모든 요소가 데이터 타입이 같아야 한다는 의미다. 그러니까 정수형의 배열은 정수형만 저장해야 하고, 문자열의 배열은 문자열만 저장할 수 있을 뿐 이를 섞어서 하나의 배열에 저장할 수는 없다는 말이다.

이와 달리 파이썬의 리스트는 동적이다. 필요에 따라 크기를 늘리거나 줄일 수 있다. 또한 서로 다른 요소로 이루어질 수도 있다. 한 리스트 안에 여러 데이터 타입으로 구성된 값을 담을 수 있다. 한 문장으로 정리하자면, 파이썬의 리스트는 임의의 데이터 타입을 담을 수 있는 가변적 연속열형이라고 할 수 있다.

11.2.2 리스트의 연산

우리는 이미 파이썬에 내장된 연속열형에 대한 연산을 알고 있다. 리스트 역시 연속열형이므로 이 연산들을 사용할 수 있다. 기억을 되살리기 위해 다음에 이 연산들을 정리했다.

연산자	의미
\<seq> + \<seq>	연접
\<seq> * \<int-expr>	반복
\<seq>[]	위치 접근
len(\<seq>)	길이
\<seq>[:]	조각 썰기
for \<var> in \<seq>:	반복
\<expr> in \<seq>	요소의 포함 여부 확인(불 값을 리턴한다)

마지막 하나를 제외하면 문자열에서 사용했던 연산과 같은 연산이다. 요소 포함 여부 확인 연산은 연속열형 안에 어떤 값이 포함되어 있는지 여부를 확인하기 위해 쓰인다. 다음은 리스트와 문자열에 대해 요소 포함 여부 연산을 적용한 예다.

```
>>> lst = [1,2,3,4]
>>> 3 in lst
True
>>> 5 in lst
False
>>> ans = 'Y'
>>> ans in 'Yy'
True
```

그런데 반복은 리스트의 각 요소에 대한 형태로도 가능하므로 앞에서 본 리스트의 합을 구하는 예제를 다음과 같이 더 간단하고 명료하게 작성할 수도 있다.

```
total = 0
for x in s:
    total = total + x
```

리스트와 문자열의 큰 차이점 중 하나가 리스트는 가변형인 데 비해, 문자열은 불변형이라는 것이다. 리스트에서는 다음 예처럼 할당문을 통해 요소의 값을 바꿀 수 있다.

```
>>> lst = [1, 2, 3, 4]
>>> lst[3]
4
>>> lst[3] = "Hello"
>>> lst
[1, 2, 3, 'Hello']
>>> lst[2] = 7
>>> lst
[1, 2, 7, 'Hello']
>>> lst[1:3] = ["Slice", "Assignment"]
>>> lst
[1, 'Slice', 'Assignment', 'Hello']
```

앞의 마지막 예제에서 볼 수 있듯이, 리스트에 조각 썰기 연산 결과를 할당하여 그 조각 전체의 값을 바꿀 수도 있다. 파이썬의 리스트는 그만큼 유연성을 갖추고 있다. 그러나 다른 언어에서는 이런 기능을 지원하지 않는다.

또, 이미 알고 있듯이 대괄호 안에 각 요소를 적으면 리스트를 만들 수 있다.

```
odds = [1, 3, 5, 7, 9]
food = ["spam", "eggs", "back bacon"]
silly = [1, "spam", 4, "U"]
empty = []
```

앞의 예제에서 empty는 아무 요소를 포함하지 않는 빈 리스트다.

똑같은 요소를 여러 개 갖는 리스트는 반복 연산자를 사용해서 만들 수 있다. 다음은 50개의 0을 요소로 갖는 리스트를 만드는 예제다.

```
zeroes = [0] * 50
```

5장에서 설명했듯이, 리스트는 append 메서드로 요소를 하나하나 추가해 가며 만드는 경우도 흔하다. 다음 코드 조각은 사용자가 입력하는 양수를 리스트에 추가하는 내용이다.

```
nums = []
x = float(input('Enter a number: '))
while x >= 0:
    nums.append(x)
    x = float(input("Enter a number: "))
```

핵심만 간추리자면, 여기서 nums는 누적자 변수로 사용되고 있다. 이 변수는 빈 리스트로 시작하여 반복문이 한 번 수행될 때마다 새로운 값이 추가된다.

append 메서드는 리스트가 가진 유용한 메서드 중 하나일 뿐이다. 다음 표는 리스트가 지원하는 연산을 정리한 것이다.

메서드	의미
`<list>.append(x)`	리스트 끝에 요소 *x*를 추가한다.
`<list>.sort()`	리스트를 정렬한다.
`<list>.reverse()`	리스트의 순서를 뒤집는다.
`<list>.index(x)`	요소 *x*가 처음 나타나는 위치 지표를 리턴한다.
`<list>.insert(i,x)`	위치 *i*에 요소 *x*를 삽입한다.
`<list>.count(x)`	리스트에서 요소 *x*가 몇 개나 되는지 리턴한다.
`<list>.remove(x)`	처음 나타나는 요소 *x*를 리스트에서 제거한다.
`<list>.pop(i)`	*i*번째 요소를 리스트에서 제거한 뒤 이 값을 리턴한다.

지금까지 리스트에 요소를 추가하면서 리스트를 늘려 가는 방법을 배웠다. 반대로 리스트에서 요소를 제거하면 리스트의 크기가 줄어들게 된다. del 연산을 사용하면 특정 요소 또는 특정한 조각을 지정하여 리스트에서 이 요소들을 제거할 수 있다.

```
>>> myList
[34, 26, 0, 10]
>>> del myList[1]
>>> myList
[34, 0, 10]
>>> del myList[1:3]
>>> myList
[34]
```

del은 리스트의 메서드가 아니라 리스트의 요소에 대한 내장 연산이라는 점에 주의하기 바란다.

조금 전에 보았듯이, 파이썬의 리스트는 임의의 크기의 연속열을 다룰 수 있는 매우 유연한 수단이다. 다음 기본적인 원칙을 기억해 둔다면 리스트를 쉽게 사용할 수 있을 것이다.

- 리스트는 하나의 객체로 저장된 요소의 연속열이다.
- 위치 접근 연산으로 리스트의 요소에 접근할 수 있으며, 조각 썰기 연산으로는 부분 리스트에 접근할 수 있다.
- 리스트는 가변형이다. 하나의 요소 또는 리스트의 조각 전체의 값을 할당문으로 바꿀 수 있다.
- 리스트는 다양하고 편리한 메서드를 제공한다.
- 리스트는 필요에 따라 크기를 늘리거나 줄일 수 있다.

11.2.3 리스트를 이용한 통계 처리

이제 리스트에 대해 어느 정도 알게 되었으니 조금 전의 통계 문제를 해결해 보자. 우리가 하려는 일은 사용자가 입력한 일련의 숫자에 대해 평균, 중앙값, 표준편차를 계산하는 것이다. 이 문제를 해결하기 위한 확실한 방법은 입력받은 숫자를 리스트에 저장하는 것이다. 그다음 몇 가지 함수(mean, stdDev, median)를 작성하여 각각의 통계치를 계산하도록 할 것이다.

우선 평균만 구하는 프로그램의 이전 버전에 리스트를 도입해 보자. 먼저 사용자로부터 숫자를 입력받는 함수가 필요하다. 이 함수를 getNumbers라고 부르기로 하자. 이 함수는 원래 프로그램에 있었던 기본 형태의 경곗값 반복문으로 구성된다. 그리고 숫자를 저장하기 위한 누적자 변수로는 빈 리스트를 사용한다. 이 리스트는 함수의 리턴 값이 될 것이다.

다음은 getNumbers의 코드다.

```python
def getNumbers():
    nums = []  # 빈 리스트로 시작한다.
    # 숫자를 입력받는 경곗값 반복문
    xStr = input("Enter a number (<Enter> to quit) >> ")
    while xStr != "":
        x = float(xStr)
        nums.append(x)  # 이 값을 리스트에 추가한다.
        xStr = input("Enter a number (<Enter> to quit) >> ")
    return nums
```

이 함수를 이용하면 다음 코드 한 줄만으로 일련의 숫자를 사용자로부터 입력받을 수 있다.

```python
data = getNumbers()
```

그다음으로 이번에는 리스트에 저장된 숫자의 평균을 구하는 함수를 구현해 보자. 이 함수는 숫자의 리스트를 인자로 받아 그 평균값을 리턴한다. 먼저 리스트의 각 숫자에 대해 반복을 수행하며 합을 구한다.

```python
def mean(nums):
    total = 0.0
    for num in nums:
        total = total + num
    return total / len(nums)
```

함수의 마지막 줄에서 어떤 방법으로 평균을 계산하고 이 값을 리턴했는지 잘 봐두기 바란다. len 연산이 리스트의 길이를 알려주므로 숫자가 몇 개인지 알기 위해 리스트에 다시 반복을 수행할 필요가 없다.

이 두 함수를 이용해서 숫자의 연속열에 대한 평균값을 구하는 프로그램을 다음과 같은 두 줄로 줄일 수 있었다.

```
def main():
    data = getNumbers()
    print('The mean is', mean(data))
```

이제 표준 편차를 구하는 함수 stdDev를 해결할 차례다. 앞에 나온 표준 편차 공식을 사용하려면 먼저 평균을 구해야 한다. 이때 두 가지 설계를 생각해 볼 수 있다. 평균값을 stdDev 함수 안에서 구할 것인지, 아니면 함수에서 인자로 받을 것인지 선택할 수 있다. 이 중 어느 쪽을 택하는 것이 좋을까?

한편으로 생각해 보면, stdDev 안에서 평균을 구하는 것이 함수의 인터페이스를 단순하게 유지할 수 있으므로 깔끔해 보인다. 표준 편차를 구하고 싶다면 대상이 되는 숫자의 리스트만 인자로 주어 stdDev를 호출하면 된다. mean이나 median을 호출할 때와 같이 말이다. 그러나 다른 쪽으로 생각해 보면, 이 방법으로는 표준 편차를 계산하려면 반드시 평균값도 계산해야 하므로 평균값을 두 번 구하게 되어 숫자의 개수가 많은 경우에는 효율이 떨어질 것이다.

이 프로그램은 어차피 평균과 표준 편차를 모두 출력해야 하므로 주 프로그램에서 먼저 평균값을 구한 뒤, 이 값을 stdDev에 인자로 넘기는 방법을 택하기로 한다. 다른 방법은 이 장 끝에서 연습 문제를 통해 알아볼 것이다.

다음은 평균(xbar)을 인자로 받아 표준 편차를 구하는 코드다.

```
def stdDev(nums, xbar):
    sumDevSq = 0.0
    for num in nums:
        dev = xbar - num
        sumDevSq = sumDevSq + dev * dev
    return sqrt(sumDevSq/(len(nums)-1))
```

누적자 변수와 반복문을 사용하여 표준 편차 공식을 계산하고 있는 것에 주목하기 바란다. 변수 sumDevSq에서 편차의 제곱에 대한 중간 합계가 집계된다. 이 합에 대한 계산이 끝나고 나면, 함수 마지막 줄에서 공식의 나머지 부분에 해당하는 계산을 수행하게 된다.

마지막으로 median 함수를 구현할 차례다. 이 함수는 따로 정해진 공식이 없기 때문에 조금 더 까다롭다. 공식 대신 중앙값을 선택하는 알고리즘을 만들어야 한다. 첫 단계로 숫자들을 오름차순으로 정렬한다. 어떤 값이든 이 숫자 중 가운데 순위에 위치하는 것이 (정의에 따르면) 중간값이 된다. 그러나 아직 조금 더 생각할 부분이 남아 있다. 숫자가 짝수 개라면 정확히 중앙에 해당하는 값이 존재하지 않는다. 이런 경우에는 중앙의 두 값에 대한 평균을 중앙값으로 삼는다. 그러므로 3, 5, 6, 9의 중앙값은 (5 + 6) / 2 = 5.5가 된다.

이 내용을 수도 코드로 옮기면 다음과 같다.

```
숫자를 오름차순으로 정렬한다.
if 숫자가 홀수 개라면:
    med = 중간 순위 값
else:
    med = 중간 순위 두 값의 평균
med를 반환한다.
```

이 알고리즘은 거의 그대로 파이썬 코드로 옮길 수 있다. 숫자를 정렬하기 위해서는 sort 메서드를 사용하기로 한다. 리스트의 크기가 짝수인지 알아보려면 나머지 연산으로 리스트의 길이를 2로 나누어떨어지는지 확인하면 된다. size % 2 == 0이면 2로 나눈 나머지가 0이므로 리스트의 길이는 짝수가 된다.

이 사실을 이용하면 다음과 같은 코드를 작성할 수 있다.

```python
def median(nums):
    nums.sort()
    size = len(nums)
    midPos = size // 2
    if size % 2 == 0:
        med = (nums[midPos] + nums[midPos-1]) / 2
    else:
        med = nums[midPos]
    return med
```

정렬이 끝난 리스트에서 정확한 중앙값을 골라내기 위해 어떤 방법을 사용하는지 이 코드를 확실히 이해해 두기 바란다.

리스트의 가운데 위치는 size // 2로 정수 나눗셈을 이용한다. size가 3이라면 midPos는 1(3을 2로 나누면 몫이 1이므로)이 된다. 길이가 3인 리스트는 0, 1, 2 세 개의 위치 지표를 가질 것이므로 이 값이 정확함을 알 수 있다. size가 4라면 어떨까. 이때는 midPos의 값이 2가 될 것이고 이 리스트의 위치 지표는 0, 1, 2, 3이므로 중앙값이 될 평균을 구하는 두 값은 midPos(2)와 midPos-1(1)이 된다.

이제 기본적인 함수가 모두 갖추어졌으니 프로그램의 나머지 부분은 쉽게 작성할 수 있다.

```python
def main():
    print("This program computes mean, median, and standard deviation.")

    data = getNumbers()
    xbar = mean(data)
    std = stdDev(data, xbar)
    med = median(data)
```

```
    print("\nThe mean is", xbar)
    print("The standard deviation is", std)
    print("The median is", med)
```

학점을 매기는 것부터 스페이스 셔틀의 관제 시스템에 이르기까지 통계적 분석을 필요로 하는 수많은 계산 문제가 있다. 여기에 if __name__ == '__main__'을 추가해 두면, 이 코드를 통계 라이브러리와 독립적인 프로그램 양쪽으로 모두 사용이 가능하다. 다음은 전체 프로그램이다.

```
# stats.py
from math import sqrt

def getNumbers():
    nums = []  # 빈 리스트로 시작한다.
    # 숫자를 입력받는 경곗값 반복문
    xStr = input("Enter a number (<Enter> to quit) >> ")
    while xStr != "":
        x = float(xStr)
        nums.append(x)  # 이 값을 리스트에 추가한다.
        xStr = input("Enter a number (<Enter> to quit) >> ")
    return nums

def mean(nums):
    total = 0.0
    for num in nums:
        total = total + num
    return total / len(nums)

def stdDev(nums, xbar):
    sumDevSq = 0.0
    for num in nums:
        dev = num - xbar
        sumDevSq = sumDevSq + dev * dev
    return sqrt(sumDevSq/(len(nums)-1))

def median(nums):
    nums.sort()
    size = len(nums)
    midPos = size // 2
    if size % 2 == 0:
        med = (nums[midPos] + nums[midPos-1]) / 2.0
    else:
        med = nums[midPos]
    return med

def main():
    print("This program computes mean, median, and standard deviation.")

    data = getNumbers()
    xbar = mean(data)
    std = stdDev(data, xbar)
    med = median(data)

    print("\nThe mean is", xbar)
    print("The standard deviation is", std)
    print("The median is", med)

if __name__ == '__main__': main()
```

11.3 레코드의 리스트

지금까지 본 예제에서는 숫자나 문자열처럼 단순 데이터 타입에 대한 리스트만 사용했다. 그러나 리스트는 어떤 데이터 타입과 상관없이 데이터의 집합을 저장할 수 있다. 이 점을 특히 유용하게 이용하는 것이 레코드의 리스트다. 지난 장에서 본 평점을 계산하는 예제를 통해 알아보자.

지난번 작성한 프로그램에서는 학생의 성적이 담긴 파일을 죽 읽어 나가며 그 중 평점이 가장 우수한 학생을 골라냈다. 이런 데이터를 다루는 경우에 가장 자주 사용되는 연산이 정렬이다. 우리가 가진 목적에 따라 다른 순서로 정렬된 데이터를 필요로 할 수 있는데, 예를 들어 지도 교수라면 학생의 이름순으로 정렬된 데이터가 필요할 것이다. 또, 졸업 요건으로 필요 이수 학점을 만족하는 학생이 누구인지 알려면 이수 학점 수가 많은 순서대로 정렬한 데이터가 유용할 것이다. 또, 평점으로 정렬된 데이터는 학과에서 상위 10%에 해당하는 학생을 확인하는 데 쓰일 수 있다.

평점 값을 기초로 학생에 대한 데이터를 정렬하는 프로그램을 작성해 보자. 이 프로그램은 Student 객체의 리스트를 사용할 것이다. 이전에 작성해 둔 Student 객체를 그대로 사용하되 여기에 리스트를 사용하는 부분을 조금 더 추가하면 될 것이다. 이 프로그램의 알고리즘은 다음에서 보듯이 매우 간단하다.

```
사용자로부터 입력 파일의 이름을 입력받는다.
학생 정보를 리스트로 읽어 들인다.
읽어 들인 리스트를 평점을 기준으로 정렬한다.
사용자로부터 출력 파일의 이름을 입력받는다.
리스트에 있는 학생 정보를 파일에 기록한다.
```

그럼 파일을 처리하는 부분부터 시작해 보자. 데이터 파일 전체를 읽어 들인 뒤 이를 학생 정보의 리스트로 만들고자 한다. 다음은 파일 이름을 인자로 받아 이 파일로부터 읽어 들인 정보로 Student 객체의 리스트를 만들어 리턴하는 함수다.

```python
def readStudents(filename):
    infile = open(filename, 'r')
    students = []
    for line in infile:
        students.append(makeStudent(line))
    infile.close()
    return students
```

이 함수는 먼저 파일을 읽기 모드로 연 뒤 파일을 줄 단위로 읽어 들여 각 줄에 해당하는 학생 정보로부터 객체를 만들고 이 객체를 리스트해 추가해 나간다. 이전 프로그램에서 makeStudent 함수를 빌려다 쓰고 있는 것에 주목하기 바란다. 이 함수는 파일의 한 줄로부터 학생 객체를 하나 생성하는 역할을 한다. 이 함수를 사용하려면 프로그램의 가장 윗부분에서 이 함수를 먼저 임포트해야 한다.

파일 처리에 손을 댄 김에, 학생 객체의 리스트를 다시 파일로 기록하는 함수도 작성해 두자. 다시 말하지만, 이 파일의 한 줄은 탭으로 구분된 세 가지 정보(이름, 이수 학점, 강의 성적 총점)를 포함해야 한다. 이것을 코드로 옮기는 것은 그다지 어렵지 않다.

```python
def writeStudents(students, filename):
    # students는 학생 객체의 리스트다.
    outfile = open(filename, 'w')
    for s in students:
        print("{0}\t{1}\t{2}".
                    format(s.getName(), s.getHours(), s.getQPoints()),
                file=outfile)
    outfile.close()
```

출력할 파일의 한 줄을 만들기 위해 문자열 포매팅 메서드를 사용한 것을 잘 봐두기 바란다. 여기서 \t는 탭 문자를 의미한다.

함수 readStudents와 writeStudents를 사용하면 학생 정보를 파일에서 읽었다가 다시 파일로 저장하는 일을 간단히 수행할 수 있다. 이제 남은 일은 레코드를 어떻게 평점 값에 따라 정렬하느냐다.

조금 전 통계 프로그램에서 숫자 리스트를 정렬하기 위해 sort 메서드를 사용했는데, 숫자가 아닌 데이터를 대상으로 리스트를 정렬하면 어떻게 될까? 지금 같은 경우, 학생 객체의 리스트를 정렬해야 한다. 일단 한번 시도해 보자.

```
>>> lst = gpasort.readStudents("students.dat")
>>> lst
[<gpa.Student object at 0xb7b1554c>, <gpa.Student object at 0xb7b156cc>,
 <gpa.Student object at 0xb7b1558c>, <gpa.Student object at 0xb7b155cc>,
 <gpa.Student object at 0xb7b156ec>]
>>> lst.sort()
Traceback (most recent call last):
  File "<stdin>", line 1, in <module>
TypeError: unorderable types: Student() < Student()
```

앞의 결과에서 보았듯이, Student 객체를 어떤 순서로 정렬해야 하는지 알 수 없기 때문에 에러가 발생했다. 생각해 보면 맞는 말이다. 학생 객체에는 이 객체의 대소 비교 방법이 (묵시적 방법조차도) 정의되어 있지 않고, 목적에 따라 서로 다른 기준이 필요한 경우도 있다. 이 예제에서는 우선 평점에 대해 정렬을 수행하려 하고 있지만, 다른 경우에는 알파벳순으로 정렬이 필요할 수도 있다. 데이터 처리에서 레코드를 정렬할 기준이 되는 필드를 키라고 부른다. 학생 레코드를 알파벳순으로 정렬하려면 이름을 키로 사용해야 한다. 그리고 지금 예제에서는 당연히 평점이 키가 된다.

　리스트를 정렬할 때 내장 메서드 sort에 키가 될 필드를 지정할 수 있다. 비필수 키워드 인자 key에 각 요소에 키값을 계산할 수 있는 함수를 지정해 주면 된다.

```
<list>.sort(key=<key_function>)
```

key_function에 들어갈 값은 리스트의 요소 하나를 인자로 받아 그 요소에 대한 키값을 리턴하는 함수여야 한다. 이 예제의 경우 리스트의 요소는 Student 객체가 될 것이고, 키로는 이 요소의 평점 값을 리턴해야 한다. 다음은 이 상황에 필요한 키 함수(key function)다.

```
def use_gpa(aStudent):
    return aStudent.gpa()
```

이 함수는 gpa 메서드를 호출하여 평점 값을 꺼내어 이를 키값으로 리턴한다. 이 헬퍼 함수만 있으면 Student 객체의 리스트를 sort 함수로 정렬할 수 있다.

```
data.sort(key=use_gpa)
```

여기서 함수명에 괄호를 붙이지(use_gpa()) 않은 이유가 있다. 여기서 하려는 일은 이 함수를 호출하는 것이 아니라 sort 메서드에 use_gpa를 인자로 넘기는 것이기 때문이다(그 후 리스트를 정렬할 때 두 요소의 대소 비교를 위해 이 함수가 호출된다).

　리스트를 정렬할 때 키를 뽑기 위해 헬퍼 함수를 만드는 것은 꽤 유용하지만, 지금 같은 경우에는 함수를 따로 작성하지 않아도 된다. 이미 학생의 평점을 계산하는 함수, 즉 Student 클래스의 gpa 메서드를 작성해 두었기 때문이다. 이 메서드의 정의를 살펴보면, 형식 인자 하나(self)로부터 평점을 계산한다는 것을 알 수 있다. 메서드 역시 함수이므로 이 메서드를 헬퍼 함수 대신 이용할 수 있다. 메서드를 독립된 함수처럼 사용하려면 점 표기법을 사용하면 된다.

```
data.sort(key=Student.gpa)
```

이 코드 조각은 요소의 키를 뽑기 위해 Student 클래스에 정의된 gpa 메서드를 사용하라고 지정하는 코드다.

　이제 프로그램의 모든 조각이 갖추어졌다. 다음은 완성된 코드다.

```
# gpasort.py
# 학생 정보를 평점에 따라 정렬한다.

from gpa import Student, makeStudent
```

```
def readStudents(filename):
    infile = open(filename, 'r')
    students = []
    for line in infile:
        students.append(makeStudent(line))
    infile.close()
    return students

def writeStudents(students, filename):
    outfile = open(filename, 'w')
    for s in students:
        print("{0}\t{1}\t{2}".
                format(s.getName(), s.getHours(), s.getQPoints()),
              file=outfile)
    outfile.close()

def main():
    print("This program sorts student grade information by GPA")
    filename = input("Enter the name of the data file: ")
    data = readStudents(filename)
    data.sort(key=Student.gpa)
    filename = input("Enter a name for the output file: ")
    writeStudents(data, filename)
    print("The data has been written to", filename)

if __name__ == '__main__':
    main()
```

11.4 리스트와 클래스를 이용한 설계

지금까지 리스트와 클래스 모두 프로그램에서 데이터를 구조화하는 강력한 도구라는 것을 배웠다. 이번에는 이 두 가지 수단을 모두 사용하는 더 복잡한 예제를 살펴볼 차례다.

지난 장에서 설명한 DieView 클래스를 기억하는가? 이 클래스의 객체는 주사위 눈의 일곱 가지 위치를 조작해서 주사위의 여섯 가지 값을 표시했다. 이 프로그램의 마지막 버전에서는 이 눈들의 위치를 pip1, pip2, pip3 ...과 같은 인스턴스 변수로 나타냈다.

이 눈의 위치를 인스턴스 변수 대신 리스트에 저장하는 것은 어떨까? 인스턴스 변수 일곱 개를 사용하는 대신 pips라는 리스트 하나만 사용하는 것이다. 먼저 해야 할 일은 DieView 클래스의 생성자에서 리스트를 만드는 것이다.

수정 전 프로그램에서 주사위 눈 위치는 생성자 __init__ 안에서 다음과 같은 코드로 만들었다.

```
self.pip1 = self.__makePip(cx-offset, cy-offset)
self.pip2 = self.__makePip(cx-offset, cy)
self.pip3 = self.__makePip(cx-offset, cy+offset)
self.pip4 = self.__makePip(cx, cy)
```

```
self.pip5 = self.__makePip(cx+offset, cy-offset)
self.pip6 = self.__makePip(cx+offset, cy)
self.pip7 = self.__makePip(cx+offset, cy+offset)
```

다시 밝혀 두지만 __makePip는 인자로 주어진 위치를 중점으로 하는 원을 만드는 DieView 클래스의 메서드다.

이 코드 대신 주사위 눈의 리스트를 만드는 코드를 작성해야 한다. 빈 리스트를 만든 뒤, 눈을 하나하나 리스트에 추가하는 방법을 먼저 생각해 볼 수 있다.

```
pips = []
pips.append(self.__makePip(cx-offset, cy-offset))
pips.append(self.__makePip(cx-offset, cy))
pips.append(self.__makePip(cx-offset, cy+offset))
pips.append(self.__makePip(cx, cy))
pips.append(self.__makePip(cx+offset, cy-offset))
pips.append(self.__makePip(cx+offset, cy))
pips.append(self.__makePip(cx+offset, cy+offset))
self.pips = pips
```

좀 더 직관적인 방법으로는 다음과 같이 리스트 리터럴을 __makePip 함수를 호출하여 구성하는 방법도 있다.

```
self.pips = [ self.__makePip(cx-offset, cy-offset)),
              self.__makePip(cx-offset, cy)),
              self.__makePip(cx-offset, cy+offset)),
              self.__makePip(cx, cy)),
              self.__makePip(cx+offset, cy-offset)),
              self.__makePip(cx+offset, cy)),
              self.__makePip(cx+offset, cy+offset))
            ]
```

이 명령문을 여러 줄에 걸쳐 보기 좋게 정렬해 놓은 것에 주목하기 바란다. 이 명령문을 길게 한 줄로 작성하는 대신, 리스트의 요소 단위로 줄을 나눠 두었다. 파이썬 인터프리터는 대괄호가 닫힐 때까지 이 명령문이 끝나지 않았다고 판단하므로 이런 형태의 코드를 사용할 수 있다. 복잡한 객체를 한 줄에 하나씩 정의하면 코드를 쉽게 이해할 수 있다. 단, 매 줄 끝에 콤마를 붙여 각 요소를 구분하는 것을 잊지 않도록 한다.

이렇게 리스트를 이용하는 방법의 또 다른 장점은 전체 요소를 처리하기가 편리하다는 것이다. 예를 들어, 모든 눈의 채움 색을 배경색과 같게 하여 눈이 보이지 않게 하려면 다음과 같이 하면 된다.

```
for pip in self.pips:
    pip.setFill(self.background)
```

두 줄짜리 반복문으로 전체 눈의 색을 바꾸고 있다. 그전에는 일곱 개의 인스턴스 변수에 대해 각각 처리가 필요했다.

주사위의 특정 눈 위치가 보이도록 하는 처리에도 비슷한 방법을 사용할 수 있다. 주사위 값이 3이 되도록 하려면 다음 코드처럼 1, 4, 7번째 주사위 눈을 켜야 했다.

```
self.pip1.setFill(self.foreground)
self.pip4.setFill(self.foreground)
self.pip7.setFill(self.foreground)
```

리스트의 위치 지표는 0부터 시작하므로 리스트에 저장된 해당 객체는 0, 3, 6번째가 된다. 리스트를 사용한 경우의 코드는 다음과 같다.

```
self.pips[0].setFill(self.foreground)
self.pips[3].setFill(self.foreground)
self.pips[6].setFill(self.foreground)
```

프로그램을 이렇게 수정해 보면 이전 버전의 인스턴스 변수와 지금 버전에서 리스트에 저장된 요소의 관계가 명확하게 드러난다. 또 리스트에 위치 접근 연산을 적용하면 각 주사위 눈 객체에 접근할 수 있다. 그러나 이 코드로는 리스트를 사용하는 이점을 충분히 살리지 못한다.

다음과 같은 코드라면 이 이점을 충분히 살릴 수 있을 것이다.

```
for i in [0,3,6]:
    self.pips[i].setFill(self.foreground)
```

반복문 안에서 위치 지표 변수를 사용하면 세 눈을 코드 한 줄로 처리할 수 있다.

두 번째 방법을 사용하면 DieView 클래스의 setValue 메서드의 길이를 상당 부분 줄일 수 있다. 변경된 알고리즘은 다음과 같다.

pips의 각 요소를 순회하며 눈을 끈다.
다시 켤 눈의 위치 지표의 리스트를 결정한다.
위치 지표의 리스트를 순회하며 해당 값이 가리키는 눈을 켠다.

반복문과 다중 분기를 사용해서 이 알고리즘을 구현할 수 있다.

```
for pip in self.pips:
    self.pip.setFill(self.background)
if value == 1:
    on = [3]
elif value == 2:
    on = [0,6]
elif value == 3:
    on = [0,3,6]
elif value == 4:
    on = [0,2,4,6]
elif value == 5:
    on = [0,2,3,4,6]
else:
    on = [0,1,2,4,5,6]
for i in on:
    self.pips[i].setFill(self.foreground)
```

리스트를 사용하지 않았을 때 같은 일을 하는 코드는 36줄이나 되었다. 하지만 코드를 더 줄일 수도 있다.

이 코드에서는 어떤 눈을 켤지 결정하기 위해 아직 if-elif 구조를 사용하고 있다. 어떤 눈을 켤지에 대한 리스트는 변수 value의 값(1부터 6 사이의 숫자)으로 결정되므로 이 결정 과정에 표를 도입(table-driven)하는 방법을 생각해 볼 수 있다. 이 방법은 if-elif 구조 대신, 각 경우에 켜져야 할 눈의 리스트에 대한 리스트를 사용하는 것이다. 예를 들어, 이 리스트의 위치 3에 해당하는 요소는 [0,3,6]이고, 이 요소는 주사위 값이 3일 때 켜져야 할 눈의 리스트다.

표를 이용한 방법은 다음과 같이 구현할 수 있다.

```
onTable = [ [], [3], [2,4], [2,3,4],
            [0,2,4,6], [0,2,3,4,6], [0,1,2,4,5,6] ]

for pip in self.pips:
    self.pip.setFill(self.background)
on = onTable[value]
for i in on:
    self.pips[i].setFill(self.foreground)
```

여기서는 이 표에 onTable이라는 이름을 붙였다. 그리고 표의 첫 번째 요소로 빈 리스트를 넣어 둔 것에 주목하기 바란다. value의 값이 0이면, DieView는 아무 눈도 표시하지 않을 것이다. 이제 36줄의 코드를 7줄까지 줄일 수 있다. 또한 수정도 훨씬 쉬워졌다. 주사위의 값에 대해 표시될 눈을 바꾸고 싶다면 onTable의 요소만 수정하면 된다.

아직 한 가지 개선 사항이 더 남았다. onTable은 DieView 객체를 사용하는 내내 바뀌지 않을 것이므로 새 값을 표시할 때마다 이 표를 매번 다시 만드는 것보다는 생성자 안에서 이를 미리 만들어 인스턴스 변수에 두는 편이 효율적일 것이다.[1] onTable의 정의를 __init__ 안으로 옮기면 잘 정리된 클래스가 완성된다.

```
# dieview2.py
from graphics import *
class DieView:
    """ DieView는 표준적인 육면 주사위를 그래픽으로
    나타내는 위젯이다. """

    def __init__(self, win, center, size):
        """주사위의 한 면을 만든다.
           예: d1 = GDie(myWin, Point(40,50), 20)
           위치 (40, 50)을 중점으로, 한 변의 길이가 20인
           주사위를 만든다."""
```

---

1 클래스 변수를 사용하는 것이 더 좋지만, 클래스 변수는 여기서 다루는 범위를 벗어나는 내용이다.

```
# 일반적으로 사용되는 값에 대한 정의
self.win = win
self.background = "white"  # 주사위의 면의 색
self.foreground = "black"  # 주사위 눈의 색
self.psize = 0.1 * size    # 각 주사위 눈의 반지름
hsize = size / 2.0         # 크기의 절반
offset = 0.6 * hsize       # 중심부터 바깥쪽
                           # 주사위 눈까지 거리

# 주사위의 한 면을 나타내는 정사각형을 만든다.
cx, cy = center.getX(), center.getY()
p1 = Point(cx-hsize, cy-hsize)
p2 = Point(cx+hsize, cy+hsize)
rect = Rectangle(p1,p2)
rect.draw(win)
rect.setFill(self.background)

# 표준적인 주사위의 눈 위치를 정의한다.
self.pips = [ self.__makePip(cx-offset, cy-offset),
              self.__makePip(cx-offset, cy),
              self.__makePip(cx-offset, cy+offset),
              self.__makePip(cx, cy),
              self.__makePip(cx+offset, cy-offset),
              self.__makePip(cx+offset, cy),
              self.__makePip(cx+offset, cy+offset) ]

# 각 주사위 값에 대해 어떤 눈을 표시할지 정의한다.
self.onTable = [ [], [3], [2,4], [2,3,4],
    [0,2,4,6], [0,2,3,4,6], [0,1,2,4,5,6] ]

self.setValue(1)

def __makePip(self, x, y):
    """위치 (x,y)에 눈을 그리기 위한 헬퍼 함수"""
    pip = Circle(Point(x,y), self.psize)
    pip.setFill(self.background)
    pip.setOutline(self.background)
    pip.draw(self.win)
    return pip

def setValue(self, value):
    """ 이 주사위의 값을 value로 바꾼다. """
    # 모든 눈을 끈다.
    for pip in self.pips:
        pip.setFill(self.background)

    # 적절한 눈을 다시 켠다.
    for i in self.onTable[value]:
        self.pips[i].setFill(self.foreground)
```

이 예제는 10장에 설명한 캡슐화의 장점을 잘 보여 주는 에이기도 하다. 지금까지 DieView 클래스의 구현을 상당히 개선할 수 있었다. 그러나 이 클래스가 어떤 메서드를 지원하는지에 대해서는 변경하지 않았다. 그러므로 이전 버전의 클래스를 사용하던 어느 프로그램이라도 아무 수정 없이 개선된 클래스를 사용할 수 있다. 객체를 캡슐화하면 '교체 가능한 모듈'의 집합으로 복잡한 소프트웨어를 만들 수 있다.

11.5 사례 연구: 파이썬 계산기

수정된 DieView 클래스 사례를 통해 리스트를 인스턴스 변수로 사용했을 때 얼마나 유용한지 보았다. 흥미롭게도 조금 전의 pips와 onTable은 각각 (그 자체가 객체인) 원 객체와 리스트를 요소로 갖는 리스트였다. 객체와 컬렉션 타입을 중첩하거나 결합하는 방법으로 프로그램 내에서 데이터를 저장하는 우아한 방법을 만들수 있다.

여기서 한발 더 나아가, 프로그램 자체를 데이터 구조(컬렉션 타입과 객체)의 집합이자 이 데이터 구조에 대해 작용하는 일련의 알고리즘의 조합으로 보는 시각도 가능하다. 이제 연산과 데이터를 포함하는 프로그램이라면, 전체 응용 프로그램 자체를 객체로 간주하는 것도 프로그램을 조직하는 한 방법이라고 할 수 있다.

11.5.1 객체로 본 계산기

파이썬으로 간단한 계산기를 구현하는 예제를 살펴보고자 한다. 이 계산기는 열개의 숫자 버튼(0~9)과 소수점 버튼, 사칙 연산 버튼(+, -, *, /), 마지막으로 몇 개의 기능 버튼(c: 모두 지우기, ⟨-: 백스페이스, =: 계산)을 갖추고 있다.

계산을 수행하는 방법은 최대한 단순화할 것이다. 사용자가 공식을 입력할 수 있도록 버튼을 클릭하면 해당하는 글자가 표시된다. 그다음 = 버튼을 누르면 입력된 공식을 평가한 뒤 결괏값이 화면에 표시된다. 그림 11.1에 우리가 구상하는 계산기의 모습을 담았다.

그림 11.1 파이썬 계산기 프로그램

기본적으로, 계산기의 기능을 크게 두 부분, 즉 인터페이스를 만드는 부분과 사용자와 상호 작용하는 부분으로 나눌 수 있다. 우리가 채택할 사용자 인터페이스는 디스플레이 위젯과 여러 개의 버튼으로 되어 있다. 이 GUI 위젯을 인스턴스 변수에 할당하여 계속 추적할 수 있다. 그리고 위젯을 조작하는 메서드를 통해 사용자와의 상호 작용을 처리한다.

이런 분업 구조를 구현하기 위해, 이 프로그램에서 계산기의 역할을 담당할 Calculator 클래스를 새로 만들 것이다. 이 클래스의 생성자는 인터페이스를 초기화하는 역할을 하게 된다. 이 계산기 프로그램은 run이라는 특별한 메서드를 실행하여 사용자의 조작에 반응할 것이다.

11.5.2 인터페이스 만들기

Calculator의 생성자 메서드를 자세히 살펴보자. 가장 먼저 할 일은, 인터페이스를 표시할 그래픽 창을 만들어야 한다.

```
def __init__(self):
    # 계산기 프로그램의 창을 만든다.
    win = GraphWin("Calculator")
    win.setCoords(0,0,6,7)
    win.setBackground("slategray")
    self.win = win
```

이 창의 좌표계는 버튼 레이아웃을 쉽게 만들 수 있도록 선택되었다. 코드의 마지막 줄에서, 창 객체를 인스턴스 변수에 할당하여 차후에 다른 메서드가 이를 참조할 수 있도록 했다.

그다음은 버튼을 만들 차례다. 버튼을 만드는 데는 이전 장에서 만들어 둔 버튼 클래스를 그대로 사용한다. 이 프로그램에는 많은 버튼이 사용되므로 버튼의 리스트를 만들어 이를 저장하도록 한다. 다음은 버튼의 리스트를 만드는 코드다.

```
# 버튼의 리스트를 만든다.
# 모든 버튼을 표준 크기로 만든다.
# bSpecs에는 버튼의 레이블이 위치할 좌표를 저장한다.
bSpecs = [(2,1,'0'), (3,1,'.'),
          (1,2,'1'), (2,2,'2'), (3,2,'3'), (4,2,'+'), (5,2,'-'),
          (1,3,'4'), (2,3,'5'), (3,3,'6'), (4,3,'*'), (5,3,'/'),
          (1,4,'7'), (2,4,'8'), (3,4,'9'), (4,4,'<-'),(5,4,'C')]

self.buttons = []
for (cx,cy,label) in bSpecs:
    self.buttons.append(Button(self.win,Point(cx,cy),
                               .75,.75,label))
# '=' 버튼을 좀 더 큰 크기로 만든다.
self.buttons.append(Button(self.win, Point(4.5,1),
                           1.75, .75, "="))
# 모든 버튼은 활성 상태로
for b in self.buttons:
    b.activate()
```

이 코드를 확실히 이해하고 넘어가기 바란다. 버튼은 보통 중점과 폭, 높이, 그리고 레이블 문자열 정보를 필요로 한다. 그러나 Button 클래스의 생성자에 이 모든 정보를 인자로 넘기는 방법은 여러모로 번거롭다. 이렇게 버튼을 직접 생성하는 것보다는 버튼을 생성할 정보를 미리 bSpecs에 만들어 두고, 이 정보가 담긴 리스트를 사용해서 버튼을 만드는 편이 낫다.

버튼을 만들기 위한 각 정보는 레이블의 x 좌표와 y 좌표, 레이블 문자열로 이루어진 튜플(tuple)로 되어 있다. 튜플은 리스트와 비슷해 보이지만 대괄호가 아닌 소괄호(())로 요소를 감싸는 표기법을 사용한다. 튜플 또한 파이썬에 있는 연속열형 중 하나로, 대부분의 성질이 리스트와 비슷하지만 튜플은 불변형, 즉 요소의 값을 바꿀 수 없다는 차이가 있다. 어떤 연속열형을 만든 뒤에 요소의 값을 바꿀 예정이 없다면, 리스트보다는 튜플을 사용하는 것이 더 적절하다.

그다음 단계는 버튼 정보가 담긴 리스트의 각 요소를 돌며 그에 해당하는 버튼을 만드는 과정이다. 이 반복문의 머리 부분은 다음과 같다.

```
for (cx, cy, label) in bSpecs:
```

for 문의 정의에 따르면, 튜플 (cx, cy, label)에 bSpecs의 각 요소가 할당된다.

이를 바꿔 말하면 반복문의 매 반복이 실행될 때마다 다음 할당문이 실행되는 것과 같다.

```
(cx, cy, label) = <next item from bSpecs>
```

물론 bSpecs의 요소들도 튜플이다. 튜플 형태의 변수가 할당문의 좌변에 위치할 경우, 우변의 튜플이 좌변의 변수에 대응하도록 풀리게(unpack) 된다. 파이썬의 동시 할당문 역시 이 방법으로 구현되어 있다.

반복문의 첫 반복은 다음 동시 할당문을 실행한 것과 같은 상태에서 수행된다.

```
cx, cy, label = 2, 1, "0"
```

매 반복이 수행될 때마다, 반복문의 머리 부분에서 bSpecs의 또 다른 튜플이 각각의 변수로 풀려서 할당된다. 그리고 이렇게 할당된 값들을 이용해서 Button 객체를 만들고 만들어진 객체를 리스트에 추가하게 된다.

표준 크기를 갖는 버튼을 모두 만들고 나면, 이보다 크기가 큰 '=' 버튼을 만들어 역시 리스트에 추가한다.

```
self.buttons.append(Button(self.win, Point(4.5, 1), 1.75, .75, "="))
```

나머지 버튼 역시 이런 방법을 택했어도 됐지만, 17개나 되는 비슷한 버튼을 만드는 데는 버튼 정보 리스트와 반복문을 사용하는 편이 낫다는 것을 보여 주고 싶었다.

계산기의 디스플레이는 버튼보다 더 쉽게 만들 수 있다. 계산기의 디스플레이는 텍스트를 표시할 수 있는 직사각형 영역이면 충분하다. 여기에 추가로 해야 할 일은 텍스트 객체를 인스턴스 변수에 할당하여 디스플레이에 표시된 값을 읽거나 버튼이 눌린 데 따른 결과를 출력할 수 있도록 하는 것이다. 다음은 디스플레이를 만들기 위한 코드다.

```
bg = Rectangle(Point(.5,5.5), Point(5.5,6.5))
bg.setFill('white')
bg.draw(self.win)
text = Text(Point(3,6), "")
text.draw(self.win)
text.setFace("courier")
text.setStyle("bold")
text.setSize(16)
self.display = text
```

11.5.3 버튼 처리하기

이제 인터페이스를 다 그렸으니 계산기를 동작하게 하는 메서드를 작성할 차례다. 이 계산기는 버튼이 눌리기를 기다리다가 버튼이 눌리면 눌린 버튼에 대한 상호 작용을 처리하는 고전적인 이벤트 반복문 구조를 갖게 될 것이다. 이 과정을 run이라는 메서드에 캡슐화하려고 한다.

```
def run(self):
    while True:
        key = self.getKeyPress()
        self.processKey(key)
```

이 반복문이 무한 반복 형태를 갖는 것에 주의하기 바란다. 프로그램을 종료하려면, 사용자가 프로그램 창을 '닫아야' 한다. 이제 남은 것은 getKeyPress와 processKey 메서드를 구현하는 것뿐이다.

키 입력을 받는 방법은 간단하다. 버튼 영역 안에 포함되는 마우스 클릭이 있을 때까지 계속 마우스 클릭을 확인하면 된다. 버튼이 클릭되었는지 여부에 대한 판단은, 모든 버튼이 담긴 리스트를 순회하며 일일이 확인하면 된다. 그 결과는 다음과 같은 중첩 반복문이 된다.

```
def getKeyPress(self):
    # 버튼이 클릭되기를 기다린다.
    # 클릭된 버튼의 레이블을 리턴한다.
    while True:
        # 마우스가 클릭될 때마다 반복이 수행된다.
        p = self.win.getMouse()
        for b in self.buttons:
            # 모든 버튼에 대해 반복을 수행한다.
            if b.clicked(p):
                return b.getLabel() # 메서드 종료 지점
```

이제 왜 버튼을 모두 리스트에 저장해 두었는지 알게 되었을 것이다. for 문을 사용하여 모든 버튼을 확인해 볼 수 있다. 클릭 지점 p가 버튼 중 하나라면, 그 버튼의 레이블 문자열이 리턴되며 무한 반복에서 탈출하게 된다.

마지막 단계는 버튼이 클릭됨에 따라 디스플레이를 업데이트하는 것이다. 이 과정은 processKey가 담당한다. 간단하게 말하면, 이 메서드는 키 레이블 값에 따라 적절한 작업을 수행하는 다지 분기 형태를 띤다. 눌린 키가 숫자 키나 연산자 키였다면 디스플레이에 그 내용을 추가하기만 하면 된다. 변수 key가 눌린 버튼의 레이블이고 text가 디스플레이에 현재 출력된 내용이라면 다음과 같은 코드가 필요할 것이다.

```
self.display.setText(text+key)
```

지움 키는 디스플레이의 내용을 모두 지운다.

```
self.display.setText("")
```

그리고 백스페이스키는 마지막 글자를 지우는 기능을 한다.

```
self.display.setText(text[:-1])
```

마지막으로, '=' 키는 디스플레이에 현재 표시된 표현식을 평가하고 그 결괏값을 출력하게끔 한다.

```
try:
    result = eval(text)
except:
    result = 'ERROR'
self.display.setText(str(result))
```

여기 쓰인 try-except 구조는 파이썬 문법에 어긋나는 표현식으로 인해 발생하는 런타임 오류를 처리하기 위한 것이다. 오류가 발생하면 프로그램이 강제 종료되는 대신 디스플레이에 ERROR라는 문구를 출력하게 된다.

다음은 완성된 프로그램이다.

```
# calc.pyw -- 파이썬 사칙 연산 계산기
# GUI를 구성하기 위해 객체와 리스트를 사용한 예제다.

from graphics import *
from button import Button

class Calculator:
    # 이 클래스는 간단한 계산기 GUI를 만든다.

    def __init__(self):
        # 계산기 프로그램의 창을 만든다.
```

```
        win = GraphWin("calculator")
        win.setCoords(0,0,6,7)
        win.setBackground("slategray")
        self.win = win
        # 위젯을 만든다.
        self.__createButtons()
        self.__createDisplay()

    def __createButtons(self):
        # 버튼의 리스트를 만든다.
        # 모든 버튼을 표준 크기로 만든다.
        # bSpecs에는 버튼의 레이블이 위치할 좌표를 저장한다.
        bSpecs = [(2,1,'0'), (3,1,'.'),
                  (1,2,'1'), (2,2,'2'), (3,2,'3'), (4,2,'+'), (5,2,'-'),
                  (1,3,'4'), (2,3,'5'), (3,3,'6'), (4,3,'*'), (5,3,'/'),
                  (1,4,'7'), (2,4,'8'), (3,4,'9'), (4,4,'<-'),(5,4,'C')]
        self.buttons = []
        for (cx,cy,label) in bSpecs:
            self.buttons.append(Button(self.win,Point(cx,cy),.75,.75,label))
        # '=' 버튼을 좀 더 큰 크기로 만든다.
        self.buttons.append(Button(self.win, Point(4.5,1), 1.75, .75, "="))
        # 모든 버튼은 활성 상태로
        for b in self.buttons:
            b.activate()

    def __createDisplay(self):
        bg = Rectangle(Point(.5,5.5), Point(5.5,6.5))
        bg.setFill('white')
        bg.draw(self.win)
        text = Text(Point(3,6), "")
        text.draw(self.win)
        text.setFace("courier")
        text.setStyle("bold")
        text.setSize(16)
        self.display = text

    def getButton(self):
        # 버튼이 클릭되기를 기다린다.
        # 클릭된 버튼의 레이블을 리턴한다.
        while True:
            p = self.win.getMouse()
            for b in self.buttons:
                if b.clicked(p):
                    return b.getLabel()  # 메서드 종료 지점

    def processButton(self, key):
        # 키 입력에 따라 디스플레이의 내용을 업데이트한다.
        text = self.display.getText()
        if key == 'C':
            self.display.setText("")
        elif key == '<-':
            # 백스페이스가 눌리면 마지막 글자를 잘라 낸다.
            self.display.setText(text[:-1])
        elif key == '=':
            # 표현식을 평가하고 디스플레이에 결과를 출력한다.
            # 수식이 유효하지 않을 경우에 대비하여 try...except
            # 구조를 갖춘다.
            try:
                result = eval(text)
            except:
                result = 'ERROR'
            self.display.setText(str(result))
```

```
        else:
            # 숫자 키 또는 연산자 키라면 디스플레이에 입력된 키를 추가한다.
            self.display.setText(text+key)

    def run(self):
        # 무한 반복 형태의 이벤트 반복문
        while True:
            key = self.getButton()
            self.processButton(key)

# 실제로 프로그램이 실행되는 곳
if __name__ == '__main__':
    # 먼저 계산기 객체를 만든다.
    theCalc = Calculator()
    # 그다음 계산기의 run 메서드를 실행한다.
    theCalc.run()
```

프로그램의 끝부분을 특히 잘 봐 두기 바란다. Calculator 클래스의 객체를 만들고 이 객체의 run 메서드를 실행하여 응용 프로그램을 실행하고 있는 것을 알 수 있다.

11.6 사례 연구: 대포알 애니메이션 개선하기

조금 전 계산기 예제에서는 코드를 단순화하기 위해 Button 객체를 사용했다. 이 경우에는 버튼의 레이블이 바뀌는 일이 없었기 때문에 비슷한 객체 여럿을 리스트로 관리하는 데서 얻는 이점이 코드를 작성할 때만으로 제한되었다. 프로그램 실행 중에 객체의 상태가 변하는 경우에는 리스트(그 외의 컬렉션 타입을 포함하여) 사용이 필수적이라고 할 수 있다.

지난 장의 대포알 애니메이션 예제를 다시 한 번 살펴보자. 이 프로그램은 한 번에 대포알 한 발만 보여 줄 수 있도록 완성되었다. 이번 절에서는 이 프로그램을 확장하여 여러 발을 동시에 보여 줄 수 있도록 수정하려고 한다. 이를 위해서는 현재 운동 중에 있는 모든 대포알의 궤적을 추적해야 한다. 이는 다시 말해, 항상 상태가 변화하고 있는 하나 이상의 객체의 집합을 관리해야 한다는 말이기도 하다.

11.6.1 발사기 만들기

대포알을 여러 개 보여 줄 수 있는 애니메이션을 만들기 전에, 사용자가 대포알을 여러 번 쏠 수 있도록 인터페이스를 수정하는 일부터 시작해 보자. 이 프로그램은 현재 간단한 대화 창을 통해 사용자로부터 정보를 입력받도록 되어 있다. 이번에는 여기에 새로운 위젯을 추가하여 사용자가 서로 다른 발사각, 초기 속도 값을 신속하게 바꿔가며 (마치 비디오 게임처럼) 대포알을 여러 발 쏠 수 있도록 할 것이다.

발사기 위젯은 화살표를 이용해서 현재 설정된 발사각과 초기 속도를 나타낸다. 그림 11.2에 화면 왼쪽의 발사기 위젯에서 대포알을 여러 발 발사하는 모습을 담았다. 화살표의 각도는 발사각을 나타내며, 길이는 초기 속도를 나타낸다(수학에 익숙한 독자라면, 이 화살표를 이미 초기 속도에 대한 벡터 표현으로 이해할 수 있었을 것이다). 전체 시뮬레이션은 키보드 조작(발사각을 증가/감소시키는 키, 초기 속도를 각각 증가/감소시키는 키와 발사 키)으로 이루어진다.

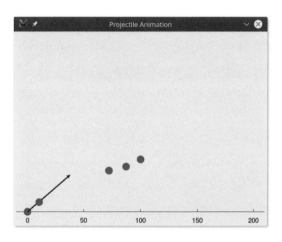

그림 11.2 대포알 애니메이션을 개선한 프로그램

먼저 Launcher의 기능을 하기 위한 클래스를 작성하는 일부터 시작해 보자. Launcher 클래스는 현재 설정된 발사각과 초기 속도를 유지할 수 있어야 할 것이다. 이를 위해 인스턴스 변수 self.angle과 self.vel을 사용하기로 한다. 그런 다음 발사각과 초기 속도를 측정할 단위를 결정해야 한다. 통상적인 속도의 단위는 초당 미터로, Projectile 클래스에서 사용하는 단위기도 하다. 각도의 단위는 도(degree)나 라디안을 사용한다. 내부적인 처리를 위해서는 파이썬 표준 라이브러리에서 채택한 단위인 라디안을 사용하는 것이 효율적이지만 입출력 과정에는 사람들에게 익숙한 도를 단위로 사용하는 것이 좋다.

이 클래스에서 가장 어려운 부분은 모든 인스턴스 변수를 초기화해야 하는 생성자다. 생성자가 어떤 인스턴스 변수를 준비해야 하는지 알기 위해 먼저 다른 메서드부터 작성해 보기로 한다. 우선 발사각과 초기 속도 값을 재설정하는 수정자 메서드부터 시작하자. 키 입력으로 조금씩 각도를 증가시키거나 감소시키려고 한다. 키 한 번으로 얼마나 증가/감소시킬지는 인터페이스에 맡기고, 메서드에 직접 값을 넘기는 방법을 택하기로 하자. 그리고 각도가 바뀌면, 새로운 각도 값을 반영하여 Launcher 객체를 다시 그려야 한다. 다음은 이런 내용을 수행하는 메서드다.

```python
class Launcher:

    def adjAngle(self, amt):
        """발사각을 amt만큼 변화시킨다."""

        self.angle = self.angle + radians(amt)
        self.redraw()
```

객체를 다시 그리기 위한 별도의 메서드(아직 작성되지 않았지만)를 둔 것에 주목하기 바란다. 발사 속도 값을 바꾸었을 때도 발사기 객체를 다시 그려야 하므로 이를 별도의 메서드로 두는 것이 자연스럽다. 그리고 각도의 조절 단위가 되는 값인 amt를 도에서 라디안 단위로 변환한 다음, 기존 값에 더하는 방법으로 처리한다. 조절 값이 양수라면 발사각이 커질 것이고, 음수라면 발사각이 작아질 것이다.

발사 속도를 조절하는 메서드도 같은 방법으로 작성할 수 있다.

```python
def adjVel(self, amt):
    """발사 속도를 amt만큼 변화시킨다."""

    self.vel = self.vel + amt
    self.redraw()
```

adjAngle과 마찬가지로 amt 값을 양수로 하면 속도가 빨라지고, 음수로 하면 속도가 줄어든다.

이 두 메서드를 완성하기 위해서는 redraw 메서드가 필요하다. redraw 메서드는 어떤 일을 해야 할까? 이 메서드는 현재 표시된 화살표를 지우고 self.angle과 self.vel의 현재 값을 이용해서 새로운 화살표를 그려야 한다. 화살표는 또 무엇으로 그려야 할까? 화살표는 Line 객체를 사용하기로 하자. 4장에 나온 Line 클래스의 설명을 보면 setArrow 메서드로 선분 끝에 화살표를 추가할 수 있다. 그다음으로 이전의 Line 객체(화살표)를 지우려면 이 객체를 인스턴스 변수에 저장한 뒤 이 인스턴스 변수로 객체를 지울 메서드를 호출해야 한다. 이 인스턴스 변수를 self.arrow라 부르기로 하자. 이런 구상을 바탕으로 x축 상의 속도와 y축 상의 속도를 분해하는 삼각법 계산(10.2절에서 이미 다룬 바 있다)을 추가하면 redraw 메서드를 다음과 같이 작성할 수 있다.

```python
def redraw(self):
    """ 현재 발사각과 초기 속도를 반영하기 위해 화살표를 다시 그린다. """

    self.arrow.undraw()
    pt2 = Point(self.vel*cos(self.angle),
                self.vel*sin(self.angle))
```

```
        self.arrow = Line(Point(0,0), pt2).draw(self.win)
        self.arrow.setArrow("last")
        self.arrow.setWidth(3)
```

이 코드는 인스턴스 변수 self.arrow에 할당되어 있는 Line 객체를 화면에서 지우고 새로운 Line 객체를 만든다. 새로 만들어지는 화살표의 시작점은 항상 (0,0)이고, 끝점은 발사각과 속도에 의해 결정된다. 새로운 Line 객체가 만들어지면 이 객체를 다시 화면에 표시하고 인스턴스 변수에도 할당해 둔다. 마지막으로 setArrow("last")를 호출해서 화살표의 끝점에 실제로 화살표 끝을 만들어 준다.

그다음에는 Launcher 객체에서 대포알을 '쏘는' 메서드를 만들어야 한다. 10장에서 ShotTracker라는 클래스를 만들어 둔 것을 기억하는가? 날아가는 대포알을 만들기 위해 이 클래스를 재사용할 것이다. ShotTracker 클래스는 그래픽 창과 발사각, 대포알의 초기 속도 및 고도에 대한 정보를 인자로 받는다. 초기 고도는 0으로 간주하고, 발사각과 초기 속도는 인스턴스 변수의 값을 사용한다. 그럼 대포알을 그릴 그래픽 창은 어떻게 전달받아야 할까? 우리가 대포알을 그릴 그래픽 창은 이미 발사기가 그려져 있는 창이다. 다시 말해, 창 객체를 할당할 인스턴스 변수 self.win이 필요하다. 지금까지의 내용을 적용하면 자연스럽게 다음과 같은 코드를 작성할 수 있다.

```
def fire(self):
    return ShotTracker(self.win, degrees(self.angle), self.vel, 0.0)
```

이 메서드는 우리 용도에 맞는 ShotTracker 객체를 하나 만들어 리턴한다. 이 대포알에 실제로 애니메이션 처리를 하는 것은 인터페이스가 담당할 것이다. fire 메서드에 애니메이션을 위한 반복문을 두는 것은 적절하지 않다. 그 이유를 혹시 이해하겠는가? (힌트: 발사기의 상호 작용이 모달 방식이어야 할까?)

이제 남은 일은 이미 구현한 메서드를 잘 뒷받침해 줄 생성자를 작성하는 것이다. 이 생성자는 대포알을 발사 위치에 표시하고, 인스턴스 변수(win, angle, vel, arrow)를 초기화하며, 현재 상태에 맞는 화살표를 화면에 표시하기 위해 redraw 메서드를 호출해야 한다.

```
def __init__(self, win):
    # 발사 위치에 대포알을 표시
    base = Circle(Point(0,0), 3)
    base.setFill("red")
    base.setOutline("red")
    base.draw(win)

    # 창 객체를 저장하고 발사각과 속도의 기본값을 설정
    self.win = win
```

```
        self.angle = radians(45.0)
        self.vel = 40.0

        # 초깃값이 적용된 '가짜' 화살표 객체를 만든다(차후 redraw로 업데이트됨).
        self.arrow = Line(Point(0,0), Point(0,0)).draw(win)
        # 화살표 객체를 정상적인 값으로 다시 그린다.
        self.redraw()
```

11.6.2 대포알 여러 개를 시뮬레이션하기

이제 이 발사기를 사용해서, 본격적인 문제, 즉 여러 가지 일을 한 번에 처리하기를 해결해 볼 차례다. 우리가 하려는 일은 아직 운동 중인 대포알이 있는 상태에서 다시 발사기를 조작하여 대포알을 발사하는 것이다. 이 목표를 달성하려면 대포알이 날아가는 도중에도 키보드 입력을 살피는 이벤트 반복문이 실행 중이어야한다. 말하자면 이 이벤트 반복문은 키보드 입력을 확인하면서 '현재 운동 중인' 대포알의 애니메이션을 처리하는 애니메이션 반복문으로도 기능하는 두 가지 역할을 담당해야 한다. 이를 해결하는 방법은 미리 정해둔 빈도, 이를테면 1초에 30번 정도로 이벤트 반복문을 우회하여 다른 일을 처리하는 것이다. 그래서 이벤트 반복문을 우회할 때는 현재 운동 중인 모든 대포알에 대한 애니메이션을 처리하면서 사용자로부터 들어온 입력을 처리하게 된다.

이런 복잡성을 잘 다루려면 계산기 예제와 같은 방법을 택한 뒤, 응용 프로그램 객체를 따로 만드는 방법이 좋다. 이 응용 프로그램 객체를 앞으로 ProjectileApp이라 부를 것이다. 이 클래스는 인터페이스를 그리고 필요한 변수를 초기화하는 생성자와 이벤트-애니메이션 결합 반복문을 담은 run 메서드를 갖게 될 것이다. 다음 코드는 생성자를 포함한 이 클래스의 첫 부분이다.

```
class ProjectileApp:

    def __init__(self):
        # 하단에 눈금이 그려진 그래픽 창을 만든다.
        self.win = GraphWin("Projectile Animation", 640, 480)
        self.win.setCoords(-10, -10, 210, 155)
        Line(Point(-10,0), Point(210,0)).draw(self.win)
        for x in range(0, 210, 50):
            Text(Point(x,-7), str(x)).draw(self.win)
            Line(Point(x,0), Point(x,2)).draw(self.win)

        # 그래픽 창에 발사기를 표시한다.
        self.launcher = Launcher(self.win)

        # '아직 운동 중인' 대포알을 저장할 빈 리스트
        self.shots = []
```

애니메이션 창을 만드는 부분은 이전 버전과 같다. 생성자 끝부분에서는 발사기 객체와 (아직 착지하지 않아) 애니메이션의 대상이 되는 대포알의 리스트 객체를 새로운 인스턴스 변수에 할당하고 있다.

다음은 이벤트-애니메이션 반복문을 포함하는 run 메서드다.

```
def run(self):

    # 이벤트-애니메이션 반복문
    while True:
        self.updateShots(1/30)

        key = self.win.checkKey()
        if key in ["q", "Q"]:
            break

        if key == "Up":
            self.launcher.adjAngle(5)
        elif key == "Down":
            self.launcher.adjAngle(-5)
        elif key == "Right":
            self.launcher.adjVel(5)
        elif key == "Left":
            self.launcher.adjVel(-5)
        elif key in ["f", "F"]:
            self.shots.append(launcher.fire())

        update(30)

    win.close()
```

이 반복문이 복잡해 보여도 내용은 별로 없다. 첫째 줄은 헬퍼 메서드를 사용해서 아직 운동 중인 대포알에 대한 애니메이션 처리를 한다. 당연하지만 이 부분이 이 반복문에서 애니메이션 역할을 담당한다. 반복문의 나머지 부분은 키보드 입력 이벤트를 처리하는 데 할애되어 있다. 이때 입력을 기다리며 반복문이 멈추지 않도록 checkKey 메서드로 입력 여부를 확인한다. "Up", "Down", "Left", "Right" 키는 키보드의 화살표 키를 말한다. 위아래 방향은 발사기의 각도를 조정하고, 좌우 방향키는 발사 속도를 조절한다.

대포알을 발사하는 방법은 더 쉽다. 사용자가 *f* 키를 누르면, 발사기에서 Shot Tracker 객체를 만들어 이를 운동 중인 대포알의 리스트에 추가한다. 발사기의 fire 메서드에서 ShotTracker 객체가 만들어지면 이 대포알이 바로 화면에 표시되고 대포알 리스트에 추가된다(self.shots.append 메서드로). 그다음 이 대포알은 반복문 가장 첫 줄의 updateShots가 호출될 때마다 위치가 변경된다. 그리고 반복문 마지막 줄은 그래픽이 업데이트되는 간격과 반복문이 수행되는 속도를 1초에 30번으로 제한하여 시뮬레이션을 실제 시간과 일치시킨다. 이 값도 마찬가지로 값을 조정하여 시뮬레이션 속도를 조절할 수 있다.

마지막으로 할 일은 대포알의 애니메이션을 담당하는 updateShots 메서드를 작성하는 것이다. 이 메서드는 두 가지 역할을 담당한다. 하나는 모든 운동 중인 대포알을 움직이는 것이고, 다른 하나는 착지했거나 그래픽 창밖으로 빠져나가 '운동이 끝난' 대포알을 리스트에서 제거하는 것이다. 두 번째 역할을 통해 대포알 리스트가 항상 운동 중인 대포알의 리스트로 유지될 수 있다. 첫 번째 역할을 수행하는 부분은 직관적으로 작성하면 된다. ShotTracker 객체의 리스트를 순회하며 각 객체에 update 메서드를 실행하면 된다. 아마 다음과 같은 코드가 될 것이다.

```python
def updateShots(self, dt):
    for shot in self.shots:
        shot.update(dt)
```

다시 밝혀두지만, dt는 대포알의 새로운 위치를 구할 시간 간격이다.

두 번째 역할은 운동이 끝난 대포알을 리스트에서 제거하는 것이다. 대포알이 운동 중인지 여부는 y 값이 0보다 크고, x가 -10부터 210 사이의 값을 가지는지 확인하는 방법으로 알 수 있다. 이 조건문을 확인하는 if 문을 사용해서 이에 해당하는 대포알을 제거하는 방법이 좋을 것 같다.

```python
if shot.getY() < 0 or shot.getX() < -10 or shot.getX() > 210:
    self.shots.remove(shot)
```

그러나 이 방법은 오류를 일으키기 쉽기 때문에 좋은 방법이 아니다. 리스트의 각 요소를 순회하는 반복문을 수행하는 도중에 리스트가 변경되면 예상치 못한 결과를 낳기 때문이다.

이런 오류를 피하려면 새로운 리스트에 아직 운동 중임이 확인된 대포알을 모아 담은 후 이 리스트를 self.shots에 할당하면 된다. 이 방법을 택해 작성된 updateShots는 다음과 같다.

```python
def updateShots(self, dt):
    alive = []
    for shot in self.shots:
        shot.update(dt)
        if shot.getY() >= 0 and -10 < shot.getX() < 210:
            alive.append(shot)
        else:
            shot.undraw()
    self.shots = alive
```

이 코드에서 새 리스트를 만들고 여기에 운동 중인 대포알을 모은 다음 이 리스트를 self.shots에 할당하는 패턴을 잘 봐 두기 바란다. 그리고 else 절을 추가하여 운동이 끝난 대포알을 화면에서 지우는 기능도 구현했다. 많은 수의 대포알을 쏘기를 원한다면, 착지한 대포알을 화면에서 지우는 편이 나을 것이다.

응용 프로그램을 실제로 실행할 코드를 덧붙이면 프로그램 작성이 끝난다.

```
if __name__ == "__main__":
    ProjectileApp().run()
```

이 애니메이션 프로그램은 매우 재미있다. animation2.py 파일을 다운로드해 한번 실행해 보기 바란다. 또 이 장 마지막의 연습 문제에는 이 프로그램을 개선하는 문제가 몇 가지 있다. 이 문제를 풀기 전에 지금까지 작성한 코드를 잘 이해해 두기 바란다.

완성된 프로그램을 이해하는 데 가장 중요한 것은 각 클래스가 맡는 역할과 이것들이 어떻게 어우러지는가 하는 데 있다. 그림 11.3에 프로그램을 구성하는 클래스를 실었다.

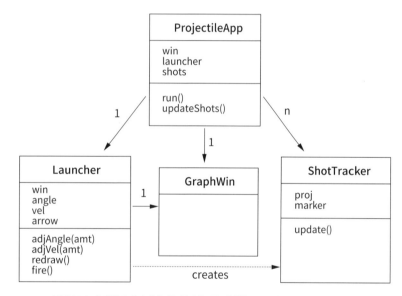

그림 11.3 여러 발의 애니메이션을 처리하도록 개선한 프로그램의 클래스 다이어그램

클래스를 나타내는 상자에는 이 클래스가 갖는 인스턴스 변수와 메서드가 함께 기재되어 있다. 그리고 화살표는 클래스 간의 의존 관계를 나타낸다. 또, 화살표에 달린 숫자는 화살표가 시작하는 클래스의 객체 중 몇 개가 화살표가 향하고 있는 클래스에 '의존 관계를 갖는'지 나타낸다. 예를 들어, ProjectileApp 클래스는 GraphWin 객체와 Launcher 객체 하나를 값으로 갖는 인스턴스 변수를 가지며, 여러 개(n개)의 ShotTracker 객체를 담은 리스트 역시 저장하고 있다. Launcher 클래

스에서 ShotTracker 클래스로 가는 점선 화살표는 발사기에서 ShotTracker 객체를 생성한다는 의미다. 다만 객체를 만들 뿐 ProjectileApp 클래스처럼 이를 저장하거나 조작하는 역할은 하지 않는다.

이런 클래스 다이어그램은 객체 지향 설계에서 우리가 9장에서 본 함수 구조도와 비슷한 기능을 한다. 이 다이어그램을 통해 코드 구석구석을 읽는 수고 없이 전체 프로그램의 구조를 이해할 수 있다. 사실, 이 다이어그램도 우리가 완성한 프로그램의 일부만 나타낼 뿐이다. 눈치 빠른 독자는 ShotTracker 클래스가 사용하고 있는 클래스가 다이어그램에서 빠져 있다는 사실을 깨달았을 것이다. 이 클래스가 다이어그램에서 빠진 것은 다이어그램의 중심이 우리가 작성한 클래스에 오도록 하기 위해서다. 이것들을 포함한 완전한 다이어그램을 작성하는 것은 독자들을 위한 연습 문제로 남겨 두겠다. 클래스 다이어그램은 객체 지향적 프로그램을 설계할 때도 큰 도움이 되니 작성법을 많이 연습해 두는 것이 좋다.

11.7 요소 간의 순서를 갖지 않는 컬렉션 데이터 타입

파이썬에는 다양한 내장 컬렉션 데이터 타입이 있다. 리스트 다음으로 많이 사용되는 것이 딕셔너리인데, 다른 언어를 보면 리스트(배열)를 갖춘 경우는 많지만 딕셔너리를 지원하는 경우는 상대적으로 적다. 이 책의 예제 프로그램에서는 딕셔너리를 사용하지 않으므로 원하지 않는다면 이 부분을 건너뛰어도 무방하다.

11.7.1 딕셔너리의 기본 사용법

리스트를 사용하면 서로 간의 순서를 가진 요소를 저장하고 다시 찾아볼 수 있다. 컬렉션 타입에서 어떤 요소에 접근하려면, 이 요소의 컬렉션 타입 내 위치를 나타내는 위치 지표를 사용한다. 하지만 응용 프로그램에서는 정보를 찾기 위해 이보다 더 유연한 방법을 필요로 할 때도 많다. 예를 들어, 학번이나 사번으로 학생 또는 직원에 대한 정보를 찾아야 한다면 어떨까? 프로그래밍 용어로는 이것을 키-값 쌍(key-value pair)이라고 한다. 어떤 특정한 키(학번)를 가지고 이와 관련된 값(학생 정보)을 찾는 것이다. 잠깐만 생각해 봐도 키-값 쌍을 유용하게 사용할 수 있는 경우, 예를 들어 이름과 전화번호, 아이디와 비밀번호, 우편번호와 배송비, 도와 도청 소재지, 판매 품목과 재고량 등 여러 가지를 생각해 낼 수 있을 것이다.

이렇게 (임의의) 어떤 값을 통해 이와 연관된 정보를 찾는 기능을 제공하는 데이터 집합을 매핑(mapping)이라고 한다. 파이썬의 딕셔너리 역시 매핑의 한 종류다. 다른 프로그래밍 언어에서는 이러한 기능을 해시(hash) 또는 연관 배열 (associative array)이라는 이름으로 제공하기도 한다. 파이썬에서 딕셔너리를 만드는 방법은 키-값의 쌍을 중괄호 안에 열거하는 것이다. 다음은 가상의 아이디와 그 비밀번호를 저장하는 간단한 딕셔너리의 예다.

```
>>> passwd = {"guido":"superprogrammer", "turing":"genius",
              "bill":"monopoly"}
```

키와 값이 ":" 문자로 결합되어 있는 것을 알 수 있다. 그리고 각 쌍을 구분하기 위해 쉼표(,)를 사용한다.

딕셔너리를 사용하는 주목적은 어떤 키로 그와 연관된 값을 찾는 것이다. 이 역시 위치 찾기와 같은 표기법을 사용한다.

```
>>> passwd["guido"]
'superprogrammer'
>>> passwd["bill"]
'monopol'
```

다음과 같은 일반형은 주어진 key와 연관된 값을 리턴한다.

```
<dictionary>[<key>]
```

딕셔너리는 가변형이다. 어떤 키와 연관된 값을 할당문으로 바꿀 수 있다.

```
>>> passwd["bill"] = "bluescreen"
>>> passwd
{'turing': 'genius', 'bill': 'bluescreen', \
 'guido': 'superprogrammer'}
```

앞의 예제에서 키 'bill'과 연관된 값이 'bluescreen'으로 바뀌었음을 알 수 있다.

그리고 딕셔너리를 출력할 때, 값을 할당한 순서대로 출력하지 않음을 보았을 것이다. 이것은 실수가 아니다. 매핑은 본질적으로 요소 간에 순서가 없다. 파이썬에서 딕셔너리는 키값을 찾기에 매우 효율적인 형태로 저장되어 있다. 따라서 딕셔너리를 출력할 때, 키가 출력되는 순서는 매번 바뀔 수밖에 없다. 요소 간의 순서를 유지하며 저장하고 싶다면 연속열형을 사용해야 하지, 매핑은 적절한 선택이 아니다.

정리하자면 딕셔너리는 키와 값 사이의 매핑을 만들어주는 가변형 컬렉션 타입이다. 조금 전에 본 비밀번호 예제에서는 키와 값이 모두 문자열이었지만, 키는 직접 정의한 클래스를 포함하여 어떤 타입의 값이라도 가질 수 있다. 파이썬의 딕셔너리는 매우 효율적이기 때문에 수십만 쌍의 요소를 저장할 수도 있다.

11.7.2 딕셔너리의 연산

파이썬의 딕셔너리도 리스트와 마찬가지로 편리한 내장 연산을 갖추고 있다. 키-값 쌍을 열거하는 방식으로 딕셔너리를 정의하는 방법을 앞에서 보았는데, 딕셔너리에 새 쌍을 추가해서 확장하는 방법도 사용할 수 있다. 비밀번호 시스템에 새로운 사용자를 추가하기 위해 다음과 같은 방법으로 새로운 아이디와 비밀번호를 딕셔너리에 할당할 수 있다.

```
>>> passwd['newuser'] = 'ImANewbie'
>>> passwd
{'turing': 'genius', 'bill': 'bluescreen', \
 'newuser': 'ImANewbie', 'guido': 'superprogrammer'}
```

딕셔너리를 만드는 데는 사실 빈 딕셔너리로 시작하여 키-값 쌍을 일일이 넣어 주는 방법이 더 일반적이다. passwords라는 파일이 있고 이 파일의 각 줄은 공백 문자로 구분된 아이디와 비밀번호의 쌍이라면, 다음과 같이 파일로부터 딕셔너리 passwd를 손쉽게 만들 수 있다.

```
passwd = {}
for line in open('passwords','r'):
    user, pass = line.split()
    passwd[user] = pass
```

파이썬이 제공하는 다음 메서드를 통해 딕셔너리에 저장된 내용을 조작할 수 있다.

메서드	기능
<key> in <dict>	딕셔너리에 해당 키가 있으면 참을, 아니라면 거짓을 리턴한다.
<dict>.keys()	딕셔너리에 저장된 키의 연속열을 리턴한다.
<dict>.values()	딕셔너리에 저장된 값의 연속열을 리턴한다.
<dict>.items()	(key, value)로 구성된 튜플의 연속열을 리턴한다.
<dict>.get(<key>, <default>)	딕셔너리에 key라는 키가 있으면, 그 값을 리턴한다. 아니라면 default를 리턴한다.
del <dict>[<key>]	해당 키를 갖는 키-값 쌍을 딕셔너리에서 제거한다.
<dict>.clear()	딕셔너리의 모든 키-값 쌍을 제거한다.
for <var> in <dict>:	딕셔너리의 모든 키-값 쌍을 순회하는 반복문

이 메서드들의 이름만 봐도 대부분 기능을 짐작할 수 있을 것이다. 다음은 비밀번호 예제로 이 메서드의 사용 예를 보이기 위한 대화형 세션이다.

```
>>> list(passwd.keys())
['turing', 'bill', 'newuser', 'guido']
>>> list(passwd.values())
['genius', 'bluescreen', 'ImANewbie', 'superprogrammer']
>>> list(passwd.items())
[('turing', 'genius'), ('bill', 'bluescreen'),\
 ('newuser', 'ImANewbie'),('guido', 'superprogrammer')]
>>> "bill" in passwd
True
>>> 'fred' in passwd
False
>>> passwd.get('bill','unknown')
'bluescreen'
>>> passwd.get('john','unknown')
'unknown'
>>> passwd.clear()
>>> passwd
{}
```

11.7.3 예제 프로그램: 낱말 빈도 세기

텍스트 문서를 분석하여 문서의 각 낱말이 몇 번이나 출현하는지 세는 프로그램을 작성해 보자. 이런 분석 결과는 두 문서 간의 문체를 비교하거나 문서에서 색인을 자동으로 생성하는 데도 이용된다(인터넷 검색 엔진 등).

프로그램 구조의 최상위에서의 관점으로 보면, 이 프로그램은 여러 개의 누적자를 사용하는 문제다. 우리가 필요한 것은 문서에 나오는 각 낱말의 출현 횟수인데, 이를 위해서는 문서의 각 낱말을 순회하며 이를 적절히 세어야 한다. 확실한 것은 문서에 나오는 낱말의 종류만큼 수많은 누적자를 사용해야 한다는 점이다. 여기에는 역시 파이썬의 딕셔너리가 안성맞춤이다.

이 프로그램에서는 낱말을 나타내는 문자열을 키로 가지며 그 낱말이 문서에서 출현한 횟수를 값으로 갖는 딕셔너리를 사용할 것이다. 이 딕셔너리를 counts라고 부르자. 어떤 낱말 w의 출현 횟수를 하나 늘리려면 다음과 같이 하면 된다.

```
counts[w] = counts[w] + 1
```

앞의 코드는 낱말 w와 연관된 값(w의 출현 횟수)을 현재 값에서 1 증가시키게 된다.

그러나 여기에 딕셔너리를 사용하기에는 아직 해결해야 할 문제가 남아 있다. 처음 보는 낱말일 경우, counts에 아직 해당 낱말이 없을 것이다. 존재하지 않는 키에 접근하려고 하면 런타임 오류 KeyError가 발생하게 된다. 이를 방지하려면 다음과 같은 의미를 갖는 분기가 필요하다.

```
if w라는 키가 이미 counts에 있다면:
    w의 출현 횟수를 1 증가시킨다.
else:
    w의 출현 횟수를 1로 설정한다.
```

이 분기를 통해 처음 보는 낱말을 만나더라도 횟수 1이 되도록 딕셔너리에 추가할 수 있다.

다음과 같이 in 연산자로 이런 분기문을 구현할 수 있다.

```
if w in counts:
    counts[w] = counts[w] + 1
else;
    counts[w] = 1
```

또는 다음과 같이 좀 더 우아한 방법을 사용할 수도 있다.

```
counts[w] = counts.get(w,0) + 1
```

키 w가 아직 딕셔너리에 없다면, get 메서드는 0을 리턴한다. 그러므로 키 w에 대한 값은 1이 된다.

딕셔너리를 수정하는 이 코드가 이 프로그램의 핵심이 된다. 나머지는 이 코드가 동작할 수 있도록 메꿔 나가면 된다. 먼저 해야 할 일은 텍스트 문서를 분할하여 낱말의 연속열로 만드는 것이다. 문서를 분할하기 전에 모든 글자를 소문자로 바꾸어 놓고(예를 들어, 'Foo'를 'foo'로) 구두점을 제거해 두면 편리할 것이다(예를 들면, 'foo,'를 'foo'로). 다음은 이렇게 세 가지 작업을 하는 코드다.

```
fname = input("File to analyze: ")

# 파일 내용 전체를 하나의 긴 문자열로 읽어 들인다.
text = open(fname,"r").read()

# 모든 글자를 소문자로 바꾼다.
text = text.lower()

# 구두점을 공백 문자로 치환한다.
for ch in '!"#$%&()*+,-./:;<=>?@[\\]^_'{|}~':
text = text.replace(ch, " ")

# 문자열을 공백 문자로 분할하여 낱말의 연속열로 만든다.
words = text.split()
```

이제 낱말의 연속열을 순회하면서 counts 딕셔너리를 만들어 가면 된다.

```
counts = {}
for w in words:
    counts[w] = counts.get(w,0) + 1
```

마지막으로 할 일은 counts의 내용을 정리하여 출력하는 것이다. 각 낱말과 출현 횟수를 알파벳순으로 출력하면 어떨까? 다음과 같은 코드로 이런 내용을 출력할 수 있다.

```
# 문서에 출현하는 낱말의 목록을 만든다.
uniqueWords = list(counts.keys())

# 낱말의 목록을 알파벳순으로 정렬한다.
uniqueWords.sort()

# 알파벳순으로 정렬된 낱말과 그 출현 횟수를 출력한다.
for w in uniqueWords:
    print(w, counts[w])
```

문서 크기가 매우 크다면 이 프로그램이 유용하지 못할 확률이 높다. 이런 문서는 훨씬 많은 낱말을 가지고 있을 것이고, 그중 대부분은 출현 횟수가 많지 않기 때문이다. 문서에서 가장 출현 빈도가 높은 n개의 낱말을 출력하면 더 재미있는 분석 결과를 얻을 수 있다. 문서를 이렇게 분석하려면 출현 횟수로 정렬(내림차순)된 목록을 만든 다음 이 중 처음 n개를 출력하면 된다.

다음과 같이 items 메서드로 딕셔너리에 담긴 키-값 쌍의 리스트를 얻을 수 있다.

```
items = list(counts.items())
```

변수 items는 튜플의 리스트가 된다(예: [('foo',5), ('bar',7), ('spam',376), ...]). 그러나 이 리스트를 그냥 정렬(items.sort())하면 기본적인 순서로밖에 정렬되지 않는다. 안타깝게도 파이썬에서 튜플에 대해 대소 비교를 할 때, 왼쪽부터 오른쪽의 순서로 요소를 비교해 나가기 때문이다. 모든 튜플은 낱말을 첫 요소로 갖고 있으므로 item.sort() 명령은 그냥 튜플을 낱말 알파벳순으로 정렬할 뿐이다.

이 튜플의 리스트를 우리가 원하는 순서, 즉 출현 빈도순으로 정렬하려면 키 함수를 정의하는 방법을 사용해야 한다. 이번에 사용할 키 함수는 튜플을 인자로 받아 그중 두 번째 요소를 리턴한다.

```
def byFreq(pair):
    return pair[1]
```

튜플 역시 리스트처럼 0부터 시작하는 위치를 갖는다. 그러므로 pair[1]을 리턴하면 튜플 중 출현 빈도를 얻을 수 있게 된다. 이 비교 함수를 사용해서 이제 리스트를 출현 빈도순으로 정렬할 수 있다.

```
items.sort(key=byFreq)
```

하지만 아직 일이 다 끝난 것이 아니다. 빈도수가 같은 낱말이 여럿 있다면 이 낱말끼리는 알파벳순으로 출력되는 편이 좋겠다. 다시 말해, 튜플의 리스트를 먼저 출현 빈도순으로 정렬한 뒤, 두 번째 기준으로 알파벳순을 적용해야 한다. 어떻게 하면 정렬에 이런 두 가지 기준을 적용할 수 있을까?

sort 메서드의 참조 문서를 보면(help([].sort) 명령으로 볼 수 있다), 이 메서드는 "원래 자리(in place) 안정 정렬(stable sort)을 수행한다"라고 나와 있다. 여기서 '원래 자리'라는 말의 의미는 요소가 정렬된 새로운 리스트를 만드는 것이 아니라 인자로 받은 원래 리스트의 순서를 바꾼다는 의미다. 그러나 여기서 중요한 것은 이게 아니라 '안정 정렬'이다. 어떤 정렬 알고리즘에서 서로 (키값이) 같은 값을 가질 때 정렬 결과가 정렬 이전의 상대적 순서를 유지하는 경우 이 알고리즘을 안정 정렬이라고 부른다. 파이썬의 sort 메서드도 안정 정렬 알고리즘을 사용하므로 출현 빈도로 정렬하기 전에 이미 알파벳순으로 정렬되어 있었다면 정렬이 끝난 후에도 출현 빈도가 같은 낱말들은 알파벳 순서를 유지하고 있을 것이다. 결국 원하는 결과를 얻으려면 정렬을 두 번, 즉 먼저 알파벳순, 그다음 출현 빈도순으로 하면 된다는 것을 알 수 있다.

```
items.sort()                             # 알파벳순 정렬
items.sort(key=byFreq, reverse=True)     # 출현 빈도순 정렬
```

이 코드에는 아직 설명하지 않은 내용이 하나 있다. 키워드 인자 reverse를 참으로 하면 정렬 순서를 반대로(오름차순의 반대이므로 내림차순) 할 수 있다. 그러므로 정렬 결과는 출현 빈도에 대해 오름차순이 된다.

이제 낱말을 출현 빈도가 높은 순서대로 정렬했으니 가장 출현 횟수가 많은 n개의 낱말을 출력할 수 있다. 다음은 이렇게 출력을 수행하는 반복문이다.

```
for i in range(n):
    word, count = items[i]
    print("{0:<15}{1:>5}".format(word, count)
```

리스트의 다음 요소를 가져오기 위해 반복 인덱스 i를 사용하고 있다. 가져온 요소는 튜플을 풀어 헤친 다음 word와 count 두 변수에 나누어 할당된다. 그다음에 15칸 공간에 왼쪽으로 정렬된 낱말이 출력된다. 그 뒤에는 다시 출현 횟수가 5칸 공간에 오른쪽으로 정렬되어 출력된다.[2]

다음은 이렇게 완성된 전체 프로그램(wordfreq.py)이다.

---

2 숙련된 파이썬 프로그래머는 튜플을 풀어 헤치는(unpack) 연산자인 *로 이 반복문 몸체를 다음과 같은 한 줄로 작성할 수 있을 것이다.

```
print("{0:<15}{1:>5}".format(*items[i]))
```

이 연산자에 대해 더 궁금한 것이 있다면 파이썬 참조 문서를 보기 바란다.

```
def byFreq(pair):
    return pair[1]

def main():
    print("This program analyzes word frequency in a file")
    print("and prints a report on the n most frequent words.\n")

    # 파일로부터 낱말의 연속열을 만든다.
    fname = input("File to analyze: ")
    text = open(fname,'r').read()
    text = text.lower()
    for ch in '!"#$%&()*+,-./:;<=>?@[\\]^_`{|}~':
        text = text.replace(ch, ' ')
    words = text.split()

    # 딕셔너리에서 낱말 출현 횟수를 센다.
    counts = {}
    for w in words:
        counts[w] = counts.get(w,0) + 1

    # 출현 횟수가 많은 순서대로 n개의 낱말을 출력한다.
    n = eval(input("Output analysis of how many words? "))
    items = list(counts.items())
    items.sort()
    items.sort(key=byFreq, reverse=True)
    for i in range(n):
        word, count = items[i]
        print("{0:<15}{1:>5}".format(word, count))

if __name__ == '__main__': main()
```

다음은 이 프로그램을 실행한 예제다. 독자들도 읽고 있는 책에서 가장 많이 나오는 낱말이 무엇인지 알아보면 재미있을 것이다.

```
This program analyzes word frequency in a file
and prints a report on the n most frequent words.

File to analyze: book.txt
Output analysis of how many words? 20
the            6428
a              2845
of             2622
to             2468
is             1936
that           1332
and            1259
in             1240
we             1030
this            985
for             719
you             702
program         684
be              670
it              618
are             612
as              607
can             583
will            480
an              470
```

11.8 정리

이번 장에서는 서로 관계 깊은 데이터의 집합을 다루는 방법을 소개했다. 다음은 이 장의 핵심 내용을 정리한 것이다.

- 리스트 객체는 임의의 객체의 연속열이며 가변형이다. 위치 찾기 연산과 조각 썰기 연산으로 리스트의 요소에 접근할 수 있다. 또한 할당문으로 리스트 요소의 값을 바꿀 수 있다.
- 파이썬의 리스트는 다른 프로그래밍 언어의 배열과 비슷하다. 파이썬의 리스트는 서로 데이터 타입이 다른 요소를 가질 수 있으며, 크기가 자동으로 조절된다는 점에서 유연성이 훨씬 뛰어나다. 리스트는 또한 쓸모 있는 메서드를 여럿 제공하고 있다.
- 데이터를 처리하는 연산 중 특히 중요한 것으로 정렬을 들 수 있다. 파이썬의 리스트는 sort 메서드를 갖고 있는데, 이 메서드는 키 함수를 인자로 주어 정렬 방법을 조정할 수 있다. 키 함수는 또 클래스에 상관없이 임의의 객체를 정렬할 수 있게 해 준다.
- 클래스에서 리스트를 값으로 갖는 인스턴스 변수로 사용하면 데이터의 집합을 다룰 수 있다. 각각의 값을 별도의 인스턴스 변수로 두는 것보다 리스트에 담아 두면 좀 더 유연한 프로그램을 만들 수 있다. GUI 응용 프로그램에서 모든 버튼을 각각 인스턴스 변수에 할당하는 대신, 리스트를 값으로 갖는 인스턴스 변수 하나에 담아 두는 것을 예로 들 수 있다.
- 전체 프로그램을 '데이터와 그에 대한 연산'을 결합한 무언가, 즉 객체의 모임으로 보는 관점도 존재한다. GUI 응용 프로그램을 구조화할 때 이런 관점이 많이 사용된다.
- 파이썬의 딕셔너리는 키와 그와 연관된 값의 쌍을 만들 수 있는 매핑을 제공한다. 순서가 따로 없는 데이터 모음을 나타낼 때 유용하게 사용할 수 있다.

11.9 연습 문제

내용 점검

맞다/틀리다로 답하시오.

1. 중간값은 데이터를 구성하는 값의 평균이 되는 값을 말한다.

2. 표준 편차는 어떤 데이터 집합이 얼마나 흩어져 있는지 측정하는 기준이다.

3. 배열은 대개 서로 다른 데이터 타입을 갖는 요소들로 되어 있지만, 리스트의 구성 요소는 대개 모두 같은 데이터 타입이다.

4. 파이썬의 리스트는 크기를 변화시킬 수 없다.

5. 문자열과 달리 파이썬의 리스트는 가변형이다.

6. 리스트는 적어도 하나의 요소를 갖고 있어야 한다.

7. 리스트의 요소는 del 연산자로 제거할 수 있다.

8. 튜플은 불변형인 리스트라고 할 수 있다.

9. 파이썬의 딕셔너리는 일종의 연속열형이다.

다음 중 맞는 것을 모두 고르시오.

1. 수학의 첨자 용도로 컴퓨터 프로그래밍에서는 무엇을 쓰는가?

   a) 조각 썰기 연산   b) 위치 찾기 연산   c) 파이썬   d) 카페인

2. 다음 중 파이썬의 연속열형에 대한 내장 연산이 아닌 것은?

   a) 정렬   b) 연접   c) 조각 썰기 연산   d) 반복

3. 리스트 끝에 요소 하나를 추가하는 메서드는 다음 중 무엇인가?

   a) extend   b) add   c) plus   d) append

4. 다음 중 파이썬 리스트의 메서드가 아닌 것은?

   a) index   b) insert   c) get   d) pop

5. 다음 중 파이썬 리스트의 특징이 아닌 것은?

   a) 객체다.   b) 연속열형이다.

   c) 객체를 저장할 수 있다.   d) 불변형이다.

6. 다음 표현식 중 x의 값이 짝수인지 확인할 수 있는 것은?

   a) x % 2 == 0

   b) even(x)

   c) not odd(x)

   d) x % 2 == x

7. stdDev의 인자 중 xbar가 의미하는 바는 무엇인가?

   a) 중앙값   b) 최빈값   c) 데이터가 퍼진 정도   d) 평균값

8. 다음 중 sort 메서드에 키 함수를 전달하는 키워드 인자는 무엇인가?

   a) reverse   b) reversed   c) cmp   d) key

9. 다음 중 딕셔너리 객체의 메서드가 아닌 것은?

   a) get   b) keys   c) sort   d) clear

10. 딕셔너리 객체의 메서드 items의 리턴 값은 다음 중 무엇인가?

   a) 정수형   b) 튜플의 연속열형   c) 불형   d) 딕셔너리

토론할 내용

1. 다음 명령문을 실행한 상태에서

```
s1 = [2, 1, 4, 3]
s2 = ['c', 'a', 'b']
```

   다음 표현식을 평가한 결과가 무엇일지 답하시오.

   a) s1 + s2

   b) 3 * s1 + 2 * s2

   c) s1[1]

   d) s1[1:3]

   e) s1 + s2[-1]

2. 이전 문제에 제시한 명령문을 실행한 상태에서, 다음 명령을 실행한 후의 s1와 s2의 값이 어떻게 되는지 답하시오. 단, 이때 각 선택지는 독립적이라고 가정한다(매번 s1과 s2가 원래 상태일 때 실행).

   a) s1.remove(2)

   b) s1.sort()

   c) s1.append([s2.index('b')])

   d) s2.pop(s1.pop(2))

   e) s2.insert(s1[0], 'd')

프로그래밍 과제

1. 이번 장에서 작성한 통계 프로그램을 수정하여 이를 사용하는 프로그램에서 좀 더 유연하게 평균값 또는 표준 편차를 계산할 수 있도록 하라. 라이브러리에 다음과 같은 구체적인 기능을 추가할 수 있도록 다시 설계하라.

- mean(nums) nums에 포함된 숫자의 평균을 리턴한다.
- stdDev(nums) nums에 포함된 숫자의 표준 편차를 리턴한다.
- meanStdDev(nums) nums에 포함된 숫자의 평균과 표준 편차를 함께 리턴한다.

2. gpasort 프로그램이 학생 정보 파일을 평점, 이름, 이수 학점 중 한 가지를 기준으로 정렬하도록 수정하라. 입력 파일명과 정렬 기준, 출력 파일명을 순서대로 입력하도록 안내해야 한다.

3. 이전 문제에서 확장한 프로그램에서 오름차순 정렬과 내림차순 정렬을 선택할 수 있도록 수정하라.

4. 앞의 문제들에 나온 프로그램에 GUI를 추가하라. 새로운 그래픽 인터페이스에는 입력 파일 및 출력 파일 이름을 입력할 Entry 객체 몇 개와 오름차순 정렬 버튼, 내림차순 정렬 버튼이 있어야 한다. 보너스 문제: 정렬 기준을 한 가지이상 할 수 있도록 하고 종료 버튼을 추가하라.

5. 프로그래밍 언어는 대부분 파이썬만큼 유연성을 갖춘 리스트(배열)를 갖고있지 않다. 다음에 나오는 파이썬 연산에 대한 알고리즘을 작성하고 이를 함수로 작성하여 테스트해 보라. 예를 들어, reverse(myList) 함수는 myList.reverse()와 동일하게 동작해야 한다. 당연히 파이썬에 이미 구현된 메서드는사용할 수 없다.

   a) count(myList, x)(myList.count(x)와 같은 기능)
   b) isin(myList, x)(x in myList와 같은 기능)
   c) index(myList, x)(myList.index(x)와 같은 기능)
   d) reverse(myList)(myList.reverse()와 같은 기능)
   e) sort(myList)(myList.sort()와 같은 기능)

6. 리스트의 요소를 카드를 섞듯이 무작위한 순서로 섞는 함수인 shuffle(myList)를 작성하고 이를 테스트하라.

7. 두 리스트의 내적(inner product)을 구하는 함수인 innerProd(x,y)를 작성하고이를 테스트하라. 이때 내적을 구하는 방법은 다음 식과 같다.

$$\sum_{i=0}^{n-1} x_i y_i$$

8. 리스트에서 중복되는 요소를 제거하는 함수인 removeDuplicates(someList)를 작성하고 이를 테스트하라.

9. 리스트의 sort 메서드에 함수를 인자로 넘길 때의 단점 중 하나는 정렬이 수행되는 도중에 이 함수가 빈번하게 실행되기 때문에 정렬 작업 자체가 느려진다는 것이다.

   이를 방지하기 위한 방법은 표준적인 파이썬의 대소 비교로도 원하는 대로 정렬할 수 있도록 '덧붙인' 리스트를 만드는 것이다. 예를 들어, 평점을 기준으로 Student 객체를 정렬한다고 할 때, 먼저 [(gpa0, Student0), (gpa1, Student1), ..]와 같이 튜플의 리스트를 만든다. 그다음 이 리스트를 키 함수 없이 정렬한다. 그러면 이 튜플이 평점 값에 따라 정렬될 것이다. 이렇게 정렬된 리스트를 순회하면서 다시 Student 객체의 리스트를 만들면 평점 순으로 정렬된 리스트를 얻게 된다. 이 방법을 사용하여 gpasort 프로그램을 다시 작성해 보라.

10. '에라토스테네스의 체'는 n보다 작은 소수(素數, prime number)를 모두 찾기 위한 우아한 알고리즘이다. 이 알고리즘의 기본적인 방법은 다음과 같다. 먼저 2부터 n까지 정수의 리스트를 만든다. 리스트의 첫 번째 수를 리스트에서 빼서 이를 소수로 판정한 다음 그 수의 배수가 되는 수 역시 리스트에서 제거한다. 이 과정을 리스트에 아무 수도 남지 않을 때까지 반복한다.

    예를 들어 10 이하의 소수를 찾는다고 할 때 최초 리스트는 2, 3, 4, 5, 6, 7, 8, 9, 10이 될 것이다. 먼저 2를 소수라 판정하고 리스트에서 제거한 다음, 2의 배수인 4, 6, 8, 10을 리스트에서 제거한다. 이제 리스트에는 3, 5, 7, 9가 남았다. 이 과정을 다시 반복하여 3을 리스트에서 제거한 뒤 소수라 판정한 다음, 3의 배수인 9를 리스트에서 제거한다. 이러면 리스트에는 5와 7만 남는다. 다시 5를 소수라 판정하고 리스트에서 제거한다. 마지막으로 7을 소수로 판정하고 리스트에서 제거하면 리스트에 아무 숫자도 남지 않게 되고 알고리즘이 종료된다.

    사용자로부터 n을 입력받아서 이 알고리즘으로 n보다 작은 모든 소수를 찾는 프로그램을 작성하라.

11. 파일에서 텍스트를 읽어 들인 뒤, 이 텍스트에 포함된 욕설(f***) 낱말을 모두 별표 처리('****')로 대체하는 자동 검열 프로그램을 작성하라. 구두점은 무시해도 좋으며, 한 낱말이 두 줄에 걸쳐 나오는 경우는 없다고 가정한다.

12. 이전 문제의 프로그램을 확장하여 검열 대상이 되는 낱말이 저장된 파일을 입력으로 받게끔 하라. 이때 텍스트 파일에서 발견된 검열 대상 낱말은 원래 낱말과 길이가 같은 별표('*') 문자열로 대체된다.

13. 카드 객체(10장의 프로그래밍 과제 11 참조)의 리스트를 만들고, 이 카드를 그림 종류(suite)별로 정렬한 뒤, 같은 그림끼리는 숫자(rank)로 정렬하여 출력하는 프로그램을 작성하라. 이 프로그램은 카드의 리스트를 파일에서 읽어 들이며, 이 파일의 각 줄은 그림과 숫자를 공백으로 구분한 카드 한 장을 나타낸다. 힌트: 숫자로 먼저 정렬하고 나서 그다음 그림 종류로 정렬하라.

14. 이전 문제의 프로그램을 확장하여 다섯 장으로 구성된 포커 패를 분석하는 프로그램을 작성하라. 카드의 내용을 출력한 뒤 이를 다음 중 하나로 판정한다.

- **로열 플러시**: 모두 같은 그림인 10, J, Q, K, A
- **스트레이트 플러시**: 모두 같은 그림인 연속된 숫자 다섯 개
- **포 오브 어 카인드**: 네 장이 같은 숫자
- **풀 하우스**: 같은 숫자가 세 장, 또 다른 숫자가 두 장
- **플러시**: 모두 그림이 같은 다섯 장
- **스트레이트**: 그림에 상관없이 연속하는 숫자 다섯 장
- **쓰리 오브 어 카인드**: 세 장이 같은 숫자(이지만 풀 하우스도 포 오브 어 카인드도 아닌 경우)
- **투 페어**: 두 장이 같은 숫자, 또 다른 두 장이 같은 숫자.
- **페어**: 두 장이 같은 숫자(이지만 투 페어, 쓰리 오브 어 카인드, 포 오브 어 카인드가 아닌 경우)
- **X 하이**: 앞에서 해당하는 패가 없었을 경우, 가장 높은 숫자가 X. 예를 들어 가장 높은 숫자가 11이었을 경우, 이 패는 J 하이가 된다.

15. 카드 한 벌을 나타내는 Deck 클래스를 작성하라. 이 클래스는 다음과 같은 메서드를 갖추어야 한다.

- **생성자**: 52장으로 구성된 카드 한 벌을 만든다.
- shuffle: 카드의 순서를 무작위로 섞는다.
- dealCard: 덱의 가장 위에 위치한 카드를 한 장 뽑아 리턴하며 이 카드를 덱에서 제외한다.

- cardsLeft: 덱에 남아 있는 카드 장수를 리턴한다.

덱을 섞은 뒤, *n*을 입력으로 받아 연속 *n*장의 카드를 뽑는 방법으로 이 클래스를 테스트하라. 카드를 몇 벌이고 사용할 수 있는 블랙잭 시뮬레이션(9장 프로그래밍 과제 8, 9 참조)을 이 클래스를 사용하여 구현해 보라.

16. 간단한 통곗값을 계산하는 클래스인 StatSet를 작성하라. 이 클래스는 다음과 같은 메서드를 갖추어야 한다.

- __init__(self) 아무 데이터도 갖고 있지 않은 StatSet 객체를 만든다.
- addNumber(self, x) x가 숫자일 때 StatSet 객체에 x를 추가한다.
- mean(self) 현재 StatSet 객체가 갖고 있는 값의 평균을 리턴한다.
- median(self) 현재 StatSet 객체가 갖고 있는 값의 중간값을 리턴한다.
- stdDev(self) 현재 StatSet 객체가 갖고 있는 값의 표준 편차를 리턴한다.
- count(self) 현재 StatSet 객체가 갖고 있는 값의 개수를 리턴한다.
- min(self) 현재 StatSet 객체가 갖고 있는 값 중 최솟값을 리턴한다.
- max(self) 현재 StatSet 객체가 갖고 있는 값 중 최댓값을 리턴한다.

이 장에서 배운 프로그램과 비슷한 프로그램을 사용하여, 작성한 클래스를 테스트하라.

17. 그래픽 인터페이스를 가진 응용 프로그램에서는 여러 그래픽 객체를 묶어 하나의 객체로 만드는 것이 편리할 때가 있다. 예를 들어, 얼굴 그림은 여러 개의 도형으로 이루어져 있지만 얼굴 전체가 함께 자리를 잡게 된다. 이런 용도로 사용하기 위한 GraphicsGroup 클래스를 작성하라. GraphicsGroup 객체는 그래픽 객체의 리스트를 관리하며 다음과 같은 메서드를 갖추고 있어야 한다.

- __init__(self, anchor) anchor는 Point 객체다. anchor로 주어진 지점에 빈 그룹을 만든다.
- getAnchor(self) 기준 지점을 가리키는 Point 객체의 사본을 리턴한다.
- addObject(self, gObject) gObject는 그래픽 객체다. gObject를 그룹에 추가한다.
- move(self, dx, dy) 그룹에 포함된 모든 객체를 이동시킨다(기준 지점 포함).

- draw(self, win) 그룹에 포함된 모든 객체를 그래픽 창 win에 그린다.
- undraw(self) 그룹에 포함된 모든 객체를 화면에서 지운다.

여러 개의 요소로 구성된 그림을 그리고, 클릭 입력에 따라 그림 전체를 이동시키는 프로그램을 작성하라. 그리고 이 프로그램으로 새로 작성한 클래스를 테스트하라.

18. 9장에 나온 무작위 행보 프로그램(프로그래밍 과제 12)을 다음과 같이 확장하라. 정사각형 보도블록의 연속열로 이루어진 보도가 있다고 하자. 그리고 이 보도는 한 발짝 걸으면 블록 하나만큼 이동하게 된다. 이때 각 보도블록을 몇 번이나 딛었는지 추적하는 프로그램을 작성하라. 먼저 보도의 길이 n을 입력으로 받고, 그 중앙에서 행보를 시작한다. 보행자가 보도의 어느 한쪽 끝을 넘어가면 시뮬레이션이 끝난다. 시뮬레이션이 끝나면 보행자가 각 보도블록을 몇 번이나 딛었는지 출력하라.

19. 고전적인 의미의 집합을 나타내는 Set 클래스를 작성하고 이를 테스트하라. 이 클래스는 다음과 같은 메서드를 지원해야 한다.

- Set(elements) 새로운 집합을 만든다(elements는 초기에 갖고 있게 될 요소의 리스트).
- addElement(x) 집합에 새로운 요소 x를 추가한다.
- deleteElement(x) 집합에서 요소 x를 제거한다. x가 집합의 요소가 아니라면 아무 일도 일어나지 않는다.
- member(x) x가 집합의 요소라면 참을, 아니라면 거짓을 리턴한다.
- intersection(set2) 현재 집합과 set2의 교집합에 해당하는 새로운 집합 객체를 리턴한다.
- union(set2) 현재 집합과 set2의 합집합에 해당하는 새로운 집합 객체를 리턴한다.
- subtract(set2) 현재 집합과 set2의 차집합에 해당하는 새로운 집합 객체를 리턴한다.

집합은 매우 유용한 개념으로 파이썬에는 이미 set라는 내장 데이터 타입이 존재한다. 이 데이터 타입에 대해 자세히 알고 싶더라도 이 데이터 타입을 사용해서는 안 된다. 이 연습 문제에서 중요한 점은 리스트와 딕셔너리를 사용한 알고리즘을 작성하는 능력을 키우는 것이기 때문이다.

20. 이번 장에서 소개한 대포알 애니메이션 프로그램을 확장하여 발사기의 초기 고도를 사용자가 조절할 수 있도록 하라. 높이 조절 역시 각도나 초기 속도 조절과 같은 방법으로 바꿀 수 있어야 한다. 두 가지 키를 골라 높이를 낮추거나 높이는 키로 사용하도록 한다.

21. 대포알 애니메이션 프로그램에 목표물 객체를 추가하라. 이 목표물은 무작위로 선택된 크기를 갖는 정사각형 영역으로 애니메이션이 표시되는 영역의 아래쪽에 위치한다. 목표물에 대포알이 명중하면 목표물은 화면에서 사라지며 새로운 목표물이 생성된다. 그 외에도 움직이는 목표물이나 지금까지 명중시킨 목표물의 개수를 세는 기능을 추가해 볼 수 있다.

12장

P y t h o n   P r o g r a m m i n g

객체 지향 설계

이 장의 학습 목표

- 객체 지향 설계 절차를 이해한다.
- 객체 지향 설계를 적용한 프로그램을 읽고 이해할 수 있다.
- 캡슐화, 다형성, 상속의 개념을 이해하고 이 개념이 객체 지향 설계 및 프로그래밍에 어떻게 적용되는지 이해한다.
- 객체 지향 설계를 통해 복잡도가 있는 소프트웨어를 설계할 수 있다.

12.1 객체 지향 설계 절차

지금까지 데이터를 구조화하는 기법을 배웠으니 배운 개념을 활용해 볼 차례다. 오늘날 사용되는 대부분의 컴퓨터 응용 프로그램은 데이터 중심적 관점에서 설계되었다. 이를 객체 지향 설계(object-oriented design, ODD) 절차라고도 하는데, 이 절차는 하향식 설계를 대신하여 신뢰성 있고 효율적인 소프트웨어를 개발하기 위해 사용할 수 있는 방법이다.

이 기법의 핵심은 신비한 블랙박스와 이 박스의 인터페이스로 시스템을 나타내는 것이다. 각 구성 요소는 인터페이스를 통해 일련의 기능을 제공한다. 그 외의 구성 요소는 서비스의 사용자 또는 클라이언트(client)가 된다.

클라이언트는 서비스의 인터페이스만 이해하면 된다. 그 서비스가 어떻게 구현되었는지와 같은 나머지 세부 사항은 알지 못해도 상관없다. 사실 그 내부 동작이 급격하게 변경되었다고 해도 클라이언트에는 전혀 영향을 주지 못한다. 마찬가지로 서비스를 제공하는 구성 요소 역시 클라이언트가 서비스를 어떻게 사용할지에 대해 생각할 필요가 없다. 블랙박스는 그 요소의 역할을 충실히 수행하기만 하면 된다. 이런 형태의 관심사의 분리를 따르면 복잡한 시스템을 설계할 수 있다.

하향식 설계에서는 함수가 이 블랙박스와 같은 역할을 담당했다. 클라이언트 프로그램은 이 함수가 어떤 일을 하는지만 이해한다면 함수를 사용할 수 있다. 그 일을 어떻게 하는지에 대한 세부 사항은 함수 정의 안에 갇혀 있다.

객체 지향 설계의 블랙박스는 객체다. 객체가 부리는 마법의 비밀은 클래스 정의에 숨어 있다. 용도에 맞는 클래스 정의를 작성하기만 하면, 이 클래스가 어떻게 동작하는지는 신경 쓰지 않고 이 클래스가 제공하는 인터페이스를 사용하기만 하면 된다. 이런 과정을 통해 graphic 모듈의 동작 원리를 몰라도 간단한 코드로 그래픽 창에 원을 그리는 일이 가능해지는 것이다. 이 일을 수행하는 세부 사항은 모두 GraphWin과 Circle 클래스의 클래스 정의에 들어 있다.

커다란 문제를 서로 상호 작용하는 여러 개의 클래스로 나누어 생각할 수 있다면, 이 프로그램을 이해하기 위해 고려해야 할 복잡성을 크게 경감할 수 있다. 각 클래스는 서로 독립적이다. 또한 객체 지향 설계는 해결하려는 문제에 적합한 클래스를 발견하고 정의해 나가는 과정이라고 할 수 있다. 모든 설계가 그렇듯이 이 과정은 어느 정도는 과학의 영역에, 또 어느 정도는 경험의 영역에 속한다.

객체 지향 설계에는 접근법이 있으며 각각 고유한 기술, 표기법, 전문가 및 교과서가 있으나 이 장에서 그 모든 것을 다룰 수는 없다. 또, 그 두꺼운 책을 여러 권 읽는다고 해서 그만큼 도움이 되지도 않는다. 설계를 배우는 가장 좋은 방법은 경험이다. 많이 해 볼수록 능숙해질 것이다.

시작하기 전에 객체 지향 설계에 대한 몇 가지 직관적인 조언을 보태고자 한다.

1. **객체로 삼을 후보를 찾자**: 우리의 목표는 문제를 푸는 데 적합한 객체를 찾아 이를 정의하는 것이다. 먼저, 문제를 잘 이해하는 것부터 시작해야 한다. 객체는 대개 이 문장 속에 명사로 포함되어 있다. 문제를 설명하는 문장에 나오는 명사에 모두 밑줄을 그은 다음, 하나씩 살펴본다. 이 중에 프로그램 안에서 나타내야 할 대상이 무엇일지, 또는 이 중 '흥미로운' 행동 패턴을 보이는 것은 없는지 생각해 본다. 숫자나 문자열 같은 원시 데이터 타입(primitive data type)으로 나타낼 수 있는 대상은 객체로 삼을 만한 것이 못 된다. 서로 관련된 여러 가지 데이터를 갖고 있는 것들이 객체로 삼기 적당한 대상이다.

2. **인스턴스 변수를 찾자**: 객체로 삼을 만한 대상을 찾아냈다면, 이 객체가 자신의 역할을 수행하기 위해 어떤 정보를 필요로 할지 생각해 본다. 또 이 인스턴

스 변수는 어떤 값을 가질지도 생각해 보아야 한다. 객체의 속성 중에는 원시 데이터 타입인 것도 있을 테고, 또 다른 객체나 클래스로 정의해야 할 만큼 복잡한 것도 있다. 프로그램에서 사용할 모든 데이터가 자리 잡을 클래스를 갖출 수 있도록 해야 한다.

3. **인터페이스를 어떻게 정할지 생각해 보자**: 객체 또는 클래스로 삼을 만한 대상을 찾아내고 이와 연관된 데이터를 결정했다면, 그다음에는 이 객체가 제공할 수 있을 만한 연산이 어떤 것일지 생각해 보아야 한다. 문제를 설명하는 문장에 나오는 동사부터 생각해 보면 도움이 된다. 동사는 (문제를 풀기 위해 해야 할) 어떤 행동을 나타내기 위한 단어이기 때문이다. 클래스에 필요한 메서드를 열거해 본다. 객체의 데이터는 이렇게 외부로 제공되는 메서드를 통해서만 수정되어야 한다는 것을 잊지 않도록 한다.

4. **복잡한 메서드를 정리하자**: 한두 줄이면 구현 가능한 메서드도 있지만 제법 복잡한 알고리즘을 필요로 하는 메서드도 있다. 하향식 설계와 단계별 정리를 적용하여 복잡한 메서드의 세부 사항을 구체화하도록 한다. 이 과정에서 다른 클래스와의 새로운 상호 작용이 필요하다는 것을 발견하거나 다른 클래스에 새로운 메서드를 추가해야 할 수도 있다. 아니면 새로운 클래스로 정의해야 할 대상을 더 찾을 수도 있다.

5. **반복적으로 설계를 수정하자**: 설계를 해 나가는 과정에서 새로운 클래스를 정의하고 기존 클래스에 메서드를 추가하는 과정을 여러 번 오가게 될 것이다. 그게 무엇이든 지금 필요한 부분부터 설계하라. 프로그램 설계를 일필휘지로 한 번에 끝낼 수 있는 사람은 없다. 수정이 필요한 부분이 있다면 그 부분부터 설계를 수정하라.

6. **또 다른 방법은 없는지 생각해 보자**: 새로운 구상을 시험해 보거나 현재 방법이 적합하지 않다고 생각되면 현재 설계를 미련 없이 버릴 수 있어야 한다. 좋은 설계는 많은 시행착오로부터 나온다. 내가 볼 수 있는 다른 사람의 코드는 이미 완성된 프로그램이므로 이것만으로는 그 설계에 이르는 사고 과정을 알기 어렵다. 그러나 잘 설계된 프로그램은 대개 여러 번의 수정을 통해 현재에 이른 것이다. 유명한 소프트웨어 기술자인 프레드 브룩스(Fred Brooks)는 "이미 있는 것을 버릴 계획을 세워라"라는 말을 남겼다. 시행착오 없이는 해결책을 찾을 수 없는 경우도 많다.

7. **단순함을 유지하자:** 설계의 매 단계에서 가장 간단한 해결책을 찾으라. 필요성이 확인될 때까지 필요 이상의 복잡한 설계를 하지 않도록 한다.

다음 절에서는 두 가지 사례 분석을 통해 객체 지향 설계의 여러 측면을 볼 것이다. 이 예제들을 잘 이해하고 나면 직접 문제를 풀며 설계 능력을 키울 준비를 갖추게 될 것이다.

12.2 사례 연구: 라켓볼 시뮬레이션

첫 번째 사례 연구로 9장에서 보았던 라켓볼 시뮬레이션을 다시 살펴보려고 한다. 필요하다면 하향식 설계를 적용해서 작성했던 프로그램을 다시 보고 와도 좋다.

이 문제의 핵심은, 두 선수에 대해 서브권을 가졌을 때의 랠리 승률이 알려져 있다고 할 때 이 확률을 기반으로 하나 이상의 라켓볼 경기를 시뮬레이션하는 것이다. 이 시뮬레이션에서 입력받는 정보는 선수 A와 선수 B의 랠리 승률, 시뮬레이션을 진행할 경기 수다. 그러면 이 결과를 깔끔하게 정리하여 출력하게 된다.

9장에서 작성했던 프로그램에서는 두 선수 중 어느 한쪽이 15점에 도달하면 경기가 끝난 것으로 간주했다. 이번에는 셧아웃을 규칙에 추가하기로 한다. 어느 한 선수가 득점을 하지 못한 상태에서 상대 선수가 7점을 득점하면 경기가 끝나게 된다. 우리가 만들 시뮬레이션은 두 선수가 각각 이긴 경기 수와 셧아웃을 적용하여 이긴 경기 수를 파악해야 한다.

12.2.1 객체 후보와 메서드

우리가 가장 먼저 할 일은 이 문제를 해결하는 데 유용할 만한 객체를 찾는 것이다. 이 프로그램은 두 선수 간의 일련의 라켓볼 시합을 시뮬레이션하고, 이 경기 결과에 대한 통계를 기록해야 한다. 이렇게 짧은 설명만으로도 이 프로그램을 어떻게 구성해야 하는지 한 가지 힌트를 얻을 수 있다. 우리가 해야 할 일은 두 가지다. 하나는 경기를 시뮬레이션하는 것이고, 다른 하나는 이 경기 결과에 대한 통계를 작성하는 것이다.

경기를 시뮬레이션하는 것부터 먼저 해결해 보자. 라켓볼 경기 하나를 나타내는 객체를 생각해 볼 수 있다. 한 경기는 두 선수의 플레이에 관한 정보를 갖게 될 것이다. 새로운 경기를 만들면 두 선수의 실력 수준을 지정한다. 이를 통해 두 선수의 승률을 인자로 받는 생성자를 가진 어떤 클래스(RBallGame이라고 부르자)를 생각해 볼 수 있다.

프로그램이 경기에 대해 또 어떤 일을 해야 할까? 당연히 경기를 진행할 수 있어야 한다. 이 클래스에 play라는 메서드를 만들어 경기가 종료될 때까지 경기를 시뮬레이션하자. 다음과 같은 두 줄로 라켓볼 경기를 만들고 이를 시뮬레이션할 수 있다.

```
theGame = RBallGame(probA, probB)
theGame.play()
```

여러 경기를 시뮬레이션하려면 이 코드를 반복문에 포함시키면 된다. RBallGame 객체가 이 일만 해 준다면 이를 사용하는 주 프로그램을 작성할 수 있다. 이번에는 경기 결과에 대한 통계를 수집하는 일을 처리할 차례다.

시뮬레이션 결과를 정리하려면 적어도 네 가지 정보, 즉 A 승, B 승, A의 셧아웃 승, B의 셧아웃 승의 빈도를 세어야 한다. 또 전체 경기 수도 출력해야 하니 이에 대한 처리도 필요하겠지만, A와 B의 승 수를 합하는 방법으로 계산할 수 있다. 이제 네 가지 서로 관계 깊은 정보가 있다. 이를 따로따로 다루는 것보다 객체 하나로 모으는 편이 나을 것 같다. SimStats라는 클래스를 정의하여 그 인스턴스에 이 역할을 맡기자.

SimStats 객체는 일련의 경기에 대한 모든 정보를 유지하는 역할을 담당한다. 우리는 이미 경기로부터 얻을 수 있는 네 가지 중요한 정보를 찾아냈는데, 이제 이 정보에 대해 어떤 연산이 필요할지 생각해야 한다. 우선 모든 정보를 0으로 초기화하는 생성자가 필요할 것이다.

또, 한 경기를 시뮬레이션할 때마다 이 정보를 업데이트할 수단 역시 필요하다. 클래스에 update 메서드를 추가해 이 일을 맡기도록 한다. 통곗값은 경기 결과로부터 업데이트된다. 이 업데이트가 잘 이루어지려면 통계를 맡은 객체에 필요한 정보를 보내 주어야 할 필요가 있다. 이를 위한 가장 쉬운 방법은 경기의 전체 정보를 모두 전달한 뒤 update 메서드 안에서 필요한 정보를 뽑아내는 것이다.

마지막으로, 모든 경기의 시뮬레이션이 끝나면 시뮬레이션 결과를 출력해야 한다. 이를 위해 깔끔하게 정리된 통곗값을 출력하는 printReport 메서드를 만들어 볼 수 있다.

이제 main 함수의 작성을 시작할 수 있을 만큼 설계가 끝났다. 남아 있는 세부 사항은 대부분 앞의 두 클래스 정의 안에 위치할 것이다.

```
def main():
    printIntro()
    probA, probB, n = getInputs()
    # 경기를 시뮬레이션한다.
```

```
    stats = SimStats()
    for i in range(n):
        theGame = RBallGame(probA, probB) # 경기를 만든다.
        theGame.play() # 한 경기를 시뮬레이션한다.
        stats.update(theGame) # 경기 결과로부터 정보를 얻는다.
    # 시뮬레이션 결과를 출력한다.
    stats.printReport()
```

코드를 보면 안내문을 출력하거나 입력을 받기 위해 헬퍼 함수를 사용한 것을 볼 수 있다. 이 함수들을 작성하는 데는 아무 문제가 없을 것이다.

이제 나머지 두 클래스에 세부 사항을 채워 넣을 차례다. SimStats 클래스가 쉬워 보이니 이것부터 작성을 시작한다.

12.2.2 SimStats 클래스 구현하기

SimStats 클래스의 생성자는 네 가지 정보를 0으로 초기화해야 한다. 다음과 같이 하면 될 것이다.

```
class SimStats:
    def __init__(self):
        self.winsA = 0
        self.winsB = 0
        self.shutsA = 0
        self.shutsB = 0
```

그다음은 update 메서드를 작성할 차례다. 이 메서드는 한 경기를 일반 인자로 받은 뒤 앞의 네 가지 값을 적절히 업데이트해야 한다. 먼저, 메서드의 머리 부분은 다음과 같을 것이다.

```
def update(self, aGame):
```

그런데 이걸 어떤 방법으로 해야 할까? 우리가 알아야 하는 정보는 경기의 최종 득점에 대한 것인데, 이 정보는 aGame 객체 안에 있다. 다시 강조하지만 우리는 aGame의 인스턴스 변수에 직접 접근할 수 없다. 사실 이런 인스턴스 변수가 존재하는지조차 알 수 없다.

조금 전의 분석을 통해 RBallGame 클래스에 새로운 메서드가 필요하다는 것을 알게 되었다. aGame 객체가 최종 득점수를 알려 줄 수 있도록 이 객체의 인터페이스를 확장해야 한다. 이 메서드를 getScores라고 이름 짓고 선수 A와 선수 B의 점수를 리턴하도록 한다.

이제 update 메서드를 직관적으로 작성할 수 있다.

```
def update(self, aGame):
    a, b = aGame.getScores()
    if a > b: # A의 승리
```

```
        self.winsA = self.winsA + 1
        if b == 0:
            self.shutsA = self.shutsA + 1
    else: # B의 승리
        self.winsB = self.winsB + 1
        if a == 0:
            self.shutsB = self.shutsB + 1
```

결과를 출력하는 메서드를 추가해 SimStats 클래스를 완성하자. 이 역할을 맡을 printReport 메서드는 각 선수에 대해 승리 수, 승률, 셧아웃 승리 수, 셧아웃 승률을 출력한다. 다음은 출력 예다.

```
Summary of 500 games:

            wins (% total)   shutouts (% wins)
------------------------------------------------
Player A:   411  82.2%          60   14.6%
Player B:    89  17.8%           7    7.9%
```

표의 첫 줄은 쉽게 출력할 수 있지만 내용이 출력될 줄은 열에 맞추어 정렬되도록 좀 더 신경을 써야 한다. 이때 주의할 점은 0승인 선수의 셧아웃 승률을 계산하는 중에 0으로 나누기 오류가 일어나지 않도록 해야 한다는 것이다. 메서드의 기본 내용을 작성하되 내용을 정렬하는 부분은 printLine이라는 메서드에 미뤄두도록 하자. printLine 메서드는 선수 레이블(A 또는 B), 승리 수와 셧아웃 승리 수, 전체 경기 수(승률 계산에 필요하다)를 전달받아야 한다.

```
def printReport(self):
    # 결과를 잘 정렬해 출력한다.
    n = self.winsA + self.winsB
    print("Summary of", n , "games:\n")
    print("            wins (% total)    shutouts (% wins) ")
    print("------------------------------------------------")
    self.printLine("A", self.winsA, self.shutsA, n)
    self.printLine("B", self.winsB, self.shutsB, n)
```

printLine 메서드를 작성해 이 클래스를 완성한다. 이 메서드는 문자열 형식 연산을 많이 필요로 한다. 먼저, 정보를 출력할 형식 문자열부터 정의한다.

```
def printLine(self, label, wins, shuts, n):
    template = "Player {0}:{1:5} ({2:5.1%}) {3:11} ({4})"
    if wins == 0: # 0으로 나누기 방지
        shutStr = "-----"
    else:
        shutStr = "{0:4.1%}".format(float(shuts)/wins)
    print(template.format(label, wins, float(wins)/n, shuts, shutStr))
```

셧아웃 승률을 계산하는 부분을 잘 봐 두기 바란다. 셧아웃 승률은 전체 형식 문자열의 다섯 번째 자리에 해당하는데, if 절을 통해 승리 수가 0인 경우에는 다른 방법으로 처리해 0으로 나누기가 일어나지 않도록 한다.

12.2.3 RBallGame 클래스 구현하기

이제 SimStats 클래스를 마무리했다. 이번에는 RBallGame을 구현할 차례다. 이 클래스에 대해 지금까지 결정한 사항을 정리하자면, 두 선수의 승률을 인자로 받는 생성자와 한 경기를 시뮬레이션하는 play 메서드, 최종 득점 결과를 알려 주는 getScores 메서드를 갖는다는 것이다.

라켓볼 경기가 알아야 할 것이 또 무엇이 있을까? 실제로 경기를 시뮬레이션하려면 두 선수의 승률, 현재 점수, 현재 서브권은 누가 가지고 있는지에 대한 정보를 알고 있어야 한다. 이때 승률과 점수는 각 선수에 대한 정보이지만 누가 서브를 넣어야 하는지는 경기에 대한 정보임을 알 수 있다. 이를 감안하면 서브권을 누가 가졌는지는 경기 객체가 기억해 두고, 두 선수의 승률과 현재 점수는 각 선수 객체가 기억하면 될 것이다. RBallGame 클래스에 대한 고찰 결과 새로운 객체의 설계가 필요하게 되었다.

선수도 객체로 나타내야 한다면 이 객체의 행동을 정의할 새로운 클래스가 필요하다. 이 클래스를 Player라고 부르기로 하자. Player 객체는 승률과 현재 득점에 대한 정보를 유지한다. Player 객체를 처음 만들 때 승률은 생성자가 인자로 받고 현재 득점은 0점으로 초기화한다. RBallGame 클래스와 마찬가지로 Player 클래스도 이런 식으로 세부 사항을 채워 나간다.

이제 RBallGames 클래스의 생성자를 작성할 차례다. 경기는 두 선수와 서브권을 인스턴스 변수로 갖는다.

```python
class RBallGame:
    def __init__(self, probA, probB):
        self.playerA = Player(probA)
        self.playerB = Player(probB)
        self.server = self.playerA # 항상 선수 A가 서브권을 갖고 시작한다.
```

객체 간의 관계를 그림으로 그려 보면 이를 이해하는 데 도움이 된다. RBallGame 클래스의 객체 하나를 다음과 같이 만들었다면,

```python
theGame = RBallGame(.6, .5)
```

이 명령으로 만들어진 객체는 그림 12.1과 같은 관계를 갖게 된다.

이제 RBallGame 객체를 만들 수 있게 되었으므로 이 객체로 어떻게 경기를 시뮬레이션할 것인지 생각해야 한다. 9장에서 라켓볼에 대해 논의했던 내용에 따르면, 경기가 끝날 때까지 랠리와 그 랠리의 승자가 누구냐에 따라 득점 또는 서브권 이동을 반복하는 알고리즘을 작성해야 한다. 이 알고리즘은 객체를 기반으로 한 코드로 쉽게 옮길 수 있다.

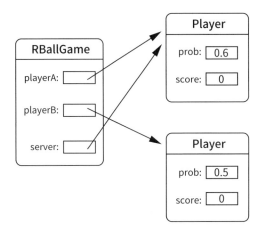

그림 12.1 RBallGame 객체와 이와 연관된 객체

먼저, 경기가 끝날 때까지 반복될 반복문이 있어야 한다. 경기가 끝났는지 여부는 당연히 경기 객체에 물어보아야 할 것이다. 이를 위한 isOver 메서드가 이미 있다고 가정하자. play 메서드의 첫 부분은 이 메서드(아직 작성되지 않았지만)를 사용한다.

```
def play(self):
    while not self.isOver():
```

이 반복문 안에서 할 일은, 서브권을 가진 선수가 시작한 랠리의 결과에 따라 정해진다. 이렇게 하려면 Player 객체에, 서브를 넣어 랠리를 시작하는 메서드가 필요하다. 서브를 넣어 시작한 랠리를 누가 이겼는지는 서브를 넣은 선수의 (선수 객체에 저장된) 승률에 따라 결정되기 때문에 선수 객체에 승패를 물어보기만 하면 된다.

```
if self.server.winsServe():
```

그리고 이 결과에 따라 득점을 할지 서브권을 옮겨가게 할지 결정한다. 득점이라면 선수의 현재 득점수를 바꾸면 된다. 이것도 선수 객체가 해야 할 일이다. 반대로 서브권 이동이라면 이 정보는 RBallGame 객체의 인스턴스 변수 server에 저장되어 있으므로 경기 차원의 일이 된다.

이것들을 모두 적용한 play 메서드는 다음과 같다.

```
def play(self):
    while not self.isOver():
        if self.server.winsServe():
            self.server.incScore()
        else:
            self.changeServer()
```

self가 가리키는 것이 RBallGame 객체임을 알고 있다면 이 코드를 쉽게 이해할 수 있다. 경기가 끝나기 전까지 서브권을 가진 선수가 랠리를 이긴다면 득점을 하게 되고 반대라면 서브권이 넘어가게 된다.

물론 이렇게 간단한 알고리즘을 사용하려면 RBallGame 클래스에서 두 개의 메서드(isOver와 changeServer)를, Player 클래스에서 또 두 개의 메서드(winServe와 incScore)를 추가로 작성해야 한다.

이 새로운 메서드들을 작성하기 전에 RBallGame 클래스의 또 다른 최상위 메서드인 getScores를 먼저 완성하자. 여기서도 같은 문제를 만나게 된다. 득점수를 실제로 기억하고 있는 것은 선수 객체이므로 선수 객체에 이를 물어본 뒤 리턴하는 메서드를 작성해야 한다.

```python
def getScores(self):
    return self.playerA.getScore(), self.playerB.getScore()
```

이제 Player 객체에 필요한 메서드가 하나 더 늘었다. 추가로 작성해야 할 목록에 넣어 두도록 한다.

RBallGame 클래스를 마무리 지으려면 isOver 메서드와 changeServer 메서드를 작성해야 한다. 이 메서드들은 지금까지 진행해 온 설계와 이전에 작성해 둔 프로그램을 통해 직관적으로 작성할 수 있다. 이 부분은 독자들을 위한 연습 문제로 남겨 놓겠다. 내가 작성한 메서드를 확인하고 싶다면 이 절 끝의 완성된 코드를 참조하기 바란다.

12.2.4 Player 클래스 구현하기

RBallGame 클래스를 구현하면서 Player 객체가 이 선수의 서브 승률과 현재 점수를 캡슐화해야 한다는 결론에 도달했다. 이를 위해 Player 클래스에 생성자와 winsServe, incScore, getScore 등의 메서드를 작성해야 한다.

여러분이 객체 지향 접근법에 익숙해졌다면 생성자를 작성하는 데는 아무 어려움이 없을 것이다. 우리가 할 일은 그저 인스턴스 변수를 초기화하는 것뿐이다. 선수의 승률은 이미 인자로 받은 바 있고 득점수는 0으로 초기화하면 된다.

```python
def __init__(self, prob):
    # 주어진 승률을 가진 선수 객체를 만든다.
    self.prob = prob
    self.score = 0
```

그 외의 메서드는 이보다 더 간단하다. 이 선수가 서브를 넣은 랠리를 승리하는지 확인하려면 0부터 1 사이의 난수와 승률을 비교하면 된다.

```
def winsServe(self):
    return random() < self.prob
```

그리고 이 선수에게 득점을 주려면 점수에 1점을 더해 준다.

```
def incScore(self):
    self.score = self.score + 1
```

남은 것은 현재 득점을 리턴하는 메서드다.

```
def getScore(self):
    return self.score
```

처음에는 한두 줄짜리 메서드를 여러 개 만드는 것이 바보 같다고 생각할지 모른다. 그러나 잘 모듈화된 객체 지향 프로그램에서는 이런 메서드를 흔하게 볼 수 있다. 설계의 요점은 문제를 좀 더 간단한 작은 문제로 나누는 것이다. 나눈 문제가 아주 간단해 그 구현도 빤하다면 그만큼 제대로 하고 있다는 자신감을 얻게 된다.

12.2.5 완성된 프로그램

객체 지향으로 다시 만들어진 라켓볼 시뮬레이션을 마무리할 시간이다. 완성된 프로그램은 다음과 같다. 프로그램을 처음부터 끝까지 읽어 내려가며 각 클래스가 어떤 일을 하는지, 어떻게 그 일을 하는지 잘 이해해 두기 바란다. 어느 부분이든 이해가 가지 않는 부분이 있다면 해당 부분으로 돌아가 확인하기 바란다.

```
# objrball.py
# 객체를 이용한 설계 예제. 라켓볼 시뮬레이션

from random import random

class Player:
    # 자신이 서브를 넣을 때의 랠리 승률과 현재 득점을 유지한다.

    def __init__(self, prob):
        # 주어진 승률을 가진 선수 객체를 만든다.
        self.prob = prob
        self.score = 0

    def winsServe(self):
        # 확률 self.prob에 대해 참인지를 불 값으로 리턴한다.
        return random() <= self.prob

    def incScore(self):
        # 이 선수의 득점에 1점을 추가한다.
        self.score = self.score + 1

    def getScore(self):
        # 이 선수의 현재 득점을 리턴한다.
        return self.score
```

```python
class RBallGame:
    # RBallGame 객체는 진행 중인 경기를 나타낸다.
    # 경기는 두 선수에 의해 진행되며 서브권을 가진 선수가 누구인지 기억한다.

    def __init__(self, probA, probB):
        # 인자로 주어진 승률을 갖는 선수의 경기를 만든다.
        self.playerA = Player(probA)
        self.playerB = Player(probB)
        self.server = self.playerA  # 항상 선수 A가 서브권을 갖고 시작한다.

    def play(self):
        # 경기를 시뮬레이션한다.
        while not self.isOver():
            if self.server.winsServe():
                self.server.incScore()
            else:
                self.changeServer()

    def isOver(self):
        # 경기가 종료되었는지 여부를 리턴한다(예: 둘 중 어느 한 선수의 승리).
        a,b = self.getScores()
        return a == 15 or b == 15 or \
               (a == 7 and b == 0) or (b==7 and a == 0)

    def changeServer(self):
        # 서브권을 다른 선수에게로 넘긴다.
        if self.server == self.playerA:
            self.server = self.playerB
        else:
            self.server = self.playerA

    def getScores(self):
        # 두 선수의 현재 득점을 리턴한다.
        return self.playerA.getScore(), self.playerB.getScore()

class SimStats:
    # SimStats는 여러 경기의 시뮬레이션 결과를 누적 계산하는 역할을 맡는다.
    # 이 버전은 두 선수의 승리 수 및 셧아웃 승리 수를 센다.

    def __init__(self):
        # 일련의 경기에 대해 새로운 통계 객체를 만든다.
        self.winsA = 0
        self.winsB = 0
        self.shutsA = 0
        self.shutsB = 0

    def update(self, aGame):
        # 경기 aGame의 결과에 따라 통곗값을 업데이트한다.
        a, b = aGame.getScores()
        if a > b:                           # A의 승리
            self.winsA = self.winsA + 1
            if b == 0:
                self.shutsA = self.shutsA + 1
        else:                               # B의 승리
            self.winsB = self.winsB + 1
            if a == 0:
                self.shutsB = self.shutsB + 1

    def printReport(self):
        # 결과를 잘 정렬해 출력한다.
        n = self.winsA + self.winsB
        print("Summary of", n , "games:\n")
```

```
        print("                   wins (% total)     shutouts (% wins)  ")
        print("--------------------------------------------")
        self.printLine("A", self.winsA, self.shutsA, n)
        self.printLine("B", self.winsB, self.shutsB, n)
    def printLine(self, label, wins, shuts, n):
        template = "Player {0}:{1:5}   ({2:5.1%}) {3:11}    ({4})"
        if wins == 0:           # 0으로 나누기 방지
            shutStr = "-----"
        else:
            shutStr = "{0:4.1%}".format(float(shuts)/wins)
        print(template.format(label, wins, float(wins)/n, shuts, shutStr))

def printIntro():
    print("This program simulates games of racquetball between two")
    print('players called "A" and "B".  The ability of each player is')
    print("indicated by a probability (a number between 0 and 1) that")
    print("the player wins the point when serving. Player A always")
    print("has the first serve.\n")

def getInputs():
    # 시뮬레이션의 세 파라미터를 입력받아 리턴한다.
    a = float(input("What is the prob. player A wins a serve? "))
    b = float(input("What is the prob. player B wins a serve? "))
    n = int(input("How many games to simulate? "))
    return a, b, n

def main():
    printIntro()

    probA, probB, n = getInputs()

    # 경기를 시뮬레이션한다.
    stats = SimStats()
    for i in range(n):
        theGame = RBallGame(probA, probB) # 경기를 만든다.
        theGame.play()                    # 한 경기를 시뮬레이션한다.
        stats.update(theGame)             # 경기 결과로부터 정보를 얻는다.

    # 시뮬레이션 결과를 출력한다.
    stats.printReport()

main()
input("\nPress <Enter> to quit")
```

12.3 사례 연구: 주사위 포커

10장에서 GUI를 설계할 때 객체가 특히 유용하다고 밝힌 적이 있다. 이번 절에서는 이전 장에서 만든 위젯을 활용하는 그래픽 응용 프로그램을 살펴보고 이 장을 마무리하겠다.

12.3.1 프로그램 명세

우리의 목표는 주사위를 사용한 포커 게임을 할 수 있는 프로그램을 작성하는 것이다. 프로그램은 주사위 다섯 개로 구성된 패를 화면에 표시한다. 그리고 주사위 포커의 기본적인 규칙은 다음과 같다.

- 각 플레이어의 초기 금액은 100달러다.
- 라운드마다 10달러의 참가금이 있으며 이 금액은 매 라운드가 시작할 때 소지 금에서 차감된다.
- 플레이어의 최초 주사위 패는 완전히 무작위로 정해진다(예: 모든 주사위를 한 번에 던지기).
- 각 플레이어는 주사위의 일부 또는 전체를 다시 던져 주사위 패를 바꿀 수 있는 기회가 두 번씩 주어진다.
- 주사위 패가 확정되면 다음 기준에 따라 소지 금액이 변화한다.

패	지급 금액
투 페어	5달러
쓰리 오브 어 카인드	8달러
풀 하우스(페어 또는 쓰리 오브 어 카인드)	12달러
포 오브 어 카인드	15달러
스트레이트(1~5나 2~6)	20달러
파이브 오브 어 카인드	30달러

그리고 이 프로그램에 깔끔한 그래픽 인터페이스를 부여하려고 한다. 사용자의 상호 작용은 마우스 클릭을 통해 이루어질 것이며, 인터페이스는 다음과 같은 특징을 가져야 한다.

- 현재 점수(소지 금액)를 항상 표시한다.
- 소지 금액이 바닥난 플레이어가 생기면 프로그램을 종료한다.
- 플레이어는 플레이 도중 점수 조건을 만족하면 게임에서 빠질 수 있다.
- 인터페이스는 게임의 실시간 진행 상황과 사용자 반응에 대해 유효성 여부를 알려 주는 시각적 힌트를 제공한다.

12.3.2 객체 후보를 발견하기

이 프로그램을 작성하기 위한 첫 단계는 프로그램 명세를 분석해 이 문제를 해결하는 데 유용할 만한 객체 후보를 발견하는 것이다. 이 게임에는 주사위와 돈이 사용된다. 이 두 가지 역시 객체 후보가 될 수 있을까? 돈과 주사위는 모두 숫자로 나타낼 수 있기 때문에 객체 후보로서는 적합하지 않아 보인다. 그러나 게임에 주사위가 다섯 개나 사용되기 때문에 이를 어떤 컬렉션 타입으로 나타낼 수 있다.

그리고 이 주사위들의 눈으로부터 점수를 읽거나 주사위 모두 또는 일부를 던져야 하는 기능도 필요할 것이다.

주사위와 관련된 이러한 정보를 Dice 클래스에 캡슐화할 수 있다. 다음은 이 클래스가 당연히 필요로 할, 따라서 구현이 필요한 연산이다.

- **생성자**: 주사위의 집합을 만든다.
- rollAll: 다섯 개의 주사위에 무작위 값을 부여한다.
- roll: 주사위의 특정한 부분 집합에 무작위 값을 부여한다. 그 외 주사위의 값은 그대로 유지한다.
- values: 다섯 개 주사위의 현재 값을 리턴한다.
- score: 주사위의 값으로부터 계산된 점수를 리턴한다.

전체 프로그램 역시 객체로 볼 수 있다. 이 클래스를 PokerApp이라고 부르자. PokerApp 객체는 현재 소지 금액과 주사위, 주사위를 던질 수 있는 횟수 등을 기억해야 한다. 또, 게임을 시작하기 위한 run 메서드와 이를 위한 헬퍼 메서드도 갖추어야 한다. 하지만 정확히 어떤 메서드를 구현해야 할지는 주 알고리즘이 완성되어야 가능할 수 있다.

지금까지는 구현하려는 게임 자체에 집중해 왔다. 그러나 이 프로그램에는 사용자와 상호 작용하기 위한 인터페이스 구성 요소가 필요하다. 정교한 프로그램의 복잡도를 제어하기 위한 좋은 방법 중 하나는 프로그램의 주 덩어리에서 인터페이스를 분리해 두는 것이다. 이런 방법을 모델-뷰 방식이라고 한다. 먼저, 모델(지금 같은 경우는 주사위 포커 게임을 모형화한 것)을 구현한 뒤, 이 모델의 현재 상태를 볼 수 있는 뷰로 인터페이스를 구현하게 된다.

인터페이스를 분리해 내는 방법은 인터페이스에 대한 세부 사항을 별도의 인터페이스 객체에 캡슐화하는 것이다. 이런 방법은 인터페이스 객체만 교체하면 프로그램의 외관을 간단히 바꿀 수 있다는 장점이 있다. 예를 들어, 인터페이스 객체에 따라 이 게임을 텍스트 기반으로도 그래픽 기반으로도 만들 수 있게 된다.

우리가 작성할 프로그램이 인터페이스 객체를 사용할 것이라고 가정하고, 이 객체를 PokerInterface라고 부르자. 이 클래스가 어떤 일을 해야 할지는 아직 명확하지 않지만, PokerApp 클래스를 정리해 나감에 따라 사용자로부터 정보를 입력받고 게임에 대한 정보를 표시할 필요성이 생길 것이다. PokerInterface의 메서드는 이런 필요성에 대응하도록 구현될 것이다.

12.3.3 모델 구현하기

지금까지 Dice 클래스와 PokerApp 클래스의 청사진을 대강 완성했다. 둘 중 어느 쪽을 먼저 구현해도 무방하지만 Dice 클래스가 갖춰지기 전까지는 PokerApp 클래스를 시험해 볼 수 없을 것이므로 Dice 클래스를 먼저 작성해 보겠다.

주사위 구현하기

Dice 클래스는 상황에 따라 값이 변하는 여러 개의 주사위를 나타낸다. 이를 나타내는 가장 간단한 방법은 숫자 다섯 개의 리스트를 사용하는 것이다. 생성자에서는 초깃값을 0으로 하여 다음과 같이 리스트를 만든다.

```python
class Dice:
    def __init__(self):
        self.dice = [0] * 5
        self.rollAll()
```

이 코드는 먼저 다섯 개의 0이 담긴 리스트를 만든 다음 무작위 값을 매긴다. 어쨌든 rollAll을 나중에라도 구현할 것이므로 여기서 이 메서드를 사용하면 코드 중복을 줄일 수 있다.

그다음에는 전체 주사위 또는 선택한 주사위를 굴리는 메서드가 필요하다. 이때 전자는 후자의 특수한 경우라고 할 수 있으므로 선택한 주사위를 굴리는 roll 함수에 집중하면 된다. 어떤 주사위를 굴릴지는 위치 지표의 리스트를 전달하는 방식으로 지정한다. 예를 들어 roll([0,3,4])로 호출하면 주사위 리스트에서 0, 3, 4에 위치한 주사위를 굴리게 될 것이다. 이 리스트의 요소에 대해 반복을 수행하며 각 위치에 새로운 무작위 값을 생성하면 된다.

```python
def roll(self, which):
    for pos in which:
        self.dice[pos] = randrange(1, 7)
```

이번에는 roll 메서드를 이용해서 rollAll 메서드를 구현한다.

```python
def rollAll(self):
    self.roll(range(5))
```

모든 위치를 포함하는 리스트를 만들기 위해 range(5)를 사용했다.

values 함수는 주사위를 표시할 수 있도록 주사위의 값을 리턴한다. 이 역시 한 줄짜리 메서드로 구현할 수 있다.

```python
def values(self):
    return self.dice[:]
```

조각 썰기 연산으로 리스트의 사본을 만든 것을 잘 봐 두기 바란다. 이 방법을 사용하면 Dice 클래스를 사용하는 부분에서 이 리스트를 수정해도 원래 리스트의 값을 그대로 보존할 수 있다. 이런 방어적 프로그래밍 습관을 통해 객체의 상태를 프로그램의 다른 부분에서 엉망으로 만드는 일을 방지할 수 있다.

마지막으로, score 메서드를 구현한다. 이 함수는 현재 주사위 패의 점수를 계산해 준다. 주사위의 값을 확인한 뒤 지급 금액이 있는 패, 즉 파이브 오브 어 카인드, 포 오브 어 카인드, 풀 하우스, 쓰리 오브 어 카인드, 투 페어, 스트레이트인지 결정한다. 이 함수는 또한 주사위의 현재 값에 대한 지급 금액이 얼마나 되는지에 대해서도 대답할 방법이 필요하다. 그러므로 이 함수의 리턴 값은 패를 나타내는 문자열 레이블과 지급 금액 액수를 나타내는 정수로 하기로 한다.

이 함수는 일종의 다지 분기 구조라고 볼 수 있다. 우리가 할 일은 각 패에 해당하는지 확인하면 된다. 또, 이때 확인하는 순서도 바른 순서를 따라야 정확한 지급 금액을 보장할 수 있다. 예를 들어, 풀 하우스 패는 쓰리 오브 어 카인드이기도 하므로 쓰리 오브 어 카인드인지 확인하기 전에 풀 하우스인지 먼저 확인해야 정확한 액수를 지급할 수 있다.

패를 확인하려면 주사위의 각 값이 몇 개나 나왔는지 보는 것이 가장 쉽다. 다시 말해, counts[i]는 주사위 값 i가 몇 번이나 나왔는지를 의미한다. 주사위 값이 [3, 2, 5, 2, 3]과 같다면, counts의 값은 [0, 0, 2, 2, 0, 1, 0]이 될 것이다. 이때 counts[0]은 항상 0이 되는 것에 주의하기 바란다(주사위의 값은 1~6이므로). 그다음 counts의 값을 확인하면 패를 알 수 있다. 예를 들어, counts에 값이 3인 요소와 2인 요소가 있다면, 이 패에는 세 장이 같은 카드가 한 종류, 두 장이 같은 카드가 한 종류가 있으므로 풀 하우스가 된다.

다음은 이 방법으로 패를 확인하는 코드다.

```python
def score(self):
    # counts 리스트를 만든다.
    counts = [0] * 7
    for value in self.dice:
        counts[value] = counts[value] + 1

    # 패의 점수를 확인한다.
    if 5 in counts:
        return "Five of a Kind", 30
    elif 4 in counts:
        return "Four of a Kind", 15
    elif (3 in counts) and (2 in counts):
        return "Full House", 12
    elif 3 in counts:
        return "Three of a Kind", 8
    elif not (2 in counts) and (counts[1]==0 or counts[6] == 0):
```

```
            return "Straight", 20
      elif counts.count(2) == 2:
            return "Two Pairs", 5
      else:
            return "Garbage", 0
```

여기서 까다로운 부분은 스트레이트를 확인하는 부분이다. 파이브 오브 어 카인드, 포 오브 어 카인드, 쓰리 오브 어 카인드에 대해서는 이미 확인을 마쳤기 때문에 패에 두 장 있는 카드가 없다면(not (2 in counts)) 이 패의 값은 모두 다르다는 것이 보장된다. 이때 6이 없다면 1부터 5까지의 값이 모두 있기 때문에, 그리고 1이 없다면 2부터 6까지의 값이 모두 있을 것이기 때문에 이 패는 스트레이트가 된다.

그다음으로, Dice 클래스가 우리의 의도대로 작동하는지 확인해 볼 차례다. 다음은 이 클래스를 테스트하기 위한 대화형 세션이다.

```
>>> from dice import Dice
>>> d = Dice()
>>> d.values()
[6, 3, 3, 6, 5]
>>> d.score()
('Two Pairs', 5)
>>> d.roll([4])
>>> d.values()
[6, 3, 3, 6, 4]
>>> d.roll([4])
>>> d.values()
[6, 3, 3, 6, 3]
>>> d.score()
('Full House', 12)
```

모든 패가 정상으로 판정되는지 확인해 보자.

PokerApp 클래스 구현하기

이제 포커 게임을 실제로 구현해 볼 차례다. 하향식 설계를 통해 세부 사항을 구체화한 다음, PokerInterface 클래스에서 어떤 메서드가 필요할지 가늠해 볼 수 있다.

먼저, PokerApp 클래스는 주사위, 소지 금액, 사용자 인터페이스에 대한 정보를 기억하고 있어야 한다. 이 정보를 생성자에서 초기화하자.

```
class PokerApp:
    def __init__(self):
        self.dice = Dice()
        self.money = 100
        self.interface = PokerInterface()
```

프로그램을 실행하려면 이 클래스의 객체를 만든 다음, run 메서드를 호출하면 된다. 그러면 프로그램은 반복문을 수행하면서 사용자가 프로그램을 종료하거나 소지 금액이 다 떨어질 때까지 게임을 플레이할 수 있도록 한다. 한 라운드에 10달러가 필요하므로 self.money >= 10을 만족하면 게임을 계속 플레이할 수 있다. 또 다음 라운드를 플레이할 것인지 여부는 인터페이스를 통해 사용자의 입력을 받아야 한다. 이런 요구 사항에 따라 run을 다음과 같이 구현해 볼 수 있다.

```
def run(self):
    while self.money >= 10 and self.interface.wantToPlay():
        self.playRound()
    self.interface.close()
```

마지막 줄에 interface.close를 호출하고 있는데, 이 호출을 통해 종료 메시지나 그래픽 창을 닫는 등의 정리를 할 수 있다.

프로그램이 하는 일의 대부분은 이제 playRound 메서드 안에 밀어 넣어 두었다. 이 메서드에 집중해서 하향식 설계를 이어 나가자. 한 라운드는 주사위를 여러 번 던지며 진행되는데, 이렇게 주사위를 던진 결과에 따라 프로그램이 참가자의 점수를 결정하게 된다.

```
def playRound(self):
    self.money = self.money - 10
    self.interface.setMoney(self.money)
    self.doRolls()
    result, score = self.dice.score()
    self.interface.showResult(result, score)
    self.money = self.money + score
    self.interface.setMoney(self.money)
```

이 코드는 한 라운드의 점수 계산 부분만을 처리한다. 새로운 정보를 사용자에게 제시해야 할 때마다 그 용도에 맞는 interface의 메서드가 호출된다. 라운드 참가비 10달러가 먼저 차감된 다음, 이로 인해 변경된 소지 금액이 인터페이스를 통해 제시된다. 그다음에는 여러 번 주사위를 굴린(doRolls) 다음, 그 결과와 그에 따른 소지 금액 변화를 다시 인터페이스에 전달한다.

마지막으로, 주사위를 굴리는 세부적인 절차를 작성할 차례다. 게임을 시작할 때 모든 주사위를 굴리게 되어 있다. 그다음에는 사용자가 종료를 선택하거나 세 번의 허용된 기회를 다 사용할 때까지 주사위를 반복해서 던지는 반복문이 필요하다. 지금까지 주사위를 던진 횟수를 기억해 두기 위해 rolls라는 지역 변수를 사용하자. 주사위를 표시하거나 다시 던질 주사위의 목록을 전달하는 것은 모두 interface를 거치는 사용자와의 상호 작용을 통해야 한다.

```
def doRolls(self):
    self.dice.rollAll()
    roll = 1
    self.interface.setDice(self.dice.values())
```

```
            toRoll = self.interface.chooseDice()
        while roll < 3 and toRoll != []:
            self.dice.roll(toRoll)
            roll = roll + 1
            self.interface.setDice(self.dice.values())
            if roll < 3:
                toRoll = self.interface.chooseDice()
```

여기까지 왔다면 포커 프로그램의 기본적인 함수는 완성된 것이다. 다시 말해 포커 게임의 완성된 모델을 갖게 되었다. 하지만 사용자 인터페이스가 없으므로 이 프로그램을 테스트하는 것은 아직 불가능하다.

12.3.4 텍스트 기반 사용자 인터페이스

PokerApp 클래스를 설계하면서 일반적인 PokerInterface 클래스의 명세를 만들었다. 이 인터페이스는 정보를 보여 주기 위한 메서드인 setMoney, setDice, showResult와 사용자로부터 정보를 받기 위한 메서드인 wantToPlay, chooseDice를 갖추어야 한다. 이 메서드들은 다양한 방법으로 구현될 수 있다. 프로그램의 기반이 되는 모델 PokerApp이 같더라도 이 인터페이스를 어떤 방법으로 구현하느냐에 따라 프로그램의 모습이 크게 바뀌기도 한다.

대부분의 경우, 그래픽 인터페이스는 텍스트 기반 인터페이스에 비해 설계나 구현이 훨씬 복잡하다. 당장 돌아가는 프로그램이 필요한 상황이라면, 간단한 텍스트 기반 인터페이스부터 갖추는 방법을 생각해 볼 만하다. 이 인터페이스를 이용해서 완전한 GUI를 갖추는 수고 없이도 모델을 테스트하거나 디버깅할 수 있다.

먼저, PokerApp 클래스를 조금 수정해서 생성자의 인자로 인터페이스 객체를 받도록 한다.

```
class PokerApp:
    def __init__(self, interface):
        self.dice = Dice()
        self.money = 100
        self.interface = interface
```

포커 프로그램을 테스트해 볼 수 있도록 뼈대만 갖춘 인터페이스를 만들어 보자.

우리가 만들 텍스트 기반 인터페이스는 완성된 응용 프로그램이 아니라 프로그램을 실행해 보는 것만이 목적인 최소한의 기능만을 제공한다. 이 때문에 간단한 구현만으로도 충분하다.

다음은 이런 접근법으로 완성한 TextInterface 클래스다.

```
# textpoker

class TextInterface:
```

```
    def __init__(self):
        print("Welcome to video poker.")

    def setMoney(self, amt):
        print("You currently have ${0}.".format(amt))

    def setDice(self, values):
        print("Dice:", values)

    def wantToPlay(self):
        ans = input("Do you wish to try your luck? ")
        return ans[0] in "yY"

    def close(self):
        print("\nThanks for playing!")

    def showResult(self, msg, score):
        print("{0}. You win ${1}.".format(msg, score))

    def chooseDice(self):
        return eval(input("Enter list of which to change ([] to stop) "))
```

테스트 코드가 대개 그렇듯이 필요한 메서드를 가능한 한 간단하게 구현했다. chooseDice에서 다시 던질 주사위를 지정하는 리스트를 바로 입력하기 위해 (보안 상 위험할 수도 있는) eval을 사용하고 있는 것을 알 수 있다. 이 인터페이스를 사용해서 우리가 작성한 모델이 정확하게 구현되었는지 PokerApp 프로그램을 테스트해 볼 수 있다. 다음은 지금까지 만든 모듈을 사용한 전체 프로그램이다.

```
# textpoker.py -- 텍스트 기반 인터페이스를 가진 주사위 포커 프로그램

from pokerapp import PokerApp
from textpoker import TextInterface

inter = TextInterface()
app = PokerApp(inter)
app.run()
```

기본적으로 이 프로그램은 텍스트 기반 인터페이스를 만든 다음 이 인터페이스를 사용하여 PokerApp을 만들고 실행을 시작한다. 이를 위해 별도의 모듈을 만드는 대신 textpoker 모듈의 끝에 필요한 실행 코드를 추가할 수 있다.

프로그램을 실행하면 조악하긴 해도 프로그램과 상호 작용이 가능하다.

```
Welcome to video poker.
Do you wish to try your luck?
You currently have $90.
Dice: [6, 4, 4, 2, 4]
Enter list of which to change ([] to stop) [0,4]
Dice: [1, 4, 4, 2, 2]
Enter list of which to change ([] to stop) [0]
Dice: [2, 4, 4, 2, 2]
Full House. You win $12.
You currently have $102.
Do you wish to try your luck? y
```

```
You currently have $92.
Dice: [5, 6, 4, 4, 5]
Enter list of which to change ([] to stop) [1]
Dice: [5, 5, 4, 4, 5]
Enter list of which to change ([] to stop) []
Full House. You win $12.
You currently have $104.
Do you wish to try your luck?
You currently have $94.
Dice: [3, 2, 1, 1, 1]
Enter list of which to change ([] to stop) [0,1]
Dice: [5, 6, 1, 1, 1]
Enter list of which to change ([] to stop) [0,1]
Dice: [1, 5, 1, 1, 1]
Four of a Kind. You win $15.
You currently have $109.
Do you wish to try your luck? n

Thanks for playing!
```

이 인터페이스로도 모델을 테스트하기에는 충분하다. 또, 이미 꽤 재미있게 즐길 수 있는 게임을 완성한 것이기도 하다.

12.3.5 GUI 만들기

동작하는 프로그램을 완성했으니 여기에 그래픽 인터페이스를 추가해 보자. 가장 먼저 해야 할 일은 이 인터페이스의 외관과 기능을 구상하는 것이다. 이 그래픽 인터페이스 역시 텍스트 기반 인터페이스를 만들 때 필요했던 다양한 메서드를 지원해야 하며, 그 외에도 이를 구현하기 위한 헬퍼 메서드를 몇 개 더 갖게 될 것이다.

상호 작용 설계하기

인터페이스가 지원해야 할 메서드부터 시작해서 사용자가 어떤 상호 작용을 해야 할지 결정해 보자. 그래픽 인터페이스라면 주사위의 눈과 현재 점수를 함께 표시할 수 있을 것이다. setDice와 setMoney 메서드는 이 표시 값들을 바꾸기 위해 사용된다. 그리고 나면 출력 메서드인 showResult 하나만 더 갖추면 된다. 간단히 이런 정보를 보여 주는 좋은 방법 중 하나가 화면 하단에 메시지를 출력하는 것이다. 이를 상태 바라고 부른다.

사용자로부터 정보를 받으려면 버튼을 사용해야 한다. wantToPlay 메서드에서 사용자는 주사위를 더 던질지, 게임을 그만둘지 선택해야 한다. 이 선택을 내릴 수 있도록 'Roll Dice' 버튼과 'Quit' 버튼을 만들면 될 것이다. 그리고 나면 사용자가 다시 굴릴 주사위를 선택할 방법이 필요해진다.

chooseDice를 구현하려면 각 주사위마다 버튼을 만들고 한 번 더 던질 주사위의 버튼을 누르도록 하면 될 것이다. 사용자가 주사위를 다 고르고 나면 다시 'Roll

Dice' 버튼을 눌러 선택한 주사위를 던지게 한다. 여기에 보태어 주사위 선택을 수정할 수 있도록 하면 더 좋을 것이다. 이미 선택된 주사위의 버튼을 다시 누르면 선택이 해제되는 것은 어떨까. 버튼을 클릭하면 주사위의 선택 여부가 토글(toggle)되게끔 하는 것이다. 그리고 주사위를 다 고르고 나면 'Roll Dice' 버튼을 클릭해서 선택 내용을 전달한다.

지금까지 구상한 chooseDice에 대한 내용으로부터 인터페이스에 몇 가지 수정 사항이 생겼다. 먼저, 어떤 주사위가 선택된 상태인지 사용자에게 보여 줄 방법이 필요하다. 방법은 여러 가지가 있다. 간단하게는 주사위의 색을 바꾸는 방법이 있다. 선택된 주사위의 눈을 '회색으로' 표시하는 것이 좋을 것 같다. 두 번째로, 사용자가 주사위를 더 이상 던지고 싶지 않다는 의사를 표시할 수 있는 방법을 제공해야 한다. 다시 말하면, 현 상태의 주사위로 점수를 확정하고 싶다는 의미다. 이 경우엔 아무 주사위도 선택하지 않은 상태에서 'Roll Dice' 버튼을 누르도록 하려고 한다. 말하자면, 주사위를 던지고 싶지 않다는 뜻으로 받아들이는 것이다. 또 다른 방법이라면 주사위의 현재 상태로 점수를 확정하는 별도의 버튼을 두는 방법이 있다. 여기서는 좀 더 직관적이고 많은 정보를 제공하는 두 번째 방법이 더 나아 보인다. 인터페이스에 'Score' 버튼을 추가하도록 하자.

이제 인터페이스의 대강의 동작에 대한 구상을 마쳤다. 아직 인터페이스의 외관이 남았다. 위젯의 레이아웃이란 무엇을 의미하는 것일까? 그림 12.2는 이 인터페이스가 가질 외관에 대한 한 예다. 예술적인 감각이 있는 독자라면 이보다 훨씬 보기 좋은 인터페이스를 만들 수 있겠지만, 우리는 이 디자인을 사용하려고 한다.

그림 12.2 주사위 포커 게임을 위한 GUI 인터페이스

위젯 관리하기

우리가 만들 그래픽 인터페이스에는 버튼과 주사위가 사용된다. 이전 장에서 만들어 둔 Button 클래스와 DieView 클래스를 재사용하면 좋을 것 같다. Button 클래스는 그대로 사용할 수 있겠지만 제법 여러 개의 버튼을 사용할 예정이니 11장에서 계산기 프로그램을 만들었을 때처럼 Button 객체의 리스트를 사용해야 할 것이다.

그러나 계산기 프로그램에서 사용했던 버튼과 달리, 포커 게임에 쓰이는 버튼은 항상 활성 상태를 유지하지 않는다. 예를 들어, 각 주사위 밑의 버튼은 다시 던질 주사위를 선택할 때가 아니면 활성화되지 않을 것이다. 어떤 사용자 입력이 필요하냐에 따라 그에 대한 버튼이 활성 또는 비활성 상태가 된다. 이런 기능을 구현하기 위한 헬퍼 메서드로 PokerInterface 클래스에 choose 메서드를 추가할 것이다.

choose 메서드는 버튼 레이블의 리스트를 인자로 받아서 해당 레이블을 갖는 버튼을 활성화하고 사용자가 활성화된 버튼을 클릭하기를 기다린다. 이 메서드의 리턴 값은 사용자가 클릭한 버튼의 레이블이다. 사용자로부터 입력을 받을 때는 항상 choose 메서드를 사용할 것이다. 예를 들어, 사용자가 'Roll Dice' 또는 'Quit' 버튼 중 하나를 클릭해야 한다면 다음과 같은 코드를 사용하면 된다.

```python
choice = self.choose(["Roll Dice", "Quit"])
if choice == "Roll Dice":
    ...
```

버튼 객체들이 buttons라는 인스턴스 변수에 저장되어 있다고 가정할 때, choose 메서드를 다음과 같이 구현할 수도 있다.

```python
def choose(self, choices):
    buttons = self.buttons

    # 선택한 버튼을 활성화하고, 나머지는 비활성 상태로 둔다.
    for b in buttons:
        if b.getLabel() in choices:
            b.activate()
        else:
            b.deactivate()

    # 활성 상태인 버튼이 클릭될 때까지 기다린다.
    while True:
        p = self.win.getMouse()
        for b in buttons:
            if b.clicked(p):
                return b.getLabel() # 여기서 함수가 끝난다.
```

이 인터페이스에서 사용할 또 다른 위젯은 마찬가지로 지난 장에서 만든 DieView

클래스다. 기본적으로는 이미 만들어진 클래스를 사용하지만 여기에 약간의 새로운 기능을 추가할 것이다. 새 기능은 앞에서 밝힌 바와 같이 다시 던질 주사위로 선택되었는지 여부를 표시하기 위해 주사위 색을 바꾸는 것이다.

원한다면 앞 장으로 돌아가 DieView 클래스를 다시 보고 와도 좋다. 이 클래스의 생성자는 정사각형을 그리고 주사위의 눈이 위치하게 될 자리인 일곱 개의 원을 그린다. setValue 메서드로 주어진 값에 맞는 위치의 눈을 켤 수 있다. 기억을 되살리기 위해 우리가 만들었던 setValue 메서드를 다시 한 번 보자.

```
def setValue(self, value):
    # 주사위의 모든 눈을 끈다.
    for pip in self.pips:
        pip.setFill(self.background)

    # 주어진 값에 맞는 눈을 다시 켠다.
    for i in self.onTable[value]:
        self.pips[i].setFill(self.foreground)
```

그런 다음 DieView 클래스에 setColor 메서드를 추가한다. 이 메서드는 주사위 눈을 표시하기 위한 것이다. setValue 메서드의 코드에서 보았듯이, 주사위 눈의 색은 인스턴스 변수 foreground의 값에 따라 정해진다. 물론 foreground의 값을 바꾸어도 주사위를 다시 그릴 때까지는 바뀐 값이 적용되지 않는다.

setColor 메서드의 알고리즘은 다음 두 단계면 충분할 정도로 간단하다.

```
foreground의 값을 새로운 색으로 바꾼다.
주사위를 현재 값으로 다시 그린다.
```

그러나 두 번째 단계에 작은 문제가 있다. DieView 클래스에는 주사위 값을 바꾸고 바뀐 값으로 주사위를 다시 그리는 메서드인 setValue가 있는데, 이 메서드는 주사위의 값을 인자로 받기 때문이다. DieView 클래스는 현재 값을 저장하지 않고, 눈을 표시하고 나면 값을 폐기해 버린다.

setColor 메서드가 현재 값으로 주사위를 다시 그리게끔 구현하려면 setValue를 수정해서 주사위의 현재 값을 저장하도록 할 필요가 있다. 이렇게 setValue를 수정하는 것은 간단하다. 다음과 같은 한 줄을 덧붙이면 된다.

```
self.value = value
```

이 줄을 추가하면 인자로 받은 주사위 값을 인스턴스 변수 value에 저장한다.

setValue 메서드를 수정하고 나면, setColor는 쉽게 구현할 수 있다.

```
def setColor(self, color):
    self.foreground = color
    self.setValue(self.value)
```

주사위를 다시 그리기 위해 setValue를 호출하고 있는 것을 확인하기 바란다. 이 때 전달되는 인자는 setValue가 마지막으로 호출되었을 때 받은 값이 된다.

인터페이스 만들기

이제 필요한 기능을 가진 위젯을 만들었으니 GUI 포커 게임의 인터페이스를 만들어 볼 수 있게 되었다. 생성자에서는 우리가 사용할 위젯 객체를 생성하고 인터페이스를 구성한다.

```python
class GraphicsInterface:
    def __init__(self):
        self.win = GraphWin("Dice Poker", 600, 400)
        self.win.setBackground("green3")
        banner = Text(Point(300,30), "Python Poker"
        banner.setSize(24)
        banner.setFill("yellow2")
        banner.setStyle("bold")
        banner.draw(self.win)
        self.msg = Text(Point(300,380), "Welcome to the Dice Table")
        self.msg.setSize(18)
        self.msg.draw(self.win)
        self.createDice(Point(300,100), 75)
        self.buttons = []
        self.addDiceButtons(Point(300,170), 75, 30)
        b = Button(self.win, Point(300, 230), 400, 40, "Roll Dice")
        self.buttons.append(b)
        b = Button(self.win, Point(300, 280), 150, 40, "Score")
        self.buttons.append(b)
        b = Button(self.win, Point(570,375), 40, 30, "Quit")
        self.buttons.append(b)
        self.money = Text(Point(300,325), "$100")
        self.money.setSize(18)
        self.money.draw(self.win)
```

이 코드와 그림 12.2를 비교해 가며 인터페이스의 각 요소를 어떻게 생성하고 배치했는지 잘 이해해 두기 바란다.

주사위와 각 주사위에 해당하는 버튼을 만드는 과정을 헬퍼 메서드에 나누어 담아 둔 것도 잘 봐 두기 바란다. 다음은 이 헬퍼 메서드의 정의다.

```python
def createDice(self, center, size):
    center.move(-3*size,0)
    self.dice = []
    for i in range(5):
        view = DieView(self.win, center, size)
        self.dice.append(view)
        center.move(1.5*size,0)

def addDiceButtons(self, center, width, height):
    center.move(-3*width, 0)
    for i in range(1,6):
        label = "Die {0}".format(i)
        b = Button(self.win, center, width, height, label)
        self.buttons.append(b)
        center.move(1.5*width, 0)
```

이 두 메서드는 다섯 개의 위젯을 그리는 반복문이 포함된 비슷한 구조를 갖는다. 두 메서드 모두에서 Point 데이터 타입을 갖는 변수 center의 값으로 그다음에 그 릴 위젯의 기준 위치를 지정한다.

상호 작용 구현하기

조금 전의 길고 복잡한 생성자 메서드를 보고 조금 겁을 먹은 독자들도 있을 것이 다. 간단하기 짝이 없는 그래픽 인터페이스일지라도 꽤 많은 수의 구성 요소를 갖 기 마련이다. 이것들을 모두 제대로 초기화하는 과정이 때로는 인터페이스 코드 중에서 가장 까다로운 부분이기도 하다. 그러나 우리는 인터페이스를 초기화하는 과정을 이미 지나왔고, 이제부터 작성할 코드는 사용자와의 상호 작용을 다루는 코드로 그렇게 어려운 코드는 아니다. 그럼 상호 작용을 하나하나 구현해 보자.

간단한 출력 메서드인 setMoney와 setResult부터 시작해 보자. 이 메서드들은 인터페이스 창에 텍스트를 표시하는 기능을 한다. Text 객체는 이미 생성자에 서 제 위치에 만들어 두었으므로 이 메서드에서 할 일은 각각의 대응하는 객체에 setText 메서드를 호출하기만 하면 된다.

```
def setMoney(self, amt):
    self.money.setText("${0}".format(amt))

def showResult(self, msg, score):
    if score > 0:
        text = "{0}! You win ${1}".format(msg, score)
    else:
        text = "You rolled {0}".format(msg)
    self.msg.setText(text)
```

또 다른 출력 메서드인 setDice도 같은 방식으로 dice에 포함된 DieView 객체에 각 각 setValue 메서드를 호출한다. 이 호출은 for 문 안에서 이루어진다.

```
def setDice(self, values):
    for i in range(5):
        self.dice[i].setValue(values[i])
```

반복문 몸체 안의 코드 한 줄을 잘 보면, i번째 주사위에 i번째 값을 설정하고 있음 을 알 수 있다.

지금까지 보았듯이 인터페이스를 한번 구성하고 나면 여기에 기능을 부여하는 일은 크게 어렵지 않다. 우리가 작성한 출력 메서드는 다 길이가 몇 줄을 넘지 않 았고 입력 메서드는 그보다 약간 복잡한 정도다.

wantToPlay 메서드는 사용자가 'Roll Dice' 또는 'Quit' 버튼을 누를 때까지 기다 린다. 여기서 헬퍼 메서드 choose를 사용할 수 있다.

```
def wantToPlay(self):
    ans = self.choose(["Roll Dice", "Quit"])
    self.msg.setText("")
    return ans == "Roll Dice"
```

사용자가 적절한 버튼을 누른 다음, 이 메서드는 텍스트 객체 msg의 텍스트를 빈 문자열로 바꿔서 기존 메시지를 삭제한다. 그리고 나서 choose 메서드의 리턴 값을 확인해 그 결과가 되는 불 값을 리턴한다.

그다음은 chooseDice 메서드 차례다. chooseDice 메서드는 범위가 더 넓은 상호작용을 구현하는데, 이 메서드는 사용자가 다시 굴리려는 주사위에 대한 위치 지표의 리스트를 리턴한다.

이 GUI에서, 사용자는 각 주사위에 해당하는 버튼을 눌러 다시 굴릴 주사위를 선택한다. 그러려면 현재 선택된 주사위의 리스트를 기억하고 있어야 한다. 주사위 버튼 중 어느 하나가 클릭될 때마다 해당하는 주사위는 선택된 상태가 되거나 (주사위의 위치 지표가 리스트에 추가) 선택 해제된 상태가 된다(주사위의 위치 지표가 리스트에서 제거). 그다음 해당 DieView 객체의 색을 바꾸어서 이 주사위의 상태를 시각적으로 보여 준다. 그리고 나서 사용자가 'Roll Dice' 또는 'Score' 버튼을 누르면 이 상호 작용이 끝나게 된다. 'Roll Dice' 버튼이 눌렸다면 현재 선택된 주사위를 나타내는 위치 지표의 리스트를 리턴할 것이고, 'Score' 버튼이 눌렸다면 빈 리스트를 리턴해서 플레이어가 주사위를 더는 굴리지 않겠다는 의사를 전달한다.

다음은 주사위를 선택하는 상호 작용을 구현한 한 예다. 여기 쓰인 알고리즘은 주석에 설명되어 있다.

```
def chooseDice(self):
    # choices는 선택된 주사위에 대한 위치 지표의 리스트다.
    choices = []  # 아직 선택된 주사위가 없다.
    while True:
        # 사용자가 유효한 버튼을 클릭할 때까지 대기
        b = self.choose(["Die 1", "Die 2", "Die 3", "Die 4", "Die 5",
                        "Roll Dice", "Score"])

        if b[0] == "D":  # 사용자가 주사위 버튼을 클릭
            i = int(b[4]) - 1  # 주사위 버튼 레이블을 주사위 위치 지표로 변환
            if i in choices:  # 현재 선택 상태라면, 선택 해제 상태로
                choices.remove(i)
                self.dice[i].setColor("black")
            else:  # 현재 선택 해제 상태라면, 선택 상태로
                choices.append(i)
                self.dice[i].setColor("gray")
        else:  # 사용자가 'Roll Dice' 또는 'Score' 버튼 클릭
            for d in self.dice:  # 모든 주사위를 원래 색으로 되돌린다.
                d.setColor("black")
            if b == "Score":  # 'Score' 버튼을 눌렀다면, 선택 상태를 무시
```

```
            return []
    elif choices != []: # 선택된 주사위가 없다면
        return choices # 'Roll Dice' 버튼이 기능하지 않는다.
```

프로그램을 마무리 짓도록 하자. 이제 인터페이스에서 남은 부분은 close 메서드 뿐이다. 그래픽 인터페이스를 닫으려면 그래픽 창을 닫으면 된다.

```
def close(self):
    self.win.close()
```

마지막으로, 몇 줄만 더 보태면 그래픽 포커 게임을 실행할 수 있다. 이 코드는 TextInterface 클래스 대신 GraphicsInterface 클래스를 사용한다는 것만 빼면 조금 전의 텍스트 버전과 완전히 같다.

```
inter = GraphicsInterface()
app = PokerApp(inter)
app.run():
```

이제 플레이 가능한 그래픽 주사위 포커 게임이 완성되었다. 물론 이 게임에는 아직 규칙 안내라든지, 소개 문구, 신기록 관리 등 자잘한 기능이 많이 빠져 있다. 이 예제는 객체를 이용한 GUI를 만들 때 중요한 사항들을 다루면서도 가능한 한 단순하게 남겨 두었는데, 앞서와 같은 기능을 추가하는 개선은 독자들에게 연습 문제로 남겨 두겠다. 그럼 완성된 게임을 재미있게 즐기기 바란다.

12.4 객체 지향에서 쓰이는 개념

지금까지 라켓볼 시뮬레이션과 그래픽 포커 게임의 사례를 맛보기로 삼아 객체 지향 설계를 체험해 보았다. 그러나 지금까지 우리가 살펴본 것은 이 두 프로그램의 설계 과정을 축약한 것에 지나지 않는다. 두 프로그램의 설계가 완성에 이르는 과정을 나름의 논리와 함께 설명했지만, 그 외에도 책에서 설명하지 않은 의사 결정, 시행착오, 그로 인한 우회 등이 있었다. 이런 내용까지 책에 추가했다면 (지금도 긴) 이 장의 길이가 지금의 세 배는 되었을 것이다. 설계를 배우는 가장 좋은 방법은 여러 번 밝혔다시피 다른 사람의 경험을 읽는 것이 아니라 직접 의사 결정을 내리며 시행착오를 겪는 것이다.

그렇다 하더라도 객체 지향 접근법의 강력함과 매력을 느껴보는 데는 이 예제들로도 충분하다. 바라건대, 이 예제가 객체 지향 기법이 어떻게 소프트웨어 개발 분야에서 표준적인 입지를 다지게 되었는지 이해하는 데 도움이 됐기를 바란다. 여기서 요점은 객체 지향 접근법을 통해 복잡한 소프트웨어를 좀 더 신뢰성 있고

효율적으로 개발할 수 있다는 것이다. 그러나 객체 지향 개발이 무엇인지에 대해서는 아직 명확하게 설명하지 않았다.

객체 지향의 권위자들은 객체 지향 개발이 갖추어야 할 조건으로 다음 세 가지 특징, 즉 캡슐화, 다형성, 상속을 꼽는다. 장광설을 늘어놓고 싶지는 않지만 최소한 이 개념을 어느 정도 이해하지 않고서는 객체 지향 설계와 프로그래밍을 이해했다고 하기 어렵다.

12.4.1 캡슐화

캡슐화에 대해서는 일찍이 객체에 대한 이야기와 함께 언급한 적이 있다. 이미 알고 있는 바와 같이 객체는 무언가를 알거나 어떤 일을 할 수 있다. 이렇듯 객체는 데이터와 연산이 결합한 것이다. 이렇게 어떤 데이터를 그에 대한 연산과 함께 감싸 놓는 것을 캡슐화라고 한다.

캡슐화는 객체를 사용하는 주된 목적 중 하나이기도 하다. 캡슐화를 이용하면 우리 의식이 실세계를 이해하는 것과 같은 직관적인 방식으로 문제에 대한 복잡한 해결책을 엮어 나갈 수 있다. 우리는 우리 주변의 세계를 서로 상호 작용하는 객체로서 이해한다. 각 객체는 자신만의 정체성이 있으며, 객체의 종류를 통해 우리는 그 객체가 지닌 성질과 능력을 알 수 있다. 창밖을 내다볼 때 내 눈에 보이는 것은 수많은 원자의 무리가 아니라 집이나 차, 나무와 같은 사물이다.

캡슐화는 설계 관점에서 보면, '할 일'과 '그 방법'을 서로 나누어 생각할 수 있는 관심사의 분리를 제공한다. 객체의 구현 방법과 객체에 대한 사용은 서로 완전히 무관하다. 객체의 인터페이스가 그대로 유지되는 한, 객체의 구현이 바뀌어도 객체를 사용하는 구성 요소들이 망가지는 일은 생기지 않는다. 이와 같이 캡슐화는 설계에 있어 주된 의사 결정 사항, 특히 변경에 취약한 부분이 서로 엮이지 않게끔 해 준다.

캡슐화의 또 다른 장점은 코드를 재사용할 수 있게 해 준다는 것이다. 일반적인 용도를 갖는 프로그램 요소를 따로 패키징한 뒤 여러 프로그램에서 이 요소를 사용할 수 있는 것도 캡슐화의 결과다. DieView 클래스와 Button 클래스가 이런 좋은 예다.

캡슐화는 객체를 사용하면서 얻을 수 있는 가장 큰 이득 중 하나일 것이다. 그러나 이것만으로 객체 지향 시스템이라고는 할 수 없다. 진짜 객체 지향이 되려면 다형성 및 상속 역시 특징으로 가져야 한다.

12.4.2 다형성

다형성은 문자 그대로 '여러 가지 모양을 갖는다'는 의미다. 객체 지향에 대한 문헌에서 쓰이는 의미는 조금 다른데, 객체가 메시지를 받고(메서드 호출) 수행하는 일은 그 객체가 어떤 클래스에 속하느냐에 따라 달라진다는 뜻을 갖는다.

조금 전에 본 포커 게임에서 이런 다형성의 한 예를 볼 수 있다. PokerApp 클래스는 TextInterface와 GraphicsInterface 두 가지 형태의 인터페이스를 모두 사용할 수 있었다. 예를 들어, PokerApp에서 showDice 메서드를 호출하면, TextInterface와 GraphicsInterface가 각각의 방법으로 주사위를 표현했다.

여기서 다형성의 놀라운 점은 똑같은 코드 한 줄이 상황에 따라서 완전히 다른 메서드를 호출하게 한다는 점이다. 간단한 예로, 화면에 표시할 그래픽 객체의 리스트가 있다. 이 리스트에는 Circle, Rectangle, Polygon 객체가 섞여 있는데, 이렇게 서로 다른 객체가 섞여 있어도 다음과 같이 간단한 코드로 모든 객체를 화면에 표시할 수 있다.

```
for obj in objects:
    obj.draw(win)
```

이 반복문이 실제로 실행하는 연산은 무엇일까? obj가 원 객체라면 원 객체가 가진 draw 메서드를 호출할 것이고, 또 obj가 직사각형 객체라면 직사각형 클래스의 draw 메서드를 호출할 것이다. 그 외의 클래스에도 마찬가지 상황이 적용된다.

다형성을 통해 객체 지향 시스템은 객체에 종류에 따라 객체가 해야 하는 일을 하도록 하는 유연성을 얻을 수 있다. 객체 지향이 고안되기 이전에는 이 정도의 유연성을 갖추기가 매우 어려운 일이었다.

12.4.3 상속

객체 지향 접근법이 가져야 할 중요한 속성 중 세 번째는 상속이다. 상속에 대해서는 아직 이 책에서 소개한 적이 없다. 상속이란 다른 클래스의 속성을 빌려 새로운 클래스를 정의하는 것을 말한다. 새로운 클래스(속성을 빌리는)를 하위 클래스라고 부르며, 기존 클래스(속성을 빌려주는)를 상위 클래스라고 부른다.

예를 들어, 직원에 대한 정보를 저장하는 시스템을 구축한다고 해 보자. 이때 모든 직원에 대한 공통 정보를 나타내기 위한 Employee라는 클래스를 생각해 볼 수 있다. 이 클래스가 가질 수 있는 속성 중 하나로 이 직원의 집 주소를 리턴하는 homeAddress 메서드를 들 수 있을 것이다. 그런데 전체 직원을 SalariedEmployee와 HourlyEmployee로 구분해야 한다고 하자. Employee 클래스의 하위 클래스를 만들어 이런 구분을 구현할 수 있을 것이다. 이 두 클래스는 homeAddress와 같은 메서드는 서로 공유하지만 이 두 부류의 직원은 월급을 산정하는 방식이 서로 다르기 때문에 이에 해당하는 두 클래스의 monthlyPay 함수 역시 서로 다른 구현을 가질 것이다.

상속에는 두 가지 장점이 있다. 먼저, 중복된 연산이 없도록 클래스 체계를 구조화할 수 있다. 이를 통해 HourlyEmployee 클래스와 SalariedEmployee 클래스 양쪽에 똑같은 homeAddress 메서드를 따로 둘 필요가 없다. 또 다른 장점은 기존 클래스로부터 새 클래스를 정의하므로 코드 재사용을 장려할 수 있다는 점이다.

조금 전의 주사위 포커 게임에도 상속을 적용할 수 있는 곳이 있었다. 우리가 처음 작성한 DieView 클래스는 주사위의 외관을 바꾸는 기능을 갖고 있지 않았다. 원래 클래스의 정의에 새로운 기능을 추가해 이 문제를 해결했지만, 원래 클래스는 그대로 두고 기능이 추가된 ColorDieView라는 새로운 하위 클래스를 만드는 방법으로도 문제를 해결할 수 있다. 이 클래스는 DieView 클래스와 거의 같지만 주사위의 색을 바꿀 수 있는 메서드를 추가로 갖추고 있다. 다음은 이 클래스의 한 구현 예다.

```python
class ColorDieView(DieView):

    def setValue(self, value):
        self.value = value
        DieView.setValue(self, value)

    def setColor(self, color):
        self.foreground = color
        self.setValue(self.value)
```

이 코드의 첫 줄은 DieView 클래스를 상위 클래스로 갖는 새로운 클래스 ColorDieView 클래스를 정의하겠다는 의미다. 새로운 하위 클래스 정의에는 메서드 두 개가 포함되어 있는데, 이 중 두 번째 메서드인 setColor는 새로 추가된 메서드다. setColor 메서드가 동작하려면 전과 마찬가지로 setValue 메서드를 조금 수정해야 한다.

ColorDieView 클래스의 setValue 메서드는 DieView 클래스에 있는 원래의 메서드를 재정의(또는 오버라이드)한다. 이 메서드는 먼저 인자로 받은 값을 저장한 다음, 주사위 눈을 그리는 일은 상위 클래스인 DieView의 setValue 메서드에 맡긴다. 이때 상위 클래스의 메서드를 어떻게 호출하고 있는지 잘 봐 두기 바란다. 원래 하던 대로 self.setValue(value)라고 하면 ColorDieView의 setValue 메서드가 호출된다. 상위 클래스에서 정의된 원래 메서드를 호출하려면 다음과 같이 객체를 지칭하는 부분에 클래스 이름을 써 주어야 한다.

```
DieView.setValue(self, value)
```

이때는 메서드 연산의 실행 대상이 될 객체가 첫 번째 실질 인자로 전달된다.

12.5 정리

이 장에서는 새로운 기술적 내용 대신 라켓볼 시뮬레이션과 주사위 포커 게임의 예를 통해 객체 지향 설계 과정을 살펴보았다. 객체 지향 설계의 핵심은 다음과 같이 요약할 수 있다.

- 객체 지향 설계는 문제를 해결하기 위해 하나 이상의 클래스를 만들어 가는 과정을 말한다. 일련의 블랙박스와 이것들이 서로 의사소통하는 인터페이스를 만들어 나간다는 점에서는 하향식 설계와도 일맥상통하는 점이 있다. 다만 하향식 설계는 함수를 대상으로 하지만 객체 지향 설계는 객체를 대상으로 한다는 점이 다르다.

- 객체 지향 설계에는 다양한 방법이 있으며 이를 배우기 위한 가장 좋은 방법은 연습이다. 다음과 같은 간단한 요령이 연습에 도움이 될 것이다.
  1. 객체로 삼을 후보를 찾자.
  2. 인스턴스 변수를 찾자.
  3. 인터페이스를 어떻게 정할지 생각해 보자.
  4. 복잡한 메서드를 정리하자.
  5. 반복적으로 설계를 수정하자.
  6. 또 다른 방법은 없는지 생각해 보자.
  7. 단순함을 유지하자.

- 복잡한 사용자 인터페이스를 가진 프로그램을 개발할 때, 전체 프로그램을 모델과 뷰 요소로 구분해 보면 도움이 될 때가 있다. 이런 방법을 통해 얻을 수 있는 한 가지 장점은 프로그램의 외관을 바꾸기 쉽다는 점이다(예를 들면, 텍스트 인터페이스와 그래픽 인터페이스).

- 객체 지향 소프트웨어가 갖추거나 준수해야 할 세 가지 원칙은 다음과 같다.

- **캡슐화**: 객체 구현에 대한 세부 사항과 객체 사용법을 서로 분리한다. 이를 통해 복잡한 프로그램에 모듈화된 설계를 적용할 수 있다.
- **다형성**: 서로 다른 클래스가 같은 시그너처를 가진 메서드로 서로 다른 일을 할 수 있게 한다. 이를 이용하면 같은 코드로 상황에 따라 다른 일을 수행하는 유연한 프로그램을 작성할 수 있다.
- **상속**: 기존 클래스로부터 새로운 클래스를 정의하는 것을 말한다. 서로 다른 클래스 간에 메서드를 공유함으로써 코드 재사용을 돕는다.

12.6 연습문제

내용 점검

맞다/틀리다로 답하시오.

1. 객체 지향 설계란 문제를 풀기 위해 유용한 함수들을 발견하고 정의해 나가는 과정을 말한다.
2. 문제 설명에 나오는 동사 단어로부터 객체 후보를 발견할 수 있다.
3. 대체로 설계 과정은 상당한 시행착오를 필요로 한다.
4. GUI는 모델-뷰 구조를 갖는 경우가 많다.
5. 객체 구현에 대한 세부 사항을 외부로부터 숨기는 것을 인스턴스 생성이라고 한다.
6. 다형성은 문자 그대로 '많은 부분이 다르다'는 의미다.
7. 상위 클래스는 하위 클래스의 기능을 이어받는다.
8. GUI는 대체로 텍스트 기반 인터페이스보다 개발하기 쉽다.

다음 중 맞는 것을 모두 고르시오.

1. 다음 중 라켓볼 시뮬레이션 프로그램에서 사용된 클래스가 아닌 것은?

    1) Player   2) SimStats

    3) RBallGame   4) Score

2. RBallGame 클래스의 인스턴스 변수 server의 데이터 타입은 다음 중 무엇인가?

    1) int   2) Player

    3) bool   4) SimStats

3. isOver 메서드가 정의된 클래스는 무엇인가?

   1) SimStats   2) RBallGame

   3) Player   4) PokerApp

4. 다음 중 객체 지향 설계 및 프로그래밍의 기본적 특징이 아닌 것은 무엇인가?

   1) 상속   2) 다형성

   3) 일반성   4) 캡슐화

5. 응용 프로그램의 핵심 부분과 사용자 인터페이스를 분리하는 것을 ___ 방식
   이라고 한다.

   1) 추상   2) 객체 지향

   3) 모델-이론   4) 모델-뷰

토론할 내용

1. 객체 지향 설계 과정을 스스로의 논리로 설명하라.
2. 캡슐화, 다형성, 상속을 각각 스스로의 논리로 설명하라.

프로그래밍 과제

1. 이번 장에서 소개한 주사위 포커 게임 프로그램에 다음 기능을 추가하라

   a) 시작 화면을 추가하라. 프로그램을 처음 실행하면, 짤막한 프로그램 소개
   메시지와 'Let's Play', 'Exit' 두 개의 버튼을 표시한다. 사용자가 'Let's Play' 버
   튼을 누르기 전에는 게임 인터페이스를 표시하지 않는다.

   b) 'Help' 버튼을 추가한다. 이 버튼을 누르면 게임 규칙을 소개하는 내용이 담
   긴 새 창을 띄운다.

   c) 최고 신기록 저장 기능을 추가한다. 프로그램은 열 개의 신기록을 저장해야
   한다. 사용자가 10위 안에 드는 득점으로 게임을 끝내면, 신기록 목록에 들어
   갈 이름을 작성하도록 한다. 이 신기록 목록은 프로그램을 처음 실행할 때 나
   오는 시작 화면에 표시되어야 한다. 프로그램을 다시 실행해도 목록이 유지되
   도록 별도의 파일에 신기록 정보를 저장해야 한다.

2. 이번 장에서 배운 내용을 응용해 라켓을 이용한 다른 경기의 시뮬레이션을 구
   현해 보라. 9장의 프로그래밍 과제를 참조하면 도움이 될 것이다.

3. 학회 참석자 정보를 저장하는 프로그램을 작성하라. 프로그램은 각 참석자에

대해 이름, 소속, 거주하는 주, 이메일 주소를 저장해야 한다. 사용자는 새로운 참석자를 등록하거나, 이미 등록된 참석자의 정보를 열람하거나, 이미 등록된 참석자를 삭제하고, 맨새 등록된 참석자 中 지정한 主에서 침기힌 모든 참석자의 이름과 이메일의 목록을 열람할 수 있어야 한다. 참석자 목록은 파일에 저장해 프로그램이 실행될 때 읽어 들이도록 한다.

4. 은행의 현금 자동 입출기(ATM)를 시뮬레이션하는 프로그램을 작성하라. 카드 리더기를 갖출 수 없으므로 초기 화면에서 사용자에게 아이디와 핀 번호를 입력하도록 한다. 아이디는 사용자의 계좌 정보(입력된 핀 번호와 일치 여부를 확인하기 위한 계좌 핀 번호 정보를 포함)를 찾기 위해 사용된다. 각 사용자는 자신의 가계 수표 계좌와 예금 계좌에 접근할 수 있으며 이 계좌에 대해 잔고 확인, 예금 인출, 다른 계좌로 송금 등의 작업을 할 수 있다. 거래하는 은행의 ATM 인터페이스를 참조해 자신만의 인터페이스를 설계하라. 프로그램이 종료될 때 사용자 정보는 파일에 저장해야 한다. 프로그램을 다시 시작하면 이 파일을 읽어 들이도록 한다.

5. 크랩스, 요트, 그리드, 스컹크 등 주사위로 할 수 있는 게임의 규칙을 찾아보고 이를 대화형 프로그램으로 작성해 보라.

6. 브리지 패 네 개를 나눠주고, 이 패에 대해 점수를 계산하고 규칙에 맞게 베팅을 허용하는 프로그램을 작성하라. 초보자를 위한 브리지 게임 설명서를 참조하면 도움이 될 것이다.

7. 블랙잭이나 크레이지 에이트, 또는 혼자 하는 카드 게임(프리셀, 스파이더 등) 중 마음에 드는 것을 대화형 프로그램으로 작성해 보라.

8. 오셀로(리버시), 배틀십 등 마음에 드는 보드 게임을 대화형 게임으로 작성해 보라.

9. (심화 문제) 갤러그나 테트리스 등 고전 비디오 게임 중에 마음에 드는 것을 골라 11장에서 배운 애니메이션 기법을 활용해 나만의 게임을 만들어 보라.

13장

P y t h o n   P r o g r a m m i n g

알고리즘 설계와 재귀

이 장의 학습 목표
· 알고리즘의 효율을 분석하기 위한 기본적인 기법을 이해한다.
· 탐색이 무엇인지 이해하고 이진 탐색과 선형 탐색 알고리즘을 이해한다.
· 재귀적 정의의 기본 원칙과 재귀 함수를 이해하고, 간단한 재귀 함수를 작성할 수 있다.
· 정렬이 무엇인지 잘 이해하고 선택 정렬과 병합 정렬의 알고리즘을 이해한다.
· 알고리즘에 대한 분석을 통해 풀기 어려운 문제와 풀 수 없는 문제임을 증명할 수 있다는 것을 이해
  한다.

이 책을 여기까지 읽은 독자라면 프로그래머에 이르는 길을 착실히 걷고 있다고
해도 좋을 것이다. 지난 1장에서 프로그래밍과 컴퓨터 과학의 연구가 어떤 관계
인지 설명한 바 있다. 이제는 독자들도 프로그래밍 능력을 어느 정도 갖추었으니
현장에서 마주칠 수 있는 좀 더 광범위한 주제에 대해 공부할 준비가 되었다. 이
번 장에서는 알고리즘 설계와 분석을 다룬다. 이 과정에서 강력한 힘을 가진 사고
방식인 재귀에 대해 잠시 훑어볼 것이다.

13.1 탐색

이미 연구가 많이 이루어졌고 자주 활용되는 주제인 탐색부터 시작해 보자. 탐색
은 어떤 데이터의 집합 안에서 특정한 값을 찾는 과정을 말한다. 구체적인 예로,
어떤 클럽의 회원 정보를 유지하는 프로그램에서 특정한 회원에 대한 회원 정보
를 찾으려고 하는 경우를 들 수 있다. 이런 경우에 탐색이 필요하다.

13.1.1 간단한 탐색 문제

탐색 알고리즘을 가능한 한 쉽게 이해하려면 문제의 핵심만을 남겨야 한다. 다음은 간단한 탐색 함수에 대한 명세다.

```python
def search(x, nums):
    # nums는 숫자의 리스트이고 x는 숫자다.
    # nums 안에 x가 존재하면 x의 위치를 리턴하며,
    # x가 존재하지 않을 경우에는 -1을 리턴한다.
```

다음은 대화형 세션에서 이 함수를 사용한 예다.

```python
>>> search(4, [3, 1, 4, 2, 5])
2
>>> search(7, [3, 1, 4, 2, 5])
-1
```

첫 번째 예에서 search 함수는 리스트 안에서 4를 나타내는 위치 지표인 2를 리턴했다. 두 번째 예에서는 7이 리스트 안에 존재하지 않으므로 -1을 리턴한 것을 알 수 있다.

이전에 리스트에 대한 연산을 설명할 때 탐색과 관계 깊은 내장 연산이 있었음을 기억할 것이다. 예를 들면, 연속열형 안에 어떤 값이 포함되어 있는지 알기 위해 in을 사용했다.

```python
if x in nums:
    # 어떤 작업을 수행
```

리스트 안에서 x의 위치를 알려면, index 메서드를 사용할 수 있었다.

```python
>>> nums = [3, 1, 4, 2, 5]
>>> nums.index(4)
2
```

사실 index 메서드와 search 함수의 차이점이라고는 index 메서드가 리스트에서 해당 값을 찾지 못했을 경우 예외를 발생시킨다는 것뿐이다. 이 예외가 발생하는 경우 -1을 리턴하도록 하는 처리만 추가하면 index 메서드를 사용해서 search 함수를 쉽게 다음과 같이 구현할 수 있다.

```python
def search(x, nums):
    try:
        return nums.index(x)
    except:
        return -1
```

하지만 이런 방법으로는 파이썬에서 실제로 리스트를 어떻게 탐색하는지, 이를 수행하는 알고리즘은 어떤 것인지 하는 문제에 다가갈 수가 없게 된다.

13.1.2 첫 번째 전략: 선형 탐색

'컴퓨터의 입장이 되어 보는' 방법으로 탐색 알고리즘을 만들어 보고자 한다. 정렬되지 않은 한 페이지 분량의 숫자가 주어졌을 때, 이 목록 안에 숫자 13이 포함되어 있는지를 알아내야 한다고 하자. 독자들이라면 이 문제를 어떻게 풀 것인가? 평범한 사람이라면, 한 페이지 가득한 숫자를 훑어 내려가며 13이 있는지 확인할 것이다. 그러다가 숫자 13을 발견하면 13을 찾았다고 알릴 것이다. 목록 끝에 이를 때까지 13을 발견하지 못했다면 13이 없다고 알려 주면 된다.

이런 방법을 선형 탐색(linear search)이라고 한다. 탐색 대상이 되는 요소의 목록을 하나씩 훑어가면서 목표로 하는 값을 찾는 것이다. 이 알고리즘은 거의 그대로 코드로 옮길 수 있다. 다음 코드를 보자.

```
def search(x, nums):
    for i in range(len(nums)):
        if nums[i] == x: # 목푯값을 발견하면, 그 값의 위치 지표를 리턴한다.
            return i
    return -1 # 목푯값을 발견하지 못하고 반복문을 완료한 경우
```

이 알고리즘은 그다지 어렵지도 않고 리스트 크기가 적당한 정도라면 훌륭하게 작동한다. 탐색 대상이 정렬되지 않은 리스트일지라도 말이다. 파이썬이 제공하는 in과 index 연산은 바로 이 선형 탐색 알고리즘을 사용한다.

탐색 대상 데이터가 매우 방대하다면 모든 요소를 살펴보지 않고도 특정한 값이 리스트에 존재하는지, 또는 어디 위치했는지 확인할 수 있도록 데이터를 재조직해야 할 경우가 있다. 이 리스트가 (오름차순으로) 정렬된 리스트일 경우, 목표로 했던 값보다 더 큰 값이 나오면 나머지 요소를 확인하지 않고 그 시점에서 바로 탐색을 종료할 수 있다. 이런 경우 평균적으로 탐색 시간이 절반으로 줄어든다. 그러나 리스트가 정렬만 되어 있다면 이것보다 훨씬 빠른 시간에 탐색이 가능하다.

13.1.3 두 번째 전략: 이진 탐색

리스트가 정렬되어 있는 상황이라면 훨씬 나은 선택지가 존재한다. 아마 이미 아는 사람도 있을 것이다. 숫자 스무고개 놀이를 해 본 적이 있는가? 1부터 100 사이의 값을 하나 고른 후 이를 상대방이 맞추는 놀이다. 상대방이 예상하는 수를 말할 때마다 이 예상이 맞았는지, 너무 큰지, 또는 너무 작은지 대답해야 한다. 여러분이라면 숫자를 맞추기 위해 어떤 전략을 택하겠는가?

아주 어린 아이와 이 게임을 하는 경우, 단순히 무작위로 고른 숫자를 댈 것이

다. 조금 더 나이가 많은 아이라면 선형 탐색과 같이 1부터 시작해 정답을 찾을 때까지 계속 숫자를 댈 것이다.

물론 성인이라면 대부분 첫 예상 값으로 50을 댈 것이다. 정답이 50보다 크다면 정답은 50부터 100 사이에 있을 것이고, 이 범위에 대한 적절한 예상 값은 75가 된다. 정답이 있는 범위의 중간값을 예상 값으로 하면, 예상 값을 댈 때마다 정답이 있을 수 있는 범위가 반으로 줄게 된다. 이런 방법을 이진 탐색(binary search)이라고 한다. '이진'이란 '2 또는 2에 대한'이라는 뜻으로, 매 단계마다 남은 숫자를 반으로 나누어 가기 때문에 이런 이름이 붙었다.

정렬된 리스트에 대해서는 이진 정렬을 사용할 수 있다. 기본적인 방법은 변수두 개로 정답이 포함되어 있는 범위의 시작 위치와 끝을 기억하는 것이다. 처음에는 목푯값이 리스트 어디에 있는지 알 수 없으므로 이 두 변수 low와 high는 각각리스트의 첫 요소와 마지막 요소를 가리키게 된다.

이 알고리즘의 핵심은 남아 있는 범위의 중간에 위치한 값을 x와 비교하는 일을반복하는 반복문에 있다. x가 중간에 위치한 값보다 작다면 high의 값을 옮기고,그 결과 탐색 범위가 작은 쪽 절반으로 줄어들게 된다. 반대로 x가 중간에 위치한값보다 크다면, low 값을 옮겨서 큰 쪽 절반을 탐색 범위로 한다. 이 반복문은 x 값을 발견하거나 남은 범위가 없을 때까지(low > high인 경우) 수행된다. 다음은 이를 구현한 코드다.

```python
def search(x, nums):
    low = 0
    high = len(nums) - 1
    while low <= high: # 아직 탐색할 범위가 남은 경우
        mid = (low + high)//2 # 중간값의 위치
        item = nums[mid]
        if x == item : # 목푯값을 발견해 해당 위치 지표를 리턴
            return mid
        elif x < item: # x가 작은 쪽 절반에 있음
            high = mid - 1 # high를 옮겨 가리키는 범위를 줄임
        else: # x가 큰 쪽 절반에 있음
            low = mid + 1 # low를 옮겨 가리키는 범위를 줄임
    return -1 # 더 이상 남아 있는 범위가 없음
            # x를 발견하지 못함
```

이 알고리즘은 선형 탐색보다는 조금 복잡하지만 몇 가지 예제를 통해 알고리즘을 좇아가 보면 그 동작 원리를 쉽게 이해할 수 있을 것이다.

13.1.4 알고리즘의 비교
지금까지 탐색 문제를 해결하기 위한 두 가지 알고리즘을 개발했다. 그런데 이 둘중 어느 알고리즘이 더 뛰어날까? 어느 알고리즘이 더 뛰어난지는 '뛰어남'을 어

떻게 정의하느냐에 따라 달라질 것이다. 선형 탐색 알고리즘은 이해하기 쉽고 구현도 간단하다는 장점이 있다. 이에 비해 이진 탐색은 리스트의 모든 요소를 보지 않고도 탐색을 마칠 수 있으므로 효율성이 뛰어난 장점이 있다. 직관적으로 생각하면, 선형 탐색은 크기가 작은 리스트에 적합할 것이고, 이진 탐색은 큰 리스트를 탐색하는 경우에 적합할 것이다. 그런데 이런 직관적인 결론을 어떻게 확인할 수 있을까?

경험적 테스트를 통해 이를 확인하는 것도 한 가지 방법이 될 수 있다. 두 알고리즘에 대한 코드를 작성한 후, 다양한 크기의 리스트에 대해 탐색을 수행하는 데 걸리는 시간을 측정하는 것이다. 이 두 가지 알고리즘은 상당히 짧은 알고리즘이므로 어렵지 않게 실험해 볼 수 있다. 내가 가진 (상당히 오래된) 노트북 컴퓨터로 이 두 알고리즘을 실험해 본 바로는, 크기가 10 이하인 리스트에서는 선형 탐색이 더 빨랐고 10에서 1000 사이의 크기를 갖는 리스트에서는 눈에 띄는 차이가 없었으나 1000 이상의 크기에서는 이진 탐색이 확연히 앞섰다. 요소가 100만 개인 리스트는 임의의 요소를 찾는 데 평균 2.5초가 걸린 반면, 이진 탐색은 평균적으로 0.0003초밖에 걸리지 않았다.

이렇게 경험적 분석을 통해 직관적 결론을 확인할 수 있었다. 그러나 이런 결과는 특정한 환경(메모리 용량, CPU 속도 등)에 국한되는 결과라는 문제가 있다. 어떤 환경에서든 적용할 수 있는 결론을 얻는 방법은 없을까?

또 다른 방법은 알고리즘의 효율성을 추상적으로 분석하는 것이다. 다른 요소들이 모두 같다고 가정하고, 좀 더 적은 수의 '단계'를 거치는 알고리즘을 좀 더 효율적인 알고리즘으로 간주하는 것이다. 그러나 이 '단계'를 어떤 기준으로 세어야 할까? 예를 들어, 알고리즘이 주 반복문을 수행하는 횟수는 입력된 값에 따라 달라질 것이다. 우리는 이미 리스트 크기가 커짐에 따라 이진 탐색이 유리해진다는 사실을 알고 있다.

컴퓨터 과학에서는 문제의 크기나 난이도에 따라 알고리즘이 거치게 될 단계의 상대적인 숫자를 토대로 알고리즘을 분석한다. 탐색 문제를 예로 들면, 문제의 난이도는 데이터 집합의 크기에 따라 결정된다. 아무래도 크기가 10인 리스트보다는 크기가 100만인 리스트에 대한 탐색이 더 많은 단계를 필요로 할 것이기 때문이다. 따라서 이 경우에 적절한 질문은 "리스트의 크기가 n일 때 알고리즘이 거치게 될 단계가 몇 개인가?"가 될 것이다. 그중 우리가 특히 관심 있는 것은 n 값이 매우 클 경우다.

선형 탐색을 먼저 예로 들어 보자. 탐색할 대상이 크기가 10인 리스트라면, 이 알고리즘이 가장 많은 단계를 거치는 경우는 모든 요소를 돌아보는 경우일 것이다. 따라서 반복문은 열 번 수행된다. 리스트가 이보다 두 배 크다면 반복문의 수행 횟수도 두 배가 될 것이다. 이렇게 리스트 크기가 커지는 만큼 알고리즘의 수행 시간도 따라서 증가한다. 이를 일반화하면, 알고리즘의 수행 시간은 리스트 크기 n에 대해 선형 관계를 갖는다고 할 수 있다. 컴퓨터 과학에서는 이런 알고리즘을 선형 시간(linear time) 알고리즘이라고 부른다. 이제 그 이유를 이해하게 되었을 것이다.

이진 탐색의 경우는 어떨까? 구체적인 예를 들어 살펴보자. 리스트의 요소가 열여섯 개인 경우를 보자. 반복문을 한 번 수행할 때마다 남은 탐색 영역이 반으로 줄어든다. 반복문을 한 번 수행하고 나면 남은 탐색 영역의 크기는 8이 된다. 또한 번 수행하면 4, 2, 1까지 줄어들 것이다. 그럼 이 반복문은 몇 번이나 수행될까? 이 반복문의 수행 횟수는 데이터의 영역을 절반으로 나눌 수 있는 횟수에 달려 있다. 다음 표를 보면 이를 이해하는 데 도움이 될 것이다.

리스트 크기	반으로 나누는 횟수
1	0
2	1
4	2
8	3
16	4

여기서 어떤 패턴이 보이지 않는가? 반복문의 수행 횟수가 한 번 늘어날 때마다 리스트의 길이가 두 배로 늘어난다. 반복문을 i번 수행하는 이진 탐색은 크기가 2^i인 리스트로부터 특정한 값을 찾아낼 수 있다. 반복문을 한 번 수행할 때마다 리스트에서 중간값이 되는 한 요소를 확인하게 되므로 크기가 n인 리스트를 탐색할 때 $n = 2^i$에 대한 i의 관계를 알아내야 한다. 이 수식에서 i는 2를 밑으로 갖는 지수이므로 로그를 통해 다음과 같이 이 관계를 나타낼 수 있다. $i = \log_2 n$ 아직 로그에 대해 확실하게 이해하고 있지 않다면 크기가 n인 리스트를 절반으로 자를 수 있는 횟수라고 이해해 두면 된다.

그럼 이 수식에서 알 수 있는 사실이 무엇일까? 이진 탐색은 로그 시간(log time) 알고리즘에 속한다. 문제의 크기가 커짐에 따라 수행 시간은 문제 크기의

로그에 비례해 증가한다. 이진 탐색의 경우, 반복 횟수를 한 번 늘릴 때마다 풀 수 있는 문제의 크기가 두 배로 증가하게 된다.

이진 탐색의 우수성을 아직 인정할 수 없을지도 모른다. 그럼 이런 관점에서 한 번 생각해 보기 바란다. 여러분은 지금 1200만 명이 알파벳순으로 수록된 뉴욕시의 전화번호부를 손에 들고 있다. (전화번호부에 수록된 사람이라고 간주하고) 거리에 있는 아무나에게 다가가 다음과 같이 말을 걸어 본다. "내가 당신의 이름을 맞혀 볼게요. 내가 이름을 말할 때마다 당신 이름보다 알파벳순으로 앞서는지 뒤서는지 알려 주세요." 그럼 그 사람의 이름을 맞출 때까지 이름을 몇 개 대야 할까?

조금 전의 분석에 따르면 이 질문의 답은 $\log_2 12{,}000{,}000$이 된다. 지금 계산기를 갖고 있지 않다면 다음과 같이 대강의 값을 알아볼 수 있다. $2^{10} = 1024$이므로 대강 1000, $1000 \times 1000 = 1{,}000{,}000$이 된다. 이것은 다시 말해 $2^{10} \times 2^{10} \approx 1{,}000{,}000$, 즉 2^{20}이 약 100만이 된다는 말이다. 그러므로 길이가 100만인 리스트를 탐색하는 데는 20번만 예측값을 내면 되는 것이다. 더 나아가 예측값을 21번 내면 200만, 22번이면 400만, 23번에 800만, 24번은 1600만에 이르게 된다. 결론적으로 24번만 이름을 대면 뉴욕시의 누구라도 이름을 맞출 수 있는 것이다! 이에 비해, 선형 탐색은 (평균적으로) 600만 번이 필요하다. 이진 탐색이 압도적으로 뛰어나다는 것을 확인할 수 있다.

조금 전에 파이썬의 내장 메서드에서는 선형 탐색 알고리즘을 채택하고 있다고 설명한 바 있다. 이진 탐색 알고리즘이 이 정도로 뛰어난데도 선형 탐색 알고리즘을 사용하는 이유는 무엇일까? 그 이유는 이진 탐색은 사전에 리스트가 정렬되어 있어야 하므로 일반적으로 적용하기 더 어렵기 때문이다. 아직 정렬되지 않은 리스트에 대해 이진 탐색을 수행하려면 먼저 이 리스트를 정렬해야 한다. 정렬 또한 오래전부터 연구된 주제로 살펴볼 만한 가치가 있다. 그러나 정렬에 대한 이야기로 넘어가기 전에 이진 탐색 알고리즘을 만들 때 적용했던 알고리즘 설계 기법을 일반화해 보자.

13.2 재귀적 문제 해결

이진 탐색의 기본적인 원리는 문제를 계속 절반으로 나누는 것이었다. 이런 방법을 '분할 정복'(divide-and-conquer)이라고도 하는데, 많은 효율적인 알고리즘이 이 방법을 기반으로 하고 있다.

 분할 정복 알고리즘의 흥미로운 부분은 원래 문제를 나눈 부분 문제가 원래 문제와 크기만 다른 문제라는 것이다. 이것이 무슨 말이냐면, 이진 탐색을 예로 생각해 보자. 알고리즘 실행 초기에는 리스트 전체를 탐색 범위로 한다. 첫 단계에서 범위의 가운데 요소를 확인한 뒤, 이 가운데 요소의 값이 찾던 값이 맞는다면 알고리즘이 종료된다. 가운데 요소의 값이 찾던 값이 아니라면 현재의 탐색 범위를 반으로 나누어 아래쪽 반과 위쪽 반에 각각 이진 탐색을 수행한다.

 이런 관점에서 보면 이진 탐색을 다른 방법으로도 구현할 수 있다.

```
알고리즘: binarySearch -- search for x in nums[low]...nums[high]
mid = (low + high) // 2
if low > high
    x is not in nums
elif x < nums[mid]
    perform binary search for x in nums[low]...nums[mid-1]
else
    perform binary search for x in nums[mid+1]...nums[high]
```

반복문을 사용하는 대신, 이진 탐색의 정의 안에서 다시 이진 탐색을 수행한다. 이게 어떻게 된 걸까? 이게 이치에 맞을까?

13.2.1 재귀적 정의

자기 자신을 포함하는 정의를 재귀적 정의라고 한다. 조금 전에 본 이진 탐색의 정의를 보면 이진 탐색 자체를 안에서 다시 사용하고 있다. 이진 탐색의 정의 안에서 '자신을' 다시 '호출'하기 때문에 재귀적 정의라는 이름이 붙었다.

 언뜻 보면, 재귀적 정의는 이치에 맞지 않는 것처럼 보이기도 한다. 학창 시절에 어떤 낱말을 정의하는 데 그 낱말을 사용할 수 없다는 말을 들어본 적이 있을 것이다. 이것은 '순환 정의'라고 하는데, 이런 시험 답안을 쓰면 좋은 점수를 받기 힘들다.

 그러나 수학에서는 특정한 형태의 재귀적 정의가 굉장히 많이 사용된다. 문제를 수식으로 나타내는 것과 재귀적 정의는 충분히 연습하기만 하면, 놀랍도록 강력하고 편리한 도구가 될 수 있다. 수학에서 쓰이는 재귀적 정의의 고전적인 예로 계승(factorial)을 들 수 있다.

 일찍이 3장에서 n에 대한 계승을 다음과 같이 정의한 바 있다.

$$n! = n(n-1)(n-2)\cdots(1)$$

예를 들어 5!는 다음과 같이 계산할 수 있다.

$$5! = 5(4)(3)(2)(1)$$

반복문을 이용해 누적자 변수에 수를 계속 곱해 가는 방법으로 계승을 계산하는 프로그램을 작성했음을 기억할 것이다.

5!를 계산하는 과정을 다시 살펴보면 재미있는 점을 발견할 수 있다. 이 계산식에서 맨 앞의 5를 빼면 4!에 대한 계산식이 된다. 이는 $n! = n(n-1)!$과 같이 일반화할 수 있으므로 이 관계를 계승의 일반식을 나타내는 데 적용할 수 있다.

$$n! = \begin{cases} 1 & \text{if } n = 0 \\ n(n-1) & \text{otherwise} \end{cases}$$

이 정의를 보면 0의 계승을 1로 정의하고 그 외의 수에 대한 계승은 그보다 하나 작은 수의 계승에 자신을 곱한 값으로 정의하는 것을 알 수 있다.

이 정의는 재귀적 정의를 포함하지만 순환 정의에 해당하지는 않으며, 간단하게 계승을 계산할 수 있게 해 준다. 4!의 예를 다시 한 번 보자. 이 정의에 따르면 4!는 다음과 같이 계산할 수 있다.

$$4! = 4(4-1)! = 4(3!)$$

그럼 3!은 어떤 값일까? 이 값을 알려면 다시 한 번 정의를 따라야 한다.

$$4! = 4(3!) = 4[(3)(3-1)!] = 4(3)(2!)$$

이제 다시 2!의 값이 필요하게 되었다. 2!의 값을 알려면 1!이 필요할 것이고 또 0!의 값을 알아야 한다. 그러나 0!의 값은 1이므로 이 식은 여기서 끝나게 된다.

$$4! = 4(3!) = 4(3)(2!) = 4(3)(2)(1!) = 4(3)(2)(1)(0!) = 4(3)(2)(1)(1) = 24$$

정의를 적용할 때마다 원래 수보다 작은 수에 대한 계승 값을 필요로 하게 되므로 이 재귀적 정의는 순환을 일으키지 않는다는 것을 알 수 있다. 정의를 적용하다 보면 결국 재귀적 정의를 포함하지 않는 경우인 0까지 내려오기 때문이다. 이것을 재귀의 기본 케이스라고 한다. 이렇게 재귀의 밑바닥까지 다다르면 직접 계산할 수 있는 닫힌 표현식을 얻게 된다. 재귀적 정의가 유용하려면 다음과 같은 특징을 가져야 한다.

1. 재귀를 필요로 하지 않는 기본 케이스가 하나 또는 그 이상 존재한다.
2. 모든 재귀 연쇄가 기본 케이스 중 하나로 이어진다.

이 두 조건을 만족하는지 확인하는 가장 간단한 방법은 재귀로 이어지는 부분 문제가 항상 원래 문제보다 작은 크기의 문제인지 보는 것이다. 그리고 재귀 없이도 풀 수 있을 정도로 크기가 작은 문제가 기본 케이스가 된다. 계승의 재귀적 정의는 이런 원리를 따라 동작한다.

13.2.2 재귀 함수

우리는 이미 반복문과 누적자 변수로 계승을 계산해 본 바 있다. 이 정의는 계승의 원래 정의와 같은 구조인데, 계승의 재귀적 정의와 같은 방식으로도 계승을 계산할 수 있을까?

계승에 대한 계산을 함수로 작성한다면 다음과 같은 코드로 옮길 수 있을 것이다.

```python
def fact(n):
    if n == 0:
        return 1
    else:
        return n * fact(n-1)
```

이 함수 역시 함수 정의 안에서 스스로를 호출하고 있는 것을 알 수 있다. 이것을 재귀 함수(recursive function)라고 한다. 이 함수는 먼저 표현식 n == 0으로 기본 케이스인지 여부를 확인한 뒤, 기본 케이스라면 1을 리턴한다. 반대로 기본 케이스가 아니라면, n-1의 계승에 n을 곱한 값을 리턴할 것이다. 이 경우에 fact(n-1)과 같이 재귀 호출이 사용된다.

이 코드는 재귀적 정의를 충실히 옮긴 결과라고 볼 수 있다. 더 놀라운 것은 이 코드가 실제로도 잘 작동한다는 것이다. 이 함수를 이용해서 실제로 계승을 계산할 수 있다.

```python
>>> from recfact import fact
>>> fact(4)
24
>>> fact(10)
3628800
```

프로그래밍 초심자는 이 함수가 잘 동작한다는 것에 놀라기도 하지만, 사실 이 함수는 우리가 6장에서 배웠던 함수에 대한 해석 방법을 그대로 따르고 있다. 함수를 호출할 때마다 함수가 새로이 실행된다고 설명한 것을 기억하는가? 이는 다시 말해 각 함수 호출마다 인자 값을 포함한 모든 지역 변수가 새로이 만들어진다는 것을 의미한다. 그림 13.1에 5!를 계산하기 위한 재귀 호출 과정을 나타냈다. 특히 각 리턴 값이 상응하는 재귀 호출 리턴 값과 곱해져 계산된다는 것에 주목하기 바란다. n의 값은 재귀 호출 연쇄를 통해 전달되었다가 다시 리턴 값으로 되돌아 오게 된다.

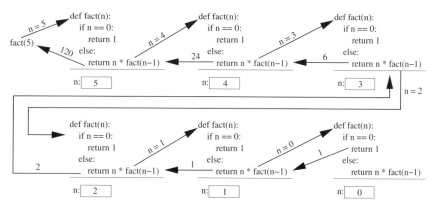

그림 13.1 5!를 계산하기 위한 재귀 호출

이 외에도 다양한 문제를 재귀를 통해 우아하고 효율적인 해법으로 풀 수 있다. 이후 몇 개 절에 걸쳐서 재귀를 이용한 문제 해결의 예를 보게 될 것이다.

13.2.3 예제: 문자열 뒤집기

파이썬의 리스트는 리스트 요소의 순서를 뒤집는 내장 함수를 갖고 있다. 문자열 의 역을 구해야 하는 상황을 생각해 보자. 이 문제를 풀 수 있는 방법 중 하나는 문자열을 문자의 리스트로 바꾼 뒤, 이 리스트를 뒤집고 다시 리스트를 문자열로 되돌리는 방법을 들 수 있다. 그러나 재귀를 사용하면 굳이 문자열을 리스트로 변 환하지 않고 직접 문자열을 뒤집는 함수를 작성할 수 있다.

이 방법의 기본 아이디어는 문자열을 재귀적 대상, 다시 말해 긴 문자열은 그보 다 짧은 문자열로 이루어진다고 간주하는 것이다. 그리고 어떤 연속열을 그 첫 번 째 요소와 그 요소를 뺀 나머지 연속열로 나누는 것은 어떤 연속열에라도 적용할 수 있다. 이를 문자열에 적용하면 문자열의 첫 글자와 나머지 부분으로 볼 수 있 는데, 이 나머지 부분을 뒤집고 나서 첫 글자를 이 문자열의 뒤에 붙여 준다면 뒤 집은 문자열을 얻게 될 것이다.

이 알고리즘을 코드로 작성해 결과를 확인해 보자.

```
def reverse(s):
    return reverse(s[1:]) + s[0]
```

그럼 이 함수가 어떻게 동작하는지 살펴보자. 조각 썰기 연산 s[1:]의 결과는 문자 열의 첫 글자를 뺀 나머지 부분에 해당한다. 그리고 문자열의 이 조각을 (재귀적으로) 뒤집은 뒤 여기에 다시 원래의 첫 글자(s[0])를 뒤에 덧붙인다. 구체적인 예를 들면 이해가 쉬울 것이다. 문자열 s를 "abc"라고 하면, s[1:]는 "bc"이고, 다시 이 문자열을 뒤집으면 "cb"가 된다. 이 문자열의 끝에 s[0]을 덧붙이면 원하는 결과 "cba"를 얻게 된다.

하지만 안타깝게도 이 함수는 우리가 원하는 대로 동작하지 않는다. 다음은 이 함수를 실행한 결과다.

```
>>> reverse("Hello")
Traceback (most recent call last):
  File "<stdin>", line 1, in ?
  File "<stdin>", line 2, in reverse
  File "<stdin>", line 2, in reverse
...
  File "<stdin>", line 2, in reverse
RuntimeError: maximum recursion depth exceeded
```

여기에는 출력의 일부만 나타냈다. 실제 출력은 1000줄이 넘는다. 과연 무슨 일이 일어난 것일까?

재귀 함수를 정확하게 작성하려면 재귀 호출이 필요하지 않은 기본 케이스가 필요하다(이것이 없다면 재귀가 순환하게 된다)고 설명했음을 기억할 것이다. 서둘러 코드를 작성하다 보니 코드에 기본 케이스를 포함시키지 않았다. 이 때문에 이 코드는 무한 재귀(infinite recursion) 호출을 발생시킨다. reverse 함수가 호출될 때마다 자신을 또 호출하기만 하고 아무 곳에서도 값을 리턴하지 않는다. 함수를 호출하는 데도 당연히 약간의 메모리가 필요(인자와 지역 변수를 저장하기 위한)하기 때문에 결국 영원히 재귀 호출이 지속되지는 못한다. 파이썬에서는 1000번의 재귀 호출을 '최대 재귀 깊이'로 설정하고 이 시점에서 프로그램을 멈춘다.

그럼 이 코드에 알맞은 기본 케이스를 추가해 주자. 연속열에 대한 재귀에서 가장 흔한 기본 케이스는 빈 연속열 또는 요소가 하나뿐인 연속열의 형태를 갖는다. 문자열을 뒤집는 문제에서는 빈 문자열을(빈 문자열은 뒤집어도 빈 문자열이 된다) 기본 케이스로 삼기로 하겠다. reverse 함수의 재귀 호출에는 항상 원래 인자보다 짧은 문자열이 인자가 되므로 결국 빈 문자열에 대한 호출이 일어날 것임을 알 수 있다. 다음은 기본 케이스를 추가한 reverse 함수다.

```
def reverse(s):
    if s == "":
        return s
    else:
        return reverse(s[1:]) + s[0]
```

수정된 함수는 우리가 원하는 대로 동작하는 것을 확인할 수 있다.

```
>>> reverse("Hello")
'olleH'
```

13.2.4 예제: 애너그램

애너그램(anagram)이란 어떤 낱말의 글자를 그대로 순서만 바꿔서 만든 낱말로, 낱말 게임 등에서 흔하게 볼 수 있다. 애너그램은 어떤 연속열에 대해 순열을 만드는 특수한 경우로 볼 수 있는데, 이렇게 어떤 연속열의 순열을 만드는 문제는 컴퓨터 과학과 수학의 여러 영역에서 자주 마주치는 문제다.

그럼 어떤 문자열로 만들 수 있는 모든 애너그램의 리스트를 만드는 함수를 작성해 보자. 이번에도 문자열을 첫 글자와 나머지 부분으로 나누는 방법을 사용할 것이다. 원래 문자열이 "abc"라고 했을 때, 이 문자열의 꼬리(tail)는 "bc"가 된다. 두 글자 문자열의 애너그램은 두 가지밖에 없으므로 꼬리로부터 만들 수 있는 애너그램의 목록은 ["bc", "cb"]와 같다. 그리고 이 부분 애너그램에 다시 가능한 위치마다 첫 글자를 끼워 넣어 새로운 애너그램 ["abc", "bac", "bca", "acb", "cab", "cba"]를 만든다. 이 중 처음 세 애너그램은 "bc"에 "a"를 끼워 넣어 만든 것이고, 그다음 세 개는 "cb"에 "a"를 끼워 넣어 만든 것이다.

지난 예제와 같이 이 문제에서도 빈 문자열을 재귀의 기본 케이스로 삼는다. 빈 문자열의 애너그램은 빈 문자열뿐이므로 완성된 재귀 함수는 다음과 같다.

```
def anagrams(s):
    if s == "":
        return [s]
    else:
        ans = []
        for w in anagrams(s[1:]):
            for pos in range(len(w)+1):
                ans.append(w[:pos]+s[0]+w[pos:])
        return ans
```

else 이하의 부분을 보면 최종 결과가 되는 애너그램을 모으기 위해 리스트를 사용하고 있는 것을 알 수 있다. 이 안의 중첩 for 문 중에 바깥쪽 반복문은 s의 꼬리에 대한 각 애너그램을 순회하고, 안쪽 반복문은 애너그램 하나에 글자를 추가할 수 있는 각 위치를 순회하며 새로운 애너그램을 만든다. 표현식 w[:pos]+s[0]+w[pos:]는 복잡해 보여도 잘 읽어 보면 어렵지 않게 이해할 수 있다. w[:pos]로부터는 애너그램 w의 pos 직전까지의 부분 문자열을 얻을 수 있고, w[pos:]는 pos부터 문자열 끝까지에 해당하는 부분 문자열을 의미한다. 그런 다음 이 두 부분 문자열 사이에 s[0]을 넣어 연접하면 w의 위치 pos에 s[0]을 끼워 넣은 결과를 효율적으로 만들 수 있다. 안쪽 반복문은 문자열 끝에도 글자를 추가할 수 있도록 len(w)+1까지 순회해야 한다.

다음은 이 함수의 호출 예다.

```
>> anagrams("abc")
['abc', 'bac', 'bca', 'acb', 'cab', 'cba']
```

지나치게 많은 애너그램이 출력되기 때문에 여기서는 예제 문자열로 "Hello"를 사용하지 않았다. 어떤 낱말의 애너그램의 수는 낱말의 길이에 대한 계승과 같다.

13.2.5 예제: 빠른 거듭제곱

재귀를 영리하게 활용할 수 있는 또 다른 좋은 예는 정수를 지수로 갖는 거듭제곱을 계산하는 알고리즘이다. 정수 n에 대해 a^n을 계산하라고 하면 우선 떠오르는 방법은 $a^n = a*a*\cdots*a$와 같이 a를 n번 곱하는 것이다. 누적자 패턴을 적용한 반복문을 사용하면 간단히 이를 구현할 수 있다.

```
def loopPower(a, n):
    ans = 1
    for i in range(n):
        ans = ans * a
    return ans
```

분할 정복 방식을 이용하면 이 계산을 다른 방법으로도 할 수 있다. 예를 들어 2^8을 계산해야 한다고 하자. 지수 법칙에 따르면, $2^8 = 2^4(2^4)$임을 알 수 있다. 그러므로 2^4만 계산하고 나면 곱셈 한 번만으로 2^8을 구할 수 있다. 2^4는 다시 $2^4 = 2^2(2^2)$임을 이용해서 계산한다. 당연히 $2^2 = 2(2)$가 된다. 이 과정을 한데 합치면, $2(2)=4$로 시작해서 $4(4)=16$을 거쳐 $16(16)=256$에 이르게 된다. 이런 방법으로 2^8을 곱셈 세 번만으로 계산할 수 있었다. 이 방법에 쓰인 관점은 $a^n = a^{n/2}(a^{n/2})$와 같은 관계에서 비롯된 것이다.

조금 전에 본 예제는 모두 지수가 짝수인 경우였다. 이 방법을 일반화하려면 지수 n이 홀수인 경우도 처리할 수 있어야 한다. 지수가 홀수인 경우는 곱셈을 한 번 더 해서 처리할 수 있다. 예를 들면 $2^9 = 2^4(2^4)(2)$처럼 말이다. 다음은 일반화한 관계식이다.

$$a^n = \begin{cases} a^{n//2}(a^{n//2}) & \text{if } n \text{ is even} \\ a^{n//2}(a^{n//2})(a) & \text{if } n \text{ is odd} \end{cases}$$

이 수식에는 정수 나눗셈이 쓰였다. n이 9라면, $n//2$는 4가 된다.

이러한 관계를 기초로(적절한 기본 케이스를 찾기만 하면 된다) 재귀 함수를 작성할 수 있다. 지수를 n으로 하는 거듭제곱을 계산하려면 두 거듭제곱 $n//2$를 계산해야 한다. 지수 n을 이렇게 점점 줄여 가면, 결국은 0이 될 것이다(정수 나눗셈 $1//2=0$). 우리가 수학 시간에 배웠듯이, a가 어떤 수이든지(0 제외) $a^0=1$이므로 이를 기본 케이스로 삼기로 하자.

지금까지의 과정을 다 이해했다면 이를 그대로 옮겨 함수를 작성할 수 있다.

```
def recPower(a, n):
    # a의 n 거듭제곱
    if n == 0:
        return 1
    else:
        factor = recPower(a, n//2)
        if n%2 == 0: # n이 짝수인 경우
            return factor * factor
        else: # n이 홀수인 경우
            return factor * factor * a
```

한 가지 주의할 점은 중간 변수 factor를 두어 $a^{n//2}$를 한 번만 계산해도 되게끔 한 것이다. 이 변수를 이용하면 좀 더 효율적인 계산이 가능해진다.

13.2.6 예제: 이진 탐색

지금까지 재귀 함수를 작성하는 방법을 배웠으니 이번에는 재귀 함수를 재귀적으로 다시 구현해 볼 차례다. 이진 탐색은 중앙에 위치한 값을 확인한 뒤 배열을 앞쪽 반과 뒤쪽 반으로 나누어 이에 대해 각각 탐색해 나가는 것임을 기억해 두기 바란다.

재귀의 기본 케이스는 알고리즘이 종료되는 경우이므로 목푯값을 찾았거나 탐색할 영역이 없게 된 경우가 이에 해당한다. 재귀 호출을 한 번 할 때마다 문제의 크기가 절반으로 줄어야 하는데, 이를 위해서는 각각의 재귀 호출에서 '탐색해야 할' 리스트의 범위를 지정해 주어야 할 필요가 있다. 이 범위는 변수 low와 high의 값을 리스트와 함께 인자로 넘겨 전달한다. 그러므로 함수가 호출되면 low와 high의 사잇값에 대해서만 탐색이 일어나게 된다.

다음은 이런 사항을 반영한 재귀 알고리즘을 구현한 코드다.

```
def recBinSearch(x, nums, low, high):
    if low > high: # 더는 탐색할 영역이 없다. -1을 리턴한다.
        return -1
    mid = (low + high) // 2
    item = nums[mid]
    if item == x: # 목푯값 발견! 이 값의 위치 지표를 리턴한다.
        return mid
    elif x < item: # 아래쪽 절반을 탐색
        return recBinSearch(x, nums, low, mid-1)
    else: # 위쪽 절반을 탐색
        return recBinSearch(x, nums, mid+1, high)
```

그다음 재귀 함수로 구현한 이진 탐색 함수를 원래의 탐색 함수와 시그너처를 맞춰(검색 범위를 0, len(nums)-1로) 호출해 주는 함수를 구현한다.

```python
def search(x, nums):
    return recBinSearch(x, nums, 0, len(nums)-1)
```

함수를 호출하는 것이 반복문을 다시 수행하는 것보다 좀 더 시간을 많이 소비하기 때문에 원래 구현이 대개의 경우 좀 더 빠르게 실행된다. 그러나 재귀적으로 구현한 함수는 이진 탐색의 분할 정복 구조를 좀 더 명확하게 보여 주는 장점이 있다. 다음 절에서는 반복문보다는 재귀로 푸는 것이 더 자연스러운 문제를 소개하겠다.

13.2.7 재귀 대 반복

지금쯤이면 재귀와 반복 사이에 어떤 공통점을 발견했을 것이다. 사실 재귀 함수는 반복문의 일종의 일반형이라고 할 수 있다. 반복으로 할 수 있는 일이라면 어떤 것이라도 재귀 함수로 구현할 수 있다. 그렇기 때문에 프로그래밍 언어 중에는 반복문 없이 재귀 호출만 사용할 수 있는 것들도 있다. 또, 재귀로 간단히 해결할 수 있는 문제 중에는 반복문으로 구현하기 어려운 것들도 있다.

지금까지 살펴본 문제들은 모두 재귀와 반복을 이용한 해법이 둘 다 있었다. 계승과 이진 탐색 문제의 경우, 재귀를 이용한 해법과 반복을 이용한 해법은 거의 같은 내용의 연산을 수행하기 때문에 효율성 면에서도 거의 동등했다. 물론 재귀를 이용한 해법이 함수 호출 비용 때문에 약간 느릴 수 있지만, 오늘날의 환경에서는 그 차이가 미미하다.

거듭제곱을 구하는 알고리즘 문제에서는 재귀와 반복을 사용한 알고리즘이 서로 크게 달랐다. 이 두 알고리즘을 잘 살펴보면 반복을 이용한 알고리즘은 선형 시간 알고리즘이고, 재귀를 사용한 알고리즘은 로그 시간 알고리즘임을 알 수 있다. 이 두 알고리즘의 관계는 선형 탐색과 이진 탐색의 관계와도 비슷한데, 재귀를 사용한 해법이 더 뛰어난 성능을 보인다는 것도 공통점이다. 다음 절에서는 재귀를 이용한 매우 효율적인 정렬 알고리즘을 소개하겠다.

지금까지 보았듯이, 재귀는 매우 효율적인 알고리즘을 개발할 수 있는 유용한 문제 해결 기법이다. 그러나 재귀 알고리즘은 매우 비효율적이 될 수도 있기 때문에 주의해야 한다. 그 한 가지 예가 피보나치수열의 n번째 수가 무엇인지 계산하는 알고리즘이다.

피보나치수열은 1, 1, 2, 3, 5, 8...과 같이 이어지는 자연수의 수열이다. 수열의 처음 두 수는 1이고 세 번째부터는 이전 두 수의 합으로 정의된다. 반복을 사용하면 수열의 각 수를 차례차례 계산하는 방법으로 수열의 *n*번째 수를 계산할 수 있다.

피보나치 수를 계산하려면 항상 이전 두 수의 값이 필요하다. 이 두 값을 두 개의 변수 curr와 prev에 저장한 다음, 반복문을 수행하면서 이 두 값을 합해 다음 수를 계산하면 된다. 그리고 나서 curr의 현재 값을 prev의 값으로 한다. 다음은 이를 파이썬으로 구현한 한 예다.

```python
def loopfib(n):
    # 피보나치수열의 n번째 수

    curr = 1
    prev = 1
    for i in range(n-2):
        curr, prev = curr+prev, curr
    return curr
```

curr와 prev의 값을 한 번에 계산하기 위해 동시 할당문을 사용했다. 그리고 수열의 처음 두 수가 이미 정의되어 있기 때문에 이 반복문은 *n* - 2번 수행된다.

피보나치수열은 재귀를 사용하면 다음과 같이 우아한 형태로 정의할 수 있다.

$$fib(n) = \begin{cases} 1 & \text{if } n < 3 \\ fib(n-1) + fib(n-2) & \text{otherwise} \end{cases}$$

이 정의는 다음과 같은 재귀 함수로 옮길 수 있다.

```python
def fib(n):
    if n < 3:
        return 1
    else:
        return fib(n-1) + fib(n-2)
```

이 함수 역시 지금까지의 조건, 즉 재귀 호출은 항상 원래 문제보다 작은 부분 문제에 대해 일어나고, 재귀를 필요로 하지 않는 기본 케이스가 존재하는 조건을 그대로 따르고 있다. 그러므로 이 함수는 일단 동작하기는 할 것이다. 다만 이 알고리즘은 매우 비효율적인 알고리즘이다. 반복을 사용한 코드는 n의 값이 매우 커져도(내 컴퓨터에서도 loopFib(50000) 정도는 순식간에 수행된다) 수행 속도가 빠른데 비해, 재귀를 사용한 코드는 n이 30을 넘어가면 사용이 어려울 정도가 된다.

이 코드에서 사용한 피보나치수열의 재귀적 표현의 문제는 중복되는 연산이 매우 많다는 것이다. 그림 13.2에 fib(6)을 계산하는 과정을 도식화했다. 이 그림을 잘 보면 fib(4)는 두 번, fib(3)은 세 번, fib(2)은 다섯 번이나 중복 계산된다. n이 더 커진다면 중복 계산도 이보다 훨씬 늘어날 것이다.

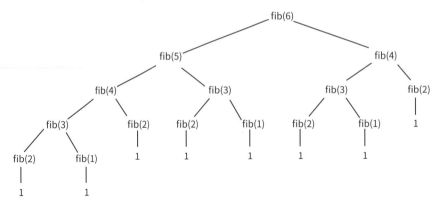

그림 13.2 fib(6)의 계산 과정

이것이 우리에게 시사하는 점이 무엇일까? 재귀는 문제 해결을 위한 한 가지 도구에 지나지 않는다. 재귀를 이용한 해법이 효율성이나 미적인 면에서 좋은 해법이라면 재귀를 사용하면 된다. 대개의 경우, 재귀와 반복 양쪽 해법이 비슷한 경우가 많지만(이런 경우에는 반복 알고리즘 쪽이 약간 더 빠르다), 재귀 알고리즘이 훨씬 비효율적인 경우도 있다. 이럴 때는 불가능한 경우를 제외하면 반복 알고리즘을 사용하라. 이후 장에서 배우게 되겠지만 좋은 해법이 존재하지 않는 문제도 있다.

13.3 정렬 알고리즘

정렬 알고리즘은 우리가 지금까지 배운 설계 기법을 시험해 보기 적당한 주제다. 여기서 말하는 정렬 문제란 리스트를 인자로 받아 이를 각 요소가 오름차순으로 (정확히는 감소하지 않게) 늘어서도록 순서를 바꾸는 것을 말한다.

13.3.1 그냥 정렬하기: 선택 정렬

다시금 '컴퓨터의 입장이 되어 보는' 전략으로 정렬 문제에 접근해 보자. 지금 우리 손에는 번호가 쓰인 색인 카드 한 무더기가 있다. 이 색인 카드는 무작위로 섞여 있으며, 우리가 해야 할 일은 이 카드를 다시 번호순으로 맞추는 것이다. 과연 이 문제를 어떻게 해결해야 할까?

이 문제에 체계적으로 접근하기 위한 좋은 방법이 여럿 있다. 단순하게 생각하면 카드 무더기 전체를 살펴본 뒤 가장 작은 값을 찾아 무더기의 맨 앞에 (또는 별도의 무더기에) 두는 방법을 생각해 볼 수 있다. 그리고 나서 남아 있는 카드 중 가장 작은 값을 찾아 그다음 위치에 두는 방법을 계속해 간다. 물론 이 방법을 사용하려면 남아 있는 카드 중 가장 작은 값을 찾는 알고리즘이 또 필요해진다. 여기에는 우리가 리스트의 최댓값을 찾을 때(7장) 사용했던 방법을 사용할 수 있다. 리스트의 각 요소를 순회하면서 지금까지 본 값 중 가장 작은 값이 무엇이었는지 기억해 두고, 더 작은 값을 가진 요소와 만날 때마다 이 값을 업데이트한다.

지금 설명한 알고리즘을 선택 정렬(selection sort)이라고 한다. 이 알고리즘은 매 반복마다 리스트의 남은 요소 중 가장 작은 값을 찾아 이를 제 위치로 옮겨 놓는 일을 반복하는 반복문으로 되어 있다. 이를 n개의 요소를 갖는 리스트에 적용하면 먼저 남아 있는 값(1부터 $n-1$번째 요소 중) 중 가장 작은 값을 찾아 이를 위치 1로 옮긴다. 그다음에는 2부터 $n-1$번째 요소 중에서 가장 작은 값을 찾아 이번에는 이 값을 위치 2로 옮긴다. 이런 식으로 리스트의 끝에 다다르면 정렬이 완료된 리스트를 얻게 된다.

이 알고리즘을 구현할 때 조심해야 할 부분이 하나 있다. 남은 부분에서 찾은 최솟값을 제 위치로 옮길 때, 그 자리에 저장되었던 값을 유실하지 않도록 주의해야 한다. 예를 들어, 발견한 최솟값이 위치 10에 있고 이를 위치 0으로 옮기려면 다음과 같은 할당문을 실행해야 한다.

```
nums[0] = nums[10]
```

하지만 이것만으로는 nums[0]의 현재 값을 유실하게 되므로 이 값을 다른 위치로 먼저 옮겨 두어야 한다. 가장 간단한 방법은 다음과 같은 동시 할당문으로 두 값의 위치를 서로 바꾸는 것이다.

```
nums[0], nums[10] = nums[10], nums[0]
```

이 할당문은 위치 10의 값은 리스트의 맨 처음으로 옮기고, 리스트의 첫 요솟값은 위치 10으로 옮긴다.

이 기능을 이용하면 파이썬으로 선택 정렬 알고리즘을 간단히 작성할 수 있다. 여기서는 bottom이라는 변수를 사용해 리스트의 어느 위치까지 정렬이 완료되었는지 기억해 두고, 변수 mp에 현재 남은 값 중 최솟값의 위치를 저장할 것이다. 다음 코드는 이런 방법으로 선택 정렬을 구현한 코드다.

```
def selSort(nums):
    # 리스트 nums를 오름차순으로 정렬

    n = len(nums)
```

```
# 리스트의 각 요소를 순회(마지막 요소 제외)
for bottom in range(n-1):
    # nums[bottom]..nums[n-1] 중 최솟값을 찾는다.

    mp = bottom # 초기에는 bottom에 위치한 값을 최솟값으로 간주
    for i in range(bottom+1,n): # 각각의 남은 수를 확인한다.
        if nums[i] < nums[mp]: # 더 작은 값을 찾으면
            mp = i # 그 수의 위치를 기억해 둔다.

    # 최솟값을 위치 bottom의 값과 교환
    nums[bottom], nums[mp] = nums[mp], nums[bottom]
```

이 알고리즘에서 최솟값을 찾기 위한 누적자 변수를 잘 봐 두기 바란다. 여기서는 지금까지 본 값 중 최솟값을 직접 기억하는 대신, 변수 mp에 이 값의 위치를 기억한다. 그래서 최솟값 여부를 확인하려면 mp에 위치한 값과 i에 위치한 값을 비교하는 방법을 사용해야 한다. 또 mp의 값이 마지막에서 두 번째 위치까지만 변화한다는 것에도 주의가 필요하다. 마지막 요소를 제외한 값이 모두 제 위치에 자리 잡았다면 마지막 요소가 최댓값이므로 역시 자기 자리에 있을 것이기 때문이다.

선택 정렬 알고리즘은 작성하기도 쉽고 리스트의 크기가 지나치게 크지 않다면 유용하게 사용할 수 있다. 하지만 아주 효율적인 알고리즘은 아니다. 다른 정렬 알고리즘을 몇 가지 더 살펴본 후에 이 알고리즘의 효율성을 분석해 볼 것이다.

13.3.2 분할 정복 전략: 병합 정렬

지금까지 보았듯이, 분할 정복 전략은 효율적인 알고리즘을 설계할 수 있는 방법 중 하나다. 친구와 함께 카드 한 벌을 순서대로 늘어놓는 상황을 가정해 보자. 카드 한 벌을 친구와 나눠 갖는 방법으로 문제를 분할해 서로 나눠 가진 카드를 각각 정렬하는 방법을 생각해 볼 수 있다. 그다음 정렬된 반을 다시 합칠 방법이 필요하다.

정렬된 두 리스트를 하나의 리스트로 합치는 과정을 병합(merge)이라고 한다. 이렇게 분할 정복 전략을 통해 정렬 문제를 해결하는 알고리즘을 병합 정렬(merge sort)이라 하고 구조는 다음과 같다.

```
알고리즘: nums를 병합 정렬
nums를 반으로 나눈다.
첫 번째 반쪽을 정렬한다.
두 번째 반쪽을 정렬한다.
정렬된 두 반쪽을 다시 원래 크기로 합친다.
```

알고리즘의 첫 단계는 간단하다. 조각 썰기 연산으로 리스트를 절반으로 나누면 된다. 마지막 단계는 반으로 나눴던 리스트를 다시 합치는 것이다. 조금만 생각해 보면 두 리스트를 합치는 것 역시 그렇게 어렵지 않다. 다시 카드를 예로 들어 이

알고리즘을 자세히 살펴보자. 나뉜 카드 무더기는 각각 정렬된 상태이므로 가장 값이 작은 카드가 가장 위에 있을 것이다. 두 무더기의 가장 위에 있는 카드 중 값이 더 작은 카드가 합쳐진 리스트의 맨 앞에 오게 된다. 이렇게 가장 위의 카드가 한 장 옮겨지고 나면, 다시 두 무더기의 맨 위에 있는 카드 두 장을 비교해서 이 중 작은 것을 합쳐진 리스트의 그다음 요소로 삼는다. 이 과정을 어느 한쪽의 무더기가 바닥날 때까지 반복하고 나면, 남은 무더기의 카드를 덧붙여 리스트 병합을 완료한다.

다음은 이 병합 과정을 파이썬 코드로 작성한 것이다. 이 코드에서 둘로 나뉜 리스트는 변수 lst1과 lst2에 해당하며, lst3은 병합된 결과가 저장될 리스트다. 이 병합 과정이 정상적으로 이뤄지려면 lst3의 길이는 lst1과 lst2의 길이의 합과 같아야 한다. 주석과 함께 다음 코드를 잘 이해해 두기 바란다.

```python
def merge(lst1, lst2, lst3):
    # 정렬된 리스트 lst1과 lst2를 lst3으로 병합한다.

    # 이 변수들은 각 리스트의 현재 처리 중인 위치를 저장한다.
    i1, i2, i3 = 0, 0, 0 # 앞부터 병합을 시작한다.
    n1, n2 = len(lst1), len(lst2)

    # lst1, lst2 어느 한쪽이라도 요소가 없어질 때까지 반복한다.
    while i1 < n1 and i2 < n2:
        if lst1[i1] < lst2[i2]: # lst1의 첫 요소가 더 작은 경우
            lst3[i3] = lst1[i1] # 이 요소를 lst3의 현재 위치에 복사한다.
            i1 = i1 + 1
        else: # lst2의 첫 요소가 더 작은 경우
            lst3[i3] = lst2[i2] # 이 요소를 lst3의 현재 위치에 복사한다.
            i2 = i2 + 1
        i3 = i3 + 1 # lst3에 요소 하나를 추가했으니 다음 추가할 위치를 업데이트

    # 이제 lst1, lst2 중 하나는 요소가 더 이상 없다.
    # 다음 두 반복문 중 하나가 병합 과정을 마무리한다.

    # lst1에 남은 요소(남은 요소가 있는 경우)를 모두 복사한다.
    while i1 < n1:
        lst3[i3] = lst1[i1]
        i1 = i1 + 1
        i3 = i3 + 1
    # lst2에 남은 요소(남은 요소가 있는 경우)를 모두 복사한다.
    while i2 < n2:
        lst3[i3] = lst2[i2]
        i2 = i2 + 1
        i3 = i3 + 1
```

리스트를 두 개로 나누고 이것들을 각각 정렬했다면, 이 두 리스트를 합치는 방법을 이제 갖게 되었다. 그런데 둘로 나눈 리스트를 정렬하려면 어떻게 해야 할까? 우리가 하려는 일은 리스트 하나를 정렬하는 것인데, 이 알고리즘은 리스트 두 개를 정렬해야 한다. 여기야말로 재귀를 사용하기 딱 좋은 상황이다. 반으로 나눈

리스트 두 개를 정렬하는 데 mergeSort 자체를 사용할 수도 있을 것 같다. 적절한 재귀 알고리즘을 개발하기 위해 재귀 가이드라인을 다시 떠올려 보자.

재귀가 제 역할을 다하려면, 적어도 하나 이상의 재귀 호출이 없는 기본 케이스가 있어야 하고, 또 재귀 호출에서 푸는 문제는 원래 문제보다 작은 문제여야 한다. mergeSort에서 일어나는 재귀 호출은 항상 원래 리스트의 절반이므로 두 번째 조건을 만족하고, 이렇게 리스트를 반으로 나누는 것을 반복하면 요소가 하나뿐이거나 빈 리스트가 되는데 이는 곧 이미 정렬된 리스트나 다름없으므로 기본 케이스, 즉 첫 번째 조건도 만족하게 된다. 따라서 리스트의 요소가 두 개 미만이라면 아무 일도 하지 않는다.

이런 분석에 따라 병합 정렬 알고리즘을 재귀 알고리즘으로 수정할 수 있다.

```
if len(nums) > 1:
    nums를 각각 절반으로 나눈다.
    앞쪽 절반을 mergeSort로 정렬한다.
    뒷쪽 절반을 mergeSort로 정렬한다.
    정렬된 두 리스트를 다시 nums로 병합한다.
```

이 알고리즘은 거의 그대로 파이썬 코드로 옮길 수 있다.

```python
def mergeSort(nums):
    # nums의 요소를 오름차순으로 정렬한다.
    n = len(nums)
    # 리스트의 요소가 두 개 미만이면 아무 처리도 하지 않는다.
    if n > 1:
        # 리스트를 절반씩 나누어 두 개의 리스트로 만든다.
        m = n // 2
        nums1, nums2 = nums[:m], nums[m:]
        # 두 반쪽을 각각 정렬한다.
        mergeSort(nums1)
        mergeSort(nums2)
        # 정렬된 두 반쪽을 다시 병합한다.
        merge(nums1, nums2, nums)
```

크기가 작은 리스트를 예로 들어 알고리즘을 직접 따라가 보며 알고리즘이 동작하는지 확인해 볼 수도 있지만, 대개의 경우 재귀 알고리즘을 손으로 수행해 보는 것은 복잡하기도 하거니와 알고리즘 이해에 큰 도움을 주지 못한다.

재귀는 수학적 귀납법과 관련이 깊으므로 수학적 귀납법에 익숙해야 잘 사용할 수 있다. 지금까지 소개한 규칙을 따르며 재귀 호출이 결국 기본 케이스에 다다르도록 하기만 하면 잘 동작하는 알고리즘을 얻게 된다. 너절한 세부 사항은 알고리즘을 믿고 내버려 두라. 이 부분은 파이썬이 알아서 처리해 줄 것이다.

13.3.3 정렬 알고리즘의 비교

지금까지 두 가지 정렬 알고리즘을 만들어 보았다. 그런데 이 중 어느 것을 사용해야 할까? 알고리즘을 실제로 사용하기 전에 두 알고리즘을 분석해 보자. 탐색 문제가 그랬듯이 정렬의 난이도는 리스트의 길이에 따라 결정된다. 우리가 할 일은 정렬 알고리즘을 수행하는 데 필요한 단계 수가, 정렬할 리스트의 길이에 대한 함수로 어떤 양상을 보이는지를 확인하는 것이다.

선택 정렬 알고리즘을 다시 한 번 살펴보자. 이 알고리즘은 먼저 최솟값을 찾고, 그다음 남은 요소 중에서 다시 최솟값을 찾는 과정을 반복하는 알고리즘이었다. 크기가 n인 리스트를 정렬하는 경우를 예로 들어 보자. 이 중에서 최솟값을 찾으려면 n개의 요소를 확인해야 한다. 그리고 바깥쪽 반복문의 다음 반복에서는 $n-1$개의 남은 요소 중에서 최솟값을 찾게 된다. 그다음 반복에서는 $n-2$개의 요소를 확인한다. 이 과정은 남은 요소가 한 개가 될 때까지 계속되므로 안쪽 반복문의 총 반복 수행 횟수는 다음과 같은 수열의 합으로 계산할 수 있다.

$$n + (n-1) + (n-2) + (n-3) + \cdots + 1$$

이는 다시 말하면, n개의 요소를 가진 리스트를 선택 정렬로 정렬할 때 걸리는 시간은 1부터 n까지의 자연수의 합과 같다고 할 수 있다. 이 합을 계산하는 데는 이미 잘 알려진 공식이 있으나 이 공식을 모른다고 하더라도 쉽게 유도해 낼 수 있다. 이 수열의 첫 항과 마지막 항을 더하면 $n+1$이 된다. 두 번째 항과 끝에서 두 번째 항을 더해도 역시 $(n-1)+2 = n+1$이다. 이렇게 수열의 각 항을 짝지어가는 과정을 계속하면 합해서 $n+1$이 되는 짝이 $\frac{n}{2}$개가 될 것이므로 이 짝의 합을 모두 더하면 $\frac{n(n+1)}{2}$가 된다.

이렇게 얻은 공식을 정리하면 n^2에 대한 항을 볼 수 있다. 이 항이 포함되어 있다는 것은 결국 이 알고리즘을 수행하는 데 드는 단계 수가 리스트 크기의 제곱에 비례함을 의미한다. 리스트의 크기가 두 배로 늘어난다면 수행 단계 수는 네 배로 늘어날 것이고, 세 배로 늘어난다면 아홉 배가 될 것이다. 컴퓨터 과학에서는 이런 알고리즘을 이차 또는 n^2 알고리즘이라고 한다.

이번에는 병합 정렬 알고리즘의 경우를 살펴보자. 병합 정렬에서는 정렬 대상이 되는 리스트를 절반으로 나누어 각각 정렬한 뒤에 이를 합치는 방식을 택하고 있는데, 이 중 실제로 정렬이 이루어지는 곳은 각각 정렬된 리스트를 합치는 부분이다.

그림 13.3에 리스트 [3, 1, 4, 1, 5, 9, 2, 6]을 병합 정렬로 정렬해 가는 과정을 나타냈다. 그림에서 점선은 리스트가 어떻게 절반으로 나뉘었는지 나타내며,

이렇게 나뉘어 맨 아래층에서 요소가 하나만 남게 되면 다시 그 위층에서 두 개의 요소를 가진 리스트로 합쳐진다. 병합 과정도 나뉜 리스트가 원래 크기로 돌아갈 때까지 계속된다.

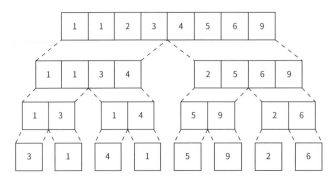

그림 13.3 리스트 [3, 1, 4, 1, 5, 9, 2, 6]에 대한 병합 정렬 과정 중 병합 부분

이 그림을 통해 병합 정렬을 쉽게 분석할 수 있다. 맨 아래층에서 시작해 n개의 요소를 한층 위로 복사한다. (밑에서) 두 번째 층에서는 다시 세 번째 층으로 n개의 요소를 복사한다. 이와 같이 병합 과정의 매 층마다 n개의 요소가 복사된다. 이렇게 되면 층수가 몇 개나 될 것인지가 중요해진다. 다시 말해, n개의 요소를 반으로 나눌 수 있는 횟수 말이다. 우리는 이미 이진 탐색 알고리즘을 분석하면서 이 값이 $\log_2 n$이라는 것을 알아낸 바 있다. 그러므로 알고리즘 전체를 수행하면서 값을 복사하는 횟수는 $n \log_2 n$이 된다. 이런 알고리즘을 컴퓨터 과학에서는 $n \log n$ 알고리즘이라고 한다.

그렇다면 n^2 알고리즘인 선택 정렬과 $n \log n$ 알고리즘인 병합 정렬 중 어느 것이 더 뛰어난 알고리즘일까? 입력의 크기가 작다면 코드가 간단하고 오버헤드가 적은 선택 정렬 쪽이 조금 빠를 것이다. 그러나 n이 점점 증가한다면 어떻게 될까? 이진 탐색 알고리즘을 분석하면서 우리는 이미 로그 함수가 상당히 느리게 ($\log_2 16,000,000 \approx 24$) 증가한다는 것을 확인한 바 있다. 그러므로 $n(\log_2 n)$ 역시 $n(n)$보다 훨씬 느리게 증가하리라는 것을 알 수 있다.

두 알고리즘에 대한 경험적 테스트 결과 역시 이 분석이 맞다는 것을 보여 준다. 내 컴퓨터에서 크기가 50 정도 되는 리스트를 정렬했을 때에는 선택 정렬이 병합 정렬보다 더 빨랐다. 그러나 이보다 큰 리스트를 대상으로 할 때는 병합 정렬의 속도가 압도적이었다. 그림 13.4에 리스트의 크기가 0부터 3000 사이에서 두 알고리즘의 수행 시간이 어떤 양상으로 변화하는지 나타냈다. 그래프를 보면 병합 정렬의 수행 시간이 거의 수평선처럼 보이는 데 비해 선택 정렬에 해당하는 곡선(포물선의 절반과 같은 모양으로)이 훨씬 가파르게 올라가고 있는 것을 알 수 있다. 요소 수가 3000개인 경우만 보면, 선택 정렬은 거의 30초가 걸렸고 병합 정렬은 $\frac{3}{4}$초 정도밖에 걸리지 않았다. 2만 개의 요소를 갖는 리스트가 되면 이 차이는 훨씬 더 벌어져 병합 정렬은 6초, 선택 정렬의 수행 시간은 20분에 이르게 된다.

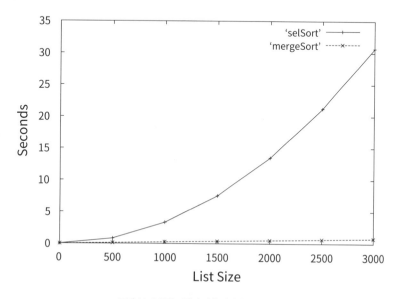

그림 13.4 선택 정렬과 병합 정렬의 성능 비교

13.4 어려운 문제들

분할 정복 전략을 사용해서 탐색과 정렬 문제를 위한 알고리즘을 설계할 수 있었다. 분할 정복이나 재귀는 알고리즘을 설계하는 매우 강력한 기법이다. 그러나 효율적인 해법이 없는 문제도 있다.

13.4.1 하노이의 탑

재귀를 이용해 매우 우아한 해법을 만들 수 있는 문제로 하노이의 탑(Tower of Hanoi) 또는 브라마의 탑(Tower of Brahma)이라는 수학 퍼즐 문제가 있다. 이 퍼즐은 1883년에 프랑스의 수학자 에두아르 뤼카(Edouard Lucas)에 의해 최초로 언급되었는데, 이 퍼즐은 다음과 같은 전설을 배경으로 한다.

　이 세상에서 멀리 떨어진 곳에 매우 독실한 신앙을 따르는 수도원이 있었다. 이 수도원의 수도자들은 우주의 시간을 흐르게 하는 성스러운 임무를 맡고 있었는데, 이 수도자들은 태초의 시대에 기둥이 세 개 달린 테이블을 받았다. 각 기둥에는 64장의 동심원을 그리는 원반들이 꽂혀 있었다. 이 원반은 각각 크기가 달라서 기둥에 마치 피라미드와 같은 형상으로 쌓여 있었는데, 수도자들이 하는 일은 이 원반들을 첫 번째 기둥에서 세 번째 기둥으로 옮기는 것이었다. 수도자들이 이 일을 마치게 되면 모든 것이 무로 돌아가 세상이 멸망한다고 한다.

물론, 문제의 조건이 이것뿐이었다면 세상은 진작 멸망했을 것이다. 이 성스러운 명령에는 몇 가지 조건이 붙어 있었다.

1. 한 번에 한 장의 원반만 옮길 수 있다.
2. 원반은 항상 세 기둥 중 하나에 꽂혀 있어야 한다.
3. 원반은 자기보다 작은 원반 위에 쌓을 수 없다.

이 퍼즐의 변종이 유행했던 시절도 있어서 아직도 완구점이나 퍼즐 가게에서 당시 팔리던 제품을 찾아볼 수 있다. 그림 13.5에 원반이 여덟 장뿐인 퍼즐의 축소판을 나타냈다. 이 퍼즐의 목표는 가운데 기둥을 임시 자리로 삼아 원반 탑을 첫 번째 기둥에서 세 번째 기둥으로 옮기는 것이다. 물론 이때 이 세 가지 규칙을 따라야 한다.

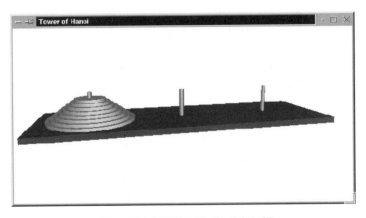

그림 13.5 여덟 개의 원반을 갖는 하노이의 탑 퍼즐

우리는 이 퍼즐을 풀기 위한 알고리즘을 작성하고자 한다. 이 알고리즘을 수도자들이 수행해야 할 지시 사항의 목록으로 봐도 좋고, 이 목록을 만들어 내는 프로그램이라 봐도 좋다. 예를 들어, 세 기둥을 각각 A, B, C라고 할 때 다음과 같은 지시 형태를 생각해 볼 수 있다.

```
A에서 C로 원반을 옮겨라.
A에서 B로 원반을 옮겨라.
C에서 B로 원반을 옮겨라.
...
```

사람들은 대부분 이 퍼즐을 어렵다고 느낄 것이다. 그도 그럴 것이, 이 사람들은 알고리즘을 설계하는 훈련을 받지 않았기 때문이다. 재귀만 이해하고 있다면 이 문제의 해법은 그리 어렵지 않다.

먼저 정말 간단한 경우부터 따져 보자. 원반이 딱 하나만 있는 퍼즐을 푼다고 가정하면 답은 간단하다. 원반을 A 기둥에서 뽑아 C 기둥으로 옮기면 된다. 그럼 원반이 두 개라면 어떻게 될까? 먼저 큰 원반을 C 기둥으로 옮겨야 하는데, 작은 원반이 지금 큰 원반 위에 놓여 있다. 그렇다면 작은 원반을 먼저 치워야 할 텐데, 작은 원반을 B 기둥으로 옮기면 될 것 같다. 이제 A 기둥에서 큰 원반이 가장 위에 왔으니 큰 원반을 C 기둥으로 옮길 수 있다. 그다음 B 기둥에서 작은 원반을 C 기둥으로 옮기면 된다.

이번에는 원반이 세 개인 경우다. 가장 큰 원반을 C 기둥으로 옮기려면 작은 원반 두 개를 치워야 한다. 이 원반 두 개만 놓고 보면 원반이 두 개인 경우와 같게 된다. 그러므로 앞의 과정을 되짚어 이 두 개의 원반을 B 기둥으로 옮긴다. 이제 A 기둥에는 가장 큰 원반이 맨 위로 오게 되었으므로 이 원반을 C 기둥으로 옮길 수 있다. 이제 남은 일은 B 기둥에 있는 원반을 C 기둥으로 옮기기만 하면 된다. 원반이 세 개인 경우의 해법을 요약하면 다음과 같은 세 단계가 된다.

1. A 기둥의 원반을 하나만 남기고 B 기둥으로 옮긴다.
2. A 기둥에 남아 있는 가장 큰 원반을 C 기둥으로 옮긴다.
3. B 기둥에 있는 모든 원반을 C 기둥으로 옮긴다.

이 중 첫 번째와 세 번째 단계에는 원반 두 개를 옮기는 경우가 포함된다. 우리는 이미 원반 두 개를 어떻게 옮겨야 하는지 알고 있다. 차이점이 있다면 C 기둥을 거쳐 B 기둥으로 옮기는 경우와 B 기둥에서 A 기둥을 거쳐 C 기둥으로 옮기는 두 가지 경우가 있다는 것이다.

이제 원반의 개수가 몇 개든지 한 기둥에서 다른 기둥으로 탑을 옮길 수 있는 재귀 알고리즘이 완성되었다.

알고리즘: n개의 원반으로 된 탑을 source에서 resting place를 거쳐 destination으로 옮기기
원반 n-1개를 source에서 resting place로 옮긴다.
남은 원반 한 개를 source에서 destination으로 옮긴다.
원반 n-1개를 resting place에서 destination으로 옮긴다.

그럼 이 재귀의 기본 케이스는 무엇일까? n개의 원반을 옮기려면 $n-1$개의 원반을 옮기는 재귀 호출이 두 번 필요하다. 또 n은 재귀 호출마다 1씩 감소하므로 결국 탑의 크기는 1에 이르게 될 것이다. 원반이 한 개인 탑은 직접 옮길 수 있으므로 재귀 호출을 필요로 하지 않는다.

이 기본 케이스를 포함하도록 알고리즘을 수정하면 완성된 moveTower 알고리즘을 얻게 된다. 그럼 이 알고리즘을 파이썬 코드로 옮겨 보자. 이 moveTower 함수는 탑의 크기를 나타내는 값인 n과 옮길 탑이 있는 기둥인 source와 탑을 옮겨갈 기둥인 dest, 그리고 거쳐 가는 기둥을 나타내는 temp를 인자로 받는다. 이 함수의 코드는 다음과 같다.

```python
def moveTower(n, source, dest, temp):
    if n == 1:
        print("Move disk from", source, "to", dest+".")
    else:
        moveTower(n-1, source, temp, dest)
        moveTower(1, source, dest, temp)
        moveTower(n-1, temp, dest, source)
```

이 간단한 함수로 퍼즐을 풀 수 있다는 게 놀랍지 않은가? 어려운 문제도 재귀를 사용하면 이토록 쉽게 해결할 수 있다.

작성한 함수를 호출하려면 네 개의 인자를 넘겨야 한다. A 기둥에서 C 기둥으로 n개의 원반을 옮기도록 호출을 대신해 줄 함수를 추가한다.

```python
def hanoi(n):
    moveTower(n, "A", "C", "B")
```

프로그램을 실행할 준비가 모두 끝났다. 다음은 원반이 세 개인 경우와 네 개인 경우에 대해 프로그램을 실행한 결과다. 출력 결과를 따라가 보며 답을 확인해 보는 것도 좋겠다.

```
>>> hanoi(3)
Move disk from A to C.
Move disk from A to B.
Move disk from C to B.
Move disk from A to C.
Move disk from B to A.
Move disk from B to C.
Move disk from A to C.

>>> hanoi(4)
Move disk from A to B.
Move disk from A to C.
Move disk from B to C.
Move disk from A to B.
Move disk from C to A.
Move disk from C to B.
```

```
Move disk from A to B.
Move disk from A to C.
Move disk from B to C.
Move disk from B to A.
Move disk from C to A.
Move disk from B to C.
Move disk from A to B.
Move disk from A to C.
Move disk from B to C.
```

우리가 만든 하노이의 탑 문제의 해법도 딱 아홉 줄짜리 코드로 구현할 수 있을 정도로 '간단한' 알고리즘이다. '어려운 문제들'이라는 절에서 왜 이 문제를 다루고 있는 걸까? 여기에 대한 답을 알려면 이 해법의 효율성을 살펴볼 필요가 있다. 지금 말하는 효율성이란 문제의 크기가 주어졌을 때 이 문제를 푸는 데 필요한 단계의 수를 의미한다. 이 문제의 난이도는 원반의 수로 정해진다고 하면 우리가 답해야 할 질문은 "원반이 n개인 탑을 옮기는데 필요한 단계 수는 얼마나 될까?"가 된다.

알고리즘의 구조를 대강 보면, n개의 원반으로 된 탑을 옮기려면 n-1개인 탑을 두 번 옮겨야 한다(한 번은 가장 큰 원반 위를 모두 치우기 위해서이고, 또 한 번은 옮겨진 가장 큰 원반 위에 다시 돌려놓기 위해서다). 원반의 수와 알고리즘의 필요 단계 수의 관계는 원반의 수를 늘려보며 프로그램을 실행해 보면 명확하게 드러난다.

원반 수	알고리즘 단계 수
1	1
2	3
3	7
4	15
5	31

앞의 표를 일반화하면, n개의 원반으로 된 이 퍼즐을 푸는 데는 2^n-1단계가 필요하다.

컴퓨터 과학에서는 이런 알고리즘을 지수 시간(exponential time) 알고리즘이라고 부른다. 단계 수를 구하는 수식의 지수 부분에 문제의 크기 n이 들어가기 때문이다. 지수 시간 알고리즘은 단계 수가 매우 폭발적으로 증가하기 때문에 아무리 좋은 컴퓨터를 쓰더라도 문제 크기가 작을 때에만 실용적 수준의 해결이 가능하다. 이를 단적으로 보여 주는 예로, 원반 64개로 이루어진 탑을 한시도 쉬지 않고 1초에 원반 하나씩 옮긴다고 가정하면 이 탑을 모두 옮기는 데는 5800억 년이나 걸린다. 밝혀진 우주의 역사가 불과 150억 년에 지나지 않는다는 것을 감안하면, 우리가 이 알고리즘의 끝을 보게 되는 일은 아마 없을 것이다.

하노이의 탑 퍼즐을 푸는 해법은 알고리즘 자체는 간단하게 나타낼 수 있지만, 이 문제는 어려운(intractable) 문제라고 부르는 부류에 속한다. 이런 문제는 연산 자원(시간 또는 공간)을 지나치게 많이 필요로 하기 때문에 문제의 크기가 아주 작지 않은 이상은 실용적인 시간 내에 문제를 풀 수 없다. 이런 관점에서 보면 하노이의 탑 문제는 정말 어려운 문제라고 할 수 있다. 그러나 이보다 더 어려운 문제들도 있다. 다음 절에서 이런 문제의 예를 보게 될 것이다.

13.4.2 정지 문제

이 책을 공부하고 당신이 컴퓨터 전문가의 길을 걷게 되었다고 해 보자. 그로부터 6년 후, 당신은 기초가 튼튼한 소프트웨어 개발자가 되었다. 그러던 어느 날, 상사가 중요한 새 프로젝트를 당신에게 맡겼다. 그리고 상사는 당신이 지금 하던 일을 모두 멈추고 새 프로젝트에 임하기를 바라고 있다.

상사의 말로는 회사의 생산성을 배가할 좋은 생각이 났다고 한다. 또 당신은 최근에 경험이 부족한 개발자를 여러 명 채용했는데, 이들이 생산한 코드를 디버깅하는 것 또한 지나치게 많은 시간을 필요로 했다. 아직 미숙한 새내기 개발자들의 코드를 보고 있자면 무한 반복을 일으키기(당신도 그랬던 시절이 있겠지만) 일쑤였고 이 때문에 업무 시간의 상당량을 컴퓨터 재부팅(디버깅을 해야 하니)에 소비했다. 당신의 상사가 지시한 업무는 소스 코드를 분석해서 이 프로그램을 실제로 실행했을 때 무한 반복에 빠지지 않는지를 확인하는 프로그램을 설계하는 것이었다. 당신도 이런 프로그램에 흥미가 있었기 때문에 한번 시도해 보기로 했다.

언제나처럼 먼저 프로그램의 명세를 작성하는 일부터 시작했다. 지금 작성하려는 프로그램은 다른 프로그램을 읽고 이 프로그램을 실행했을 때 무한 반복을 일으키는지 확인하는 프로그램이다. 물론 프로그램의 결과는 입력 데이터에도 의존하므로 코드 자체만으로 결정되지는 않는다. 그러므로 무한 반복의 존재 여부를 알려면 프로그램에 입력될 데이터가 무엇인지도 알아야 한다. 당신은 다음과 같은 명세를 작성했다.

- **프로그램**: 정지 여부 분석기
- **입력**: 파이썬 프로그램과 그 프로그램에 대한 입력 데이터

- **출력**: 프로그램이 종료된다면 'OK', 무한 반복에 빠지면 'FAULTY'를 출력한다.

그런데 이 프로그램의 흥미로운 점을 곧 깨닫는다. 이 프로그램은 다른 프로그램을 검사하는 프로그램이다. 독자들도 이런 프로그램을 많이 작성해 보지는 않았겠지만 원칙적으로 여기에 큰 문제가 있지는 않다. 결국 컴파일러나 인터프리터도 다른 프로그램을 분석하는 프로그램의 한 예다. 분석을 수행하는 프로그램이든 분석 대상이 되는 프로그램이든 모두 파이썬 문자열로 나타낼 수 있다.

그리고 이 문제에는 또 다른 흥미로운 점이 있다. 이 문제는 아주 유명한 문제 중 하나인 정지 문제(halting problem)에 속하는데, 이 문제는 풀 수 없는 문제다. 다시 말해, 이 문제의 요구 사항을 만족시킬 수 있는 알고리즘이 없다. 아무도 이 문제를 푼 사람이 없다는 이야기를 하는 것이 아니라 이 문제를 풀 수 없다는 사실이 증명되어 있다.

이 문제에 해법이 없다는 것을 어떻게 알 수 있을까? 이 문제는 이 세상에 존재하는 어떤 알고리즘 설계 기법으로도 해결할 수 없는 문제다. 알고리즘 설계는 어떤 문제를 풀 수 있다는 것은 증명해 보일 수 있지만, 문제를 풀 수 없다는 사실은 증명할 수 없다. 이를 증명하기 위해서는 분석 기법을 사용해야 한다.

어떤 일이 불가능함을 증명할 수 있는 방법으로, 먼저 이 일이 가능하다고 가정한 뒤 그 가정이 모순으로 이어짐을 보이는 방법이 있다. 이를 수학에서는 '귀류법'(proof by contradiction)이라고 한다. 정지 문제가 풀 수 없는 문제임을 증명하기 위해 이 귀류법을 사용할 것이다.

먼저 원 가정의 부정, 즉 어떤 프로그램이 특정한 입력에 정지할지 여부를 판단할 수 있는 알고리즘이 존재한다고 가정하자. 이 알고리즘이 존재한다면 이를 함수로 작성할 수도 있을 것이다.

```python
def terminates(program, inputData):
    # program과 inputData는 문자열
    # program이 inputData를 입력으로 하여 정지한다면 참을 리턴한다.
```

물론 이 함수를 실제로 작성하는 것은 불가능하다. 그래도 이 함수가 존재한다고 가정하도록 한다.

이 terminates 함수를 사용해서 다음과 같은 프로그램을 작성할 수 있다.

```python
# turing.py

def terminates(program, inputData):
    # program과 inputData는 모두 문자열이다.
    # inputData을 입력으로 program을 실행했을 때 정지한다면 참을 리턴한다.
```

```python
def main():
    # 표준 입력을 통해 다른 프로그램을 읽어 들인다.
    lines = []
    print("Type in a program (type 'done' to quit).")
    line = input("")
    while line != "done":
        lines.append(line)
        line = input("")
    testProg = "\n".join(lines)

    # 이 프로그램이 자신을 입력으로 하여 정지한다면 무한 반복에 빠지게 된다.
    if terminates(testProg, testProg):
        while True:
            pass # 아무 일도 하지 않도록 pass 문을 사용한다.

main()
```

이 프로그램의 이름을 '컴퓨터 과학의 아버지'라 불리는 영국의 수학자 앨런 튜링 (Alan Turing)을 기려 turing이라 부르기로 하겠다. 이 사람이 정지 문제가 풀 수 없는 문제임을 처음으로 증명한 사람이다.

turing.py를 실행하면 가장 먼저 하는 일은 사용자가 입력한 프로그램을 읽어 들이는 것이다. 이 과정은 코드를 한 줄씩 읽어 들이는 경곗값 반복문을 통해 이루어진다. 그다음 join 메서드로 줄 사이에 줄 바꿈 문자("\n")를 끼워 넣어 이 여러 줄의 코드를 연접한다. 이 과정을 통해 프로그램을 나타내는 여러 줄로 된 문자열을 효율적으로 만들 수 있다.

그러고 나서 turing.py는 terminates 함수를 호출해 입력 프로그램을 보내는데 이 프로그램은 테스트할 프로그램이자 프로그램의 입력 데이터이기도 하다. 이 부분의 핵심은 입력으로 받은 프로그램을 자기 자신을 입력으로 실행했을 때 정지하는지 여부를 확인하는 것이다. pass 문은 아무 일도 하지 않는 명령이므로 terminates가 참을 리턴하면 turing.py는 무한 반복에 빠지게 된다.

음, 조금 바보 같은 프로그램이지만 terminates 함수가 있다고 가정하면 이를 작성하지 못할 이유는 없다. turing.py가 이처럼 구조가 이상한 이유는 이 구조로부터 보여 줄 수 있는 것이 있기 때문이다. 가장 중요한 부분은 이 질문이다. turing.py를 실행할 때, turing.py의 내용 자체를 입력으로 하면 어떻게 될까? 좀 더 정확하게 말하면, turing.py 프로그램은 자기 자신을 입력으로 받으면 정지할까?

차근차근 생각해 보자. 지금 하려는 일은 turing.py를 turing.py 자체를 입력으로 하여 실행하는 것이다. terminates를 호출할 때는 프로그램과 데이터 모두를 turing.py로 한다. turing.py가 주어진 입력에 대해 정지한다면, terminates는 참을 리턴할 것이다. 그런데 terminates가 참을 리턴한다면 turing.py는 무한 반복에 빠지게 된다. 그러므로 정지하지 않는다! turing.py가 정지하면서 정지하지 않을 수는 없으므로 이는 조금 전의 가정과 모순이 된다.

다시 반대의 경우를 생각해 보자. terminates 함수가 거짓을 리턴한다면, 자기 자신을 입력으로 받은 turing.py는 무한 반복에 빠질 것이다. 그러나 terminates 함수가 거짓을 리턴하는 순간, turing.py는 실행을 마치고 '정지'한다! 이 경우 역시 모순이 생긴다.

앞의 두 문단을 잘 읽어 보면 turing.py는 존재할 수 없는 프로그램임을 알 수 있을 것이다. 조금 전의 명세에 부합하는 함수의 존재는 논리적으로 불가능하다. 그러므로 이런 함수는 존재하지 않는다고 결론지을 수 있다. 이는 다시 말해 정지 문제를 푸는 알고리즘은 없다는 의미이기도 하다.

이제 증명이 다 끝났다. 당신의 상사가 지시한 일은 불가능한 일이었다. 다행히도 컴퓨터 과학 지식을 통해 이를 간파할 수 있었고, 이 같은 근거로 상사를 설득해 좀 더 생산적인 업무에 매진할 수 있을 것이다.

13.4.3 결론

이번 장을 통해 컴퓨터 과학의 연구 대상이 무엇인지 이해할 수 있었기를 바란다. 이번 장의 예제를 통해 보았듯이 컴퓨터 과학에는 '그냥' 코딩만 있는 것이 아니다. 컴퓨터 전문가에게 가장 중요한 컴퓨터는 바로 우리 머릿속에 있는 컴퓨터다.

부디 이 책이 독자들이 컴퓨터 프로그래머에 이르는 길에 도움이 되었기를 바란다. 이 여정에서 여러분이 컴퓨터 과학에 호기심을 갖도록 하려 애썼다. 이 책에서 소개한 개념을 완전히 이해했다면 이미 유용한 프로그램을 작성하기에 충분한 지식과 함께 컴퓨터 과학 및 소프트웨어 공학의 기초를 닦았다고 할 수 있다. 좀 더 심화된 내용에 관심이 있다면 궁금한 내용을 거침없이 공부하기 바란다. 그러다 보면 어느샌가 이미 컴퓨터 과학자가 된 자신을 발견할 수 있을 것이다. 그 과정에 이 책이 작은 역할이라도 보탤 수 있었다면 더 바랄 나위가 없겠다.

13.5 정리

이번 장에서는 컴퓨터 과학에서 프로그래밍의 기반이 되는 중요한 여러 가지 개념을 소개했다. 다음은 이를 정리한 것이다.

• 알고리즘 분석은 컴퓨터 과학의 한 세부 분야다. 알고리즘 분석은 문제의 크기

가 변화함에 따라 알고리즘의 수행 단계 수가 어떤 양상으로 증가하는지 살펴봄으로써 알고리즘의 시간적 효율성을 분석한다.

- 탐색은 데이터 집합에서 특정한 요소를 찾기 위한 과정이다. 선형 탐색은 데이터 집합을 처음부터 끝까지 훑어보기 때문에 데이터의 요소 수에 선형으로 비례하는 수행 시간을 필요로 한다. 정렬되어 있는 데이터 집합에는 이진 탐색 알고리즘을 사용할 수 있다. 이진 탐색의 수행 시간은 데이터 집합의 크기에 대한 로그에 비례한다.

- 이진 탐색은 분할 정복 전략을 사용한 알고리즘의 한 예다. 분할 정복 전략을 통해 효율적인 알고리즘을 얻을 수 있다.

- 재귀 함수란 함수 안에서 자신을 호출하는 함수를 말한다. 엄밀하게 말하면, 재귀적 정의는 다음 두 조건을 만족해야 한다.

  1. 재귀 호출이 포함되지 않는 하나 이상의 기본 케이스가 존재한다.
  2. 모든 재귀 연쇄가 기본 케이스로 이어진다.

  이 조건들을 만족하는지 확인하는 간단한 방법은 재귀 호출이 항상 원래 문제보다 더 작은 부분 문제에 대해 호출하는지, 기본 케이스를 재귀 없이 직접 풀수 있는지 보는 것이다.

- 연속열은 첫 요소와 이를 제외한 연속열의 나머지로 정의되는 재귀적 구조를 갖는다고 볼 수 있다. 또한 이런 관점을 이용해 재귀 함수를 작성할 수 있다.

- 반복은 재귀의 특수한 예다. 재귀와 반복 중 어떤 것을 사용할지는 그 해법의 효율성과 우아함에 따라 결정한다.

- 정렬은 데이터 집합을 특정한 기준을 갖는 순서대로 재배열하는 것이다. 선택 정렬의 수행 시간은 데이터의 요소 수의 제곱에 비례한다. 병합 정렬은 분할 정복 전략을 통해 $n \log n$의 시간 복잡도를 갖는다.

- 이론적으로는 해결이 가능하나 실용적인 해법이 없는 문제를 어려운 문제라고 한다. 유명한 퍼즐 문제인 하노이의 탑은 간단한 재귀 알고리즘으로 풀 수 있지만, 이 알고리즘은 어려운 문제에 속한다.

- 문제 중에는 해답이 없음이 증명된 문제도 있다. 정지 문제는 이런 문제의 한 예다.
- 독자들이 훌륭한 컴퓨터 과학도가 되기를 기원한다.

13.6 연습 문제

내용 점검

맞다/틀리다로 답하시오.

1. 선형 탐색 알고리즘을 수행하는 데 필요한 단계의 수는 탐색 대상이 되는 리스트의 요소 수에 비례한다.
2. 파이썬의 in 연산자는 이진 탐색 알고리즘을 사용한다.
3. 이진 탐색은 $n\log n$의 시간 복잡도를 갖는 알고리즘이다.
4. n을 2로 나눌 수 있는 횟수는 $exp(n)$과 같다.
5. 모든 동작하는 재귀적 정의는 재귀를 포함하지 않는 기본 케이스를 적어도 하나 이상 갖는다.
6. 연속열을 재귀적 구조를 갖는 데이터 집합의 관점에서 볼 수 있다.
7. n글자 낱말의 애너그램은 $n!$개 존재한다.
8. 재귀는 반복의 특수한 경우다.
9. 병합 정렬은 $n\log n$의 시간 복잡도를 갖는 알고리즘이다.
10. 지수 알고리즘은 어려운 문제에 속하는 경우가 많다.

다음 중 맞는 것을 고르시오.

1. 다음 중 입력 크기에 수행 시간이 정비례하는 알고리즘은 무엇인가?
   a) 선형 탐색   b) 이진 탐색
   c) 병합 정렬   d) 선택 정렬

2. 요소가 512개인 리스트를 대상으로 이진 탐색을 할 때 평균적인 반복 횟수는 몇 번이나 되겠는가?
   a) 512   b) 256   c) 9   d) 3

3. 연속열에 대한 재귀에서 기본 케이스가 되는 경우는 무엇인가?
   a) 0   b) 1   c) 빈 연속열   d) None

4. 무한 재귀 호출은 어떤 결과에 이르게 되는가?

    a) 프로그램이 '멈춤'

    b) 컴퓨터 고장

    c) 재부팅

    d) 런타임 예외

5. 재귀를 사용한 피보나치 함수가 비효율적인 이유는 무엇인가?

    a) 반복하는 계산이 많다.

    b) 재귀는 원래 반복에 비해 비효율적이다.

    c) 피보나치 수를 계산하는 문제는 어려운 문제에 속한다.

    d) 도덕적으로 옳지 않다.

6. 다음 중 n^2의 시간 복잡도를 갖는 알고리즘은 무엇인가?

    a) 선형 탐색   b) 이진 탐색

    c) 하노이의 탑   d) 선택 정렬

7. 정렬된 두 개의 연속열을 합치는 과정을 무엇이라고 하는가?

    a) 정렬   b) 뒤섞기   c) 도브테일링(dovetailing)   d) 병합

8. 재귀는 다음 중 수학의 어떤 개념과 관계 깊은가?

    a) 반복   b) 순서 매기기   c) 귀납법   d) 모순

9. 원반이 다섯 개인 하노이의 탑 문제에 필요한 단계 수는 얼마나 되는가?

    a) 5   b) 10   c) 25   d) 31

10. 다음 중 정지 문제에 대한 내용으로 사실이 아닌 것은?

    a) 앨런 튜링이 제안했다

    b) '어려운 문제'보다 더 어려운 문제에 속한다.

    c) 이 문제의 해법은 아직 발견되지 않았다.

    d) 다른 프로그램을 분석하는 프로그램에 대한 문제다.

토론할 내용

1. 다음 알고리즘 그룹을 수행 시간이 **빠른** 것에서 **느린** 순으로 나열하시오:

    $n\log n, n, n^2, \log n, 2^n$

2. 정상으로 동작하는 재귀적 정의가 가져야 할 두 가지 조건을 스스로의 설명으로 답하시오.

3. anagram("foo")의 결과를 답하시오.

4. recPower(3, 6)의 실행 과정을 직접 수행해 보며 곱셈이 몇 번이나 수행되는지 답하시오.

5. 분할 정복 전략을 이용한 알고리즘이 효율적인 이유를 설명하시오.

프로그래밍 과제

1. 이번 장에서 소개한 재귀를 이용한 피보나치 프로그램을 수정해 실행 과정을 출력하도록 하라. 함수가 호출되거나 리턴할 때 메시지를 출력해야 한다. 출력 내용의 예는 다음과 같다.

```
Computing fib(4)
...
Leaving fib(4) returning 3
```

이렇게 수정된 프로그램으로 fib(10)을 계산해 본 뒤, 이 과정에서 fib(3)이 몇 번이나 호출되었는지 세어 보라.

2. 이번 문제 역시 재귀를 이용한 피보나치 프로그램에 출력 명령을 추가해 이 함수의 이해를 높이기 위한 문제다. n을 사용자가 입력한 값이라고 경우, fib(n)을 계산할 때 fib 함수의 총 호출 횟수를 같이 출력하도록 프로그램을 수정하라.

   힌트: fib의 호출 횟수를 기억하기 위한 누적자 변수를 사용해야 한다. 객체의 인스턴스 변수를 누적자 변수로 사용하는 방법을 생각해 볼 수 있다. 다음과 같은 메서드를 갖춘 FibCounter 클래스를 작성하라.

   • __init__(self) 새로운 FibCounter 객체를 만든다. 그리고 호출 횟수를 세기 위한 인스턴스 변수를 0으로 초기화한다.
   • getCount(self) 현재까지 센 호출 횟수를 리턴한다.
   • fib(self,n) 피보나치수열의 *n*번째 수를 재귀적 방법으로 계산한다. 자신을 호출할 때마다 그 수를 세도록 한다.
   • resetCount(self) 호출 횟수를 0으로 초기화한다.

3. 회문(palindrome)이란 똑바로 읽어도 거꾸로 읽어도 같은 문장이 되는 문장을 말한다. 예를 들면 "Able was I, ere I saw Elba" 같은 문장을 말한다. 어떤 문자열이 회문에 해당하는지 검사하는 재귀 함수를 작성하라. 이를 확인하기 위한 방법은 문장의 시작과 끝에서부터 한 글자씩 순회하며 이 두 글자가 서로 같은 글자인지 확인하는 것이다. 모든 글자가 같다면 이 문장은 회문이 된다.

　다음과 같은 확인 사항을 따른다. 문자열의 첫 글자 또는 마지막 글자가 알파벳 문자가 아닌 경우, 이 문자를 제거한 뒤 회문 여부를 확인해야 한다. 또, 글자를 비교할 때는 대소문자를 구분하지 않는다.

　작성한 함수를 사용해 사용자에게 문장을 입력하게 하고 이 문장이 회문인지 여부를 출력하라. 함수를 테스트하는 데는 다음 예제를 사용한다. "A man, a plan, a canal, Panama!"

4. 리스트의 최댓값을 찾는 함수 max를 재귀를 사용해 작성하라. 리스트의 최댓값은 리스트의 첫 요소와 이를 제외한 나머지의 최댓값 중 더 큰 값으로 정의된다.

5. 컴퓨터 과학과 수학에서는 10진법 이외의 진법을 사용하는 경우가 종종 있다. 사용자로부터 10진법으로 나타낸 숫자와 새로운 진법을 입력받은 뒤, 이 숫자를 새 진법에 맞춰 변환해 출력하는 프로그램을 작성하라. 이 함수의 시그너처는 baseConversion(num, base)와 같으며, 재귀를 사용해야 한다.

　힌트: 10진법을 기준으로, 10진법의 가장 아랫자리는 10으로 나눈 나머지다. 예를 들어 153 % 10은 3이다. 그 외의 숫자 15는 153 // 10과 같이 계산된다. 이 계산법은 10진법 이외의 진법에도 그대로 적용할 수 있다. 이 방법의 단점은 숫자를 아랫자리(맨 오른쪽)부터 계산한다는 점이다.

　이 계산에 사용되는 재귀의 기본 케이스는 num이 base보다 작은 경우로, 이 경우의 출력은 num과 같다. 이를 일반화하면, 이 함수는 num // base를 재귀적으로 출력한 뒤, num % base를 출력한다. 이때 각 자릿수의 숫자가 10보다 커질 수 있기 때문에 이 자릿수 사이에는 공백을 덧붙여야 한다. 예를 들어, baseConversion(1234, 16)의 출력은 다음과 같아야 한다: 4 13 2

6. 숫자를 영어로 읽은 문자열을 출력하는 재귀 함수를 작성하라. 예를 들어,

153의 출력은 "One Five Three"다. 이전 문제의 힌트를 참조하면 도움이 될 것이다.

7. 수학에서 조합 C_k^n는 n개 중에서 k개를 고르는 서로 다른 경우의 수를 의미한다. 예를 들어 여섯 가지의 후식 중 두 가지를 고르는 경우의 수는 C_2^6로 나타낼 수 있다. 조합은 다음과 같은 공식으로 계산할 수 있다.

$$C_k^n = \frac{n!}{k!(n-k)!}$$

이 식은 다음과 같은 재귀 구조를 유도할 수 있다.

$$C_k^n = C_{k-1}^{n-1} + C_k^{n-1}$$

각각 재귀와 반복을 사용해 조합을 계산하는 두 가지 함수를 작성한 뒤, 이 함수들의 결과를 비교하라. 힌트: $k=1$이면 $C_k^n = n$이고, $n < k$이면 $C_k^n = 0$이다.

8. 기하에서 볼 수 있는 흥미로운 곡선 중에는 재귀적으로 나타낼 수 있는 것들도 있다. 이 중 유명한 것으로 코크 곡선(Koch Curve)이 있는데, 이 곡선은 유한한 공간 안에서 무한한 길이를 갖는다. 이를 시각화하면 재미있는 결과를 얻을 수 있기도 하다.

코크 곡선은 '단계'(level/degree)를 나누어 나타낼 수 있는데, 0단계의 코크 곡선은 그냥 선분이다. 1단계 곡선은 이 선분의 가운데에 '요철'을 만든 형태다(그림 13.6 참조). 이 상태에서 곡선은 원래 선분 길이의 1/3에 해당하는 선분 네 개로 구성된 상태가 된다. 이 요철의 각도는 60도로, 한 변이 빠진 정삼

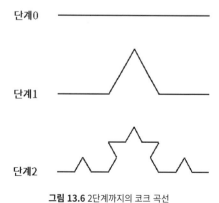

그림 13.6 2단계까지의 코크 곡선

각형과 같다. 2단계 곡선은 1단계 곡선의 각 선분에 같은 방법으로 요철을 추가한 것이다. 그 이후 단계의 곡선 역시 이전 단계의 곡선을 이루는 각 선분에 요철을 추가하는 형태로 얻을 수 있다.

다각형의 각 변을 '코크 곡선화'(Kochnizing)하면 재미있는 이미지를 얻을 수 있다. 그림 13.7은 정삼각형의 각 변을 4단계 코크 곡선으로 만든 도형으로, '코크 눈송이'라 부르기도 한다. 이 문제에서 작성할 프로그램은 이 눈송이를 그리는 프로그램이다.

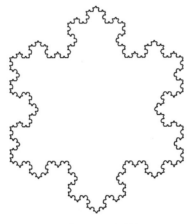

그림 13.7 코크 눈송이

코크 곡선을 그리는 과정을 거북이에게 그림을 그리도록 지시하는 것이라 생각하라. 이 거북이는 항상 자신의 위치와 방향을 알고 있다. 주어진 길이와 단계에 따라 코크 곡선을 그리는 다음과 같은 알고리즘을 생각해 볼 수 있다.

```
알고리즘 Koch(Turtle, length, degree):
    if degree == 0:
        거북이에게 length만큼의 선분을 그리도록 지시한다.
    else:
        length1 = length/3
        degree1 = degree-1
        Koch(Turtle, length1, degree1)
        거북이에게 왼쪽으로 60도 회전하도록 지시한다.
        Koch(Turtle, length1, degree1)
        거북이에게 오른쪽으로 120도 회전하도록 지시한다.
        Koch(Turtle, length1, degree1)
        거북이에게 왼쪽으로 60도 회전하도록 지시한다.
        Koch(Turtle, length1, degree1)
```

이 알고리즘을 Turtle 클래스를 사용해 구현하라. Turtle 클래스는 인스턴스 변수 location(Point 객체)과 direction(부동소수형)을 가지며, moveTo(somePoint), draw(length), turn(degrees)와 같은 메서드를 갖추어야 한다. 각도 단위가 라디안일 때, 현재 위치에서 length만큼 이동한 위치는 다음과 같이 계산할 수 있다. dx = length * cos(direction), dy = length * sin(direction).

9. 재귀적으로 정의할 수 있는 곡선(이전 문제 참조)의 또 다른 예로 C곡선(C curve)이 있다. C곡선은 코크 곡선과 비슷하게 정의되는데, 코크 곡선이 선분을 원래 선분의 1/3 길이를 갖는 네 조각으로 나누도록 정의되는 데 비해, C곡선은 각 선분을 원래 선분의 $1/\sqrt{2}$ 길이를 갖는 두 조각으로 나누어 서로 직각을 이루게 한다는 점이 다르다. 그림 13.8에 12단계에 해당하는 C곡선을 실었다.

이전 문제와 비슷한 방법으로 C곡선을 그리는 프로그램을 작성하라. 힌트: 거

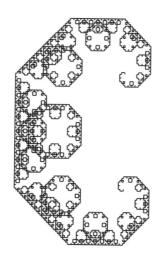

그림 13.8 12단계의 C곡선

북이에게 다음 명령을 지시하면 된다.

```
왼쪽으로 45도 회전한다.
크기가 length/sqrt(2)인 C곡선을 그린다.
오른쪽으로 90도 회전한다.
크기가 length/sqrt(2)인 C곡선을 그린다.
왼쪽으로 45도 회전한다.
```

10. 철자법 검사 프로그램은 문서를 분석해 철자가 틀린 낱말을 찾아낸다. 이 프로그램의 동작 원리는 각 낱말을 거대한 사전과 비교해 보는 것인데, 사전에 포함되어 있지 않은 낱말은 잠재적 철자 오류로서 처리한다.

텍스트 파일에 대해 철자법 검사를 수행하는 프로그램을 작성하라. 이를 위해

서는 알파벳순으로 정렬된 영어 낱말 사전이 필요하다. 유닉스나 리눅스 시스템을 사용하고 있다면, words라는 파일을 사전으로 사용할 수 있다. 이 파일은 주로 /usr/dict 또는 /usr/share/dict에 위치하고 있다. 아니면 인터넷을 검색해 대체물을 찾아도 좋다.

작성할 프로그램은 사용자로부터 분석할 텍스트 파일의 이름을 입력받은 뒤, 이 파일의 각 낱말에 대해 이진 탐색을 실시한다. 사전에서 해당 낱말이 발견되지 않으면 잠재적 철자 오류로서 화면에 출력한다.

11. 낱말 만들기 프로그램을 작성하라. 이번에도 영어 낱말 사전이 필요하다(이전 문제 참조). 사용자가 아무렇게나(글자가 마구 뒤섞인) 낱말을 입력하면 이 낱말에 대한 모든 애너그램을 만든 다음, 이 중 사전에 존재하는 애너그램을 출력해야 한다.

부록 A

파이썬 참조 사항

2장 간단한 프로그램 작성하기

예약어 목록

False	class	finally	is	return
None	continue	for	lambda	try
True	def	from	nonlocal	while
and	del	global	not	with
as	elif	if	or	yield
assert	else	import	pass	
break	except	in	raise	

내장 함수 목록

abs()	dict()	help()	min()	setattr()
all()	dir()	hex()	next()	slice()
any()	divmod()	id()	object()	sorted()
ascii()	enumerate()	input()	oct()	staticmethod()
bin()	eval()	int()	open()	str()
bool()	exec()	isinstance()	ord()	sum()
bytearray()	filter()	issubclass()	pow()	super()
bytes()	float()	iter()	print()	tuple()
callable()	format()	len()	property()	type()
chr()	frozenset()	list()	range()	vars()
classmethod()	getattr()	locals()	repr()	zip()
compile()	globals()	map()	reversed()	__import__()
complex()	hasattr()	max()	round()	
delattr()	hash()	memoryview()	set()	

출력 함수

```
print(<expr>, <expr>, ..., <expr>)
print()
print(<expr>, <expr>, ..., <expr>, end="\n")

<variable> = <expr>
<variable1>, <variable2>, ..., <variableN> = <expr1>,<expr2>, ..., <exprN>
```

입력(숫자)

```
<variable> = eval(input(<prompt>))
<variable1>, <variable2>, ..., <variableN> = eval(input(<prompt>))
```

횟수 지정 반복문

```
for <var> in <sequence>:
    <body>
```

3장 숫자 계산하기

숫자 연산자

연산자	연산	연산자	연산
+	덧셈	**	거듭제곱
–	뺄셈	abs()	절댓값
*	곱셈	//	정수 나눗셈
/	부동소수 나눗셈	%	나머지

모듈 임포트하기

```
import <module_name>
```

수학 라이브러리에 정의된 함수 및 상수 목록

파이썬 표기	수학 표기	의미
pi	π	원주율의 근삿값 상수
e	e	자연 상수
sqrt(x)	$\sqrt{x}$	x의 제곱근
sin(x)	$\sin x$	sin(x)
cos(x)	$\cos x$	cos(x)
tan(x)	$\tan x$	tan(x)

asin(x)	$\arcsin x$	sin(x)의 역수
acos(x)	$\arccos x$	cos(x)의 역수
atan(x)	$\arctan x$	tan(x)의 역수
log(x)	$\ln x$	자연로그(밑이 e인) x
log10(x)	$\log_{10} x$	(밑이 10인) 상용로그 x
exp(x)	e^x	자연 상수의 x 거듭제곱
ceil(x)	$\lceil x \rceil$	x보다 큰 최소의 정수
floor(x)	$\lfloor x \rfloor$	x보다 작은 최대의 정수

내장 함수

함수명	설명
range(stop)	0부터 stop-1까지의 정수를 포함한 리스트를 리턴
range(start, stop)	start부터 stop-1까지의 정수를 포함한 리스트를 리턴
range(start, stop, step)	start부터 stop-1까지의 정수를 step개씩 건너뛰며 올라가는 리스트를 리턴
type(x)	x의 데이터 타입을 리턴
int(x)	x를 정수형으로 변환한 값을 리턴, x는 숫자형 또는 문자열
float(x)	x를 부동소수형으로 변환한 값을 리턴, x는 숫자형 또는 문자열
round(x)	x의 반올림 값을 부동소수형으로 리턴

4장 객체와 그래픽

모듈에서 직접 임포트

```
from <module> import <name1>, <name2>, ...
from <module> import *
```

객체 생성자

```
<class-name>(<param1>, <param2>, ...)
```

객체의 메서드 호출

```
<object>.<method-name>(<param1>, <param2>, ...)
```

이 책에서 사용한 graphics 모듈에 포함된 객체와 메서드에 대한 내용은 4.8절을 참조하기 바란다.

5장 연속열형: 문자열, 리스트, 파일

문자열 입력받기

```
<variable> = input(<prompt>)
```

연속열형의 연산(문자열 및 리스트)

연산자	의미
`<sequence>+<sequence>`	두 연속열형의 연접 결과를 리턴한다. 이때 두 연속열형은 같은 데이터 타입이어야 한다.
`<sequence>*<n>`	연속열형 sequence를 n번 연접한 결과를 리턴한다. 이때 n은 정수(int)여야 한다.
`<sequence>[<n>]`	n번째 요소를 리턴한다(순서는 왼쪽 끝부터 0으로 시작). 이때 n은 정수(int)여야 한다.
$n < 0$일 때 `<sequence>[<n>]`	뒤에서부터 n번째 요소를 리턴한다(순서는 오른쪽 끝부터 1로 시작). 이때 n은 정수(int)여야 한다.
`len(<sequence>)`	연속열형의 길이를 리턴한다.
`<sequence>[<start>:<end>]`	start번째부터 end-1번째까지의 요소를 포함하는 부분 연속열을 리턴한다.
`for <var> in <sequence>:`	연속열형의 각 요소에 대해 반복 수행한다.

문자열형의 메서드

함수명	의미
`s.capitalize()`	s의 첫 글자를 대문자로 바꾼 새로운 문자열을 리턴한다.
`s.center(width)`	길이가 width인 빈 칸에 s가 가운데 오도록 정렬된 새로운 문자열을 리턴한다.
`s.count(sub)`	s에서 sub의 출현 횟수를 리턴한다.
`s.find(sub)`	s에서 sub가 처음 출현하는 위치를 리턴한다.
`s.join(list)`	s를 구분자로 하여 list의 각 요소를 연접한 새로운 문자열을 리턴한다.
`s.ljust(width)`	center와 비슷하지만 길이가 width인 빈 칸에 s가 왼쪽으로 오도록 정렬된 새로운 문자열을 리턴한다.
`s.lower()`	s의 모든 글자를 소문자로 바꾼 새로운 문자열을 리턴한다.
`s.lstrip()`	s에서 앞에 있는 연속된 공백 문자를 제거한 새로운 문자열을 리턴한다.
`s.replace(oldsub, newsub)`	s에 출현하는 oldsub를 newsub로 교체한 새로운 문자열을 리턴한다.
`s.rfind(sub)`	find와 같으나 가장 마지막에 출현하는 위치를 리턴하는 점이 다르다.
`s.rjust(width)`	center와 비슷하지만 길이가 width인 빈 칸에 s가 오른쪽으로 오도록 정렬된 새로운 문자열을 리턴한다.
`s.rstrip()`	s에서 맨 뒤에 오는 연속된 공백 문자를 제거한 새로운 문자열을 리턴한다.
`s.split()`	s의 부분 문자열의 리스트를 리턴한다(본문 참조).

s.title()	s의 각 단어의 첫 글자를 대문자로 바꾼 새로운 문자열을 리턴한다.
s.upper()	s의 모든 글자를 대문자로 바꾼 새로운 문자열을 리턴한다.

리스트 뒤에 요소 추가하기

`<list>.append(<item>)`

타입 변환 함수

함수	의미
float(<expr>)	expr이 나타내는 값을 부동소수형으로 변환한 값을 리턴한다.
int(<expr>)	expr이 나타내는 값을 정수형으로 변환한 값을 리턴한다.
str(<expr>)	expr이 나타내는 문자열을 리턴한다.
eval(<expr>)	문자열 expr을 표현식으로 평가한 결과를 리턴한다.

문자열 형식

표현식 문법

`<template-string>.format(<value0>, <value1>, <value2>, ...)`

지정자 문법

```
{<index>}
{<index>:<width>}
{<index>:<width>.<precision>}
{<index>:<width>.<places>f}
```

참고:

- 마지막 형태는 소수부의 자릿수가 고정인 경우를 나타낸다.
- width가 0이면 공간을 필요한 만큼 사용한다.
- width 앞에 0이 붙으면 남는 자릿수를 0으로 채운다(채우기 기본값은 공백).
- width 앞에 〈를 붙이면 왼쪽 정렬, 〉를 붙이면 오른쪽 정렬, ^는 중앙 정렬이다.

파일 처리

파일 열기/닫기

`<variable> = open(<name>, <mode>)`

모드가 "r"이면 읽기 모드, "w"이면 쓰기 모드, "a"이면 이어 쓰기 모드다.

```
<fileobj>.close()
```

파일 읽기

- `<file>.read()` 파일의 남은 내용을 하나의 큰 문자열(매우 길며, 여러 줄로 된)로 리턴한다.
- `<file>.readline()` 파일의 다음 줄을 리턴한다. 다음 줄이란, 현재 위치에서 다음 개행 문자까지를 포함하는 문자열을 말한다.
- `<file>.readlines()` 파일의 남은 줄의 리스트를 리턴한다. 각 줄은 그 다음 개행 문자까지를 포함하는 문자열이다.

참고: 파일 객체는 for 문 안에서 각 줄의 연속열형처럼 사용할 수 있다.

파일 쓰기

```
print(..., file=<outputFile>)
```

6장 함수 정의하기

함수 정의

```
def <name>(<formal-param1>, <formal-param2>, ... )
    <body>
```

함수 호출

```
<name>(<actual-param1>, actual-param2>, ... )
```

리턴 문

```
return <value1>, <value2>, ...
```

7장 제어 구조

단순 조건문

```
<expr><relop><expr>
```

관계 연산자

파이썬	수학	의미
<	$<$	미만
<=	$\leq$	이하
==	$=$	같음
>=	$\geq$	이상
>	$>$	초과
!=	$\neq$	같지 않음

참고: 이 표에 실린 연산자의 리턴 값은 불 타입이다(True/False).

if 문

```
if <condition>:
    <statements>
if <condition>:
    <statements1>
else:
    <statements2>
if <condition1>:
    <case1 statements>
elif <condition2>:
    <case2 statements>
...
else:
    <default statements>
```

참고: elif 형식에서 else 절은 필수로 포함되는 것은 아니다.

임포트할 때 실행되는 것을 방지

```
if __name__ == "__main__";
    main()
```

예외 처리

```
try:
    <statements>
except <ExceptionType>:
    <handler1>
except <ExceptionType>:
    <handler2>
...
except:
    <default handler>
```

8장 반복 구조와 불 값

for 반복문

```
for <var> in <sequence>:
    <body>
```

while 반복문

```
while <condition>:
    <body>
```

break 문

```
while True:
    ...
    if <cond>: break
    ....
```

불 표현식

리터럴: True, False

연산자: and, or, not

연산자	실제 동작 방식
x and y	x가 거짓이면 x를 리턴, 아니면 y를 리턴한다.
x or y	x가 참이면 x를 리턴, 아니면 y를 리턴한다.
not x	x가 거짓이면 True를 리턴, 아니면 False를 리턴한다.

형 변환 함수: bool

9장 시뮬레이션과 설계

random 라이브러리

- random() [0,1)를 범위로 하여 균등 확률 분포를 따르는 유사 난수를 리턴한다.
- randrange(<param>) range(<params>)의 요소 중 하나를 균등한 확률로 리턴한다.

10장 클래스 정의하기

클래스 정의

```
class <class-name>:
    <method-definitions>
```

참고:

- 메서드 정의는 특별한 파라미터 self를 갖는 함수 정의다. 이 self는 메서드의 실행 대상이 되는 객체를 가리킨다.
- 생성자 메서드의 이름은 __init__이다.

독스트링

모듈이나 클래스, 함수 또는 메서드의 시작 부분에 삽입할 수 있는 문서화를 위한 문자열이다. 독스트링은 파이썬 코드를 파싱할 때 생략되지 않으므로 대화식 도움말 또는 pydoc 명령을 사용해서 확인할 수 있다.

11장 컬렉션 데이터 타입

연속열형에 대한 연산(리스트와 문자열)

연산자	의미
<seq> + <seq>	연접
<seq> * <int-expr>	반복
<seq>[]	위치 찾기
len(<seq>)	길이
<seq>[:]	조각 썰기
for <var> in <seq>:	반복
<expr> in <seq>	요소 포함 여부 확인(리턴 값은 불 값)

리스트의 메서드

메서드명	의미
<list>.append(x)	x를 리스트의 마지막 요소로 덧붙인다.
<list>.sort()	리스트를 정렬한다. 키워드 인자 key, reverse가 있다.
<list>.reverse()	리스트의 순서를 반대로 뒤집는다.
<list>.index(x)	리스트에 요소 x가 최초로 출현하는 위치를 리턴한다.

`<list>.insert(i, x)`	리스트의 i번째 위치에 x를 삽입한다.
`<list>.count(x)`	요소 x가 리스트에 출현하는 횟수를 리턴한다.
`<list>.remove(x)`	리스트에 최소로 출현하는 요소 x를 세거한다.
`<list>.pop(i)`	리스트의 i번째 요소를 삭제하고 해당 요소를 리턴한다.

딕셔너리의 메서드

딕셔너리 리터럴: `{<key1>:<value1>, <key2>:<value2>, ...}`

메서드명	의미
`<key> in <dict>`	딕셔너리에 지정된 키가 있으면 참을, 아니면 거짓을 리턴한다.
`<dict>.keys()`	딕셔너리의 키에 대한 연속열형을 리턴한다.
`<dict>.values()`	딕셔너리의 값에 대한 연속열형을 리턴한다.
`<dict>.items()`	딕셔너리에 저장된 키-값 쌍의 연속열을 리턴한다.
`<dict>.get(<key>, <default>)`	딕셔너리에서 key와 연관된 값을 리턴한다. 해당 키가 없을 경우 default를 리턴한다.
`del <dict>[<key>]`	딕셔너리에서 키가 key인 키-값 쌍을 삭제한다.
`<dict>.clear()`	딕셔너리에 저장된 모든 키-값 쌍을 삭제한다.
`for <var> in <dict>:`	딕셔너리의 각 키-값 쌍에 대해 반복을 수행한다.

부록 B

용어 사전

가변적(mutable) 바꿀 수 있는 것. 자신의 상태를 변화시킬 수 있는 객체를 가변형이라고 한다. 파이썬의 리스트는 가변형이지만 정수형과 문자열은 그렇지 않다.

가비지 컬렉션(garbage collection) 동적 프로그래밍 언어(파이썬, 리스프, 자바 등)에서 더 이상 사용되지 않는 메모리를 비워 다른 값을 저장할 수 있도록 하는 과정

간략 연산 평가(short-circuit evaluation) 표현식의 결과가 확실해지면 나머지 부분 표현식에 대한 평가를 중단하고 즉시 전체 식의 평갓값을 리턴하는 평가 방식. 예를 들어 표현식 (True or isover())를 평가할 때 isover()는 평가되지 않는다.

값으로 호출(pass by value) 파이썬에서 함수에 인자를 넘기는 방식 중 하나. 형식 인자에 실질 인자의 값을 할당한다.

객체 기반(object-based) 객체를 추상화의 주된 수단으로 사용하는 설계 또는 프로그래밍

객체 지향(object-oriented) 다형성과 상속을 활용한 설계 또는 프로그래밍

객체(object) 데이터와 이를 조작하기 위한 일련의 연산이 합쳐진 프로그램의 대상

경곗값 반복(sentinel loop) 미리 정해진 특별한 값을 발견할 때까지 반복을 계속하는 반복문

경곗값(sentinel) 연속되는 입력 값에서 입력의 끝을 나타내는 특별한 값

계수 반복(counted loop) 횟수를 지정하여 수행하는 반복문

공개 키 방식(public key) 암호화의 한 방식으로, 암호화와 복호화에 각각 다른 키가 사용되는 암호화 방식 또는 이 과정에서 암호화에 사용되는 키를 가리킨다. 이렇게 암호화된 메시지는 이 공개 키에 대한 비밀 키로만 복호화할 수 있다.

관계 연산자(relational operator) 두 값을 비교하여 참 또는 거짓을 리턴하는 연산자
(<, <=, ==, >=, > != 등)

구조도(structure chart) 노률 세층노 참소

그래픽 사용자 인터페이스(GUI, graphic user interface) 창, 메뉴, 버튼 등의 그래픽
요소를 주로 사용하는 사용자 상호 작용 수단

그래픽 창(graphics window) 그래픽을 그릴 수 있는 창

기계어 코드(machine code) 기계어로 된 프로그램

기계어(machine language) 특정한 CPU가 실행할 수 있는 저수준(이진 표현) 명령

기능적 분해(functional decomposition) 하향식 설계 참조

기본 케이스(base case) 재귀 함수 또는 재귀적 정의에서 재귀 호출을 필요로 하지 않
는 경우를 말한다. 재귀가 정상으로 동작하려면 기본 케이스가 반드시 하나 이상
필요하다.

나비 효과(butterfly effect) 자연계(혼돈)의 동적인 계에 대한 고전적인 예. 나비의 날
갯짓 정도 되는 작은 사건이 결국 대규모 기후 패턴처럼 큰 영향을 미치게 되는 것
을 말한다.

나선형 설계(spiral design) 간략한 버전인 프로토타입을 먼저 만든 다음 이 프로토타
입에 차근차근 기능을 덧붙여 나가는 개발 방식

네임스페이스(namespace) 프로그램 안에서 식별자와 이들이 지칭하는 대상의 연결
관계. 파이썬에서는 모듈, 클래스, 객체가 네임스페이스로 작용한다.

누적자 변수(accumulator variable) 누적자 패턴에서 결괏값을 저장하는 데 사용되는
변수

누적자 패턴(accumulator pattern) 반복문을 수행하며 최종적인 답을 조금씩 만들어
나가는 프로그래밍 패턴으로 매우 일반적으로 사용된다.

다형성(polymorphism) 말 그대로 '다양한 형태'를 의미한다. 특히, 객체 지향 프로그
래밍에서 쓰이는 의미는 특정한 코드가 어떤 타입의 객체가 관계되느냐에 따라 서
로 다른 코드로 구현되는 것을 의미한다.

단계별 정리(step-wise refinement) 매우 추상적인 단계에서 시작하여 점차적으로 세
부 사항을 추가해 나가는 프로그램 설계 방식

단위 테스트(unit testing) 프로그램의 구성 요소를 그 외의 구성 요소와 독립적으로
테스트하는 것

데이터 타입(data type) 데이터를 나타내는 특정한 방법. 데이터 타입을 통해 해당 대

상이 가질 수 있는 값과 적용되는 연산의 종류가 결정된다.

데이터(data) 컴퓨터가 다루는 정보

독스트링(docstring) 파이썬 코드의 문서화를 위한 수단. 프로그램과 도움말 문자열을 대응시킨다.

동시 할당(simultaneous assignment) 하나 이상의 변수에 값을 한 번에 할당하는 명령문. x, y = y, x 같은 예를 들 수 있다.

동질적(homogeneous) 동시에 한 가지의 데이터 타입을 갖는 값만 저장할 수 있다.

디버깅(debugging) 프로그램에 존재하는 오류를 찾아내서 제거하는 과정

딕셔너리(dictionary) 요소 간의 순서가 없는 파이썬의 컬렉션 타입. 키와 이에 연관된 값의 쌍을 저장할 수 있다.

라이브러리(library) 프로그램에서 임포트해서 사용할 수 있는 유용한 함수 또는 클래스를 외부에 모아 놓은 것. 예를 들어 파이썬의 math, string 모듈이 있다.

레코드(record) 한 명의 개인 또는 하나의 대상에 대한 정보를 모은 것. 예를 들어, 사원 정보 레코드는 사원 한 명에 대한 정보를 포함한다.

로그 시간 알고리즘(log time algorithm) 수행 단계 수가 문제의 크기에 대한 로그에 정비례하는 알고리즘

리스트(list) 순서를 가진 데이터의 집합을 나타내는 파이썬의 데이터 타입. 리스트는 데이터 타입이 서로 다른 요소를 가질 수 있으며 필요에 따라 자동으로 크기가 늘어나거나 줄어든다. 각 요소에는 첨자를 사용해서 접근할 수 있다.

리터럴(literal) 프로그래밍 언어에서 특정한 값을 나타내기 위한 표기법. 예를 들어 3은 정수형 리터럴이고, "Hello"는 문자열 리터럴이다.

매핑(mapping) 키와 이에 연관된 값의 관계. 파이썬의 딕셔너리는 매핑을 구현한 것이다.

메서드(method) 객체 안에 포함된 함수. 객체는 객체의 메서드를 호출하여 조작한다.

메타언어(meta-language) 컴퓨터 언어의 문법을 기술하기 위해 쓰이는 표기법

명령문(statement) 프로그래밍 언어로 된 단일 명령문

모달(modal) 응용 프로그램을 계속 사용하기 위해 특정한 상호 작용을 강제하는 창이나 대화 창을 모달 창이라고 한다.

모델-뷰 구조(model-view architecture) GUI 프로그램을 사용자 인터페이스와 문제 해결 부분으로 구분하는 구조

모듈 계층도(module hierarchy chart) 프로그램에 가해진 함수적 분해를 나타낸 도식. 두 구성 요소를 잇는 선은 위에 있는 구성 요소가 아래에 있는 구성 요소를 사용한다는 이미다.

모듈(module) 일반적으로는 비교적 독립적인 프로그램의 일부를 일컫는다. 파이썬에서는 다른 프로그램에서 임포트하거나 실행할 수 있도록 코드를 저장한 파일을 의미한다.

모듈화(modeular) 상호 독립적인 다수의 구성 요소가 서로 함께 동작하는 것

몬테카를로(Monte Carlo) 확률적(무작위, 유사 난수) 요소를 사용한 시뮬레이션 기법

몸체(body) 반복이나 분기 따위의 제어 구조 안에 위치하는 명령문의 블록을 일컫는 말

무작위 행보(random walk) 확률적인 운동을 보이는 대상에 대한 시뮬레이션 과정

무한 반복(infinite loop) 종료되지 않는 반복문

문법(syntax) 언어의 형태를 규정하는 규칙

문자열(string) 문자의 연속열을 나타내는 데이터 타입

미리 읽기(priming read) 경곗값 반복문에서 조건문을 검사하기 위해 미리 데이터를 읽는 것

바이트 코드(bytecode) 중간 형태를 갖는 컴퓨터 언어. 고수준 언어는 바이트 코드로 컴파일된 다음, 이 바이트 코드가 다시 인터프리트된다. 파이썬에서는 확장자가 pyc인 파일이 바이트 코드 파일이다.

반복 위치 지표(loop index) 반복문을 통제하기 위한 변수. for i in range(n)에서 i 가 반복 위치 지표로 쓰이고 있다.

반복(iterate) 어떤 것을 여러 번 되풀이하는 것. 반복문 몸체가 한 번 실행되는 것을 가리키기도 한다.

반복문 중간 탈출(loop and a half) 반복문 몸체 안에 반복문을 탈출하기 위한 지점이 배치된 반복문. 파이썬에서는 while True: break 조합으로 구현한다.

반복문(loop) 프로그램의 일부를 한 번 이상 실행하기 위한 제어 구조

배열(array) 위치 찾기 연산을 통해 각 요소에 접근할 수 있는 유사한 객체끼리의 집합. 대개 배열이라고 하면 모든 요소가 같은 데이터 타입을 갖는 고정 크기 데이터 구조를 가리킨다. 리스트와 비교해 보라.

배치(batch) 입력과 출력이 모두 대화식이 아니라 파일을 통하는 처리 방식

버그(bug) 프로그램의 오류

변수(variable) 나중에 다시 보기 위해 값에 이름을 붙여 놓은 것. 변수의 값은 할당문을 통해 변화시킬 수 있다.

별명 짓기(aliasing) 둘 이상의 변수가 같은 객체를 가리키는 경우다. 해당 객체가 가변형일 경우, 한쪽 변수를 통한 객체의 상태 변화는 다른 쪽 변수를 통해 접근해도 볼 수 있다.

병합 정렬(merge sort) 분할 정복 전략을 이용한 효율적인 정렬 알고리즘

병합(merge) 정렬된 리스트 두 개를 하나의 정렬된 리스트로 합치는 과정

보조 기억 장치(secondary memory) 하드 디스크, 플로피 디스크, 자기 테이프, CD-ROM, DVD 등 비휘발성 기억 장치의 총칭

부동소수형(float) 소수부를 가진 수를 나타내기 위한 데이터 타입. floating point를 줄여 float라고 한다.

부분 문자열(substring) 문자열 내에서 서로 인접한 문자들의 연속열. 조각 썰기 참조

불 논리(Boolean logic) 불 대수 참조

불 대수(Boolean algebra) 불 표현식을 간소화하거나 고쳐 쓸 때 적용되는 규칙

불 연산(Boolean operation) 불 표현식을 결합하는 연산자. 파이썬에는 and, or, not 이 있다.

불 표현식(Boolean expression) 참/거짓을 다루는 표현식. 불 표현식은 참 또는 거짓 둘 중의 한 값으로 평가된다.

분기 구조(decision structure) 상황에 따라 프로그램의 다른 부분을 실행하도록 하는 제어 구조. 분기는 보통 불 표현식에 따라 이루어진다.

분기 트리(decision tree) 최초 분기가 다시 여러 개의 분기로 갈라지는 것이 반복되는 복잡한 분기 구조

분석(analysis) 1) 소프트웨어 개발 주기에서 문제를 해결하기 위해 프로그램이 할 일이 무엇인지 결정하는 과정을 의미한다. 2) 알고리즘에 대한 연구에서는 어떤 문제나 그에 대한 알고리즘을 연구하여 시간 복잡도와 같은 속성을 밝혀내는 과정을 의미한다.

비밀 키 방식(private key) 암호화의 한 방식으로, 암호화와 복호화에 모두 같은 키가 사용되는 암호화를 말한다. 또한 이 키는 외부에 유출되어서는 안 된다.

비트(bit) 정보의 기본 단위. 2진수. 0과 1로 표현된다.

빈 문자열(empty string) 아무 글자도 포함하지 않는 문자열("")

사전 검사 반복문(pre-test loop) 반복문 몸체를 실행하기 전에 조건문을 검사하는 구

조를 가진 반복문

사전순(lexicographic) 문자열의 순서를 정할 때 사용된다. 사전순은 알파벳순과 비슷하시만, 글자의 순서가 아닌 글자를 인코딩한 숫자의 순서를 따른다는 것이 차이점이다.

사후 검사 반복문(post-test loop) 반복문 몸체를 실행한 다음에 조건문을 검사하는 구조를 가진 반복문

상속(inheritance) 다른 클래스를 기반으로 새로운 클래스를 정의하는 것

상위 클래스(superclass) 두 클래스가 상속 관계를 가질 때 속성을 물려주는 클래스

상호 작용식 반복문(interactive loop) 매 반복마다 사용자의 의사를 확인하고 계속 수행 여부를 결정하는 반복문

생성자(constructor) 새로운 객체를 만드는 함수. 파이썬의 클래스에서는 __init__이라는 이름을 갖는다.

선택 정렬(selection sort) n의 제곱에 해당하는 시간 복잡도를 가진 정렬 알고리즘

선형 시간 알고리즘(linear time algorithm) 수행 단계 수가 문제의 크기에 정비례하는 알고리즘

선형 탐색(linear search) 탐색 대상에 포함된 요소를 차례차례 확인하는 탐색 과정

설계(design) 문제를 해결할 시스템을 개발하는 과정 또는 이 과정의 결과물

소스 코드(source code) 고수준 프로그래밍 언어로 작성된 프로그램의 텍스트 형태

소프트웨어(software) 컴퓨터 프로그램

속성(attributes) 객체의 메서드와 인스턴스 변수를 통틀어 일컫는 말

수정자 메서드(mutator method) 어떤 객체의 상태를 바꾸기 위한 메서드(하나 또는 그 이상의 인스턴스 변수의 값을 바꿈)

스크립트(script) 프로그램을 이르는 다른 말. 인터프리터 방식의 언어로 작성된 상대적으로 간단한 프로그램을 이르는 경우가 많다.

시그너처(signiture) 함수의 인터페이스를 달리 이르는 말. 시그너처는 함수명, 인자, 그리고 리턴 값으로 구성된다.

시드(seed) 유사 난수 수열을 처음 생성하기 위해 사용되는 값

시뮬레이션(simulation) 어떤 실세계의 과정을 추상적으로 흉내 내도록 설계된 프로그램

식별자(identifiers) 프로그램 구성 요소에 붙이는 이름

실질 인자(actual parameter) 함수를 호출할 때 인자로 넘겨지는 값

실행(execute) 프로그램 또는 그 일부를 실행하는 것

쓰기(write) 컴퓨터가 정보를 출력하는 행위를 가리키는 말. 예를 들어, '파일에 데이터를 쓴다'라는 표현을 사용한다.

아스키(ASCII, American Standard Code for Information Interchange) 0부터 127까지의 숫자로 미국에서 자주 쓰이는 문자를 인코딩하는 산업 표준 규약

알고리즘(algorithm) 어떤 과정을 수행하기 위해 구체적으로 수행할 일을 단계별로 적은 것. 요리법과도 관계 깊다.

암호 알파벳(cipher alphabet) 암호문을 구성하는 기호의 집합

암호문(ciphertext) 암호화된 메시지

암호학(cryptography) 정보를 안전하게 인코딩하는 방법에 대한 학문

암호화(encryption) 정보를 다른 사람이 알지 못하도록 인코딩하는 과정

어려운 문제(intractable) 실용적 수준에서 해결하기 어려운 문제. 대개는 연산 시간이 지나치게 길기 때문이다.

연관 배열(associative array) 키와 이 키에 연관된 값의 쌍을 모아 놓은 것. 파이썬에서는 딕셔너리라고 부른다.

연산자(operator) 표현식을 좀 더 복잡한 표현식으로 엮어 내는 함수

예약어(reserved words) 언어의 문법을 나타내기 위해 사용되는 식별자

예외 처리(exception handling) 프로그래머가 프로그램 실행 중에 발생한 오류를 깔끔하게 처리할 수 있도록 프로그래밍 언어에서 제공하는 장치

오버라이드(override) 하위 클래스에서 상위 클래스로부터 상속받은 메서드를 재정의한 것을 의미한다.

위젯(widget) GUI를 구성하는 구성 요소

위치 찾기 연산(indexing) 연속열형에서 요소 간의 상대적 위치를 통해 특정 요소를 선택하는 것

유니코드(unicode) 전 세계의 표기 체계를 아우르기 위한 아스키의 대체 표준. 또한 아스키에 대한 하위 호환성도 갖고 있다.

유사 난수(pseudo-random) 무작위 사건을 흉내 내기 위해 컴퓨터 알고리즘을 통해 만든 일련의 난수

유사 코드(pseudo code) 알고리즘을 작성하기 위해 프로그래밍 언어 대신 사용하는

정확한 의미를 가진 자연어

유효 범위(scope) 어떤 변수에 접근할 수 있는 프로그램 상의 범위. 예를 들어, 함수 안에서 정의된 변수는 지역 유효 범위를 갖는다.

이벤트 기반(event-driven) 이벤트를 기다리다가 이벤트가 발생하면 각 이벤트마다 적절한 처리를 계속하는 프로그래밍 스타일. GUI 프로그래밍에서 특히 많이 쓰인다.

이벤트(event) GUI 프로그래밍에서 마우스 클릭 등과 같이 프로그램에 어떤 일이 일어나게끔 하는 외부 행동. 이벤트에 대한 정보를 캡슐화한 객체를 일컫는 경우도 있다.

이식성(portability) 프로그램을 수정하지 않고 다른 플랫폼에서 실행할 수 있는 성질

이진 탐색(binary search) 정렬된 데이터 집합을 매우 효율적으로 탐색할 수 있는 알고리즘. 알고리즘의 수행 시간은 데이터 집합의 크기를 n이라 했을 때 $\log_2 n$에 비례한다.

이진법(binary) 2를 밑으로 하는 진법 체계. 숫자 0과 1만 사용한다.

이질적(heterogeneous) 동시에 두 가지 이상의 데이터 타입을 갖는 값을 저장할 수 있다. 파이썬의 리스트가 그 예다.

인스턴스 변수(instance variable) 객체 안에 저장된 정보

인스턴스(instance) 어떤 클래스에 속하는 객체

인자(argument) 실질 인자

인출-실행 주기(fetch-execute cycle) 컴퓨터가 기계어를 실행하기 위해 수행하는 과정

인터페이스(interface) 두 구성 요소 간의 연결. 함수나 메서드에서 인터페이스란 함수의 이름과 인자, 리턴 값으로 구성된다. 객체의 인터페이스는 그 객체를 조작할 수 있는 일련의 메서드(와 그 인터페이스)를 말하며, 사용자 인터페이스는 사용자가 응용 프로그램을 다루기 위한 수단을 말한다.

인터프리터(interpreter) 컴퓨터가 고수준 언어를 이해하는 것처럼 흉내 내 주는 프로그램. 소스 코드를 한 줄씩 읽어 가며 수행한다.

일항(unary) 피연산자를 하나만 필요로 하는 연산자

읽기(read) 컴퓨터가 입력을 받는 행위를 가리키는 말. 프로그램은 파일이나 키보드로부터 정보를 '읽는다'.

임의 접근 메모리(random access memory, RAM) '주기억 장치' 참조

임포트 문(import statement) 외부 라이브러리 모듈을 프로그램에서 사용할 수 있게 해 주는 명령문

입력 값 유효성 검사(input validation) 사용자가 입력한 값이 유효한지 이 값들을 연산에 사용하기 전에 확인하는 것

입력-처리-출력(input, process, output) 사용자로부터 입력을 받아, 입력받은 정보를 처리하고, 그 결과를 출력하는 프로그래밍 패턴. 매우 흔하게 볼 수 있다.

재귀 함수(recursive function) 직접적이든 간접적이든 자기 자신을 다시 호출하는 함수

재귀(recursive) (함수나 함수 정의가) 자기 자신에 대한 호출을 포함하고 있는 것

접근자 메서드(accessor method) 객체가 가진 인스턴스 변수의 값을 리턴해 주는 메서드. 그러나 객체의 상태를 수정하지는 못한다.

정렬(sorting) 어떤 요소의 연속열을 미리 정해진 순서에 맞추어 재조직하는 것

정밀도(precision) 숫자를 나타내는 유효 숫자의 수

정지 문제(halting problem) 해법이 없다고 증명된 문제 중 유명한 문제. 다른 프로그램이 주어진 입력에 대해 정지할 것인지 여부를 판단하는 프로그램

제어 코드(control codes) 정보 교환에 사용되지만 눈에 보이는 형태로 출력되지 않는 특별한 문자를 말한다.

조각 썰기(slicing) 문자열, 리스트 등의 연속열형 객체에서 부분 연속열을 얻는 것

조건 지정 반복문(indefinite loop) 반복문을 시작할 때 반복 횟수가 아니라 반복을 종료할 조건이 부여되는 반복문

조건문(conditional) 분기 제어 구조를 가리키는 또 다른 표현

좌표계 변환(coordinate transformation) 그래픽 프로그래밍에서 일련의 점을 한 좌표계에서 또 다른 좌표계로 변환하는 것

주기억 장치(main memory) 현재 CPU가 다루고 있는 모든 데이터와 프로그램 명령이 위치하는 곳. 임의 접근 메모리(random access memory, RAM)라고도 한다.

주석(comment) 사람이 읽기 위해 프로그램에 삽입된 텍스트. 컴퓨터는 주석을 처리하지 않는다.

줄 바꿈 문자(newline) 파일 안 또는 여러 줄로 된 문자열에서 한 줄의 끝을 표시하는 특수한 문자. 파이썬에서는 "\n"으로 나타낸다.

중앙 처리 장치(CPU, central processing unit) 숫자 계산과 논리 연산을 수행하는 컴퓨터의 '뇌'에 해당하는 부분

중첩(nesting) 제어 구조 안에 또 다른 제어 구조를 배치하는 것. 반복문과 분기는 제한 없이 중첩시킬 수 있다.

지수 시간(exponential time) 알고리즘의 수행 시간이 문제 크기에 대해 그 거듭제곱의 형태로 증가하는 양상 또는 이런 양상을 보이는 알고리즘을 말한다. 이런 알고리즘은 어려운 문제에 속하는 경우가 많다.

지역 변수(local variable) 함수 안에서 정의된 변수. 변수가 정의된 함수 안에서만 접근할 수 있다. 유효 범위 참조

진리표(truth table) 불 표현식에 대해 그 부분 표현식의 가능한 조합에 따라 전체 표현식의 값이 어떻게 변화하는지 확인할 수 있는 표

참조로 호출(pass by reference) 파이썬 외의 프로그래밍 언어에서 사용되는 함수에 인자를 넘기는 방식 중 하나. 호출된 함수 안에서 실질 인자로 넘겨진 변수의 값을 바꿀 수 있다.

추상화(abstraction) 좀 더 중요하거나 적절한 곳에 집중하기 위해 세부 사항 중 일부를 의도적으로 숨기거나 무시하는 것

캡슐화(encapsulation) 어떤 대상의 세부 사항을 숨기는 것. 어떤 함수나 객체에 대해 그 구현과 제공하는 기능의 분리를 설명하는 데 사용되는 용어다. 세부 사항은 정의 안에 캡슐화된다.

컴파일러(compiler) 고수준 언어로 쓴 프로그램을 특정 컴퓨터가 실행할 수 있는 기계어로 옮기는 복잡한 프로그램

컴퓨터 과학(computer science) 연산과 그 대상의 속성을 연구하는 학문

컴퓨터(computer) 교체 가능한 프로그램에 따라 정보를 저장하거나 처리하는 기계

코드 주입(code injection) 악의적인 사용자가 실행 중인 프로그램에 새로운 명령을 삽입하여 프로그램의 원래 의도와 다른 동작을 하도록 하는 공격의 한 형태

코딩(coding) 알고리즘을 컴퓨터 프로그램으로 작성하는 과정

클라이언트(client) 프로그래밍에서 어떤 모듈이 다른 요소와 맞닿는 구조를 가질 때 이 모듈을 해당 요소의 클라이언트라고 한다.

클래스(class) 서로 관계 깊은 객체를 표현하는 것. 파이썬에서 class는 객체를 만드는 공장과 같은 '역할'을 한다.

키(key) 1) 암호화에서 메시지를 암호화 또는 복호화하기 위해 필요한 특별한 값. 2) 딕셔너리에서 어떤 값을 찾기 위한 수단. 나중에 값에 접근하기 위해 키와 연결해 둔다.

탐색(search) 정보 집합에서 특정한 값을 찾아내는 과정

튜플(tuple) 불변적인 리스트와 같이 동작하는 파이썬의 연속열형

파라미터(parameters) 함수가 호출될 때 호출한 측에서 넘겨받은 정보로 초기화되는 특수한 변수

파일 끝 반복문(end-of-file loop) 파일을 줄 단위로 처리하는 프로그래밍 패턴

파일 열기(open) 보조 기억 장치에 위치한 파일과 이 파일을 조작하기 위해 프로그램에 존재하는 변수를 연결하는 과정

평문(plaintext) 암호화에서, 아직 암호화되지 않은 메시지를 말한다.

표현식(expression) 데이터를 생성하는 프로그램의 일부분

풀기 연산(unpack) 파이썬에서 연속열형의 각 요소를 서로 다른 변수에 할당하는 것. 예를 들어 두 개의 요소를 갖는 리스트나 튜플은 다음과 같은 방법으로 풀기 연산을 할 수 있다. `x, y = myList`

프로그래밍 언어(programming language) 컴퓨터 프로그램을 작성하기 위한 표기법. 일반적으로 파이썬, 자바, C++ 등의 고수준 언어를 가리키는 경우가 많다.

프로그래밍 환경(programming environment) 프로그래밍을 쉽게 할 수 있도록 도와주는 특별한 컴퓨터 프로그램. (표준 파이썬 배포본에서 사용되는) IDLE 역시 프로그래밍 환경의 일종이다.

프로그래밍(programming) 어떤 문제를 해결하기 위해 컴퓨터 프로그램을 작성하는 과정

프로그램(program) 컴퓨터가 수행할 수 있을 만큼 충분히 자세하게 기술된 일련의 명령어들

프로토타입(prototype) 간략한 기능만을 가진 프로그램의 초기 버전

프롬프트(prompt) 프로그램이 입력을 기다리고 있다고 사용자에게 알려 주는 메시지

픽셀(pixel) picture element의 준말. 그래픽 화면 위의 점 하나를 말한다.

하드웨어(hardware) 컴퓨터를 물리적으로 구성하는 요소

하위 클래스(subclass) 두 클래스가 상속 관계를 가질 때, 속성을 상속받는 클래스를 속성을 물려주는 클래스의 하위 클래스라고 한다.

하향식 설계(top-down design) 매우 추상적인 부분 프로그램으로 나타낸 해법으로부터 출발하여 각 부분 프로그램을 작성하며 세부 사항을 채워 나가는 개발 방법. 단계별 정리, 기능적 분해 참조

할당(assignment) 변수에 값을 부여하는 일

함수(function) 프로그램 안의 부분 프로그램. 함수는 인자를 입력으로 하며 리턴 값을 출력한다.

해상도(resolution) 그래픽 화면을 구성하는 픽셀 수. 가로 개수와 세로 개수로 나타내는 경우가 많다(예: 640×480).

해석(semantics) 어떤 구조가 갖는 의미

해시(hash) 연관 배열, 딕셔너리를 달리 일컫는 말

헬로 월드(hello, world) 누구나 처음으로 작성해 보는 유명한 컴퓨터 프로그램

호출(call) 함수의 정의를 실행하는 과정

호출(invoke) 함수를 사용하는 것

혼합 자료형 표현식(mixed-typed expression) 하나 이상의 데이터 타입이 관계된 표현식. 대부분 숫자형에 대한 연산에서 부동소수형과 정수형이 함께 사용된 경우다.

횟수 지정 반복문(definite loop) 반복문을 시작할 때 이미 반복 횟수가 정해져 있는 반복문

흐름도(flowchart) 프로그램 또는 알고리즘에서 제어 흐름이 어떻게 진행되는지 도식화한 그림

n^2 **알고리즘**(n-squared algorithm) 수행 단계 수가 입력 크기의 제곱에 정비례하는 알고리즘

and 연산자 두 인자 값이 모두 참이어야 참이 되는 불 연산자

API(application programming interface) 어떤 라이브러리 모듈이 제공하는 기능에 대한 명세. 프로그래머가 모듈을 사용하려면 먼저 그 API를 이해해야 한다.

CPU 중앙 처리 장치 참조

GUI 그래픽 사용자 인터페이스 참조

if 문(if statement) 프로그램에서 분기 구조를 구현하는 명령문

int (소수부를 갖지 않는) 정수를 나타내는 데이터 타입. integer의 줄임말이다. 미리 정해진 비트 수(32비트인 경우가 많다)로 정수를 나타낸다.

integer 양 또는 음의 값을 갖는 정수. int 참조

n log n 알고리즘(n log n algorithm) 수행 단계 수가 입력 크기의 n log n에 정비례하는 알고리즘

NameError(name error) 아직 값을 할당하지 않은 변수의 값을 사용하려고 했을 때 일어나는 예외

not 인자가 하나뿐인 불 연산자로, 표현식 값의 부정을 리턴한다.

or 두 개의 인자를 받는 불 연산자로, 두 인자 중 하나만 참이어도 참을 리턴한다.

RGB 값(RGB value) 세 가지(주로 0~255 사이) 숫자로 색을 나타내는 표현 방법. 각 숫자는 픽셀의 색을 이루는 적색, 녹색, 청색의 밝기를 나타낸다.

self 인자(self parameter) 파이썬 메서드의 첫 번째 인자. 메서드가 호출된 객체에 대한 참조가 전달된다.

tkinter 파이썬에 기본 탑재된 표준 GUI 프레임워크. 이 책에서 사용된 graphics.py 모듈은 이것을 사용한 것이다.

찾아보기